刑事办案实务指引丛书 ❷

保险诈骗罪
案件办理指引

BAOXIANZHAPIANZUI
ANJIAN BANLI ZHIYIN

张京文　陈　磊◎主编

中国检察出版社

图书在版编目（CIP）数据

保险诈骗罪案件办理指引 / 张京文，陈磊主编 .
北京：中国检察出版社，2025. -- ISBN 978-7-5102
-3185-8

Ⅰ . D924.335

中国国家版本馆 CIP 数据核字第 2025BJ3983 号

保险诈骗罪案件办理指引

张京文　陈　磊　主编

责任编辑： 傅哲明
技术编辑： 王英英
封面设计： 徐嘉武

出版发行： 中国检察出版社
社　　址： 北京市石景山区香山南路 109 号（100144）
网　　址： 中国检察出版社（www. zgjccbs. com）
编辑电话：（010）86423778
发行电话：（010）86423726　86423727　86423728
（010）86423730　86423732
经　　销： 新华书店
印　　刷： 河北宝昌佳彩印刷有限公司
开　　本： 710 mm × 960 mm　16 开
印　　张： 13.75
字　　数： 201 千字
版　　次： 2025 年 1 月第一版　　2025 年 1 月第一次印刷
书　　号： ISBN 978 - 7 - 5102 - 3185 - 8
定　　价： 46.00 元

《保险诈骗罪案件办理指引》
编写组

主　编：张京文　陈　磊

撰稿人：刘　程　李　阳　牛　静　史芳菲　佟　萌
曹丽薇　薛洁松　边志伟　张　静　李玉洁
许冬莹　卢　然　蔡　夏　侍玉铭　朱逸秋
张　珂　王晓洁

前　言

金融是国民经济的血脉，是国家核心竞争力的重要组成部分。习近平总书记强调，金融制度是经济社会发展中重要的基础性制度。2023 年中央金融工作会议明确提出加快建设金融强国目标，推进金融高质量发展。保险是现代金融体系和社会保障体系的重要组成部分，具有经济补偿、资金融通和社会管理功能，与银行、证券、信托并称为金融四大支柱，有着经济“减震器”和社会“稳定器”的重要作用。

中国的保险行业起步晚、发展快。现代保险业在我国不过四十余年的历史，市场仍处于发展阶段。随着改革开放力度不断加大，国家不断鼓励支持、行业监管不断建立健全、需求不断增长，保险行业得到迅速发展，人民群众保险意识日趋成熟，保险保费规模不断上涨。近年来，随着保险覆盖面扩大、产品日趋丰富、互联网渠道快速发展、保单海量增长，保险欺诈犯罪也日益增多，保险诈骗类涉刑案件已占到保险业案件总量的九成以上，且形成了犯罪职业化、团伙化、产业化的新趋势，不仅严重扰乱了保险理赔秩序，侵犯了保险企业的合法财产权益，还降低了保险人未来的偿付能力，损害了众多善意投保人和被保险人的利益，且损害保险本身的公平互助性，阻碍保险业稳定和健康发展，破坏国家金融管理秩序。

保险诈骗犯罪高发、频发，既有犯罪分子守法观念和诚信意识淡薄、企图通过投机手段获得不法利益的原因，也有法律法规以及执法司法方面给犯罪分子留下可乘之机的因素。北京市石景山区人民检察院立足石景山区金融保险产业园的区位特色，组织全院调研骨干编写这本有关保险诈骗罪案件的办理指引，从检察办案的实务角度，研究如何发挥检察职能精准防治保险诈骗犯罪，服务保障经济发展和金融安全。本书是北京检察机关贯彻落实最高人民检察院应勇检察长要求的“真研究解决问题，研究解决真问题”的一次尝试，汇集了全院调研骨干的智慧，是一本集预防、办案、监督、治理于一体，构筑于实证研究基础上反哺理论、基于典型案例分析总结基础上提炼实操规则的指引。保险诈骗罪的司法认定有颇为复杂之处，本书中的观点仅为基层检察机关办案中的一些思考，尚有不成熟之处，敬请读者批评指正。

目　录

CONTENTS

第一章 >>>>>
保险诈骗罪概述

保险在稳定企业经营、维护个人生活安定，尤其是社会保障方面，发挥着十分重要的作用，是促进经济发展的重要手段，也是社会管理的重要方式。我国保险业务由经国务院保险监督管理机构批准设立的保险公司以及法律、行政法规规定的其他保险组织经营。保险合同由保险公司与投保人签订，并由投保人缴纳保险费，只有在约定的条件下发生保险事故时，保险公司才会支付保险金给投保人。在实践中，为非法获取保险金，一些投保人、被保险人、受益人采取虚构保险标的、制造保险事故等欺诈手段，挑战我国的保险制度，侵犯公私财产所有权，在数额较大的情况下就构成了保险诈骗罪。发生在保险领域的保险诈骗罪，是一种特殊类型的诈骗犯罪。这种犯罪的发生，既有复杂的历史、社会和个人道德方面的原因，也有保险行业信息不对称、保险理赔制度不完善、保险欺诈处理宽松等现实因素。建立健全保险行业法律法规制度，对保险行业的健康发展至关重要，而刑法是基础保障不可或缺的一部分。

第一节　保险诈骗罪的立法沿革

从立法沿革看，我国对保险诈骗行为的刑法规范大致经历了三个阶段。

一、依据普通诈骗罪定罪处罚（1995 年之前）

现代保险制度起源于欧洲，并于 19 世纪初引入中国。在新中国成立以前，中国的保险市场多由外商把控和垄断，民族保险产业是伴随着民族工商业逐渐兴起并发展起来的。20 世纪 30 年代，随着越来越多的银行资本进入保险行业，民族保险业得到了进一步改良和发展。新中国成立后，中国取消了外国保险公司在中国的特权。1949 年，中国人民保险公司的成立揭开了我国保险产业的新篇章。1979 年我国制定刑法时，保险产业的发展还不够充分，保险诈骗行为并不普遍，保险诈骗在诈骗犯罪中的比例极低，因此刑法并没有将保险诈骗罪作为独立的罪名予以规定。不仅是保险诈骗罪，现在常见的集资诈骗罪、贷款诈骗罪、信用卡诈骗罪、合同诈骗罪等也没有从普通的诈骗犯罪中独立出来。在相当长的时间内，保险诈骗犯罪案件通常都按照 1979 年《刑法》第 151 条和第 152 条的诈骗犯罪规定进行处罚。许多保险诈骗案件当时被视为民事欺诈行为，而不作为刑事犯罪处理，这在一定程度上助长了保险诈骗行为的发生。随着市场经济的发展，我国每年发生的保险欺诈和不合理的保费支出越来越多，呈现出犯罪主体多样化、犯罪手段专业化、犯罪活动隐蔽化等特点，保险诈骗行为具有用刑法惩治的必要，仅以普通诈骗罪定罪处罚，已经无法适应保险机构不断增多、保险费收入明显增长、保险服务领域迅速扩大的发展情况。为了应对保险诈骗犯罪多发趋势和造成的严重危害后果，刑事立法需要作出积极回应。

二、以保险诈骗罪独立定罪处罚（1995 年）

1995 年 6 月 30 日，我国颁布了《中华人民共和国保险法》（以下简称《保险法》）和全国人大常委会《关于惩治破坏金融秩序犯罪的决定》（以下简称《决定》）。根据《保险法》第 131 条的规定，投保人、被保险人或者受益人有五种行为之一，进行保险欺诈活动，构成犯罪的，依法追究刑事责任。《保险法》于 1995 年颁行后，先后经历了 2002 年、2009 年、2014 年、2015 年四次修订，但对于保险诈骗的相关内容修改幅度不大。《决定》对《保险法》的上述规定作了进一步细化，将保险诈骗罪从普通诈骗犯罪中分离出来，设立与普通诈骗罪不同的法律规定。《决定》第 16 条中规定：

"有下列情形之一，进行保险诈骗活动，数额较大的，处五年以下有期徒刑或者拘役，并处一万元以上十万元以下罚金；数额巨大或者有其他严重情节的，处五年以上十年以下有期徒刑，并处二万元以上二十万元以下罚金；数额特别巨大或者有其他特别严重情节的，处十年以上有期徒刑，并处没收财产：（一）投保人故意虚构保险标的，骗取保险金的；（二）投保人、被保险人或者受益人对发生的保险事故编造虚假的原因或者夸大损失的程度，骗取保险金的；（三）投保人、被保险人或者受益人编造未曾发生的保险事故，骗取保险金的；（四）投保人、被保险人故意造成财产损失的保险事故，骗取保险金的；（五）投保人、受益人故意造成被保险人死亡、伤残或者疾病，骗取保险金的。有前款第（四）项、第（五）项所列行为，同时构成其他犯罪的，依照刑法数罪并罚的规定处罚。保险事故的鉴定人、证明人、财产评估人故意提供虚假的证明文件，为他人诈骗提供条件的，以保险诈骗的共犯论处。单位犯第一款罪的，对单位判处罚金，并对直接负责的主管人员和其他直接责任人员，依照第一款的规定处罚。"与普通诈骗罪相比，保险诈骗罪增加单位犯罪，设立罚金刑并有不同数额档次，取消管制刑，最高刑期提至 15 年等，《决定》为司法机关打击保险诈骗犯罪提供了明确依据。

三、保险诈骗罪的立法完善（1996 年以后）

1996 年 12 月 16 日，最高人民法院颁行《关于审理诈骗案件具体应用法律的若干问题的解释》（以下简称 1996 年《解释》，已失效），使《决定》中关于保险诈骗罪的定罪量刑更具有操作性。其中第 1 条对包括保险诈骗罪在内的诈骗犯罪数额标准和"情节特别严重"作出了解释，第 8 条对个人和单位实施保险诈骗犯罪"数额较大""数额巨大""数额特别巨大"进行了明确规定，其中，个人保险诈骗数额在 1 万元以上的，属于"数额较大"，数额在 5 万元以上的，属于"数额巨大"，数额在 20 万元以上的，属于"数额特别巨大"；单位保险诈骗数额在 5 万元以上的，属于"数额较大"，数额在 25 万元以上的，属于"数额巨大"，数额在 100 万元以上的，属于"数额特别巨大”。

1997年《刑法》修订过程中，在总结立法与实践经验基础上，对《保险法》和《决定》中有关保险诈骗罪的相关内容充分吸收、修改和完善，规定在《刑法》分则第三章“破坏社会主义市场经济秩序罪”下的第五节金融诈骗罪中。1997年《刑法》与《保险法》《决定》进行了很好的衔接，主要的修正内容体现在四处：一是将《决定》第16条第1款中第三档刑罚中的财产刑由“并处没收财产”修改为“并处二万元以上二十万元以下罚金或者没收财产”，使没收财产与罚金刑并列而且可以选择适用，避免第三档刑罚过重。二是修改《决定》第16条第2款中有关文字表述，删除第4项、第5项中的括号和“刑法”二字，使法律条文更加简洁。三是将《决定》第16条关于共犯、单位犯罪规定的条款内容顺序进行调换，使条文叙述更有逻辑。四是明确《决定》第16条单位犯罪的，对单位判处罚金，而直接负责的主管人员和其他直接责任人员只需承担自由刑，而不用同时承担自由刑和罚金，对犯罪单位和责任人的刑罚更加科学。

2010年，根据罪责刑相适应原则、社会经济发展水平和司法实践等情况，最高人民检察院、公安部出台《关于公安机关管辖的刑事案件立案追诉标准的规定（二）》，其中对保险诈骗罪犯罪主体的立案追诉标准进行了详细的规定，个人进行保险诈骗，数额在1万元以上的；单位进行保险诈骗，数额在5万元以上的，予以立案追诉。2022年4月最高人民检察院、公安部对上述规定予以修订，统一了对单位与个人保险诈骗的立案追诉标准，即“数额较大”的标准为5万元以上。

从上述立法过程看，保险诈骗罪在我国的立法经历了从没有规定到有明确具体规定，从包含在普通诈骗罪中到独立罪名，从政策文件、商事立法到刑事立法等发展过程，并伴随着保险产业和社会经济的发展而不断完善。现行刑法对保险诈骗罪的规定具体详细，为司法工作人员依法打击保险诈骗犯罪行为提供了基本遵循，在保护人民合法权益、维护金融市场秩序、促进保险产业健康有序发展方面发挥着重要作用。但随着近年来我国保险产业迅速发展和成熟，保险行业已经发生了巨大变化，保险诈骗罪的立法相对滞后。例如，在保险合同的订立方面，保费支付者和投保人在形式上常常发生分离，保险利益人的范围已经不再局限于“投保人、被保险人或者受益人”，并且保险合同可以依法流转，导致保险诈骗罪的主体认定越来越复杂。涉及保险诈骗的案发数量和金额大幅增长，而且保险诈骗的行为方式层出不穷、花样翻新，给司法实践认定带来了挑战。

在立法层面的相关挑战主要表现在两方面：一是保险诈骗罪的主体范围问题。特殊主体的立法模式，未将投保人、被保险人和受益人之外的非保险关系人，以及保险人、保险代理人、经纪人等主体纳入保险诈骗罪的主体范围，造成了法律适用的不统一和法律保护的失衡。[①] 目前，反映在保险诈骗案件中，很多主体在形式上不属于投保人、被保险人，却能依据保险合同骗取保金，或者在形式上虽然符合保险诈骗罪的身份主体，但是对保险合同内容不明知等，出现了保险诈骗犯罪形式主体和实质主体分离情况下保险诈骗犯罪认定的疑难问题。二是保险诈骗罪定罪量刑的数额认定问题。长期以来，司法实务中保险诈骗罪的入罪和升档标准都按照1996年《解释》中的标准执行。2010年，《关于公安机关管辖的刑事案件立案追诉标准的规定（二）》中首次将个人和单位保险诈骗入罪数额分别定在1万元以上和5万元以上，2022年对该规定修订后，将个人和单位保险诈骗数额较大标准统一为5万元以上。2011年最高人民法院、最高人民检察院出台了《关于办理诈骗刑事案件具体应用法律若干问题的解释》，提高了诈骗罪数额标准，但并没有规定保险诈骗罪等金融诈骗罪的定罪量刑标准。随着1996年《解释》在2013年被废止，目前关于保险诈骗罪有效的司法解释性质文件是2022年修订的《关于公安机关管辖的刑事案件立案追诉标准的规定（二）》，如何认定保险诈骗罪的“数额巨大”“数额特别巨大”，缺乏司法解释规定。在全国没有统一适用标准的情况下，有的地区自行研究决定本地区的数额标准，如上海市高级人民法院、上海市人民检察院、上海市公安局、上海市司法局《关于本市办理部分诈骗类犯罪案件具体数额标准的意见》将各档数额分别规定为：个人保险诈骗1万元以上不满10万元，单位保险诈骗5万元以上不满50万元，属于数额较大；个人保险诈骗10万

---

① 参见张利兆：《保险诈骗罪研究》，中国检察出版社2007年版，第263页。

元以上不满50万元，单位保险诈骗50万元以上不满250万元，属于数额巨大；个人保险诈骗50万元以上，单位保险诈骗250万元以上，属于数额特别巨大。[①] 有的参照诈骗罪数额标准认定，如吴某甲、吴某乙保险诈骗案，法院再审判决认为，一审被告人吴某甲骗取保险金额404691.42元，一审被告人吴某乙骗取保险金额352378元，参照2011年4月8日施行的最高人民法院、最高人民检察院《关于办理诈骗刑事案件具体应用法律若干问题的解释》的规定，属数额巨大，对两一审被告人应当在3年以上10年以下有期徒刑幅度内量刑。[②] 司法实践中存在的问题亟须刑事立法予以回应，如对修正现行法律规定作出修正或出台新的司法解释。

第二节　保险诈骗罪的实践样态

近年来，随着保险产业快速发展，保险诈骗罪作为保险领域特殊类型的诈骗犯罪层出不穷，汽车销售、汽车维修等行业甚至形成了车险骗保"专业链"，骗取网络平台运费险等新型保险诈骗行为接连出现，给打击保险诈骗犯罪带来了新的挑战。本书以"法信"案例平台裁判文书为基础，建立保险诈骗类案信息资料数据库，对相关数据进行统计分析，对近三年保险诈骗罪发案状况和案件特征进行总结，以期为理论与实务了解保险诈骗罪的实践样态提供参考，为保险诈骗罪的预防和惩治提供实证数据支撑。

一、实证研究样本

本节及下一节获取的用于实证研究的案例均来源于"法信"案例平

① 孙谦、万春、阮齐林主编:《经济犯罪检察业务》，中国检察出版社2021年版，第348页。

② 吴某甲、吴某乙保险诈骗再审案件，河南省郑州市中级人民法院刑事判决书（2018）豫01刑再7、8、9号。

台。检索条件如下：将案由设置为“保险诈骗罪”，裁判年份选取 2020 年至 2022 年，搜索刑事判决书、刑事裁定书。一审判决书比二审判决书的内容更详细，因此犯罪事实部分以一审判决书内容为研究底本，如果存在二审上诉或再审情形的，定罪量刑部分则以终审裁定书为准。最终从“法信”平台上选取了 227 份含有有效信息的判决书进行数据样本研究。

二、发案态势情况

（一）案件数量

根据“法信”案例平台数据显示，2020 年至 2022 年，全国法院一审审结保险诈骗案件 523 件，其中 2020 年 368 件、2021 年 125 件、2022 年 30 件。可以看出，2020 年至 2022 年保险诈骗犯罪呈下降趋势。

从地区分布来看，近年保险诈骗罪一审判决主要集中在东部省市，呈现东多西少的现象。其中，排名前十的省（直辖市）主要是江苏、上海、浙江、山东、河北、河南、北京、湖南、吉林、云南，东部沿海省市数量更多。这种分布状态与不同地区的经济发展状况、保险行业发展状况以及犯罪打击力度情况有关。

（二）涉案险种

从涉案险种分析，与机动车有关的保险占比最高，约为 87%。机动车的保险分为机动车商业保险和交通事故责任强制保险（简称交强险）两种。前者属于商业保险范畴，后者属于强制保险范畴。机动车辆商业保险又包括基本险和附加险，其中基本险包括车辆损失保险和第三者责任保险；附加险包括全车盗抢险、玻璃单独破碎险、车辆停驶损失险、自燃损失险、车身划痕损失险、新增设备损失险、车上人员责任险、无过失责任险、车载货物掉落责任险、不计免赔特约险等。[①] 具体到每个案例，犯罪行为人

① 参见徐昆主编：《保险基础与实务》（第 3 版），人民邮电出版社 2018 年版，第 83 页。

往往根据车辆投保情况实施相应险种的保险诈骗行为。预防车险诈骗是预防保险诈骗的重中之重。

除了与机动车有关的险种之外，涉案险种还有人身财产险、雇主责任险、医疗保险、农业保险、工程险等。另外，基于网络购物等新兴行业的兴起，网络平台运费险等新型险种应运而生。

（三）犯罪人情况

2020年至2022年，因犯保险诈骗罪判处刑罚的被告人共487人，其中自然人被告人485人、单位犯罪被告人2人。保险诈骗罪自然人犯罪占绝大多数。

1. 自然人被告情况

（1）性别情况。已知性别的468名保险诈骗罪被告人中，男性423人，占比90%；女性45人，占比10%。保险诈骗罪案件中男性为主要犯罪群体。从具体案例中还可以发现，女性涉案人员一般以从犯的角色出现，男性不仅在犯罪数量上占多数，在犯罪的实施和策划上往往也发挥着积极主动的作用。

（2）年龄情况。已知犯罪时年龄的421名保险诈骗被告人中，21世纪00年代生人3人，20世纪90年代生人117人，80年代生人191人，70年代生人75人，60年代生人29人，50年代生人6人。90年代生人和80年代生人是保险诈骗案件的主要犯罪群体。涉机动车险的保险诈骗占比较大，中青年人又是主要犯罪群体，这一定程度上与实施机动车保险诈骗行为一般要求有驾驶证或会驾驶机动车有关。当下，20—40岁这一年龄段的中青年人多数具备开车的技能。另外，平台运费险诈骗的涉案人员75%是90年代生人，25%是80年代生人，基本也集中在青年人这一年龄段。而农业种植险、医疗保险诈骗的涉案人员，则多数集中在70年代生人。

（3）学历情况。已知学历情况的395名保险诈骗被告人中，小学及以下文化程度的有49人，初中文化程度的有213人，中专文化程度的有27人，高中文化程度的有41人，专科文化程度的有41人，本科及以上文化程度的有24人。初中文化程度的被告人占比54%。从数据可以看出，保险诈骗罪较少涉及“高智商犯罪”，小学、初中文化程度占比较高，犯罪人较低的受教育水平与知识面的狭窄和法律意识的淡薄存在一定的关系，他们对机动车保险诈骗犯罪的性质和法律后果认识不足，在出现机动车保险诈骗的机会时，容易受利益诱惑走上犯罪道路。

2. 单位犯罪被告人情况

单位可以构成保险诈骗罪，但构成本罪的前提条件是单位为投保单位、被保险单位或受益单位。近三年保险诈骗案例中，涉及单位犯罪的只有一个，即仇某某、陈某保险诈骗案。在该案中，公司作为投保人，而公司员工为被保险人和受益人，公司的法定代表人通过获取虚假转账凭证等方法，虚构经济赔偿事实，并隐瞒已经获得其他商业保险赔付的事实，向保险公司骗取雇主责任险理赔款并用于公司经营活动。①

（四）被害人情况

在已知被害保险公司情况的案例中，中国人民保险（集团）股份有限公司涉案 86 件，占比 37.5%，在被害保险公司中占比最高；占比位列第二的是中国平安保险（集团）股份有限公司，涉案 31 件，占比 13.5%；占比位列第三的是中国太平洋保险（集团）股份有限公司，涉案 31 件，占比 13.5%。其余占比较高的保险公司还有中华联合财产保险公司、中国人寿保险（集团）公司、安邦保险（集团）股份有限公司、中国大地财产保险股份有限公司等。

根据保险行业保费收入、市场占有率相关数据统计分析，保险公司涉案件数与保费收入、市场占有率成正比例相关。另外，涉案件数排名靠前的保险公司打击保险诈骗力度相对也较高。

① 仇某某、陈某保险诈骗案，上海市黄浦区人民法院刑事判决书（2020）沪 0101 刑初 573 号。

三、案件处理情况

（一）共同犯罪情况

保险诈骗罪的犯罪主体是法定的特殊主体，即投保人、被保险人、受益人。但是实践中实施保险诈骗行为的主体不仅限于“三类人”。在特殊主体混杂的情形下，一旦出现不同主体共同犯罪的情况，共同犯罪模式就更为复杂。仅从主体角度，保险诈骗就能分出多种共同犯罪情形，如保险诈骗罪明确规定的“三类人”之间共同犯罪，无特定身份者和“三类人”共同犯罪，有特定身份者（如保险公司工作人员、国有保险公司工作人员、汽车销售维修行业人员等）和“三类人”之间的共同犯罪，有特定身份者及无特定身份者和“三类人”之间的共同犯罪等。考察的227件保险诈骗案件中，法院判决书认定系共同犯罪的案件占比78%，在这些共同犯罪案件中，51%系“三类人”之间共同犯罪，24%系无特定身份者和“三类人”共同犯罪，20%系有特定身份者和“三类人”之间共同犯罪，4.8%系有特定身份者、无特定身份者和“三类人”之间共同犯罪。投保人、被保险人、受益人之间保险诈骗共同犯罪占比最大。

（二）犯罪数额认定情况

根据保险诈骗罪的定罪标准，将犯罪数额划分为六个区间，其中犯罪数额在“1万元至5万元（不含）”区间的案件占43%，犯罪数额在“5万元至20万元（不含）”区间的案件占38%，犯罪数额在“20万元至50万元（不含）”的案件占12%，犯罪数额在“50万元至100万元（不含）”的案件占4%，犯罪数额在“100万元至1000万元（不含）”的案件占3%，超过千万元的案件为零。

实证研究发现，不同地区对保险诈骗罪“数额较大”“数额巨大”定罪处罚标准不尽一致，在对被告人定罪处罚的过程中，会结合案发当地的经济发展水平、经济活动习惯等进行综合判断（参见表1）。

表 1 不同地区对于保险诈骗数额的认定标准 ①

案件名称	判决书文号	保险诈骗数额	认定标准
朱某某保险诈骗案	（2020）浙 0203 刑初 549 号	10.0096 万元	数额巨大
孔某某等 3 人保险诈骗案	（2021）辽 0381 刑初 50 号	10.22 万元	数额较大
吴某某等 3 人保险诈骗案	（2020）苏 0213 刑初 742 号	10.26 万元	数额巨大
尹某、徐某保险诈骗案	（2020）苏 0115 刑初 93 号	10.4 万元	数额较大
吴某某等 3 人保险诈骗案	（2020）皖 1881 刑初 322 号	10.56 万元	数额巨大
潘某某、金某某等保险诈骗案	（2020）沪 0115 刑初 243 号	11.54 万元	数额巨大
罗某某保险诈骗案	（2020）粤 1802 刑初 217 号	11.76 万元	数额较大
赵某某保险诈骗案	（2020）鲁 0481 刑初 17 号	12.5 万元	数额较大

（三）犯罪行为情况

保险诈骗罪在客观方面包括五种表现形式：一是保险标的自始虚假的“空手套白狼型”保险诈骗；二是事故本身为假的“无中生有型”保险诈骗；三是理赔范围或者申报理赔程度为假的“虚张声势型”保险诈骗；四是故意造成财产损失的保险事故的“自损型”保险诈骗；五是故意造成被保险人死亡、伤残或者疾病的“自残型”保险诈骗。在已获取的有效判决书中，写明适用《刑法》第 198 条款项的判决有 167 份。其中“自损型”保险诈骗数量最多，多表现为以非法占有保险金为目的，故意制造交通事故造成被保险车辆损坏，说明犯罪分子为了达到骗取保险金的目的，更愿意选择故意制造保险事故的方式骗取保险公司的信任，从而获得保险金。相比较于虚构保险标的和虚构保险事故，故意制造事故更加具有欺骗性。而“自残型”保险诈骗数量最少，与故意造成人员伤亡的犯罪成本较高等因素有关（详见图 1）。

① 按照保险诈骗数额从低到高排序。

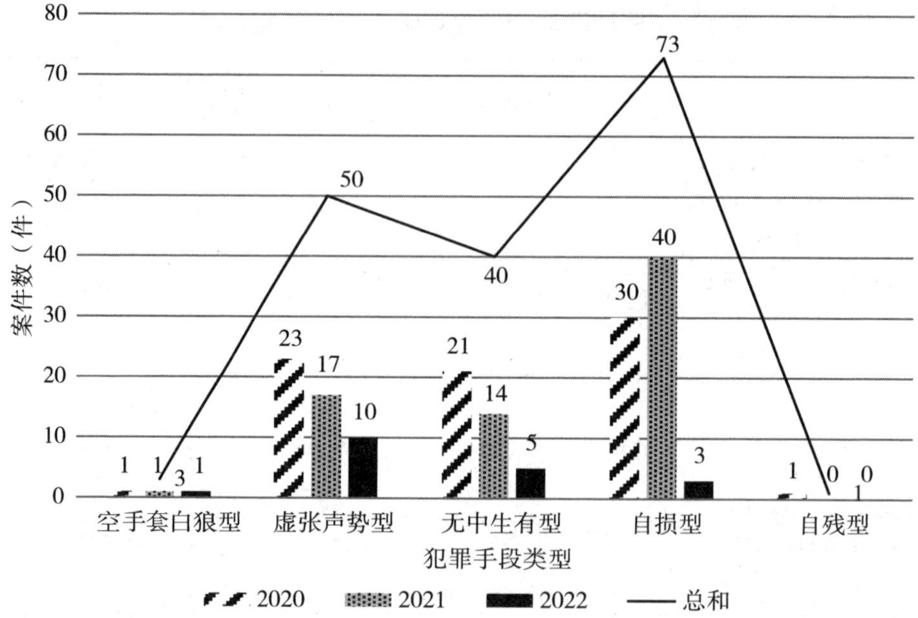

图 1　2020 年至 2022 年保险诈骗罪犯罪手段占比

（四）犯罪未遂情况

已知的 227 份含有效信息的判决书中，有 27 个案件存在犯罪未遂的情节，占比 11.9%。保险诈骗案例中，由于意志以外的原因未得逞的情况多种多样，主要有以下几个原因：一是被告人索赔后，保险公司发现有保险诈骗嫌疑，被告人主动放弃部分理赔金索赔的，占比 6.22%；二是保险公司查明或者公安机关发现涉嫌保险诈骗而没有对被告人进行理赔的，占比 16.59%；三是被告人在申请理赔过程中出现错误而未能成功获得理赔款的，占比 5.19%。因保险公司查明或者公安机关发现涉嫌保险诈骗而未对被告人进行理赔是导致犯罪未遂的主要原因。从犯罪预防的角度看，保险公司认真梳理保险诈骗易存在的风险点，加强漏洞排查、风险管理，在一定程度上可以避免犯罪结果的发生。

（五）退赔情况

在考察的 227 件保险诈骗案件中，未退赔保险公司的有 29 件，占比 13%，其余案件均全部或部分退赔，占比约 87%。保险诈骗类案件追赃挽损的比率较高。

（六）量刑情况

1. 主刑情况

根据样本，所判刑罚的 473 名保险诈骗罪被告人中，被判处拘役的 65 人，被判处有期徒刑的 406 人，免予刑事处罚的 2 人。在量刑区间方面，所判处有期徒刑在 1 年以下（不含）的有 113 人，1 年至 5 年（不含）的有 255 人，5 年至 10 年（不含）的有 28 人，10 年以上的有 10 人（详见图 2）。数据显示，保险诈骗罪案件刑期大部分集中在有期徒刑 1 年以上 5 年以下量刑档。

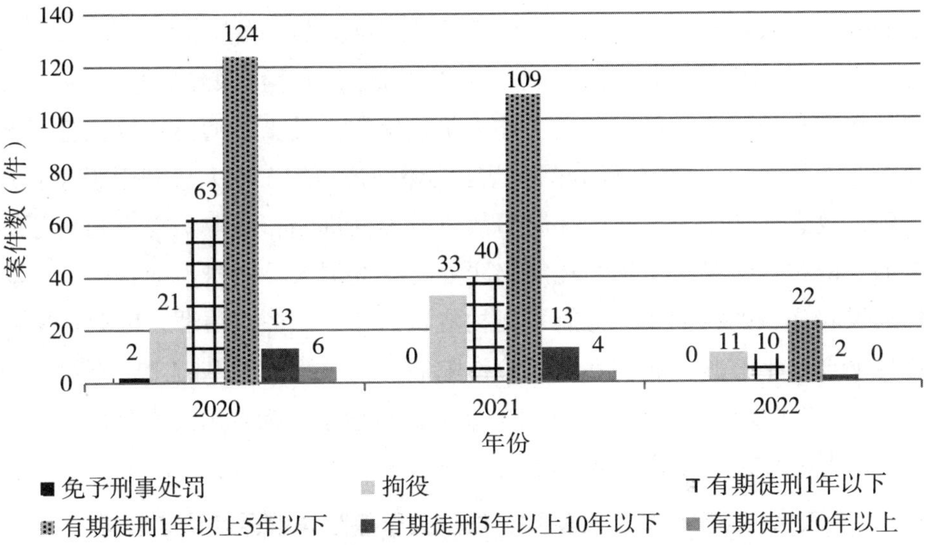

图 2　2020 年至 2022 年保险诈骗罪判处主刑情况

2. 缓刑情况

已被判处拘役、3 年以下有期徒刑的 419 名保险诈骗罪被告人中，共有 297 名被宣告缓刑，缓刑适用率为 71%。其中，被判处拘役的 65 人中，有 59 人被宣告缓刑，占比 91%；被判处有期徒刑的 354 中，有 238 人被宣告缓刑，占比 67.2%。数据表明，保险诈骗类案件大部分都是判轻缓刑。这对司法机关开展认罪认罚工作以及羁押必要性审查具有一定参考价值。

（七）司法处理的其他问题

1.“内外勾结”型保险诈骗案件罪名认定不统一

有观点认为，“内外勾结”型保险诈骗共同犯罪是投保人、被保险人或受益人与保险公司的工作人员互相配合，共同实施骗取保险金的行为。内部人员和外部人员是针对保险公司而言，内部人员指的是保险公司内部的工作人员，在共同实施犯罪中利用自己在保险公司的特殊身份为保险诈骗行为提供便利条件；外部人员指的是未在保险公司任职的人员，包括投保人、被保险人或受益人等；而“勾结”应理解为内部人员同外部人员双方共同实施保险诈骗行为。[①] 本书认为，仅以是否有保险公司工作人员作为划分依据，限制了“内外勾结”的形式，内部人员和外部人员不应只限定在保险公司。有一部分人基于职业背景更加了解保险理赔流程，除保险公司工作人员外，还包括医院的工作人员、鉴定人员、协助行政机关管理行政事务人员等。《刑法》第 183 条规定，保险公司的工作人员利用职务上的便利，故意编造未曾发生的保险事故进行虚假理赔，骗取保险金归自己所有的，依照本法第 271 条的规定定罪处罚。这类人员因身份的特殊性，既构成保险诈骗的帮助犯，也有可能构成贪污罪、职务侵占罪，因此在案件定性上会产生分歧。我们在“保险诈骗罪”为关键词的基础上，新增“职务侵占罪”“贪污罪”等可能认定的罪名进行检索，筛选出几份公检法三机关定性不一致的判决书，详见表 2 。

表 2　公安机关、检察院、法院关于保险诈骗罪名认定差异

案件名称及案号	公安机关认定罪名	检察机关认定罪名	法院认定罪名	改变定性理由
王某某诈骗案（2022）云 0111 刑初 523 号	保险诈骗	诈骗	诈骗	王某某身份不符合保险诈骗罪的主体要件

① 参见马诗清:《“内外勾结”型保险诈骗共同犯罪研究》，中国人民公安大学 2020 年硕士学位论文，第 7 页。

续表

案件名称及案号	公安机关认定罪名	检察机关认定罪名	法院认定罪名	改变定性理由
何某某、叶某某等人保险诈骗案（2019）皖0202刑初1号	保险诈骗	保险诈骗	何某某构成保险诈骗，叶某某构成职务侵占	叶某某系保险公司工作人员，依据《刑法》第183条规定，构成职务侵占。何某某实施保险诈骗的实行行为、职务犯罪的帮助行为，根据想象竞合从一重，其构成保险诈骗罪
赵某某、王某某贪污、保险诈骗、职务侵占、行贿案（2019）黑1283刑初16号	保险诈骗	保险诈骗	滥用职权	被告人不依法正当行使行政管理权，致使国家和人民利益遭受重大损失，情节特别严重，构成滥用职权罪。被告人没有非法占有保险理赔款的主观故意，不符合保险诈骗罪构成要件
葛某某保险诈骗、职务侵占案（2017）豫1722刑初82号	职务侵占	保险诈骗	贪污罪	被告人协助行政区域内保险工作，冒用农户名义投保进行虚假理赔，不是虚构保险标的，也没有编造保险事故，主观目的是利用职务便利骗取和占用公共财物，客观上利用他人提供的帮助骗取并占有公共财物，符合贪污罪构成要件
张某甲、张某乙保险诈骗案（2016）辽0181刑初197号	保险诈骗	职务侵占	保险诈骗	2016年《最高人民法院、最高人民检察院关于办理贪污贿赂刑事案件适用法律若干问题的解释》上调了职务侵占罪的立案标准（6万元以上为数额较大），张某甲作为保险公司宗拓专员，指使下属采取弄虚作假手段为张某乙办理车险事宜，骗取3万余元保险赔偿金，构成保险诈骗罪

2. 犯罪数额标准认定不统一

通过对227份判决书的分析发现，一些案件中检法两家对保险诈骗罪犯罪数额的认定也存在差异（详见表3）。

表 3　保险诈骗犯罪数额认定差异

案件名称及案号	检察机关	法院
黄某保险诈骗案（2018）桂 0103 刑初 1010 号	以协议理赔数额为准	以本次保险理赔可能产生的实际支出数额为准
寿某 1、高某、陈某等保险诈骗案（2020）冀 0229 刑初 96 号	以实际理赔数额为准	保险公司报案后继续理赔行为不当，认定数额时去除保险公司报案后的理赔数额
李某某保险诈骗案（2021）内 2221 刑初 331 号	保险诈骗数额 18 万元应认定为数额巨大	根据最高人民检察院、公安部《关于公安机关管辖的刑事案件立案追诉标准的规定（二）》第 51 条“进行保险诈骗活动数额在五万元以上的，应予立案追诉”的规定，保险诈骗数额 18 万元认定“数额较大”为宜

实践中保险诈骗罪的犯罪数额认定差异，主要体现在两个方面：一是数额的认定标准。一些案件中，检察机关会以较高的数额起诉，如果法院不认可，会扣除相应的数额，这样能更好地保证诉讼顺利进行而不需要再追加起诉。值得注意的是，有些法院认为保险公司报案后如果继续理赔，那么保险诈骗的数额应当扣除保险公司报案后的理赔数额，这为保险公司在明知行为人骗保而继续理赔的行为是否构成保险诈骗罪提供了参考。二是不同量刑档的数额标准。保险诈骗罪“数额较大”的追诉标准，最高人民检察院、公安部《关于公安机关管辖的刑事案件立案追诉标准的规定（二）》第 51 条作了明确规定。“数额巨大”“数额特别巨大”的标准，此前最高人民法院《关于审理诈骗案件具体应用法律若干问题的解释》有过规定，但该解释已于 2013 年 1 月 18 日废止，新的标准还未颁布，这是实践中法检之间存在分歧的主要原因。

第三节 保险诈骗罪的犯罪特征

基于实证研究，保险诈骗案件一般具有以下特征。

一、骗保行为具有一定的专业性和职业性

保险业务的专业性决定了骗保行为也具有一定程度的专业性、职业性特征。比如，分析样本车险诈骗中，有汽车修理厂、4S店经理、员工等相关行业的人员参与的共同犯罪案件占比89%；其中人数最多的有11人共同参与犯罪，该案11名被告人交叉共同故意实施犯罪行为[①]；涉及5起及以上车险诈骗的占比63%，例如刘某等保险诈骗案。被告人刘某利用经营修理厂之便，伙同他人伪造机动车单车、两车碰撞或者碰撞电动自行车的交通事故，共制造32起车险诈骗[②]。此类人员熟悉保险退赔的流程、漏洞，往往都会与不同车主进行合谋，制造多起保险诈骗案件，相较于偶发犯罪，社会危害性更大，影响更为恶劣。又如，涉农业畜牧业类保险的有生猪保险、农业种植险、土地农业保险，实施相关骗保行为的均是村委会主任、农民，年龄集中在20世纪60年代、70年代生人。再如，涉网络平台运费险，实施相关骗保行为的行为人年龄均集中在90年代生人，相较于其他年龄段的人更加熟悉网络购物退换货流程。

二、车险是保险诈骗的重灾区

前文已有统计，约87%的保险诈骗案件为机动车保险诈骗，犯罪手段主要表现为“虚张声势型”保险诈骗以及“自损型”保险诈骗。按照行为

---

① 居某某、周某某等保险诈骗案，江苏省沛县人民法院刑事判决书（2020）苏0322刑初287号。

② 上海市奉贤区人民法院刑事判决书（2021）沪0120刑初431号。

人实施车辆保险诈骗的目的、手段划分，主要有以下几种情形。

（一）为翻新旧车制造事故骗取车辆损失险

车辆损失险是被保险人或经其允许的合格驾驶员在驾驶保险车辆时发生保险事故而造成保险车辆受损，保险公司在合理范围内予以赔偿的一种汽车商业保险。车辆发生损失时，定损后实际赔付前，将车辆送到保险公司指定的维修地点进行修理。有些不法分子会利用这种理赔方式，为将自身已经老旧的车辆翻新，故意制造事故，骗取车辆损失险，达到修车目的。例如邹某等4人保险诈骗案中，邹某因车辆发动机损坏需维修，遂与车辆维修店的店长和车间主任蒋某、朱某预谋，通过故意制造交通事故骗取车辆保险金。邹某驾驶车辆和杨某驾驶车辆故意相撞发生交通事故，二人均将车辆送去蒋某、朱某店维修，因故意制造的交通事故可能获得的维修费用不足以维修邹某汽车的发动机，蒋某又指使朱某采用“扩损”的方式夸大汽车的损伤程度，骗取保险赔偿金。法院认定邹某等4人的行为构成保险诈骗罪。[①]

（二）为事后保险虚构保险标的

事后保险是指发生保险事故后才投保或者续保，换言之，行为人为了骗取保险金修复受损车辆，隐瞒标的车辆已经发生事故的真相，欺骗保险人与之订立保险合同，行为人将投保前发生的保险事故伪报成投保后或者续保后发生的保险事故。有观点认为，这是“编造未发生的保险事故”的行为，也有观点认为该情形属于“虚构保险标的”的行为。本书认为，为区分单纯为骗取车辆损失险而制造事故的行为，应将该情形界定为“虚构保险标的”的行为。例如李某某保险诈骗案，因被告人投保的车险已过期，其预谋通过“倒签单”的方式骗取保险公司赔偿，法院将此行为认定为《刑法》第198条第1款第1项规定的虚构保险标的的行为。[②]

---

① 江苏省常州市天宁区人民法院刑事判决书（2021）苏0402刑初5号。

② 云南省云龙县人民法院刑事判决书（2021）云2929刑初24号。

（三）利用第三者责任险故意制造事故

第三者责任险是指被保险人或经其允许的合格驾驶人员在使用保险车辆过程中发生意外事故，致使第三者遭受人身伤亡或财产直接损毁，依法应当由被保险人承担经济责任，保险公司负责赔偿。有些被保险人会利用这种理赔方式，与他人合谋制造保险事故，骗取保险金，行为人在选择“合作伙伴”中往往能暴露其主观意图。例如白某某、王某某保险诈骗案中，王某某的车辆临近报废，为骗取第三者责任险，其配合白某某故意制造交通事故，二人共谋，白某某驾车故意撞击王某某车辆，交警大队出具了白某某负此次事故全部责任、王某某无责任的认定书。白某某、王某某向保险公司谎称互不认识，事故真实存在，提出理赔申请。后保险公司向白某某赔付修车费用，向王某某赔付第三者责任险赔偿金。[①]

（四）酒后驾车编造虚假理由骗取保险

酒后驾车易发生交通事故造成车辆损害，此情况往往是保险公司不予理赔的原因，但被告人有时为了逃脱酒驾的处罚或者继续获得保险理赔款，会寻找他人顶替驾驶人并向保险公司、公安机关编造虚假事故原因从而获得保险金。例如王某甲、王某乙保险诈骗案中，王某甲酒后驾驶其母亲名下车辆撞上路边树木后翻入沟内，因担心保险公司对酒后驾车发生的事故不予理赔，其将父亲王某乙叫到事故现场，后王某乙委托其朋友报警称系王某乙开车造成交通事故，并获得保险理赔。保险公司报案，法院将王某甲、王某乙父子的行为认定为《刑法》第 198 条第 1 款第 2 项规定的编造虚假原因骗取保险金。[②]

---

① 河北省衡水市桃城区人民法院刑事判决书（2021）冀 1102 刑初 125 号。
② 山东省莒县人民法院刑事判决书（2021）鲁 1122 刑初 78 号。

三、亲属间合伙实施犯罪为常见形态

上述案件，属于共犯的保险诈骗案中，被告人具有亲属关系的案件有13件。常见的主要有两种：一是夫妻、父母子女之间，因夫妻一方或子女酒后、无证驾驶发生事故后，要求另一方或父母顶替驾驶员骗取保险金，如上文例举的王某甲、王某乙保险诈骗案。二是夫妻共同虚构保险事故实施保险诈骗行为。例如祁某保险诈骗案中，祁某明知其丈夫黄某长期借用曹某的机动车驾驶证为自己名下车辆的交通违法销分，在得知黄某因交通事故致使李某死亡后，祁某出面处理，还是以黄某冒用曹某姓名的形式申请保险理赔，法院认定祁某的行为触犯《刑法》第198条第1款第2项，构成保险诈骗罪。[①]

① 湖南省益阳市赫山区人民法院刑事判决书（2021）湘0903刑初54号。

第二章 >>>>>>

保险诈骗罪的认定处理

第一节 保险诈骗罪的罪与非罪区分

一、保险诈骗罪的犯罪构成

保险，是指投保人根据合同约定，向保险人支付保险费，保险人对于合同约定的可能发生的事故因其发生所造成的财产损失承担赔偿保险金责任，或者当被保险人死亡、伤残、疾病或者达到合同约定的年龄、期限等条件时承担给付保险金责任的商业保险行为。《刑法》分则第三章“破坏社会主义市场经济秩序罪”第五节“金融诈骗罪”中第198条规定了保险诈骗罪。保险诈骗罪由于具有较为明显的行业特点而从传统的诈骗罪中分离出来作为一个独立的罪名。本罪的犯罪构成如下：

（一）犯罪客体

保险诈骗行为是发生在保险行业内的具有特殊性的诈骗行为，其侵犯的客体也具有综合性。保险行业建立在合同契约基础之上，具有严谨的运行规则和众多主体（保险人、投保人、被保险人），利用保险理赔实施虚构事实、隐瞒真相的诈骗行为，侵犯的不仅是保险人的财产权，更有保险行业的管理秩序。

《保险法》第10条规定，保险合同是投保人与保险人约定保险权利义务关系的协议。投保人和保险人基于自愿、平等，协商一致，遵循公平原则签订合同，确定各方的权利和义务。投保人按照保险合同支付保险费用，保险人按照合同约定承担赔偿或者给付保险金责任。较为特殊的是，保险合同在民事法律层面来讲是一种射幸合同，是一种以不确定的事件发生作为给付条件的合同，这个不确定事件就是约定的保险理赔情形。只有出现了属于保险理赔情形时，保险人才需要按照约定履行义务，保险理赔情形没有出现的情况下，就不需要履行义务。因此，保险理赔情形的出现是启动保险人合同义务的“阀门”。保险诈骗行为就是通过制造“不真实”的保险理赔情形，以合同约定作为主张权利的手段“迫使”保险人履行义务。这种诈骗行为以欺骗的手段利用了契约关系下的保险合同，破坏了正常的合同关系，侵犯了保险管理秩序。而这种破坏直接带来的就是对保险人财产权利的侵犯，保险人需要为一个“不真实”的理赔情形履行赔偿责任、支付赔偿金。这是保险诈骗罪所侵犯的另一个客体。

（二）犯罪客观方面

保险诈骗罪的客观方面主要表现为行为人违反保险法规等相关规定，采用欺诈的方式，制造形式上符合保险理赔条款的“虚假事实”，骗取保险赔偿金的行为。核心特点是存在“弄虚作假”行为。根据刑法的规定，具体包括四类典型行为、五种表现形式。

1. “保险标的”自始虚假，即投保人故意虚构保险标的，骗取保险金

《保险法》第12条规定：“人身保险是以人的寿命和身体为保险标的的保险”“财产保险是以财产及其有关利益为保险标的的保险。”保险标的是保险法律关系中的基础和核心。保险标的不但是判断投保人是否具有可保利益、保险关系是否可以建立的依据，而且在设定保险费率、赔付金额等方面也起到基础作用。保险标的的虚假会直接导致保险关系自建立之始存在缺陷问题，使不应被保险的事项进入保险范围。因此，《保险法》规定了投保人对保险标的的情况具有如实告知的义务。虚构保险标的的行为是对保险人利益的侵犯，《保险法》第16条规定“投保人故意或者因重大过失未履行前款规定的如实告知义务，足以影响保险人决定是否同意承保或者提高保险费率的，保险人有权解除合同”，《刑法》第198条规定将“故意虚构保险标的骗取保险金”的行为作为保险诈骗罪的客观行为之一。

虚构保险标的的行为有不同的表现形式，比较典型的有以下几种：一

是在投保时故意隐瞒保险标的的真实情况。如隐瞒被保险人身患绝症的事实，通过提供虚假证明文件等方式以健康人的身份投保，再提供保险合同生效后的诊断证明进行理赔。由于被保险人自始不符合投保条件，故此类行为属于虚构保险标的。又如在投保时隐瞒保险标的的真实情况，将一辆曾经发生过事故的二手车以新车的身份投保，恶意抬高价值，以期在发生事故时进行高额理赔。二是恶意重复投保，即就同一保险标的重复投保，以期获得多重赔偿。重复保险是指投保人对同一保险标的、同一保险利益、同一保险事故分别与两个以上保险人订立保险合同，且保险金额总和超过保险价值的保险。重复投保本身是保险法不禁止的行为，但进行了严格限制。《保险法》第56条规定，重复保险的投保人应当将重复保险的有关情况通知各保险人。重复保险的各保险人赔偿保险金的总和不得超过保险价值。除合同另有约定外，各保险人按照其保险金额与保险金额总和的比例承担赔偿保险金的责任。恶意重复投保与正常重复投保的本质区别在于，前者有意隐瞒重复投保的情形，将被保险标的多次投保骗取保险金。三是事后投保行为。即投保人并未就某一项财产或者人身权益进行投保，在特定事故发生后，为了骗取保证金而进行投保，投保后采用欺诈手段对保险合同订立前已发生的事故进行理赔。四是冒名顶替式的行为，即申请理赔标的并非投保标的。如两辆外观相同的车，投保车辆未发生事故，未投保车辆发生事故，行为人更换车辆车牌，用“移花接木”的方式，用未投保车辆冒充投保车辆进行理赔。

2.“事故本身为假”，即投保人、被保险人或者受益人编造未曾发生的保险事故，骗取保险金

此类行为的特点是没有发生保险事故，行为人编造不存在的事实，无中生有谎称有事故发生。如被保险人自己摔倒致伤，谎称是被投保车辆撞倒而申请保险理赔。

3. 事故为真但理赔范围为假或者申报的理赔程度为假，即投保人、被保险人或者受益人对发生的保险事故编造虚假原因或者扩大损失程度，骗取保险金

根据保险法的规定，保险事故是指保险合同约定的保险责任范围内的

事故。即发生在保险合同约定范围内的事故才在理赔的范畴内，超出范围的事故不符合理赔条件。在已投保标的发生保险合同外的事故时，采用欺诈手段，虚构事实，将不属于理赔范围的事故原因人为“制造”成符合理赔条件。另外一种行为方式是将“小事故”伪造成“大事故”进行超过应保范围的理赔。这种行为在本质上也是通过虚构事实，将不属于理赔范围的部分进行理赔。

4. 故意制造事故，即为了骗取保险赔偿，人为制造事故

此类包含两种具体行为：一是投保人、被保险人故意造成财产损失的保险事故，骗取保险金。此类行为在司法实践中较为常见。如某车辆4S店工作人员，在回收二手车送厂报废前，为谋取利益，故意制造车辆事故，骗取保险金。二是投保人、受益人故意造成保险人死亡、伤残或者疾病，骗取保险金的。此类行为发生在人身保险类合同上。上述两类行为不但触犯了保险诈骗罪，有可能还构成故意毁坏财物罪、故意伤害罪、故意杀人罪等。因为其行为不但侵犯了保险诈骗罪所保护客体，而且直接侵犯了公民的财产、人身、健康权利。因此保险诈骗罪的条款中专门进行了规定：有上述两类行为可能构成其他犯罪的，数罪并罚。但如果是被保险人通过自杀、自残的方式企图骗保的，则仅构成保险诈骗一罪。如舒某自残骗保案。2008年3月至6月间，舒某为骗取保险金，先后在十余家保险公司，以本人作为被保险人，投保了保险金额达1000余万元的人身意外伤害保险。2008年10月16日，舒某买来排骨，在剁排骨时故意将自己左手食指近节指端剁断，经鉴定属七级伤残。依据保险合同所附《人身保险残疾程度与保险金给付比例表》规定，该伤残给付保险金比例为10%。其后，舒某到保险公司索赔保险金，因案发而未得逞。最终舒某以保险诈骗罪（未遂），被判处有期徒刑6年，并处罚金人民币5万元。

实施保险诈骗行为要达到一定的标准才能够认定为犯罪。根据2022年最高人民检察院 、公安部修订后的《关于公安机关管辖的刑事案件立案追诉标准的规定（二）》的规定，单位与个人进行保险诈骗立案的追诉标准，即数额较大的标准为5万元以上。

除了以上几种典型的行为方式之外，《刑法》第198条第4款还规定了

一种比较特殊的构成共同犯罪的行为，即“保险事故的鉴定人、证明人、财产评估人故意提供虚假的证明文件，为他人诈骗提供条件的，以保险诈骗的共犯论处”。从共同犯罪理论上来讲，提供虚假证明文件为诈骗提供帮助的，行为人在主观上具有共同进行保险诈骗的故意，在客观上为保险诈骗提供帮助，其行为是进行保险诈骗的一个环节，因此符合共同犯罪的要件。刑法将这一行为的性质认定明确规定在条文中，更加强化了对背离特定职业要求的帮助犯的打击力度。需要注意的是，此条款的规定并非排除了其他类型帮助犯的情形——明知行为人实施保险诈骗而为其提供帮助的，同样能够成立保险诈骗罪的帮助犯。

（三）犯罪主观方面

保险诈骗罪本质上是“诈骗”，即以非法占有为目的，通过虚构事实、隐瞒真相的方式骗取他人财物，因此保险诈骗罪的主观方面要求行为人具有犯罪故意。由于保险诈骗需要通过实施一系列“虚假性”的行为而实现，主观意志决定客观表现，只有在积极追求诈骗结果的情况下，才能去实施欺诈行为，所以比较典型的保险诈骗，行为人在主观上都是持直接故意态度，即积极追求犯罪目的实现。

但并非不存在间接故意的情形。正如上文所述的法条规定的共同犯罪的行为。鉴定人、评估人、证明人既可以是与保险诈骗的行为人经过共谋，形成实施诈骗的共同故意并共同实施行为，也可以是未有明确的通谋，但明知自己的行为可能导致行为人骗取保险金的结果发生，并对这一结果持放任的态度，在这种“听之任之”的心理状态下提供了虚假文件。因而，保险诈骗共犯者的主观罪过有可能是间接故意。共犯的主观心理状态虽然与实行犯的主观心理状态有所不同，但仍应对犯罪结果承担共同犯罪的刑事责任。提供虚假证明文件的人对于提供虚假文件持主观故意的态度，但其对于诈骗行为人使用虚假证明文件去进行保险诈骗可能是持直接故意，积极追求的态度；也有可能是一种放任结果发生的态度，即持间接故意。

（四）犯罪主体

根据《刑法》第198条规定，保险诈骗罪的犯罪主体为特殊主体，主要是投保人、被保险人和受益人，即与保险合同相关的人员，不同的行为方式由不同的适格主体来实施。此外，有两类特殊的主体。一是上文已述的保险事故的鉴定人、证明人、财产评估人，此类人虽然不是保险合同的关系人，但其与保险合同的关系人形成了共犯，为关系人的诈骗行为提供了帮助，可以理解为是形成共同的犯罪故意，借助关系人的身份实现了犯罪；二是在《刑法》第198条第3款规定，单位可以成为保险诈骗罪的主体，对单位判处罚金，并对直接负责的主管人员和其他直接责任人员判处刑罚。在司法实践中，也有不少判例的被告人为单位。

二、保险诈骗罪的罪与非罪

司法实践中，在查明事实和证据的基础上，为做到准确定性、正确区分保险诈骗罪的罪与非罪，应注意把握以下方面。

（一）行为主体方面

1. 特殊行为主体的认定

根据《刑法》第198条的规定，行为主体包括投保人、被保险人、受益人。另外，保险事故的鉴定人、证明人、财产评估人故意提供虚假的证明文件，为他人诈骗提供条件的，以保险诈骗的共犯论处。该罪的行为主体是否仅局限于上述六种特殊身份呢？本书认为，首先，该罪的正犯主体限定在投保人、被保险人、受益人的特殊身份较为适宜。利用保险合同关系骗取保险金是保险诈骗罪最本质的特征，亦是区分该罪与其他诈骗犯罪的关键要素，因此保险诈骗罪的正犯主体应当为保险合同关系的一方，即投保人、被保险人、受益人。其次，该罪狭义的共犯（教唆犯、帮助犯）主体不应当限定在保险事故的鉴定人、证明人、财产评估人。理由如下：一是《刑法》第198条的规定本质上是提示性规定，其目的是提示司法实践者对三类身份人员的帮助行为应当以该罪的共犯论处，而无须适用其他罪名。二是刑法总则共同犯罪基本原理适用于该罪名。根据共同犯罪基本原理，上述三类特定身份主体的帮助行为应当以共犯论处，其他非特定身份主体的帮助行为亦应当以共犯论处。最后，无身份者不宜成立保险诈骗罪的间接正犯。

2. 形式主体与实质主体相分离时的行为主体认定

实践中该罪经常出现形式主体与实质主体相分离的情形。例如，被保险标的的实际所有人（隐名者）利用挂靠单位（显名者）的名义实施保险诈骗行为。此时，如何认定保险诈骗罪的主体?《保险法》规定，投保人是指对保险标的具有保险利益、与保险人签订合同并向保险人交付保险费的人。本书认为，保险合同关系中，实质主体（隐名者）实际享有标的之上的保险利益关系，实际交付保险费，是保险合同权利义务的实际承受者，也就是实际的投保人和被保险人，完全可以成为保险诈骗罪的主体。另外，运用间接正犯原理也能解决形式主体与实质主体分离的争议。间接正犯，也称间接实行犯，是指利用不成立共犯的他人实行相关犯罪。保险合同关系中，在形式主体（显名者）不知情的情况下，实质主体（隐名者）利用形式主体的名义实行保险诈骗行为时，形式主体（显名者）因缺乏共同犯罪的故意而不负刑事责任，实质主体（隐名者）则应当承担刑事责任。

（二）数额标准方面

行为人实施保险诈骗行为最终所骗取的数额大小是衡量其是否构成犯罪的重要因素。① 保险诈骗罪属于数额犯，数额较大是构成该罪的必备客观条件，数额不构成犯罪的只应依据《保险法》相关条文的规定给予相应行政处罚。2022年修订的《关于公安机关管辖的刑事案件立案追诉标准的规定（二）》只规定了“数额较大”的标准，对于“数额巨大”及“数额特别巨大”的标准，尚未有相关司法解释予以明确。如前所述，在掌握数额

① 参见张影、刘洋:《保险诈骗行为罪与非罪的认定因素》，载《人民检察》2010年第8期。

标准方面，一些省市出台了当地标准。如江苏省高级人民法院、人民检察院、公安厅《关于加强经济犯罪案件办理工作座谈会纪要》（2017 年）规定，个人进行保险诈骗活动，数额在 10 万元至 100 万元的，一般应认定为《刑法》第 198 条规定的“数额巨大”；数额在 100 万元以上的，一般应认定为《刑法》第 198 条规定的“数额特别巨大”。单位实施保险诈骗犯罪行为，上述数额标准一般按个人标准的五倍掌握。若各地未出台具体标准的，可参照诈骗罪相关解释进行处理。

（三）行为方式方面

1. 如何解释“虚构保险标的”

“虚构保险标的”是该罪的行为手段之一，从字面意思严格解释，“虚构保险标的”应当是指虚构实际完全不存在的保险标的。但现实中必然存在部分虚构以及隐瞒真相（只隐瞒未虚构）的情形，例如行为人隐瞒被保险人病情而投保骗取保险金。本书认为，保险诈骗罪是特殊的诈骗罪，其行为方式手段也应当是“虚构事实、隐瞒真相”。因此，对“虚构保险标的”作扩大解释是适当的，既包括完全虚构保险标的，也包括部分虚构标的，既包括虚构事实，也包括隐瞒真相。

2. 故意扩大保险事故应当如何准确定性

现实中存在行为人在保险事故发生后，为了获得额外保险金而对损失结果采取放任态度，甚至故意扩大损失结果。关于此种情形应当如何定性，是属于“夸大损失程度”还是“故意造成财产损失的保险事故”，理论界和司法实践中都存在一定争议。通说认为，此种情形应当认定为“故意造成财产损失的保险事故”。本书也持此种观点，理由如下：其一，“夸大损失程度”应当是指实际发生的损失较小而凭空夸大，不应当包括通过行动将损失结果已实际扩大的情形；其二，事故发生后又故意扩大保险事故损失，可以理解为故意造成额外（扩大）财产损失的保险事故，并没有超出“故意造成财产损失的保险事故”的字面含义。

（四）刑民交叉问题

1. 保险合同的效力是否影响犯罪构成

《保险法》第16条规定："订立保险合同，保险人就保险标的或者被保险人的有关情况提出询问的，投保人应当如实告知。投保人故意或者因重大过失未履行前款规定的如实告知义务，足以影响保险人决定是否同意承保或者提高保险费率的，保险人有权解除合同。前款规定的合同解除权，自保险人知道有解除事由之日起，超过三十日不行使而消灭。自合同成立之日起超过二年的，保险人不得解除合同；发生保险事故的，保险人应当承担赔偿或者给付保险金的责任。"

实践中存在投保人虚构保险标的（未履行如实告知义务），但合同成立超过二年的情形。关于此种情形是否构成保险诈骗罪，理论界存在较大争议：一方基于法秩序统一性原理认为，合同经过二年除斥期而未解除，则合同成立且具有效力，索赔的行为就是正当的权利请求行为。那么即使行为人自始蓄谋且实施保险诈骗行为，也不能认定其具有刑事违法性。相反的观点则认为，刑法同民商法的性质和立法目的不同，民商事法律中很多"不可抗辩条款"是基于现实效率而设置的拟制条款，并不能表明行为的非法与合法，因此不能机械地运用法秩序统一性，"一刀切"地排除相关行为的刑事违法性。比如，有学者认为，首先，根据法秩序统一性原理，在犯罪认定中不能脱离其他法域进行独立思考，刑法上的判断不能与其他法域的判断产生矛盾；如果一行为在其他法域中是被允许的，那么在刑法上不能作为犯罪处理。其次，即使投保人实行了虚构保险标的等行为，经过《保险法》规定的二年除斥期间后，保险合同有效，那么行为人依据有效合同的理赔行为可以被正当化。最后，虽然理赔行为可以被正当化，但行为人前期虚构标的等骗保行为不能被正当化，对以非法占有保险金为目的而实施的骗保行为，仍可以认定为犯罪预备或者犯罪未遂。[①] 本书认为：首先，行政犯的刑事违法性要以行政违法性为前提，即一个行为违反了相关

---

① 参见周光权主编：《如何解答刑法题》，北京大学出版社2021年版，第373页。

行政法规才可能构成犯罪。而民事违法性与刑事违法性之间无必然联系。其次，要明确保险合同系民事法律关系，《保险法》亦属民事法律范畴。保险诈骗罪系侵财类自然犯、而非行政犯。因此合同效力如何并不是入罪的前置条件。最后，保险合同效力是否影响犯罪构成，应当作出实质判断而非形式判断。综上，经过《保险法》规定的二年除斥期间后，保险合同有效，并不必然出罪，而是应当根据保险诈骗罪的犯罪构成作出实质判断。

2. 投保人隐瞒不具有保险利益的事实而投保理赔的性质认定

《保险法》第12条规定，财产保险的被保险人在保险事故发生时，对保险标的应当具有保险利益。如果行为人隐瞒对标的不具有保险利益的事实而投保理赔，是否具备刑事违法性呢？本书认为，首先，从民事法律关系来看，对不具有保险利益的标的进行投保，会导致合同无效。其次，刑法上的“虚构保险标的”仅指虚构不存在的保险标的，不应做扩大解释。如果标的真实存在，且行为人隐瞒对标的不具有保险利益的事实并不对危险因素的增加有任何影响，也没有改变该保险标的出现保险事故的概率，那么就不能评价为刑法意义上的“虚构保险标的”，就不具备刑事违法性。

第二节　保险诈骗罪的此罪与彼罪界限

一、保险诈骗罪与诈骗罪、合同诈骗罪的关系

（一）法条竞合关系

对于保险诈骗罪与诈骗罪、合同诈骗罪之间的关系，通说认为是法条竞合关系的特殊关系。我国首次论及法条竞合时马克昌教授认为：“所谓法规竞合指一个犯罪行为同时触犯数个法律条文，其中一个法律条文成为他一法律条文的一部分。所以，法规竞合必须是：（一）一个行为触犯数个法规（或条文）。如果是数个行为触犯数个法规（或条文），那就不是法规竞

合……（二）以法律条文的全部内容为他一法律条文的内容的一部分。”[①]也就是说，通说认为诈骗罪的内涵是包括合同诈骗罪和保险诈骗罪的，合同诈骗罪是诈骗罪中的一种特殊情形，而保险诈骗罪又是合同诈骗罪中的一种只与保险合同有关的特殊情形。

（二）法条竞合的适用原则

对于在法条竞合的情形下该如何适用法律的问题，一般来说应当按照“特别法条优于普通法条”的原则。但是，由于实践中出现的一些案件引起了关于适用特殊条款达不到“罪责刑相适应”的争论，理论界对于法条竞合的处理原则也出现了不同的声音，认为在出现法条竞合的情形下，并不必然地要坚持“特别法条优于普通法条”的原则。具体到保险诈骗罪与诈骗罪的法条竞合关系中，常见如下争论：第一，没有达到保险诈骗罪追诉标准，但达到诈骗罪追诉标准的保险诈骗行为，是否可以反过来用诈骗罪来处理？第二，当保险诈骗的数额特别巨大时，应如何定罪？

表 4 《刑法》中诈骗罪与保险诈骗罪的法定刑

	数额较大	数额巨大	数额特别巨大
诈骗罪	处 3 年以下有期徒刑、拘役或者管制，并处或者单处罚金	处 3 年以上 10 年以下有期徒刑，并处罚金	处 10 年以上有期徒刑或者无期徒刑，并处罚金或者没收财产
保险诈骗罪	处 5 年以下有期徒刑或者拘役，并处罚金	处 5 年以上 10 年以下有期徒刑，并处罚金	处 10 年以上有期徒刑，并处罚金

按照传统法条竞合的理论，对于第一个问题，认为没有达到保险诈骗罪的入罪金额，而达到诈骗罪的入罪金额的，不应作为犯罪处理。对于第二个问题，认为保险诈骗数额巨大的，即使达到诈骗罪要判处无期徒刑的数额，也应当认定为保险诈骗罪，只能判处有期徒刑。

---

① 马克昌：《想象的数罪与法规竞合》，载《法学》1982 年第 1 期。

实践中，司法机关如何看待诈骗罪与保险诈骗罪之间的关系？通过检索相关案例发现，司法机关普遍严格按照传统的法条竞合理论，坚持了“特别法条优于普通法条”的原则来处理案件，摒弃了“择重处罚”的理论。

对于没有达到保险诈骗罪的入罪金额，而达到诈骗罪的入罪金额的，相关的案例较少。本书检索到，2017 年上海某法院判处的张某甲、张某乙保险诈骗一审刑事案，被告人张某甲于 2014 年至 2016 年间，在其经营的汽车配件经销部，单独或结伙被告人张某乙，采取故意碰擦两车受损部分的方式，伪造交通事故并报案进保。被告人张某甲单独或结伙他人骗取保险理赔款 22169 元，被告人张某乙单独或结伙他人骗取保险理赔款 13374 元，其中 6000 元未得逞。除了上述认定为犯罪的事实外，判决书中还写道：另查明，2016 年 3 月 24 日，被告人张某甲、张某乙结伙，将张某甲的豫 P7×××× 轿车及客户的沪 C2×××× 轿车，通过上述方式，伪造交通事故及理赔材料并报案进保，骗得某保险公司保险理赔金 3200 元。法院认为，该节骗取的保险理赔金（3200 元）尚未达到保险诈骗罪的入罪标准，不以保险诈骗罪定处，但作为量刑情节予以酌情从重处罚。可见，法院将这起没有达到保险诈骗罪入罪标准的保险诈骗行为，当作全案的一个量刑情节予以考虑，并没有认定这一起构成普通的诈骗罪。

对于数额特别巨大的案件绝大多数也是按照“特别法条优于普通法条”的原则来处理，即以保险诈骗罪定罪处罚，而不是选择刑罚更重的诈骗罪来定罪。但也出现了个别基层法院和中级法院的裁判结果不同的案例。例如，浙江省某法院 2015 年判处的这一案例：一审法院认定，被告人叶某一从事保险理赔工作多年，2010 年下半年，叶某一与胡某某经预谋骗保，实施虚构保险事故的行为，向保险公司要求理赔，保险公司向叶某一实际使用的中国工商银行账户（账户名叶某）汇入理赔款计人民币 52.1104 万元。一审法院认为，被告人叶某一、胡某某构成诈骗罪。检察机关提出抗诉，认为原判适用法律错误，被告人叶某一、胡某某的行为构成保险诈骗罪。二审法院在裁判中，采纳了检察机关的抗诉意见，认为“本案系保险诈骗罪和普通诈骗罪的法条竞合，应当优先适用保险诈骗罪，原判适用法律错误，被告人叶某一、胡某某的行为构成保险诈骗罪”。从这个案例可以看到，有基层法院适用了“择重处罚”的原则，在犯罪金额在诈骗罪和保险诈骗罪中都达到了数额特别巨大的情况下，选择了刑罚更重的诈骗罪定罪处罚，但是被二审法院予以纠正。

此外，对于犯罪数额在保险诈骗中属于数额较大，在诈骗罪中属于数额巨大的案件，实践中二审法院也是坚持了“特别法条优于普通法条”的原则。广东省某地区法院审理的周某甲、陈某甲诈骗案中，一审法院认定：2013 年年底，被告人周某甲、陈某甲将某粤 C 汽车以人民币 100000 元的价格抵押给某投资公司，因没有及时给付利息导致某粤 C 汽车被某投资公司处理变卖。2014 年 6 月 22 日，被告人周某甲、陈某甲经密谋后以某粤 C 汽车被盗为由向保险公司申请索赔，并提交了 2 把某粤 C 汽车钥匙，保险公司工作人员对陈某甲递交的索赔申请资料进行审核，并将被告人周某甲、陈某甲提交的 2 把某粤 C 汽车钥匙委托对应的汽车公司进行鉴定，经鉴定为假冒，于是怀疑被告人周某甲、陈某甲有诈骗保险金的行为，暂停支付了粤 C 汽车保险赔偿金人民币 250966.24 元并报案。一审法院认为被告人周某甲、陈某甲以非法占有为目的，虚构事实，编造未曾发生的保险事故，骗取保险金 250966.24 元，其行为同时符合保险诈骗罪和诈骗罪的构成要件，是法条竞合。被告人周某甲、陈某甲的诈骗金额在保险诈骗罪中属于数额较大，在诈骗罪中属于数额巨大，按照择一重处的原则，二被告人均应以诈骗罪定罪。但二审法院认为一审法院的裁判定性错误，指出由于刑法另规定有保险诈骗罪，而且根据法条竞合时“特别法条优于普通法条”的适用原则，在保险诈骗罪、诈骗罪和合同诈骗罪竞合时，应优先适用保险诈骗罪的规定定罪处罚。

本书同意对于保险诈骗罪与普通诈骗罪认定为是法条竞合的关系，并依照“特别法条优于普通法条”的原则来处理法条竞合关系，因为这种做法既坚持了传统的刑法理论，又体现了刑法的谦抑性原则，不仅有利于刑法总则理论在分则的贯彻，更符合现代法治社会尊重人权的要求。

（三）对保险诈骗罪与诈骗罪法条竞合关系的反思

也有学者从保险诈骗罪保护法益的角度出发，对通说的观点提出了质疑，认为对于保险诈骗罪与诈骗罪之间的关系，不应简单地认为是法条竞合，应该站在立法本意的角度，对于保险诈骗罪保护的法益进行充分的阐释，再来探究保险诈骗罪与诈骗罪之间的关系。保险诈骗罪主要不是为了保护保险公司的财产权益，也不是泛泛地防控保险资金的安全风险。事实上，基于金融市场正常运行的要求，也不应当在一般意义上对金融机构的财产给予较其他市场主体更高的刑法保护，否则便有违平等保护原则，也会妨碍市场在资源配置中的主导作用。因此，简单地将金融诈骗罪理解为发生在金融领域的财产犯罪，或者将保险诈骗罪理解为发生在保险领域的诈骗罪，都不可避免地存在相当程度的误读。依据财产犯罪的模式来解读金融诈骗罪，不仅未能准确把握后者的不法本质，也扭曲了对其保护法益的理解，由此导致对相关构成要件在解释上的偏差。若是进一步将财产犯罪的模式套用到对其他金融犯罪或经济犯罪的解读中，更是失之毫厘，谬以千里。① 基于上述理由，劳东燕教授认为金融诈骗罪与诈骗罪之间并不成立法条竞合的特别关系，而是中立关系，这涉及对不同领域具有不同性质的诈骗犯罪的处理。从法条竞合的实质来看，法条竞合的基本类型是特别关系。特别关系必须符合三个要件：一是逻辑的包容性，二是法益的同一性，三是不法的包容性。仅从第二个要件来看，根据法益的同一性这一实质区分标准，一般来说，刑法分则不同章节所规定的犯罪基本上不可能是法条竞合。② 诈骗罪规定在《刑法》第五章侵犯财产犯罪里，保险诈骗罪规定在《刑法》第三章第四节破坏金融管理秩序罪里，而合同诈骗罪规定在《刑法》第三章第八节扰乱市场秩序罪里，单从这一点来说，上述犯罪之间的关系就不可能是简单的法条竞合关系。

本书认为，劳东燕教授的这一观点对于我们如何正确看待诈骗罪与保险诈骗罪这一类金融犯罪之间的关系有重要的提示作用。第一点提示是，假设我们不认为两者之间是简单的法条竞合关系，那么我们在处理一个相

① 参见劳东燕：《金融诈骗罪保护法益的重构与运用》，载《中国刑事法杂志》2021 年第 4 期。

② 参见张明楷：《诈骗犯罪论》，法律出版社 2021 年版，第 445 页。

关案件时，在定性时主要考虑犯罪行为侵害的法益到底是单纯的财产权益，还是给金融市场正常运行带来了风险的同时还侵犯了金融机构的财产权益。这一观点是从侵害的法益入手来区别此罪与彼罪，法条竞合的观点是先看到了财产损失，然后通过发生财产损失的领域和方法不同来区分两罪。另一点提示是，我们需要搞清楚在金融诈骗罪中首先要保护的法益是什么。本书认为应该先是金融秩序的稳定，然后才是金融机构的财产损失，清醒地认识到这一点，有助于对相关案件准确量刑，避免陷入过分看重金融犯罪中犯罪数额的误区，出现要在两罪中“择一重罪”的错误认识。

二、保险诈骗罪与诈骗罪的区分

前文讨论了保险诈骗罪与诈骗罪的法条关系，接下来，具体展开讨论保险诈骗罪与诈骗罪、保险诈骗罪与合同诈骗罪的区分。《刑法》第 266 条规定了诈骗罪，只描述了“诈骗公私财物的”处何种刑罚，没有对犯罪构成要件进行详细的规定。一般而言，理论上认为，诈骗罪的客观方面表现为行为人使用欺诈手段，使他人在产生（或维持）错误认识的情况下处分财产从而遭受财产损失。主观构成要件要素除了一般性地针对客观构成要件要素的故意（间接故意足够）之外，还需要有非法占有目的。[①] 保险诈骗罪规定在《刑法》第 198 条，列举了 5 种保险诈骗罪的犯罪情形，并且保险诈骗罪中没有“以其他方法骗取保险金”的兜底性条款，对于实务工作来说，具有较强的可操作性。两罪之间的区别具体如下：

（一）两罪的行为主体不同

诈骗罪的犯罪主体是一般主体，即任何人都可构成诈骗罪。根据《刑法》第 198 条第 1 款第 1 项至第 5 项的明确规定，保险诈骗罪的犯罪主体是投保人、被保险人、受益人，是特殊主体，非上述主体采用虚构事实、隐瞒真相的手段骗取保险金的行为则构成诈骗罪。

---

① 参见陈兴良主编：《刑法各论精释》（上），人民法院出版社2015年版，第407页。

2016年9月12日21时许，贵州某包装有限公司员工韦某某下班回到宿舍后骑车外出购物时不慎摔伤。被告人马某某（时任贵州某包装有限公司人事部经理，负责工伤处理及雇主责任理赔工作）为谋取私利，以韦某某系下班途中摔伤属于工伤为由向保险公司报案，并伪造相关理赔材料向保险公司申请赔偿，同时让韦某某将银行卡交由其保管。2017年4月12日，保险公司向韦某某银行账户支付赔偿款125893元，马某某得款后将该款据为己有，用于偿还个人借款和生活消费。案发后，被告人马某某亲属向侦查机关退缴涉案款125893元。一审法院判决认定，马某某犯诈骗罪，被告人不服一审判决，提出上诉。二审法院裁定驳回上诉，维持原判。本案中的被告人马某某既不是投保人，也不是被保险人或者受益人，系一般犯罪主体，其犯罪性质亦符合诈骗罪的构成要件，故应认定其构成诈骗罪。

有关犯罪主体、共同犯罪的认定也是保险诈骗罪的常见问题。在《刑法》第198条的第4款，规定了“保险事故的鉴定人、证明人、财产评估人故意提供虚假的证明文件，为他人诈骗提供条件的，以保险诈骗的共犯论处”。该如何理解第4款的规定？是对第1款中特殊主体的补充，还是一种提示性规定？如果不具有特殊身份的一般主体与保险诈骗罪的特殊主体共同实施保险诈骗行为时，是否构成保险诈骗罪？实践中对此也有不同的理解，可以通过下面这个案件进行讨论。

2003年4月间，被告人曾某某因无力偿还炒股时向被告人黄某某所借的10万元债务而产生保险诈骗的念头。被告人曾某某于2003年4月购买了多份商业保险。曾某某为了达到诈骗上述保险金及其单位为在职普通员工承保的30万元人身意外伤害团体保险金的目的，找到被告人黄某某，劝说黄某某砍掉他的双脚，用以向保险公司诈骗，并承诺将所得高额保险金中的16万元用于偿还所欠黄某某10万元债务本金及红利。被告人黄某某在曾某某的多次劝说下答应与曾某某一起实施保险诈骗。2003年6月，被告人曾某某按事先与被告人黄某某之约来到一山间小路，被告人黄某某用随身携带的砍刀将曾某某双下肢膝盖以下脚踝以上的部位砍断。案发后，被告人曾某某向公安机关、保险公司报案谎称自己是被3名陌生男子抢劫时砍去双脚，以期获得保险赔偿。2003年8月，被告人曾某某的妻子廖某某经曾某某同意向保险公司提出 30 万元团体人身险理赔申请，后因公安机关侦破此案而未能得逞。

在认定曾某某犯保险诈骗罪的前提下，本案中不是保险投保人、被保险人、受益人的黄某某，是否构成保险诈骗？本案的一审、二审法院判决认为，按照《刑法》第 198 条的规定，保险诈骗罪的犯罪主体属特殊主体，只有投保人、被保险人或者受益人才能构成保险诈骗罪；另外，保险事故的鉴定人、证明人、财产评估人故意为保险诈骗行为人提供虚假的证明文件，为其进行保险诈骗提供条件的，以保险诈骗罪的共犯论处，这是刑法对保险诈骗罪的主体及其共犯构成要件的严格界定。本案被告人黄某某既不是投保人、被保险人或者受益人，也不是保险事故的鉴定人、证明人、财产评估人，不具有保险诈骗犯罪的主体资格和构成其共犯的主体资格，因此，被告人黄某某的行为不构成保险诈骗罪。

本书认为，这种观点有失妥当。刑法总则对身份犯的共同犯罪并没有规定，但是，可以借鉴个别的分则罪名及其司法解释的精神。在最高人民法院《关于审理贪污、职务侵占案件如何认定共同犯罪几个问题的解释》中规定："行为人与国家工作人员勾结，利用国家工作人员的职务便利，共同侵吞、窃取、骗取或者以其他手段非法占有公共财物的，以贪污罪共犯论处。""行为人与公司、企业或者其他单位的人员勾结，利用公司、企业或者其他单位人员的职务便利，共同将该单位财物非法占为己有，数额较大的，以职务侵占罪共犯论处。""公司、企业或者其他单位中，不具有国家工作人员身份的人与国家工作人员勾结，分别利用各自的职务便利，共同将本单位财物非法占为己有的，按照主犯的犯罪性质定罪。"在这里可以看出，我国刑法认可无身份者与有身份者构成共同犯罪，并且以有身份者所触犯的罪名定罪。同理，本书认为，不具有保险诈骗罪特殊身份的人与具有保险诈骗罪特殊身份的人实施共同犯罪时，应当以具有特殊身份的人所犯的保险诈骗罪对全部共犯定罪处罚。具体到本案中，黄某某虽然不是保险诈骗罪的特殊主体，但是与具有特殊主体身份的曾某某共同实施了保险诈骗的行为（预备），可以认定黄某某构成保险诈骗罪。但是因为黄某某只实施了砍伤曾某某的一个行为，属于故意伤害致人重伤与保险诈骗罪

（预备）的想象竞合，应择一重罪定罪处罚。

《刑事审判参考》的法院评析意见也认为，黄某某可以构成保险诈骗罪的共犯：说保险诈骗罪的犯罪主体是特殊主体，即只有投保人、被保险人或者受益人（这里的“人”包括自然人和单位）才可能构成本罪，这是从单独犯罪的角度而言的。但从共同犯罪角度看，无上述特殊身份的人完全有可能成为有此身份的人的共犯。换言之，任何人明知被保险人意欲自伤后骗取保险金而仍为其提供帮助行为的，包括帮助其故意制造保险事故（本案表现为自残）的，尽管该帮助人未参与帮助其进行索赔等事项的，根据共同犯罪的一般原理，仍可成立保险诈骗罪的共犯。就本案而言，被告人黄某某虽不具备保险诈骗罪主体的特殊身份，但其明知曾某某意欲实施保险诈骗仍答应并帮助其故意制造保险事故（帮助自残），共同为曾某某着手实施保险诈骗制造条件，可成立保险诈骗罪（预备）的帮助犯。尽管除此之外，黄某某未再实施其他任何帮助行为。[①]

此外，保险诈骗罪与诈骗罪在主体上的区别还体现在，依照《刑法》第198条第3款，单位可以成为保险诈骗罪的犯罪主体，所以单位和自然人均能实施保险诈骗犯罪行为，而诈骗罪的犯罪主体显然只能是自然人。

（二）两罪的行为方式不同

从保险诈骗罪的五种法定行为方式来看，它们始终都没有脱离保险合同关系，譬如第一种故意虚构保险标的，是行为人为了诈骗而有意设置保险合同关系，后四种行为方式则既可能是行为人为了诈骗而有意设置保险合同关系，也可能是在依法建立保险合同关系之后才决意诈骗保险金。[②]不管怎样，保险诈骗罪中的行为人主要是利用保险合同关系实施诈骗的，正是由于保险合同关系的存在，决定了保险诈骗的行为人采用的是特定的行为手段，具有极强的隐蔽性，这主要是因为：（1）保险诈骗已完全被合法的保险合同所掩盖，方式上用不着制造假象，因而难以引起被骗者的怀疑；

---

① 《刑事审判参考》第296号案例。

② 参见刘远：《金融诈骗罪研究》，中国检察出版社2002年版，第454页。

（2）保险人的经营对象较为广泛，难以对每个投保人均作出防备；（3）行为人在合同有效期内，任何时候均可以实施诈骗行为，在时间上具有相当大的可选择性，从而可以作出周密的安排和精心的策划。正是由于保险诈骗具有极强的隐蔽性，所以给行为人带来了一定的成功率。如此看来，保险诈骗罪无疑是发生在保险合同关系的履行过程之中的，因此它是保险活动这一特定领域内的犯罪行为。[①]

诈骗罪则与之不同。诈骗罪发生的领域极其广泛，日常的生活、生产、消费、流通等各个领域中都可能出现诈骗犯罪行为，这就决定了诈骗罪的行为方式是复杂多样的，常见的有编造谎言，假冒身份，骗取财物；伪造，涂改单据，冒领财物；伪造公文证件，骗取钱财；以帮助看管，提拿东西为名，骗走财物；以恋爱、结婚、介绍工作等名义骗取他人财物；等等。[②]随着经济社会的发展，信用卡诈骗成为一段时间内的常见犯罪。现在，电信网络诈骗、养老诈骗等成为诈骗案件中的高发类型。一般而言，理论上认为，诈骗罪的客观方面表现为行为人使用欺诈手段，使他人在产生（或维持）错误认识的情况下处分财产从而遭受财产损失。[③] 可以说，只要行为人的具体行为手段符合了如上特征，不论诈骗财物的领域属于哪个社会生活方面，都符合诈骗罪的构成要件。

保险诈骗罪的行为方式，本质上讲是通过的虚构事实、隐瞒真相等方法，使被捏造的“事实”符合保险合同中规定的保险公司需给付保险金的事实情形。因此，保险诈骗罪的犯罪行为只能是利用保险合同关系，即围绕保险合同的内容，针对保险标的和保险事故进行。由此可见，当两者在主客观方面极为相似的情况下，主要的区分就是看行为人是否利用了保险合同关系进行诈骗。[④]

2014 年，一个偶然的机会让陈某发现，通过诈骗可以轻松“来财”。

---

① 参见刘宪权：《金融风险防范与犯罪惩治》，立信会计出版社 1998 年版，第 233 页。

② 参见王晨：《诈骗犯罪研究》，人民法院出版社 2003 年版，第 2 页。

③ 参见陈兴良：《刑法各论精释》（上），人民法院出版社 2015 年版，第 407 页。

④ 参见杨俊：《涉保险犯罪刑法理论与实务》，上海人民出版社 2015 年版，第 88 页。

他虚构“关系硬、门路多”的假象，明面上说是可以帮人办理业务，实则进行诈骗之实，把手伸向了老年人群体。2014年至2017年，陈某先后虚构能够代办养老保险、医疗保险、为子女办理出国劳务等虚假“业务”，骗取了隋某、陈某等8人的养老金、出国费共计31万余元，得手后便携款潜逃。事情败露后被公安机关抓获。法院审理认为，陈某以非法占有为目的，虚构事实，骗取他人财物，数额巨大，构成诈骗罪。鉴于其归案后如实供述自己的罪行，且能够退赔隋某等人的损失，可予以从轻处罚。因陈某有盗窃犯罪前科，量刑时酌予从重处罚。最终，法院以诈骗罪判处陈某有期徒刑6年，并处罚金人民币8万元。

这个案例中，虽然行为人以办理保险为由，让老人误以为自己的钱是购买了保险，但是实际上在这起案件中根本没有保险公司，更没有建立保险合同关系，从作案方式上来看就是典型的诈骗罪的犯罪行为。

（三）两罪的行为对象、侵害的法益不同

诈骗罪的犯罪对象不仅包括财物，还应当包括各种财产性利益，诈骗罪属于侵犯财产的犯罪，那么财物作为其犯罪对象自然是不言而喻的，而财产性利益是否为诈骗罪的犯罪对象则需要加以考虑。所谓财产性利益，主要是指财物以外的有财产价值的利益。这种利益既可能是永久的利益，也可能是一时的利益；既可能是积极利益，也可能是消极利益。积极利益是指取得权利之类的含有积极增加财产意义的利益，消极利益是指免除债务之类的不消极减少财产而产生的利益。[①] 保险诈骗罪的犯罪对象是保险金，是财物。保险金是保险合同约定当保险事故发生时，保险人所承担的合同责任，这个责任表现为支付合同约定的金额。所以，保险金一定是货币形式，而且一定是保险人的保险金。[②] 那么显而易见，作为该罪犯罪对象的保险金就属于财物的范畴。保险诈骗罪虽然属于金融诈骗罪，具有破

---

① 参见刘明祥：《财产罪比较研究》，中国政法大学出版社2001年版，第38页。

② 参见林荫茂、陆爱勤：《保险违约与保险犯罪》，中国检察出版社2002年版，第214页。

坏金融秩序的特征，但其最终仍是通过取财来破坏金融秩序，财物可以取得，但是秩序不可以取得，保险诈骗罪仍然是财物取得罪。保险秩序虽然被刑法保护，但也不是行为对象，而是法益。

诈骗罪侵害的法益是就是公私财产的所有权。作为侵犯财产犯罪的诈骗罪就是对公私财产所有权全部权能的侵犯，即由于犯罪人的犯罪行为使财产所有人在事实上永久、完全地丧失对财产占有、使用、收益和处分的可能性。诈骗罪属于传统类型的犯罪，它被刑法规定在“侵犯财产罪”一章中，其犯罪客体自然是一种简单客体。

三、保险诈骗罪与合同诈骗罪的区分

（一）二者的行为方式不同

合同诈骗罪，是指以非法占有为目的，在签订、履行合同过程中，使用欺骗手段，骗取对方当事人财物，数额较大的行为。通常认为，合同诈骗罪是诈骗罪的一种特殊形式，而保险诈骗罪又是合同诈骗罪的一种特殊形式。也就是说，合同诈骗罪和保险诈骗罪都符合诈骗罪的犯罪构成，合同诈骗罪是行为人利用市场平等主体之间订立的合同关系而实施的犯罪，而保险诈骗罪则是利用了一种特殊的合同，即保险合同。保险诈骗罪需要以保险合同来体现，其行为的实施也发生在保险合同的签订、履行过程之中，所以当实施了上述行为，发生适用罪名上的冲突时，应适用特别规定，即以保险诈骗罪定性。然而，需要注意的是，保险诈骗罪虽然是利用合同的形式进行诈骗，但其利用的仅仅是保险合同，保险合同作为一种金融合同有本身的特殊性，故与此相对应，其实现犯罪目标的手段即行为方式有独特之处，这是保险诈骗罪与合同诈骗罪之间最大的区别。

保险合同的主要特点有：（1）保险合同是最大诚信合同。由于保险合同双方当事人对保险标的情况掌握的信息不对称，法律要求投保人和被保险人尽最大的诚实信用以维护公平。（2）保险合同是射幸合同。射幸合同就是以将来不确定事件是否发生作为当事人是否给付一定金钱或其他利益的合同。在保险合同有效期内，若发生保险事故，投保人一方则会获得远远大于所支付的保险费的利益，若没有保险事故的发生，付出保险费则无任何利益可得。所以，保险合同的射幸性是基于保险事故发生的偶然性产生的。（3）保险合同是附合合同。在订立保险合同时，投保人一方只能被动地接受或拒绝保险方提出的条件，所以具有较强的附合性。为了保护投保人一方的利益，法律要求保险合同条款之确立应符合平等、公平的基本原则，订立合同时保险人要对其责任条款予以明确说明，此外，对保险合同的解释应采取有利于被保险人的原则。①

正是基于保险合同以上的几点特殊性，决定了保险诈骗犯罪行为有必须根据保险合同的内容，通过故意虚构保险标的或制造事故，使保险合同条款的订立及其解释能够有利于自身获利的需要，保险诈骗罪的行为也局限于《刑法》第 198 条所设定的五种法定的行为方式之内。

相比较之下，合同诈骗罪则没有法定的行为方式，这是因为合同诈骗罪中所涉及的“合同”本身在内涵上是极其宽泛的，即凡是能够被犯事行为人利用以骗取他人财物并扰乱市场秩序的各种民事合同、行政合同、劳动合同等均可以属于合同诈骗罪中的合同范围之列。② 经济生活中可能会出现各种各样的合同诈骗行为，而合同诈骗罪也具有保险诈骗罪所不具备的“兜底条款”性。

（二）二者的犯罪主体不同

根据《刑法》第 198 条的规定，保险诈骗罪的犯罪主体是特殊主体，一般只是作为保险合同关系之主体的投保人一方，其他人要构成保险诈骗罪，必须通过与投保人、被保险人、受益人共同实施犯罪，或者利用上述人员成为间接正犯。而合同诈骗罪则不然，合同各方的当事人均可单独成为该罪之犯罪主体，由此表明合同诈骗罪的犯罪主体乃是一般主体，因为刑法无论从

① 参见刘平编著：《保险学原理与应用》，清华大学出版社 2009 年版，第 58—59 页。

② 参见沙君俊：《合同诈骗罪研究》，人民法院出版社 2004 年版，第 59—71 页。

哪个意义上，都不应将契约关系形成的地位、状态作为“身份”的一种情况。因此，纯粹民事意义上“身份”，原则上不宜成为刑法中特殊主体的依据。在合同诈骗罪中，犯罪主体是合同关系当事人一方，但由于在纯粹民事合同中，合同主体的地位全凭当事人自己的意志而定，且合同的主体这一“身份”并无确定、特定的权利、义务内容，具体往往要看双方签订的合同内容而定。所以，合同主体这一纯私法意义上的“身份”构不成该罪主体是特殊主体的理由。① 这显然就同保险诈骗罪的犯罪主体是特殊主体迥然有别了。

第三节　保险诈骗罪的犯罪形态认定

一、保险诈骗罪既遂与未遂的认定

（一）保险诈骗罪的既遂标准

犯罪既遂是犯罪的一种基本形态，是指行为人故意实施的行为已经具备了某种犯罪构成的全部要件。《刑法》第 23 条第 1 款规定：“已经着手实行犯罪，由于犯罪分子意志以外的原因而未得逞的，是犯罪未遂。”对于保险诈骗罪既遂与未遂的认定，理论界和实务界普遍认为保险诈骗罪是结果犯，即保险诈骗罪的既遂，以骗得保险金为标准。主要理由如下：首先，从《刑法》第 198 条的法条规定来看，其所规定的五种法定行为方式中都附加了“骗取保险金的”这样的结果表述，刑法理论在讨论犯罪的构成要件时，都会讨论构成要件的各个要素，如行为、结果等，而结果不仅是构成要件要素，也是犯罪既遂的标志。② 在这里，法条中的表述应该理解为结果要素较为合理，也就是说骗取数额较大的保险金正是保险诈骗罪既遂

① 参见李邦友、高艳东：《金融诈骗罪研究》，人民法院出版社 2003 年版，第 457 页。

② 参见张明楷：《刑法学》，法律出版社 2016 年版，第 330 页。

状态下的犯罪结果；同时，此种犯罪结果也是体现保险诈骗罪社会危害性程度的重要标准之一，可见保险诈骗罪是符合结果犯的特征的。

其次，认定保险诈骗罪属于结果犯还有一个重要理由——该罪长期以来被认为是脱胎于诈骗罪而产生的一个罪名。尽管如前所述，保险诈骗罪与诈骗罪有很多不同，也有学者反对保险诈骗罪和诈骗罪的竞合关系；但是不可否认的是，一方面保险诈骗罪确实有侵害财产权的危害后果，另一方面现阶段实践中对于保险诈骗罪的认定无法离开诈骗罪的影响。刑法分则规定的故意犯罪的有关罪名中，大多是以结果犯作为犯罪的完成形态的，尤以侵财型犯罪的所有罪名均属此列。诈骗罪亦是如此，因为诈骗罪作为一种财产犯，其本质是侵害财产的价值，因而要求有财产的损害发生。[①]虽然保险诈骗罪与诈骗罪在具体行为方式上有诸多的差异，但二者在侵害他人财产这一犯罪结果的要求上具有共同性。虽然保险诈骗罪侵害的主要客体是保险活动的管理秩序，但不能否认保险人的财产权也是该罪的另一项犯罪客体。有学者即指出，保险诈骗犯罪行为对保险活动管理秩序侵害所造成的结果是一种无形的结果，而对保险人财产权侵害所造成的结果则是一种有形的结果。由于无形的结果很难有具体的判断标准，而有形的结果则可以具体以“数额”加以衡量，因此，刑法以有形的结果作为定罪量刑的依据是有充分道理的。事实上，保险诈骗犯罪对于保险人财产权的侵害必然会同时造成对保险活动管理秩序的侵害，而且从某种角度分析，在保险领域中对财产权的侵害程度也必然反映出对保险活动管理秩序的侵害程度，即行为人占有财物数额越大，对保险活动管理秩序的侵害也就越大。[②]

（二）保险诈骗罪未遂的可罚性

如果一行为被认定为保险诈骗未遂，即没有骗得保险金，那么该行为是否具有可罚性？《刑法》第23条第2款规定，对于未遂犯，可以比照既

---

① 参见刘明祥：《财产罪比较研究》，中国政法大学出版社2001年版，第239页。

② 参见刘宪权：《金融犯罪刑法理论与实践》，北京大学出版社2008年版，第538页。

遂犯从轻或者减轻处罚。本书认为，对于这一条款，应当理解为我国刑法认为未遂犯具有处罚的必要性，但是实践当中确实存在未遂犯几乎没有什么社会危害性的情形，这时，就应该结合《刑法》第13条的但书规定，将行为排除在犯罪之外。也就是说，保险诈骗罪的未遂也是要受到刑罚处罚的，情节显著轻微、不认为是犯罪的除外。《最高人民检察院法律政策研究室关于保险诈骗未遂能否按犯罪处理问题的答复》（1998年）中指出，“行为人已经着手实施保险诈骗行为，但对于意志以外的原因未能获得保险赔偿的，是诈骗罪未遂，情节严重的，应当依法追究刑事责任”。最高人民检察院以司法解释形式肯定了保险诈骗存在犯罪未遂。那么具体处罚什么样的保险诈骗未遂行为，我们可以通过下面这个案例窥见一二。

2012年7月，被告人孙某某、崔某某为骗取保险金，经预谋，由被告人崔某某出资在北京市某二手汽车交易市场，以人民币7.5万元的价格购买二手汽车一辆。2012年8月30日，被告人孙某某在被害单位某财产保险公司为上述车辆投保，被告人孙某某为投保人及被保险人。2012年12月13日，被告人孙某某、崔某某经商议，由孙某某驾驶上述汽车在北京市通州区某路公交车站附近故意制造交通事故，并向保险公司报案、索赔。2013年4月23日，被告人孙某某与保险公司签订机动车辆保险一次性赔偿协议书，约定由保险公司赔偿其人民币170840元。2013年4月24日，被告人孙某某、崔某某在保险公司准备领取保险金时，被公安机关抓获归案。

北京市海淀区人民法院经审理认为：被告人孙某某、崔某某故意制造保险事故，以数额巨大的财物为诈骗目标，其行为均已构成保险诈骗罪，应予定罪处罚。鉴于被告人孙某某、崔某某已经着手实施犯罪，因意志以外的原因而未能得逞，系犯罪未遂；且到案后能如实供述犯罪事实，依法对其从轻处罚。北京市海淀区人民法院认定孙某某犯保险诈骗罪，判处有期徒刑2年，罚金人民币1万元；崔某某犯保险诈骗罪，判处有期徒刑2年，罚金人民币1万元。二被告人均以量刑过重为理由提出上诉，二审法院裁定驳回上诉，维持原判。

本案的二审法院虽然维持了原判，但是其对于保险诈骗罪未遂处罚的认定，与一审法院不同。一审法院的意见认为，“诈骗未遂，以数额巨大的财物为诈骗目标的，或者具有其他严重情节的，应当定罪处罚”是指诈骗未遂，以数额巨大的财物为诈骗目标的才构成犯罪，而诈骗数额较大财物未遂的，不构成犯罪。因为对于诈骗数额巨大的财物未遂的才定罪处罚，故应以诈骗罪基本犯的量刑档处罚。在本案中，认定行为人孙某某、崔某某以数额巨大的财物为诈骗目标，其行为均已构成保险诈骗罪，应予定罪处罚。鉴于行为人孙某某、崔某某已经着手实施犯罪，因意志以外的原因而未能得逞，系犯罪未遂；且到案后能如实供述犯罪事实，依法对其从轻处罚。故对孙某某、崔某某依据《刑法》第198条“进行保险诈骗活动，数额较大的，处五年以下有期徒刑或者拘役，并处一万元以上十万元以下罚金”确定量刑起点和基准刑，并从轻处罚。二审裁定则认为，“诈骗未遂，以数额巨大的财物为诈骗目标的，或者具有其他严重情节的，应当定罪处罚”是强调性条款，它是强调对于虽然诈骗未遂，但以数额巨大的财物为诈骗目标的，或者具有其他严重情节的，应当定罪处罚，不能认为属于《刑法》第13条“但书”的情况。在本案中，孙某某、崔某某二人共同故意造成财产损失的保险事故，骗取保险金，其行为均已构成保险诈骗罪，且犯罪数额巨大，依法应予惩处。孙某某、崔某某已经着手实施犯罪，由于意志以外的原因而未得逞，系犯罪未遂；且二人到案后如实供述犯罪事实，故依法对其二人减轻处罚。故对孙某某、崔某某依据《刑法》第198条“进行保险诈骗活动……数额巨大或者有其他严重情节的，处五年以上十年以下有期徒刑，并处二万元以上二十万元以下罚金”的规定，确定量刑起点和基准刑，并减轻处罚。

一审和二审法院都对最高人民法院、最高人民检察院《关于办理诈骗刑事案件具体应用法律若干问题的解释》第5条“诈骗未遂，以数额巨大的财物为诈骗目标的，或者具有其他严重情节的，应当定罪处罚”进行了解读，共同之处是两级法院的观点都暗含了保险诈骗罪脱胎于诈骗罪的观点，认为对保险诈骗罪未遂的处罚原则应当参照诈骗罪的处罚原则。不同之处是：一审法院认为诈骗数额较大未遂的，当然地不构成犯罪；而二审法院认为，这条司法解释只是强调性条款，强调以数额巨大的财物为诈骗目标或者有其他严重情节的，就不属于《刑法》第13条的“但书”条款。而犯罪数额较大也不是必然就不具备可罚性，如果还有其他严重情形的，也具有可罚性。

本书的观点与二审法院的观点一致，正如前文所述，对于诈骗罪、保险诈骗罪未遂的理解，不能脱离《刑法》总则的原则来进行解读。如果认为诈骗犯罪基本犯未遂形态不具可罚性，极易导致量刑上的逻辑矛盾。按照上述第一种意见，诈骗未遂，以数额巨大的财物为诈骗目标的才构成犯罪，而诈骗数额较大财物未遂的，不构成犯罪。那么，对以数额巨大财物为诈骗目标的诈骗未遂在量刑时，很自然地会推导出应在定罪起点档量刑，再根据未遂的情节从轻处罚的结论。但这明显与《刑法》总则关于犯罪未遂比照既遂犯从轻或者减轻处罚的规定相违背。按照《刑法》总则的规定，对以数额巨大财物为诈骗目标的诈骗未遂，应在诈骗数额巨大的量刑档量刑，同时根据犯罪的具体情节，确定从轻或是减轻处罚。从这个案例可以看出，要准确认定保险诈骗罪的未遂，既要掌握这一罪名的具体既遂标准，又要正确理解并适用《刑法》总则的相关原则精神。

二、保险诈骗罪未遂与预备的区分

犯罪预备，是指为了实行犯罪，准备工具、制造条件，但是由于行为人意志以外的原因而未能着手实行犯罪的未完成形态。犯罪未遂与犯罪预备这两种犯罪形态的阶段不同、造成的社会危险性不同，刑法对其处罚的态度也不同。《刑法》第23条规定，对于未遂犯，可以比照既遂犯从轻或者减轻处罚;《刑法》第22条规定，对于预备犯，可以比照既遂犯从轻、减轻处罚或者免除处罚。我国刑法理论一般认为，着手是实行行为的起点，标志着犯罪行为进入了实行阶段，表明行为人所实施的行为是实行行为。[①]“着手实行犯罪”一般认为是区分应罚的未遂与预备行为的界限，因而对犯罪“着手”如何理解与认定，就成为刑法理论研究的热点与难点之一。保险诈骗罪是一种复行为犯，本罪的实行行为由虚构未曾发生的保险

① 参见张明楷:《刑法学》，法律出版社2016年版，第339页。

事故即虚构保险理赔原因的欺诈行为和骗取保险金两要素行为构成。[①] 对于复合行为犯，应当以第一个行为为着手还是以第二个行为为着手，一直存在着不同的观点。

通说认为，当行为人开始实施刑法分则所规定的实行行为就是着手，具体到保险诈骗罪的“着手”行为，目前的理论观点可以总结为以下三类。

（一）法定行为开始说

这种观点来自于通说对“着手”的解释，认为保险诈骗罪的实行行为，就是《刑法》第198条明文规定的五种行为，即行为人开始实施虚构保险标的、对发生的保险事故编造虚假的原因或者夸大损失程度、编造未曾发生的保险事故、故意造成财产损失的保险事故、故意造成被保险人死亡、伤残或者疾病。因而只要行为人以骗取保险金的目的开始实施前述五种行为，保险诈骗行为就已经着手；如果因为意志意外的原因没能骗取保险金，就属于保险诈骗罪的未遂。[②]

（二）虚假信息传递说

这种观点认为，保险诈骗罪的着手，是行为人以非法占有为目的，把虚假的信息传递给保险公司。根据具体情况的不同，着手的情形也有所不同。具体地说，可分为两种情况：一是行为人为骗取保险金而虚构保险标的，与保险人订立保险合同时即为着手；二是行为人在已经订立了保险合同之后才产生骗取保险金的故意的场合，其着手的标志应当是行为人将虚假信息向保险人传递的行为。[③]

（三）索赔说

这种观点认为，保险诈骗罪的着手实施，应当是行为人向保险公司提

---

① 龙洋：《论保险诈骗罪的着手》，载《法学评论》2009年第5期。

② 参见赵秉志：《刑法总论问题研究》，中国法制出版社1996年版，第414页。

③ 参见杨俊：《涉保险犯罪刑法理论与实务》，上海人民出版社2015年版，第105页。

出索赔或者给付保险金的请求。实行行为只能是具有侵害法益的紧迫危险性的行为。具体到保险诈骗罪而言，只有当行为人向保险公司索赔时，才能认为保险秩序与保险公司的财产受侵害的危险性达到了紧迫程度。因此，到保险公司索赔的行为或者提出支付保险金的请求的行为，才是实行行为；开始实施索赔行为或者开始向保险公司提出支付保险金请求的行为，才是本罪的着手。①

以上三种观点，本书倾向于第三种。首先，在行为人提出索赔时，直接反映了其骗取保险金的主观故意，这是因为行为人实施的诈骗行为目的都是一样的，即从保险人那里骗取不应得到的保险金，这种故意充分地表现在行为人向保险公司索赔之时。其次，只有行为人提出索赔行为，才能直接引起保险人因认识错误而支付保险金，这就表明提出索赔的行为是最接近保险金这一犯罪对象的，而无论是单纯制造保险事故的行为还是虚构保险标的的行为，由于离保险金被骗取这一结果发生的距离都较远，所以与提出索赔行为相比，其实际接近犯罪对象的机会和可能性都较小。最后，如前所说，有学者主张，实行行为只能是具有侵害法益的紧迫危险性的行为。就保险诈骗罪而言，只有当行为人向保险人提出索赔要求时，才能认为保险诈骗罪的客体受到不法侵害的危险性已经达到了紧迫的程度。因为行为人以骗取保险金的故意实施制造保险事故等行为后却没有向保险人报告并提出索赔请求，则不可能进入理赔程序，保险活动的管理秩序和保险人的财产权也不可能受到不法侵害。综上，根据这一“着手”标准，保险诈骗罪的未遂与预备的区分标准就是：当行为人向保险人提出索赔，但最终没有取得保险金的，应视为保险诈骗行为的未遂；而行为人只是实施《刑法》第198条所列的5种行为，却尚未向保险人提出索赔的，应视为保险诈骗的预备行为。

---

① 参见张明楷：《保险诈骗罪的基本问题探究》，载《法学》2001年第1期。

第四节 保险诈骗罪的单位犯罪处理

单位犯罪，是指公司、企业、事业单位、机关、团体为本单位谋取非法利益或者以单位名义为本单位全体成员或多数成员谋取非法利益，由单位的决策机构按照单位的决策程序决定，由直接责任人员具体实施，且刑法明文规定单位应受刑罚处罚的犯罪。

一、单位犯罪的基本特征

第一，单位犯罪系公司、企业、事业单位、机关、团体本身犯罪。

第二，单位犯罪系由单位决策层按照决策程序作出决定，由直接责任人员实施的。

第三，单位犯罪一般表现为本单位谋取非法利益或者以单位名义为本单位全体成员或多数成员谋取非法利益。

第四，单位犯罪以刑法明文规定单位应受刑罚处罚为前提。

第五，单位犯罪的法律后果具有特殊性，即为双罚制或两罚制，除了处罚单位外，还要对单位直接负责的主管人员和其他直接责任人员定罪量刑。

二、保险诈骗罪单位犯罪的司法认定

根据《刑法》第198条第3款之规定，单位可以成为保险诈骗罪的行为主体。司法实践中，应注意个人以违法犯罪活动为目的而设立公司等单位实施犯罪的，以及单位设立后，以实施犯罪为主要活动的，都应当认定为自然人犯罪，而不是单位犯罪。单位犯该罪必须是以单位的名义实施相关行为，即单位决策层决定，直接责任人员实施。单位犯该罪，其非法获取的保险金应当归单位所有。如果是盗用单位名义骗取保险金后个人私分的，不能认定为单位犯罪。

《刑法》第198条第2款规定，有第1款第4项、第5项所列行为的，同时构成其他犯罪的，依照数罪并罚的规定处罚。可以看出，该罪的危害行为可能存在多行为触犯多罪名的情形。当单位主体犯该罪，行为同时又构成其他犯罪的，就应当根据单位只对刑法明文规定可以由其构成的犯罪承担刑事责任的原则，对其他罪名的认定和处罚进行具体分析。例如，对单位以放火制造财产损失的保险事故应当作出如下处理：就保险诈骗罪而言，成立单位犯罪，对单位判处罚金，同时处罚直接负责的主管人员和其他直接责任人员；就放火罪而言，则只能处罚组织、策划、实施放火行为的自然人。①

实务中还有以下两个问题值得关注：一是单位直接负责的主管人员和其他直接责任人员的界定。单位直接负责的主管人员应当指在单位实施犯罪中起主导、决定、指挥等领导作用的人员，一般是指涉案事项的主管负责人，也可以包括法定代表人。其他直接责任人员应当指在单位实施犯罪中起主要具体执行作用的相关人员，可以是管理岗位人员，也可以是普通职工，甚至可以包括在单位工作的第三方人员。

二是个体工商户是否属于单位犯罪主体。实践中，车险领域保险诈骗多发，很多个体工商户经营的修理厂参与其中，那么个体工商户是否可以认定为保险诈骗单位犯罪的主体呢？《刑法》第30条规定，公司、企业、事业单位、机关、团体实施的危害社会的行为，法律规定为单位犯罪的，应当负刑事责任。而个体工商户是指在法律许可的范围内，经依法核准登记，从事工商经营活动的自然人或家庭，其不是企业的组织形式，不具备法律意义上的独立人格。因此，个体工商户不能成为刑法意义上的单位。

① 参见张明楷：《刑法学》，法律出版社2016年版，第810页。

第三章

保险诈骗罪的证据审查

第一节　保险诈骗罪常见证据类型

根据构成要件的不同，保险诈骗罪通常表现为以下清单式的证据类型。司法实践中查明、认定本罪，需要注意全面、合法、有重点地进行收集，并注意把握不同证据的证明方向和证明要求。

一、关于主体方面的证据

本罪的主体是特殊主体，包括投保人、被保险人、受益人，单位可以成为本罪的主体。

（一）自然人犯罪主体证据

1. 个人身份证据

（1）居民身份证、临时居住证、工作证、护照、港澳居民来往内地通行证、台湾居民来往大陆通行证、中华人民共和国旅行证以及边民证；

（2）户口簿、微机户口卡或者公安部门出具的户籍证明等；

（3）个人履历表或者入学、入伍、招工、招干等登记表；

（4）出生医学证明；

（5）犯罪嫌疑人、被告人的供述；

（6）公安部门电话查询记录；

（7）有关人员（如亲属、邻居等）关于犯罪嫌疑人、被告人情况的证言。

通过以上证据证明，犯罪嫌疑人、被告人的姓名、性别、出生日期、公民身份号码、民族、籍贯、出生地、住所地等自然情况。

2. 前科证据

（1）刑事判决书、裁定书；

（2）释放证明书、假释证明书；

（3）不起诉决定书；

（4）行政处罚决定书；

（5）其他证明材料。

通过以上证据证明，犯罪嫌疑人、被告人的前科劣迹情况及是否构成累犯等从重量刑情节。

3. 刑事责任能力的相关证据

犯罪嫌疑人、被告人可能患有精神疾病的，应该收集能够证明其精神状况的证据，如医疗病例、精神病鉴定意见。经核实，无法排除犯罪嫌疑人、被告人具有精神性疾病可能的，应当作司法精神病鉴定。

（二）单位犯罪主体证据

1. 证明国家机关、事业单位、社会团体性质的相应法律文件，机关、团体法人代码。

2. 企业法人营业执照、法人工商注册登记证明、法人设立证明、税务登记证、享受税收减免优惠政策的有关证明，办公地和主要营业地证明、法定代表人等。

3. 单位内部组织的有关合同、章程及协议书，工作人员证言等，证明单位的组织形式、直接负责的主管人员和其他直接责任人员的证据。

4. 银行账号证明、注册资料、年检情况、审计或清理证明等，证明单位管理情况及资产收益、流向、处分等情况的证据。

5. 单位被撤销的，应有其主管单位出具的证明。

6. 其他证明单位主体身份的材料。

通过以上证据证明单位犯罪嫌疑人、被告人的名称、住所地、单位性质、法定代表人、经营范围等。同时，单位为犯罪主体的，要查明负责实施保险诈骗活动的单位主管人员和其他直接责任人员。

需要注意的是，在以单位名义实施的保险诈骗中，要查明所谓的单位是否存在，是否冒用了其他单位的名义，是否个人为进行违法犯罪活动而设立公司、企业、事业单位实施犯罪，公司、企业、事业单位设立后是否以实施犯罪为主要活动，以及犯罪是否由单位集体决定、所得是否归单位所有，以确认犯罪主体是单位还是个人。

二、关于主观方面的证据

（一）犯罪嫌疑人、被告人的供述和辩解

证明其作案动机、预谋过程、犯罪目的、作案过程、犯罪手段、赃款去向及是否有偿还能力等。

（二）证人证言

证明犯罪嫌疑人、被告人通过虚构保险标的、故意制造保险事故、夸大保险事故损失程度等行为从而获取保险金等有关情况。

（三）物证、书证等

如银行交易明细、现金、电子支付交易记录、通话记录单等证实犯罪嫌疑人、被告人对保险诈骗赃款的用途，是否大量挥霍骗取的资金、进行违法犯罪活动、携款潜逃及失联等，从而证明其主观上是否有非法占有保险金的目的。

（四）其他证明材料

如犯罪嫌疑人、被告人从业经历、前科情况、投保时间与行为时间间隔及其他能够反映保险诈骗行为的犯意联络情况、内容的通话记录、电子邮件、手机短信等，通过客观方面证据推定其主观非法占有目的。

三、关于客体方面的证据

本罪侵犯的客体是国家对保险的管理制度和保险公司的财产所有权。通过犯罪嫌疑人、被告人的供述和辩解、见证保险事故的证人证言、保险责任事故认定意见、保险理赔材料、保险公司支付保险金的银行账户交易明细、保险金的支取情况及保险公司人员证人证言等，结合其他相关证据证明犯罪嫌疑人、被告人行为侵犯的客体。

四、关于客观方面的证据

（一）犯罪嫌疑人、被告人的供述和辩解

证明嫌疑人、被告人诈骗的时间、地点、过程、犯罪动机及骗取保险金的数额及其他共同犯罪人在事实犯罪中的地位和作用等。

（二）投保单、保险合同、保险公司的理赔材料，银行交易明细、微信支付宝等电子支付记录、消费记录等书证

证明犯罪嫌疑人、被告人与保险公司签订保险合同、保险理赔流程及获取保险金的过程，获取赃款的去向。

（三）保险理赔人员、知情人员等人的证人证言

证明投保人订立保险合同、理赔时的实际情况以及保险事故的真实情况。

（四）鉴定意见

证明保险事故发生的真实原因及损失程度。

（五）现场指认笔录、现场监控录像等

证明犯罪嫌疑人、被告人制造保险事故的地点及案发过程等。

（六）作案工具等物证

证明投保人、受益人的作案手段等。

第二节 保险诈骗罪证据的审查判断

证据审查是司法人员对收集的证据进行分析研究，鉴别真伪，找出它们与案件事实之间的联系，确定其证明力，进而就案件事实作出结论性判断的活动。[①] 证据审查和判断是认定案件事实的基础，是检察机关行使批捕、起诉职责时必须开展的重要诉讼活动。

一、审查批准逮捕环节证据的审查与判断

审查批准逮捕环节审查证据目的是判断是否对犯罪嫌疑人采取逮捕强制措施。对于保险诈骗罪案件，就犯罪构成要件而言，在审查确定侦查机关取证手段合法后，审查该环节证据应围绕四个核心开展：一是是否存在保险诈骗犯罪事实；二是该犯罪事实是否系犯罪嫌疑人故意为之；三是是否存在不予追究刑事责任的事由；四是该犯罪嫌疑人是否具有羁押必要性。这四个核心，属于依次递进的关系，当上一个核心问题回答均为“是”时，才能继续下一步的审查，并最终得出批准逮捕的决定。

（一）审查是否存在保险诈骗犯罪事实

《刑法》第198条以叙明罪状的方式列举了保险诈骗罪的5种行为方式。根据罪刑法定原则，只有犯罪嫌疑人实施了这5种行为，且数额达到刑事立案追诉标准，才可能构成保险诈骗罪。

① 参见李勇：《刑事证据审查三步法则》，法律出版社2017年版，第18页。

判断是正常保险索赔还是保险诈骗，核心在于审查犯罪嫌疑人是否通过5种行为方式虚构某些事实或者隐瞒某些真相，使原本不应当获赔的前提或者条件发生了变化，进而骗得保险公司依照保险合同的约定进行赔付。不同的保险诈骗所涉及的证据有一定的差异，应结合犯罪手段有针对性地审查相关证据。

1. 作案手段的审查重点

（1）犯罪嫌疑人的供述及辩解，看其对投保过程、描述的保险事故经过是否合情合理，是否存在疑点。（2）证人（保险事故勘查人员、医疗人员、同案关系人、目击证人等）证言，审查其所述保险标的、事情经过、勘查情况是否与犯罪嫌疑人所述及客观情况相符。（3）用以证明犯罪嫌疑人索赔的原因和依据的材料，如人身保险中的被保险人身份情况、医疗就诊记录、伤残等级鉴定，如机动车保险中的交通事故认定书、维修发票、现场照片、车辆受损照片等，审查出具的材料是否完整、合规，材料记载内容是否有疑点。（4）证明给付理赔款及其去向的材料，如赔偿协议书、银行转账记录、手机转账记录等，重点审查犯罪嫌疑人之间以及与投保人、被保险人之间是否有不符合常理的转账记录。（5）手机聊天记录、通信记录等，审查同案犯之间是否就诈骗行为进行谋划、分工、分赃。

常见的车险诈骗案中，有的伪造车辆事故，有的故意制造车险事故，如通过使用破旧或者劣质配件取代原配件，制造事故后定损的；如有在小剐蹭不需要维修的情况下，按照更换零件的方式定损索赔的；还有如本身车辆有问题，伪造事故获得赔偿、故意制造事故后使用虚假的维修发票骗取更大数额的理赔款等各种手段。

车险诈骗案件应重点审查：①案发经过。此类案件绝大多数是保险公司在理赔过程中发现，报案人员对于疑点和依据的陈述可以作为审查是否存在保险诈骗的重点。②事故各方驾驶人员及车主的供述、案发地附近的证人证言、勘查人员的证言，以查明事故各方的关系，事故是如何发生的，事故之前是否有人踩点，驾驶人员对于事故前后经过的描述是否与现场勘查情况相符。③现场车辆受损痕迹、现场监控录像、事故现场情况，审查案发时的天气、路面、照明情况，排除摆拍制造车险事故以及故意制造的交通事故，必要时对车辆痕迹原因委托专家鉴定。如高某、唐某一等人保险诈骗案[①]中，唐某一等人向保险公司称，汽车落水原因是因为唐某一驾车途中避让人影右打方向掉入池塘，但是根据事故成因鉴定，驾驶员唐某一在车辆低速行驶状态下，未踩刹车，未打方向，故此可以推断唐某一等人对事故发生原因造假。④此类车险诈骗中往往有修理厂参与，要重点审查银行转账记录、手机转账记录，查看理赔款的去向是否合理。一般而言，理赔款要么打款给被保险人，要么打款给事故方及其修理公司，倘若理赔款给了被保险人后，被保险人支付给了修理厂，修理厂又返给事故各方驾驶员钱款，则高度怀疑共谋。如浙江绍兴检察机关运用大数据监督模型办理车险诈骗案件中，绍兴市院运用大数据监督模型发现受损车辆的维修单位与车损评估机构高度集中等共同特征，车险诈骗案件 13 名原告绝大多数在同一个汽修厂，均由某海汽修厂缴纳社保，也就是说原告大多数与这家汽修厂有关。该院怀疑存在一个以汽修厂人员为主体的诈骗团伙，于是将线索移送侦查，最终捣毁了某海汽修厂这个诈骗团伙。后续，绍兴市院在某海汽修厂案件基础上，在其他县市区又排查出某线汽修厂等 4 个车险诈骗团伙。⑤通过审查被告人之间的手机通话记录、聊天记录、家庭成员信息，特别是注意审查被告人以往的保险理赔数据，审查保险索赔人、被保险车辆是否有多次出险记录，出险的事故方是否出现重叠，索赔人是否与事故方有亲友关系、互相相识并串通。

2. 审查保险诈骗数额是否已经达到立案的标准

根据《刑法》第 198 条的规定，立案的标准是“数额较大”，故需要重点审查诈骗金额，结合保险合同的保额、索赔申请书、民事起诉书申请的赔偿金额、损失确认书等进行判断。

需要注意以下几点：

（1）理赔金额不完全等同于诈骗金额，只有通过虚假手段获得的理赔金额部分才计入诈骗金额。因此，在审查证据时，既要审查保险公司的转

① 参见湖南省湘乡市人民法院刑事判决书（2019）湘 0381 刑初 24 号。

账记录，也要审查理赔款包含的具体类别。如王某某等人保险诈骗案[①]中，王某某等人通过虚假伤残等级鉴定向法院提出人身保险赔偿诉讼，保险公司给付的赔偿中包含精神损害抚慰金，由于不能确定该项赔付系依据伤残等级直接确定，故从有利于嫌疑人的角度出发，不算入保险诈骗数额。

（2）在道路交通事故真实发生的情况下，机动车交通事故责任强制保险金的赔付与被告人的诈骗行为无刑法意义上的因果关系，故机动车交通事故责任强制保险金不应计入保险诈骗数额。如周某某保险诈骗、包庇案[②]中，在道路交通事故真实发生的情况下，交强险属于国家强制规定的投保险种，保险公司对被告人周某某进行理赔是基于交强险的强制属性，而没有因被告人周某某的欺诈行为陷入错误认识，与被告人周某某的欺诈行为没有刑法上的因果关系，因此交强险的赔偿金额不计入保险诈骗数额。

（3）保险诈骗犯罪数额应当参考保险公司查勘确定车损数额进行认定，但该金额并不最终等于保险理赔金，保险诈骗数额的认定应以行为人最终能获得的保险理赔金进行认定，如果保险公司根据实际情况按照最大预估金额定损，但并未实际赔付的情况下，应当按照有利于被告人的原则进行认定，即以行为人实际能获得的保险理赔金认定。

（4）保险诈骗罪定罪量刑时“数额巨大”“数额特别巨大”标准可参照诈骗罪定罪量刑标准，并结合当地经济社会发展现状认定。如吴某甲、吴某乙保险诈骗案[③]中，河南省郑州市中级人民法院再审认为：一审被告人吴某甲单独或伙同一审被告人吴某乙、吴某丙，故意造成财产损失的保险事故，骗取保险金，其行为均已构成保险诈骗罪。一审被告人吴某甲骗取保险金额 404691.42 元，一审被告人吴某乙骗取保险金额 352378 元，参照 2011 年 4 月 8 日施行的最高人民法院、最高人民检察院《关于办理诈骗刑事案件具体应用法律若干问题的解释》的规定，属数额巨大，对两一审被告人应当在 3 年以上 10 年以下有期徒刑幅度内量刑。结合原判对一审被告人吴某

① 参见上海市浦东新区人民法院刑事判决书（2020）沪 0115 刑初 411 号。
② 广西壮族自治区来宾市中级人民法院刑事裁定书（2021）桂 13 刑终 23 号。
③ 河南省郑州市中级人民法院刑事判决书（2018）豫 01 刑再 7、8、9 号。

甲认定的量刑情节，法院在上述法定刑幅度内酌情从轻处罚。

另外，保险诈骗罪处罚未遂和既遂行为，倘若尚在预备而未着手的，不宜认定为保险诈骗罪。因此，认定是否存在保险诈骗行为还应当审查有关着手的证据，此要件以索赔申请书、理赔通知书、民事起诉书等为证。

（二）审查是否系犯罪嫌疑人故意为之

审查内容包括两部分：一是确定犯罪嫌疑人；二是确定犯罪嫌疑人的主观心态是不是故意。具体从三方面入手。

1. 确定犯罪嫌疑人身份信息

保险诈骗罪是身份犯，投保人、受益人、被保险人是保险诈骗罪的犯罪主体。要确定犯罪嫌疑人，就要查证其身份信息及共犯情况。应根据下列证据进行判断：（1）犯罪嫌疑人的常住人口信息等身份资料。（2）保险合同等证明犯罪嫌疑人特殊身份的材料，需要注意保险法律关系的形式主体与实质主体可能出现分离，审查时需要注意二者之间的关系，如挂靠关系、夫妻关系、委托关系等。（3）因为保险诈骗罪往往呈现团伙作案的特征，参与人众多，要注意查明共犯情况，可根据犯罪嫌疑人、证人的供述以及涉案人员的聊天记录、转账记录、涉案保险公司支付保险金的银行账户交易明细、保险金的支取情况等予以审查。

2. 确定系自然人犯罪还是单位犯罪

需要指出的是，单位也是保险诈骗罪的主体。在某些案件中，公司员工团伙作案，有的保险金首先打入公司账户，故需要审查犯罪主体到底是单位还是个人。要重点关注犯罪嫌疑人供述所获得的保险金的最终去向，保险公司的支付凭证、涉案公司的银行交易记录及涉案公司给员工的付款记录，公司非涉案管理人员、经手人员的证言，内部审批文件等证据材料的印证。如果犯罪行为系单位决策实施，员工按照单位的决策实施具体犯罪活动，违法所得也归单位所有的，应考虑认定为单位犯罪。

3. 确定犯罪嫌疑人主观心态

保险诈骗罪对主观要件的要求是故意，包括直接故意和间接故意，过失不构成该罪。因此，犯罪嫌疑人是否明知存在欺骗事实十分重要，尤其是保险诈骗罪案件往往呈现多人、团伙作案的特点，在共同犯罪中，某些犯罪嫌疑人往往会以自己不知情、不明知同伙有犯罪事实、自己属于受蒙蔽参与行动为由试图脱罪。如郭某某等保险诈骗案[①]中，被告人王某某、祝某某在医院等场所搭识交通事故伤者，许诺为伤者代理交通事故人身伤害索赔能获得更多保险金或赔偿款，与伤者订立口头或书面代理索赔协议，并与司法鉴定人、律师共谋，由司法鉴定人出具与伤者伤残等级不符的伤残等级鉴定意见，由被告人郭某某等律师依据上述鉴定意见，通过提起民事诉讼的手段，骗取保险公司支付高于其应当支付的事故理赔款。郭某某辩称自己是在鉴定做完以后才接受的诉讼代理委托，其对王某某、祝某某伙同他人伪造伤残等级鉴定意见并不知情，自己收取的费用也仅仅是律师费。对于这种辩解，需要认真对待，除认真审核其前后多次供述或者无罪辩解外，需要结合被告人的个人经验、其与同案犯的交往程度、同案犯的供述、手机聊天记录等证据来确定参与人的知情程度。如本案中，查明郭某某的身份为具有法医学背景的律师，其与被告人王某某有多次交通事故人伤案件的合作，微信聊天记录显示其与王某某就如何做高伤残等级、修改病历等影响公正鉴定的内容进行多次沟通，郭某某在翻供前，曾经作出过明知鉴定意见不客观、王某某有过找鉴定机构“打招呼”等情况的供述。根据上述证据，可以认定郭某某的辩解没有事实依据，其具有主观明知。

（三）审查是否存在不予追究刑事责任的法定事由

《刑事诉讼法》第 16 条规定了不予追究刑事责任的六种情形，在审查批准逮捕环节，需要对案件是否符合这几种情况予以审查，特别是追诉时效方面。因为保险诈骗罪存在隐蔽性的特点，保险诈骗发生后可能长期未被当作刑事案件立案侦查，故应当根据索赔材料时间和公安机关的立案决定书时间来审查是否超过最低 10 年的追诉时效。

---

① 上海市浦东新区人民法院刑事判决书（2020）沪 0115 刑初 411 号。

（四）审查犯罪嫌疑人是否仍具有社会危险性

经过上述审查，确定某人犯有保险诈骗犯罪事实，仍需要考量是否对其羁押，判断的重要因素就是其是否仍具有社会危险性。《刑事诉讼法》第81条、《人民检察院刑事诉讼规则》（以下简称《刑事诉讼规则》）第六章第五节对应当逮捕的几种情形做了较为详细的规定。结合保险诈骗罪的犯罪特点，审查中应注意以下几方面：

1. 根据主体身份资料和前科情况，判断其是否曾经故意犯罪或者身份不明，有此情形的，应当逮捕。

2. 根据其犯罪金额及造成的后果，判断量刑情节对应的刑期，如果对应10年以上有期徒刑，应当逮捕。需要说明的是，目前对于保险诈骗罪的量刑情节无具体的司法解释，在数额标准上参考诈骗罪数额为宜。

3. 根据现有证据判断其如果有多次保险诈骗事实的，可认定为可能实施新的犯罪，具有社会危险性。

二、审查起诉环节证据的审查与判断

审查起诉环节证据审查的目的是判断是否应当追究犯罪嫌疑人刑事责任，追究什么样的刑事责任，追究多大程度的刑事责任。就保险诈骗罪案件而言，审查起诉环节应围绕三个核心开展证据审查：一是证明犯罪事实的证据是否确实、充分；二是量刑情节相关证据是否清楚；三是起诉必要性。

（一）证明犯罪事实的证据是否确实、充分的审查

1. 案件线索来源是否清晰

梳理侦查机关受案、破案过程，重点审查：报案人是涉案保险公司还是其他举报人，识破诈骗的时间、方法、事件，报案时是否明确犯罪嫌疑人自然人情况或单位情况，报案前与犯罪嫌疑人是否有退赔的协商沟通，犯罪嫌疑人所使用的诈骗方式，受损金额等。

2. 犯罪主体是否明确

保险诈骗罪的主体为特殊主体，包括投保人、被保险人或受益人，审查犯罪嫌疑人（单位）是否为保险诈骗罪的犯罪主体，需要注意以下几种情况。

（1）保险事故的鉴定人、证明人、财产评估人故意提供虚假的证明文件，为他人诈骗提供条件的，以保险诈骗的共犯论处。注意审查提供虚假证明材料的人员资质及在出具证明上的签字。

（2）非特殊主体也可以成为共犯，对投保人、被保险人或受益人实施保险诈骗提供帮助的一般身份主体也可以成为保险诈骗的帮助犯，注意审查犯罪嫌疑人之间就保险诈骗的预谋、分工、所起实际作用的供述、相关聊天记录、分赃转账记录等。如曾某某、黄某某保险诈骗、故意伤害案中，被告人黄某某虽不具备保险诈骗罪主体的特殊身份，但其明知曾某某意欲实施保险诈骗仍答应并帮助其故意制造保险事故（帮助自残），共同为曾某某着手实施保险诈骗制造条件，可成立保险诈骗罪（预备）的帮助犯。

（3）实际犯罪主体与投保人不一致的情形，一是挂靠车辆的实际所有者作为实际投保人和被保险人，对于保险标的具有直接的保险利益关系，可以成为保险诈骗罪的主体，注意审查挂靠协议、保费缴纳记录以明确实际投保人。二是行为人与投保人及被保险人为夫妻关系，对于保险标的具有直接的保险利益，是保险标的实际投保人和被保险人，注意审查证明夫妻关系的结婚证、户口本等。

（4）不具有投保人、被保险人、受益人身份的人，单纯利用不知情的投保人、被保险人、受益人的身份（如相关证件）骗取保险金的，是诈骗罪的直接正犯，因此要注意审查投保人、被保险人、受益人是否知情，从相关言词证据的印证、理赔手续的实际经手人、诈骗钱款的去向等证据进行审查。

3. 作案动机和目的是否查明

诈骗的动机和原因，可以通过诈骗起意的时间、为诈骗所做的准备、共同犯罪中犯意的提起、策划、联络、分工、拟用的诈骗手段、作案后逃跑、毁灭罪证的计划，犯罪嫌疑人提供的用于投保的证明材料真伪及来源等来证明非法占有目的。要注意排除无非法占有目的的情形，例如行为人无证驾驶车辆发生交通事故后，让他人顶替肇事驾驶员，其主观上是为了躲避交通肇事罪的刑责，无证据证实行为人是出于诈骗交强险保险金的目的，就无法认定其有诈骗的故意和目的。

4. 犯罪过程是否清晰

（1）梳理涉案保险具体情况，包括：具体险种，投保人、被保险人、受益人情况，保险单位、投保时间、保险标的、保险期间，保险费及保险金，保险金赔偿或给付办法。特别要注意的是，保险责任和责任免除的约定是否存在漏洞。如在简某、韩某涉嫌保险诈骗案中，韩某驾驶简某投保的货车发生交通事故，理赔过程中被保险公司告知其需要提供营运性道路驾驶员从业资格证，因后补证件无法用于事故理赔，简某、韩某遂伪造该证件提交给保险公司获得理赔金，后因保险公司复查发现证件系伪造而被抓获。审查起诉阶段，嫌疑人以保险公司相关免责条款要求的证书指向不具体，保险合同中手写的免责事项为空白，保险公司未尽到合理提示说明义务等为由，认为免责条款无效，对保险公司提起民事诉讼。法院民事判决认定，保险公司未能向投保人明确说明“许可证书或其他必备证书”的具体证书种类和名称并经投保人确认，该免责条款不发生法律效力，判决保险公司支付理赔款。免责条款自始不发生法律效力，简某、韩某的行为不会造成保险公司的财产损失，二人不构成保险诈骗罪，该案检察机关最终作出法定不起诉决定。

（2）审查犯罪嫌疑人提供的保险事故有关的证明和资料的来源及是否齐全。例如，涉及机动车交通事故理赔类的保险诈骗案件，要审查出险车辆信息表、行驶证、驾驶证、报案登记表、道路交通事故认定书、机动车定损报告、机动车保险损失计算书等证据。涉及医疗理赔类的保险诈骗案件，审查是否收集门诊病历、病人费用清单、门急诊收费票据、住院病史、出院小结等病史材料。

（3）关注保险公司承保、事故调查出险、勘查、定损、理赔过程中对相关证明和资料的审查情况，重点审查保险公司是否陷入错误认识，是否明知行为人实施了欺诈行为，而非基于错误认识而支付保险金，保险公司如何赔付保险金。

（4）查明签订涉案保险合同、犯罪嫌疑人提出理赔申请、保险公司支付保险金以及犯罪嫌疑人收到保险金的时间和地点。

（5）查明犯罪嫌疑人的作案手段、施骗过程。根据诈骗方式的不同，注意审查的内容也要有所侧重：①故意虚构保险标的，重点审查被虚构保险标的的情况、虚构保险标的的过程及具体参与人员。②编造虚假的保险事故，重点审查保险事故发生的时间、地点、过程及造成保险事故的真实原因，犯罪嫌疑人编造的造成保险事故的原因，保险事故造成的损失。③夸大保险事故损失程度的，重点审查保险事故发生的时间、地点、过程、原因及造成的实际损失，犯罪嫌疑人夸大的损失数额。④编造未曾发生的保险事故的，重点审查编造的保险事故发生的时间、地点、过程及原因，编造的损失数额，编造保险事故的过程及具体参与人员。⑤故意造成财产损失的保险事故的，重点审查财产损失的时间、地点、数额，犯罪嫌疑人损坏财产的手段、过程、具体参与人员。⑥故意造成被保险人死亡、伤残或者疾病的，重点审查造成被保险人死亡、伤残或者疾病的时间、地点、手段、过程、具体参与人员，被保险人的治疗过程、身体恢复情况。

5. 保险诈骗造成的后果

后果包括人员伤亡、财物毁损、诈骗金额。要查明骗取的保险金数额及保险金的去向，利用违法所得所购买的物品（含不动产），是否及时查封、扣押、冻结。

6. 犯罪嫌疑人可能涉嫌其他罪名的证据审查

保险诈骗犯罪的发生往往伴随一系列其他刑事犯罪，这些犯罪与保险诈骗罪可能构成牵连犯、吸收犯或想象竞合犯，涉及从一重罪处罚的认定或数罪并罚的认定。

（1）保险公司的工作人员利用职务上的便利，伙同犯罪嫌疑人故意编造未曾发生的保险事故进行虚假理赔，骗取保险金归自己所有的，依照职务侵占罪定罪处罚。国有保险公司工作人员和国有保险公司委派到非国有保险公司从事公务的人员有前款行为的，依照贪污罪定罪处罚。

上述罪名注意审查犯罪嫌疑人的主体身份证据，如人事档案、工作证证明其保险从业人员身份，岗位说明书、同事领导证言证实其职权范围。

（2）投保人、被保险人故意造成财产损失的保险事故，或者投保人、受益人故意造成被保险人死亡、伤残或疾病，骗取保险金，同时构成故意伤害罪、故意杀人罪、放火罪等其他犯罪的，依照数罪并罚的规定处罚。

（3）行为人为了实施保险诈骗，伪造、变造国家机关公文、证件、印章、身份证件的，同时构成《刑法》第280条相关罪名的，依照处罚较重的规定定罪处罚。

注意审查犯罪嫌疑人伪造、变造国家机关公文、证件、印章、身份证件的相关证据，如证实伪造、变造过程的供述，证人证言，反映沟通过程的聊天记录，证实国家机关公文、证件、印章、身份证件系伪造的鉴定意见、工作说明等。

7. 证据的综合分析判断

重视对书证、电子数据等客观证据来源、取证程序等审查，排除非法证据，补正瑕疵证据，确定证据合法性。对于矛盾证据，要以客观证据为基础进行甄别判断。综合审查分析在案证据印证关系，做好关联证据之间的逻辑性分析，建立主客观相一致的证据体系。

（二）量刑情节的证据审查

1. 自首、立功的认定

自首、坦白、立功、累犯属于常见的法定量刑情节。不少犯罪嫌疑人常常辩称自己有自首、立功情节。

（1）认定自首的证据材料

注意审查案发、侦破、抓获、到案经过，是否为“主动投案”。在视为“主动投案”情形中也要注意审查犯罪嫌疑人到案是否实质主动。例如，在民警电话传唤到案的情形下，注意审查犯罪嫌疑人是否明知民警因保险诈骗事实对其进行传唤，可要求拨打电话的民警通过工作说明的形式对电话传唤的具体内容进行补充说明。在由单位负责人或亲属带领投案的情形下，注意收集陪同人的证言，证明犯罪嫌疑人在此过程中是否配合，有无抗拒、逃跑的行为。

（2）认定立功的证据材料

注意审查司法机关的调查核实材料、被检举揭发人的供述。被检举揭发案件已立案、侦破，被检举揭发人被采取强制措施、公诉或者审判的，还应审查相关的法律文书。证据材料应加盖接收被告人检举揭发材料的单位的印章，并有接收人员签名。

2. 主从犯的认定

不少保险诈骗案件呈现团伙作案的特征，查明共同犯罪人在犯罪中的地位和作用，是准确量刑的前提。主从犯的审查，一般需要结合下列证据进行审查：（1）通过犯罪嫌疑人的供述以及同案犯的供述、知情人证言，查明犯罪嫌疑人之间的关系，如公司内部上下级关系等，以查明犯罪嫌疑人在共同犯罪中的身份和地位、所起的作用；（2）通过分赃所得印证；（3）从能够反映犯意联络情况、内容的通话记录、电子邮件、手机短信中判断分析。

对于在共同犯罪中只是分工不同，但是互相配合、地位相当的，不宜区分主从；对于在共同犯罪中处于帮助、辅助、次要和从属角色的，根据《刑法》第27条的规定，应当认定为从犯。

（三）起诉必要性相关证据的审查

起诉必要性，主要从主观恶性的大小、社会危害程度，对损害结果的弥补及社会矛盾的修复程度来综合考虑。

1. 主观恶性方面重点审查是否有前科，是否为累犯，违法犯罪记录诈骗的次数、诈骗手段的恶性程度，案发后的认罪悔罪态度等。

2. 社会危害性方面的审查，除了诈骗保险金数额的大小，还要重点审查为实现诈骗目的，在实施诈骗过程中造成的其他社会危害，例如采用故意伤害、故意杀人手段骗取保险金的手段，危害人的生命健康权；又如采用放火、在较多车辆行驶的路段故意制造交通事故等手段，危害到社会公共安全的，均不宜做相对不起诉处理。

3. 危害后果的弥补和修复方面，审查保险公司的损失是否完全得以弥补，是否对犯罪嫌疑人的犯罪行为表示谅解。

第四章 保险诈骗案件的检察监督

第一节　保险诈骗案件刑事立案监督

刑事立案，是指有权机关对于报案、控告、举报、自首以及自诉人起诉等材料，按照各自的职能管辖范围进行审查后，认为有犯罪事实发生并需要追究刑事责任时，决定将其作为刑事案件进行侦查或审判的一种诉讼活动。立案是独立的诉讼活动，是刑事诉讼启动的主要形式，它的启动意味着公民将被作为犯罪嫌疑人参与诉讼活动，同样，倘若不立案则意味着无人将为某个事件承担刑事责任。因此，正确立案与否十分重要，其直接关系着社会秩序和公民人权是否得到有效保障。

刑事案件立案监督，是有监督权的机关和公民依法对立案活动进行检视、督促或者审核的诉讼活动。其中，被害人通过向公安机关申请复议、复核，向法院提起刑事自诉等方式监督公安机关的立案活动；行政执法机关通过向公安机关申请复议，也可以对行刑衔接案件开展立案监督。而检察机关作为宪法确定的法律监督机关，具有刑事立案监督职权，依法对公安机关的刑事立案活动、行政执法机关移送涉嫌犯罪线索是否合法进行监督。根据《刑事诉讼法》第 113 条和《刑事诉讼规则》第 557 条第 1 款、第 562 条的规定，检察机关对公安机关立案活动的三种情形开展刑事立案监督：一是对消极立案，即应立案而不立案的行为开展监督；二是对违法立案，即不应当立案而立案的行为开展监督；三是对拖延立案，即在规定期限内不作出是否立案决定开展监督。对于规定期限的理解，根据最高人民检察院、公安部《关于公安机关办理经济犯罪案件的若干规定》，保险诈骗类案件的立案审查期限与普通刑事案件相比，可以最多延长至60 日。

检察机关履行刑事立案监督的完整过程包括线索发现、案件受理、审查、提出审查意见、跟踪监督五个阶段。

一、线索来源

根据《人民检察院刑事诉讼规则》第557条的规定，检察机关受理被害人及其法定代理人、近亲属或者行政执法机关提出的立案监督申请，也可以依职权主动发现立案监督线索。结合司法实践，保险诈骗罪立案监督线索主要有以下来源：

（一）被害人提出申诉控告

被害人认为公安机关对其控告的案件应当立案侦查而不立案侦查，向检察机关提出申诉控告。保险诈骗罪不仅侵犯了金融管理秩序，也侵犯了保险人的财产权益。因此，保险机构向公安机关报案称被骗但公安机关未立案侦查的，可以向检察机关申请立案监督。

（二）犯罪嫌疑人及其辩护人提出申诉控告

犯罪嫌疑人及其辩护人认为公安机关不应当立案而立案提出申诉控告。最高人民检察院、公安部《关于公安机关办理经济犯罪案件的若干规定》第28条规定："犯罪嫌疑人及其法定代理人、近亲属或者辩护律师对公安机关立案提出异议的，公安机关应当及时受理、认真核查。有证据证明公安机关可能存在违法介入经济纠纷，或者利用立案实施报复陷害、敲诈勒索以及谋取其他非法利益等违法立案情形的，人民检察院应当要求公安机关书面说明立案的理由。公安机关应当在七日以内书面说明立案的依据和理由，连同有关证据材料回复人民检察院。人民检察院认为立案理由不能成立的，应当通知公安机关撤销案件。"

（三）金融监管部门提出建议

金融监管部门作为依法对保险机构的欺诈风险管理工作实施监管的机

构，通过“两法衔接”工作机制，向检察机关提出建议。国务院法制办、最高人民检察院等部门联合发布的《关于加强行政执法与刑事司法衔接工作的意见》第16项规定：“公安机关不受理行政执法机关移送的案件，或者未在法定期限内作出立案或者不予立案决定的，行政执法机关可以建议人民检察院进行立案监督。行政执法机关对公安机关作出的不予立案决定有异议的，可以向作出决定的公安机关提请复议，也可以建议人民检察院进行立案监督；对公安机关不予立案的复议决定仍有异议的，可以建议人民检察院进行立案监督。行政执法机关对公安机关立案后作出撤销案件的决定有异议的，可以建议人民检察院进行立案监督。”故金融监管部门作为行政执法机关，可以依照上述规定，申请检察机关立案监督。

（四）检察机关立案监督部门自行发现线索

检察机关立案监督部门自行发现线索。《中共中央关于加强新时代检察机关法律监督工作的意见》指出应强化刑事立案监督，及时发现和纠正应当立案而不立案、不应当立案而立案、长期“挂案”等违法情形，坚决防止和纠正以刑事手段插手民事纠纷、经济纠纷。这要求检察机关杜绝“等、靠、要”思想，及时、主动发现立案监督线索。在信息化时代的今天，立案监督部门可以主动利用侦查监督与协作配合平台、检察办案系统、保险数据等信息，以大数据赋能检察工作，发现立案线索，促进质效提升。如浙江省某县检察机关通过调取某保险公司近五年的车险理赔数据，输入关键词，筛查出部分特定对象，经与公安机关警务平台关键词筛查结果比对，将频繁驾驶某一辆或某几辆车，且均作为第三者责任险出险的人员，初步列为可疑对象；然后通过保险行业协会平台，调取可疑对象在全国范围内的车险理赔数据，筛选出“事故类型高度雷同”或“相同部位重复索赔”的人员，锁定为重点关注对象；之后，排查这些人员关系、理赔资金流水等，并将账户收款累计达到诈骗罪构罪标准的线索移送公安机关立案侦查。[①]

① 参见蓝恒、张倩颖、叶景：《这些交通事故为什么高度雷同——浙江宁波江北区：数字检察助力整治“碰瓷型”车险诈骗》，载《检察日报》2022年6月20日，第2版。

（五）检察机关其他职能部门交办、移转

检察机关其他职能部门在办案或者开展诉讼监督过程中发现并移转线索，包括本院或者其他检察机关交办、移转的线索。如捕诉部门在办理捕诉案件过程中发现保险诈骗案件立案监督线索，民事检察部门在办理民事案件监督过程中发现保险诈骗立案监督线索。如浙江省某区人民检察院办理的某外贸公司保险诈骗撤案监督案中，检察机关根据辩护人控告侦查机关拒绝告知侦查结果的事由发现公安机关不当立案、久侦不决问题，后对此开展了撤案监督。

（六）其他途径

其他途径包括新闻媒体、法院、政府信访部门等发现或者转交线索等。

二、案件受理

根据《人民检察院刑事诉讼规则》第558条的规定，控告申诉部门负责受理当事人提出的刑事立案监督控告、申诉。受理时审查的文书一般包括申请书、身份证明、相关法律文书，有的还包括证据材料。从实务看，行刑衔接案件的立案监督线索一般由立案监督部门直接受理，由行政执法机关提供立案监督建议书、相关案件材料、相关法律文书。

三、审查的内容与方式

（一）审查的内容

是否符合立案的条件，是立案监督审查的核心内容。根据《刑事诉讼法》第112条的规定和《关于公安机关办理经济犯罪案件的若干规定》第17条，公安机关办理经济犯罪案件，经立案审查，符合下列条件的，应当立案：（1）认为有犯罪事实；（2）涉嫌犯罪数额、结果或者其他情节符合情节

犯罪案件的立案追诉标准，需要追究刑事责任；（3）属于该公安机关管辖。

就保险诈骗案件而言，“有犯罪事实”，是指有证据指向有人实施了《刑法》第198条所规定的的5种进行保险诈骗活动，骗取保证金的行为。这一项内容是审查的重点和难点。保险诈骗具有专业化、高智商犯罪的特点，犯罪事实存在一定的隐蔽性，且某些案件还涉及刑民交叉、新型手段，因此，公安机关对某些案件的事实认定、证据采信、法律适用存在理解分歧，检察机关应结合犯罪构成要件，对这一实质要件仔细审查，依法准确判断立案条件。

“达到立案追诉标准，需要追究刑事责任”，是指根据最高人民检察院、公安部《关于公安机关管辖的刑事案件立案追诉标准的规定（二）》第51条，保险诈骗数额为5万元以上，且不属于《刑事诉讼法》第16条所规定的免于追究刑事责任的情形。

“属于该公安机关管辖”，是指根据《关于公安机关办理经济犯罪案件的若干规定》第8条，由犯罪地的公安机关管辖。犯罪地是指犯罪行为发生地。以非法占有为目的的经济犯罪，犯罪地包括犯罪行为发生地和犯罪嫌疑人实际取得财产的犯罪结果发生地。如果由犯罪嫌疑人居住地的公安机关管辖更为适宜的，可以由犯罪嫌疑人居住地的公安机关管辖。对于近些年来出现的骗取网购运费险等主要通过信息网络实施的保险诈骗案件，根据《关于办理信息网络犯罪案件适用刑事诉讼程序若干问题的意见》第2项，在认定犯罪地时，包括用于实施犯罪行为的网络服务使用的服务器所在地，网络服务提供者所在地，被侵害的信息网络系统及其管理者所在地，犯罪过程中犯罪嫌疑人、被害人或者其他涉案人员使用的信息网络系统所在地，被害人被侵害时所在地以及被害人财产遭受损失地等。因此，控告申诉部门应当据此审查公安机关不立案是不是因为不具有管辖权，或者公安机关是否在不具有管辖权的情况下强行立案管辖。

（二）审查的方式

检察机关对于立案监督线索的审查属于实质性审查，故为保证监督公安机关立案活动的正确性，一般应开展必要的调查核实工作。

该调查核实工作不属于侦查措施，不能采用限制人身权利和财产权利的手段。既可以采用书面审查方式，也可以依法开展必要的实地调查或者鉴定工作，以能够查明是否有犯罪事实的程度为限。采用书面审查方式的，根据《关于刑事立案监督有关问题的规定（试行）》第8条第2款，人民检察院开展调查核实，可以询问办案人员和有关当事人，查阅、复印公安机关刑事受案、立案、破案等登记表册和立案、不立案、撤销案件、治安处罚等相关法律文书及案卷材料。

如曹某诈骗案立案监督案，某保险公司向江苏省某区检察院申请监督，称怀疑驾车人曹某（非车主等保险直接利害关系人）故意伪造车辆落水事故申请财产保险理赔，但公安机关以此案系民刑交叉案件，应当由法院将线索移送公安机关方能立案为由未予以立案，而法院认为应当先由公安机关立案，他们才能将案件中止审理。检察院受理申请后，办案人员发现驾驶员破窗逃车却无伤情等案件疑点，通过询问保险公司人员、审阅移送线索材料、调查核证、研究司法鉴定意见书等工作，发现曹某有重大保险诈骗嫌疑，继而向公安机关发出《要求说明不立案理由通知书》，实现了良好的监督效果。①

四、提出审查意见

针对公安机关应当立案而不立案的申诉、控告或者不应当立案而立案的申诉、控告，根据《刑事诉讼规则》第558条、第560条、第563条的规定，控告申诉部门经审查后，认为公安机关不立案或者立案决定不正确，应当将案件移送捕诉部门，由其要求公安机关说明不立案理由或者立案理由，公安机关收到通知后7日以内，应书面说明不立案或者立案的情况、依据和理由，连同有关证据材料回复检察机关。捕诉部门通知公安机关立案或者撤销案件，应当制作通知立案书或者通知撤销案件书，说明依据和理由，连同证据材料送达公安机关，并告知公安机关在收到立案通知书后15

① 参见范曾:《400多天的坚守，揭开“意外”背后的秘密——江苏无锡梁溪区：监督一起骗保案件避免国有资产流失》，载《检察日报》2018年11月9日，第4版。

日以内立案，对通知撤销案件书没有异议的应当立即撤销案件，并及时送达法律文书。

如果控告申诉部门认为不立案或者立案决定正确，应当制作《立案监督审查通知书》，答复申诉人、控告人。在监督撤案时，根据《关于公安机关办理经济犯罪案件的若干规定》第25条，对于保险诈骗案件，如果对犯罪嫌疑人解除强制措施之日起12个月内，或者对未被采取强制措施的犯罪嫌疑人自立案之日起2年以内，仍然不移送审查起诉或者依法做其他处理的，除非有证据证明有犯罪事实需要进一步侦查，经省级以上公安机关负责人批准继续侦查的以外，应当监督公安机关及时撤销案件。

针对公安机关超过规定期限作出是否立案决定的控告，根据《刑事诉讼规则》第562条，检察院认为尚未超过规定期限的，应当移送公安机关处理，并答复控告人；认为超过规定期限的，应当要求公安机关在7日以内书面说明逾期不作出是否立案决定的理由，并做好后续监督工作。

五、跟踪监督

根据《刑事诉讼规则》第564条，人民检察院应当依法对通知立案或者撤销案件的执行情况进行监督。若发现公安机关在收到通知立案书或者通知撤销案件书后超过15日不予立案或者未要求复议、提请复核也不撤销案件的，应当发出纠正违法通知书。公安机关立案后3个月内未侦查终结的，可以发出立案监督案件催办函，要求公安机关及时向人民检察院反馈侦查工作进展情况。

第二节　保险诈骗案件刑事审判监督

刑事审判监督，是指人民检察院依法对人民法院的刑事审判活动是否合法以及所作的刑事判决、裁定是否正确进行的法律监督，是我国宪法和法律赋予检察机关的重要职权，对维护司法公正、保证法律统一和正确实施具有重要意义。检察机关履行刑事审判监督职能要树立自身审视判断的标准，坚持“在办案中监督、在监督中办案”，认为法院在审理保险诈骗罪案件中存在审判活动违法、刑事判决有误的，要充分发挥刑事抗诉的引领作用，运用口头纠正、检察建议、纠正审理违法意见书、再审检察建议以及情况通报、检法机关联席会等方式开展监督。

一、刑事审判监督的主要内容

（一）刑事审判活动监督

人民检察院应当对审判活动中是否存在以下违法行为进行监督：

1. 人民法院对刑事案件的受理违反管辖规定的；

2. 人民法院审理案件违反法定审理和送达期限的；

3. 法庭组成人员不符合法律规定，或者依照规定应当回避而不回避的；

4. 法庭审理案件违反法定程序的；

5. 侵犯当事人、其他诉讼参与人的诉讼权利和其他合法权利的；

6. 法庭审理时对有关程序问题所作的决定违反法律规定的；

7. 违反法律规定裁定发回重审的；

8. 故意毁弃、篡改、隐匿、伪造、偷换证据或者其他诉讼材料，或者依据未经法定程序调查、质证的证据定案的；

9. 依法应当调查收集相关证据而不收集的；

10. 徇私枉法，故意违背事实和法律作枉法裁判的；

11. 收受、索取当事人及其近亲属或者其委托的律师等人财物或者其他利益的；

12. 违反法律规定采取强制措施或者采取强制措施法定期限届满，不予释放、解除或者变更的；

13. 应当退还取保候审保证金不退还的；

14. 对与案件无关的财物采取查封、扣押、冻结措施，或者应当解除查封、扣押、冻结而不解除的；

15. 贪污、挪用、私分、调换、违反规定使用查封、扣押、冻结的财物及其孳息的；

16. 其他违反法律规定的行为。

（二）刑事裁判的监督

检察机关对刑事判决、裁定的监督，主要包括对法院的第一审判决、裁定的监督和对人民法院已经生效的判决、裁定的检察监督。对人民法院确有错误的判决、裁定，应当依法提出抗诉。

1. 对人民法院的第一审判决、裁定的监督

人民检察院认为同级人民法院第一审判决、裁定具有下列情形之一的，应当提出抗诉：

（1）认定的事实确有错误或者据以定罪量刑的证据不确实、不充分的；

（2）有确实、充分证据证明有罪判无罪，或者无罪判有罪的；

（3）重罪轻判，轻罪重判，适用刑罚明显不当的；

（4）认定罪名不正确，一罪判数罪、数罪判一罪，影响量刑或者造成严重社会影响的；

（5）免除刑事处罚或者适用缓刑、禁止令、限制减刑等错误的；

（6）人民法院在审理过程中严重违反法律规定的诉讼程序的。

2. 对人民法院已经生效的判决、裁定的检察监督

人民检察院认为人民法院已经发生法律效力的判决、裁定确有错误，具有下列情形之一的，应当按照审判监督程序向人民法院提出抗诉：

（1）有新的证据证明原判决、裁定认定的事实确有错误，可能影响定罪量刑的；

（2）据以定罪量刑的证据不确实、不充分的；

（3）据以定罪量刑的证据依法应当予以排除的；

（4）据以定罪量刑的主要证据之间存在矛盾的；

（5）原判决、裁定的主要事实依据被依法变更或者撤销的；

（6）认定罪名错误且明显影响量刑的；

（7）违反法律关于追诉时效期限的规定的；

（8）量刑明显不当的；

（9）违反法律规定的诉讼程序，可能影响公正审判的；

（10）审判人员在审理案件的时候有贪污受贿，徇私舞弊，枉法裁判行为的。

对于同级人民法院已经发生法律效力的判决、裁定，人民检察院认为可能有错误的，应当另行指派检察官或者检察官办案组进行审查。经审查，认为有前述规定情形之一的，应当提请上一级人民检察院提出抗诉。

二、刑事审判监督方式的综合运用

检察机关要加强与人民法院的协调、沟通，积极、理性、审慎地选取最优监督方式，最大限度地实现保险诈骗罪刑事审判监督三个效果的有机统一，具体适用如下：

1. 认为刑事审判活动违法，情节较轻的，或者审判活动进行当中的，应当及时纠正指出错误的，可以采用口头方式进行；情节较重的，向法院发出纠正审理违法意见书。严重影响司法公正的，依法提出抗诉。

2. 认为刑事裁判在认定事实、采信证据、适用法律方面确有错误，或者违反诉讼程序、严重影响司法公正的，依法提出抗诉。

3. 刑事裁判文书存在文字表述等技术性错误，可以根据实际情况以口头纠正或者检察建议方式提出纠正意见。影响案件实质性结论的，依法提出抗诉。

4. 认为法院在刑事审判活动中存在的共性问题和类案问题、有分歧的问题，不能或者不宜以其他方式监督的，可以向法院发出情况通报，或者组织检法机关联席会解决。

5. 认为人民法院在审判活动中的严重违法行为，经依法监督未及时纠正，或者发现人民法院在审判活动中较严重而又具有普遍性的违法行为，可以向同级党委、人大报告，或者通过上级人民检察院向同级人民法院通报。

6. 对于审判人员在审理案件过程中存在违法犯罪线索的，移送有关机关、部门依法追究刑事责任。

三、保险诈骗罪刑事审判监督的重点注意事项

（一）注重审查行为人主体身份和手段，准确认定罪名

因主体身份和行为手段的不同，行为人实施保险诈骗涉嫌的罪名也不同。保险诈骗罪的主体包括投保人、被保险人或受益人，行为人利用保险合同关系，故意虚构或隐瞒保险事故相关事实，以保险金为诈骗目标实施诈骗，构成保险诈骗罪。不具有特殊主体身份的，可以合同诈骗罪或诈骗罪定罪处罚。挂靠车辆的实际所有者利用挂靠单位的名义实施的保险诈骗行为，应当认定构成保险诈骗罪。挂靠车辆的实际所有者作为实际投保人和被保险人，对于保险标的具有直接的保险利益关系，可以成为保险诈骗罪的主体；保险事故的鉴定人、证明人、财产评估人故意提供虚假的证明文件，为他人诈骗提供条件的，以保险诈骗的共犯论处；投保人、被保险人故意造成财产损失的保险事故，或者投保人、受益人故意造成被保险人死亡、伤残或疾病，骗取保险金的，同时构成其他犯罪的，依照数罪并罚的规定处罚。但行为人实施自杀、自残或故意毁坏自己财物，骗取保险金的，应以保险诈骗罪定罪处罚；行为人为了实施保险诈骗，伪造、变造国家机关公文、证件、印章、身份证件的，同时构成《刑法》第280条相关罪名的，依照处罚较重的规定定罪处罚。

如徐某某保险诈骗案[①]，徐某某购买一辆重型自卸货车，挂靠在某汽车运输公司，并以汽车运输公司的名义向保险公司办理了盗抢险保险业务，上牌、年检、保险所有费用均由徐某某个人支出。徐某某将自己购买的重型自卸货车出售给他人，向公安机关及保险公司报假案称车辆失窃，通过汽车运输公司骗得保险金6万余元。法院以徐某某犯保险诈骗罪，判处有

① 参见熊选国主编:《刑事审判参考》2008年第2集（总第61集），法律出版社2008年版，第479号案例。

期徒刑 2 年。本案的争议焦点在于被告人是否符合保险诈骗罪的主体要件，汽车运输公司属于名义的投保人，徐某某属于实际投保人。汽车运输公司对徐某某利用其名义处理约定事务表示默认，而徐某某才是事务的具体实施人、受益人。实际上无论是名义投保人还是实际投保人，都明知对外的名义仅为了事务处理的便利。徐某某编造保险事故后，利用汽车运输公司名义间接实施的诈骗保险金的行为，使保险公司财产受到了损失，被告人徐某某构成间接正犯，应定保险诈骗罪。

（二）注意审查犯罪数额，正确适用刑罚

行为人骗取的保险金达到“数额较大”的标准时才能构成保险诈骗罪。但对于行为人骗取保险金实际上数额并未达“较大”标准的，也不能忽视其他情节对定罪的作用，不能一概排除在犯罪构成之外。例如，行为人以数额巨大的保险金为明确目的，已着手实施了诈骗活动，但由于其意志以外的原因致使其最后骗取的保险金数额较小或者根本就无从获取的，仍应以保险诈骗罪（未遂）论处。需要注意的是，目前法律及司法解释中并未对“数额巨大”以及“数额特别巨大”认定标准作出具体规定，根据刑法精神和有关司法解释体现的量刑原则，保险诈骗罪犯罪数额的认定标准应不低于诈骗罪的相关认定标准。

如汤某保险诈骗案，汤某酒后驾车撞树发生单方交通事故，让武某顶包谎称武某自己驾驶，向保险公司提出保险理赔款 28 万元，至案发未获赔偿。一审法院认为汤某、武某意图骗取保险金 28 万元，属于数额特别巨大，分别判处有期徒刑 5 年 6 个月、有期徒刑 5 年。被告人上诉，市中级人民法院驳回上诉，维持原判。经省高级人民法院指令再审，市中级人民法院认为原判认定保险诈骗 28 万元属于数额特别巨大，维持本院刑事裁定。经省人民检察院抗诉，省高级人民法院作出刑事判决认为，原一审、二审及再审判决、裁定认定汤某及同案犯武某，犯罪数额特别巨大不当，改判汤某有期徒刑 4 年 6 个月、武某有期徒刑 4 年。

市中级人民法院再审认定汤某、武某保险诈骗数额特别巨大，参照的是 1996 年最高人民法院《关于审理诈骗案件具体应用法律的若干问题的解

释》中的数额标准，即个人进行保险诈骗数额在20万元以上的，属于数额特别巨大。该解释已经于2013年被废止，不宜继续沿用该解释中的数量标准。2011年最高人民法院、最高人民检察院《关于办理诈骗刑事案件具体应用法律若干问题的解释》(以下简称《2011解释》)规定，诈骗公私财物、3万元至10万元以上、50万元以上的，应当分别认定为《刑法》第266条规定的“数额巨大”“数额特别巨大”，该司法解释未规定金融诈骗罪的数额标准。在法律、司法解释未对保险诈骗犯罪的“数额特别巨大”标准具体规定的情况下，保险诈骗罪参照《2011解释》“数额特别巨大”也应不低于50万元。根据社会经济发展水平，并结合司法实践及案件事实，汤某和武某骗取保险金28万元，应认定为数额巨大。

(三)注意审查同案是否同判，审慎判处刑罚

对裁判结果，不仅要注意审查判决是否遵循罪刑法定、罪责刑相适应原则，还要把握不同时期、不同地区的经济社会发展和治安形势变化，同一地区、同一时期案情相似的案件，所判处的刑罚应当基本均衡。刑法和司法解释未对保险诈骗罪中“严重情节”和“特别严重情节”的认定标准作出具体规定，在认定情节加重犯时，要综合考虑影响量刑的各种犯罪情节，通过分析比对本地区同类案件的判决情况，如发现根据地方指引性规定判处的刑罚明显不当，要依法监督纠正。

如浙江省刘某某等人以故意制造车辆刮擦、碰撞等交通事故的方式骗取车辆保险赔偿金案。刘某某参与作案3次，骗取保险公司人民币42800元。按照浙江省高级人民法院《关于部分罪名定罪量刑情节及数额标准的意见》(以下简称《浙江意见》)的规定，刘某某个人进行保险诈骗，达到数额较大标准，符合“以故意造成保险事故的方式骗取保险金3次以上，尚未构成其他犯罪的”情形，属于“其他严重情节”，量刑档次应为5年以上10年以下有期徒刑。检察机关认为刘某某制造事故时车速均不快，基本对车辆内部人员的人身安全没有严重威胁，其到案后自愿认罪、积极退赃，如严格依据《浙江意见》对其判处刑罚，存在量刑过重的问题。从普通诈骗罪规定来看，多次诈骗在“两高”司法解释中并未作为定罪标准或者法

定刑升格的依据，仅在实务操作中作为酌情从重的一个参考情节；再从贷款诈骗罪、票据诈骗罪等特殊诈骗罪名的规定来看，一般仅从犯罪数额上来区分量刑档次，未对“其他严重情节”和“其他特别严重情节”进行细化。最后从同类案件的刑罚裁量看，浙江省保险诈骗罪适用缓刑比例较高，非缓刑原因主要集中在有前科劣迹、多次保险诈骗等情形。在对相关案例进行分析及对量刑情况比对后，检察机关认为刘某某所实施的3次保险诈骗行为适用5年以下有期徒刑这一量刑档次，据此向法院提出量刑建议。法院采纳了该量刑建议，最终以诈骗罪判处刘某某有期徒刑3年，缓刑4年，并处罚金人民币2万元。

第三节　保险领域民事虚假诉讼检察监督

民事检察监督主要职责为对法院司法活动的监督，主要包括：对生效民事判决、裁判、调解书的监督，对审查程序中审判人员违法行为的监督，对执行活动的监督，虚假诉讼监督，支持起诉。保险欺诈领域，检察机关民事检察职能的发挥主要体现为对保险领域虚假诉讼的监督。

一、虚假诉讼监督概述

民事虚假诉讼是指行为人违反诚实信用原则，捏造民事法律关系，虚构民事纠纷，提起和进行民事诉讼，妨害司法秩序，损害他人合法权益，损害国家利益或者社会公共利益的行为。

（一）立法沿革

2012年8月，我国《民事诉讼法》修改后在第112条、第113条增加了“当事人之间恶意串通，企图通过诉讼、调解等方式侵害他人合法权益”及“被执行人与他人恶意串通，通过诉讼、仲裁、调解等方式逃避法律文书确定的义务”等情形应承担的法律责任。这是我国法律第一次明确对虚假诉讼进行规制，也从立法上正式明确了虚假诉讼的内涵和外延。2014年10月，党的十八届四中全会通过的《中共中央关于全面推进依法治国若干重大问题的决定》明确要求，加大对虚假诉讼、恶意诉讼、无理缠诉行为的惩治力度。2015年8月《刑法修正案（九）》新增“虚假诉讼罪”，规定在《刑法》第六章“妨害社会管理秩序罪”第二节“妨害司法罪”中（第307条之一，2015年11月1日实施）：“以捏造的事实提起民事诉讼，妨害司法秩序或者严重侵害他人合法权益的，处三年以下有期徒刑、拘役或者管制，并处或者单处罚金；情节严重的，处三年以上七年以下有期徒刑，并处罚金。”2015年10月，最高人民法院、最高人民检察院《关于执行〈中华人民共和国刑法〉确定罪名的补充规定（六）》中增加了虚假诉讼罪。2018年10月，最高人民法院、最高人民检察院《关于办理虚假诉讼刑事案件适用法律若干问题的解释》对何谓“以捏造的事实提起民事诉讼”“妨害司法秩序或者严重侵害他人合法权益”“情节严重”等法律问题作出了较为详尽的解释。2021年3月，最高人民法院、最高人民检察院、公安部、司法部《关于进一步加强虚假诉讼犯罪惩治工作的意见》对建立健全虚假诉讼犯罪惩治配合协作和程序衔接机制、进一步加强虚假诉讼犯罪惩治工作作出具体规定。2021年6月，《中共中央关于加强新时代检察机关法律监督工作的意见》明确提出，加强检察机关与审判机关、公安机关协作配合，健全对虚假诉讼的防范、发现和追究机制。

（二）检察机关打击虚假诉讼的措施与成效

一是印发典型案例。最高人民检察院发布以民事虚假诉讼监督为主题的第十四批指导性案例，并召开以“打击虚假诉讼，共筑司法诚信”为主题的新闻发布会，推动53个典型案例。最高人民检察院向最高人民法院制发“五号检察建议”，共同推进虚假诉讼预防和惩治工作不断取得新成效，切实维护司法公信和司法权威。

二是取得“四个一”成效，即纠正了一批错案，影响了一片[①]；发布了一批指导性案例（最高人民检察院第十四批指导性案例）和一系列典型案例，推广了办案方法，有力推动了实践；发出了一份检察建议（“五号检察建议”），推动构建了联合惩戒机制；找到了一个利器（大数据监督）[②]，提升了监督效率。

二、保险领域虚假诉讼的主要类型

保险领域虚假诉讼，是指诉讼参加人虚构诉讼主体、法律关系，伪造、编造证据、进行虚假陈述等违法手段捏造案件事实，向人民法院提起民事诉讼，通过法院审判、执行程序，骗取保金、损害他人利益的行为。保险领域虚假诉讼欺骗性和隐蔽性极强，损害正常的市场秩序和社会诚信体系、挑战司法权威、严重侵害被保险人和保险行业的合法权益。

（一）涉车险案件虚假诉讼行为典型表现

1. 故意制造保险事故，通过法院生效裁判文书非法获取保险理赔款

例如，张某甲与某财产保险公司财产损失保险合同纠纷一案，法院作出民事调解书，由某保险公司赔偿张某甲车损 20000 元。检察机关在办理周某某等人涉嫌保险诈骗罪、诈骗罪一案时发现该案件线索。经调查核实，查明汽车销售服务 4S 店经理周某某及车主张某甲等人为谋取非法利益，采取故意制造交通事故、伪造证据等手段，以捏造的事实提起民事诉讼构成

① 最高人民检察院和地方检察院先后部署了虚假诉讼专项行动、深层次违法专项活动等。2019 年纠正虚假诉讼 7900 件，2020 年纠正 10090 件，2021 年纠正 8816 件。参见李萍：《关于虚假诉讼发展态势与应对方法的思考》，载《民事检察工作指导》2023 年第 1 辑，中国检察出版社 2023 年版。

② 2018 年初，浙江省绍兴市人民检察院研发“民事裁判文书智慧监督系统”，通过裁判文书信息要素化、提炼检察监督点形成智能排查—人工审查—深入调查—移送侦查—判决监督“五步式”虚假诉讼监督模式，将民事检察从个别、被动的监督转变为全面、主动的监督，初步实现民事检察监督的转型升级。最高人民检察院积极向全国推广运用，此外，全国多个省市研发符合地域特点的大数据平台，运用大数据技术开展虚假诉讼专项监督。

虚假诉讼，本案民事调解书系当事人通过虚假诉讼获得。

2. 伪造、变造相关材料，编造虚假的事故原因或夸大损失程度，通过法院生效裁判文书非法获取保险理赔款

例如，2012 年 10 月 21 日，张某驾驶轿车与熊某驾驶摩托车发生碰撞，致使熊某受伤、车辆受损，交通事故责任认定书认定张某负事故全部责任，熊某无责任。熊某伤情经司法鉴定为九级伤残。张某驾驶的轿车在甲保险公司投保交强险和商业第三者责任险。事故发生后，熊某经他人介绍并同意由周某与保险公司交涉该案保险理赔事宜，但并未委托其提起诉讼，周某为此向熊某支付了 5 万元。张某亦经同一人介绍同意将该案保险赔偿事宜交周某处理，并出具了委托代理诉讼的《特别授权委托书》。2013 年 3 月 18 日，周某冒用熊某的名义向上饶市信州区人民法院提起诉讼，周某冒用熊某名义签署起诉状和授权委托书，冒用委托代理人的名义签署庭审笔录、宣判笔录和送达回证，熊某及被冒用的“委托代理人”对此均不知情。该案中，周某还作为张某的诉讼代理人参加诉讼。

本案事故发生时，熊某为农村户籍，从事钢筋工工作，居住上饶县某村家中，而周某为实现牟取高额保险赔偿金的目的，伪造公司证明和工资表，并利用虚假材料到公安机关开具证明，证明熊某于 2011 年 9 月至 2012 年 10 月在县城工作并居住。2013 年 6 月 17 日，上饶市信州区人民法院作出（2013）信民一初字第 470 号民事判决，判令甲保险公司在保险限额内向原告熊某赔偿医疗费、伤残赔偿金、被抚养人生活费等共计 118723.33 元。甲保险公司不服一审判决，上诉至上饶市中级人民法院。2013 年 10 月 18 日，上饶市中级人民法院作出（2013）饶中民一终字第 573 号民事调解书，确认甲保险公司赔偿熊某医疗费、残疾赔偿金、被抚养人生活费等共计 106723 元，后检察机关依法进行监督。[①]

（二）人伤案件虚假诉讼典型行为

人伤保险案件中，虚假评残，通过诉讼程序谋取高额残疾赔偿金的问

---

① 此案为最高人民检察院第 56 号指导性案例。

题较为突出。本部分主要讨论虚假评残问题。

1. 无残评残，通过法院生效裁判文书非法获取保险理赔款

无残评残是指受害者本身伤害伤情并不构成伤残，但经过非法操作，由鉴定机构出具构成伤残等级的虚假评残行为。如王某骑车时与一辆小客车发生碰撞，导致左侧髋臼骨折。夏某在医院蹲点时冒充律师主动与之搭讪、诱导。王某为贪图方便，约定由夏某为其代理理赔事宜，所获保险理赔金中 2.5 万元归王某，超出部分归夏某所有。随即夏某与鉴定人张某相互串通，以王某构成十级伤残，出具虚假的无残评残鉴定意见书。后夏某委托律师钱某以王某名义将肇事司机、保险公司起诉至法院，最终获赔保险理赔金 12 万元。后经查证王某不构成伤残。

2. 虚高评残，通过法院生效裁判文书非法获取保险理赔款

常见的虚高评残主要包括涉及运动功能障碍和智能障碍的鉴定、鉴定时间距事故时间过短、多等级伤残并存时综合计算伤残等级错误、鉴定机构鉴定内容超出其核定范围、伤者住院病历与司法鉴定报告中伤情恢复程度相差悬殊等欺诈形态。[①] 如曹某因交通事故受伤，经司法鉴定所鉴定为颅脑外伤致重度智能减退，构成一个六级伤残和两个十级伤残，且存在部分护理依赖。后经调查曹某在鉴定时存在伪装和隐瞒，鉴定机构鉴定结论有偏差，经重鉴认为曹某在鉴定过程中存在故意伪装，根据检查结果，推翻第一次鉴定，认定曹某为一个七级伤残和一个十级伤残（肢体），且不存在护理依赖。又如，张某将被保险人及保险人诉至法院，称交通事故后造成伤者残疾，并经机构鉴定为七级伤残，交通事故的损伤参与度为 25%，要求赔偿包括残疾赔偿金等 13 万余元。后经调查发现张某残疾是由于交通事故前自身发生工伤事故所致，与交通事故无关。

① 聂勇:《保险欺诈中虚假评残问题探析》，载《中国保险》2022 年第 3 期。

三、保险欺诈虚假诉讼案件的检察监督方法

（一）主动发现案件线索

保险欺诈虚假诉讼案件线索“发现难”问题较为突出，检察机关可采取依申请监督与依职权监督相结合的思路，挖掘案件线索：一是保险公司等案件当事人认为机动车交通事故责任纠纷、财产损失保险合同纠纷等案件具有虚假诉讼嫌疑的，可以向检察机关申请监督或者控告举报。二是检察机关在内部“一体化”履职过程中，关注保险诈骗罪、诈骗罪等刑事案件，强化对该类案件背后涉及虚假诉讼民事案件线索的分类管理。三是强化依职权监督意识，重点审查民事起诉状所留原告个人信息的真伪、原告是否出席再审法庭、原告代理人是否发表意见或陈述抗辩前后矛盾、诉讼执行款去向、调解结案是否异常等情况。四是探索利用大数据等科技手段甄别民事虚假诉讼线索。

例如，浦东新区检察院履职中发现保险公司报案称一些交通事故伤者在人身损害索赔过程中可能存在弄虚作假，以骗取更多保险理赔金的情况。检察机关将该市交通事故的理赔金额、伤残率与其他省市的同类数据进行比对之后，发现结果明显偏高。检察机关又以涉及交通事故责任纠纷案件的民事判决书、伤情鉴定意见书为突破口，建立数字模型，进行碰撞对比和关联分析后发现，这些案件呈现出诉讼代理人或伤情鉴定人集中的现象，且保险公司多数对伤情鉴定提出过异议。由此，一个由70余名成员组成、在短短数年间作案数十次、诈骗金额高达700余万元的“人伤黄牛”[①] 团伙浮出水面。浦东新区检察院刑事检察部门将其中涉及的虚假诉讼线索移送到民事检察部门启动民事诉讼监督程序，向法院发出再审检察建议。[②]

---

① 由于交通事故理赔涉及环节多、手续复杂，于是社会上出现了一个特殊的群体——交通事故理赔中介，也被称为“人伤黄牛”。他们熟悉理赔流程，专门为事故伤者代理理赔，从中收取服务费。

② 参见童画:《大数据碰撞出“人伤黄牛”系列骗保案》，载《检察日报》2022年7月12日，第4版。

（二）保险欺诈类虚假诉讼案件调查核实重点

保险欺诈类虚假诉讼案件的隐蔽性特征决定了检察机关不能仅仅通过书面审查就加以确定。虚假诉讼的查处，一般都是从其违法之处入手，从其不合常理、可疑之处入手，围绕着虚假诉讼的构成要件开展调查。核心是证明案件所涉保险事故的虚假。当事人是通过故意制造、伪造、变造相关材料，虚构或夸大保险事故，通过法院的判决为自己谋利。案件事实一旦被确认为虚假，则建立在此基础上的判决自然失去基础。具体有以下两个方面：

1. 车险事故类虚假诉讼案件调查核实重点

需关注驾驶员身份是否为被保险人或报案人，被保险人是否知晓事故发生、是否知晓诉讼情况的发生；注意对车辆损毁情况的分析，如车辆碰撞部位损失情况与车辆行驶轨迹和实际碰撞力度是否相符。询问证人，还原现场情况，并据此核对报案信息，核实驾驶员述说现场情况是否属实；调取案发现场监控，进一步确认事故发生时的真实情况；比对出险时间与承保时间，分析是否存在时间接近，是否有先出险后投保情况；核实是否为上一保险年度未承保险种的保险责任范围内的事故；注意验车照片是否能清晰地反映出整车情况；确定是否存在承保车辆在保单生效一段时效后突然追加承保险种的情况等。

2. 人身伤害类保险事故虚假诉讼案件调查核实重点

重点关注报案时间，事故经过，伤情信息；被保险人在发起索赔时保险公司与其核定费用沟通过程中的态度是否存在异常爽快的情况；鉴定依据，鉴定过程以及护理人员情况；等等。

同时，可以借鉴刑事检察监督经验，加强与公安、监察机关的配合，尝试引用“引导侦查”概念。对于移送的案件，公安机关定期向检察机关反馈。检察机关可根据需要或应公安机关要求协助调查，双方采取同步谈话取证、同步书面审查、同步审结会诊等方式。一方面，可以通过前期调查推动案件加快办理，提高效率；另一方面，检察机关也为虚假诉讼的顺利进行提供了法律支持。在询问当事人需要注意两个问题：（1）选择获利最小者或案件改判利益受损最小者为突破口；（2）重点把握先收集客观证据后收集主观证据，先调查外围证据再接触核心当事人的查证原则。

以最高人民检察院第56号指导性案例为例，检察机关重点开展了以下调查核实工作：一是向熊某本人了解情况，查明2013年3月18日的民事起诉状非熊某本人的意思表示，起诉状中签名也非熊某本人所签，熊某本人对该起诉讼毫不知情，并不认识起诉状中所载原告委托代理人，亦未委托其参加诉讼；二是向有关单位核实熊某出险前的经常居住地和工作地，查明周某为套用城镇居民人均可支配收入的赔偿标准获取非法利益，指使某汽车服务公司伪造了熊某工作证明和居住证明；三是对周某代理的13件道路交通事故保险理赔案件进行梳理，发现均涉嫌虚假诉讼，本案最为典型；四是及时将线索移送公安机关，进一步查实了周某通过冒用他人名义虚构诉讼主体、伪造授权委托书、伪造工作证明以及利用虚假证据材料骗取公安机关证明文件等事实。

2016年6月26日，上饶市人民检察院提请抗诉。2016年11月5日，江西省人民检察院提出抗诉，认为上饶市中级人民法院（2013）饶中民一终字第573号民事调解书系虚假调解，周某伪造原告起诉状、假冒原告及其诉讼代理人提起虚假诉讼，非法套取高额保险赔偿金，扰乱诉讼秩序，损害社会公共利益和他人合法权益。2017年8月1日，江西省高级人民法院作出（2017）赣民再第45号民事裁定书，认为本案是一起由周某假冒熊某诉讼代理人向法院提起的虚假诉讼案件，熊某本人及被冒用的诉讼代理人并未提起和参加诉讼，原一审判决和原二审调解书均有错误，裁定撤销，终结本案审理程序。同时，江西省高级人民法院还作出（2017）赣民再第45号民事制裁决定书，对周某进行民事制裁。2019年1月，上饶市中级人民法院决定对一审法官、信州区人民法院立案庭副庭长戴某给予撤职处分。

（三）运用一体化办案机制，发挥整体监督优势

为有效应对虚假诉讼同级监督干扰多、阻力大，民事监督力量不足等问题，需要积极探索建立一体化办案机制，以线索集中管理、区域民事力

量统一调配为基础，通过指定管辖、上下协同办案、集中优势力量办案、异地交办等多种形式，有效整合人员力量，同时横向加强同职务犯罪侦查、公诉、控申等部门的配合协作，发挥检察权一体化机制，实现重点快速突破案件。

（四）挖掘深层次违法线索

提高深入监督的意识，注意审查有关民事审判、执行人员是否存在严重违法违纪、犯罪等民事审判深层次违法问题。如可能涉嫌滥用职权罪，民事、行政枉法裁判罪，执行判决、裁定失职罪等检察机关可以立案侦查的犯罪，应当及时将线索移送上级检察院；其他违法违纪或者刑事犯罪线索，及时移送监察机关或公安机关处理。

（五）检察机关监督意见提出方式

针对发现的保险领域虚假诉讼案件线索，应区分不同情况进行处理：一是对保险领域诈骗刑事犯罪背后虚假诉讼行为导致民事判决、裁定、调解书错误的，依法及时受理审查，符合监督条件的，向法院提出抗诉或再审检察建议，推动法院启动审判监督程序纠正。二是对已经通过法院执行行为取得非法利益的，在纠正错误民事判决、裁定、调解书的同时，依法提出民事执行监督检察建议。三是在办理民事监督案件中发现当事人，其他诉讼参与人涉嫌犯罪的，及时将案件线索移送检察机关刑事检察部门，由刑事检察部门督促公安机关立案侦查。四是发现存在国家工作人员、司法人员涉嫌职务犯罪的，及时移送有关部门处理。发现只涉及一般性违法、不构成犯罪的，将通过向有关主管机关、所在单位提出检察建议的方式履行法律监督职责。

第五章

保险诈骗案件办理中的其他问题

第一节 保险诈骗案件相关程序的适用

一、保险诈骗案件认罪认罚从宽制度的适用

办理保险诈骗案件既要依法惩治犯罪行为，严格规范公正文明执法司法，同时也要准确适用认罪认罚从宽制度，节约司法资源，提高司法效率，不断提高执法规范化水平和公信力。在保险诈骗案中开展认罪认罚工作可以从以下几个方面着手：

（一）注重亲历性审查

办理认罪认罚案件首先要坚持法定证明标准和证据裁判要求，不能因为犯罪嫌疑人认罪认罚就放低证据收集标准，依然需要全面收集、固定、审查和认定证据，做到犯罪事实清楚、证据确实充分。在保险诈骗案中，对于犯罪嫌疑人不认罪，可以通过亲历性证据审查重构事故发生场景，从合理性、意外性角度认定事故真伪，以此突破犯罪嫌疑人虚假辩解，引导其如实供述。例如在车险诈骗中，对于犯罪嫌疑人“车速过快意外相撞”“已鸣笛示警”“现场灯光昏暗”等辩解，可以通过比对同案犯的供述、证人证言、现场痕迹，亲历现场了解道路环境，模拟事故发生过程，通过细节供述的矛盾点击破犯罪嫌疑人虚假辩解，督促其认罪认罚。

（二）注重区分对待、分层处理

认罪认罚从宽制度贯穿刑事诉讼全过程，适用于侦查、起诉、审判各

个阶段。办理保险诈骗认罪认罚案件，应当区别认罪认罚在不同诉讼阶段对查明案件事实的价值和意义。对于在案发后能够及时悔过、如实供述的从犯、偶犯，强化释法说理，说明预判刑期，缓解犯罪嫌疑人的思想压力，稳定认罪态度。对于主观恶性较大，实施多起诈骗或诈骗数额较大的犯罪嫌疑人，要向其强调保险诈骗造成的危害后果，教育和感化犯罪嫌疑人，注重认罪认罚从宽政策解读，并且估算从宽减少的刑期，督促其认罪。对于辩解颇多的犯罪嫌疑人，要在适度开示证据的基础上全面瓦解其不实辩解，让其自相矛盾、无法自圆其说，对于共同犯罪的主犯，适度开示从犯供述，动摇其心理防线，引导其认罪认罚。

（三）注重追赃挽损

保险诈骗犯罪作为经济犯罪，首先侵害的法益就是财产性利益。保险公司的第一诉求往往不是严惩犯罪嫌疑人，而是追回被诈骗的理赔款。除保险公司与犯罪嫌疑人自行协商退赔的部分外，在认罪认罚从宽环节最有利于完成追赃挽损工作，将犯罪嫌疑人、被告人是否如实供述违法所得和涉案财物及去向，是否主动退赃退赔和自愿主动缴纳罚金等，作为判断其是否真诚悔罪的重要内容，让从宽幅度与退赔比例挂钩，促使犯罪嫌疑人想办法积极退赔。

（四）注重精准量刑

建立区域保险诈骗案例数据库，做好既往判例刑期整理分析工作，结合承办案件具体情况，区分案件性质、情节、对社会的危害性，确定是否从宽以及从宽幅度，做到该宽则宽，当严则严，宽严相济。综合考虑犯罪嫌疑人、被告人所犯罪行的轻重，应负刑事责任和人身危险性，结合认罪认罚的具体情况，依法提出量刑建议，准确裁量刑罚，就主刑、附加刑、是否适用缓刑等提出量刑建议，确保罚当其罪。

（五）注重有效结合检察听证

对犯罪情节轻微的认罪认罚案件，或者案件事实认定、证据审查有争议焦点的不认罪案件，可以召开检察听证会，邀请人大代表、专业知识人员听证，就案件事实、证据和处理发表意见，督促犯罪嫌疑人及早认罪认罚，实现办案效果的最大化。

检察官要善于通过更加规范化、系统化、实质化的认罪认罚开展释法说理，督促犯罪嫌疑人真心悔过、遵守法律、敬畏法律；通过控辩协商，最大限度地实现保险诈骗犯罪案件追赃挽损，弥补法益损失；同时，通过精准量刑保证案件罪责刑相一致，起到普遍警示作用，不断夯实认罪认罚案件办理质效的基础。

二、保险诈骗案件听证程序的适用

检察听证是新时代检察机关广泛听取意见、改进办案方式、主动转变司法理念、接受外部监督的一项重要的制度创新。2019 年 7 月，最高人民检察院开始自上而下推动检察听证工作。2020 年 9 月，最高人民检察院印发《人民检察院审查案件听证工作规定》（以下简称《听证工作规定》），全面系统构建检察听证制度基本框架；2021 年 6 月，中共中央印发《关于加强新时代检察机关法律监督工作的意见》，提出坚持和发展新时代“枫桥经验”，健全控告申诉检察工作机制，完善办理群众信访制度，引入听证等方式审查办理疑难案件，有效化解矛盾纠纷。检察听证由此上升为党中央对检察工作的制度性要求。

（一）保险诈骗案件适用听证程序的价值

1. 保险诈骗案件实施听证有助于化解矛盾

听证制度赋予了双方当事人出面抗辩、充分陈述以及出示新证据的权利，为其充分参与司法活动提供了公平、公开、公正的程序保证，保证公众的参与权、表达权，使得双方当事人在检察机关面前面对面地交流，促进和解、缓和矛盾，有助于案结事了。

2. 保险诈骗公开听证有助于全面了解案情，增强办案亲历性

保险诈骗手段一般较为复杂，检察机关在办案中，进行公开听证有助

于检察官更详细地了解案情，有助于案件的顺利办理。

（二）保险诈骗案件听证指引

1. 保险诈骗案件进行听证的条件

人民检察院对于疑难复杂的保险诈骗案件，可以在办理案件过程中组织召开听证会，就事实认定、法律适用、案件处理等问题听取听证员和其他参加人意见。保险诈骗案件具有以下情形之一的，可以召开检察听证：（1）案件疑难、复杂难以判断的；（2）适用法律法规有必要向社会进行释法说理或释明案情的；（3）属于涉众型、新类型，或者有社会影响的案件，召开听证可以达到“办理一件、警示一片、教育影响社会面”的良好办案效果的；（4）人民检察院认为其他需要召开听证会的情形。

2. 听证会参加人

人民检察院应当根据案件具体情况，确定听证参加人。听证参加人包括案件当事人及其委托代理人、听证员、第三人、证人、鉴定人以及人民检察院认为需要参加听证的其他人员。

人民检察院可以邀请人大代表、政协委员、专家学者、律师、公益诉讼志愿者等作为听证员参加听证，听证员须符合《听证工作规定》第 7 条的规定并且与案件无直接利害关系。同时，应当邀请有保险行业专门知识的专家、学者担任听证员。

3. 保险诈骗案件的基本听证程序

首先，人民检察院决定就保险诈骗案召开听证会的，应当做好以下准备工作：

（1）制定听证方案，确定听证会参加人；

（2）在听证 3 日前告知听证会参加人案由、听证时间和地点；

（3）告知当事人主持听证会的检察官及听证员的姓名、身份，并告知当事人有申请回避的权利，确定是否申请回避；

（4）决定公开听证的，发布听证会公告。

其次，听证会一般按照下列步骤进行：

（1）主持人宣布听证开始，宣布听证参加人名单，告知当事人听证权利、义务；

（2）承办案件的检察官介绍保险诈骗案件基本情况和需要听证的问题；

（3）当事人、其他听证参加人就需要听证的问题分别说明情况；

（4）听证员向当事人或其他听证参加人提问；

（5）主持人宣布休会，听证员就保险诈骗案的听证事项进行讨论；

（6）主持人宣布复会，根据案件情况，可以由听证员或者听证员代表发表意见；

（7）主持人根据需要安排当事人发表最后陈述意见。

（三）保险诈骗案件听证注意事项

1. 找准、把好案件争议焦点

根据《听证工作规定》第13条规定，听证会主持人一般由承办案件的检察官担任。承办检察官作为主持人，对于争议焦点这一贯穿听证会始终的“主线”，应当从“会前找准”“会上把好”两个方面进行把握。

一是会前找准争议焦点。保险诈骗案件的争议焦点一般集中在保险诈骗罪行为人在主观故意认定、保险诈骗罪相对于普通诈骗罪的区别、保险诈骗的罪数形态的认定、共犯的认定等。对于这些问题，一方面，承办检察官在会前要吃透案情，全面、透彻、准确把握案件争议焦点；另一方面，当事人作为听证会的重要参加者，其所关注的焦点是听证会的核心问题，也是解决问题、化解矛盾纠纷的重中之重，因此，承办检察官要通过与当事人深入沟通、认真听取意见，弄清当事人的观点及诉求，分析案件背后的思想动因，便于后续有针对性地做好听证工作。

二是会上把好争议焦点。一方面，听证会作为各方表达观点的平台，主持人要引导当事人及其他参加人针对争议焦点充分发表意见、表达观点；另一方面，主持人要引导整个听证过程始终围绕争议焦点展开，把控好听证会的走向。

2. 选准用好听证人员

一是检察院可以结合保险诈骗个案案件情况选准听证人员。每个听证会都要根据案件具体情况、争议焦点、问题特点，有针对性地邀请行业的行政监督管理机关和部门、保险行业协会、保险机构、法律专业人士、金融监管机构等专业组织、专业人员进行听证。听证员作为听证活动的“独立第三方”，其发表的意见不仅是检察机关依法处理案件的重要参考，也是协助检察机关解决问题、化解矛盾的有力“外脑”。因此，要结合案件情况以及听证需要解决的问题，选准用好听证人员，以促进问题解决和矛盾化解。

二是会前与听证员充分沟通。根据《听证工作规定》第 11 条规定，听证员确定后，检察院应当向听证员介绍案件情况、需要听证的问题和相关法律规定。承办检察官在此基础上，还应当在会前与听证员进行充分沟通，告知听证会召开原因背景、具体程序以及当事人的诉求，在检察听证活动中保持客观、公正的立场。

3. 讲明说透法理情理

为了充分达到听证的目的，承办检察官在上述规定的基础上，应当进行释法说理。其中，对于事实认定有争议的案件，应当围绕争议焦点，详细向各方展示在案证据情况。对于法律适用有争议的案件，应当结合在案证据，详细说明有关法律法规、司法解释等规定。另外，对鉴定意见等存在争议的案件，应当引导鉴定人、侦查人员等其他参加人详细说明鉴定方法、过程、依据等情况。在对当事人“释法”的同时，还应当注重“说理”，有针对性地对当事人开展心理疏导。为此，一方面，承办检察官在展示证据或说明有关法律规定时，注意结合案情通俗解读抽象的法律知识，进行多角度、客观中立的释法说理；另一方面，听证会要让当事人的诉求得以充分表达，情绪得以释放，同时要有效发挥听证员释法说理作用。另外，要做到法律帮助全覆盖。在检察听证中，要注意充分发挥律师特别是值班律师的作用。在充分保障其阅卷权、会见权的基础上，保障值班律师基于事实、法律客观公正发表意见，并在案件听证和办理中充分考量、及时反馈。

第二节 保险诈骗案件大数据法律监督

一、大数据赋能法律监督的意义和作用

2021年6月，党中央印发《中共中央关于加强新时代检察机关法律监督工作的意见》，首次对加强检察机关法律监督印发专门性的文件，赋予了检察机关更加重大的政治责任、法治责任和检察责任。检察机关认真贯彻落实党中央部署要求，在推动数字检察建设、通过大数据赋能法律监督以推动检察工作高质量发展方面取得了积极成效。2022年，最高人民检察院启动“数字检察”战略，并指出“数字检察”战略是法律监督手段的“革命”，是提高法律监督能力的重要依托。党的二十大报告明确要求加快建设网络强国、数字中国，并首次在历次党的代表大会报告中强调“加强检察机关法律监督工作”的重要性，大数据赋能法律监督是党和人民对检察机关履职提出的更高要求。

随着信息技术的迅猛发展和国家大数据战略的全面推进，新一代科技革命成果，如大数据、人工智能和区块链技术等正在不断深化发展，并以前所未有的方式重塑着社会行为和社会关系。“大数据法律监督指的是一种以大数据及相关科技为支撑力，以多案监督为着力点，以促进国家、社会治理现代化为大目标的高级法律监督。”[①] 大数据法律监督的本质是大数据技术和方法在法律监督领域的体现，具体的手段是通过办理个案，总结类案规则，通过主动开发监督模型，获取大量数据等方式发现类案监督线索，最终目的是通过监督办案实现更深层次的社会治理。大数据赋能法律监督对推动新时代检察工作发展具有重要的意义和作用：一方面，顺应了信息化时代的趋势，满足了现代法治发展的需求；另一方面，有利于强化和丰富法律监督手段，提高法律监督的实效性，并推动了检察监督办案质量、

① 刘品新:《论大数据法律监督》，载《国家检察官学院学报》2023年第1期。

效率和动力的变革。具体来说包括以下三个方面：

一是提升法律监督的质效，更好地实现社会公平正义。大数据赋能法律监督是推进检察工作创新发展、高质量发展、现代化发展的关键变量，通过大数据赋能，能够为法律监督工作插上科技的翅膀，特别是各类大数据法律监督模型的建用，能够实现监督和办案的统一、治罪和治理的并重，不断提升监督办案的质效，实现“三个效果”的有机统一，更好地让人民群众在每一个司法案件中感受到公平正义。

二是丰富监督办案的手段，更好地落实法律监督职责。“大数据法律监督与传统监督方式不同，其是一种系统化、集成化、一体化的监督方式，凸显检察机关内部职能融合的必要性，通过以情报信息引导侦查，将不同部门的审查、调查、侦查有机衔接，实行跨部门协同作战。”[①] 利用大数据赋能法律监督是法律监督运行机制和监督办案手段的重大创新，通过大数据筛查、比对和碰撞，可以清晰地发现大数据背后存在的深层次违法犯罪线索，激发法律监督的内生动力，破解监督线索发现难的问题，更加精准、有力、高效地落实法律监督职责。

三是强化综合治理的能力，更好地促进社会治理。“数字赋能监督、监督促进治理”，参与国家治理现代化建设是检察机关的重要责任，大数据赋能法律监督是落实参与社会治理责任的有效途径，也是加强综合治理能力的重要方式。法律监督的目的在于发现、解决和预防问题，通过办理个案发现的社会治理问题，往往具有片面性，而大数据运用到监督办案中，可以深入发现和分析类案办理背后反映的倾向性、普遍性问题，达到“办理一案、监督一批、治理一片”的社会治理效能。

二、大数据赋能保险欺诈法律监督的可行性与实践路径

大数据赋能法律监督是一项重要举措，旨在使检察机关能够更好地适

① 翁跃强等：《大数据赋能法律监督的价值与应用》，载《人民检察》2022 年第 11 期。

应数字化转型的新时代要求，推动检察工作高质量发展，同时大数据在保险欺诈治理方面也发挥着重要的作用。一般而言，保险公司主要是依据人工核查判断和传统的统计方式来识别和预防保险欺诈行为，但随着参保人员的规模不断增加，保险欺诈的手段呈现专业化和隐蔽化，网络化的犯罪趋势使得保险欺诈的行为越来越难发现，传统的治理方式难以适应不断发展的违法犯罪态势。大数据在保险欺诈治理方面具有巨大的潜力，保险公司可以通过收集和分析大量的数据，包括保险申请信息、索赔记录、行为数据等，建立诈骗模型和算法，并且实时监测保险业务中的异常情况，及时发现异常索赔案件、虚假申请行为，通过建立保险公司间的数据共享平台等，实现保险欺诈的行业治理。检察机关的法律监督相较于保险行业自身的监管监督，具有一定滞后性，但随着社会经济的发展和大数据的利用，检察机关在反保险欺诈治理方面也发挥着重要的作用。

（一）检察机关运用大数据参与保险欺诈治理的可行性

第一，从监督理念来看，大数据法律监督理念和双赢多赢共赢的理念推动着检察机关主动履职，改变传统的被动、就案办案的模式。在数字技术广泛应用的时代背景下，违法犯罪一方面呈现出科技化、智能化特点，另一方面不得不数字留痕。由于信息不对称和数据壁垒等问题造成的行业潜规则和监督盲区，迫切要求检察官具备大数据法律监督的思维和理念，变被动监督为主动监督，实现更深层次的社会治理。监督是为了实现进步，检察机关参与保险欺诈治理的初衷和保险业主体是一致的，就是与保险行业共同推动保险领域法律法规贯彻执行到位，共同推动保险产业的发展和进步。检察机关应牢固树立“双赢多赢共赢”的监督办案理念，综合用好各项法律监督措施，与相关部门共同推动问题解决，从而赢得更多理解和支持，实现从“办理一案”到“治理一片”的监督效果。

第二，从监督职能定位来看，检察机关是国家监督体系的重要一环，依法维护国家安全、经济安全和社会稳定，保障国家权力正确行使，维护着社会公平和正义的实现。近年来，“四大检察”融合发展要求和趋势，为检察机关各部门参与保险欺诈治理提供了更广阔的空间和可能。在诉讼过程中，检察机关处于承前启后的中间位置，在犯罪治理方面具有更宽阔的视野和天然的公信力，在参与社会治理方面更容易和各类部门协作沟通，获取各行各业的信息，在更大范围内凝聚起治理保险欺诈的社会合力。

第三，从保险行业发展来看，保险业属于金融行业，系数据密集型行业。保险公司通过多年的经营，积累了相当大的客户信息和保险信息。同时，在保险行业协会的促进下，保险公司之间日常进行着大量的数据、业务、经验和技术的交流，积累了丰富的反保险欺诈案例和经验，同时建立了线索排查、证据收集、报案移送、数据共享等工作制度。在国家金融监管机构[①]的推动下，保险产业正在大力实施数字化改革，各类反保险欺诈平台开始运用等，保险行业自身的发展为检察机关充分运用保险数据资源，加强与保险监管部门、保险公司的数据贯通等提供了技术基础和支撑。

（二）检察机关运用大数据参与保险诈骗治理的路径

在传统办案模式下，检察机关参与保险诈骗治理主要是就案办案，从《刑法》第198条构成要件出发分析案件证据和事实，判断是否构成保险诈骗罪。但是在大数据法律监督的模式下，要按照“个案办理—类案监督—系统治理”路径，通过办理保险诈骗罪个案，来总结归纳这一类犯罪的普遍特征，提炼规则后建立大数据法律监督模型，运用规则和算法从大量涉及保险欺诈的数据中发掘类案监督线索，变被动监督为依职权主动监督，找到案件发生的社会治理深层次原因，从而实现对保险诈骗罪的系统治理。具体环节和路径如下：

第一步，发现监督点。通过办理某种类型保险诈骗犯罪个案，梳理案件中的要素，比如案发时间和地点、作案方式、人员关联信息、保险理赔结果等，深入分析研判趋势，发现该类型保险诈骗犯罪可能存在的类案监督点，提炼构建法律监督模型的基本规则和数据要素。

---

① 2023年国家机构改革后，中国银保监会已经更名为国家金融监督管理总局，但保险监管方面的职责不变。

第二步，构建监督模型。获取大量保险行业数据，通过深挖检察内部有关保险诈骗案件数据资源，积极获取保险监管部门、保险公司等相关数据信息，用大数据技术筛选涉保险诈骗裁判文书，对各类数据进行有针对性地分析碰撞，进而锁定异常情况，构建某种类型的保险诈骗监督模型，通过模型进一步获取更多的监督线索。

第三步，检察融合履职。立足刑事、民事、行政、公益诉讼检察职能，促进融合履职，对利用法律监督模型获取到的保险诈骗线索进行全方位核实，促进审查、调查、侦查“三查合一”，积极引导侦查取证、开展立案监督、民事案件调查、制发检察建议等，推动深入打击保险欺诈行为。

第四步，深入开展治理。不断打通司法机关、保险业监管部门、保险公司间的数据壁垒，内外协同发力促进数据资源整合利用，深化反保险欺诈法律监督模型的运用场景，丰富监督办案的成果，精准发现保险欺诈背后的系统性、链条性漏洞，通过制发检察建议、专项监督等方式与相关部门建立工作机制，推动建立专业的反欺诈预警和分析系统，促进系统治理，保障保险业市场的健康发展。

（三）检察机关运用大数据参与保险欺诈治理的实践

近年来，各地检察机关持续深化大数据赋能法律监督的理念创新与实践探索，不断推动大数据法律监督模型建设和应用，在利用大数据技术打击保险诈骗犯罪方面取得了一定成效。如浙江省宁波市江北区人民检察院通过大数据筛查的方式，建立“检察+保险”信息数据“双向绿色通道”，从多次涉及车险理赔的保险公司调取车险理赔数据，并通过与公安机关警务平台、保险行业协会平台等数据进行筛查、碰撞、比对，成功发现一个专门以变道车辆为目标采取碰瓷手段骗取保险金的犯罪团伙，将涉及的犯罪线索移送公安机关，并以此为契机与金融监管机构等部门建立数据融合反车险欺诈联动机制，不断扩大车险领域保险欺诈治理范围，净化保险市场环境。又如河南省平顶山市新华区检察院在办理一起重疾类商业保险诈骗案件时，发现了一名保险员通过贿赂获得虚假病历，并且所售重疾类保险出保率异常高的问题。在与医保中心、公安机关协商的基础上，获取大量医保支付数据和因打架斗殴被治安处罚或追究刑事责任的数据，通过数字检察技术自主研发“重疾类商业保险诈骗”法律监督模型，在实际应用中成功排查出投保人、医生等涉嫌保险诈骗的线索，并监督成案，追诉 10 案 17 人，督促退缴违法所得 200 余万元。再如贵州省息烽县检察院在办理交通肇事致人死亡案件中，建立“交通肇事顶罪衍生犯罪法律监督模型”，通过数据比对挖出交通肇事案背后的“顶包”诈骗线索，对酒驾、无证驾驶等情节不能理赔而冒名顶替的情况进行重点审查，对车主与肇事人不同或多次报险赔付的案件进行依次筛查，精准定位数十条可疑线索并成功立案。

三、大数据赋能保险欺诈法律监督的问题与建议

随着信息技术的快速发展和大数据时代的到来，大数据法律监督逐渐成为有效监督法律实施和维护社会公平正义的重要手段之一，但是大数据赋能保险诈骗治理也面临一些挑战，比如部分检察办案人员大数据思维能力不强，利用保险数据开展调查的能力较弱，构建监督模型的专业性、针对性不够；检察机关内部融合履职不充分，办案部门和技术部门联系不紧密，刑事检察部门和其他部门线索、数据分析和联合调查等方面配合不顺畅；数据信息共享仍存在壁垒，利用大数据推动保险行业社会治理存在阻碍，数据隐私保护和数据使用合法性、安全性等方面还存在质疑；等等。对此，可以从以下方面强化数字检察在预防和惩治保险诈骗犯罪中的应用。

一是不断强化大数据意识和思维，提升用数据赋能监督调查的能力，保障监督模型开发和运用的有效性。要自觉融入数字检察发展大局，在监督办案中变被动为主动，提高运用大数据办案的意识，增强挖掘数字线索赋能保险诈骗治理的能力。加强保险领域专业知识的学习和运用，建立专业化的保险诈骗监督办案团队，提升涉及保险诈骗案件线索评估、信息研判、取证调查的水平。加强与公安、法院的配合，推动与保险公司理赔调查等部门专业化合作，深化保险诈骗类案研究分析，找准反保险欺诈的监督关键点，确保反保险欺诈监督模型建设的科学性、针对性，提升大数据赋能保险欺诈治理工作质效。

二是大力促进“四大检察”融合履职，打好保险领域监督治理的“组合拳”。按照“业务主导、数据整合、技术支撑”的大数据法律监督工作模式，加强检察办案部门与技术部门的沟通，积极探索与外部技术公司的合作，共同促进在保险数据核查分析、模型建立设计等环节的配合，保障大数据专业技术知识和检察监督办案经验的有机融合。坚持“一盘棋”原则，确保检察机关“四大检察”联合发力，各业务部门各司其职、融合办案、深度合作，促进保险诈骗信息线索共享，积极开展保险诈骗治理专项工作，刑事检察部门在办理保险诈骗案件中要加大利用大数据监督模型深挖监督线索的力度，提前介入引导侦查；民事、行政、公益诉讼检察部门要加大对监督线索的梳理研判，分析监督必要性，确定监督方式，高质效开展对外监督工作，促推保险行业综合治理。

三是进一步保障大数据利用的合法性，打破保险行业数据信息分享的壁垒，努力扩大保险行业反欺诈的数据化治理成效。积极推动有关机关完善相关法律法规，填补大数据赋能法律监督的法律空白和漏洞，确保涉及保险行业领域相关数据和跨行业信息的安全共享、合规使用。“检察监督工作效能与数据共享程度密切相关，实现司法数据全链条共享是推动数字检察的有效路径。”[①] 要不断促进保险领域信息数据的融合，用好检察机关内部数据，同时积极争取当地党委、政府的有力支持，深化与相关部门建立信息共享平台，保障涉及公共交通、医疗信息、银行信贷等大数据信息的收集，打破保险行业数据分享的壁垒。加强与保险监管部门和行业协会的沟通协作，促进对保险公司反保险欺诈工作的指导和督促，进一步发挥以保险类案监督促进社会治理的作用，实现检察监督办案的双赢、多赢、共赢。

---

① 揭萍、孙雨晨、王攀：《数字检察中的数据安全：风险、困境与保护》，载《中国检察官》2022年第23期。

第三节　保险诈骗罪的系统治理

一、加强犯罪预防

保险是现代金融体系和社会保障体系的重要组成部分，具有经济补偿、资金融通和社会管理功能，对于国民经济和社会发展具有非常重要的作用，与银行、证券、信托并称为金融四大支柱。[①] 近年在保险业快速发展的同时，保险诈骗犯罪也呈上升趋势，该类案件的大量发生降低了保险人未来的偿付能力，不仅损害了众多善意投保人和被保险人的利益，更损害保险本身的公平互助性，阻碍保险业稳定和健康发展，造成社会福利损失，破坏了国家金融管理秩序。对保险诈骗犯罪的刑事处罚终究只是一种事后处理，探索构建保险诈骗犯罪防范体系，形成事前预防的机制，才能够净化当前保险业市场环境，维护保险业健康发展。

（一）保险公司加强内外管理和制度建设

保费收入是保险公司业绩最重要的指标，以保费收入为标准发展业务，保险公司天然会对所有投保人敞开大门，而对保险诈骗的风险其次考虑。应对保险诈骗，需要保险公司改变重业务拓展、轻安全的思想误区，提高内部经营管理水平，加强风险防范意识和内部监管力度。

1. 提高内部管理水平

健全管理规章可以最大限度地减少不法分子的可乘之机，保险公司应当对保险理赔的规范流程进行严格的梳理，加强内部制度建设，对存在的漏洞加以完善。

（1）规范工作流程，加强制度化管理。严把承保关，对投保人、被保

① 参见曹顺明、杨润宇、赵瑛:《保险诈骗罪若干问题探究》，载《保险研究》2021 年第 12 期。

险人、受益人、标的做全面考查，杜绝超额承保，防止不合格保险标的蒙混过关。完善保险事故调查流程，尽管犯罪行为人的诈骗手段狡猾、隐蔽，但司法实践表明，许多案件中由于保险理赔人员坚持按规章制度走调查流程，是能有效发现问题、识破骗局的。案发后保险人员要及时到达现场进行查勘，对痕迹物证进行照相固定，掌握一手证据资料；对损失清单、财务账簿等进行提取；及时访问相关人员并制作笔录，对事故前保险标的状况、有无异常表现进行询问，对事故发生的原因、经过、损失情况进行询问。实行双人查勘定损，防范内外勾结。在整个事故调查中，需仔细审查有无可疑之处，有无诈骗动机和可能，建立疑案报告制度，开展定期复查，对可能涉嫌保险诈骗的案件及时梳理固定相关证明材料，移交公安机关依法处理。认真审核出险理赔证据材料，严格审批制度，将识骗防骗落到实处，提高发现保险诈骗的概率，挤压保险诈骗犯罪空间。建立健全保险公司现场与非现场双重审核体系，明确审核职责分工，规范审核工作流程，提高审核工作效率。开展现场、非现场审核应设定统一的审核目标，建立统一的工作流程和工作标准。严密的理赔审核程序也无法完全排除“漏网之鱼”的出现，因此理赔后的及时复查不容忽视，建立赔案复核制度，出险理赔案件的投保、出险、报案、索赔等各方面的合同、文书、单证资料均要求整理入卷，形成卷宗以备复查。

（2）设置反欺诈内设机构，专司风险管理。设立专职的反欺诈管理岗位，负责保险诈骗风险管理，制定欺诈风险管理的具体政策、操作规程和操作标准，监测和分析保险诈骗风险管理情况，定期分析保险诈骗风险趋势、欺诈手法、异动指标，包括保险诈骗案件占比、诈骗金额占比、诈骗案件的追诉率、挽损比率等，分析保险诈骗案件行为分布特征、险种分布特征、人员分布特征、地区分布特征、金额分布特征等，并将不同时期同类指标的历史数据进行比较，对关键业务单元面临的欺诈风险进行收集、发现、辨识和描述，形成风险清单下发给保险从业人员。保险公司的其他部门应在职责范围内为反欺诈职能部门提供支持，赋予欺诈风险管理人员履行职务所必需的权限等。

（3）强化保险从业人员管理，能动防范保险诈骗风险。为扩大市场占有份额，各保险公司对于保险销售人员设置的准入门槛较低，从业人员的素质参差不齐。但保险公司属于金融服务机构，在招聘时不仅要从保险销专业方面进行考察，也应当对被招聘人员的基本情况、生活背景、道德作风作细致深入了解，坚持“先审后用”原则，把好从业人员准入关口。对从业人员进行培训、轮岗，不断提升查勘定损、理算、质询、调查等工作岗位人员的责任心和专业技能。

通过入职培训、晋升培训、晨会等机会向从业人员讲解保险诈骗典型案例，增强保险从业人员的法治意识和职业道德定力。通过多种途径开展警示教育，适时组织保险从业人员参与保险诈骗犯罪刑事审判的旁听，给予其“法网恢恢、疏而不漏”的心理震慑，营造诚信的企业文化。设置内部控制和监督措施，在晋升人员选用过程中设置保险诈骗风险防范的考核项，设置奖惩机制，建立错赔、骗赔责任追究制度，对失职或参与骗保的从业人员依规依法处理，强化内部风险控制，将防范责任落实到人。

共同犯罪的保险诈骗案件中，共犯是保险行业的内部人员的情形并不少见。比如保险公司的综拓专员、查勘员、定损员与他人合谋共同伪造保险事故，为他人骗保提供“专业指导”，或者在事故查勘、定损中提供虚假证明材料等。[①] 对于涉及保险系统内部工作人员的诈骗犯罪行为，如果瞒案不报，以罚代刑，以纪代法，抱着大事化小、息事宁人的态度，不动真格，则降低了行业内部人员保险诈骗犯罪成本，无法起到内部管控震慑的作用。因此，对于内外勾结型犯罪，必须严肃惩处，及时移交司法机关进行刑事处罚。

2. 加强外部合作

保险理赔流程，包括事故现场勘验、调查定损、赔付等环节，保险公司多数仅对各环节中部分流程予以流程上的控制，其他流程业务则交由不同市场主体经营，这种分工模式有利于提升效率，但也带来了保险诈骗的风险。例如，实践中汽车修理厂兼具维修、代客索赔、保险定损的职能，

① 闵建榕:《反保险欺诈的国际经验及借鉴》，西南财经大学2020年硕士学位论文，第23页。

但维修和定损两种职能本身存在利益冲突，加之监管不到位，汽修厂往往成为保险诈骗重灾区。因此保险公司要强化对中介、第三方企业规范经营的引导，加强行业标准化建设，对保险合作业务进行备案，公示营业执照以监督经营范围、规范合同以明确双方权利义务，通过行业黑红名单、诚信评价查询平台实现对保险理赔业务运营风险点的有效管控。

3. 加强与司法机关的联系，发现保险诈骗犯罪线索及时移交

部分保险公司担心司法机关的介入会对业务开展造成负面影响，出于对市场份额的考虑，对于部分损失不大的保险诈骗行为仅以拒赔了结，采取息事宁人的处理态度，而不诉诸司法机关，如此轻纵容忍实际上助长了保险诈骗犯罪分子的侥幸心理，为保险业的市场环境埋下了重大安全隐患。

保险公司应该转变观念，加强与司法机关的联系，充分发挥刑罚预防机制，将发掘掌握的保险诈骗线索及时移交司法机关，形成合力共同打击防范保险诈骗犯罪。对于未达保险诈骗犯罪数额标准，以及诈骗未遂，情节严重的，仍应向公安机关报案，公安机关根据案件具体情况予以相应的行政处理或依法追究刑事责任。

（二）保险从业人员提高业务技能和素质

保险业务广泛、保险标的多样、赔偿处理程序复杂，因此高水平的专业素质是预防保险诈骗最有力的武器。从业人员不仅要熟悉保险理赔知识和技能，还要掌握相关的知识，如法律、交通运输、医疗服务、财会等，善于在日常业务中发现疑点，炼就识骗防骗的“火眼金睛”。

1. 细致入微审查保险合同

查明投保人、受益人是否有犯罪前科，是否有酗酒经历以及吸毒、赌博等恶习；审查投保过程是否反常，是否重复投保和超额投保，保险合同中有无虚假证明资料。

2. 及时亲历开展事故调查

及时前往事故现场开展调查，注意现场有无变动，与当事人陈述是否一致，在周边开展走访，对存疑案件按需申请痕迹鉴定、笔迹鉴定、法医鉴定等技术鉴定。

3. 理赔审查中要留意防伪

注意发现理赔单据中是否有伪造、变造和冒用的情况，是否有关键证据异常丢失、是否有时空逻辑相互矛盾之处。

4. 加强客户回访

建立客户回访制度可以有效发现骗保征象，通过回访可以从投保年龄、缴费能力、缴费年限、风险承受能力等方面对投保人进行复盘评估，发现承包环节未显现出的问题；针对回访中投保人表现出的保险概念含混不清、产品认识错误等问题，也要作为保险诈骗风险予以留意。不仅在承保后可以进行客户回访，理赔后的回访也具有良好的欺诈防范效果。例如，在杨某某保险诈骗案[①]中，被告人杨某某使用另一身份“杨某”投保两款终身寿险，随后指使医生为其出具虚假诊断证、出院证、病理检验报告等材料，虚构“杨某”罹患子宫内膜癌的事实，向被害单位某保险公司申请理赔，获得保险金 40 余万元。后续因杨某某获赔后无后期治疗，加之其癌症治疗经过反常，于是保险公司派员多次到医院复查相关诊疗材料，发现杨某某伪造病理检验报告单骗取保险金的事实。

5. 处理好业务开展和防范保险诈骗的关系

当前我国保险市场竞争较为激烈，保险从业人员指标任务较重，要避免为了应对业绩压力在核保过程中“走形式”，对保险诈骗风险置若罔闻。既要拓展市场，又要照章行事，克服急于签单的心理，防止落入保险诈骗陷阱。

（三）社会各主体协同防范

应对保险诈骗犯罪，想要达到未雨绸缪、防微杜渐的预防效果，需要社会各方面形成打击合力。当前，保险种类越来越多，风险也越来越大，保险诈骗犯罪分子的作案手段越来越多：有的犯罪分子利用医疗服务管理上的漏洞，伪造医疗证明书或利用他人公费医疗证明诈骗医疗保险费；有的伪造相关证明，捏造被保险人死亡、伤残的原因进行寿险欺诈；有的伪

① 北京市海淀区人民法院刑事判决书（2017）京 0108 刑初 2247 号。

造交通事故认定书、付款委托书伪造交通事故进行车险骗保。很多犯罪行为都是诈骗者和相关部门内部职工如医生、交警等相互勾结实施的，行为隐秘，单靠保险公司并不能轻易审查出来。因此，需要医疗、交通运输、工商、交警等部门在各自行业内履行职责，采取有效防范措施，堵住造假、施假的漏洞，共同维护保险市场的正常秩序。[①]

此外，面对当前日益严峻的反保险诈骗形势，确有必要成立保险诈骗防范组织，根据险种的不同，可分为寿险保险诈骗防范组织和财产保险诈骗防范组织，组成人员可以聘请医疗咨询专家、法律咨询专家、技术鉴定人员等，对事故调查、理赔环节收集到的资料进行专业汇总分析，筛查保险诈骗风险。

（四）加大对群众的保险普法宣传

保险作为“舶来品”，在中国发展的历史较短，不少人还对保险存有误解和偏见，不了解保险基本原理，就难以理解“人人为我，我为人人”“人助我与我助人机会均等”的互助内涵。除了职业骗保外，也不乏有些投保人仅是因为投保数年未曾发生保险事故感到吃亏，想略施小计捞回保费，或故意制造事故，或隐瞒实情虚报损失，或冒名顶替等。还有些自以为聪明的人，看中保险杠杆，妄图通过事后投保或灾后投保的办法将个人损失转嫁于保险公司。保险公司的主要精力大多放于业务拓展、创设新险种和提高信誉度上，对一些小额赔付未必会投入相当力量去查勘核实，仅进行单证审核，不法分子利用巧妙、隐蔽的诈骗手段可以轻松得手，使一些惯犯行为频频重演，小案骗赔屡禁不止。因此，在全社会广泛开展保险法律法规的宣传与教育，让社会成员对保险原理和互助理念产生内心认同，了解保险诈骗犯罪的社会危害性和背德违法实质，通过法条和案例的宣讲能够对于保险诈骗犯罪的不良后果和刑事责任有更具象认识，才能从社会心理上构建抵制保险诈骗犯罪的防线。

金融监管机构、保险行业协会可以主动加强与其他政府部门、新闻媒

---

① 参见怯帅卫：《保险诈骗犯罪的侦防对策》，载《山东警察学院学报》2015 年第 6 期。

体的联动配合，扩大保险诈骗宣传的受众和影响面，强化防范效果和打击力度。保险公司在营业网点、微信公众号、小程序、官方网站、短视频平台积极宣传防范和打击保险诈骗犯罪。通过“检企”携手开展形式多样的以案释法活动，通过典型案例以案释法，揭露一些典型的作案手法，增强全体社会成员的法律意识，提高防范抵御保险诈骗犯罪的敏锐性。畅通保险诈骗线索举报渠道，引导社会公众共同抵制保险诈骗。

二、强化综合治理

保险业作为我国金融体系的重要组成部分，随着市场经济的蓬勃发展日益繁荣壮大，在促进我国经济发展、稳定民生、和谐社会等方面都发挥了重要作用。然而与此同时，保险诈骗也愈加猖獗，信息化时代保险诈骗的手段愈加智能，主体多元、操作隐蔽，还存在跨境犯罪现象，严重影响了保险行业的健康发展。因此，应强化应对之策，凝聚保险行业协会、金融监管机构、司法机关等多方合力，加强对保险诈骗的综合治理。

（一）发挥行业协会反诈骗自律作用

1. 行业协会自主探索及成效

中国保险行业协会成立于 2001 年 2 月 23 日，是中国保险业的全国性自律组织，是自愿结成的非营利性社会团体法人，致力于配合保险监管部门督促会员自律，依法合规经营，组织制定行业标准，促进市场公开、公平、公正，全面提高保险业服务社会主义和谐社会的能力。[①] 保险行业协会在保险反诈骗工作上发挥了重要作用，2010 年还成立了反欺诈专业委员会，专门针对保险诈骗进行防范和打击。在协会领导下建立了经济案例查询平台和财产保险核保数据库，为保险消费者提供了更加详细的保险欺诈信息和风险评估服务；搭建了反保险欺诈行业交流平台，推广行业反欺诈工作

① 《中国保险行业协会简介》，载中国保险行业协会网，https://www.iachina.cn/col/col12/index.html，访问日期：2023 年 6 月 15 日。

经验办法，形成工作合力。此外，各地方协会也正在积极地探索反保险诈骗相关方案，如新疆保险行业协会发布“保险云”数据共享小程序，依托大数据、云服务等技术手段，完善行业基础设施建设。保险行业协会为行业内交流协作提供了平台，未来可以继续从数字赋能、诚信体系建设、跨区域、跨行业合作等方面发挥行业协会引领作用。

2. 行业协会反诈骗引领提升路径

（1）数字赋能反保险诈骗工作

随着人工智能、物联网、区块链等第三次信息技术革命席卷全球，各行各业都迎来新的机遇和新的挑战。互联网大数据时代下保险诈骗存在隐匿性高、调查难度大、造假技术升级等新特点，这更要求保险行业提高信息化程度，以大数据赋能反保险诈骗工作，进一步打破信息壁垒，建立全行业统一协调的反保险诈骗协作机制。目前我国对大数据技术应用于反保险诈骗的具体实践工作虽有一定成果，但仍处于起步阶段，需要依托行业协会的共同合力，挖掘保险行业数字潜力。

针对行业内的信息壁垒，行业协会可以牵头组织各大公司共同搭建“反保险诈骗”共享数据库。美国最大、最全面的综合保险理赔数据系统——ISO ClaimSearch，能够与两万多个终端保险公司连接，为其提供实时理赔数据查询。① 国内也可以借鉴这一经验，建立统一开放的资料与数据库，一方面通过打破信息壁垒，及时发现异常投保，扼杀犯罪风险；另一方面也可以通过相关数据模型，对海量数据进行整合分析，制定反保险诈骗有关对策，提升工作效率。针对新形势下保险诈骗多样隐匿新特点，以全流程的视野发挥数字技术反诈骗功效，在客户端可以通过大数据构建画像，实现客户风险评级，用技术进行初筛，降低人工工作负担，提高效率。在理赔端可以搭建智能查勘平台，根据客户相关信息，自动生成调查重点并研判相关风险因素，将客户理赔信息作为历史理赔案例整理收集。当然，在利用大数据防治保险诈骗的同时，也需要加强对数据安全的监管，防止

① 陈铭豪、曹斯蔚：《大数据时代的我国人身保险业务反欺诈机制创新研究》，载《保险职业学院学报》2022年第5期。

信息泄露，在合法合规的前提下采集数据，让技术助力行业成长。

（2）推进保险信用体系建设

现代社会是高度开放的市场经济体系，信用越来越成为人的第二张名片，作为在市场交易中衡量相对方可靠性的重要标准。诚信原则更是民法中的基本原则，保险作为防范风险的重要手段，诚信对保险行业的重要性不言而喻，是其立业之本。因此，应把握社会信用体系建设契机，加快推进保险信用体系建设，发挥失信防范投保识别作用，营造风清气正的投保环境，引领消费者树立正确观念。

一是开发利用信用信息资源。发挥行业协会统筹作用，在全行业内充分积累保险信用大数据、失信大数据，及时更新，在保护个人隐私的同时，依法依规对信用信息分类管理，方便对参保人员信息审查。与社会诚信体系建设相衔接，建立信息共享机制，实现信息互联互通，完善信息披露制度，保证信息披露及时、公开、有效。

二是加强失信行为联合惩戒力度。在全行业内签署守信联合激励合作备忘录和失信联合惩戒备忘录，搭建保险行业失信惩戒管理制度建设，将欺诈处罚记录纳入个人诚信档案，与金融监管机构以及相关部门加强合作，及时提供线索，联合采用限制高消费等方式，对失信行为予以惩处，同时采取日常排查和专项整治相结合的方式，及时发现失信违规行为。

三是开展诚信宣传教育。行业协会积极组织集中宣传信用知识和典型案例，鼓励保险企业参加和开展“全国保险公众宣传日”“保险业 3·15 诚信维权宣传”等大型活动，提示失信后果，弘扬守信文化和契约精神，以建设诚信社会发挥示范引领作用。规范从业行为，引导消费者梳理正确观念，如提示消费者在购买保险时如实告知和填写相关信息，在投保财产保险时如有重复保险及时通知保险人等，提高消费者的诚信意识，避免恶意投保、重复理赔、虚构损失等欺诈行为发生，在全行业营造守信光荣、失信可耻氛围。

（3）建设跨区域、跨行业反保险诈骗协作机制

一是强化跨区域反保险诈骗协作。社会人员流动频繁，保险理赔存在涉及多地的情形，甚至还存在跨国案件，由于异地查验不便，给保险诈骗

留下可乘之机。因此，应通过保险行业协会、反保险欺诈民间协会建立跨区域的合作，相互支持调查人员或者委托独立调查人员，进行协查协办，以应对信息不对称问题。各地方行业协会更要加强合作，多展开联合打击行动，建立沟通机制，交流线索，加强打击力度。

二是强化跨行业反保险诈骗协作。保险诈骗应对已经大大突破保险行业自身范畴，涉及卫生健康、交通运输、金融商业等多个领域，需要加强跨行业的交流合作。针对特定领域发生的保险诈骗活动，保险行业协会应与相关职能部门信息共享，如针对医疗保险，与当地卫生医疗部门建立联合协查机制，提升对虚假就业、虚报保险行为的核查能力，防范保险诈骗行为的发生，缓解保险业务信息孤立与保险机构理赔人员查勘难度大等实际问题。

（二）完善监管机构反诈骗监管机制

1. 保险诈骗监管现状及不足

金融监督管理机构承担保险行业监管责任，负责制定方针政策、法律法规，制定规章制度；依照法律法规统一监督管理保险业，审批设立保险公司及分支机构等，审查、认定机构管理人员资格，审批保险产品条款和费率等，维护保险业合法、稳健运行，监管保险公司偿付能力和市场行为，管理保险保障基金，监管保险保证金，防范和化解金融风险，保护金融消费者合法权益，维护金融稳定职责。在其领导下，初步构建了以监管部门和公安部门牵头、行业协会组织、保险公司参与的多维监管体系，取得了良好的效果，但也存在一定程度上的监管主体职责模糊、监管防范手段简单等问题，存在改进的空间。一方面，目前监管体系的各主体职责还不够明确，容易互相推诿责任，同时专门化机构尚未建立，需要加强监管主体的专业化能力，可以借鉴美国相关经验进行改进。另一方面，监管手段需要进一步完善，在分类监管、因案施策方面关注不够；存在忽视对保险公司加强督导、进行源头治理的问题，需要在准入环节把控好防范保险欺诈的第一道防线；在数字化运用以及响应国家号召、开展一线调查研究等方面，也是未来继续提升的努力方向。

2. 监管机构反诈骗机制完善建议

（1）细化保险诈骗监管主体及职责

金融监管机构作为主管单位负责保险行业的统筹管理，但是具体到保险诈骗的监管，相应职责还不够细致，需要规范其具体职责，在职能部门中应设立专门针对保险诈骗行使监管权力的部门与其他部门、机关沟通，方便工作展开，同时作为主管部门协调好中央和地方职能关系。可以参考美国国家保险监督管理者协会建立保险监管信息预警系统的经验，结合我国保险业实际情况，建立内部信息系统，提供内外部、上下级沟通渠道，提高工作效率，形成一个针对保险诈骗全面立体的监管网络。加强与保险行业协会的合作，发挥民间组织力量，监管保险行业协会建立的信息共享系统，保证数据安全，以及行业黑名单的应用不侵犯个人权利，督促保险行业协会承担相应的反保险诈骗宣传责任。除国家金融监督管理总局外可以设立专门的保险诈骗监管机构，如美国建立了全美保险欺诈署以及州保险欺诈局，专门负责协调各职能机构开展反保险欺诈工作。[①] 随着我国保险行业的日渐壮大，保险种类多样，投保人群大幅扩张，保险诈骗的手段也日益复杂、难以识别，还需要更加专业的监管机构打击保险诈骗，因此需要组织专业的保险、法律相关人才，探索成立专门从事保险反诈骗的机构，增强对保险诈骗的打击能力，有效实现监管工作的立体化、专业化管理。

（2）丰富创新保险诈骗监管手段

要发挥好金融监管部门的监管主体作用，就必须顺应时代发展，不断创新完善监管手段，才能让保险欺诈无所遁形。

一是树立分类监管意识。目前保险行业正在发展加速期，各类保险百花齐放，因此在监管中要树立分类监管的意识，对保险诈骗高发的车险、财产险加大监管力度，实施针对性的监管手段，如可以运用车联网技术防范和减少车险诈骗；在监管中也可以根据不同保险诈骗的实施机理、社会危害性、发生风险等进行类型划分，在监管中对频发、危害大、手段复杂

① 李玉泉、乔石：《大金融背景下保险欺诈的新特征和风险防范路径》，载《保险研究》2021 年第 4 期。

的保险诈骗类型进行重点监控。

二是督导保险公司强化管控。金融监管机构也要加强对保险公司的管理，把好反保险诈骗的第一道防线，提升反诈骗工作的精细化管理水平，要求保险公司转变发展理念，加强行业内协作，提升风险应对能力；注重分析总结各类诈骗案件的风险特点与应对策略，建立公司内案例库；提高承保质量，加大审核力度，在签订合同前对诈骗行为可能承担的法律责任进行警示，在准入环节把控风险；监管机构为行业内人员组织培训，提高其专业能力。

三是综合多种措施提升监管能力。定期开展调查研究，密切关注保险诈骗的新手法、新趋势、新特点，收集相关案例信息，进行针对性研讨，邀请相关专家进行工作指导，加强对法律法规的理解以及专业技术的提升；推动人工智能、区块链等新兴技术在反保险诈骗领域的应用，牵头搭建信息共享交流平台，提高反保险诈骗领域的信息化程度；与公安、交管等执法部门合作水平，定期开展沟通交流，总结办案经验，推广典型案例，对诈骗分子形成震慑。

（三）健全法律保障、加强司法打击力度

回顾保险诈骗罪的立法历程，1979 年《刑法》首次颁行时，我国尚未建立市场经济体制，并没有单独设立和规定保险诈骗罪，仅以诈骗罪进行统一处理。随着我国保险行业的发展，1995 年《保险法》和《关于惩治破坏金融秩序犯罪的决定》颁布，首次提及设立保险诈骗罪。1997 年修改刑法时，全国人民代表大会吸收《保险法》和《决定》的规定，将保险诈骗罪从普通诈骗罪中独立出来，规定在《刑法》分则第三章“破坏社会主义市场经济秩序罪”下的第五节“金融诈骗罪”中，刑事立法上首次设立保险诈骗罪。其构成要件规定如下：保险诈骗的主体为特殊主体，既可以是个人也可以是单位，包括投保人、被保险人或受益人等保险关系人；其主观方面必须是故意，目的是骗取保险金；侵犯客体具有双重性，为国家的金融管理秩序和保险公司的财产所有权，前者为主要客体，后者为次要客体；客观方面对犯罪行为采取了列举式叙明罪状，包括虚构保险标的骗取

保险金、对发生的保险事故编造虚假原因或者夸大损失程度、编造未曾发生的保险事故、故意造成财产损失的保险事故、人身保险中投保人和（或）受益人两类主体故意造成被保险人死亡、伤残或者疾病骗取赔偿金的行为五类。

保险诈骗罪规定主体为特殊主体，也就是说除了投保人、被保险人或受益人以外的其他人不能单独构成保险诈骗罪正犯，只能在有上述人员参与时，成为共犯，例如保险事故的鉴定人、证明人、财产评估人故意提供虚假证明文件，为他人诈骗提供条件的，以保险诈骗罪共犯论处。[①] 刑法如此规定有其相应的立法背景，1997 年《刑法》颁行时，我国保险业还在起步阶段，保险诈骗行为主要集中于上述三类保险关系人，这样的社会现实反映到立法中，就形成了特殊主体规定。然而随着保险行业不断发展扩发，保险诈骗的主体也逐渐多元化，现有的立法模式已不能完全适应司法实践需要。如实践中存在汽车修理员工，利用工作便利，故意驾驶客户车辆制造事故，诈骗保险金的行为，该人不属于三类主体中的任何一者，客观上却实施了保险诈骗行为，特殊主体的限制导致该罪名难以全面评价打击保险诈骗行为。既然保险诈骗罪不是只能由特殊人员实施的犯罪，而其行为主体的身份也并不像贪污罪、受贿罪等会影响行为的社会危害程度，可考虑在立法上取消对本罪主体身份的限制，将其从特殊主体扩大为一般主体。

近年来，随着保险行业的快速发展和欺诈手段的不断变化，原中国保监会印发的《反保险欺诈指引》部分内容已难以满足当前反欺诈工作的复杂形势与实际需求，在此情形下，国家金融监督管理总局于 2024 年 8 月 1 日施行《反保险欺诈工作办法》并废止《反保险欺诈指引》，旨在进一步强化反保险欺诈工作的顶层设计与规范力度，更有效地防范和化解保险欺诈风险，提升保险行业全面风险管理能力，维护保险市场的正常秩序与公平竞争环境，保障广大保险消费者的合法权益以及保险行业的稳健运营与健康发展。《反保险欺诈工作办法》的颁行，标志着我国在反保险欺诈领域的工作进一步规范化、科学化。但面对保险欺诈手段的不断翻新和更加复杂

① 温培霖:《保险诈骗罪主体的立法界定》，载《中国保险》2019 年第 2 期。

化、隐蔽化，反保险欺诈工作还需不断适应形势总结经验，完善法律保障，以更好地适应不断变化的保险市场环境和保险欺诈形势。

保险诈骗涉及民事、行政、刑事不同性质法律责任的承担，需要对相关法律修改完善，形成多元化法律制裁体系。其中，民事责任主要涉及保险法、民法相关内容，保险法作为特别法，应当优先适用保险法，保险法没有规定的适用民法。[①] 从立法角度建议明确行为人对保险公司所支出成本的民事赔偿责任，弥补其所遭受的损失。行政责任要与刑法进行衔接，对于实施保险欺诈活动的各类一般主体，构成犯罪的依据刑法承担刑事责任，尚不构成犯罪的，由保险行业监管机构给予行政处罚，明确二者竞合时，对已承担的行政责任在刑事责任中予以折抵，如刑事责任已经承担，则刑事责任吸收行政责任。

立法为打击保险诈骗提供规范指引，司法需要真正落实。公安机关应加强与各部门的协作，及时掌握线索，在侦查活动中及时细致展开现场勘查，严谨科学地进行证据鉴定，依法打击惩治犯罪。检察机关应发挥监督职责，着力发现案件背后的共性问题，合理运用检察建议，引导保险行业完善监管机制，实现源头治理；坚持重点专项打击与常态化打击相结合，针对新型诈骗采取针对性措施，落实好宽严相济刑事政策。法院在审判过程中应严格审查证据，确保判决客观公正，严格执行司法判决，确保被害人得到相应赔偿。公检法机关对于反保险诈骗相关工作的经验应及时总结分享，向保险公司培训反诈骗知识，提升其辨别能力，从源头上预防犯罪的发生。

① 李玉泉、乔石：《保险欺诈主体的构成与法律责任》，载《保险研究》2021 年第 11 期。

第六章

保险诈骗罪典型案例

1.【翟某某、李某某保险诈骗案】无身份者冒用他人身份向保险公司理赔行为的认定

【案例来源】

首都检察案例参阅

【基本案情】

2015年11月26日，李某某驾驶奥迪汽车与他人车辆发生碰撞。翟某某得知后，向刘某借用其名下的三菱牌小轿车（翟某某事前已知刘某三菱牌小轿车在保险公司投过保），后与李某某商议，用刘某的三菱车撞李某某的奥迪车制造虚假交通事故骗取保费，李某某同意并将第一次事故的车辆修理发票交给翟某某。2015年11月28日11时许，在北京市房山区阎村镇某桥附近，翟某某驾驶三菱车以倒车的方式，故意撞向奥迪车，制造三菱车右后部与奥迪车左前部受损的事故现场，并经交通事故快速处理程序，认定三菱车负全责。事后，翟某某告知刘某车辆发生了刮蹭，刘某将身份证、银行卡、行驶证、保险单等证件交给翟某某办理理赔手续。同日，翟某某以刘某的名义向保险公司申请保险理赔，保险公司为该案办理了理赔手续，并以网银转账方式于2015年12月1日将理赔款17884元汇至刘某账户，翟某某将理赔款用刘某的银行卡取现后挥霍。后保险公司在例行稽查中发现翟某某骗保行为，遂报警。

北京市公安局房山分局于2016年11月14日以翟某某、李某某涉嫌保险诈骗罪移送房山区人民检察院审查起诉，房山区人民检察院受理后改变定性，以两人涉嫌诈骗罪向房山区人民法院提起公诉，房山区人民法院于

2017年3月2日作出判决，以诈骗罪判处翟某某有期徒刑7个月，缓刑1年，并处罚金4000元，以诈骗罪判处李某某拘役4个月，缓刑6个月，并处罚金2000元。

【焦点问题】

无身份者冒用他人身份向保险公司理赔的行为如何认定？

【裁判要旨】

保险诈骗罪属于真正身份犯，在办理涉及特殊身份的保险诈骗案件时，首先要考察有身份的人主观上是否有保险诈骗的故意，客观上是否实施了制造保险事故、向保险公司索赔等诈骗行为。如有身份者（被冒名者）主观无保险诈骗故意、没有实施直接诈骗行为，诈骗行为系冒名者亲自所为，那么冒名骗保者直接认定为诈骗罪的直接正犯。若有身份者无主观故意，但在利用者教唆下实施索赔行为的，利用者构成保险诈骗罪的教唆犯与诈骗罪的间接正犯的竞合。若有身份者伙同无身份者共同实施保险诈骗行为，则以保险诈骗的共犯论处。

利用保险合同进行诈骗是保险诈骗罪最本质的特征，也是保险诈骗罪区别于其他诈骗犯罪的一个关键点。本案中，翟某某、李某某事实上并没有与保险人存在有效的保险合同关系。翟某某通过制造虚假的交通事故，并隐瞒真相骗取投保人刘某的信任，利用刘某的身份证、保险单等材料以及李某某的车辆维修发票，诈骗保险公司保险金。李某某在共同犯罪中系从犯，只是提供了自己之前车辆维修发票和车辆，并没有非法占有保险金。刘某身为投保人和被保险人，现有证据无法证实其有骗取保险金的行为，也无法证实其主观明知翟某某保险诈骗而提供帮助的行为，即刘某并没有实施保险诈骗行为。保险诈骗罪与诈骗罪系特别法条与普通法条的关系，对不符合特别法条却符合普通法条的行为，应按普通法条即诈骗罪处理。本案翟、李二人实施了符合保险诈骗罪客观构成要件的违法行为，主观上有非法占有目的及诈骗故意，但因不符合主体构成要件，不构成保险诈骗罪，但二人行为符合构成诈骗罪的直接正犯。

2.【童某甲保险诈骗案】投保人替肇事者“顶包”并进行车险理赔行为的认定

【案例来源】

浙江省象山县人民法院（2019）浙 0225 刑初 463 号判决书

【基本案情】

被告人童某甲与童某乙系父子关系。2016 年 11 月 27 日凌晨，童某乙驾驶被告人童某甲名下的小型轿车行驶至象山县某路段时，与陈某某驾驶的三轮电瓶车发生碰撞，造成陈某某受伤、两车损坏的道路交通事故。事故发生后，童某乙未及时进行救助，而是乘坐其朋友龚某的车辆赶至家中，将童某甲接至事故现场。童某甲为帮助童某乙逃避处罚，在交警进行现场询问时谎称是自己驾驶该轿车发生事故，致使象山县公安局交通警察大队于 2016 年 12 月 8 日作出道路交通事故认定书，认定上述事故中被告人童某甲驾驶机动车时未确保安全，负事故全部责任。后童某甲启动保险理赔程序。截至 2019 年 3 月 22 日，被告人童某甲从保险公司处获得车辆损失、陈某某医药费等商业保险理赔金共计人民币 173554.89 元。浙江省象山县人民法院一审判决认定，童某甲犯保险诈骗罪，判处有期徒刑 3 年，缓刑 4 年，并处罚金人民币 5 万元。被告人童某甲已退缴的违法所得人民币 173554.89 元予以追缴，依法退赔被害单位。

【焦点问题】

投保人替肇事者“顶包”并进行车险理赔，是否属于“对发生的保险事故编造虚假的原因，骗取保险金”？

【裁判要旨】

投保人替肇事者“顶包”后谎称是自己驾驶机动车发生交通事故并向保险公司进行车险理赔的，属于对造成保险事故的原因作虚假陈述或者隐瞒真实情况的行为，应被认定为“对发生的保险事故编造虚假的原因，骗取保险金”，数额较大的，构成保险诈骗罪。

本案中被告人童某甲主观上具有非法占有保险金的故意，其明知童某乙驾车造成交通事故且认为童某乙酒后驾车，仍向公安机关谎称自己驾车造成交通事故，致使公安机关认定被告人童某甲驾驶机动车时未确保安全，承担该起事故的全部责任，事后隐瞒真相、编造虚假原因，拨打保险公司电话报案，谎称自己驾驶车辆发生交通事故，并使保险公司启动保险理赔程序，获得保险理赔金共计人民币173554.89元，构成保险诈骗罪。

3.【范某某保险诈骗案】保险诈骗罪单位犯罪和个人犯罪的区分

【案例来源】

陕西省西安市中级人民法院（2013）西刑二初字第00117号判决书

【基本案情】

2012年7月9日，被告人范某某安排汽车修理行员工将自己才购买尚未过户的一辆丰田凯美瑞轿车停放到西安市某加油站南侧，车头向北停放，而后驾驶自己所有的另一辆现代伊兰特轿车逆行，故意与丰田凯美瑞轿车迎面相撞，制造现代伊兰特轿车驾驶人负全责的交通事故，骗取保险公司理赔款人民币36014元。2012年9月3日，被告人范某某持自己伪造的新城交警队事故科的交通事故责任认定书，谎称自己的现代轿车与其他车辆发生交通事故，骗取保险公司理赔款人民币9559元。2012年10月15日，被告人范某某再次持自己伪造的新城交警队事故科的交通事故责任认定书，谎称自己的现代轿车与其他车辆发生交通事故，骗取保险公司理赔款人民币11709元。2012年10月30日，被告人范某某将现代轿车（陕A××××8）转让给其妹夫冯某甲，车牌号变更为陕A××××U。2013年3月7日，被告人范某某安排员工将客户送修的一辆尼桑轿车停放在某南路，车头向南停放，而后自己驾驶现代轿车逆行，故意与尼桑轿车迎面相撞，制造驾驶人负全责的交通事故，骗取保险公司理赔款人民币31861.95元。被告人范某某共骗取保险公司理赔款人民币 89143.95 元。2013 年 8 月 29 日，被告人范某某到公安机关投案。案发后，被告人范某某的家属已退缴全部赃款，并发还给被骗单位。

庭审中，被告人范某某对被指控的犯罪事实及罪名无异议。其辩护人提出，被告人范某某实施的保险诈骗行为是其跟单位修理工合伙完成的，所得赃款全部用于汽车维修和给工人发工资，故其行为属单位犯罪，且其犯罪数额应扣除修理事故车辆所花的费用；被告人范某某能自动到公安机关投案，如实供述所犯罪行，认罪态度好，具有自首情节，可依法减轻处罚，其亲属能协助退缴全部赃款，对其可从轻处罚。请求法院对被告人范某某减轻处罚并适用缓刑。

陕西省西安市中级人民法院判决认为，被告人范某某以非法占有为目的，故意制造保险事故，骗取保险金人民币 89143.95 元，数额巨大，构成保险诈骗罪。被告人范某某在案发后主动到公安机关投案，如实供述所犯罪行，系自首，可依法减轻处罚。被告人范某某的亲属能协助退缴全部赃款，避免被害单位的经济损失，对其可从轻处罚，依法判决被告人范某某犯保险诈骗罪，判处有期徒刑 3 年，宣告缓刑 5 年。

【焦点问题】

保险诈骗罪的单位犯罪和个人犯罪如何区分?

【裁判要旨】

以单位名义实施犯罪，违法所得归单位所有的，是单位犯罪。公司、企业、事业单位、机关、团体实施的危害社会的行为，法律规定为单位犯罪的，应当负刑事责任。单位犯保险诈骗罪的，对单位判处罚金，对单位直接负责的主管人员和其他直接责任人员根据犯罪情节判处自由刑。单位直接负责的主管人员是在单位实施的犯罪中起决定、批准、授意、纵容、指挥等作用的人员，一般是单位的主管负责人，包括法定代表人。其他直接责任人员，是在单位犯罪中具体实施犯罪并起较大作用的人员，既可以是单位的经营管理人员，也可以是单位的职工，包括聘任、雇用的人员。应当注意的是，在单位犯罪中，对于受单位领导指派或奉命而参与实施了一定犯罪行为的人员，一般不宜作为直接责任人员追究刑事责任。

本案中，被告人范某某分别用其本人及其妹夫冯某甲的车辆故意制造两起保险事故，又伪造道路交通事故责任认定书，编造两起未曾发生的保险事故，骗取保险金。被告人范某某事先并未与其汽车修理行的其他人员商议骗取保险金，也并非以其汽车修理行的名义实施诈骗，且所骗取的保险金进了其本人及其妹夫冯某甲的账户，由其自由支配。所以，被告人范某某骗取保险金的行为纯属个人行为，属自然人犯罪，不构成单位犯罪。

4.【应某甲、应某乙等保险诈骗案】单位与自然人共同实施保险诈骗犯罪时如何区分主从犯

【案例来源】

江苏省无锡市梁溪区人民法院（2020）苏 0213 刑再 1 号判决书

【基本案情】

被告单位某融资租赁公司常务副总经理应某甲授意，被告人应某乙、郁某某经通谋，于 2018 年 6 月 11 日 11 时许，由被告人应某乙驾驶被告单位某融资租赁公司所有的号牌为浙 B××××× 的宝马牌小型轿车（已损坏），在无锡市某路口故意伪造了事故。后被告单位某融资租赁公司从保险公司骗取保险金人民币 53300 元。判决认定被告单位某融资租赁公司直接负责的主管人员应某甲伙同被告人应某乙、郁某某进行保险诈骗活动，数额较大，其行为均已构成保险诈骗罪，系单位犯罪、共同犯罪。三被告人在本案中作用地位相当，不宜区分主从犯，原审被告人郁某某的辩护人提出的郁某某系从犯的辩护意见不予采纳。

2019 年 10 月 31 日，无锡市梁溪区人民检察院向无锡市梁溪区人民法院发出纠正违法通知书，认为判决中未对犯保险诈骗罪的被告人应某乙、郁某某判处罚金，要求予以纠正。

无锡市梁溪区人民法院作出再审决定，再审查明：2017 年 6 月 26 日，被告单位某融资租赁公司以融资租赁的形式和郑某某签订合同，将号牌为

浙B×××××的车交给郑某某。同日，该公司为该车向某保险公司购买了机动车损失险、第三者责任险等商业保险，保险期间为一年。2018年6月，郑某某不再按月支付租赁费用，要求将该车返还某融资租赁公司。该公司常务副总经理即原审被告人应某甲指派公司一名员工与原审被告人应某乙一起去山西省将该车开回。应某乙等人接车后发现车辆已经损坏，只进行了简单的维修，但未向保险公司报案申请理赔。在途经无锡时应某乙请示应某甲还需要维修，将车送至某汽车服务有限公司的汽车定点维修点，即由原审被告人郁某某经营的无锡市滨湖区某汽车维修服务部去维修。在维修过程中，应某乙与郁某某商量了修车费用可通过制造单方事故申请理赔的方法支出，应某乙在请示应某甲获得许可后，由应某乙于2018年6月11日11时许驾驶该车在无锡市滨湖区路口故意制造了单方事故。

再审判决认定，原审被告人应某甲是单位犯罪中单位的直接负责的主管人员，应某乙系单位其他直接责任人员，郁某某是自然人共同参与了保险诈骗犯罪。原审被告人郁某某以个人身份参与进单位的保险诈骗犯罪中来，其地位与作用相对单位而言，起从属的次要或者辅助作用，应当认定为共同犯罪中的从犯予以从轻处罚，依法进行改判。

【焦点问题】

单位与自然人共同实施保险诈骗犯罪时如何区分主从犯?

【裁判要旨】

保险诈骗罪可以由单位和自然人一起构成共同犯罪，根据全面评价的法律适用原则，单位与个人均应对共同诈骗的保险金负刑事责任。在认定主犯和从犯时应当首先根据单位直接负责的主管人员、其他直接责任人员实施保险诈骗行为的情况判断涉案单位在共同犯罪中的地位，如果单位直接负责的主管人员、其他直接责任人员是犯罪的决策者和实施者，单位可以认定为主犯，其他以自然人身份参与犯罪的人员可以认定为共同犯罪的从犯。

本案中，原审被告人应某甲作为单位直接负责的主管人员授意许可应某乙作为单位其他直接责任人员积极实施，加上原审被告人郁某某以个人身份参与共谋，在三人的谋划和配合实施下才使得某融资租赁公司诈骗保险理赔款的行为顺利得逞。其中，某融资租赁公司常务副总经理是应某甲，是单位犯罪中单位的直接负责的主管人员，应某乙虽然是无锡某汽车服务有限公司员工，但是由于无锡某汽车服务有限公司与某融资租赁公司的股东与高级管理人员有重合、员工有交叉的情况，案发前应某乙是受该被告单位主管人员应某甲的指派，从杭州出发去山西接车、修车，履行的是单位的职务行为。准备以制造单方事故申请理赔的方法来支付修车费用时，应某乙也是在请示应某甲获得许可后才予以实施，且获得的诈骗利益也归属于被告单位，而未由参与的个人私分，整个过程都体现了被告单位的意志，可以认定应某乙从事了被告单位某融资租赁公司的职务行为，而不属于自然人参与的共同犯罪；郁某某作为个体汽车修理部的业主，并非从事了被告单位某融资租赁公司的工作职责，其行为性质应当认定为自然人犯罪。某融资租赁公司是保险利益的承继者，其工作人员应某甲、应某乙也是保险诈骗行为的决策者和实施者，因此本案被告单位在单位保险诈骗犯罪中起主要作用，其单位相关工作人员应某甲、应某乙是主犯。而郁某某系个人身份犯罪，郁某某以个人身份参与保险诈骗犯罪，其地位与作用相对单位而言，起从属的次要或者辅助作用，应当认定为共同犯罪中的从犯予以从轻处罚。

5.【刘某保险诈骗案】融资租赁合同中的承租人可以成为保险诈骗罪的犯罪主体

【案例来源】

北京市房山区人民法院（2015）房刑初字第514号判决书

【基本案情】

2010年2月5日，被告人刘某通过融资租赁的方式，由买方甲汽车金融（中国）有限公司（以下简称甲公司）向供货人长沙乙工程机械有限公司（以下简称乙公司）购买挖掘机一台出租给其使用，租赁期限为36个月，每期租金26907.34元。根据《融资租赁协议》的规定，该挖掘机的保险由出租人甲公司统一购买，而承租人刘某选择将租赁保费分摊到各期租金中分期支付的方式全额补偿甲公司。因甲公司与保险公司签订有保险协议，通过甲公司融资购得的工程机械设备须在保险公司购买保险。甲公司于2010年2月5日与该保险公司签订保险协议，对前述挖掘机投保，保险期限自2010年2月6日0时起至2013年2月5日24时止，保险费用合计20046元。

2012年2月18日晚，被告人刘某承租的挖掘机在被李某的拖车托运过程中，由于拖车躲避其他车辆，致使该挖掘机从拖车上甩出，造成挖掘机侧翻。后李某将挖掘机送去乙公司进行修理，并支付修理费人民币102255元。

2012年2月21日，被告人刘某向保险公司报案谎称，涉案挖掘机在司机蒋某某驾驶作业过程中侧翻，并向该公司提供了虚假的事故经过、事故证明等理赔材料，索赔42万余元。保险公司员工孙某接手案件后，认为该案索赔金额过高，且无维修发票，遂与同事到长沙找刘某核实，双方就该挖掘机的损失达成16万元的赔付协议。后孙某隐瞒已与刘某达成赔付协议的事实，让刘某提供金额为318900元（配件费）的发票向保险公司索赔，该公司同意根据该发票金额扣除5%的免赔率后赔付302955元。2012年10月31日，孙某用刘某的身份证在银行开立了户名为刘某的账号。2012年11月1日，甲公司和乙公司出具《赔付意向及权益转让书》，同意保险公司将赔付金额302955元转账至刘某账户。该理赔金于2012年11月5日到账后，孙某通过自动取款机分四次共计取款72800元。刘某取出剩余的钱款后销户。

2014年3月17日，李某到保险公司举报刘某涉嫌保险诈骗。孙某于2014年6月26日向公安机关投案，并向公安机关退赔人民币60000元，在法院审理期间又将人民币82995元退赔在案。被告人刘某于2014年8月11日被公安机关抓获归案。法院判决认定，被告人刘某犯保险诈骗罪，判处有期徒刑5年，并处罚金人民币5万元。责令被告人刘某退赔人民币16万元，发还被害单位保险公司。宣判后，在法定期限内，刘某未提出上诉，检察机关未抗诉。判决已生效。

【焦点问题】

融资租赁合同中的承租人能否成为保险诈骗罪的犯罪主体？

【裁判要旨】

在融资租赁合同中，如果承租人实际缴纳了租赁标的物保险费用，可以被认定为实质上的投保人。如果承租人在理赔之前通过权益转让获取了保险金请求权，应被认定为实际取得了被保险人的地位。如果在这种情况下，承租人实施了保险诈骗行为，构成犯罪的，应依据保险诈骗罪来定罪处罚。

本案中，被告人刘某编造虚假原因来骗取保险公司的理赔金，符合“投保人、被保险人或者受益人故意编造虚假原因或夸大损失程度以骗取保险金”的情形。虽然承租人刘某并非涉案挖掘机保险协议的当事人，但他作为实际支付了挖掘机保险费用的人，实质上是投保人，而甲公司则是名义上的投保人。此外，甲公司签发了赔付意向及权益转让书，同意将赔偿款支付给刘某，这可以视为甲公司已将保险金请求权转让给刘某，即刘某在领取保险金前已经实际取得了被保险人的地位。因此，可以认定刘某在刑法意义上既是实质上的投保人又是被保险人，满足了构成保险诈骗罪的主体要件。此外，刘某主观上有非法占有的目的，并实施了编造虚假原因来骗取理赔金的行为，符合了构成保险诈骗罪的要件。

6.【丁某甲等保险诈骗案】个体工商户经营的修理厂不能认定为保险诈骗单位犯罪的主体

【案例来源】

安徽省安庆市中级人民法院（2017）皖08刑终131号判决书

【基本案情】

被告人丁某甲于2009年7月27日在怀宁县高河镇注册经营怀宁县甲汽车修理厂，从事三类机动车维修，属个体工商户性质，组成形式是个人经营，经营者是丁某甲。2016年8月23日，被告人丁某甲申请将修理厂变更登记为怀宁县乙汽车销售有限公司，企业类型属有限责任公司（自然人独资），丁某甲是法定代表人。

2014 年 6 月 23 日夜，被告人杨某某驾驶自己的皮卡车（皖 H×××××）来丁某甲修理厂维修，想用保险金支付修理费。被告人丁某甲与杨某某协商后，与被告人丁某乙分别驾驶杨某某的皮卡车（皖 H×××××）和孙某某的黑色帕萨特车（桂 A×××××）至怀宁县某街道的路边，被告人丁某甲驾驶杨某某的车故意撞击停在路边的孙某某的车，伪造两车相撞的事故。事后，被告人丁某甲从保险公司骗取保险金 16660 元，但仅为杨某某的车更换一个价值 410 元的水箱，为孙某某的车修好变速箱花费 3000 元，余下 13250 元截留在修理厂。

2014 年 8 月 5 日夜，被告人江某某的车（皖 A×××××）发生事故来丁某甲修理厂准备维修，正好杨某（另处）驾驶车（皖 H×××××）也来修理厂维修，都想用保险金支付修理费。被告人丁某甲先后驾驶两部车到怀宁县某路口，被告人丁某甲驾驶江某某的车故意撞击杨某某的车，伪造两车相撞的事故。事后，被告人丁某甲从保险公司骗取保险金 11680 元。被告人丁某甲为杨某某的车更换一个前保险杠皮，花费 300 元，更换一个前左侧大灯，花费 450 元，共计 750 元，余下 10930 元截留在修理厂。

2015 年 1 月 5 日夜，被告人杨某某的皮卡车（皖 H×××××）和被告人江某某的东风标致车（皖 A×××××）在丁某甲修理厂修理，都想用保险金来支付修理费。被告人丁某甲与杨某某、江某某协商后，分别驾驶两部车至怀宁县某酒店附近的某路，被告人丁某甲驾驶江某某的车故意撞击杨某某的车，伪造两车相撞的事故，事后从保险公司骗取保险金 18320 元。被告人丁某甲为杨某某的车更换一个前保险杠和两个前大灯花费 520 元，为江某某的车更换一个前保险杠和一个前左大灯花费 3935 元，余下 13865 元截留在修理厂。

2015 年 7 月 21 日上午，被告人杨某某驾驶皮卡车来丁某甲修理厂修理，想用保险金来支付修理费。被告人丁某甲与杨某某协商后，伙同被告人丁某乙分别驾驶杨某某的车和待维修的另一辆车（京 N×××××）至怀宁县某路口，被告人丁某甲驾驶杨某某的车故意撞击京 N××××× 的车，伪造两车相撞的事故，事后从保险公司骗取保险金 43100 元。被告人丁某甲为杨某某的车更换一个变速箱，花费 4500 元，余下 38600 元截留在修理厂。

2015年11月21日傍晚，被告人江某某因无钱为自己的车（皖A×××××）购买保险，想用保险金来支付保险费。被告人江某某与被告人丁某甲协商后，被告人丁某甲驾驶江某某的车至怀宁县某街道，故意撞上路边路灯（该路灯之前已被其他车辆撞坏），事后从保险公司骗取保险金25600元。被告人丁某甲为江某某的车交纳了4500元保险金，余下21100元截留在修理厂。

综上，被告人丁某甲参与作案5起，诈骗保险金额计人民币115360元；被告人杨某某参与作案3起，诈骗保险金额计人民币78080元；被告人江某某参与作案2起，诈骗保险金额计人民币43920元；被告人丁某乙参与作案2起，诈骗保险金额计人民币59760元。案发后，被告人丁某甲亲属帮助其退赃86680元；被告人杨某某亲属帮助退赃7000元；被告人江某某退赃11680元（其中在审理期间退赔1680元）；被告人丁某乙退赃10000元。上述退赃款已被公安机关发还给被害单位。另查明：被告人丁某甲归案后，向侦查机关提供他人涉嫌犯罪的线索，经查证属实。

安徽省怀宁县人民法院一审判决认为，被告人丁某甲、杨某某、江某某、丁某乙违反保险法律法规，以非法占有为目的，故意制造交通事故，向保险公司骗取保险金，四被告人行为均已构成保险诈骗罪。检察机关指控罪名成立。其中，被告人丁某甲参与作案价值115360元，被告人杨某某参与作案价值78080元，被告人丁某乙参与作案价值59760元，数额巨大；被告人江某某参与作案价值43920元，数额较大。本案系共同犯罪，被告人丁某甲是保险诈骗犯意的提起者，并伪造交通事故现场和负责办理保险理赔事宜；被告人杨某某、江某某是保险诈骗主体身份人，参与谋划，共同骗保，三被告人在共同犯罪中起主要作用，系主犯，应按其所参与的全部犯罪处罚。被告人丁某乙帮助丁某甲伪造交通事故现场，在共同犯罪中起次要作用，系从犯，依法应当从轻或者减轻处罚。依法判决被告人丁某甲犯保险诈骗罪，判处有期徒刑5年3个月，并处罚金人民币60000元；被告人杨某某犯保险诈骗罪，判处有期徒刑5年，并处罚金人民币40000元；被告人江某某犯保险诈骗罪，判处有期徒刑2年，缓刑3年，并处罚金人民币25000元；被告人丁某乙犯保险诈骗罪，判处有期徒刑3年，缓刑3年，并处罚金人民币30000元。

上诉人杨某某上诉提出，原判认定其构成保险诈骗罪定性错误，本案应定性为单位犯罪，丁某甲为主犯，其为从犯，原判认定保险诈骗数额巨大的标准不当，其积极退赃，并具有自首情节，原判量刑畸重。其辩护人认为，杨某某的行为不符合保险诈骗罪的构成要件，原判定性错误，即使认定杨某某构成保险诈骗罪，本案应定性为单位犯罪，丁某甲作为实际经营者应当认定为主犯，杨某某在本案中只是起到辅助作用，应当认定为从犯，原判认定杨某某犯罪数额巨大适用法律不当，原判对杨某某判刑过重。

安徽省安庆市中级人民法院二审对上诉人及其辩护人提出的"原判量刑过重"的上诉理由和辩护意见，予以采纳，认为现行没有相关司法解释对保险诈骗"数额巨大"标准作出明确规定，根据当前社会经济发展水平，为了体现罪责刑相适应，结合司法实践及本案事实，保险诈骗数额115360元应认定为保险诈骗"数额巨大"，保险诈骗数额78080元、59760元应认定为保险诈骗"数额较大"。对上诉人杨某某及其辩护人提出的"认定上诉人杨某某构成保险诈骗罪系定性错误""本案属于单位犯罪"的上诉理由及其辩护意见不予采纳。依法认定原判认定杨某某、丁某乙保险诈骗数额巨大不当，应予改判。综合四被告人犯罪的事实、犯罪的性质、情节和对于社会的危害程度及认罪、悔罪表现，改判上诉人（原审被告人）丁某甲犯保险诈骗罪，判处有期徒刑3年，并处罚金人民币4万元；上诉人（原审被告人）杨某某犯保险诈骗罪，判处有期徒刑2年3个月，并处罚金人民币3万元；原审被告人江某某犯保险诈骗罪，判处有期徒刑1年，缓刑2年，并处罚金人民币2.5万元；原审被告人丁某乙犯保险诈骗罪，判处有期徒刑1年6个月，缓刑2年，并处罚金人民币3万元。

【焦点问题】

个体工商户经营的修理厂是否可以认定为保险诈骗单位犯罪的主体？

【裁判要旨】

公司、企业、事业单位、机关、团体实施的危害社会的行为，法律规定为单位犯罪的，应当负刑事责任。个体工商户是指在法律允许的范围内，依法经核准登记，从事工商经营活动的自然人或者家庭，不属于企业组织形式，不具备法律规定的独立人格，不属于刑法意义上的单位。

本案中，2009 年 7 月 27 日至 2016 年 4 月 6 日间，丁某甲是怀宁县甲汽车修理厂的经营者。该修理厂是一个个体工商户，丁某甲是一个自然人，依法从事工商业经营，没有独立的法人资格，无法成为单位行为的主体。江某某和杨某某打算通过保险金来支付他们车辆的修理费用，丁某甲与江某某、杨某某共谋，故意制造了财产损失的保险事故，以此骗取保险金，并用于支付修理厂的费用，涉案的车辆实际上是江某某和杨某某个人的所有，保险诈骗并非以单位名义进行，所骗取的保险金虽然被截留在修理厂，但这个修理厂是丁某甲个体经营的，不属于单位犯罪的范畴。因此，不能将此案认定为单位犯罪。

7.【曾某某、黄某某保险诈骗、故意伤害案】未实际骗取数额巨大的保险金也可能构成保险诈骗罪

【案例来源】

《刑事审判参考》第 296 号案例

【基本案情】

2003 年 4 月间，被告人曾某某因无力偿还炒股时向被告人黄某某所借的 10 万元债务，遂产生保险诈骗的念头。被告人曾某某于 2003 年 4 月 18 日在甲保险公司以自己为被保险人和受益人，投保了两份意外伤害保险，保额为 16.4 万元；于 2003 年 4 月 21 日在乙保险公司投保了三份人身意外伤害综合保险，保额为 18.9 万元；于 2003 年 4 月 22 日在其单位丙保险公司投保了 6.5 万元的人身意外伤害保险。被告人曾某某为了达到诈骗上述保险金及其单位丙保险公司为在职普通员工承保的 30 万元人身意外伤害团体保险金的目的，找到被告人黄某某，劝说黄某某砍掉他的双脚，用以向上述保险公司诈骗，并承诺将所得高额保险金中的 16 万元用于偿还所欠黄某某 10 万元债务本金及红利。被告人黄某某在曾某某的多次劝说下答应与曾

某某一起实施保险诈骗。之后，由被告人曾某某确定砍脚的具体部位，由黄某某准备砍刀、塑料袋等作案工具，在南平市辖区内寻找地点，伺机实施。2003 年 6 月 17 日晚 9 时许，被告人曾某某按事先与被告人黄某某之约骑上自己的二轮摩托车到南平市滨江路某大厦对面，载上携带砍刀等作案工具的被告人黄某某到南平市环城路某仓库后山小路，被告人黄某某用随身携带的砍刀将曾某某双下肢膝盖以下脚踝以上的部位砍断。之后，被告人黄某某将砍下的双脚装入事先准备好的塑料袋内，携带砍刀骑着曾某某的摩托车逃离现场，在逃跑途中分别将两只断脚、砍刀及摩托车丢弃。被告人曾某某在黄某某离开后呼救，被周围群众发现后报警，后被接警而至的民警送医院抢救。案发后，被告人曾某某向公安机关、保险公司报案谎称自己是被三名陌生男子抢劫时砍去双脚，以期获得保险赔偿。2003 年 8 月 11 日，被告人曾某某的妻子廖某某经曾某某同意向丙保险公司提出 30 万元团体人身险理赔申请，后因公安机关侦破此案而未能得逞。经法医鉴定与伤残评定，被告人曾某某的伤情属重伤，伤残评定为三级。被告人曾某某于2003年6月17日至7月10日住院治疗23天，共花去医疗费10055.05元。

南平市延平区人民检察院以被告人曾某某、黄某某犯保险诈骗罪，并系犯罪预备，被告人黄某某犯故意伤害罪，向南平市延平区人民法院提起公诉。被告人曾某某及其辩护人的辩解及辩护意见均称，没有骗到保险金，其行为不构成保险诈骗罪。被告人黄某某及其辩护人的辩解及辩护意见均称，不具备保险诈骗罪的主体资格，不构成保险诈骗罪。

南平市延平区人民法院经审理认为：第一，检察机关指控被告人曾某某犯保险诈骗罪、黄某某犯故意伤害罪罪名成立，但系犯罪预备的指控不当，该案犯罪形态属犯罪未遂而不是犯罪预备。第二，检察机关指控被告人黄某某犯保险诈骗罪不能成立，保险诈骗罪的犯罪主体属特殊主体，被告人黄某某既不是投保人、被保险人或者受益人，也不是保险事故的鉴定人、证明人、财产评估人，不具有保险诈骗犯罪的主体资格和构成其共犯的主体资格，被告人黄某某的行为不构成保险诈骗罪。第三，保险诈骗罪作为一种直接故意犯罪，其中必然存在未完成形态，只要行为人实施了诈骗保险金的行为，不论是否骗到保险金，即不论诈骗是否成功，情节严重的，均可以构成本罪，被告人曾某某诈骗保险金额达 71.8 万元，其中 30 万元属犯罪未遂，另 41.8 万元属犯罪预备，数额特别巨大，被告人曾某某的行为构成保险诈骗罪未遂。

一审宣判后，被告人曾某某、黄某某均不服，向南平市中级人民法院提出上诉。上诉人曾某某及其辩护人提出，保险诈骗罪只有既遂才构成，上诉人未领到保险金，且与其共同实施保险诈骗行为的黄某某原判也未认定构成保险诈骗罪，要求改判无罪。上诉人黄某某及其辩护人提出，上诉人黄某某伤害他人的行为是受曾某某教唆和胁迫，原判对其量刑畸重。

南平市中级人民法院经审理认为：上诉人曾某某作为投保人、被保险人和受益人，伙同他人故意造成伤残，企图骗取数额特别巨大的保险金，其行为已构成保险诈骗罪；上诉人黄某某故意伤害他人身体，致人重伤，其行为已构成故意伤害罪。上诉人曾某某已着手实施诈骗人民币 30 万元的保险金，虽因意志以外的原因诈骗未遂，但数额特别巨大，情节严重，应予定罪处罚。而上诉人黄某某不具有保险诈骗犯罪的主体资格和构成共犯的主体资格，上诉人黄某某的行为不构成保险诈骗罪，裁定驳回曾某某、黄某某的上诉，维持原判。

【焦点问题】

1. 不具备保险诈骗罪主体特殊身份的人是否可以与有身份的人构成保险诈骗罪的共同犯罪？

2. 未实际骗取数额巨大的保险金，是否构成保险诈骗罪？

3. 行为人与他人共谋伤害自己致重伤，是否以故意伤害罪追究刑事责任？

【裁判要旨】

保险诈骗罪的犯罪主体是特殊主体，即只有投保人、被保险人或者受益人才可能构成本罪，这是从单独犯罪的角度而言的。但从共同犯罪角度看，无上述特殊身份的人也有可能成为有此身份的人的共犯。以骗取数额巨大的保险费为目的，虽因意志以外原因未得逞，也可以构成保险诈骗罪而被定罪处罚。行为人与他人共谋伤害自己致重伤，行为人无须与致害人一道以故意伤害罪追究刑事责任。

本案中，被告人黄某某虽不具备保险诈骗罪主体的特殊身份，但其明知曾某某意欲实施保险诈骗仍答应并帮助其故意制造保险事故（帮助自残），共同为曾某某着手实施保险诈骗制造条件，可成立保险诈骗罪（预备）的帮助犯。《刑法》第 198 条第 4 款规定属于注意性规定，并不意味着只有保险事故的鉴定人、证明人、财产评估人才能构成保险诈骗罪的共同犯罪。就本案来说，黄某某构成保险诈骗罪的帮助犯，但并不意味着必须以保险诈骗罪的定罪量刑，被告人黄某某只实施了一个行为，即帮助曾某某实施自残的行为，该行为触犯了故意伤害罪和保险诈骗罪，属于想象竞合犯，按从一重处的原则，显然对被告人黄某某只应定故意伤害罪一罪即可，而不宜作双重评价，以故意伤害罪和保险诈骗罪进行并罚。本案中，被告人曾某某诈骗保险金额达 71.8 万元，其中 30 万元属犯罪未遂，另 41.8 万元属犯罪预备，属于情节严重，因为意志以外原因没有得逞，应当定罪处罚。本案属于采取自残的方式骗取保险金，曾某某既是投保人、受益人，又是被保险人，但我国法律并没有阻止任何人自伤、自残或者自杀，且故意伤害罪对象是他人的身体，因此即使与他人共谋伤害自己，也不能以故意伤害罪追究刑事责任。

8.【徐某某保险诈骗案】被保险车辆的实际所有人利用挂靠单位的名义实施保险诈骗行为的，构成保险诈骗罪

【案例来源】

《刑事审判参考》第 479 号案例

【基本案情】

2002 年 6 月，徐某某个人购买了一辆重型自卸货车，并挂靠在某运输队，牌照号码为苏 B××××1，并以运输队的名义向保险公司办理了盗抢险保险业务，所有上牌、年检、保险的相关费用均由徐某某个人支

出。2005 年 5 月 4 日，徐某某将自己购买的上述重型自卸货车出售给他人，次日即向公安机关及保险公司谎报假案，称车辆失窃。2005 年 9 月，徐某某通过某运输队从保险公司骗得盗抢险保险金 63130.97 元。案发后，徐的家属于 2007 年 2 月 27 日代为退出全部赃款，同年 3 月 7 日，徐某某向公安机关投案自首。

法院认为，徐某某编造未曾发生的车辆失窃的保险事故，骗取保险金 63130.97 元，数额巨大，其行为已构成保险诈骗罪，依法应予惩处。徐某某犯罪后能主动向公安机关投案，并如实供述犯罪事实，系自首，依法可以从轻或减轻处罚。徐某某在庭审中能自愿认罪，其家属已代为退出全部赃款，确有悔罪表现，依法可以从轻处罚。根据徐的犯罪性质、情节及悔罪表现，决定对徐予以减轻处罚，判决被告人徐某某犯保险诈骗罪，判处有期徒刑 2 年，并处罚金人民币 1 万元，一审宣判后，被告人徐某某未提起上诉。

【焦点问题】

被保险车辆的实际所有人利用挂靠单位的名义实施保险诈骗行为的，是否构成保险诈骗罪？

【裁判要旨】

利用挂靠单位从保险公司骗得盗窃险保险金的行为，属于隐名被保险人（实际投保人）利用显名被保险人（名义投保人）名义实施的保险诈骗行为，构成保险诈骗罪的间接正犯。本案中，向保险公司投保的保险标的实际所有人是徐某某，保险费等也实际系徐某某交纳，徐某某编造保险事故后，利用某运输队而实施的诈骗保险公司保险金的行为，使保险公司财产受到了损失，故徐某某构成间接正犯，应定保险诈骗罪。

9.【李某某、朱某某保险诈骗案】保险公司在机动车交强险限额内对交通事故伤者进行赔偿，该伤者可以认定为保险诈骗罪中的“受益人”

【案例来源】

上海市第二中级人民法院（2020）沪02刑终968号判决书

【基本案情】

被告人杨某某、李某某于2015年5月至2018年2月，在上海市青浦区经营上海某法律咨询事务所（以下简称某事务所）代理交通事故理赔业务过程中，与因交通事故受伤的黄某甲（另案处理）及其弟黄某乙（另案处理）事先商量，在明知黄某甲事故前已耳聋的情况下，伙同被告人朱某某以某鉴定中心名义出具“因交通事故致头部外伤后双侧耳聋”的虚假司法鉴定意见书，并据此提起民事诉讼。后经法院判决，甲保险公司赔付黄某甲人民币861219.07元，黄某甲得款29万元。

2016年5月至2017年3月，被告人杨某某、李某某在上海市青浦区经营某事务所代理交通事故理赔业务过程中，与因交通事故受伤的顾某某（另行处理）及其子寿某某（另行处理）商定，以15万元的价格买断顾某某保险理赔业务，后伙同被告人朱某某以某鉴定中心名义出具虚假司法鉴定意见书，并据此向乙保险公司骗取保险理赔款。2018年6月15日，经司法鉴定，被鉴定人顾某某因交通事故所致颈椎过伸伤，目前四肢肌力、肌张力正常，未达伤残等级；顾某某目前颈部活动障碍已构成××伤残。被告人杨某某等骗取保险理赔金361152元，其中，顾某某得款15万元。

2016年4月至2017年12月，被告人杨某某与沈某某（另案处理）在上海市闵行区经营上海乙法律咨询事务所（以下简称乙事务所）代理杨某甲交通事故理赔业务过程中，伙同被告人朱某某以某鉴定中心名义出具虚假司法鉴定意见书，并据此提起民事诉讼，要求丙保险公司及肇事司机赔偿杨某某613971.74元。2017年11月7日，经司法鉴定，杨某甲在原有颈椎退变基础上因交通事故所致颈椎过伸伤，遗留颈椎活动功能障碍，构成×××伤残。2017年12月，经法院主持调解，确认保险公司支付杨某甲赔偿款214629.80元。后因本案案发，诈骗未得逞。被告人朱某某于2018年5月24日主动至公安机关投案，并如实供述了上述事实。被告人李某某被抓获到案后如实供述了上述事实。

上海市青浦区人民法院一审判决认为，被告人杨某某、李某某伙同被告人朱某某等以非法占有为目的，采用虚构事实、隐瞒真相的方法，骗取公私财物，数额特别巨大，其行为均已构成诈骗罪，依法均应惩处，依法判决被告人杨某某犯诈骗罪，判处有期徒刑11年，并处罚金40万元；被告人李某某犯诈骗罪，判处有期徒刑9年，并处罚金20万元；被告人朱某某犯诈骗罪，判处有期徒刑6年6个月，并处罚金10万元；被告人杨某某、李某某、朱某某的违法所得1203840元予以追缴（已全额冻结）并发还被害单位。

杨某某上诉提出，原判认定其伙同朱某某诈骗错误，其无罪。杨某某的辩护人认为原判认定事实不清，证据不足，杨某某不构成诈骗罪，亦不构成保险诈骗罪。原审被告人李某某认为其系从犯，原判对其量刑过重。李某某的辩护人认为李某某不构成诈骗罪，亦不构成保险诈骗罪。原审被告人朱某某对原判结果不持异议。朱某某的辩护人对原判认定朱某某的主要犯罪事实及量刑均不持异议，认同检察机关提出本案应认定保险诈骗罪的意见。

上海市青浦区人民检察院提出抗诉认为，原审判决单纯以《保险法》中“受益人”的概念认定《刑法》中“受益人”的概念明显不当；该判决未将事故伤者黄某甲、顾某某、杨某某认定为保险诈骗罪中的“受益人”，属于认定事实有误；该判决将保险诈骗中“受益人”局限于人身保险，属于适用法律不当，综上原判认定事实有误，适用法律不当，导致罪名认定错误，应予纠正。

上海市人民检察院第二分院支持抗诉认为，黄某甲、顾某某、杨某某实际从保险赔付过程中获得了相应的保险利益，应当认定为保险诈骗罪中的“受益人”。杨某某、李某某、朱某某做高黄某甲、顾某某、杨某某（三人均明知自己的伤残等级被做高）等人的伤残等级，骗取保险金，数额特别巨大，应当以保险诈骗罪追究其刑事责任。

上海市第二中级人民法院二审经审理，查明的事实和证据与原判决相同，判决认为上诉人杨某某，原审被告人李某某、朱某某等伙同他人对发生的保险事故夸大损失程度骗取保险金，进行保险诈骗活动，数额特别巨大，其行为均已构成保险诈骗罪，依法应分别予以处罚。原审判决认定的事实清楚，证据确实、充分，量刑适当，且审判程序合法，但适用法律有误，致定性不当，应予以纠正。上海市青浦区人民检察院的抗诉意见和上海市人民检察院第二分院的支持抗诉意见正确，应予支持。二审依法改判，上诉人（原审被告人）杨某某犯保险诈骗罪，判处有期徒刑 11 年，并处罚金 15 万元；原审被告人李某某犯保险诈骗罪，判处有期徒刑 9 年，并处罚金 10 万元；原审被告人朱某某犯保险诈骗罪，判处有期徒刑 6 年 6 个月，并处罚金 5 万元。

【焦点问题】

1. 保险公司在机动车交强险限额内对交通事故伤者进行赔偿，该伤者是否可以认定为保险诈骗罪中的受益人？

2. 行为人代理交通事故理赔业务，勾结鉴定人出具虚假的伤势、伤残鉴定意见，夸大损伤程度，以受益人名义通过民事诉讼等手段骗取保险公司理赔的，是否可以认定符合保险诈骗犯的主体要求，构成保险诈骗罪？

【裁判要旨】

机动车交强险是兼具人身性与财产性的综合性特殊保险。交通事故造成人员伤亡，保险公司在责任限额内对伤者进行赔偿，此时的交强险就具备了人身保险的性质。依照《机动车交通事故责任强制保险条例》，被保险机动车发生道路交通事故造成本车人员、被保险人以外的受害人人身伤亡、财产损失的，保险公司可以直接向受害人赔偿保险金。在交通事故中受伤的人员，对保险人提出给付保险金的直接请求，并基于该请求获取了保险人所支付的保险赔偿金，实际从保险赔付过程中获得了相应的保险利益，应当认定为保险诈骗罪中的“受益人”。行为人虽然不是机动车辆保险的投保人、被保险人、受益人、鉴定人、证明人以及财产评估人，但其在协助受益人进行伤势鉴定以及诉讼过程中，通过非法手段，许诺受益人可以帮助其提高伤残等级，勾结鉴定人出具虚假的伤势、伤残鉴定意见，夸大损伤程度，以受益人名义通过民事诉讼等手段骗取涉案保险公司理赔款的，其行为符合保险诈骗罪的构成要件。

本案中，黄某甲、顾某某、杨某某以其在交通事故中受伤，对保险人提出给付保险金的直接请求，并基于该请求获取了保险人所支付的保险赔偿金，实际从保险赔付过程中获得了相应的保险利益，应当认定为保险诈骗罪中的“受益人”。杨某某、李某某虽然不是机动车辆保险的投保人、被保险人、受益人、鉴定人、证明人以及财产评估人，但其在协助受益人进行伤势鉴定以及诉讼过程中，通过非法手段，许诺受益人可以帮助其提高伤残等级，勾结鉴定人朱某某出具虚假的伤势、伤残鉴定意见，夸大损伤程度，以受益人名义通过民事诉讼等手段骗取涉案保险公司支付高于其应当支付的事故理赔款，数额特别巨大，杨某某、李某某、朱某某的行为符合保险诈骗罪的构成要件。

10.【李某某、刘某某保险诈骗案】保险诈骗共同犯罪的主犯应当对全部犯罪数额承担责任

【案例来源】

山东省聊城市中级人民法院（2019）鲁15刑终119号判决书

【基本案情】

2017年8月，被告人李某某作为投保人及被保险人为哈弗汽车（鲁P×××××）向保险公司投保交强险及商业险。2017年10月9日18时许，被告人李某某驾驶哈弗汽车（鲁P×××××）与被告人张某甲驾驶的沃尔沃汽车（鲁A×××××）发生交通事故。事故发生后，因李某某无驾驶证无法向保险公司索赔，李某某遂指使刘某某作为驾驶员向保险公司索赔。张某甲在明知刘某某系冒充驾驶员的情况下，在事故认定及保险公司调查阶段仍隐瞒事实帮助李某某、刘某某向保险公司索赔，致使保险公司

于2017年12月1日支付车辆维修费117500元。案发后，被告人李某某于2017年12月15日被茌平县公安局监管大队办案民警抓获归案，后被告人张某甲、刘某某经办案民警电话传唤主动到案，且三被告人通过茌平县公安局于2018年1月11日退还保险公司所有赔款。

山东省茌平县人民法院一审判决认定，被告人李某某作为投保人及被保险人伙同被告人刘某某、张某甲诈骗保险公司保险金，三被告人之行为已构成保险诈骗罪。被告人李某某、刘某某、张某甲共同故意诈骗保险金，属共同犯罪，被告人李某某、刘某某在共同犯罪中起主要作用，系主犯，依法应按二被告人所参与的全部犯罪及在共同犯罪中所起作用大小分别对二被告人予以处罚，被告人张某甲在共同犯罪中起次要作用，系从犯，依法可对其从轻处罚。依法判决被告人李某某犯保险诈骗罪，判处有期徒刑5年，并处罚金人民币2万元；被告人刘某某犯保险诈骗罪，判处有期徒刑3年，缓刑4年，并处罚金人民币1万元；被告人张某甲犯保险诈骗罪，判处有期徒刑3年，缓刑4年，并处罚金人民币1万元。

一审宣判后，原审被告人李某某不服，提出上诉，上诉理由为：（1）一审判决认定其与刘某某在共同犯罪中起主要作用，系主犯是错误的，认定张某甲是从犯也是错误的。（2）一审判决对其按照主犯量刑是错误的，对其量刑过重。其辩护人除提出与上述上诉理由相同的辩护意见外，还认为：（1）事故现场张某甲教唆刘某某承担全责的故意能够证实117500元中次要责任部分的犯罪金额不应当由李某某承担责任或者不承担主要责任，李某某对该部分犯罪金额只是起帮助作用，因此一审判决依据诈骗金额117500元对李某某量刑是错误的。（2）其没有前科，系初犯、偶犯，具有坦白情节，自愿认罪悔罪，积极退赔，已得到受害单位谅解，一审判决未客观全面适用有利于上诉人的相关量刑情节对上诉人量刑，是错误的。

原审被告人刘某某不服，提出上诉，上诉理由为：（1）其实施的诈骗保险金的犯罪行为都是在张某甲的指使、安排下实施的，一审判决认定其在共同犯罪中起主要作用是主犯，而认定张某甲是从犯是错误的。（2）一审判决量刑不当。

山东省聊城市中级人民法院二审审理查明的事实与一审相同，判决认定上诉人李某某作为投保人及被保险人伙同上诉人刘某某、原审被告人张某甲诈骗保险公司保险金，三人之行为均已构成保险诈骗罪。李某某、刘某某占主导地位，起主要作用，而张某甲起辅助作用，原审判决认定事实清楚，证据确实、充分，定性准确，审判程序合法，但未综合考虑上诉人李某某具有的从轻量刑情节，对李某某量刑过重，依法应予纠正。李某某、刘某某、张某甲共同隐瞒李某某为无证驾驶的真实驾驶员，虚构刘某某为保险公司承保车辆哈弗汽车发生事故时的驾驶员，导致保险公司在按照保险合同不应支付保险费的情况下，于 2017 年 12 月 1 日实际向维修服务公司支付了车辆维修费 117500 元，该 117500 元不应由保险公司承担却被骗而实际支付，为被诈骗数额，因此上诉人李某某和刘某某、张某甲均应对 117500 元诈骗数额全部负责。李某某伙同他人共同保险诈骗保险公司 117500 元，李某某系主犯，一审判决按照主犯对其进行定罪量刑无误，但一审判决未充分考虑上诉人李某某所具有的坦白、积极退赔并获得被害人谅解、认罪悔罪等从轻处罚量刑情节，对其判处有期徒刑 5 年，并处罚金人民币 2 万元，量刑过重，依法应予以调整。上诉人刘某某所提的该上诉理由不能成立，不予采纳。依法改判上诉人（原审被告人）李某某犯保险诈骗罪，判处有期徒刑 4 年，并处罚金人民币 2 万元。

【焦点问题】

保险诈骗共同犯罪中的主犯是否应当对从犯主要实施并骗取的理赔金承担责任？

【裁判要旨】

在保险诈骗共同犯罪中，主犯应当按照其所参与的或者组织、指挥的全部犯罪处罚。交通事故发生后，主犯因无驾驶证无法向保险公司索赔，指使并帮助从犯以他人冒充驾驶员向保险公司索赔，应当对保险公司被骗支付的全部保险金承担责任。

本案中，李某某作为投保人及被保险人伙同刘某某、张某甲诈骗保险公司保险金，其三人之行为均已构成保险诈骗罪，属于共同犯罪。发生交通事故后，因李某某无驾驶证无法向保险公司索赔，李某某遂指使刘某某作为驾驶员向保险公司索赔。从保险诈骗犯意的提起、保险程序的办理到保险诈骗的实施以及保险诈骗的受益人等均是李某某、刘某某，而张某甲在办理保险索赔中为了修复自己的车辆配合李某某、刘某某完成了保险理赔，在保险诈骗犯罪中，李某某、刘某某占主导地位，起主要作用，而张某甲起辅助作用，故认定李某某、刘某某为主犯，张某甲为从犯。因此，作为主犯的李某某、刘某某和张某甲均应对 117500 元诈骗数额全部负责。

11.【赵某某等保险诈骗案】保险诈骗案件中价格鉴定意见认定的车损价值不能认定为犯罪数额

【案例来源】

吉林省长春市中级人民法院（2017）吉 01 刑终 127 号判决书

【基本案情】

2014 年 10 月 14 日 23 时 20 分许，被告人谢某某酒后驾驶白色越野车（吉林省高等级公路建设局车籍）沿街由东向西行驶时，行至柳河县某大桥东 50 米处时，因操作不当致使车辆发生交通事故，造成车辆损坏。事后，为了不由谢某某个人承担修复受损车辆的费用，谢某某、赵某某经过商量，指使被告人佟某某顶替被告人谢某某再次驾车伪造肇事现场，并报柳河县交警大队和保险公司出现场，保险公司和柳河县交警大队随后出现场处理。2014 年 10 月 14 日通化市交警支队柳河大队出具了一份道路交通事故认定书。2014 年 12 月 24 日保险公司赔偿吉林省高等级公路建设局理赔款人民币 60385 元。2015 年 8 月 27 日，公安机关将佟某某、赵某某抓获，同年 8 月 31 日谢某某到公安机关投案。

吉林省长春市经济技术开发区人民法院一审判决被告人佟某某、赵某某、谢某某盗用单位名义，以非法占有为目的，对发生的保险事故编造虚假原因，骗取保险金，且数额巨大，构成保险诈骗罪。判决后，3 名被告人均提出上诉，吉林省长春市人民检察院提出意见，应按照侦查机关出具的价格鉴定意见认定事故车辆的车损价值，确定保险金额为 20864 元，属保险诈骗数额较大，建议对3名上诉人依法改判。二审法院判决认定3名上诉人均已构成保险诈骗罪，属于数额较大，对一审判决中的刑期进行调整，但对吉林省长春市人民检察院提出的意见未予采纳。

【焦点问题】

保险诈骗罪的犯罪对象如何认定?

【裁判要旨】

保险金是保险人根据保险合同的约定，对被保险人或者受益人进行给付的金额；或者当保险事故发生时，对物质损失进行赔偿的金额。保险诈骗罪侵害的是保险公司的合法权益，保险事故发生后，保险公司依据保险条款对事故车辆进行定损并支付保险金，保险公司支付的保险金即为保险诈骗罪的犯罪对象。

本案中，对保险诈骗犯罪对象产生争议的原因之一是一审法院判决认定行为人骗取保险金“数额巨大”，而目前司法解释又没有对保险诈骗罪“数额巨大”“数额特别巨大”标准作出规定，在此情况下，被告人提出上诉，检察机关提出意见，希望以侦查机关出具的价格鉴定意见认定事故车辆的车损价值，进而确定保险金额是20864元，认定属于“数额较大”，实现对上诉人刑期的调整。保险诈骗罪，是指投保人、被保险人、受益人，以使自己或者第三者获取保险金为目的，采取虚构保险标的、保险事故或者制造保险事故等方法，骗取保险金，数额较大的行为。事故车辆的车损价值是保险公司进行理赔的依据之一，而不是认定保险诈骗罪“保险金”犯罪数额的依据，保险金应以在保险事故发生后，保险公司实际支付的款项为准，即以行为人实际能够骗取的保险理赔款确定其犯罪数额。

本案中，行为人酒后驾车发生交通事故致使车辆损坏，为了不由个人承担车辆修复费用，指使第三人顶替行为人驾车伪造车祸现场，报警后通过“合法”途径骗取保险金，保险公司支付的理赔款人民币60385元是本案的犯罪对象。

12.【唐某某、成某某、胡某某保险诈骗案】养老、医疗、工伤、失业、生育等社会保险金不属于保险诈骗罪的犯罪对象

【案例来源】

湖南省湘潭市中级人民法院（2019）湘03刑终157号判决书

【基本案情】

2018年3月，被告人成某某、唐某某、龙某某（在逃）等人出资在宁乡市花明楼镇某村租用某碎石场的场地进行沙石加工，并雇请了被告人胡某某在沙石加工厂务工。2018年4月18日下午，胡某某在厂内工作时，左手臂不慎卷入传送带滚筒中，导致受伤，因胡某某此次受伤情况不在农村合作医疗报销范围内，无法通过医保报销。2018年6月，为帮助胡某某进行医保报销，成某某、唐某某、龙某某等人伪造胡某某系该沙场股东的证明材料，并将虚假证明材料提供给胡某某用于医保报销，胡某某明知成某某、唐某某、龙某某等人提供给他的证明材料是伪造的，仍持这些虚假证明材料在云湖桥镇民政和社会保障办公室通过医保报销医药费用16097.59元。

湖南省湘潭县人民法院一审判决认定，被告人成某某、胡某某、唐某某伙同他人以非法占有为目的，故意虚构保险标的，骗取医疗保险金，数额较大，三被告人的行为均构成保险诈骗罪。在共同犯罪中，被告人成某某、胡某某、唐某某均起了主要作用，均系主犯，依法均应当按照其所参与或组织指挥的全部犯罪处罚。案发后，被告人胡某某主动到公安机关投案，如实供述了全部犯罪事实，系自首，依法可以从轻处罚；被告人成某某、唐某某能如实供述犯罪事实，认罪态度较好，依法可以从轻处罚；被告人唐某某退赔了全部犯罪所得，可酌情从轻处罚；被告人胡某某在有期徒刑刑罚执行完毕以后，在5年内再犯应当判处有期徒刑以上刑罚之罪，系累犯，依法应当从重处罚。依法判决：被告人成某某犯保险诈骗罪，判处有期徒刑6个月，并处罚金1万元；被告人胡某某犯保险诈骗罪，判处有期徒刑6个

月，并处罚金1万元；被告人唐某某犯保险诈骗罪，判处拘役5个月，并处罚金1万元。原审被告人诉称宣判后，原审被告人唐某某不服，以“不是主犯，没有参与伪造合作协议”为由提出上诉，请求从轻处罚。

湖南省湘潭市中级人民法院二审判决认定，上诉人（原审被告人）唐某某、原审被告人成某某、胡某某伙同他人诈骗公私财物，数额较大，根据全国人民代表大会常务委员会《关于〈中华人民共和国刑法〉第二百六十六条的解释》，其行为均构成诈骗罪。原审判决定性错误，本院予以纠正。在共同犯罪中，成某某、唐某某均起主要作用，均系主犯，依法均应当按照其所参与的全部犯罪处罚；胡某某所起的作用相对较轻，系从犯，依法可以从轻处罚。案发后，胡某某主动到公安机关投案，如实供述了全部犯罪事实，系自首，依法可以从轻处罚；成某某、唐某某能如实供述犯罪事实，认罪态度较好，依法可以从轻处罚；唐某某退赔了全部犯罪所得，可酌情从轻处罚；胡某某因故意犯罪被判处有期徒刑以上刑罚，刑罚执行完毕以后，在5年以内再故意犯应当判处有期徒刑以上刑罚之罪，系累犯，依法应当从重处罚。上诉人唐某某提出“不是主犯，没有参与伪造合作协议”的上诉理由，经查，唐某某参与了伪造合作协议并签名，且为骗取医疗保险金，与龙某某到工厂所在地村委会办理了虚假的证明材料，其在共同犯罪中起主要作用，系主犯，其上诉理由不能成立，本院不予采纳。综上，原审判决认定事实清楚，证据确实、充分，审判程序合法，但是定性不准，应予纠正。依法判决上诉人（原审被告人）唐某某犯诈骗罪，判处拘役5个月，并处罚金1万元；原审被告人成某某犯诈骗罪，判处有期徒刑6个月，并处罚金1万元；原审被告人胡某某犯诈骗罪，判处有期徒刑6个月，并处罚金1万元。

【焦点问题】

骗取养老、医疗、工伤、失业、生育等社会保险金是否可以认定为保险诈骗罪？

【裁判要旨】

保险诈骗罪是指以非法获取保险金为目的，违反保险法规，采用虚构保险标的、保险事故或者制造保险事故等方法，向保险公司骗取保险金，数额较大的行为。侵犯的客体是国家的保险制度和保险人的财产所有权。保险诈骗罪的实行行为是骗取保险金，这里的保险金仅限于商业保险，不包括社会保障性质的保险金。根据全国人民代表大会常务委员会《关于〈中华人民共和国刑法〉第二百六十六条的解释》，以欺诈、伪造证明材料或者其他手段骗取养老、医疗、工伤、失业、生育等社会保险金或者其他社会保障待遇的，属于《刑法》第266条规定的诈骗公私财物的行为。

本案中，被告人唐某某、成某某、龙某某等人骗取医保费用的行为构成诈骗罪。

13.【周某德保险诈骗、包庇案】道路交通事故真实发生的情况下，交强险的赔偿金不计入保险诈骗数额

【案例来源】

广西壮族自治区来宾市中级人民法院（2021）桂13刑终23号判决书

【基本案情】

2019年6月13日21时许，周某甲（已判刑）驾驶桂GT××××号小型轿车沿公路行驶时，与在前方步行的被害人李某某发生碰撞，造成李某某因严重的颅脑损伤经送医院抢救无效死亡及车辆损坏的道路交通事故。事故发生后，周某甲拨打电话报警、叫救护车，并电话联系被告人周某乙（系周某甲父亲）告知其驾车发生交通事故的情况。后周某乙赶到现场，在明知周某甲系肇事者且未取得出租车驾驶员从业资格的情况下，为了获取理赔保险金，并帮助周某甲逃避法律处罚，周某乙顶替周某甲作为肇事司机接受公安机关处理，多次作出虚假陈述，导致公安机关于2019年7月24日认定周某乙承担事故全部责任，以周某乙涉嫌犯交通学事罪立案侦查并移送审查起诉，后广西壮族自治区来宾市兴宾区人民检察院同时对周某乙作出不起诉决定。

2019 年 6 月 14 日 0 时许，被告人周某乙以肇事车辆（桂 GT××××）驾驶人的身份向被害单位某保险公司报案，并提供其出租车驾驶员从业资格证明、事故责任认定书等材料办理理赔，骗取该保险公司向死者李某某家属支付商业保险金 221337.17 元。

另查明，2020 年 5 月 21 日 8 时许，被告人周某乙经公安机关电话通知后到案接受调查，并如实供述其包庇及保险诈骗的事实。肇事车辆（桂 GT××××）小型轿车登记及挂靠在某出租车公司名下，实际车主是被告人周某乙，该车在某保险公司投保了交通事故责任强制保险及机动车商业保险，保险费由周某乙支付，事故发生在保险期间内。

【焦点问题】

在道路交通事故真实发生的情况下，机动车交通事故责任强制保险金是否计入保险诈骗数额?

【裁判要旨】

在道路交通事故真实发生的情况下，机动车交通事故责任强制保险金的赔付与被告人的诈骗行为无刑法意义上的因果关系，故机动车交通事故责任强制保险金不应计入保险诈骗数额。

本案中，在道路交通事故真实发生的情况下，交强险属于国家强制规定的投保险种，根据相关法律规定属于“无过错责任”赔偿原则，除“道路交通事故的损失是由受害人故意造成的”这一法定免责事由外，保险公司均应进行理赔。保险公司对被告人周某乙进行理赔是基于交强险强制属性，并没有因被告人周某乙的欺诈行为陷入错误认识，与被告人周某乙的欺诈行为没有刑法上的因果关系，因此交强险的赔偿金不计入保险诈骗数额。

14.【张某甲等保险诈骗、对非国家工作人员行贿案】投保人是被保险机动车车上人员，司机的驾驶证与准驾车型不符的情况下，交强险部分保险公司可不予赔偿，相关金额应计入保险诈骗数额

【案例来源】

河南省安阳市中级人民法院（2013）安中刑二终字第45号判决书

【基本案情】

2010年8月27日晚，司机邓某某持B2驾驶证和车主任某某驾驶车牌号为豫E×××××的货车在林州市某路段发生一死一伤、车辆损毁的重大交通事故。被告人张某甲为骗取保险赔款，给邓某某办理虚假的A2驾驶证，提供给被告人张某乙。2010年8月29日，张某乙将邓某某虚假的A2驾驶证和5000元钱送给林州市公安局办案民警张某甲，张某甲隐瞒车证不符等细节，出具了与事实不符的交通事故证明。张某乙持虚假材料申请保险公司赔款，2010年9月、11月，张某乙先后两次送给保险公司负责人王义某20000元，王义某利用职务的便利，帮助张某甲取得保险赔款159700.82元。

汤阴县人民法院于2012年12月11日作出一审判决，认定被告人张某甲对发生的保险事故编造虚假的原因，进行保险诈骗活动，数额巨大，其行为已构成保险诈骗罪。被告人张某乙对发生的保险事故编造虚假的原因，进行保险诈骗活动，数额巨大，其行为已构成保险诈骗罪；为谋取不正当利益，给予公司、企业的工作人员以财物，数额较大，其行为已构成对非国家工作人员行贿罪。被告人张某乙身犯数罪，应数罪并罚。判决被告人张某甲犯保险诈骗罪，判处有期徒刑5年，并处罚金人民币20000元；被告人张某乙犯保险诈骗罪，判处有期徒刑5年，并处罚金人民币20000元；张某乙犯对非国家工作人员行贿罪，判处有期徒刑6个月，决定执行有期徒刑5年，并处罚金人民币20000元；被告人张某甲非法所得保险赔

款 159700.82 元予以追缴，上缴国库。河南省安阳市中级人民法院二审判决维持对被告人张某甲、张某乙的定罪量刑，撤销一审判决“非法所得保险赔款 159700.82 元予以追缴，上缴国库”，责令上诉人张某甲将非法所得 159700.82 元退赔被害单位。

【焦点问题】

投保人是被保险机动车车上人员，司机的驾驶证与准驾车型不符的情况下，交强险部分保险公司是否需要赔偿，相关金额能否计入诈骗数额?

【裁判要旨】

交强险是指由保险公司对被保险机动车发生道路交通事故造成本车人员、被保险人以外的受害人的人身伤亡、财产损失，在责任限额内予以赔偿的强制性责任保险。交强险的赔付具有一定的社会保障功能，在一般情况下，驾驶人未取得驾驶资格或者未取得相应驾驶资格的，投保人允许的驾驶人驾驶机动车致使投保人遭受损害时，当事人请求保险公司在交强险责任限额范围内予以赔偿，人民法院应予支持，保险公司在机动车交通事故责任强制保险责任限额范围内垫付抢救费用，并有权向致害人追偿，但投保人为本车上人员的除外。

本案中，张某甲、张某乙共同对发生的保险事故编造虚假的原因，进行保险诈骗活动，数额巨大，二人行为均已构成保险诈骗罪。张某甲、张某乙明知驾驶事故车辆司机的驾驶证件与驾驶的车型不符，办理假证申请保险理赔，取得保险赔款 159700.82 元，该数额为本案的诈骗数额，其中包含交强险理赔的牵引车和挂车的财产损失共 4000 元，根据《关于审理道路交通事故损害赔偿案件适用法律若干问题的解释》第 14 条“投保人允许的驾驶人驾驶机动车致使投保人遭受损害，当事人请求承保交强险的保险公司在责任限额范围内予以赔偿的，人民法院应予支持，但投保人为本车上人员的除外”之规定，本案中对于交强险理赔的牵引车和挂车的财产损失，保险公司不承担赔偿责任。

15.【张某某、赵某某保险诈骗案】保险诈骗犯罪数额应当参考保险公司查勘确定车损数额进行认定，并以被保险人能实际获利额确定

【案例来源】

河北省张家口市中级人民法院（2019）冀07刑终176号判决书

【基本案情】

2018年初，被告人张某某与被告人李某某商议，寻找车辆与被告人张某某的汽车相撞，故意制造交通事故骗取保险金。之后被告人李某某联系被告人赵某某参与并获得赵某某同意。2018年3月16日16时许，被告人赵某某驾驶白色货车（冀G×××××）在张家口某足疗店附近停车场，按照事先与被告人李某某商量好的撞击方式撞击了被告人张某某的汽车（鲁H×××××），并向保险公司申请理赔。同日，该保险公司经查勘确定车损人民币（以下币种均为人民币）35000元。之后被告人张某某向法院提起民事诉讼后又撤诉。该公司按照最大预期估损金额定损79646元，但明确表示该金额不作为准确的参考依据。

河北省张家口经济开发区人民法院审理张家口经济开发区人民检察院指控原审被告人赵某某、张某某、李某某犯保险诈骗罪一案，于2019年5月20日作出（2019）冀0791刑初39号刑事判决，判决认定被告人赵某某犯保险诈骗罪，判处有期徒刑1年6个月，缓刑2年，并处罚金2万元；被告人张某某犯保险诈骗罪，判处有期徒刑1年6个月，缓刑2年，并处罚金2万元；被告人李某某犯保险诈骗罪，判处有期徒刑1年6个月，缓刑2年，并处罚金2万元。宣判后，人民检察院提出抗诉，认为本案保险诈骗金额应认定为79646元，赵某某应认定为自首；原审被告人张某某也提出上诉。

河北省张家口市中级人民法院二审判决认定，原审被告人赵某某、张某某、李某某犯保险诈骗罪的事实清楚，证据确实、充分，量刑适当，审判程序合法。原审被告人赵某某自动投案并如实供述犯罪事实，系自首，

检察机关的抗诉所提赵某某构成自首的抗诉理由成立，予以支持。检察机关所提涉案金额应认定为 79646 元及本案量刑不当的抗诉理由不成立，不予支持，依法维持原判决。

【焦点问题】

保险事故发生后，保险公司按照车辆最大预估金额定损和前期查勘确定车损金额不一致的情况下，如何确定被告人的保险诈骗犯罪数额？

【裁判要旨】

保险诈骗犯罪数额应当参考保险公司查勘确定车损数额进行认定，但该金额并不等于最终保险理赔金，保险诈骗数额的认定应以行为人最终能获得的保险理赔金进行认定，如果保险公司根据实际情况按照最大预估金额定损，但并未实际赔付的情况下，应当按照有利于被告人的原则进行认定，即以行为人实际能获得的保险理赔金认定。

本案中，被告人张某某等基于保险诈骗的故意实施了诈骗行为，但对于诈骗金额只具有概括的故意。在后续保险理赔过程中，保险公司查勘确定车损人民币 35000 元，张某某因认为该理赔金额不足以弥补其修车损失而欲索要更高金额，后保险公司按照最大预估金额定损 79646 元，但并未实际赔付，且明确表示该金额不作为准确的参考依据。张某某是否实际提起民事诉讼以及其自行修车所实际支出的费用多少，并不影响本案犯罪数额的认定，应按照张某某等人实际可能获得且保险公司认可的 35000 元进行认定。

16.【邓某某保险诈骗案】保险理赔过程中车辆所有权转移至保险公司时，车辆残值应当从保险诈骗犯罪数额中予以扣除

【案例来源】

北京市第二中级人民法院（2014）二中刑终字第 144 号判决书

【基本案情】

2013 年 3 月 17 日，被告人邓某某为骗取车辆保险金，伙同被告人闫某某、任某某、鲁某某经预谋后，由邓某某驾驶被保险人为其本人的奔驰牌黑色轿车（京 P× × × × ×），带领闫某某、任某某并由鲁某某接应，在北京市怀柔区神堂峪一山路上故意制造单方交通事故，邓某某还亲自或指使闫某某以掰坏反光镜、砸坏前挡风玻璃、空气压缩泵等手段扩大车辆毁损情况。同年 4 月 30 日，邓某某向保险公司申请将奔驰车推定全损处理，经该保险公司委托鉴定评估，上述奔驰牌轿车的残值为人民币 31 万元。2013 年 5 月 17 日，邓某某与保险公司签订协议，约定由该保险公司支付邓某某车辆损失保险金 76 万余元，涉案车辆的所有者权益则交由该保险公司。后保险公司在委托拍卖上述车辆过程中发现被骗向警方报案。

北京市西城区人民法院一审认定，被告人邓某某伙同被告人闫某某、任某某、鲁某某以非法获取保险金为目的，违反保险法规，采用故意制造保险事故等方法，向保险公司骗取保险金，且数额特别巨大的行为，已经构成保险诈骗罪且系共同犯罪，依法均应予以惩处。鉴于被告人邓某某、闫某某、任某某、鲁某某已经着手实施犯罪，由于意志以外的原因未得逞，系犯罪未遂，依法可比照既遂犯减轻处罚。被告人邓某某组织、策划、实施犯罪行为，在共同犯罪中起主要作用，系主犯。被告人闫某某、任某某、鲁某某在共同犯罪中起次要和辅助作用，系从犯，但被告人闫某某实施扩大车辆毁损的行为，依法对其从轻处罚，对被告人任某某、鲁某某减轻处罚。被告人邓某某、闫某某、任某某、鲁某某到案后如实供述自己的罪行，依法可从轻处罚。依法判决被告人邓某某犯保险诈骗罪，判处有期徒刑 7 年 6 个月，并处罚金人民币 10 万元；被告人闫某某犯保险诈骗罪，判处有期徒刑 5 年 6 个月，并处罚金人民币 7 万元；被告人任某某犯保险诈骗罪，判处有期徒刑 3 年，缓刑 3 年，并处罚金人民币 5 万元；被告人鲁某某犯保险诈骗罪，判处有期徒刑 3 年，缓刑 3 年，并处罚金人民币 5 万元。

一审判决后，被告人诉称邓某某及其辩护人上诉提出：车辆残值 31 万元应从犯罪数额中扣除，其上保险时保险公司并未询问其购车价格或是否涉水，拍卖也未通知其本人，其是初犯，犯罪未遂，自愿认罪，原判量刑过重。闫某某上诉提出：保险公司最初认定碰撞损失为18万余元，应以此认定为犯罪数额，原判量刑过重。闫某某辩护人的辩护意见是：一审判决认定诈骗76万余元数额有误，闫某某系从犯，初犯，犯罪未遂，到案后如实供述犯罪事实，认罪悔罪，原判量刑过重。

北京市第二中级人民法院二审认定，车辆残值应当从犯罪数额中予以扣除，故本案的犯罪数额应当扣减至人民币45万余元。一审法院根据各被告人犯罪的事实、犯罪的性质及对于社会的危害程度所作出的判决，对各被告人定罪正确，审判程序合法，但在认定犯罪数额时未扣除涉案车辆残值不妥，致量刑失当，依法予以改判，判决上诉人（原审被告人）邓某某犯保险诈骗罪，判处有期徒刑5年6个月，罚金人民币6万元；上诉人（原审被告人）闫某某犯保险诈骗罪，判处有期徒刑3年，罚金人民币3万元；原审被告人任某某犯保险诈骗罪，判处有期徒刑1年，缓刑1年，罚金人民币1万元；原审被告人鲁某某犯保险诈骗罪，判处有期徒刑1年，缓刑1年，罚金人民币1万元。

【焦点问题】

保险理赔过程中车辆所有权转移至保险公司时，车辆残值是否需要从保险诈骗认定数额中予以扣除？

【裁判要旨】

行为人故意制造交通事故时，对欲骗取的保险金数额并无明确的预计，涉案车辆最终可能认定的损坏程度均应在被告人主观故意范畴之内，如果根据保险理赔规则，涉案车辆的所有权转移至保险公司所有，则车辆的残值应当从保险诈骗犯罪数额中予以扣除。

本案中，在邓某某、闫某某等人故意制造交通事故时，对欲骗取的保险金数额并无明确的预计，故涉案车辆最终推定全损亦应在被告人主观故意范畴之内。邓某某向保险公司申请将奔驰车推定全损处理，经该保险公司委托鉴定评估，上述奔驰牌轿车的残值为人民币31万元，但邓某某与保险公司签订协议，约定由该保险公司支付邓某某车辆损失保险金76万余元，涉案车辆的所有者权益则交由该保险公司，故在计算本案犯罪数额时应当将残值从保险诈骗犯罪数额中予以扣除。

17.【孙某某等保险诈骗案】保险诈骗罪基本犯未遂的情况下也具有可罚性

【案例来源】

北京市第一中级人民法院（2014）一中刑终字第367号判决书（《人民司法（案例）》2014年第24期，第22页）

【基本案情】

2012年7月，被告人孙某某、崔某某为骗取保险金，经预谋，由被告人崔某某出资在北京市丰台区某二手汽车交易市场，以人民币7.5万元的价格购买二手汽车一辆。2012年8月30日，被告人孙某某在被害单位某保险公司为上述车辆投保，被告人孙某某为投保人及被保险人。2012年12月13日，被告人孙某某、崔某某经商议，由孙某某驾驶上述汽车在北京市通州区某公交车站附近故意制造交通事故，并向保险公司报案、索赔。2013年4月23日，被告人孙某某在北京市海淀区某路×号与保险公司签订机动车辆保险一次性赔偿协议书，约定由保险公司赔偿其人民币170840元。2013年4月24日，被告人孙某某、崔某某在保险公司准备领取保险金时，被公安机关抓获归案。孙某某、崔某某因涉嫌犯保险诈骗罪，于2013年5月21日被逮捕。北京市海淀区人民检察院于2013年11月1日以被告人孙某某、崔某某犯保险诈骗罪，向北京市海淀区人民法院提起公诉。

北京市海淀区人民法院一审判决认为，被告人孙某某、崔某某故意制造保险事故，以数额巨大的财物为诈骗目标，其行为均已构成保险诈骗罪，应予定罪处罚。鉴于被告人孙某某、崔某某已经着手实施犯罪，因意志以外的原因而未能得逞，系犯罪未遂；且到案后能如实供述犯罪事实，依法对其从轻处罚。判决认定被告人孙某某犯保险诈骗罪，判处有期徒刑2年，罚金人民币1万元；被告人崔某某犯保险诈骗罪，判处有期徒刑2年，罚金人民币1万元。一审宣判后，孙某某、崔某某均提出上诉，认为原判对其量刑过重。北京市第一中级人民法院裁定驳回上诉人孙某某、崔某某的上诉，维持原判。

【焦点问题】

“诈骗未遂，以数额巨大的财物为诈骗目标的，或者具有其他严重情节的，应当定罪处罚”是强调性条款，还是可以认为只有以数额巨大的财物为诈骗目标的才构成犯罪，而诈骗数额较大财物未遂的，不构成犯罪?

【裁判要旨】

根据最高人民法院、最高人民检察院《关于办理诈骗刑事案件具体应用法律若干问题的解释》第5条“诈骗未遂，以数额巨大的财物为诈骗目标的，或者具有其他严重情节的，应当定罪处罚”的规定，未否定诈骗犯罪基本犯未遂形态的可罚性，不能据此就反推出该条司法解释不承认诈骗罪存在基本犯的未遂形态，并进而否定诈骗罪基本犯存在未遂形态的可能性和可罚性。

本案中，虽然一审和二审法院对本案定罪量刑的意见是一致的，但得出相同结论是依据两种不同的理由。一审法院的意见认为，“诈骗未遂，以数额巨大的财物为诈骗目标的，或者具有其他严重情节的，应当定罪处罚”是指诈骗未遂，以数额巨大的财物为诈骗目标的才构成犯罪，而诈骗数额较大财物未遂的，不构成犯罪。因为对于诈骗数额巨大财物未遂的才定罪处罚，故应以诈骗罪基本犯的量刑档处罚。二审法院认为该条款是强调性条款，它是强调对于虽然诈骗未遂，但以数额巨大的财物为诈骗目标的，或者具有其他严重情节的，应当定罪处罚，不能认为属于《刑法》第13条“但书”的情况。相对于基本犯的未遂形态而言，诈骗罪加重犯的未遂形态具有更大的社会危害性，条文单列出来是起强调作用，并没有否定保险诈骗罪“数额较大”情况下的可罚性。如果仅处罚“数额巨大”的保险诈骗罪，会造成在起点刑上定罪量刑的情况，再根据未遂的情节从轻处罚的结论，这样使“数额较大”的保险诈骗罪未遂犯没有处罚的空间，显然是与刑法总则规定的犯罪未遂处罚原则相违背的。

18.【戴某某保险诈骗案】保险诈骗未遂时“情节严重”的认定

【案例来源】

四川省资阳市中级人民法院（2017）川20刑终35号判决书

【基本案情】

2013年11月19日凌晨2时许，被告人戴某某酒后驾驶自己所有的轻型普通货车（川M××××4）行至安岳县岳阳镇某十字路口与横穿公路的行人吴某某发生碰撞，致吴某某当场死亡，戴某某肇事后逃逸。2013年11月19日戴某某主动向公安机关投案，如实供述其交通肇事的犯罪事实。戴某某归案后，经抽血鉴定：戴某某血液中检出乙醇含量为114.35mg/100ml。当日16：10，戴某某的亲戚陈某某向保险公司报案。戴某某向公安机关、保险公司否认自己醉酒后驾驶机动车发生交通事故的事实，辩解是发生事故后因害怕而在家喝醉了酒。2013年11月26日，戴某某在安岳县交通事故调解委员会的主持下与死者吴某某之妻杨某等人达成赔偿协议：一次性赔偿吴某某死亡补偿金、丧葬费等共计570800元；在签订协议当天支付350800元，余款22万元待保险公司赔偿后两日内支付；同时协商由死者亲属协助起诉到人民法院，由人民法院决定按照农村或城市赔偿标准。2013年12月16日，经安岳县交通警察大队责任认定，戴某某承担事故全部责任，吴某某不承担事故责任，原因是戴某某驾驶机动车观察不足，处置不力造成事故。后杨某等人将戴某某、保险公司作为被告向安岳县人民法院提起民事诉讼，要求戴某某、保险公司赔偿吴某某死亡补偿金、丧葬费等556341.5元。法院于2014年2月26日开庭审理，庭审中，该保险公司诉讼代表人就戴某某是否醉酒驾驶机动车提出质疑，戴某某当庭拒不承认酒后驾车。法庭决定休庭，待刑事案件审结后再予以开庭审理。

2014年4月10日，保险公司向资阳市公安局举报戴某某涉嫌保险诈骗。同月25日，戴某某如实向公安机关供述自己醉酒驾车造成交通事故的事实。

同月 28 日，经安岳县交通警察大队再次责任认定，戴某某承担事故全部责任，吴某某不承担事故责任。原因是戴某某饮酒驾驶机动车观察不足，处置不力造成事故，发生事故后弃车逃逸。同年 5 月 9 日戴某某按协议赔偿了吴某某亲属的全部损失，杨某等人主动撤回民事诉讼。保险公司未支付任何赔偿款。戴某某到案后如实供述了上述事实。

四川省安岳县人民法院审理判决认定，被告人戴某某在酒后驾车发生交通事故后，隐瞒自己酒后驾车发生事故的真实原因，对发生保险事故作虚假陈述，其主客观上已经着手实施保险诈骗行为。根据最高人民检察院法律政策研究室《关于保险诈骗未遂能否按犯罪处理问题的答复》“行为人已经着手实施保险诈骗行为，但由于其意志以外的原因未能获得保险赔偿的，是诈骗未遂，情节严重的，应依法追究刑事责任”的规定，戴某某的行为是否属于情节严重，检察机关未提供确实、充分的证据予以证实。故检察机关指控被告人戴某某的行为构成保险诈骗罪的证据不足，指控罪名不能成立。法院判决被告人戴某某无罪。原审被告人戴某某对一审判决无异议。安岳县人民检察院抗诉称，被告人戴某某构成保险诈骗罪，证据确实、充分，一审法院判决相互矛盾，确有错误。

四川省资阳市中级人民法院二审判决认定，检察机关关于戴某某的行为构成保险诈骗罪（未遂），且情节严重，应当宣告有罪的抗诉理由成立，予以支持。原判认定事实清楚，但适用法律错误，本院依法予以纠正。戴某某在缓刑考验期内发现判决宣告前还有其他罪没有判决，应当撤销缓刑，数罪并罚，依法撤销一审判决，改判原审被告人戴某某犯保险诈骗罪，判处有期徒刑 1 年 6 个月，并处罚金人民币 2 万元，与原判犯交通肇事罪，判处有期徒刑 2 年 6 个月并罚，决定执行有期徒刑 3 年，缓刑 4 年，并处罚金人民币 2 万元。

【焦点问题】

保险诈骗未遂时如何认定“情节严重”？

【裁判要旨】

保险诈骗罪未遂但达到情节严重的，应依法追究刑事责任，对于如何界定情节是否严重，需要根据案情全面考察与判断，保险诈骗罪基本犯未遂的情况下也具有可罚性。“情节严重”一般可以从行为人欲骗取的保险金数额、保险诈骗的手段、实施保险诈骗行为的次数、行为人的行为在造成财产损失之外对金融秩序产生的危害结果等因素进行判断。以“数额巨大”以上财物作为保险诈骗目标的未遂行为，应当认定属于“情节严重”。

本案中，原审被告人戴某某在酒后驾车发生交通事故后，为获得保险公司数额巨大的理赔款，隐瞒自己酒后驾车的事实，对发生交通事故的原因作虚假陈述，并要求死者家属协助起诉保险公司进行理赔，上述行为在案证据能够证实，戴某某的行为已构成保险诈骗罪，属于具有其他严重情节，应当以保险诈骗罪（未遂）定罪处罚。

19.【莫某某等保险诈骗案】编造未发生的交通事故向保险公司索赔，构成保险诈骗罪

【案例来源】

江苏省扬州市中级人民法院（2014）扬刑二终字第00129号判决书

【基本案情】

2013年4月1日，被告人杨某某在扬州市某工具厂（系被告人莫某某的叔叔开办）上班时发生工伤事故，因某工具厂没有给被告人杨某某缴纳工伤保险，被告人莫某某遂与被告人杨某某合谋，欲编造虚假的交通事故骗取保险公司的保险金，以支付被告人杨某某的医疗费等费用。2013年4月2日，被告人莫某某向朋友李某某借来轿车（苏K××××5），指使被告人王某某向扬州市江都区交巡警大队和保险公司报案，谎称被告人王某某驾驶苏K××××5号轿车，于2013年4月1日在扬州市江都区仙女镇长江路某酒店门前，与骑电动车的被告人杨某某发生交通事故，致被告人杨某某受伤，并制造轿车与电动车碰撞的痕迹。2013年4月4日，扬州市江都区交巡警大队出具交通事故认定书，认定被告人王某某负事故的全部责任。2013年11月27日，经扬州市江都区人民医院司法鉴定所鉴定，被

告人杨某某左手中、环、小指严重碾挫伤，致双手功能丧失10%以上，构成九级伤残。

2013年11月28日，经被告人杨某某、莫某某共同商定，被告人王某某打电话给保险公司，称双方当事人已达成协议，不再需要保险公司赔偿；被告人王某某随即向莫某某表示拒绝参与以后的任何事宜。几天后，被告人莫某某又找到被告人杨某某，承诺给其人民币50000元，让被告人杨某某起诉保险公司索赔保险金，被告人杨某某当即同意，后反悔。2014年2月18日，被告人莫某某在未经被告人杨某某同意的情况下，伪造被告人杨某某的签名，以被告人杨某某的名义向扬州市江都区人民法院提起诉讼，要求保险公司赔偿人民币164600元。2013年12月16日，被告人杨某某的弟弟打电话给保险公司，称该案是假案。2014年3月10日，保险公司向扬州市江都区公安局报案。次日，被告人莫某某主动到扬州市江都区人民法院申请撤诉。2014年3月13日，公安机关进行立案侦查。被告人莫某某和王某某分别于2014年3月13日、17日主动向公安机关投案，并如实供述了犯罪事实。

扬州市江都区人民法院一审审理认为：被告人莫某某采用编造未曾发生的保险事故，骗取公安机关事故责任认定书，并伪造被告人杨某某的签名起诉保险公司要求赔付保险金的方式骗取保险金，数额巨大，其行为已构成保险诈骗罪。被告人杨某某、王某某受被告人莫某某指使与莫某某共同编造未曾发生的交通事故，为被告人莫某某诈骗提供条件，其行为均已构成保险诈骗罪。被告人莫某某、杨某某、王某某事先共同预谋，编造未曾发生的保险事故，共同实施保险诈骗行为，系共同犯罪。其中，被告人莫某某系指使者，在共同犯罪中起主要作用，系主犯；被告人杨某某、王某某在共同犯罪中起次要作用，系从犯，应当减轻处罚。依法判决被告人莫某某犯保险诈骗罪，判处有期徒刑3年，缓刑4年，并处罚金人民币10万元；被告人杨某某犯保险诈骗罪，免予刑事处罚；被告人王某某犯保险诈骗罪，免予刑事处罚。宣判后，杨某某不服，向扬州市中级人民法院上诉称，一审判决对上诉人保险诈骗罪的事实认定不清，其行为情节显著轻微且社会危害性不大，不应认定为犯罪。扬州市中级人民法院经二审审理，确认了一审查明的事实，依法裁定：驳回上诉、维持原判。

【焦点问题】

行为人编造未曾发生的交通事故，指使他人报警，骗得公安交警部门的事故责任认定书后，假冒受害人签名向人民法院起诉保险公司要求赔偿保险金的行为如何认定？

【裁判要旨】

行为人编造未曾发生的交通事故，指使他人报警，骗得公安交警部门的事故责任认定书后，假冒受害人签名向人民法院起诉保险公司要求赔偿保险金的，应以保险诈骗罪定罪处罚。参与共同编造交通事故、为行为人诈骗提供条件的人员应当以保险诈骗罪的共犯论处。

本案中，上诉人杨某某虽在共同保险诈骗中起次要、辅助作用，且主动中止了诈骗行为，但其在明知莫某某、王某某共同保险诈骗的情形下，参与编造虚假交通事故并由原审被告人莫某某、王某某向保险公司报案，同时配合原审被告人莫某某到扬州市江都人民医院司法鉴定所做道路交通事故伤残等级评定，客观上为诈骗行为的继续实施提供了基础性条件，其行为具有一定的社会危害性与刑事违法性，应当认定为构成犯罪，但相对于莫某某、王某某，其犯罪情节轻微，故原审法院结合本案的事实、量刑情节及上诉人杨某某的认罪悔罪表现，决定对其免予刑事处罚，所作判决符合法律规定。

20.【聂某保险诈骗案】采取低价值高投保的手段骗取保险金，属于夸大损失程度

【案例来源】

北大法宝司法案例数据库（法宝引证码：CLI.C.238408）

【基本案情】

1997 年 10 月至 1998 年 9 月间，被告人聂某在河北省高碑店市白沟镇

箱包批发市场购买各种箱包后，委托周某为其记账、托运货物并代上保险。投保的过程中，被告人聂某采取低价值高投保的手段，在发生保险事故后，通过提供虚假的、由本人填写的购货发票等手续，共计6次骗取保险公司保险金人民币8.5万余元，后被查获。

一审法院经审理认为：被告人聂某采取低价值高投保的手段，故意虚构保险标的，骗取保险金，数额巨大，其行为已构成保险诈骗罪。检察院指控被告人聂某犯保险诈骗罪的事实清楚、证据充分，予以确认。被告人聂某及其辩护人认为被告人聂某不构成保险诈骗罪的辩护意见，事实及法律依据不足，不予采纳。对被告人聂某依照《刑法》第198条第1款第1项、第52条、第53条、第64条、第61条之规定，判决：（1）被告人聂某犯保险诈骗罪，判处有期徒刑6年，并处罚金人民币2万元。（2）继续追缴被告人聂某的违法所得发还被害单位。一审宣判后，被告人聂某不服，提出上诉。

二审法院经审理认为：聂某为谋取超出其实际货物损失的非法利益，隐瞒被保险货物的真实价值，在保险事故发生后，故意提供虚假发票，用以夸大损失程度，骗取保险金，其行为已构成保险诈骗罪，依法应予惩处。一审法院根据被告人聂某犯保险诈骗罪的事实、性质、情节以及对社会的危害程度所作出的判决，定罪正确，所判主刑及附加刑适当，审判程序合法，应予维持。唯引用法律条款有误，应根据《刑法》第198条第2项，故予纠正。据此，依照《刑事诉讼法》第189条第1项之规定，裁定：驳回聂某之上诉，维持原判。

【焦点问题】

采取低价值高投保的手段在保险事故发生后骗取保险金的，属于虚构保险标的，还是夸大损失程度？

【裁判要旨】

“夸大损失的程度”，是指对发生的保险事故，故意夸大事故造成的损失程度，从而加重保险人的保险责任。投保时，行为人采取低价值高投保的手段进行投保，保险标的物在投保和索赔时均是客观存在的，不属于虚构保险标的，只是保金与货物实际的价值不符，行为人的目的是获取超过货物本身价值的赔偿金，客观上加重了保险公司的理赔责任，应认定为属于保险诈骗罪中的“夸大损失的程度”。

本案中，聂某的最终目的是获得超额的赔偿，故采取了超额投保的手段，在投保时标的物是客观存在的，而在发生理赔事由时保险公司原本应该按照货物实际价值进行理赔，但是聂某夸大了保险标的本身的价值，使得保险公司需要付出更高的理赔金额，应认定为夸大损失程度。

21.【王某诈骗案】在误以为汽车被盗的情况下报案，其后得知车系被其他人开走，但隐瞒真相骗取保险理赔款的行为，不构成保险诈骗罪

【案例来源】

湖北省孝感市中级人民法院（2014）鄂孝感中刑终字第00223号判决书

【基本案情】

2011年10月21日，被告人王某与郑州甲汽车销售有限公司（以下简称甲公司）签订分期付款汽车买卖和服务合同，购买了一台丰田逸致牌小汽车（豫S×××××），车辆购置价为144800元，并委托甲公司作为担保人在银行办理了分期付款的购车手续。被告人王某购车时在河南省信阳市购买了车辆保险，次年又到其老家河南省项城市某保险公司购买了车辆保险（含盗抢险）。被告人王某购车后，按合同规定分期支付了部分款项，余款未按合同规定支付，银行及甲公司多次催款未果。

2013年6月6日，被告人王某将该分期付款购买的小汽车停放在孝感市某医院门口离开办事期间，在未事先告知被告人王某的情况下，甲公司安排董某、张某及焦某三人至医院门口持银行扣押的备份车钥匙将车开回郑州。被告人王某返回时发现其停放在此的小汽车不见了，遂于同日分别向孝感市公安局开发区分局城东派出所及所投保的保险公司报案称汽车被盗。在被告人王某报案后保险公司赔付前，甲公司与被告人

王某取得联系，被告人王某即得知所购买的汽车并非被盗，而是因其购车分期还款违约被甲公司派员开走。在得知这一情况后，被告人王某未向孝感市公安局开发区分局城东派出所及保险公司说明情况，而是隐瞒了事实，向保险公司索赔车辆盗抢险，骗取保险公司理赔款100073.84元。案发后，被告人王某退出所骗赃款100000元，并由公安机关于2014年7月9日发还给保险公司，保险公司对被告人王某的行为表示谅解。另查明，被告人王某在接到孝感市公安局开发区分局城东派出所办案民警电话通知其到公安机关了解情况后，于2013年12月23日22时许主动到公安机关投案。

湖北省孝感市孝南区人民法院一审判决认定被告人王某以非法占有为目的，虚构车辆被盗，骗取保险理赔款，数额巨大，其行为构成保险诈骗罪。判决被告人王某犯保险诈骗罪，判处有期徒刑5年，并处罚金人民币20000元。被告人王某不服提出上诉，称其具有自首情节，可从轻或减轻处罚。湖北省孝感市中级人民法院二审判决认为，上诉人（原审被告人）王某以非法占有为目的，采取隐瞒真相的手段，骗取保险公司理赔款，数额巨大，其行为构成诈骗罪。原判认定部分事实有误，适用法律不当。被告人王某在误以为汽车被盗的情况下报案，其后得知车系被甲公司开走但隐瞒真相骗取保险理赔款的行为不属于《刑法》第198条规定的5种情形之一。按照罪刑法定原则，不能超出刑法条文所列明的明确规范作出任意的扩大解释。因此，被告人王某的行为不符合保险诈骗罪的构成要件，改判上诉人（原审被告人）王某犯诈骗罪，判处有期徒刑2年9个月，缓刑3年，并处罚金人民币20000元。

【焦点问题】

在误以为汽车被盗的情况下报案，其后得知车系被其他人开走，但隐瞒真相骗取保险理赔款的行为，是否构成保险诈骗罪？

【裁判要旨】

行为人在向公安机关及保险公司报案时，主观上不知车辆被其他人开走，误以为汽车被盗，不属于虚构事实编造未曾发生的保险事故。但在报案后保险公司赔付前，得知真相后仍隐瞒车辆被他人开走的事实，向保险公司索赔车辆盗抢险，按照罪刑法定原则，不能超出刑法条文所列明的明确规范作出任意的扩大解释，该行为不属于《刑法》第198条规定的保险诈骗罪5种客观行为之一。

本案中，从主观方面看，在王某向公安机关和保险公司报案时，并不知道汽车系被甲公司派员开走，而误以为车辆被盗，没有编造未曾发生的保险事故，企图骗取保险金的主观故意，故在报案时王某没有非法占有保险金的主观目的。但是在得知车辆是被他人开走时，仍隐瞒真相，使得保险公司陷入错误认识，误以为汽车被盗向其支付理赔款，该行为符合诈骗罪的构成要件，应当以诈骗罪定性处理。

22.【陆某某保险诈骗案】事后投保以骗取保险金构成保险诈骗罪

【案例来源】

江苏省南通市中级人民法院（2006）通中刑二终字第0111号判决书

【基本案情】

2004年12月，被告人陆某某在未按海门市建筑工程管理局的规定办理镇村居民建房某施工人员意外伤害保险及民房建筑施工合同的情况下，承建了本村村民虞某家住宅楼房。2004年12月12日下午，被告人陆某某雇用的施工人员冯某某在二楼搬砖时不慎坠下，经抢救无效死亡。被告人陆某某为骗取保险金，于当晚与虞某、范某夫妻到正余建管站找到被告人王某某，请求补办保险手续。王虽未同意，但仍向保险公司报告了出险事故。13日上午，被告人陆某某与虞某、范某夫妻又到正余建管站找到被告人王某某商量补办保险手续，后被告人王某某吩咐会计张某为被告人陆某某补办了虞某家建房的村居民建房建筑施工人员意外伤害保险，开具了保险公司的保险理赔凭证，并将投保时间提前到2004年11月30日。保险公司接受被告人陆某某的理赔申请后，于2005年1月28日支付保险金

80000 元，由被告人陆某某出具收条，被告人王某某将其中 1 万元扣留作为补偿处理事故的费用，余 70000 元交给被告人陆某某用于支付赔偿款。

2004 年 12 月 14 日，被告人陆某某、建房业主虞某与死者家属在海门市正余镇人民调解委员会主持下，达成调解协议一份，约定：（1）上诉人陆某某、建房业主虞某一次性赔偿死者家属赡养费、抚养费共计人民币 83800 元，其中被告人陆某某承担 82800 元，虞某承担 1000 元；（2）死者冯某某的保险费由上诉人陆某某受偿，死者家属有义务协助陆某某办理保险事宜。江苏省海门市人民检察院以被告人陆某某、王某某犯合同诈骗罪，向海门市人民法院提起公诉。

江苏省海门市人民法院经公开开庭审理认为：被告人陆某某以非法占有为目的，在发生死亡事故后，为骗取保险金，故意虚构保险标的，两次请求被告人王某某为其补办保险手续。被告人王某某在明知被告人陆某某虚构保险标的欲骗取保险金的情况下，利用手中掌握办理保险的代理权，仍帮助被告人陆某某虚构保险标的，从而使被告人陆某某骗取保险金人民币 80000 元，数额巨大。两被告人的行为均已构成保险诈骗罪，均应处 5 年以上有期徒刑，并处罚金。海门市人民检察院的指控事实清楚，证据确实、充分，但定性欠妥，应予变更。两被告人系共同犯罪，在共同犯罪中，被告人陆某某作为投保人，虚构保险标的，骗取保险金，起主要作用，是主犯，应按照其所参与的全部犯罪处罚。被告人王某某帮助被告人陆某某虚构保险标的骗取保险金，起次要作用，是从犯，应当减轻处罚，并对被告人王某某可适用缓刑。案发后，两被告人认罪态度较好，被告人陆某某退清了赃款，可酌情从轻处罚。判决：被告人陆某某犯保险诈骗罪，判处有期徒刑 5 年，并处罚金人民币 2 万元；被告人王某某犯保险诈骗罪，判处有期徒刑 3 年缓刑 3 年，并处罚金人民币 2 万元。

宣判后，被告人陆某某不服，向江苏省南通市中级人民法院提出上诉。要求二审改判其无罪，理由是主观上无保险诈骗的故意；能否补办成功，取决于有权代理保险公司的正余建管站，故其客观上也没有实施隐瞒事实真相的诈骗行为。辩护律师提出上诉人系受雇于建房业主的施工人员，双方属雇佣关系，无须签订民房建筑施工合同；上诉人只有补办保险的意思表示，但并没有与他人合谋犯罪，且其没有实施虚构保险标的的客观行为，而具体实施虚构保险标的行为的是原审被告人王某某；上诉人基于人民调解协议的约定而受托接受保险理赔款并无不妥。二审裁定驳回上诉，维持原判。

【焦点问题】

事后投保，骗取数额较大保险金的，是否构成保险诈骗罪？

【裁判要旨】

故意虚构保险标的的行为可以表现为虚构不存在的保险标的，也可以将价值较小的保险标的虚构为价值较大的，还可以是将不符合保险合同的保险标的虚构为符合合同的。事后投保，是指在标的物已经灭失或者毁损的情况下，行为人隐瞒真相向保险人投保，然后再向保险公司索赔，以骗取保险金的行为。发生事故后才购买保险，行为人的目的是将责任转嫁给保险公司并获取经济赔偿，以投保人的身份向保险公司隐瞒真相并购买保险，从本质上看是将不存在的保险标的虚构为已经存在的，与事前投保时故意虚构保险标的没有本质区别，两者都是通过订立虚假保险合同来虚构保险标的，目的是非法获取保险金。以事后投保的方式来骗取大额保险金，严重侵犯了国家的保险制度和保险公司的财产所有权，具有很大的危险性，应该受到惩罚。

本案中，陆某某雇用的施工人员冯某某在工作中受伤死亡，事故发生后，陆某某没有及时报警，主观上具有非法占有保险金的目的，两次请求王某某为其补办保险手续，王某某在明知被告人陆某某骗保的情况下，利用手中掌握办理保险的代理权帮助陆某某虚构保险标的，致使保险公司陷入错误认识而进行理赔，二被告人的行为符合保险诈骗罪的构成要件，构成共同犯罪。

23.【王某甲、王某乙故意杀人、保险诈骗案】为骗取人寿保险金杀死他人，制造被保险人死亡假象的，不应认定为保险诈骗罪

【案例来源】

《刑事审判参考》第198号案例

【基本案情】

被告人王某甲在齐齐哈尔市打工时与被害人朱某某相识，王某甲认为朱某某比较有钱，遂起意先抢了朱某某的钱后再买人寿保险来骗取保险金。1999年1月23日，王某甲以合伙做生意为名将朱某某骗至其老家内蒙古图某镇。25日凌晨4时许，王某甲乘朱某某睡熟时，用斧子向朱某某头部猛击数下，致其死亡，并搜走朱某某随身携带的人民币5300余元，后又用棉被、衣物等将尸体包住，运至附近的防洪坝挖坑掩埋。经法医鉴定，朱某某系被钝器击打头部造成颅骨粉碎性骨折颅脑严重损伤而死亡。

杀死朱某某后，王某甲返回齐齐哈尔市其暂住地，用抢来的一部分钱先后在保险公司为自己购买了人寿保险7份，保险金额总计14万余元。其后便与其弟被告人王某乙共同预谋商定杀死被害人刘某某，自己再借尸诈死实施保险诈骗。1999年3月20日14时许，王某甲以请客为名，将刘某某骗至王某乙在齐齐哈尔市开办的某音像店内一起喝酒吃饭。在将刘某某灌醉后，二被告人即共同将刘某某摁倒在床上，用衣物捂压刘的口鼻致其死亡。经刑事技术鉴定，刘某某生前被他人用软物捂闷口鼻及按压颈部造成机械性窒息死亡。次日晨，王某甲用事先准备好的汽油浇在尸体上和室内，点燃后逃往外地躲藏起来，王某乙则向公安机关报案谎称死者系其兄王某甲，并让其家人等共同欺骗公安机关，以骗取公安机关的证明后再向保险公司骗取保险金。因公安机关及时侦破此案，王某乙尚未来得及向保险公司申请赔付，保险诈骗未得逞。

被告人王某甲对检察机关指控其杀人、保险诈骗的犯罪事实无异议，

但辩称王某乙未参与和其共同杀害刘某某。其辩护人辩称王某甲杀死朱某某的行为属于抢劫犯罪，且系主动供述，应视为自首，杀死刘某某的行为应以保险诈骗罪论处。被告人王某乙则否认检察机关对其指控的犯罪事实，其辩护人辩称指控王某乙犯罪的证据不足。

齐齐哈尔市中级人民法院经审理后认为：被告人王某甲为购买人寿保险而杀死朱某某抢劫财物，又为诈骗保险金与被告人王某乙共同预谋并杀死刘某某，其行为已分别构成抢劫罪、故意杀人罪；被告人王某乙为帮助王某甲骗取保险金，与王某甲共同预谋并杀死刘某某，其行为已构成故意杀人罪。检察机关指控二被告人犯有保险诈骗罪，定性不准，不予支持。王某甲的辩护人提出的其杀死刘某甲的行为应以保险诈骗罪定罪处罚的辩护意见不予采纳，二被告人的犯罪行为给被害人造成的经济损失应予赔偿，判决被告人王某甲犯故意杀人罪，判处死刑，剥夺政治权利终身；犯抢劫罪，判处死刑，缓期 2 年执行，剥夺政治权利终身，并处没收个人全部财产，决定执行死刑，剥夺政治权利终身，并处没收个人全部财产。被告人王某乙犯故意杀人罪，判处死刑，剥夺政治权利终身。被告人王某甲赔偿附带民事诉讼原告人朱某某经济损失人民币 50603 元。被告人王某甲、王某乙共同赔偿附带民事诉讼原告人刘某乙经济损失人民币 38669 元。

一审宣判后，被告人王某甲、王某乙不服，均以杀死刘某某系王某甲一人所为，王某乙没有参与杀死刘某某为由提出上诉。黑龙江省高级人民法院经审理，裁定驳回上诉，维持原判。

【焦点问题】

为骗取人寿保险金杀死他人，制造被保险人死亡假象的，能否认定为保险诈骗罪?

【裁判要旨】

为骗取保险金而抢劫、杀人的应分别构成抢劫罪、故意杀人罪。行为人自行制造已经发生保险事故的假象，但尚未据此向保险公司申请赔付前，仍属于保险诈骗的准备阶段，不属于保险诈骗犯罪未遂。投保人、受益人故意杀死被保险人以外的其他人，编造被保险人意外死亡假象的，不属于《刑法》第 198 条第 2 款规定的数罪并罚情形。

本案中，行为人为了骗取人寿保险金分别实施的两次杀人行为都已完成且相对独立，应分别进行评价：一是王某甲以合伙做生意为名将被害人朱某某骗至其老家，随后杀死朱某某并劫走其随身携带的钱财，其后又以抢来的钱为自己购买7份人寿保险，王某甲的上述行为符合“为劫取财物而预谋故意杀人”的特征，应以抢劫罪定罪处罚。这是王某甲欲进行保险诈骗的第一步。二是王某甲、王某乙共谋杀死刘某某、制造王某甲被意外烧死的假象的行为，二人已共同构成故意杀人罪。这是进一步为共同实施保险诈骗制造条件做准备，应当认定是保险诈骗的预备行为。只有开始向保险公司虚构保险事故，申请赔付保险金时，才可能对保险诈骗罪的所保护法益造成实际的威胁。本案中行为人的主观目的是骗取保险金，但尚未来得及向保险公司申请赔付，无法认定为保险诈骗罪的着手，因此不能认定行为人的行为构成保险诈骗罪并与故意杀人罪数罪并罚，而是应当以抢劫罪、故意杀人罪数罪并罚。

24.【周某甲、陈某甲保险诈骗案】诈骗罪和保险诈骗罪出现法条竞合时，一般按照“特别法条优于普通法条”的原则论处

【案例来源】

广东省珠海市中级人民法院（2016）粤04刑终125号判决书

【基本案情】

2013年底，被告人周某某、陈某某将奔驰汽车以人民币10万元的价格抵押给珠海某投资公司，因没有及时给付利息导致该奔驰汽车被珠海某投资公司处理变卖。2014年6月22日，被告人周某某、陈某某经密谋后以奔驰汽车被盗为由向保险公司申请索赔，并提交了两把奔驰汽车钥匙，保险公司工作人员对陈某某递交的索赔申请资料进行审核，并将被告人周某某、陈某某提交的两把奔驰汽车钥匙委托奔驰公司进行鉴定，经鉴定为假冒，

于是怀疑被告人周某某、陈某某有诈骗保险金的行为，暂停支付了奔驰汽车保险赔偿金人民币 250966.24 元并报案。2015 年 6 月 2 日，被告人周某某、陈某某被抓获，民警从被告人周某某住处缴获其提交给保险公司用于保险理赔的两把假奔驰汽车钥匙。

广东省珠海市香洲区人民法院于 2016 年 1 月 14 日作出（2016）粤 0402 刑初 1 号刑事判决书，认定被告人周某某、陈某某以非法占有为目的，虚构事实，编造未曾发生的保险事故，骗取保险金 250966.24 元，其行为同时符合保险诈骗罪和诈骗罪的构成要件，是法条竞合。被告人周某某、陈某某的诈骗金额在保险诈骗罪中属于数额较大，在诈骗罪中属于数额巨大，按照择一重处的原则，二被告人均应以诈骗罪定罪。被告人周某某、陈某某已经着手实施犯罪，由于意志以外的原因而未得逞，是犯罪未遂，均可以比照既遂犯减轻处罚。被告人周某某、陈某某归案后如实供述犯罪事实，均可以从轻处罚，判决被告人周某某犯诈骗罪，判处有期徒刑 2 年 9 个月，并处罚金人民币 5 万元。被告人陈某某犯诈骗罪，判处有期徒刑 2 年 6 个月，并处罚金人民币 5 万元。扣押在案的作案工具两把假奔驰汽车钥匙，均予以没收。

周某某、陈某某均提出上诉。上诉人周某某提出：（1）原审判决适用法律不当。其行为符合保险诈骗罪未遂构成要件，依“特别法条优于普通法条”原则，与诈骗罪竞合时应以保险诈骗罪定罪。（2）其向保险公司报盗抢险后认识到错误，未再主动提出理赔，其犯罪时态度消极后又主动放弃实施犯罪，应当从轻处罚。综上，原判决量刑过重，请求依法改判。上诉人周某某的辩护人提出：（1）陈某某作为涉案车辆保险的投保人及被保险人，编造未曾发生的保险事故骗取保险金，构成保险诈骗罪。周某某劝说、怂恿唆使陈某某实施犯罪，系教唆犯，构成保险诈骗罪共犯。（2）原审判决适用法律错误。刑法诈骗罪规定“本法另有规定的，依照规定”，由于刑法另规定有保险诈骗罪，而且根据法条竞合时“特别法条优于普通法条”的适用原则，在保险诈骗罪、诈骗罪和合同诈骗罪竞合时，应优先适用保险诈骗罪的规定定罪处罚。（3）犯罪行为主要由陈某某利用其车主、投保人、被保险人的身份实施，周某某属于教唆犯应认定为从犯。基于上述理由并结合周某某系犯罪未遂，请求对周某某从轻或减轻处罚。

上诉人陈某某及其辩护人提出：(1) 陈某某的行为应以保险诈骗罪定罪，属犯罪数额较大。(2) 保险公司受理理赔申请后曾告知陈某某可收取理赔款项，但陈某某未办理后续理赔手续，亦未告知周某某，而是自动放弃所骗取的保险金额。该行为有效防止了犯罪结果发生，属犯罪中止，应当减轻或免除处罚。(3) 陈某某系从犯。其一，涉案车辆虽登记在陈某某名下，但该车系周某某赠与且是周某某将车辆抵押获利。其二，犯罪行为起意及策划均由周某某完成，陈某某仅因车辆登记在其名下而听从周某某安排前往保险公司递交索赔申请材料。其三，陈某某并非为自己非法占有骗取的保险金，仅出于同情而配合当时自称经济十分困难的周某某。其四，陈某某系初犯、偶犯，主观恶性较小且未造成保险公司实际损失，归案后如实供述罪行，认罪、悔罪，且家庭有实际困难。综上，请求对陈某某适用缓刑。

广东省珠海市中级人民法院经审理认定，上诉人周某某、陈某某以非法占有为目的，共同编造未曾发生的保险事故，骗取保险金，其行为均构成保险诈骗罪，属于数额较大；上诉人周某某、陈某某已经着手实施犯罪，由于意志以外的原因而未得逞，是犯罪未遂，可以比照既遂犯从轻处罚；在共同犯罪中，上诉人周某某系主犯，上诉人陈某某系从犯，对其应当从轻处罚。上诉人周某某、陈某某归案后如实供述罪行，可以从轻处罚；原判决认定事实正确，审判程序合法，但在两名上诉人的行为同时符合保险诈骗罪和诈骗罪构成，存在法条竞合时适用法律错误，同时未认定上诉人陈某某构成从犯，导致对两名上诉人的量刑失当，应予纠正。二审判决上诉人周某某犯保险诈骗罪，判处有期徒刑1年6个月，并处罚金人民币1.5万元；上诉人陈某某犯保险诈骗罪，判处有期徒刑1年，并处罚金人民币1万元。

【焦点问题】

1. 行为人的行为同时符合诈骗罪和保险诈骗罪，出现法条竞合时如何定罪处罚？

2. 在保险诈骗罪共同犯罪中，如何认定行为人的地位和作用？

3. 保险诈骗罪犯罪未遂或犯罪中止如何认定？

【裁判要旨】

行为人的行为同时符合刑法所规定的诈骗罪和保险诈骗罪的犯罪构成，是法条竞合，应择一罪处罚。在现行刑法中，诈骗罪属普通法条，保险诈骗罪属特别法条，在通常情况下，应依照“特别法条优于普通法条”的原则论处，仅在两种特殊情况下，适用“重法条优于轻法条”的原则：一是法律明文规定按重罪定罪量刑，二是法律虽未明文规定按普通法条规定定罪量刑，但对此亦未作禁止性规定，且按特别法条定罪罪责刑不相适应，即当刑法条文规定“本法另有规定的，依照规定”时，禁止适用普通法条。

在实施保险诈骗共同犯罪中，主犯负责策划、指挥保险诈骗活动，例如提出实施保险诈骗的犯意、出资购买犯罪工具、策划安排报假案、向保险公司索赔等；从犯是指被动接受任务、服从指挥者，一般为在主犯的授意或教唆下从事保险诈骗活动。

行为人为实施保险诈骗罪，准备工具、制造条件、虚构保险标的等的，是犯罪预备；如果已经着手实施犯罪，向保险公司提出索赔，但由于意志以外的原因未得逞的，是犯罪未遂；如果自动放弃犯罪或者自动有效地防止犯罪结果发生的，是犯罪中止；如果已经成功诈骗到保险费的，是犯罪既遂。

本案中，周某某、陈某某的行为同时触犯诈骗罪和保险诈骗罪，从刑法规定量刑幅度以及定罪数额标准看，作为普通法条的诈骗罪为重罪，由于刑法在诈骗罪条文中已明确规定“本法另有规定的，依照规定”，依照上述理论不能适用“重法条优于轻法条”的原则，而应适用“特别法条优于普通法条”的原则，即应以保险诈骗罪定罪处罚。此外，由于诈骗罪相较于保险诈骗罪等特别诈骗犯罪而言属于重罪，如依“重法条优于轻法条”原则将导致特别法条被架空，显然与立法设定特别法条的原意相悖。涉案车辆是由周某某出资购买，实施保险诈骗的犯意是周某某提起，从抵押汽车套现到后来的报假案骗保，都由周某某安排、策划，周某某还与陈某某共同实施向派出所报假案、向保险公司索赔的行为，但是由于陈某某是车主，所有程序都要陈出面，经周某某多次游说、教唆陈某某才同意实施犯罪。综上。作为周某某的女朋友陈某某被动地配合实施保险诈骗行为，故在共同犯罪中，周某某起主要作用，系主犯，陈某某起次要作用，系从犯，周某某、陈某某已向保险公司申请索赔并提供了保险赔付款的划款账户，成功理赔后保险赔付款将直接划至上诉人指定的银行账户。行为人已着手实行犯罪且保险诈骗行为均已实施完毕，此种情形下犯罪中止的成立须以行为人自动有效地防止犯罪结果发生为前提。行为人并无任何积极举措防止犯罪结果的发生，本案犯罪结果未发生是因犯罪分子意志以外的原因造成，应当认定为犯罪未遂而非犯罪中止。

25.【于某某、黄某某保险诈骗案】在执行附加刑剥夺政治权利期间又犯保险诈骗罪，应当对前罪未执行完毕的附加刑剥夺政治权利进行数罪并罚

【案例来源】

山东省威海市中级人民法院（2019）鲁10刑再3号判决书

【基本案情】

被告人刘某某所有的奥迪车在保险公司投保机动车损失险、机动车第三者责任险、机动车第三者责任强制保险等险种。2017年9月中旬，被告人刘某某将该车开至威海某汽车修理厂修理，并在该厂修理工即被告人杨某某的介绍下，认识了被告人黄某某。被告人黄某某在得知被告人刘某某投保车辆全险后，与刘某某共谋通过故意制造车辆追尾事故骗取保险金，用以支付黄某某所有的黑色牌照现代跑车，以及刘某某所有的奥迪车的修理费。2017年9月19日上午10时许，被告人黄某某指使其女友赖某某、朋友于某某、杨某某驾车故意制造道路交通事故。由被告人赖某某独自驾驶黑色牌照现代跑车在前行驶，被告人于某某驾驶奥迪车紧随其后，被告

人杨某某在奥迪车副驾驶进行指挥。两车自某汽修厂出发，行至威海市某公路时进行第一次碰撞，三人下车查看后认为损失太轻，遂重新上车，于10时40分许行至某地进行第二次碰撞，因被告人于某某操作不当，该次碰撞致使奥迪车损坏严重，现代车报废，于某某、杨某某受伤。事故发生后，被告人于某某在现场报警，并向保险公司报案索赔。保险公司认为可能存在骗保遂向公安机关报案。在得知公安机关介入调查后，被告人黄某某于2017年9月21日安排于某某、刘某某到保险公司放弃索赔，后保险公司对其行为表示谅解。经威海市价格认证中心认定，奥迪车于2017年9月19日的损失价格为人民币50886元，现代轿车于2017年9月19日的损失价格为人民币32000元。案发后，被告人黄某某、刘某某、赖某某、于某某、杨某某经公安机关电话传唤自动投案，并如实供述了案件事实。

威海市环翠区人民法院于2018年12月3日作出判决认定，被告人黄某某、刘某某以非法占有为目的，指使被告人赖某某、于某某、杨某某故意制造车辆追尾事故，骗取保险金，数额较大，其行为均已构成保险诈骗罪。被告人已经着手实施犯罪，由于其意志以外的原因而未得逞，系犯罪未遂。在共同犯罪中，被告人黄某某、刘某某共谋进行保险诈骗，被告人赖某某、于某某、杨某某直接制造了保险事故，均积极参与犯罪，不宜区分主、从犯。被告人于某某曾被判处有期徒刑以上刑罚，刑罚执行完毕以后5年内再犯应当判处有期徒刑以上刑罚之罪，系累犯，应从重处罚。各被告人系主动放弃索赔，并取得了保险公司的谅解，可酌情对各被告人从轻处罚。各被告人均系公安机关电话传唤后主动投案，并如实供述了犯罪事实，系自首，依法可从轻处罚。根据被告人黄某某、刘某某、赖某某、杨某某的犯罪情节，宣告缓刑对所居住社区没有重大不良影响，可依法对被告人黄某某、刘某某、赖某某、杨某某宣告缓刑。依法判决：被告人于某某犯保险诈骗罪，判处有期徒刑9个月，并处罚金人民币1万元；被告人黄某某犯保险诈骗罪，判处有期徒刑6个月，缓刑1年，并处罚金人民币2万元；被告人刘某某犯保险诈骗罪，判处有期徒刑6个月，缓刑1年，并处罚金人民币2万元；被告人赖某某犯保险诈骗罪，判处有期徒刑6个月，缓刑1年，并处罚金人民币1万元；被告人杨某某犯保险诈骗罪，判处有期徒刑6

个月，缓刑 1 年，并处罚金人民币 1 万元。

威海市人民检察院抗诉认为，2000 年 9 月 30 日，于某某因犯故意伤害罪被威海市中级人民法院判处无期徒刑，剥夺政治权利终身，2015 年 9 月 10 日减刑释放，剥夺政治权利 5 年。于某某在执行附加刑剥夺政治权利期间又犯保险诈骗罪，于 2018 年 12 月 3 日被威海市环翠区人民法院判处有期徒刑 9 个月，并处罚金人民币 1 万元，而该判决对前罪未执行完毕的附加刑剥夺政治权利没有数罪并罚，确属适用法律错误，量刑不当。

山东省威海市中级人民法院再审查明，山东省运河监狱于 2015 年 9 月 10 日作出的（2015）鲁运狱释第 543 号释放证明书证明于某某因犯故意伤害罪被判处无期徒刑，剥夺政治权利终身后，在服刑期间，减刑 6 次，减刑 7 年 3 个月，实际执行刑期 14 年 11 个月 10 天，因执行刑满予以释放，剥夺政治权利 5 年。原审被告人于某某犯保险诈骗罪，判处有期徒刑 9 个月，并处罚金人民币 1 万元，未予数罪并罚，属适用法律错误，导致量刑不当，应予纠正，应与前罪未执行完毕的刑罚剥夺政治权利 1 年 9 个月 12 日并罚，决定执行有期徒刑 9 个月，剥夺政治权利 1 年 9 个月 12 日，并处罚金人民币 1 万元。

【焦点问题】

因其他犯罪被判无期徒刑罪犯，减为有期徒刑并执行刑满予以释放后，在执行附加刑过程中又犯保险诈骗罪，未执行完毕的附加刑是否需要进行数罪并罚？

【裁判要旨】

被判处无期徒刑的罪犯，减为有期徒刑后，主刑已执行完毕，在执行附加刑剥夺政治权利期间又重新犯罪，如果所犯新罪无须判处附加剥夺政治权利的，新罪判决生效前，前罪未执行完毕剥夺政治权利刑期不中止执行，应当在对被告人所犯新罪作出判决时，把前罪没有执行完毕的附加剥夺政治权利和新罪所判处的刑罚，按照数罪并罚原则，决定执行的刑罚，即在新罪所判处的刑罚执行完毕以后，继续执行前罪没有执行完毕的附加刑剥夺政治权利。本案中，于某某在执行附加刑剥夺政治权利期间又犯保险诈骗罪，依法应与前罪未执行完毕的刑罚实行数罪并罚，即在保险诈骗罪服刑完毕后，继续执行因犯故意伤害罪被判处附加剥夺政治权利剩余的期限。

26.【江某某、余某某、陈某某保险诈骗、诈骗案】带领侦查人员抓捕同案犯，但并未当场捕获的，可以认定有立功表现

【案例来源】

《刑事审判参考》第 1365 号

【基本案情】

2013 年 3 月至 7 月，被告人江某某分别驾驶（浙 H59×××）东南菱帅轿车（被保险人系邵某某）、（浙 HZ6×××）桑塔纳轿车（被保险人系陈某某），在浙江省衢州市柯城区巨化中央大道某菜场附近等地，以驾车故意碰撞路边电线杆、指示牌石墩、护栏，制造轿车撞击电线杆、指示牌石墩、护栏的虚假事故等方式，由其本人或者指使被告人余某某冒充车辆驾驶员并提供相关材料，分别向甲保险公司、乙保险公司报案并定损理赔，骗得理赔金共计人民币（以下币种同）22130 元。

2014 年 12 月 1 日 12 时许，被告人江某某驾驶（浙 H93×××）东南菱帅轿车（被保险人系陈某某）搭载张某某、徐某某驾驶（浙 H0D×××）丰田凯美瑞轿车至衢州市柯城区某小区南侧道路，故意制造了两车刮擦的虚假事故，后江某某指使张某某冒充（浙 H93×××）东南菱帅轿车驾驶员，提供相关材料向甲保险公司报案并定损理赔，骗得理赔金 4830 元。

2013 年 10 月 30 日 12 时许，被告人江某某驾驶（浙 H11×××）名爵轿车（车辆实际所有人系江某某）至浙江省开化县长虹乡附近路段，故意制造了车辆碰撞路边山体的虚假事故，后提供相关材料向乙保险公司报案并定损理赔，骗得理赔金 9075 元。

2014 年 7 月 8 日 9 时许，被告人江某某驾驶（浙 HAD×××）马自

达轿车（被保险人系陈某某、车辆实际所有人系江某某），行驶至320国道衢州市某路段，故意制造车辆碰撞路边护栏的虚假事故，后江某某指使陈某某赶往现场，冒充该车驾驶员并提供相关材料向甲保险公司报案并定损理赔，骗得理赔金4240元。同年8月1日19时许，被告人江某某与陈某某为谋取非法利益，预谋故意制造保险事故实施诈骗。江某某驾驶（浙HAD×××）马自达轿车行驶至衢州市柯城区双港街道孙姜村某路口，故意制造了车辆碰撞路边树墩的虚假事故，后陈某某冒充该车驾驶员并提供相关材料向甲保险公司报案并定损理赔，骗得理赔金6200元。

2015年4月25日12时许，被告人江某某与钟某某为谋取非法利益，预谋故意制造保险事故实施诈骗。后钟某某驾驶（浙K30×××）大众帕萨特轿车（车辆实际所有人系钟某某），搭载江某某至浙江省开化县长虹乡附近路段，故意制造了车辆碰撞路边山体的虚假事故，后钟某某提供相关材料向甲保险公司报案并定损理赔，骗得理赔金6940元。

2015年8月18日，公安机关对被告人江某某抓捕未果后，以通知其领取他案退赔款为由将其传唤到案。江某某归案后主动提供了公安机关尚未掌握的同案犯陈某某的租住地，并带领公安机关前往该地址进行抓捕，虽未当场抓获，但公安机关根据其提供的线索于次日将陈某某抓获。

柯城区人民法院认为，被告人江某某、余某某以非法占有为目的，多次利用他人车辆制造保险事故，骗取保险金，数额较大，其行为均已构成诈骗罪；被告人江某某、陈某某以非法占有为目的，虚构事实、隐瞒真相，故意制造保险事故，骗取保险金，数额较大，其中江某某以故意造成保险事故方式骗取保险金3次以上，具有其他严重情节，其行为均已构成保险诈骗罪。江某某一人犯数罪，应实行数罪并罚。江某某系在公安机关对其抓捕未果后，以通知其领取他案退赔款到案的，可见江某某不具投案的自动性和主动性，不能认定为自首。本案部分属共同犯罪，江某某在共同犯罪中起主要作用，是主犯，应按其参与的全部犯罪处罚；陈某某、余某某起次要、辅助作用，是从犯，应从轻处罚。江某某主动向公安机关提供同案犯的租住处，协助公安机关抓获同案犯，具有立功表现，可减轻处罚；江某某、余某某、陈某某归案后如实供述自己的罪行，可从轻处罚；江某某已退赔全部赃款，可酌情从轻处罚。根据陈某某的犯罪情节、悔罪表现及社会危害程度等情况，陈某某符合缓刑的适用条件，可对其宣告缓刑。一审判决认定被告人江某某犯保险诈骗罪，判处有期徒刑3年2个月，并处罚金2万元；犯诈骗罪，判处有期徒刑10个月，并处罚金5000元，决定执行有期徒刑3年4个月，并处罚金2.5万元；被告人陈某某犯保险诈骗罪，判处有期徒刑1年，缓刑1年6个月，并处罚金1万元；被告人余某某犯诈骗罪，判处罚金5000元。

一审宣判后，三被告人均未上诉。柯城区人民检察院提出抗诉称，江某某归案后供述同案犯陈某某的居住地等身份信息，并带领民警进行现场辨认，应属如实供述自己罪行的范畴，况在辨认当日并未抓获陈，次日才在陈住处将陈抓获，因此江某某的行为不能认定为立功。故一审判决认定江某某系立功，属适用法律错误，并导致量刑畸轻，应当依法改判。衢州市中级人民法院经审理裁定驳回抗诉，维持原判。

【焦点问题】

带领侦查人员抓捕同案犯，但并未当场捕获的，能否认定有立功表现？

【裁判要旨】

保险诈骗罪与诈骗罪属于法条竞合的关系，一般应遵循“特别法条优于普通法条”的原则。行为人到案后向司法机关提供犯罪后掌握的其他同案犯联络方式、藏匿地址的，已经超出了“如实供述自己罪行”的范畴。带领侦查人员抓捕同案犯，但当时并未捕获，并不当然阻却立功的认定，如行为人带领侦查人员到同案犯在犯罪后的租住地，并进行现场指认，其协助抓捕的行为已经完成，即使因客观原因未能现场抓获，但此后侦查人员抓捕同案犯并未再付出时间和精力，因此行为人的协助抓捕行为已经节省了司法资源，符合立功制度的本质，应当认为立功。最高人民法院《关于处理自首和立功具体应用法律若干问题的解释》第5条规定：“根据刑法第六十八条第一款的规定，犯罪分子到案后有检举、揭发他人犯罪行为，包括共同犯罪案件中的犯罪分子揭发同案犯共同犯罪以外的其他犯罪，经查证属实；提供侦破其他案件的重要线索，经查证属实；阻止他人犯罪活动；协助司法机关抓捕其他犯罪嫌疑人（包括同案犯）；具有其他有利于国家和社会的突出表现的，应当认定为有立功表现。”

同时，最高人民法院《关于处理自首和立功若干具体问题的意见》第5条关于“协助抓捕其他犯罪嫌疑人”的具体认定中规定：“犯罪分子具有下列行为之一，使司法机关抓获其他犯罪嫌疑人的，属于《解释》第五条规定的‘协助司法机关抓捕其他犯罪嫌疑人’：1. 按照司法机关的安排，以打电话、发信息等方式将其他犯罪嫌疑人（包括同案犯）约至指定地点的；2. 按照司法机关的安排，当场指认、辨认其他犯罪嫌疑人（包括同案犯）的；3. 带领侦查人员抓获其他犯罪嫌疑人（包括同案犯）的；4. 提供司法机关尚未掌握的其他案件犯罪嫌疑人的联络方式、藏匿地址的，等等。”

本案中，江某某归案后主动提供了公安机关尚未掌握的同案犯的租住地，并带领公安机关前往该地址进行抓捕，公安机关对该同案犯的情况并不熟悉，也未掌握其临时租住处，如果不是被告人带路指认，同案犯很可能无法及时归案。从客观效果而言，其行为帮助公安机关抓获了同案犯，符合“带领侦查人员抓获其他犯罪嫌疑人（包括同案犯）”的情形，其行为构成立功。

附录 >>>>>

保险诈骗相关法律规范

1 中华人民共和国刑法（节录）

（2024 年 3 月 1 日修正）

第一百九十八条 【保险诈骗罪】有下列情形之一，进行保险诈骗活动，数额较大的，处五年以下有期徒刑或者拘役，并处一万元以上十万元以下罚金；数额巨大或者有其他严重情节的，处五年以上十年以下有期徒刑，并处二万元以上二十万元以下罚金；数额特别巨大或者有其他特别严重情节的，处十年以上有期徒刑，并处二万元以上二十万元以下罚金或者没收财产：

（一）投保人故意虚构保险标的，骗取保险金的；

（二）投保人、被保险人或者受益人对发生的保险事故编造虚假的原因或者夸大损失的程度，骗取保险金的；

（三）投保人、被保险人或者受益人编造未曾发生的保险事故，骗取保险金的；

（四）投保人、被保险人故意造成财产损失的保险事故，骗取保险金的；

（五）投保人、受益人故意造成被保险人死亡、伤残或者疾病，骗取保险金的。

有前款第四项、第五项所列行为，同时构成其他犯罪的，依照数罪并罚的规定处罚。

单位犯第一款罪的，对单位判处罚金，并对其直接负责的主管人员和其他直接责任人员，处五年以下有期徒刑或者拘役；数额巨大或者有其他严重情节的，处五年以上十年以下有期徒刑；数额特别巨大或者有其他特别严重情节的，处十年以上有期徒刑。

保险事故的鉴定人、证明人、财产评估人故意提供虚假的证明文件，为他人诈骗提供条件的，以保险诈骗的共犯论处。

第二百六十六条 【诈骗罪】诈骗公私财物，数额较大的，处三年以下有期徒刑、拘役或者管制，并处或者单处罚金；数额巨大或者有其他严重情节的，处三年以上十年以下有期徒刑，并处罚金；数额特别巨大或者有其他特别严重情节的，处十年以上有期徒刑或者无期徒刑，并处罚金或者没收财产。本法另有规定的，依照规定。

2 中华人民共和国保险法（节录）

（2015 年 4 月 24 日修正）

第二十七条 【保险欺诈】未发生保险事故，被保险人或者受益人谎称发生了保险事故，向保险人提出赔偿或者给付保险金请求的，保险人有权解除合同，并不退还保险费。

投保人、被保险人故意制造保险事故的，保险人有权解除合同，不承担赔偿或者给付保险金的责任；除本法第四十三条规定外，不退还保险费。

保险事故发生后，投保人、被保险人或者受益人以伪造、变造的有关证明、资料或者其他证据，编造虚假的事故原因或者夸大损失程度的，保险人对其虚报的部分不承担赔偿或者给付保险金的责任。

投保人、被保险人或者受益人有前三款规定行为之一，致使保险人支付保险金或者支出费用的，应当退回或者赔偿。

第一百七十四条 【行政责任】投保人、被保险人或者受益人有下列行为之一，进行保险诈骗活动，尚不构成犯罪的，依法给予行政处罚：

（一）投保人故意虚构保险标的，骗取保险金的；

（二）编造未曾发生的保险事故，或者编造虚假的事故原因或者夸大损失程度，骗取保险金的；

（三）故意造成保险事故，骗取保险金的。

保险事故的鉴定人、评估人、证明人故意提供虚假的证明文件，为投保人、被保险人或者受益人进行保险诈骗提供条件的，依照前款规定给予处罚。

第一百七十五条　违反本法规定，给他人造成损害的，依法承担民事责任。

3 全国人民代表大会常务委员会关于惩治破坏金融秩序犯罪的决定（节录）

（1995年6月30日　中华人民共和国主席令第52号）

十六、有下列情形之一，进行保险诈骗活动，数额较大的，处五年以下有期徒刑或者拘役，并处一万元以上十万元以下罚金；数额巨大或者有其他严重情节的，处五年以上十年以下有期徒刑，并处二万元以上二十万元以下罚金；数额特别巨大或者有其他特别严重情节的，处十年以上有期徒刑，并处没收财产：

（一）投保人故意虚构保险标的，骗取保险金的；

（二）投保人、被保险人或者受益人对发生的保险事故编造虚假的原因或者夸大损失的程度，骗取保险金的；

（三）投保人、被保险人或者受益人编造未曾发生的保险事故，骗取保险金的；

（四）投保人、被保险人故意造成财产损失的保险事故，骗取保险金的；

（五）投保人、受益人故意造成被保险人死亡、伤残或者疾病，骗取保险金的。

有前款第（四）项、第（五）项所列行为，同时构成其他犯罪的，依照刑法数罪并罚的规定处罚。

保险事故的鉴定人、证明人、财产评估人故意提供虚假的证明文件，为他人诈骗提供条件的，以保险诈骗的共犯论处。

单位犯第一款罪的，对单位判处罚金，并对直接负责的主管人员和其他直接责任人员，依照第一款的规定处罚。

十七、保险公司的工作人员利用职务上的便利，故意编造未曾发生的保险事故进行虚假理赔，骗取保险金的，分别依照全国人民代表大会常务委员会《关于惩治贪污罪贿赂罪的补充规定》和《关于惩治违反公司法的犯罪的决定》的有关规定处罚。

④ 全国人民代表大会常务委员会关于《中华人民共和国刑法》第二百六十六条的解释

（节录）

（2014 年 4 月 24 日）

以欺诈、伪造证明材料或者其他手段骗取养老、医疗、工伤、失业、生育等社会保险金或者其他社会保障待遇的，属于刑法第二百六十六条规定的诈骗公私财物的行为。

⑤ 最高人民检察院法律政策研究室 关于保险诈骗未遂能否按犯罪处理问题的答复 （节录）

（1998年11月27日 〔1998〕高检研发第20号）

行为人已经着手实施保险诈骗行为，但由于其意志以外的原因未能获得保险赔偿的，是诈骗未遂，情节严重的，应依法追究刑事责任。

⑥ 最高人民检察院 检察机关办理电信网络诈骗案件指引（节录）

（2018年8月24日 高检发侦监字〔2018〕12号）

（一）电信网络诈骗犯罪的界定

1. 此罪彼罪

在一些案件中，尤其是利用网络钓鱼、木马链接实施犯罪的案件中，既存在虚构事实、隐瞒真相的诈骗行为，又可能存在秘密窃取的行为，关键要审查犯罪嫌疑人取得财物是否基于被害人对财物的主动处分意识。如果行为人通过秘密窃取的行为获取他人财物，则应认定构成盗窃罪；如果窃取或者骗取的是他人信用卡资料，并通过互联网、通讯终端等使用的，根据《最高人民法院、最高人民检察院关于办理妨害信用卡管理刑事案件具体应用法律若干问题的解释》（法释〔2009〕19号），则可能构成信用卡诈骗罪；如果通过电信网络技术向不特定多数人发送诈骗信息后又转入接触式诈骗，或者为实现诈骗目的，线上线下并行同时进行接触式和非接触式诈骗，应当按照诈骗取财行为的本质定性，虽然使用电信网络技术但被害人基于接触被骗的，应当认定普通诈骗；如果出现电信网络诈骗和合同诈骗、保险诈骗等特殊诈骗罪名的竞合，应依据刑法有关规定定罪量刑。

7 最高人民法院、最高人民检察院、公安部关于依法办理“碰瓷”违法犯罪案件的指导意见（节录）

（2020 年 9 月 22 日　公通字〔2020〕12 号）

一、实施“碰瓷”，虚构事实、隐瞒真相，骗取赔偿，符合刑法第二百六十六条规定的，以诈骗罪定罪处罚；骗取保险金，符合刑法第一百九十八条规定的，以保险诈骗罪定罪处罚。

实施“碰瓷”，捏造人身、财产权益受到侵害的事实，虚构民事纠纷，提起民事诉讼，符合刑法第三百零七条之一规定的，以虚假诉讼罪定罪处罚；同时构成其他犯罪的，依照处罚较重的规定定罪从重处罚。

⑧ 最高人民检察院、公安部关于公安机关管辖的刑事案件立案追诉标准的规定（二）（节录）

（2022 年 5 月 15 日　公通字〔2022〕12 号）

第五十一条　【立案标准】［保险诈骗案（刑法第一百九十八条）］进行保险诈骗活动，数额在五万元以上的，应予立案追诉。

⑨ 审计署、公安部关于建立案件移送制度和加强工作协作配合的通知

（2000 年 4 月 27 日　审法发〔2000〕42 号）

各省、自治区、直辖市审计厅（局）、公安厅（局），新疆生产建设兵团公安局，审计署各派出机构：

近年来，各级审计机关严格执行《中华人民共和国审计法》和其他有关法律、法规，按照国务院领导关于审计机关要突出重点，注重查处大案要案的指示精神，在审计过程中发现了大量犯罪线索，并根据有关法律关于案件管辖分工的规定，及时移送公安机关查处，取得了显著的成效。特别是 1997 年 10 月 1 日修订后的刑法施行之后，各级审计机关和公安机关密切配合，加大了查处和打击破坏社会主义市场经济秩序、侵犯财产和其他违法犯罪活动的力度。为进一步规范案件移送工作，加强协作配合，认真

贯彻落实《中华人民共和国刑法》、《中华人民共和国刑事诉讼法》、《中华人民共和国审计法》及其他法律的有关规定，充分发挥审计机关和公安机关在维护财经秩序，打击经济犯罪方面的作用，现将有关事项通知如下：

一、建立健全案件移送制度

审计机关在审计过程中，发现被审计单位或者有关责任人员有犯罪嫌疑，属于公安机关管辖刑事案件范围（见附件 1）的，应当填写《审计机关移送处理书》（见附件 2），连同案件有关证据材料一并及时移送同级公安机关。公安机关对于审计机关移送的犯罪案件线索，应当填写《审计机关移送处理书送达回执》（见附件 3），予以接受，并迅速进行审查。审查后，及时将立案的决定或者不立案的理由通知移送犯罪案件线索的审计机关，并将不立案的案件有关材料退还审计机关。经审查，对于属于其他公安机关管辖范围的犯罪案件，应当在 24 小时内，转送有关公安机关，并告知移送犯罪案件线索的审计机关。接受转送的公安机关经过审查后，应当将是否立案的决定及时通知移送犯罪案件线索的审计机关。审计机关对公安机关不立案的决定有异议的，可以提请公安机关进行复查；公安机关应当复查，并将复查结果通知审计机关。

公安机关对接受的犯罪案件线索立案侦查终结，移送检察机关审查起诉后，应当及时通知移送犯罪案件线索的审计机关。

公安机关在侦查活动中，发现有关单位有违反国家规定的财政、财务收支行为，属于审计机关的审计监督范围（见附件 4）的，应当将违法行为线索移送审计机关处理。审计机关应当及时向公安机关通报处理结果。

二、加强办案协调与配合

审计机关和公安机关在查处经济违法犯罪案件工作中，要本着各司其职、通力合作的原则，互相支持，互相配合。为加强联系，有利工作，各级审计机关和公安机关要经常交流、通报情况，也可以根据需要建立联席会议制度，研究解决工作中存在的问题。审计机关在审计过程中，发现被审计单位或者有关责任人员有犯罪的重大嫌疑，并且有毁灭、伪造证据或者串供可能，或者企图自杀、逃跑或者在逃等情况，需要采取紧急措施的，应当立即报告公安机关，公安机关应当及时予以处置。公安机关在查处经济犯罪案件过程中，需要审计机关协助查证的，审计机关应当予以配合。

三、突出重点，加强对大案要案的查处

各级审计机关和公安机关应当充分发挥各自的优势，加强协作配合，加大打击力度，重点揭露走私，妨害对公司、企业的管理秩序，破坏金融管理秩序，金融诈骗，危害税收征管，扰乱市场秩序和侵犯财产等类案件，并依法进行严肃处理。审计机关对涉嫌犯罪的，要及时移送有管辖权的公安机关处理。各级公安机关对审计机关移送的犯罪案件线索，要集中优势警力，运用多种侦查手段，快侦快破，及时查处。

四、严格依法办案

在查处经济违法犯罪案件过程中，各级审计机关和公安机关应当严格依照法定的职责、权限和程序，严格区分罪与非罪，既要防止以罚代刑，降格处理，又要防止扩大打击面。

五、各级审计机关和公安机关应当严格按照本通知的规定执行

在执行过程中遇到的问题，请分别报审计署、公安部。

附件：1. 审计机关有审计工作中常见的依法应移送公安机关管辖的刑事案件范围（略）

2. 审计机关移送处理书格式（略）

3. 审计机关移送处理书送达回执格式（略）

4. 审计机关的审计监督范围（略）

⑩ 公安部、中国人民银行、中国保险监督管理委员会关于在查处金融违法犯罪案件中加强协作配合的通知

（2001 年 7 月 5 日　公通字〔2001〕60 号）

各省、自治区、直辖市公安厅、局，新疆生产建设兵团公安局，中国人民银行各分行、营业管理部、省会（首府）城市中心支行，中国保监会各保监办：

为严厉打击破坏金融管理秩序和金融诈骗犯罪活动，进一步整顿和规范金融秩序，维护国家金融安全，现就公安机关、中国人民银行、保险监管机构等部门在查处金融违法犯罪案件中加强协作配合的有关问题通知如下：

一、建立案件线索移送制度

中国人民银行各分、支行和中国保监会各保监办，在行使监管职能过程中，发现属于公安机关管辖的金融犯罪案件（案件范围见附件）线索，应制作“移送案件线索通知书”，并附相关证据材料，及时向公安机关移送。公安机关接到“移送案件线索通知书”后，应立即进行审查，审查结果及办理情况应在 1 个月内向移送单位通报，其中符合立案条件的要及时立案侦查，不符合立案条件、不属于公安机关管辖的，要说明理由及时退回原移送单位。对不属于公安机关管辖的刑事案件，犯罪嫌疑人有逃跑、销毁证据等迹象的，公安机关应先行采取相应措施。各级公安机关在侦办经济犯罪或者其他犯罪案件时发现涉及银行、保险机构及其从业人员违规、违章、违纪行为的，应及时将有关线索移送中国人民银行、中国保监会或者当事人所在的银行、保险机构进行查处。

二、加强办案协作

公安机关在侦办经济犯罪案件工作中，依法需到银行、保险及其他金融机构调查取证，或者对涉案单位（个人）的银行账户进行查询，予以冻

结的，公安机关办案人员要出示本人证件及相关法律文书，中国人民银行、中国保监会及其他金融机构应给予积极配合和支持。中国人民银行、中国保监会在查处本行业内的违法、违规案件时，确有必要对涉案人员采取限制出境措施的，应通过中国人民银行、中国保监会按有关规定向公安部提请协助。对于案情重大、复杂的案件，公安机关、银行、保险监管机构及其他金融机构可组成联合工作组，根据各自职责开展工作。

三、严格依法办案

各级公安机关、中国人民银行、保险监管机构及其他银行、非银行金融机构在查处金融违法违纪案件过程中，要严格把握罪与非罪的界限，对涉嫌犯罪的，要坚决依法惩处，不得以罚代刑，降格处理。对不构成犯罪的，由中国人民银行、保险监管机构按照相关法律、法规，给予处罚。

四、建立工作联络和信息资料交换制度

各级公安机关、中国人民银行、中国保监会要建立相应的工作联系制度，定期和不定期召开联席会议，通报新出台的金融政策、工作举措、法律、法规和一段时期内的金融违法犯罪案件情况、特点及国际金融犯罪动向，探讨打击和预防金融违法犯罪的对策和措施，研究建立可疑资金报告和情报通报制度。

中国人民银行、中国保监会应指定一批金融业务专家组成咨询班子，对公安机关在办案过程中遇到的专业性较强的问题提供咨询。公安机关对进入咨询班子的业务专家应发聘请书，并定期总结咨询工作，适时将咨询工作情况向中国人民银行、中国保监会反馈。

各地公安机关、中国人民银行、保监办接到本通知后，应结合本地、本部门实际情况，联合制定具体实施办法，工作中遇到的问题请分别报公安部、中国人民银行、中国保监会。国家外汇管理部门、各政策性银行、各商业银行、各保险公司和非银行金融机构参照本通知的规定执行。

请中国人民银行各分行、营业管理部、中国保监会各保监办将本通知转发辖内的被监管的金融机构并监督执行。

附件（略）

⑪ 中国保险监督管理委员会关于提醒投保人防止保险诈骗的公告

（2003年7月4日　保监公告第51号）

近年来，个别不法分子假冒保险公司工作人员或代理人名义，伪造或盗用保险公司单证、公章，以支付高息、手续费或其他回扣为诱饵，编造虚假人身保险合同，诈骗投保人资金，给保险消费者造成重大损失，破坏了保险市场的正常秩序，损害了保险业的社会形象。为保护广大保险消费者的利益，防止类似事件继续发生，中国保险监督管理委员会（以下称保监会）提醒广大保险消费者在购买人身保险时应注意以下事项：

一、不要轻信对保单支付高额利息的承诺

寿险公司的保单预定利率都要接受保监会的管理，预定利率的通俗含义是指，寿险公司对所收保费扣除各种费用后，对积累下来用于未来给付的保费要按事先确定的保证利率计算利息，直到支付保险金时，累积的利息也同时支付给被保险人或受益人。目前，保监会规定寿险保单（包括含有预定利率因素的长期健康险保单）的预定利率不得超过年复利2.5%。因此，投保人对那些宣传保单利率超过年复利2.5%的，不能轻信，应当先核实此险种是否经过保监会审批或备案。一旦发现以保险公司名义许诺高息、非法集资的，应当及时向中国保监会及其派出机构举报。

二、注意核实对方的合法身份

1. 投保团体保险的，投保人可要求对方经办人员出示有效工作证件和身份证，并向保险公司核实。在办理投保过程中，应尽量到保险公司营业场所签订协议、缴纳保费、领取保单和保费发票，并应注意查验营业场所是否具有保监会及其派出机构颁发的《经营保险业务许可证》和工商管理部门颁发的营业执照。

2. 投保个人保险的，如对方是保险公司在编工作人员，投保人可要求其出示有效工作证件和身份证，如对方是为保险公司代理业务的营销员，投保人可要求其出示保险公司颁发的展业证书以及身份证，必要时，投保人可以向保险公司核实其身份。

三、确认投保单、保险单的真实性，以及确认保单条款是否符合投保要求并且与销售人员的宣传相一致

投保单、保险单是由保险公司统一编号印制的重要单证，投保人可向保险公司查证其真伪。收到保险单后，投保人应当仔细阅读保险条款中关于保险责任、除外责任、退保条件、退保现金价值、投资收益、分红政策等重要内容，确认是否符合自己的投保要求，是否与销售人员的宣传相一致，必要时可以向保险公司询问核实。

四、确保安全缴纳保费

投保人应尽量选择到保险公司柜台或通过银行转账方式缴纳保费，并妥善保管经保险公司统一编号并加盖保险公司收款专用章的保费发票。投保人选择通过保险公司销售人员代收保费的，应当在缴费同时索要保费发票或临时收据，若只取得临时收据，应及时向保险公司换领正式发票。

对于上述问题，投保人如有疑问，可以随时向保险公司查询。如发现有不法分子假借保险名义进行欺诈的，应当及时向保监会及其派出机构举报。

⑫ 中国保险监督管理委员会关于印发《关于加强反保险欺诈工作的指导意见》的通知

（2012 年 8 月 6 日　保监发〔2012〕69 号）

机关各部门、各保监局，中国保险行业协会，中国保险学会，各保险集团（控股）公司、保险公司、保险专业中介机构：

为保护保险消费者合法权益，切实防范化解保险欺诈风险，我会制定了《关于加强反保险欺诈工作的指导意见》。现印发给你们，并就2012年下半年反保险欺诈工作重点通知如下：

一、健全组织体系。各保监局，各保险集团（控股）公司、保险公司、保险专业中介机构应明确反欺诈工作责任部门；中国保险行业协会组织建立理赔反欺诈联席会议制度，各保监局指导当地行业协会成立行业反欺诈组织。

二、建立制度机制。各保险集团（控股）公司、保险公司、保险专业中介机构应针对欺诈风险建立反欺诈制度机制。各保险集团（控股）公司、保险公司、全国性保险专业中介机构于12月底前将欺诈风险管理的专项制度建设计划报保监会；区域性保险专业中介机构报当地保监局。

三、加强宣传教育。各单位应加强与新闻媒体的沟通联系，采取多种形式开展反保险欺诈的公益宣传和专题教育，重视反欺诈专业人才培养，加强从业人员职业道德教育。

保险集团（控股）公司、再保险公司根据自身业务特点参照执行。

各单位在贯彻实施中如有问题或建议，请及时报告。

关于加强反保险欺诈工作的指导意见

为保护保险消费者合法权益，防范化解保险欺诈风险，严厉打击保险欺诈犯罪行为，现就加强反保险欺诈工作提出如下意见。

一、充分认识加强反保险欺诈工作的重要意义

保险欺诈，是指利用或假借保险合同谋取不法利益的行为，主要包括涉嫌保险金诈骗类、非法经营类和保险合同诈骗类等。保险欺诈行为不仅直接侵害了保险消费者利益、侵蚀了保险机构效益，而且间接推高了保险产品和保险服务的价格，损害了行业形象，破坏了市场秩序，动摇了行业健康、持续发展的基础。加强反保险欺诈工作有利于保护保险消费者权益、提高行业抗风险能力、提升企业核心竞争力和树立保险行业诚信经营的良好形象。

保监会历来重视反保险欺诈工作，成立了反保险欺诈的专门组织机构，探索建立了反保险欺诈的制度机制，指导相关保险机构将防范欺诈风险纳入风险防控体系，并通过开展打击“假机构、假保单、假赔案”、配合公安机关“破案会战”打击保险诈骗等专项行动，初步遏制了保险欺诈案件高发的势头，取得了一定成效。

随着保险业的发展，保险欺诈又呈现出一些新情况、新特点。全行业必须深刻认识加强反保险欺诈工作的重要意义，主动增强风险意识和责任意识，进一步完善体制机制，切实防范化解保险欺诈风险，全面推进反欺诈各项工作。

二、指导思想、基本原则和目标任务

（一）指导思想。以保护保险消费者合法权益为目的，以防范化解保险欺诈风险为目标，以行政执法与刑事执法联动机制为保障，组织动员各方力量，惩防结合，标本兼治，着力构建预防和处置保险欺诈行为的长效机制。

（二）基本原则。坚持健全长效机制与短期重点惩治并重；坚持内部管控与外部监管双管齐下；坚持行政执法与刑事司法协调配合；坚持多方参与，协同合作。

（三）目标任务。构建一个“政府主导、执法联动、公司为主、行业协作”四位一体的反保险欺诈工作体系，反欺诈体制机制基本健全，欺诈犯罪势头得到有效遏制，欺诈风险防范化解能力显著提升。

三、健全反保险欺诈制度体系

（一）健全反欺诈组织体系。各保监局应指定内设处室负责反欺诈工作。各保险公司、保险专业中介机构应在总部设立专门的部门或指定内设机构作为反欺诈职能部门；各省级分支机构应设立反欺诈岗位。行业协会应建立反欺诈专业委员会。

（二）完善反欺诈技术规范。保监会组织行业制定出台反保险欺诈指引，统一反欺诈技术标准和操作规范。行业协会指导建立欺诈风险警戒线标准和关键指标。

（三）建立欺诈风险报告和通报制度。保险机构应定期分析、评估欺诈风险，并向监管部门报送欺诈风险年度报告。监管机构和行业协会应根据市场情况及时通报欺诈案件、发布风险信息。

四、严厉打击各类保险欺诈行为

全行业应畅通举报投诉渠道，及时发现各类保险欺诈违法犯罪行为；建立欺诈案件调查和协查制度，积极配合公安部门和司法机关做好案件查处；严格落实责任追究和案件移送制度。重点打击以下三类欺诈行为：

（一）保险金诈骗类欺诈行为。包括：故意虚构保险标的，骗取保险金；编造未曾发生的保险事故，或者编造虚假的事故原因或者夸大损失程度，骗取保险金；故意造成保险事故，骗取保险金的行为等。

（二）非法经营保险业务类欺诈行为。包括：非法设立保险公司、非法设立保险中介机构，设立虚假的保险机构网站，假冒保险公司名义设立微博、发送短信开展业务，非法开展商业保险业务、非法经营保险中介业务，以及销售境外保险公司保单等行为。

（三）保险合同诈骗类欺诈行为。包括：销售非法设立的保险公司的保单、假冒保险公司名义制售假保单、伪造或变造保险公司单证或印章等材料欺骗消费者，以及利用保险单证、以高息为诱饵的非法集资等行为。

五、提高欺诈风险管理能力

（一）将反欺诈工作纳入全面风险管理体系。各保险公司、保险专业中介机构应制定与业务种类、规模以及性质相适应的欺诈风险管理制度。各保险机构应加强反欺诈工作的内部审计和监督检查，强化内控执行力。

（二）增强公司治理层面的责任意识。各保险公司、保险专业中介机构应明确欺诈风险管理由公司董事会负最终责任，高级管理层负管理责任，监事会履行监督职责，提高公司治理层面的风险意识。

（三）防范交易对手欺诈风险。保险机构应审慎选择中介业务合作对象或第三方外包服务商，重点关注交易对手的合法资质、财务状况、内部反欺诈制度和流程规定等。

六、强化反保险欺诈监管机制

（一）开展反欺诈检查。各级监管机构应定期检查保险机构反欺诈组织体系、制度建设和执行情况，增强欺诈风险管理的有效性。

（二）做好欺诈风险监测和预警。各级监管机构应监测行业欺诈风险状况，开展欺诈风险预警，及时披露欺诈风险。

（三）加强欺诈风险的后续跟踪管理。各级监管机构应依法责令欺诈风险管理体系存在严重缺陷的保险机构限期整改，督促保险机构完善反欺诈工作机制。

七、建立行业反欺诈合作平台

（一）研究开发反欺诈信息系统。各保险公司应为欺诈风险的识别、计量、监测和控制建立信息系统，确保及时、准确地提供欺诈风险信息，以满足内部管理、监管报告、信息披露和行业共享的要求。

（二）建立行业反欺诈信息平台。行业协会应组织搭建反欺诈信息平台，指导行业建立反欺诈数据库，开展欺诈风险信息共享。各保险机构为行业反欺诈信息平台提供有效数据支持。

（三）建立反欺诈专项资金。行业协会应为打击欺诈活动建立专项资金，用于打击保险欺诈犯罪为目的的欺诈风险管理、举报奖励、专业培训、警示宣传以及反欺诈基础设施建设等活动。

八、完善反保险欺诈协作配合机制

（一）强化联合执法。各级监管机构应健全与公安部门和司法机关的案件移交、联合执法机制，建立案件联合督办机制。探索建立与医疗卫生部门共同打击医疗健康保险骗赔案件的联动机制。

（二）加强信息互通。各级监管机构应完善与司法及公安、人民银行、工商等部门的案件信息和执法信息通报制度，加强交流互训。

（三）完善法律体系。保监会应会同有关部委推动立法、司法机关完善惩治保险欺诈犯罪的立法、司法解释，明确保险欺诈行为的认定标准和处理规范。

九、加强研究、交流与宣传教育

（一）加强理论研究。保险学会、行业协会应加强欺诈风险的理论研究和学术交流，探索适合行业发展实际的经验和规律。

（二）推进国际合作。中国保险行业协会在保监会的指导下，建立健全国际交流与合作的框架体系，加强与国际反保险欺诈组织的沟通联络，在跨境委托调查、提供司法协助、交流互访等方面开展反欺诈合作，形成打击跨境保险欺诈的工作机制。

（三）强化宣传教育。各单位应组织开展反保险欺诈的专题教育和公益宣传活动，增强消费者反欺诈意识和能力。

十、构建反保险欺诈长效机制

（一）高度重视，加强领导。反保险欺诈工作涉及面广、头绪多、任务重，各单位要高度重视，切实加强组织领导。要纳入重点工作统筹考虑，加大反欺诈的资源投入，精心组织，加强指导。

（二）周密规划，注重实效。各单位要根据本意见，尽快制定反欺诈工作的具体实施方案，明确责任部门、责任人和阶段性工作任务。各保险机构要及时向监管机构和行业协会汇报工作进展情况。

（三）惩防并举，标本兼治。反保险欺诈是一项长期而艰巨的工作，既要坚持依法惩处，更要注重预防。要深入分析各类欺诈违法犯罪行为产生的原因，查找保险经营和监管的制度、体制、机制方面的不足，从源头上治理欺诈行为。

⑬ 中国银行保险监督管理委员会关于银行业保险业常态化开展扫黑除恶有关工作的通知

（节录）

（2021年7月5日　银保监发〔2021〕23号）

三、深化行业治理，突出整治重点，严防黑恶势力涉足银行保险领域

（四）防范欺诈风险，打击诈骗活动。各银行保险机构要建立常态化、制度化的防风险反欺诈工作机制，完善重大欺诈风险监测、预警、报告及应急处置工作机制，明确不同层级的应急响应措施，及时发现识别重点业务领域面临的欺诈风险。各保险机构要继续加大保险欺诈线索或证据的摸排和收集，进一步提高数据报送质量，严厉打击有组织的保险诈骗活动，严厉打击职业化第三方及保险公司内部人员非法获取保险客户信息、误导或怂恿保险客户非正常退保、扰乱保险业正常经营秩序、损害消费者合法权益等行为。各级银行保险监管机构、各银行保险机构要持续加强典型案例警示宣传和风险提示，积极开展打击治理电信网络新型违法犯罪、跨境网络赌博违法犯罪的宣传活动，为营造全社会反诈反赌的浓厚氛围作出贡献。

⑭ 国家金融监督管理总局反保险欺诈工作办法

（金规〔2024〕10号）

第一章　总　则

第一条　为防范和化解保险欺诈风险，提升保险行业全面风险管理能力，保护保险活动当事人合法权益，维护市场秩序，促进行业高质量发展，根据《中华人民共和国保险法》《中华人民共和国刑法》等法律法规，结合行业发展现状，制定本办法。

第二条　本办法所称保险欺诈（以下简称欺诈）是指利用保险合同谋取非法利益的行为，主要包括故意虚构保险标的，骗取保险金；编造未曾发生的保险事故、编造虚假的事故原因或者夸大损失程度，骗取保险金；故意造成保险事故，骗取保险金的行为等。

本办法所称保险欺诈风险（以下简称欺诈风险）是指欺诈实施者进行欺诈活动，给保险活动当事人及社会公众造成经济损失或其他损害的风险。

第三条 反欺诈工作目标是建立“监管引领、机构为主、行业联防、各方协同”四位一体的工作体系，反欺诈体制机制基本健全，欺诈违法犯罪势头有效遏制，行业欺诈风险防范化解能力显著提升，消费者反欺诈意识明显增强。

第四条 保险机构应建立全流程欺诈风险管理体系，逐步健全事前多方预警、事中智能管控、事后回溯管理的工作流程。

行业组织应按照职责分工充分发挥大数据和行业联防在打击欺诈违法犯罪中的作用，加强反欺诈智能化工具有效应用，健全行业欺诈风险监测、预警、处置流程，为监管部门、公安司法机关和保险机构反欺诈工作提供支持。

第五条 保险机构和行业组织应按照职责分工统筹网络安全、数据安全与创新发展，依法履行安全保护义务，完善管理制度，加强网络安全和数据安全防护，保障必要的人员和资源投入，采取网络安全、数据安全管理和技术措施，确保反欺诈信息系统安全可控运行。

第六条 保险机构应将消费者权益保护作为反欺诈工作的出发点和落脚点，不断提升保险服务质效，引导保险中介机构、第三方外包服务商、消费者等依法合规、诚实守信参与保险活动，营造良好保险市场秩序，切实保护消费者合法权益。

第二章 反欺诈监督管理

第七条 金融监管总局及其派出机构依法对欺诈风险管理工作实施监管。

第八条 金融监管总局及其派出机构应建立反欺诈监管框架，健全反欺诈监管制度，加强对保险机构和行业组织反欺诈工作指导，推动与公安司法机关、相关行业主管部门及地方政府职能部门的沟通协作和信息交流，加强反欺诈跨境合作。

第九条 金融监管总局及其派出机构应指导保险机构开展以下工作：

（一）建立健全欺诈风险管理体系；

（二）防范和应对欺诈风险；

（三）参与反欺诈行业协作；

（四）开展反欺诈宣传教育。

第十条 金融监管总局及其派出机构定期对保险机构欺诈风险管理体系的健全性和有效性进行检查和评价，主要包括：

（一）对反欺诈监管规定的执行情况；

（二）内部欺诈风险管理制度的制定情况；

（三）欺诈风险管理组织架构的建立和人员履职情况；

（四）欺诈风险管理流程的完备性、可操作性和运行情况；

（五）欺诈风险管理信息系统的建设和运行情况；

（六）反欺诈协作情况；

（七）欺诈风险和案件处置情况；

（八）反欺诈培训和宣传教育情况；

（九）网络安全、数据安全和个人信息保护情况。

第十一条 金融监管总局及其派出机构通过监管评价、风险提示、通报、约谈等方式对保险机构欺诈风险管理进行持续性监管。保险机构违反本办法规定，造成不良后果的，由金融监管总局及其派出机构依据《中华人民共和国保险法》等法律法规采取监管措施或者予以行政处罚。

第十二条 金融监管总局指导银保信公司、保险业协会、保险学会等行业组织深入开展行业合作，构建行业内外数据共享和欺诈风险信息互通机制，强化风险处置协作，联合开展打击欺诈的行业行动，组织反欺诈宣传教育，深化理论研究和学术交流，协同推进反欺诈工作。

金融监管总局派出机构应指导地方保险行业协会、保险机构及其分支机构根据实际情况健全反欺诈组织，可设立或与公安机关共同成立反欺诈中心、反欺诈办公室等。

第三章 保险机构欺诈风险管理

第十三条 保险机构应承担欺诈风险管理的主体责任，建立健全欺诈风险管理制度和机制，规范操作流程，完善信息系统，稳妥处置欺诈风险，加强行业协作，开展反欺诈交流培训、宣传教育，履行报告义务。

第十四条 保险机构欺诈风险管理体系应包括以下基本要素：

（一）董事会、监事会（监事）或履行监事会职责的专业委员会、管理层的有效监督和管理；

（二）与业务性质、规模和风险特征相适应的制度机制；

（三）欺诈风险管理组织架构和流程设置；

（四）职责、权限划分和考核问责机制；

（五）欺诈风险识别、计量、评估、监测和处置程序；

（六）内部控制和监督机制；

（七）欺诈风险管理信息系统；

（八）反欺诈培训和人才队伍建设；

（九）反欺诈宣传教育；

（十）反欺诈协作机制参与和配合；

（十一）诚实守信和合规文化建设。

第十五条 保险机构应在综合考虑业务发展、技术更新及市场变化等因素的基础上定期对欺诈风险管理体系有效性进行评价，并根据评价结果判断相关策略、制度和程序是否需要更新和修订。

保险机构应当于每年一季度向金融监管总局或其派出机构报送上一年度欺诈风险管理体系有效性评价报告。保险机构省级分支机构按照属地派出机构的要求报送欺诈风险管理体系有效性评价报告。

第十六条 保险机构应制定欺诈风险管理制度，明确董事会、监事会（监事）或履行监事会职责的专业委员会、管理层、欺诈风险管理负责人和反欺诈职能部门在欺诈风险管理中的作用、职责及报告路径，规范操作流程，严格考核、问责制度执行。

第十七条 保险机构应合理确定各项业务活动和管理活动的欺诈风险控制点，明确欺诈风险管理相关事项的审核部门和审批权限，执行标准统一的业务流程和管理流程，将欺诈风险管控覆盖到各关键业务单元，强化承保端和理赔端风险信息核验，提升理赔质效。

保险机构应加强诚信教育与合规文化建设，健全人员选任和在岗履职检查机制，加强员工行为管理，开展从业人员异常行为排查，严防内部人员欺诈。

保险机构应审慎选择保险中介业务合作对象或与业务相关的外包服务

商，加强反欺诈监督。

第十八条 保险机构应建立欺诈风险识别机制，对关键业务单元面临的欺诈风险及风险发生的可能性和危害程度进行评估，选择合适的风险处置策略和工具，控制事件发展态势、弥补资产损失，妥善化解风险。

第十九条 保险机构应建立欺诈风险管理信息系统或将现有信息系统嵌入相关功能，做好业务要素数据内部标准与行业标准衔接，确保欺诈风险管理相关数据的真实、完整、准确、规范。

保险机构应依法处理和使用消费者个人信息和行业数据信息，保证数据安全性和完备性。

第二十条 保险机构应将反欺诈宣传教育纳入消费者日常教育与集中教育活动，建立多元化反欺诈宣传教育渠道，通过官方网站、移动互联网应用程序、营业场所等开展反欺诈宣传，提高消费者对欺诈的认识，增强消费者防范欺诈的意识和能力。

第二十一条 保险机构发现欺诈线索可能涉及其他保险机构的，应报请银保信公司或地方保险行业协会和反欺诈组织对欺诈线索进行核查与串并。

保险机构应建立健全欺诈线索协查机制，积极配合行业组织开展线索串并、风险排查、案件处置等工作。

保险机构应建立激励机制，对在举报、调查、打击欺诈违法犯罪中成效突出的单位和人员进行表彰奖励。

第二十二条 保险机构开展农业保险、首台（套）重大技术装备保险、重点新材料首批次应用保险等由财政部门给予保险费补贴的险种，应单独就欺诈风险开展持续性评估，并根据结果合理制定欺诈风险管理措施。

保险机构应加强对协助办理业务机构的监督，不得以虚假理赔、虚列费用、虚假退保或者截留、挪用保险金、挪用经营经费等方式冲销投保人应缴的保险费或者财政给予的保险费补贴。禁止任何单位和个人挪用、截留、侵占保险机构应赔偿被保险人的保险金。

第二十三条 保险机构收到投保人、被保险人或者受益人的理赔或者给付保险金的请求后，应依照法律法规和合同约定及时作出处理，没有确凿证据或线索的，不得以涉嫌欺诈为借口拖延理赔、无理拒赔。

第四章 反欺诈行业协作

第二十四条 保险业协会应在金融监管总局指导下发挥行业自律和协调推动作用，承担以下职责：

（一）建立反欺诈联席会议制度，定期召开联席会议协调推动行业反欺诈工作；

（二）建立反欺诈专业人才库，组织开展反欺诈交流培训；

（三）组织开展反欺诈专题教育和公益宣传活动；

（四）加强与其他行业、自律组织或国际反欺诈组织的交流合作；

（五）组织开展反欺诈课题研究；

（六）每年一季度向金融监管总局书面报告上一年度反欺诈工作情况；

（七）其他应承担的反欺诈工作。

第二十五条 银保信公司等应在金融监管总局及其派出机构指导下充分发挥大数据平台集中管理优势，探索建立多险种的行业反欺诈信息平台、反欺诈情报中心等基础设施，对行业欺诈风险进行监测分析，对欺诈可疑数据进行集中筛查，对发现的欺诈线索交由地方保险行业协会和反欺诈组织、保险机构进行核查。涉嫌犯罪的，及时向公安机关报案。

金融监管总局派出机构、地方保险行业协会和反欺诈组织可参照上述模式组织开展辖内大数据反欺诈工作。

第二十六条 地方保险行业协会和反欺诈组织应在金融监管总局派出机构指导下，秉承“服务、沟通、协调、自律”的工作方针，承担以下职责：

（一）建立辖内反欺诈合作机制；

（二）发布辖内欺诈风险提示、警示，探索建立辖内欺诈风险指标体系；

（三）组织协调辖内保险机构配合银保信公司等开展欺诈线索核查、串并工作，完善案件调查、移交立案、证据调取等相关机制；

（四）探索建立地方反欺诈信息平台，为辖内欺诈风险分析与预警提供信息数据支持，针对区域性欺诈线索组织开展排查、研判，配合公安机关打击工作；

（五）加强与其他主管部门或自律组织的反欺诈合作与协调，加强数据和信息共享，为反欺诈工作提供便利；

（六）组织开展辖内反欺诈专题教育和公益宣传活动；

（七）建立辖内反欺诈专业人才库和案例库，组织开展反欺诈交流培训；

（八）每年一季度向属地派出机构书面报告上一年度反欺诈工作情况；

（九）其他应承担的反欺诈工作。

第二十七条 银保信公司、地方保险行业协会和反欺诈组织、保险机构等应严格遵守个人信息保护法律法规，加强个人信息全生命周期管理，建立信息收集、存储、使用、加工、传输、提供、删除等制度机制，明确信息使用用途和信息处理权责，严格管控信息使用的范围和权限。未经信息主体授权或法律法规许可，任何机构不得以书面形式、口头形式或者其他形式对外公开、提供个人信息。

第二十八条 银保信公司、地方保险行业协会和反欺诈组织、保险机构等应定期就反欺诈信息系统建设、欺诈指标和监测模型设计、欺诈案件调查、典型案例分享等方面开展交流和合作。

第五章 反欺诈各方协同

第二十九条 金融监管总局及其派出机构应建立健全与公安机关、人民检察院、人民法院之间反欺诈行政执法与刑事司法衔接机制，在统一法律适用、情况通报、信息共享、信息发布、案件移送、调查取证、案件会商、司法建议等方面加强合作。

第三十条 金融监管总局及其派出机构发现欺诈违法事实涉嫌犯罪的，应根据行政执法机关移送涉嫌犯罪案件的相关规定，及时将案件线索移送公安机关，并将案件移送书抄送同级人民检察院。涉嫌公职人员职务犯罪的，及时移送纪检监察机关。

金融监管总局及其派出机构应加强与公安机关、人民检察院执法联动，针对重点领域、新型、重大欺诈案件，开展联合打击或督办。

第三十一条 金融监管总局及其派出机构应建立健全与市场监管、司法行政、医疗保障等部门的协作机制，在信息共享、通报会商、线索移送、交流互训、联合执法等方面加强合作。

第三十二条 金融监管总局及其派出机构应加强与地方政府职能部门

的协调联动，推动建立反欺诈常态化沟通机制，及时通报重要监管信息、重点风险线索和重大专项行动，加强信息共享和执法协作。

第三十三条 金融监管总局及其派出机构应加强反欺诈跨境合作，建立健全跨境交流与合作的框架体系，指导行业组织加强与境外反欺诈组织的沟通联络，在跨境委托调查、信息查询通报、交流互访等方面开展反欺诈合作。

第六章 附 则

第三十四条 本办法所称保险机构，是指经金融监管总局及其派出机构批准设立的保险公司、相互保险组织及其分支机构。保险集团（控股）公司、再保险公司、保险专业中介机构和其他具有反欺诈职能的机构根据自身经营实际和风险特点参照本办法开展反欺诈相关工作。

第三十五条 保险机构欺诈风险管理体系有效性评价方法和指标另行规定。

第三十六条 本办法由金融监管总局负责解释、修订。

第三十七条 本办法自 2024 年 8 月 1 日起施行，《中国保监会关于印发〈反保险欺诈指引〉的通知》（保监发〔2018〕24 号）同时废止。

上海检察文库

检察业务论丛

恶意透支型信用卡诈骗行为的出罪原理与机制构建

Eyi Touzhixing Xinyongka Zhapian Xingwei De Chuzui Yuanli Yu Jizhi Goujian

乔 青◎著

中国检察出版社

图书在版编目（CIP）数据

恶意透支型信用卡诈骗行为的出罪原理与机制构建 / 乔青著．—北京：中国检察出版社，2023.12

ISBN 978-7-5102-3021-9

Ⅰ．①恶…　Ⅱ．①乔…　Ⅲ．①信用卡—诈骗罪—研究—中国　Ⅳ．①D924.354

中国国家版本馆 CIP 数据核字（2024）第 003776 号

恶意透支型信用卡诈骗行为的出罪原理与机制构建

乔　青　著

责任编辑： 杜英琴
技术编辑： 王英英
美术编辑： 徐嘉武

出版发行： 中国检察出版社
社　　址： 北京市石景山区香山南路 109 号（100144）
网　　址： 中国检察出版社（www.zgjccbs.com）
编辑电话：（010）86423766
发行电话：（010）86423726　86423727　86423728
（010）86423730　86423732
经　　销： 新华书店
印　　刷： 北京联兴盛业印刷股份有限公司
开　　本： 710 mm × 960 mm　16开
印　　张： 15.25
字　　数： 251 千字
版　　次： 2023 年 12 月第一版　　2023 年 12 月第一次印刷
书　　号： ISBN 978-7-5102-3021-9
定　　价： 52.00 元

总 序

“实践没有止境，理论创新也没有止境。”注重发挥理论研究对检察工作的先导性、基础性、统摄性作用，及时为检察实践和改革创新提供高品质的理论支撑和智力支持，是上海市检察机关的优良传统，也是上海市检察机关推进新时代检察工作高质量发展，推进检察队伍革命化、正规化、专业化、职业化建设的重要抓手。

近年来，上海市检察机关持续学深悟透践行习近平新时代中国特色社会主义思想，全面贯彻习近平法治思想，发扬上海检察理论研究根植实践、勇立潮头、锐意创新、笃行致远的理论品格，依托“大调研”“大研究”工作格局，不断深化理论研究与实务探索的良性互动，持续创新丰富课题制、年会制、论坛制等载体和平台，产生了一批较高质量的理论研究成果，在引领理念、辅助决策、服务办案、助推改革等方面发挥了积极作用，为推动新时代上海检察工作行稳致远提供了有力支撑。

“上海检察文库·检察业务论丛”系列丛书以“理论建设与业务建设相辅相成、学术研究与实践应用统筹兼顾”为目标，主要择优收录本市检察业务专家、检察理论骨干人才和在本市检察系统挂职学者，就新时代检察机关法律监督工作相关重点问题撰写的专著、译著，旨在为检察官构建更为广阔的检察研究成果展示交流平台，以文见人、以文树人，建设高质量检察智库。

丛书编录秉持放眼全局、立足实践，以展示检察学术研究成果的方式，生动展现上海检察官在推进全面依法治国、坚持和完善中国特色社会主义检察制度，促进深化对检察工作基础性、战略性、全局性问题进行的深入思考、理论阐述和研究探索，以期形成既有学科覆盖面与研究的系统性，又具有鲜明的时代特征、检察特质和上海特色的检察理论研究成果体系，从而为推动新时代检察工作高质量发展，更好地发挥法治固根本、稳预期、利长远保障作用提供理论支撑和智力支持。

理论是实践的先导、行动的指南。当前，世界百年未有之大变局加速演进，世界之变、时代之变、历史之变的特征更加明显。党的二十大开启全面建设社会主义现代化国家新征程，面对高质量发展对高水平法治保障新要求，面对人民群众在民主、法治、公平、正义、安全、环境等方面更趋多元多样的需求，迫切需要从检察理论和实践的结合上深入回答关于中国式现代化进程中法治保障的时代课题。上海检察机关将把牢宪法对检察机关的职责定位和上海在国家改革发展大局中的战略定位，以时不我待“争一流、走在前、排头兵”的担当，不断推进理论探索和创新，为在法治轨道上全面建设社会主义现代化国家贡献检察力量。

由于水平有限，难免纰漏，不当之处，敬请批评指正。

“上海检察文库”编委会

2022 年 12 月

前　言

近十年来，恶意透支型信用卡诈骗罪作为具有代表性的一种金融犯罪，其案发数量随着我国刑事司法理念和刑事政策的发展，经历了从“高发”到“回归理性”的发展态势。在以往的司法实践中，一些司法机关对恶意透支型信用卡诈骗罪的诈骗本质缺乏足够的认识，客观归罪情况较为突出，不恰当地扩大本罪的适用范围。本书结合近十年来恶意透支型信用卡诈骗罪的司法实践，分析本罪刑事责任扩大化倾向的现状、原因和后果，研究本罪的出罪原理，从实体层面和程序层面分别构建三道出罪防线，入罪时严格把握犯罪构成要件，出罪时构建有效的出罪机制，从而构建起具有可操作性，并且符合我国司法实践状况的恶意透支犯罪双向出罪机制。

除引言外，全书共分为七章。

引言中阐释了选题的价值和开展研究的方式方法，并对全书主旨“出罪”的概念进行明确，对恶意透支型信用卡诈骗罪进行出罪，既包括实体层面严格把握构成要件和入罪标准，提高入罪门槛；又包括程序层面为本罪预留出罪路径，并建立可运行的出罪机制。

第一章对司法实践中恶意透支型信用卡诈骗罪刑事责任扩大化倾向进行了阐述。通过典型案例、近十年来全国以及上海地区的案发数量，结合我国恶意透支型信用卡诈骗罪的立法沿革，通过可视化数据的形式，将刑事责任扩大化倾向进行展示。在此基础上，将社会各界对于这一倾向的反映进行汇总，提出这一倾向的社会危害和理论危机，为后文研究的开展提供现实支撑。

第二章从理论层面为恶意透支型信用卡诈骗罪出罪原理和出罪机制提供依据。主要基于刑法谦抑性理论、罪刑法定原则、责任主义原则、法益保护原则等理论角度对恶意透支行为出罪的正当性和必要性进行论证。

第三章探讨恶意透支型信用卡诈骗罪的出罪原理和出罪机制的立法依据。对我国及域外的相关司法实践进行比较，从我国立法沿革中梳理出对恶意透支型信用卡诈骗罪进行出罪的脉络和体系，并对德国、日本、美国等不同国家对恶意透支行为的处置机制进行适当借鉴。

第四章从恶意透支型信用卡诈骗罪的实体方面入手，构筑第一道出罪防线。主要针对恶意透支型信用卡诈骗罪主观犯罪故意的认定进行规范。针对司法实践中对于“非法占有目的”的认定难题，以责任主义视角为基础，从形式层面、规范层面对“非法占有目的”的认定标准进行分析，重点对“非法占有目的”刑事推定的基本原理和具体应用进行研究，严格把握“非法占有目的”的认定标准。

第五章同样为实体层面第二道出罪防线。主要针对恶意透支型信用卡诈骗罪客观犯罪事实中的争议问题进行研究比较，包括超限额、超期限透支的出罪要素，犯罪数额的认定以及新类型信用卡业务的性质分析等。通过对以犯罪数额为中心的犯罪事实的准确认定，充分考虑透支行为本质，对恶意透支犯罪数额加以进一步的限制。

第六章为实体层面第三道出罪防线。主要研究恶意透支型信用卡诈骗罪的刑事追责条件。对“经催收仍不归还”的体系地位进行界定，将其独立于犯罪构成要件之外，作为本罪的刑事追责条件。通过对“经催收仍不归还”这一刑事追责条件的把握，限制刑罚权的启动，实现出罪效果。

第七章从恶意透支型信用卡诈骗罪的司法办案流程入手，构筑程序层面出罪的三道防线。基于我国刑事司法体制，分别从公安机关侦查阶段、检察机关审查起诉阶段、审判机关审判阶段三个层面构筑出罪防线。创设性地提出在公安侦查阶段设置“立案前最后告知制度”，激活司法解释中的出罪条款。同时，对于检察机关的相对不起诉制度和审判机关“但书”条款的适用进行规范，充分发挥二者的出罪功能，畅通本罪的出罪路径。

目录
contents

引 言

恶意透支犯罪并不是我国刑法体系中的独立罪名，而是我国《刑法》第196条所规定的信用卡诈骗罪的一种特殊表现形式。根据该条第2款的规定，恶意透支是指行为人基于非法占有的主观故意，超过双方约定的限额或者期限进行透支，并且经发卡银行催收后仍拒不归还的行为。在现行刑法中，解释性条款数量偏少，一般是立法者在立法过程中对该种行为违法性的进一步确认和说明，表明该种行为入罪是经过立法者慎重考量的。

然而恶意透支型信用卡诈骗罪在本质上又区别于该条规定的其他类型的信用卡诈骗罪。在主体方面，恶意透支型信用卡诈骗罪的主体为持卡人，持卡人是以其本人的真实身份向银行申领信用卡并履行了发卡行所要求的审核流程；在行为方面，透支行为是信用卡本身最基本也是最重要的功能，在信用卡章程中均对使用信用卡透支的数额、期限、还款方式、利息、滞纳金等进行了详细的规定，说明透支行为是持卡人与发卡行之间的合意行为，效力为双方所认可。同时透支行为也为发卡银行所鼓励，发卡银行正是从持卡人的透支行为中获取利润。因此在刑事司法实践中，必然会出现信用卡透支行为从民事领域向刑事领域的转化，在认定恶意透支型信用卡诈骗罪的过程中，对于信用卡透支行为，民事领域与刑事领域之间又缺乏明确的界限，导致在形式上符合构成要件的情况下，司法机关可能简单地直接将透支行为认定为恶意透支犯罪，偏重于运用刑事手段打击该类行为，而忽略采用民事救济手段来解决纠纷，客观上导致了本罪的刑事责任扩大化倾向。

目前，无论是刑法理论界还是国外司法实践中，尚没有对于恶意透支型信用卡诈骗罪出罪机制的系统研究，在部分学者的研究成果中对出罪问题有所涉及，但基本上均是宏观层面上的考量，所依据的理论支撑无非是刑法谦抑性理念或者宽严相济刑事政策，较少涉及具体的刑事司法过程中的出罪手段、出罪机制等细化内容，难以解决日渐复杂多变的恶意透支犯罪问题。例如，张明楷教授对于“经催收仍不归还”体系地位进行重构，将其独立于犯罪构成要件之外，通过设置客观处罚条件这一追责程序，来限制刑罚权的启动；[①]田宏杰教授重点从发卡银行的责任角度进行切入，区分恶意透支行为和发卡银行在恶意透支案件中的过程分配，对恶意透支犯罪入罪的合理性进行研究；[②]赵运锋教授则主要聚焦于恶意透支犯罪中行为人主观犯罪故意的认定，从主观犯罪故意的责任主义基础，对于主观犯罪故意的推定证明要素进行辨析，进一步明晰主观犯罪故意的认定方式。[③]另外，李睿博士、王雅琼博士的论文也均涉及恶意透支型信用卡诈骗罪的认定，但前述两篇博士论文中均是从宏观角度对信用卡犯罪及信用卡诈骗罪进行整体研究，涉及恶意透支犯罪的部分同样仅从刑事法律角度探讨构成要件的认定问题，也均较少涉及出罪问题。[④]刘雅楠博士从量刑的角度进行实证研究，提出司法实践中主刑失衡、罚金刑失衡、主刑与罚金刑适用关系失衡、缓免刑适用失衡，以及量刑建议率与采纳率失衡的现状并提出改进思路。[⑤]白玥博士则主要从"双重法益说"的视角，将发卡银行的过错作为恶意透支犯罪的违法阻却事由，从而限制恶意透支行为的入罪。[⑥]

在国外刑事立法和司法实践中，尚没有直接与恶意透支对应的相同罪名，在国外刑事法律体系中设置专门罪名进行规制的也较为少见，司法实践中更多的是依托传统刑事法律体系中的诈骗罪、计算机诈骗罪、伪造文书罪等常规罪名进行打击。在以德国为代表的大陆法系国家的刑事法律体系中，一般将恶意透支行为作为需要打击的犯罪进行处理，目前德国刑法中对于恶意透支行为设立单独的罪名，即"滥用信用卡罪"。以日本为代表的部分国家和地区以普通诈骗罪打击恶意透支行为。佐伯仁志等教授认为，信用卡持卡人利用了特约商户与发卡银行之间的担保关系，使得发卡银行基于信用卡

---

① 张明楷：《恶意透支型信用卡诈骗罪的客观处罚条件——〈刑法〉第 196 条第 2 款的理解与适用》，载《现代法学》2019 年第 2 期。

② 田宏杰：《恶意透支型信用卡诈骗案实证分析》，载《法学杂志》2018 年第 12 期。

③ 赵运锋：《恶意透支型信用卡诈骗罪"非法占有目的"研究》，载《中国刑事法杂志》2020 年第 4 期。

④ 李睿：《信息卡犯罪研究》，华东政法大学 2009 年博士学位论文；王雅琼：《信用卡诈骗罪研究》，华东政法大学 2013 年博士学位论文。

⑤ 刘雅楠：《信用卡诈骗罪量刑失衡研究》，吉林大学 2020 年博士学位论文。

⑥ 白玥：《恶意透支型信用卡诈骗罪司法适用研究》，吉林大学 2021 年博士学位论文。

持卡人的欺诈，错误地向特约商户垫付了款项。因此，恶意透支案件中，发卡银行是直接的受骗者，也是最终的受害者，因此符合诈骗罪的犯罪构成要件。[①]与此相反，大塚仁教授则认为，恶意透支行为人对信用卡特约商户实施了欺诈行为，特约商户基于错误认识进行了交付财产的行为，遭受了实际的财产损失，特约商户既是受骗者，也是最终的受害者，因此完全符合典型意义上的诈骗罪犯罪构成要件。[②]而在美国等英美法系国家中，普遍将恶意透支行为界定为信用卡持卡人与发卡银行间的民事法律纠纷，刑法并不介入其中。

本书所研究的恶意透支型信用卡诈骗行为的出罪原理与出罪机制问题，不仅要在宏观层面上规范对恶意透支行为的法律认定观念，更是努力在微观层面构建一个符合司法实践运行规律，具有可操作性的系统化出罪体系，体现刑法的谦抑性特征，保障当事人合法权益。

对恶意透支型信用卡诈骗行为出罪的研究，宏观层面需要对出罪所蕴含的功能、价值、理念进行落实，微观层面则需要对具体恶意透支行为的认定进行规范，构建司法办案程序中的出罪机制，进而涉及刑事法律规范与民事等其他法律规范的冲突与调和。本书通过对“恶意透支型信用卡诈骗行为的出罪原理与机制构建”的研究，主要目的是解决以下问题：恶意透支犯罪刑事责任扩大化的倾向有何理论和现实危机；对恶意透支犯罪进行出罪处理的理论依据和法律依据；实体层面如何构筑出罪防线；程序层面如何构建出罪防线。最终目的是为司法实践提供一个相对合理的认定标准，以解决恶意透支型信用卡诈骗罪的出罪难题。

本书在论证恶意透支型信用卡诈骗罪出罪原理以及后续构建出罪机制过程中，具有以下几个亮点：一是以实践中存在的问题为研究导向。本书的立论起点就是司法实践中恶意透支型信用卡诈骗罪存在的刑事责任扩大化倾向，从而直接引出所要论及的出罪问题。全书所有的研究均立足于恶意透支犯罪的不当扩张，围绕最终的出罪目的而展开。二是理论与实践相结合。本书对恶意透支犯罪的不当扩张进行了较为翔实的实证研究，从各种公开渠道

---

① ［日］佐伯仁志、道垣内弘人：《刑法与民法的对话》，于改之等译，北京大学出版社 2012 年版，第 226 页。

② ［日］大塚仁：《刑法概说（各论）》，冯军译，中国人民大学出版社 2003 年版，第 283 页。

收集了近十年来全国以及上海地区恶意透支犯罪的案件情况，从具体的案例和数据中发现问题，解决问题。三是历史沿革与比较研究相结合。虽然本书认为当前恶意透支犯罪存在刑事责任扩大化倾向，但并未一味否定现有的刑法体系，而是通过对恶意透支犯罪的立法沿革进行梳理，提炼以往立法沿革中的出罪理念，同时借鉴不同国家的立法、司法经验。四是刑事与民事法律关系相结合。本书的主旨是恶意透支犯罪的出罪问题，在进行刑事层面出罪机制构建的同时，结合恶意透支行为中所蕴含的民事法律关系，通过民事层面的责任分析，为刑事层面的出罪进行正当化论证。五是实体法与程序法相结合。对于特定罪名的出罪属于具体的法律适用问题，主要涉及刑法分则条文和具体的司法解释。本书在构建出罪机制过程中，既着眼于实体层面的犯罪构成，同时结合司法办案流程，从程序法层面对立案制度、相对不起诉制度、"但书"条款适用等进行研究，力图构建全程、立体的出罪机制。

在本书立论之前，首先要对"出罪"进行界定。传统刑法基本理论一般认为，出罪属司法层面的概念，本质在于通过不定罪的方式来解决行为人的责任，核心是通过其他方式实现行为人应当承担的责任的案件，将行为人从刑事司法程序中"解脱"出来。[①] 如果严格按照传统"出罪"的概念，则相关问题主要聚焦于程序层面，也就是对已经构成恶意透支型信用卡诈骗罪的案件通过程序机制，进行非犯罪化处理。但是，通过本书的实证分析可以看到，恶意透支犯罪之所以存在刑事责任扩大化倾向，最主要的原因并非出罪制度的缺失或不畅通，而是大量原本不符合犯罪成立条件，不应作为犯罪处理的透支行为，被不恰当地纳入刑事处罚的范围。因此，本书所构建的"出罪"机制，包括程序出罪和实体出罪两个层面。程序出罪是对于已经构成犯罪的恶意透支行为不作为犯罪处理。实体出罪则是严格限制恶意透支行为的入罪标准和条件，将不符合犯罪构成要件和追责条件的透支行为，从源头上拦截在刑事犯罪圈之外。通过程序和实体的同步出罪，一方面严把入罪关，另一方面畅通出罪路径，最终实现刑法对恶意透支型信用卡诈骗罪的科学、审慎规制。

① 孙本雄：《出罪及其正当性根据研究》，载《法律适用》2019 年第 23 期。

第一章　恶意透支犯罪刑事责任扩大化倾向分析

第一节　恶意透支犯罪刑事责任扩大化倾向之表现

恶意透支犯罪是指行为人基于非法占有的主观故意，超过双方约定的限额或者期限进行透支，并且经发卡银行催收后仍拒不归还，且数额较大的行为。在信用卡使用过程中进行恶意透支，一方面严重扰乱日常的金融管理秩序，另一方面也侵害银行信贷资金的安全，并可能对国家金融安全与稳定带来系统性风险。根据中国人民银行数据，截至2021年第三季度，我国信用卡（包括贷记卡和准贷记卡）累计已发行7.98亿张，环比增长0.97%，人均持卡量约0.57张；信用卡授信总额为人民币13.14万亿元，占全部金融机构贷款余额的10.51%；在发卡银行收入结构中，利息收入占比为45.50%，分期手续费占比为25.81%。[①]

恶意透支犯罪的外在行为特征是“透支”。“透支”本身是合法的，是信用卡本身所具有的最重要的一项基本功能，是指根据持卡人与发卡银行所签订的用卡协议，发卡银行允许持卡人在规定限额内超过其账户余额进行消费或者提取现金。发卡机构根据持卡人的资信状况，向持卡人提供一定的信用透支额度，既能方便持卡人使用，刺激国民消费增长，又有利于增加银行的利息收入。恶意透支犯罪的内在行为特征则是持卡人在实施透支行为时，必须以非法占有为目的，即希望通过透支这一表面上合法的民事行为，最终实现其非法占有发卡银行信贷资金的目的。因此，认定恶意透支，关键是把握透支人的主观目的，只有在非法占有目的支配下实施的透支行为，才构成犯罪。是否具有非法占有目的，也将民事法律层面上的信用卡纠纷与刑事法律

---

① 《2021年第三季度支付体系运行总体情况》，https://new.qq.com/omn/20211206/20211206A076SS00.html，最后访问日期：2022年2月3日。

层面上的恶意透支犯罪进行了区分。然而在我国的司法实践中，对于民刑交织属性明显的恶意透支犯罪的处理，各地司法机关掌握的标准大相径庭，存在刑事责任扩大化倾向。

一、刑事责任扩大化倾向的典型案例

案例1：陈某某信用卡诈骗案。2012年至2018年，陈某某在经营安徽某节能科技有限公司、安徽某商贸有限公司、安徽某装饰工程有限公司等多家企业期间，在企业经营资金存在一定程度周转困难的情况下，向兴业银行申领了一张信用额度为50万元的威士标准双币白金信用卡并自己透支消费，相关透支款项主要用于所经营企业的资金周转及个人正常使用。截至案发，陈某某利用该信用卡透支本息合计人民币699133.67元，其中本金人民币234114.67元，利息人民币181191.91元，违约金等费用合计人民币283827.09元。2018年6月29日陈某某被公安机关刑事拘留，后陈某某家属于2018年7月3日向兴业银行归还人民币550000元，兴业银行出具结清证明并对陈某某表示谅解。后公安机关对陈某某变更强制措施为取保候审。

公安机关认定，自2012年6月至案发，陈某某在明知自己公司不能保证正常还款能力的情况下，以非法占有为目的，多次恶意透支消费该兴业银行信用卡，后经兴业银行多次催收，超过三个月拒不归还欠款。因此公安机关将本案移送检察机关审查起诉。检察机关在审查起诉过程中，认为陈某某将透支款项主要用于企业经营，到期不能归还资金主要是由于其意志以外的市场风险等原因所造成的，无法认定其具有“非法占有目的”。经与公安机关沟通，公安机关主动撤回对陈某某的移送审查起诉意见。

案例2：梁某甲、梁某乙信用卡诈骗案①。梁某甲、梁某乙二人共同在广州市经营电子厂。2014年4月，二人经商议，由梁某乙在中国光大银行广州某支行办理一张信用卡。后二人共同使用梁某乙名下信用卡进行透支，透支款项主要用于电子厂的日常经营支出。2014年8月18日，梁某甲、梁某乙二人持该信用卡透支人民币1.3万元后不再使用该卡。后该信用卡发生逾期，发卡银行多次向梁某乙进行催收。2014年10月31日，梁某甲、梁某乙向发卡银行还款人民币4万元，后无力继续还款。后发卡银行以电话、信函、上门等

① 参见“梁保权、梁博艺信用卡诈骗案”，载《刑事审判参考》总第105集。

方式多次向梁某乙进行催收，截至案发，该信用卡未归还本金数额为人民币16万余元以及利息0.9万余元。

广州越秀区人民法院对本案进行审理后认为，梁某甲、梁某乙使用信用卡透支的款项主要用于合法经营，但由于市场波动等当事人意志以外因素导致无法偿还透支款项，现有证据不能证实二人主观上是以非法占有为目的，二人与发卡银行之间的纠纷应通过民事途径解决，而不应被评价为恶意透支犯罪。后检察机关申请对该案撤回起诉，广州越秀区人民法院依法裁定准许检察机关撤诉。

案例3：周某某信用卡诈骗案[①]。2013年至2017年，周某某在经营上海某木业有限公司期间，公司经营出现问题，资金周转存在一定程度的紧张情况。2013年11月，周某某向上海浦东发展银行（以下简称“浦发银行”）申领了一张额度为人民币20万元的信用卡，相关透支款项主要用于所经营企业的资金周转及个人日常生活。截至案发，周某某利用该信用卡透支本息合计人民币271695.53元，其中本金人民币185710.91元，利息、滞纳金等费用人民币85984.62元。2018年10月25日，公安机关将周某某刑事拘留，后其家属于2018年11月向浦发银行归还人民币110000元。后公安机关对周某某变更强制措施为取保候审。

公安机关认定，2013年12月至案发，周某某在明知公司经营出现困难，资金周转出现问题的情况下，以非法占有为目的，恶意透支消费其本人申领的信用卡，超过规定期限透支，后经浦发银行多次催收，超过三个月拒不归还欠款。因此，公安机关将本案移送检察机关审查起诉。检察机关经审查认为，周某某在办理信用卡时，其所经营的公司已经出现问题，经营资金链已经难以周转，在这种情况下，周某某仍将透支所获取的资金用于归还公司债务，因此周某某对自己的还款能力应当具有比较明确的认知，对自己无力还款这种结果具有放任的主观故意，应当推定其明知自己没有还款能力，仍透支使用信用卡。后检察机关将本案提起公诉，法院经审理后采纳检察机关意见，以信用卡诈骗罪判处周某某拘役6个月，缓刑9个月，并处罚金人民币2万元。

---

① 参见上海市青浦区人民法院（2019）沪0118刑初第388号刑事判决书。

二、刑事责任扩大化倾向的宏观考察

最高人民法院于2019年发布的《金融诈骗司法大数据专题报告》显示，2016年至2018年，信用卡诈骗案件数量在所有类型的金融诈骗案件总量中占比达到78%，其中，恶意透支案件占比高达76.34%。[①]另据中国裁判文书网相关数据显示，自2008年至2020年6月，可公开的包括一审、二审在内的信用卡诈骗罪判决书共50504份，而恶意透支信用卡犯罪判决书达到25351份。2008年仅公开3份判决书，2013年这一数字跃升至680份。自2013年起，相关判决书数量大幅度增加，分别为2014年4992份、2015年5687份、2016年5689份以及2017年4142份。在2018年及2019年，这一数字回落至2450份与886份[②]（详见图1）。

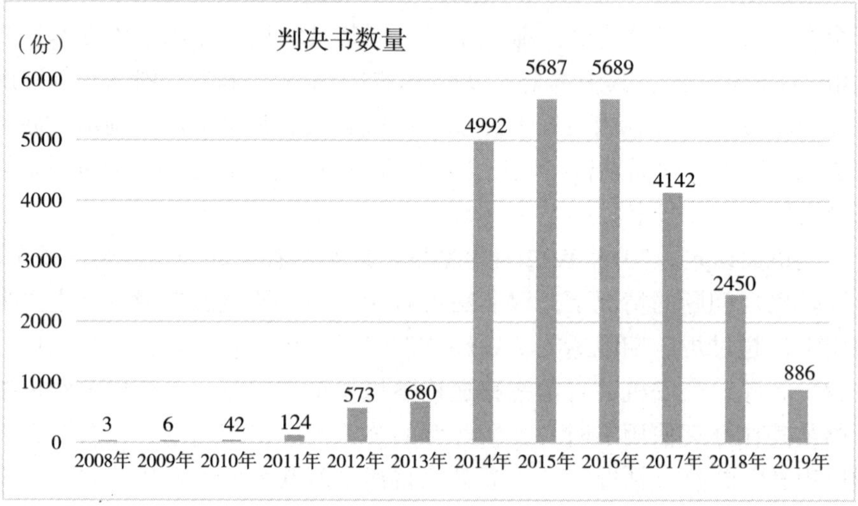

图1：2008–2019年中国裁判文书网公开的全国恶意透支型信用卡诈骗判决书数量

① 最高人民法院：《金融诈骗司法大数据专题报告》，https：//www.chinacourt.org/index.php/article/detail/2019/04/id/3812461.shtml，最后访问日期：2022年3月24日。

② 数据来源于中国裁判文书网，http：//wenshu.court.gov.cn/website/wenshu/181217BMTKHNT2W0/index.html?pageId=33ee50a358d0952a9186dafa 7688b459&s16=%E4%BF%A1%E7%94%A8%E5%8D%A1%E8%AF%88%E9%AA%97%E7%BD%AA&s14=124，最后访问日期：2020年6月10日。

2011年，上海各级检察机关受理审查起诉的所有案件中，信用卡诈骗案件数量为1034件，其中恶意透支案件占比超过80%；2012年，信用卡诈骗案件数量大幅攀升至2047件，其中恶意透支案件数量达到1710件，占比83.6%；[①]2013年，信用卡诈骗案件数量稍有回落，全年案件数量为1232件，恶意透支案件数量也同步回落至1063件，但占比反而提升至86.28%；[②]2014年，信用卡诈骗案件数量再次大幅反弹至1752件，恶意透支案件数量也反弹至1423件，占比81.27%；[③]2015年，信用卡诈骗案件数量基本保持稳定，全年案发1701件，其中恶意透支案件数量为1352件，同期占比79.49%。[④]从2016年开始，伴随着检察机关开始逐步重视恶意透支犯罪主观要件的认定，信用卡诈骗案件数量和恶意透支案件数量开始逐渐回落。其中信用卡诈骗案件数量从2016年1027件[⑤]，到2017年765件[⑥]，再到2018年335件[⑦]，从总体案件数量来看，回落的态势较为明显；而恶意透支案件的数量走势与信用卡诈骗案件的数量走势基本保持一致，呈现出明显的下降态势，但是在所有信用卡诈骗案件中的占比仍然较为稳定，维持在70%以上的高位。具体来看，2016年恶意透支案件数量841件，占比81.89%，2017年案发数量大幅降低至545件，占比大幅回落至71.24%，而到了2018年，恶意透支案件数量继续降低至252件，但占比出现小幅反弹，达到75.22%。[⑧]由于“两高”于2018年年底修改本罪的司法解释，2019年和2020年的案件数量出现大幅下降，2020年案件数量首次跌破两位数[⑨]（详见图2、图3）。

---

① 参见上海市人民检察院《2012年度信用卡犯罪案件情况通报》，第2-3页。

② 参见上海市人民检察院《2013年上海金融检察情况通报》，第17页。

③ 参见上海市人民检察院《2014年上海金融检察情况通报》，第1-3页。

④ 参见上海市人民检察院《上海市检察院发布的〈2015年上海金融检察白皮书〉显示涉互联网金融犯罪骤增》，载《检察日报》2016年8月10日，第3版。

⑤ 参见上海市人民检察院《2016年上海金融检察情况通报》，第3-4页。

⑥ 参见上海市人民检察院《2017年上海金融检察情况通报》，第3页。

⑦ 相关数据来源于全国检察机关统一业务应用系统、上海检察机关法律文书库。

⑧ 相关数据来源于全国检察机关统一业务应用系统、上海检察机关法律文书库。

⑨ 参见上海市人民检察院《上海金融检察白皮书（2019）》，第53页；《上海金融检察白皮书（2020）》，第56页。

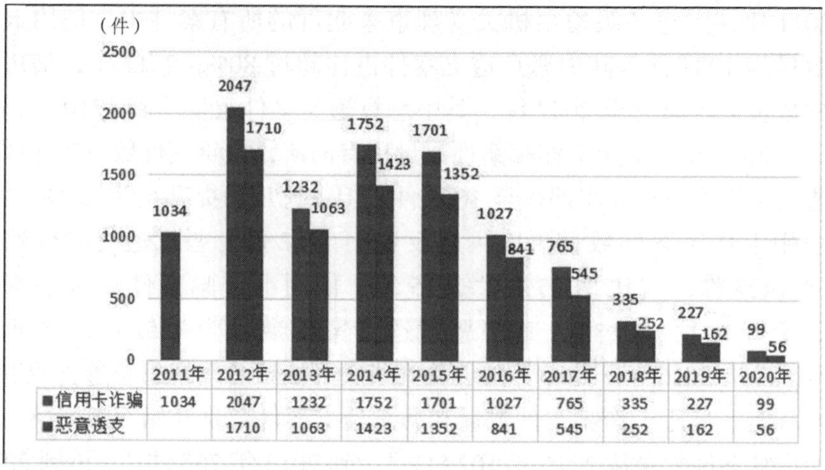

图 2：2011–2020 年信用卡诈骗、恶意透支型信用卡诈骗审查起诉案件数量

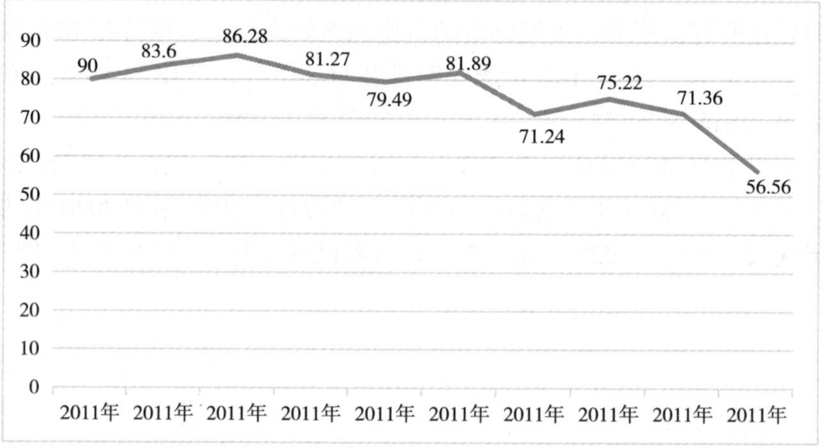

图 3：2011–2020 年恶意透支型信用卡诈骗案件占信用卡诈骗案件数量比例

从上述数据可以看出，在检察机关受理的审查起诉案件中，恶意透支案件长期占据信用卡诈骗案件数量的七成以上，但是恶意透支案件的绝对数量在近年的司法实践中体现出较为明显的起伏态势。从 2011 年至 2015 年，恶意透支案件数量始终维持在高位状态，体现了恶意透支犯罪在当时司法实践中的高发态势；而在 2016 年以后，恶意透支案件的数量呈现出明显的下降趋势，在一定程度上体现了司法机关对于恶意透支犯罪本质的重新认识。可以从以下几个方面来对恶意透支案件近年来的发展态势进行解释。

（一）对主观要件的认识程度逐步加深

2015年以前，在恶意透支犯罪的司法实践中，虽然在刑法和相关司法解释中均强调了必须对持卡人的主观要件进行认定，也就是必须要求持卡人主观上具有非法占有目的，而非法占有目的正是诈骗类犯罪的共同构成要件。然而在当时的司法实践中，相当数量的司法机关在办理恶意透支案件过程中，仍然具有比较明显的客观归罪倾向，导致恶意透支行为大量入罪。本书通过对上海检察机关法律文书库、全国检察机关统一业务应用系统中恶意透支案件起诉书进行检索和梳理，发现在上海各区检察机关所办理的此类案件的起诉书中，或者完全不表述被告人的非法占有主观故意，或者在起诉书事实部分表述被告人具有非法占有目的，但并未提供相应的证据予以印证；只有极个别检察机关（比如静安区人民检察院）在起诉书中专门对被告人的非法占有主观故意进行表述并列举相关证据。2016年以来，最高司法机关进一步明确了在恶意透支犯罪的司法认定中，必须着重考察持卡人主观上是否具有非法占有目的。一方面，通过指导案例的形式，明确持卡人将透支资金投入合法经营，确因意志以外的市场风险等原因造成透支款项无法偿还的，不宜认定行为人具有“非法占有目的”；另一方面，司法机关根据恶意透支犯罪发展的新形势，对相关司法解释进行了进一步的修改，将持卡人主观上的非法占有目的放在了认定恶意透支犯罪的核心位置，从证据种类、证据规格等方面进行了详细的规范和限制。由于加大了司法机关对于持卡人非法占有目的的指控要求和指控难度，实际上提升了恶意透支犯罪的入罪门槛，造成司法实践中恶意透支犯罪一定数量的下降，同时也为出罪路径的构建预留了相应的空间。

（二）司法机关的打击力度直接影响案件数量

司法机关不同时期对恶意透支案件采取不同的打击力度，在极大程度上影响着恶意透支案件的数量走势。这一点体现得比较明显的是2012年，当年公安机关集中开展“经侦破案会战”和“清网行动”，集中打击经济犯罪。恶意透支犯罪是司法实践中最为常见的经济犯罪，并且侦破难度相对也较低。因此在公安机关集中力量打击的情况下，当年的恶意透支案件案发数量呈现爆发式增长，相比2011年增幅接近100%。2012年至2015年以来，虽然公安机关未开展集中专项打击活动，但是对于恶意透支犯罪的日常打击始终处于高压状态之下，使得该期间的案发数量始终在高位徘徊。然而2016年以来，全国范围内“P2P”跑路、暴雷事件频发，导致非法集资类案件数量陡增。2018年，全国检察机关起诉非法吸收公众存款案件被告人15302人；[①]其中上海检察机关2018年提起公诉的非法吸收公众存款案件数量达1065件，是2013年的58倍，呈现几何倍级增长[②]，成为当前金融犯罪中占比最大的个案罪名。这就导致公安机关，特别是经侦部门不得不将主要的办案力量投入办理此类非法集资案件，从而在一定程度上降低了对恶意透支犯罪的打击力度。

（三）社会公众对恶意透支犯罪认识的加深

近年来，随着刑事打击力度的加大，一大批恶意透支案件陆续通过新闻媒介予以报道，同时司法机关对于相关的案件信息也依法予以公开，并且及时发布指导性案例和典型案例，通过具体的案件，最大限度地让社会公众知晓恶意透支犯罪的社会危害性和相关法律规定。虽然一般社会公众对于民事透支行为和恶意透支犯罪之间的界限仍然难以完全掌握，但是对于透支行为的总体否定性评价已经在全社会形成了比较大范围的共识。同时，随着我国民事案件执行力度的不断加大，即便没有进入刑事司法程序，民事案件执行程序中的“失信被执行人”制度，也对一般公众产生了较强的威慑力。一旦因为不及时归还透支款项被发卡银行起诉至法院，被列为失信被执行人，对行为人个人的出行、生活乃至子女的入学、就业都会带来较大的不利影响。因此，全社会更多的公众对于恶意透支行为的违法性和社会危害性，较之以往有了更加深刻的认识，这种自发的认知往往会形成扩散效应，逐渐在更大范围形成共识，客观上使信用卡使用人按时还款的意愿更加强烈，同时也减少了恶意透支案件的发生。

三、恶意透支犯罪刑法规制的历史沿革

刑事法律是特定历史条件下社会生活和突出社会矛盾的直接写照，对特定罪名的刑事法律立法沿革进行归纳和分析，可以从中发现立法机关的立法本意和立法理念。恶意透支型信用卡诈骗罪属于典型的行政犯，在我国其立法沿革的跨度距今只有30余年。但在这30余年间，恶意透支型信用卡诈骗

---

① 《2018非法集资案数上升 1.5万人因非吸被起诉》，https：//www.wdzj.com/news/hydongtai/3870280.html，最后访问日期：2020年4月5日。

② 《上海：非法吸收公众存款案件连续6年翻升》，http：//sh.eastday.com/m/20190121/u1a14549139.html，最后访问日期：2020年4月5日。

罪经历了从无到有、从严厉打击到宽严相济、从扩大入罪到鼓励出罪等一系列刑事立法和刑事司法理念的转变。因此，本书以恶意透支型信用卡诈骗罪的刑事立法沿革为研究的出发点，探寻立法沿革中体现的一系列出罪理念，为本罪出罪体系的构建提供相应的法律依据。

信用卡在我国出现的时间较晚，在 20 世纪 80 年代以前，我国并不存在信用卡的概念，因此作为社会生活和社会矛盾直接写照的刑法，不可能对尚未出现的信用卡及信用卡犯罪进行规制，这种情况在 1979 年《刑法》条文中有了鲜明的体现，全书没有任何关于信用卡犯罪的规制。随着我国改革开放制度的全面实施，我国同外国的经济、社会、文化等方面的交往全面推开，银行方面起初为了方便来我国旅游的外国游客，同时出于增加国家外汇收入的目的，与当时国外的信用卡机构签订了代办信用卡业务，使得国外的信用卡第一次进入我国使用；之后不久，我国也发行了第一张国内信用卡，自此信用卡正式成为我国经济社会的重要组成部分。①信用卡在给人们带来方便与实惠的同时，罪恶也孕育其中，因此从 20 世纪 90 年代中期开始，我国开始通过刑事手段打击利用信用卡实施的各类犯罪。

（一）信用卡诈骗罪罪名出现前的刑事立法沿革

信用卡自 20 世纪 80 年代进入我国以来，一方面方便了我国的对外经济交流和国内经济的活力，另一方面也给部分别有用心的犯罪分子提供了可乘之机，利用信用卡进行诈骗的犯罪活动随之而来。根据当时有效的 1979 年《刑法》条文，并不存在任何信用卡相关的犯罪罪名，因此早期司法机关主要以诈骗罪对利用信用卡实施的犯罪进行规制。下面从具体的案例出发，对专门立法出现前的刑事立法沿革进行归纳和分析。

案例 4：雷晴天（ZEN TEE PETER LEIGH）诈骗案。雷晴天（加拿大籍）原系香港某公司经理，1983 年，雷晴天携带他人信用卡 19 张，纠集并教唆他人采用在信用卡上冒充签名并在领款时隐瞒真实身份的方式，分别向广州、上海、北京等地中国银行网点骗领外汇兑换券 300 余次，合计金额人民币 50 万余元。另外雷晴天还使用他人信用卡在广州骗购商品价值人民币 8000 余元。之后，雷晴天亲自或指使他人销毁信用卡和领款单据，毁灭罪证。同期，雷晴天等人使用骗领的外汇兑换券，在广州等地非法换得港币 90

① 参见《中行信用卡风雨三十载》，http：//finance.hsw.cn/system/2015/0827/23574.shtml，最后访问日期：2020 年 5 月 10 日。

万余元，并将钱款走私出境至香港。[①]

雷晴天诈骗案在我国打击信用卡犯罪案件的进程中具有重要的里程碑式意义。该案中，雷晴天利用信用卡骗取外汇兑换券和骗购商品，上海市公安局以诈骗罪立案，上海市人民检察院分院以诈骗罪对雷晴天提起公诉，上海市中级人民法院审理后，认定雷晴天的行为构成诈骗罪，对其判处有期徒刑5年。该案的办理，拉开了我国打击利用信用卡实施犯罪活动的序幕。针对该案的特殊性和代表性，上海市人民检察院根据此类案件的特点，制定了《处理利用“信用卡”进行诈骗活动的几点意见》，并在全市范围内推广适用。上述意见明确了在当时的刑事法律体系下，对利用信用卡采用虚构事实、隐瞒真相方式实施的诈骗活动以诈骗罪定罪处罚的总体原则；同时规定了对于情节较轻，且在我国无其他犯罪行为的当事人，可不追究刑事责任的出罪条款。

上海检察机关的上述意见在当时的刑事法律体系下较好地处理了此种新类型犯罪案件与刑法罪名体系之间的不协调状况，因此最高人民检察院于1985年1月将上海检察机关的意见向全国检察机关进行转发，从审查起诉的角度统一了此类案件的定性分歧。虽然上述意见在2002年2月25日已由最高人民检察院决定废止[②]，但在我国刑法对信用卡犯罪进行专门规制以前，上述意见隐含着对本书所研究的信用卡诈骗罪及恶意透支型信用卡诈骗罪的处理原则及最初始的出罪理念，对此类案件的办理发挥着重要的引导作用，并为之后我国专门规制信用卡犯罪的立法起到了扎实的实践基础作用。

上海检察机关的上述意见虽然在实践中对恶意透支行为的认定起到了一定的定分止争的作用，但是相关司法实务部门关于恶意透支行为的定性仍然存在较大的分歧意见。1994年7月11日，公安部法制司在《关于利用信用卡恶意透支案件如何定性问题的答复》中认为，对于恶意透支行为如何定性，仍然没有明确的法律规定，应当综合考虑持卡人的主观犯罪故意、社会危害性、透支款项是否已经还清等案件因素，对具体案件进行具体认定。只有在恶意透支行为人经催收后仍拒不还款或者虽然承诺还款，但无正当理由

---

① 参见最高人民检察院《关于转发上海市人民检察院〈处理利用“信用卡”进行诈骗活动的几点意见〉的通知》。

② 已因最高人民检察院于2002年2月25日发布的《关于废止部分司法解释和规范性文件的规定》而废止。

在承诺期限内仍不还款的，才可以以诈骗罪对其进行刑事打击。值得注意的是，上述答复中还规定，恶意透支行为人如果在案发后承诺愿意偿还且在承诺的期限内全额还款的，不应以诈骗罪追究持卡人的刑事责任，但是发卡银行可以根据信用卡章程以及与持卡人之间的协议对持卡人进行罚息处理。公安部的上述答复第一次明确对恶意透支行为的民刑界限进行划分，使得司法机关能够更为准确地打击恶意透支刑事犯罪，避免刑法不恰当地介入信用卡民事法律关系。

1995 年 4 月 20 日，“两高”颁布《关于办理信用卡诈骗犯罪案件具体适用法律若干问题的解释》（以下简称“1995 年两高司法解释”），首次以司法解释的形式对此类利用信用卡实施犯罪的行为适用法律的条款进行了统一和规范。1995 年两高司法解释沿用了上海检察机关《处理利用“信用卡”进行诈骗活动的几点意见》中的处理原则和定性依据，继续以诈骗罪对此类行为进行打击。同时，值得注意的是，1995 年两高司法解释中首次提出了“恶意透支”的概念并较为完整地对其进行了表述。虽然当时有效的 1979 年《刑法》中尚无“恶意透支”的概念及相关的信用卡诈骗罪名，但 1995 年两高司法解释中关于“恶意透支”行为的规范性表述为之后 1997 年《刑法》修订过程中的罪名体系完善起到了至关重要的指导作用。另外，1995 年两高司法解释在恶意透支犯罪的出罪方面也以专门条款进行了规定，只要恶意透支行为人在起诉之前归还全部透支本息，就可以获得从轻、减轻处罚甚至免予追究刑事责任，鼓励恶意透支行为人积极归还欠款。

（二）信用卡诈骗罪罪名出现后的刑事立法沿革

1995 年两高司法解释虽然首次对恶意透支行为进行了规制，但是规制手段仍然采用的是以往的诈骗罪罪名，恶意透支行为的性质、法律关系和行为方式明显区别于一般意义上的诈骗类犯罪，以诈骗罪对恶意透支行为进行规制在刑法理论上和司法实践中均无法较好地应对恶意透支犯罪的发展状况，对实践中出现的新情况、新问题无法做到妥善应对。为了适应信用卡犯罪的新形势，我国立法机关根据中国司法实践，借鉴国外先进立法经验，通过单行刑法的方式首次创设专门罪名对信用卡犯罪以及恶意透支犯罪进行刑法规制，使信用卡诈骗罪首次登上中国刑事法律体系的舞台。

1995 年 6 月 30 日，在 1995 年两高司法解释出台两个月后，全国人大常委会颁布《关于惩治破坏金融秩序犯罪的决定》，创设“信用卡诈骗罪”这一全新罪名，并在刑法条文中首次确认了“恶意透支”的概念。虽然 1985 年最高人民检察院转发的上海市人民检察院《处理利用“信用卡”进行诈骗活动的几点意见》和1995年两高司法解释对恶意透支犯罪均进行了规制，但是在效力层级方面，二者的制定主体均为司法机关，而《关于惩治破坏金融秩序犯罪的决定》的制定主体则为最高立法机关，文件效力层级存在明显区别；在规制手段上，全国人大常委会颁布的《关于惩治破坏金融秩序犯罪的决定》从刑事立法的角度，创设了信用卡诈骗罪的罪名，拉开了刑事打击恶意透支犯罪的序幕，凸显了我国立法机关打击信用卡犯罪的决心。

1997年《刑法》修订过程中，立法机关全部采纳全国人大常委会《关于惩治破坏金融秩序犯罪的决定》的内容，在《刑法》第196条中设立信用卡诈骗罪的罪名，在第196条第1款第4项中继续沿用了恶意透支行为的概念并将其作为构成信用卡诈骗罪的一种单独情形。1997年《刑法》的修订为目前我国打击信用卡犯罪和恶意透支犯罪提供了总体性依据，时至今日我国的司法实践中仍以1997年《刑法》的规定为打击恶意透支犯罪的直接刑法手段。为了配合1997年《刑法》的实施，2001年4月18日最高人民检察院、公安部联合制定部分经济案件立案追诉标准，将恶意透支型信用卡诈骗罪的立案追诉标准确定为人民币5000元。

法律条文是一成不变的，但是社会生活却是千变万化的。1997年《刑法》修订后，在相当长的一段时间内起到了相当明显的打击恶意透支犯罪的作用，遏制了恶意透支犯罪的高发态势，为维护我国金融管理秩序和发卡银行利益做出了巨大贡献。但是随着现代金融体系的发展和金融衍生品的创新，各种新类型、新形式的恶意透支行为应运而生，与以往刑法条文所规定的典型恶意透支行为存在一定的差异，单纯依靠刑法条文越来越难以达到有效打击犯罪的目的。因此，1997年《刑法》修订后，最高立法机关和最高司法机关根据信用卡犯罪新形势和实践中遇到的诸多定性、定量分歧，通过立法解释、司法解释等方式进一步细化恶意透支犯罪的认定标准，构建起现行的恶意透支型信用卡诈骗罪犯罪构成体系架构。

在立法解释方面，2004年12月29日，全国人大常委会颁布《关于〈中华人民共和国刑法〉有关信用卡规定的解释》，对刑法中信用卡概念进行解释，规定刑法意义上的信用卡既包括信用卡（贷记卡），也包括借记卡、准贷记卡等电子支付卡。本书所研究的恶意透支型信用卡诈骗罪，行为人恶意透支的前提是其申领的银行卡具有透支功能，因此2004年全国人大常委会的立法解释对恶意透支型信用卡诈骗罪的认定范围并未出现太大的影响，其影响范围主要集中于普通型信用卡诈骗罪，即将使用伪造的、以虚假身份骗领的或者作废的借记卡、冒用他人借记卡等行为纳入信用卡诈骗罪的调整范围，客观上扩大了信用卡诈骗罪的刑事犯罪圈。

在司法解释方面，“两高”以司法解释、批复等多种方式对恶意透支型信用卡诈骗罪司法实践中遇到的新类型犯罪及定性、定量分歧进行规范，实现全国范围内法律适用的统一。1996 年 11 月 29 日，最高人民法院颁布《关于长城万事达信用卡透支利息不应计算复利的批复》，该批复认为信用卡透支过程中产生的利率已经具有惩罚的性质，因此对于复利不应计入透支数额。虽然此批复颁布于 1997 年《刑法》修订前，但当时全国人大常委会已经以单行刑法的方式创设了信用卡诈骗罪的罪名，并将恶意透支犯罪包含其中，因此恶意透支犯罪数额不计算复利这一基本认定原则被沿用至今，被后续司法解释予以采纳。

2009 年 12 月 3 日，“两高”颁布《关于办理信用卡管理刑事案件具体应用法律若干问题的解释》（以下简称“2009 年两高司法解释”），这是迄今为止最高司法机关对包括恶意透支型信用卡诈骗罪在内的信用卡犯罪案件认定标准最为全面和完整的一次梳理和规范。2009 年两高司法解释重新限定了恶意透支的定义、设定了区别于普通信用卡诈骗罪的恶意透支犯罪立案追诉标准，同时增设出罪标准，客观上对恶意透支型信用卡诈骗罪的犯罪圈进行了严格的限制，体现了最高司法机关严格控制恶意透支行为入罪的司法理念。① 根据 2009 年两高司法解释，可以进一步对恶意透支违法行为和恶意透支犯罪行为进行区分：如果持卡人基于非法占有的主观故意，违反其与发卡银行之间的协议内容，超限额或超期限透支，但数额未达到人民币 10000 元或者虽然透支数额超过 10000 元但发卡银行并未对持卡人进行 2 次以上有效催收，或者持卡人在发卡银行 2 次催收后三个月内归还了欠款，或者在刑事立案前，持卡人已向发卡银行偿还全部透支本息的，可以认定为情节显著轻微，不追究刑事责任，仅需承担相应的民事责任或行政责任。为了配合 2009 年两高司法解释的实施，2010 年 5 月 7 日最高人民检察院、公安部联合制定《关于公安机关管辖的刑事案件立案追诉标准的规定（二）》，将恶意透支犯罪的立案追诉标准同步提高为人民币 10000 元。

---

① 刘宪权、曹伊丽：《“恶意透支型”信用卡诈骗罪的刑法分析》，载《华东政法大学学报》2010 年第 6 期。

2009年两高司法解释总结和整理了以往立法机关和司法机关关于恶意透支型信用卡诈骗罪的立法沿革，继承了相关的立法经验和立法技术，对恶意透支型信用卡诈骗罪的犯罪构成进行进一步的严格限制，遏制恶意透支型信用卡诈骗罪犯罪圈的不恰当扩张现象，为恶意透支犯罪行为预留了出罪的空间，平衡了发卡银行与持卡人之间的利益关系，为我国目前打击恶意透支犯罪和维护金融管理秩序、保障金融机构财产安全发挥了巨大的保障作用，构建了我国目前刑事司法体系中打击恶意透支刑事犯罪的主体架构。

2018年11月28日，“两高”发布《关于修改〈关于办理妨害信用卡管理刑事案件具体应用法律若干问题的解释〉的决定》（以下简称“2018年经修改的两高司法解释”），该决定在2009年两高司法解释的基础上，结合近年来司法实践中总结的经验做法，对恶意透支犯罪的司法认定进一步进行了细化，同时也迎合了以出罪为视角对恶意透支犯罪进行司法认定的理念。一是强化了非法占有目的的认定。针对以往司法实践中存在的客观归罪情况，要求对行为人“非法占有目的”进行综合判断。同时对非法占有目的六种推定情形进行了修正，去除2009年两高司法解释中“肆意挥霍透支的资金，无法归还的”推定情形，新增了“使用虚假资信证明申领信用卡后透支，无法归还的”情形，更加强调事前和事中“非法占有目的”的认定。二是提高了恶意透支犯罪的数额认定标准。将恶意透支犯罪“数额较大”的认定标准从人民币1万元至10万元，提升为5万元至50万元；“数额巨大”和“数额特别巨大”的标准分别提升为50万元至500万元及500万元以上。犯罪数额特别是立案追诉标准的提升，一方面呼应了社会经济水平的发展，另一方面也进一步提升了恶意透支犯罪的入罪门槛，客观上减少了恶意透支案件的数量。三是完善了恶意透支犯罪的出罪机制。在前述非法占有目的的推定情形条款中，规定“但有证据证明持卡人确实不具有非法占有目的的除外”，保留了持卡人提出反证否定司法机关推定非法占有目的的权利。同时，将恶意透支的数额限定为公安机关刑事立案时尚未归还的实际透支的本金数额，从而将公安机关立案前已经全额归还的透支行为彻底排除出恶意透支犯罪圈。另外，规定了在检察机关提起公诉前全部退还的可以不起诉，在一审判决前全部退还的，可以免予刑事处罚，从而实现了刑事诉讼过程出罪机制的全覆盖。

（三）现行司法解释可进一步完善之处

尽管2018年经修改的两高司法解释对于恶意透支型信用卡诈骗罪的认定已经采用了比较审慎的态度，并且对于实体认定标准进一步从严把握，但是从本书所论及的出罪角度而言，现有的刑事司法体系仍然存在一定的不足和可以继续改进之处。

1. 所有立法沿革中始终缺失对于规定限额和规定期限的规范与认定。在关于恶意透支犯罪的刑法条文和所有司法解释中，对于恶意透支行为都界定为超过规定限额或者规定期限透支，而现行司法解释中关注的焦点仍然是主观上“非法占有目的”的认定以及催收环节的进一步规范，对于何为规定限额和规定期限没有任何说明和限制。并且在以往的研究中，也鲜有论者论及信用卡透支过程中规定限额和规定期限的认定。而对信用卡使用过程中的规定限额和规定期限进行细致的划分，可以从源头上认定透支行为是否存在及其相对应的责任基础，实现实体出罪的功能。

2. 对于不同催收载体的催收效力未加区分。关于催收有效性的认定，现行司法解释规定应当根据催收的电话录音、短信记录、信函回执、电子邮件送达记录以及被催收人签字等证据材料作出判断。上述规定中，对于催收的载体进行的是并列性的列举，并没有先后顺序的差别。但是实践中，不同形式的催收载体对被催收对象所带来的心理压力和催收效果是有明显差异的。[①] 催收效果最为明显且有效性最高的催收形式必然是当面催收，可以充分告知被催收人拒不归还的法律后果，其次才是信函等书面形式的催收，可以以文字形式列明法律后果。而电话、短信等催收载体，在催收效果和强制力方面存在明显的不足。但是对于发卡银行而言，基于经济利益的考量，电话、短信、电子邮件等催收形式则是最经济的催收方式。这种情况下，现行司法解释在各种催收载体之间没有区分优先顺序，实践中可能造成对于催收有效性的削减，从而不利于控制恶意透支犯罪的发生。因此，有必要基于不同催收载体的催收效力，构建更为合理的催收制度。

3. 关于“经催收仍不归还”的体系定位及出罪功能存在悖论。刑法条文和司法解释中，在界定恶意透支行为时，均要求“经催收仍不归还”，暂且不论“经催收仍不归还”到底是本罪的犯罪构成要件[②]，或者是客观处罚条

---

① 熊波：《信用卡诈骗罪“有效催收”的本质与认定》，载《南方金融》2021 年第 8 期。

② 鲜铁可：《金融犯罪的定罪与量刑》，人民法院出版社 1999 年版，第 264 页。

件[①]，抑或是本书后续所认为的刑事追责条件，均表明在认定恶意透支犯罪时不可缺少“经催收仍不归还”这一事实。对此，2018年经修改的司法解释中对于恶意透支犯罪数额进行了较为科学的认定，将恶意透支犯罪数额认定为立案时尚未归还的本金数额，从而将经催收后实际已经还款的行为彻底排除在刑事犯罪圈之外。但是，现行司法解释同时规定，恶意透支数额较大的，提起公诉前全部归还的，可以不起诉；一审判决前全部归还的，可以免予刑事处罚。如此规定，明显和前述犯罪数额的认定思路和理论依据存在难以调和的悖论。一方面，犯罪数额认定时，并未区分数额较大或者数额巨大、数额特别巨大，只要立案前归还全部本金的，即使金额再高，也均不作为犯罪处理；而提起公诉前和一审判决前的出罪规定则限定为数额较大，实际上将数额巨大和数额特别巨大的案件排除在出罪路径之外。另一方面，立案前归还全部透支本金的，实际上已经完全解除了入罪的可能；而提起公诉前和一审判决前归还全部透支本金的，仅仅表述是“可以”不起诉或者免予刑事处罚，而非“应当”不起诉或者免予刑事处罚，实际上是否能够实现出罪效果，仍然处于一种待定的状态。

第二节　恶意透支犯罪刑事责任扩大化倾向之隐忧

一、刑事责任扩大化倾向的各界反映

（一）学界反思

恶意透支型信用卡诈骗罪占每年信用卡诈骗罪之多数。有学者援引数据表明，涉及信用卡犯罪当中恶意透支占据其中的90%[②]，固然在信用卡诈骗罪中，恶意透支属于较容易实施的信用卡诈骗行为，但90%的犯罪类型均属于恶意透支型犯罪，还是不得不让人思考恶意透支型信用卡诈骗罪是否遭受了滥用。事实上，学界对恶意透支型信用卡诈骗罪的质疑之声一直存在。学界

① 张明楷：《恶意透支型信用卡诈骗罪的客观处罚条件——〈刑法〉第196条第2款的理解与适用》，载《现代法学》2019年第2期。

② 参见张明楷：《恶意透支型信用卡诈骗罪的客观处罚条件——〈刑法〉第196条第2款的理解与适用》，载《现代法学》2019年第2期。

对恶意透支型信用卡诈骗罪的质疑主要由最初的质疑其标准过窄，无法有效规制恶意透支信用卡行为，逐步发展为质疑其标准过宽，致使大量民事违约行为被纳入刑法中进行规制。

在信用卡诈骗这一犯罪形式在我国出现之初，学者们主要关注信用卡诈骗罪这一随着信用卡在我国的推广才出现的新兴的犯罪模式可能对我国金融秩序、经济环境等造成的恶劣影响的犯罪的规制必要性，更加倾向于强调经济刑法的经济秩序维护特征，因而不免对适度扩张刑事责任持肯定或中立态度。例如，有学者认为，恶意透支型信用卡诈骗罪“经催收不还”中的“催收”，只需要银行有催收行为即可[①]。考虑到实践中银行催收存在间隔过短、委托第三方进行催收而增加行为人辨识难度等问题，此处对催收的解释显然是较为宽泛的。因为“经催收不还”已经成为了本罪的构成要件之一，因而可以说此时一些学者对本罪之入罪之扩张持赞同态度。

随着我国市场经济的发展，开始有越来越多的学者认识到我国现行经济刑法规制中存在的问题。有学者认为，我国目前经济刑法立法中有三个主要特征：首先是口袋罪的扩张化特征，即对于许多尚处于探索阶段的，介于合法与非法之间经济行为一律采取严格犯罪化对策，导致许多罪名成为“口袋罪”；其次是标准简单化的特征，只要对经济秩序有违反，某种程度上具有严重危害性，则将其纳入经济刑法予以规制，这导致了经济刑法与其他法律之间关系的紊乱；最后是经济刑法立法的“象征主义”色彩明显，立法频繁但修正的内容实际应用较少。[②]出于法益保护原则的日渐认可，以及对风险社会理论背景下法益保护普遍提前对刑法谦抑性原则提出的挑战，再加之以德日刑法中以出罪思路为基底的阶层理论普遍为中青年学者所接纳，学者们开始反思恶意透支信用卡犯罪在实践中入罪边界过大的问题。例如，质疑信用卡诈骗罪判断标准过宽，甚至仅将“经催收不还款”的行为作为本罪核心之构成要件。对此，有实务工作人员指出，在没有非法占有目的进行透支之

① 高习智、曹允志：《恶意透支构成信用卡诈骗罪的认定》，载《辽宁公安司法管理干部学院学报》2004年第2期。

② 魏昌东：《经济刑法规制应当适度限缩》，载《检察日报》2018年9月12日，第3版。

时，不应当认定为恶意透支。[①] 但是有学者解读实践中的判决发现，即使是善意透支也被定性为恶意透支型信用卡诈骗罪。[②] 有学者认为，在恶意透支信用卡犯罪的实践中，存在对非法占有目的的推定不当，以及“两次催收之后超过三个月不归还”仅作为推定“非法占有目的”成立的条件等问题。该学者认为，原本上述规定都力图缩小本罪成立范围，但实践中的一些操作没有实现这一目的，反而在一定程度上导致了本罪犯罪圈的扩大化。[③] 也有学者认为，在实践工作中，司法工作人员忽视了本罪对“非法占有目的”这一要件的证明，导致过于宽泛的入罪。该学者甚至尖锐地指出，“经催收不还”不应当被视为构成要件要素或责任要素。[④] 这些观点较为激烈地批评了规制恶意透支信用卡诈骗行为的司法活动逻辑。学者们认为，恶意透支型信用卡诈骗罪的规制较为明显地体现了标准简单化、入罪化倾向严重等特征。一方面是司法机关对“经催收不还”的解读较为单一，适用比较机械。[⑤] 另一方面则是对行为人主观要件的忽视，对行为人的非法占有目的的判断不足，“仅因为犯罪嫌疑人申领信用卡后透支消费，并且有多次经银行催收拒不还款的行为，就直接认定犯罪嫌疑人的行为构成信用卡诈骗罪，没有审查犯罪嫌疑人是否具有非法占有目的，即根本无法证明犯罪嫌疑人的透支行为是否出于‘恶意’，究其原因，主要是案件承办人没有正确认识‘非法占有目的’之于恶意透支型信用卡诈骗罪的独立意义，对非法占有目的的要件的作用认识不足”。[⑥] 以上种种批判，其本质都是对恶意透支型信用卡诈骗罪在实践中体现出的刑事责任扩大化倾向的反对。

---

① 隋宝玲、杨红：《论恶意透支型信用卡诈骗罪中“非法占有目的”的认定》，载《山东行政学院学报》2017 年第 6 期。

② 张明楷：《恶意透支型信用卡诈骗罪的客观处罚条件——〈刑法〉第 196 条第 2 款的理解与适用》，载《现代法学》2019 年第 2 期。

③ 田宏杰：《恶意透支型信用卡诈骗案实证分析》，载《法学杂志》2018 年第 12 期。

④ 张明楷：《恶意透支型信用卡诈骗罪的客观处罚条件——〈刑法〉第 196 条第 2 款的理解与适用》，载《现代法学》2019 年第 2 期。

⑤ 冯涛：《恶意透支信用卡诈骗罪的认定及立法完善》，载《中国刑事法杂志》2004 年第 1 期。

⑥ 张鹏成：《准确认定恶意透支型信用卡诈骗罪非法占有目的》，载《检察日报》2018 年 10 月 26 日，第 3 版。

（二）社会反馈

根据中国人民银行《2021年第三季度支付体系运行总体情况》显示：截至2021年第三季度，全国信用卡发卡数量共计7.98亿张[①]。如此巨大的使用群体使得恶意透支型信用卡诈骗罪的入罪门槛的微小变化都会影响很大一批信用卡持卡人可能面临的刑法风险。社会各界对我国信用卡诈骗罪相关规定的讨论也比比皆是。本书主要选取信用卡持有人、未持有信用卡的公众以及发卡银行三方主体介绍其对目前恶意透支型信用卡诈骗罪的反馈。

就信用卡持有人而言，针对本罪的关注主要是在确实无法还款的情况之下是否构成本罪。我们在调查中发现，公众一般以“欠款达5万元以上，但确实无法归还”为基本事实进行咨询。得到的答复往往都非常简单，如您的行为已经构成犯罪等，最为极端的律师回复只有“您会被起诉”。[②]而关注相关讨论平台当中，基本信用卡持有者都对相关答复表达出不满。尽管公众一般不理解“非法占有目的”这一要件的具体法律含义，但出于朴素的情感，很多持有信用卡的公众都认为自己透支信用卡确因实际情况发生改变而无法还款的，直接将其认定为犯罪有些处罚过重。同时，规定中的“两次催收”实际时间间隔过短，司法实践中仅以具体的催收次数为判断标准，许多欠款人表示过短的时间间隔难以有效筹款。[③]其中，尤其以个体经营者或小企业的经营者的反馈最为强烈，他们认为，采取透支手段维系基本经营是常见的经营方式，如果在确实无法还款的情况下还追究其责任，会导致其丧失一定的经营信心。尤其是在疫情期间，大部分个体户以及小微企业难以开展生产经营，还款的压力剧增。在收集相关信息的过程中，一位开餐饮店的业主就曾经表示，在2019年年末就已经借款对店面进行装修、采购，希望在春节期间营业，但因为疫情的影响，无法营业，导致其负债增加，确实也无法还款。当然，在疫情这类特殊情况下可能有其他救济渠道来缓解这一压力。此处只是想说明，针对那些没有明显的非法占有目的，但又确实无法还款的

---

①　《2021年第三季度支付体系运行总体情况》，https：//new.qq.com/omn/20211206/20211206A076SS00.html，最后访问日期：2022年2月3日。

②　http：//www.110.com/ask/question-12802279.html，最后访问日期：2020年4月25日。

③　田宏杰：《恶意透支型信用卡诈骗案实证分析》，载《法学杂志》2018年第12期。

信用卡透支使用者而言，从司法实践出发的律师建议等给到其的现实压力就是不能透支5万元以上，这其实已经与恶意透支型信用卡诈骗罪的立法目的有所偏移，因而有透支行为的民众普遍表示该规定太过严苛。法的指引、教育作用在此处发生了一定程度的变质。综上，对持有信用卡，并且产生过透支行为的人而言，一般都不赞成刑事责任扩大化的倾向，认为该规定不太合理。

就未持有信用卡的公众而言，批判之声虽然也有，但显然已经不那么尖锐了。就相关恶意透支新闻而言，认为“过度追求消费水平的提升导致信用卡透支无法还款”是行为人自作自受，行为人应当对其自负其责的观点较多。① 但是公众对于恶意透支行为应当通过什么手段进行规制这一话题，则偏向于认为直接定性为犯罪依旧略有惩罚过度之嫌。例如，对于将所得款项用于自身生产生活且确实无法还款的恶意透支行为人，有网民认为相较于其他犯罪，该行为显然社会危害性不大，因为一时的疏忽或因为实际情况确实无法还款的，还对其判刑显得有些处罚过重。② 综上，对于未持有信用卡的一般人而言，现行规定所体现出的刑事责任扩大化倾向在感情上他们一般赞同，但是都认为实际操作中需要更加细化标准。但值得注意的是，大量民众注意到目前层出不穷的各种贷款产品以及发卡机关滥发信用卡的情况，认为尽管规制恶意透支行为人具有必要性，但针对发卡机关不负责的发卡行为也需要加强监管。③

而对于发卡银行而言，对相关法律规定则体现出明显的支持态度。据我们采访的某银行相关工作人员表示，作为银行重要的营收手段之一，银行一直都有一定的信用卡发卡任务指标，从这个角度而言，任何对办卡积极性会产生负面影响的行为，银行都应当对其持负面评价。但是在银行发卡之时，不同的银行都会依据自身资产预先设定一定的坏账比例予以风险调控。在经催收仍然不归还之后，只有达到一定金额的情况下银行才会采取司法救济手

① https://weibo.com/ttarticle/p/show?id=2309404315014549894764，最后访问日期：2020年6月9日。

② https://weibo.com/ttarticle/p/show?id=2309404311472837677572，最后访问日期：2020年6月9日。

③ https://weibo.com/ttarticle/p/show?id=2309404311472837677572，最后访问日期：2020年6月9日。

段，而这一金额的确定也是按照银行预设之坏账比例予以确定的，并非达到法律规定的入罪门槛银行就一定会前往报案。但是对于数额较大且长期不归还的透支人，银行也非常乐意借助司法的手段追回自身损失。但在采访中，有工作人员表示，虽然对于恶意透支信用卡的行为人需要进行规制，必要时也可以借助司法的力量寻求救济，但是针对数额不大、催收又无效的行为人，银行一般不会调动过多的资源予以追讨。面对规制恶意透支型信用卡诈骗罪，该工作人员表示，固然欢迎通过法律手段对这一行为予以规制，但是不希望规制过严，从而打击到他人的办卡积极性。

二、刑事责任扩大化倾向的社会危害

如前所述，虽然不同群体的关注点各不相同，但本罪目前无论在学界抑或民间都遭到了批评。之所以会有这样的情形出现，是因为本罪刑事责任扩大化招致了多重社会危害的产生。多重社会危害的产生，一方面是因为本罪作为经济犯罪的特殊性，过度的扩张犯罪圈可能会干预正常的经济秩序，以及导致银行的审慎义务被削减；另一方面则是刑事责任扩大化的普遍性隐患，即刑法万能论的隐患以及对部分行为人较为严苛的处分，导致其社会性利益受损。

（一）有违刑法的公正价值

公正是刑法的首要价值，刑法要起到定分止争、安邦治国的作用，就必须坚持并实现公正价值的要求。[①] 为了追求公正价值，实现公平正义，最基本的要求就是在立法和司法层面坚持罪刑法定原则和罪责刑相适应原则。[②] 正如有学者所言，“整个刑事责任基本原则的核心是限制国家当局滥用刑罚”。[③] 因此在刑法适用过程中，特别是介入社会和个人生活时，必须保持审慎的态度，避免过度滥用刑罚。信用卡透支行为本质上属于借贷双方平等的民事法律关系，即信用卡申领人与发卡银行就授信额度、还款期限、利率等合约要素所形成的合意，因此从民事角度而言，即便在逾期未还款的情况

① 张绍谦：《论我国刑法的公正价值》，载《公民与法》2011 年第 9 期。

② 陈正云、张汝杰：《刑法效益与刑法公正关系论析》，载《现代法学》1997 年第 2 期。

③ ［美］道格拉斯·N. 胡萨克：《刑法哲学》，谢望原等译，中国人民公安大学出版社 2004 年版，第 219 页。

下，透支行为人与发卡银行之间仍然处于平等的地位。而在恶意透支型信用卡诈骗罪中，刑法通过设定一定的主客观条件，将部分逾期未还款的透支行为纳入刑法的打击范畴，由司法机关介入这一原本处于平等地位的民事法律关系之中，通过公权力和刑罚这一最为严苛的法律规制手段，对透支行为人进行处罚而保护发卡银行的利益，从结果上已经造成了透支行为人和发卡银行之间的地位和权利义务的不平等。这种结果上的不平等，实际上使司法机关成为发卡银行的利益维护者，而对于发卡银行的过错没有任何规制手段，当这种不平等反向传导至前期双方的民事法律关系之中时，将会破坏民事法律关系所赖以存在的平等基础，难以实现刑法的公正性价值追求。

（二）有过度干预经济之嫌

目前我国基本遵循以公有制为主体、多种所有制共存的经济模式，实行以国家调节为主导、市场调节为基础的双重调节模式。法律虽然是国家调节的有力手段之一，但国家调节的基本目标是维护经济活力，维护不同主体的利益。就恶意透支型信用卡诈骗罪的现状而言，在某些情况下刑法之规定希望维护的利益在发卡机关看来都可能属于可容忍的损失范畴，因此在某种角度上可以说这一风险的可容忍程度相对较高。尽管被害人的可容忍性并不能够成为出罪的支撑，但是各大商业银行对于信用卡坏账率都有一定程度的预期。尽管预期的坏账并不能够成为严格意义上可以容忍的风险，但至少能够证明在一定程度上这一法益的保护层级相对较低，尤其是对没有非法占有目的的透支行为人而言，此时法益之衡量显然出现了失衡，过分注重对经济秩序的维护而忽视了规制行为本身对经济活性的打击。信用卡透支是目前最为常见的借贷形式之一，个人信用贷款也是较为常见的金融产品，在我国经济运行中发挥着较为重要的作用，扩大化的刑事责任可能会使得原本属于信用借贷行为中可以容许的风险被强行规制，导致信用抵押的成本增高，影响相关工作的开展，打击办卡人的积极性。从经济体系的运行规律而言，过度的强制性干预对其发展是不利的，在市场调节与宏观调节的结合中很重要的一点就是需要把握宏观调控的介入程度与介入时机。从信用卡市场规制来看，通过立法的形式规范恶意透支行为是必要的，但这并不意味着所有透支行为都应当通过刑法进行规制。就目前恶意透支信用卡犯罪的立法规制来看，大量的透支后无法偿还的行为都被定性为恶意透支，这可能会导致持卡人再不敢使用信用卡透支的方式进行风险规避，进而不愿意进行透支行为。这显然是有过度干预正常经济运行的嫌疑。

（三）有催生大量前科人员之忧

在我国，个人因犯罪接受刑事处罚的档案资料等会由公安机关留存，称为“前科”或“案底”。应当说，我国对于刑满释放人员重入社会的相关工作一直在稳步推进，对于未成年人犯罪已经建立犯罪记录封存制度，但显然仍存在薄弱环节。事实上，我国社会舆论一直对接受刑事处罚的犯罪人员不够宽容，在求学、就业等方面都会对留有前科的人员施加诸多限制，甚至对前科人员子女的求学、就业也会产生影响。仅从社会影响的角度分析，我们不难发现，恶意透支信用卡犯罪的行为人因为其非法占有目的这一法定要件在实践中或多或少地被人为忽视，也就意味着接受刑事处罚的人数的增加，即前科人员的增加。我国前科消灭制度目前仍存在薄弱环节，同时我国目前出罪机制总体而言还存在提升空间，再加之目前我国整体居民负债率提高，尤其是年轻人群中负债率较高，这就意味着在刑事责任扩大化倾向的语境下，可能会有大量原本不用接受刑事处罚的年轻人接受刑事处罚，成为前科人员，这对我国社会秩序以及公民的法忠诚都存在潜在的不利影响。

（四）有以刑代治之嫌

刑罚不是万能的，我国社会综合治理的基本要求就是治理手段科学、治理主体多元、治理方式多样。就透支信用卡行为的规制来看，目前在行业、行政层面我国已经探索出了一系列较为有效的手段，如黑红名单制度、失信联合惩戒制度以及失信公示制度等。刑法并不是也绝对不应该是解决一切社会问题的万能药。面对复杂的社会现状，需要消耗大量资源的刑法手段只有在治理失灵之时才应当介入。如果面对法律边界较模糊的问题，应当从教义学的角度出发，进行合理的解释，而不应当是简单地适用刑法。在我国古代，因为历史的局限性不可避免地出现过以刑代治的历史现象，其具体表现往往是“诽谤者族，偶语者弃市”，最后的结果就是“父老苦秦苛法久矣”。我国早期也信奉重刑主义，罪与非罪边界不清，入罪标准过于简化，导致了一定的不良后果。前事不忘后事之师，在理论研究层面，法教义学研究在我国的兴盛以及德日阶层理论在我国的广泛传播与我国传统要件理论在出罪层面的迟滞性有着直接联系。在实践层面，政府不断地探索“共建、共治、共享”等治理新手段、新思路、新理念，也同样表明在顶层设计层面力求避免刑法承担过度的社会治理职能。而本罪在实践中体现出的刑事责任扩大化倾向，显然不利于这一目的的实现。

（五）有导致银行发卡不负责任之危

本罪的一大危机即是对刑法本位的超越，这一危机本书将在之后的理论危机部分予以分析。仅就实际的社会效果而言，本罪在实践中体现的刑事责任扩大化，导致了银行的损失可以间接通过刑法的手段予以实现。毋庸讳言，仅就追回欠款这一目的的实现而言，可能被施加刑罚的危险显然更能促进透支人进行还款行为。但是因为实践中忽视了非法占有目的这一要件，施加刑罚的基础因而并不存在，从这一角度而言，刑罚成为发卡机关追讨欠款的工具之一。就恶意透支行为产生的根源来看，固然行为人盲目借贷占主要责任，但发卡机关对其审查的不充分也是导致这一行为频发的客观促进因素之一。而原本发卡机关滥发信用卡的行为如果没有刑法的介入，那么自然会受到客观的拖欠人数增加的风险。原本这一风险的存在能够平衡发卡机关的发卡行为，但是刑法的过度介入则导致发卡机关因为有了国家暴力机关的托底，可以肆无忌惮地超发信用卡，进而形成恶性循环。长此以往，就有导致对恶意透支犯罪打击得越严厉，恶意透支的犯罪情况反而更多这一困境出现的嫌疑。因此，本罪刑事责任扩大化倾向间接导致了发卡机关超发、多发等不负责任发卡情况的产生与蔓延。

三、刑事责任扩大化倾向的理论危机

（一）动摇了正确的刑法本位观

所谓法本位，我国有学者认为，“法的本位”是在法这一权利和义务体系中，权利和义务何者为起点、轴心或中心的问题。[①]刑法是国家制定并通过强制力保障其实施的行为规范。其服务的对象是统治阶级，是进行阶级统治的工具。就我国而言，刑法应当恪守的是为人民服务的基本立场。从刑法基本目的而言，刑法应当着眼于对犯罪的预防与矫治，对法益的保护与对权益的保障，以及对民众的教育与指引。进入新时代以来，我国刑法一直寻求在理论上寻找正确的本位观以指引刑法走上正确的发展道路。但本罪不当的刑事责任扩大化倾向，可能会影响这一努力效果的实现。

首先，刑法不可有所偏废，但本罪刑事责任扩大化倾向将不利于刑法寻找合理的体系定位，影响正确的刑法本位立场的确定。有学者认为，目前我

① 张文显：《法学基本范畴研究》，中国政法大学出版社 1995 年版，第 88 页。

国刑法立法应当采取复合本位观，即在保护法益与保障人权之间寻求到平衡点。[①]实践中本罪将没有非法占有目的的行为人纳入刑法规制之内，导致刑法保障功能的实现空间被刑法的保护功能的过度使用而侵占。我国刑法的立法首要价值一直是保护价值，着重于对法益的全面保护，但随着我国刑法理念的转变，依托于罪刑法定原则而产生的，力求加强对主体尊严、基本权益等的保障理念也逐渐成为我国刑事立法的主流思潮，也即对保障价值的强调。刑法的适用就应当在保护法益与保障人权之间寻找到平衡点，这是我国多年刑法研究所取得的基本共识。[②]故而刑法的定位也应当依托于二者之间的比较与平衡而确定。保障功能的实现对应着"良法"之判断，保护功能的实现则影响着"善治"的评判。就目前刑法研究来看，严格的符合构成要件内容的入罪是实现刑法寻找合理定位的重要保障之一。一旦忽视构成要件判断，将会导致刑事责任边际的不当扩张，进而影响刑法在现代治理体系中寻求合理定位的基本目标。

其次，刑法任务主次应当分明，但本罪刑事责任扩大化倾向可能会导致刑法超越其本位的施用，在本罪语境之下有刑法成为发卡机关追回损失的工具的嫌疑。国家动用刑法，在于利用刑法保护法益、保障人权、规制行为。除却针对法益的保护，针对人权的保障以及针对不法行为的规制等机能以外，刑法当然还具有教育、指引、评价等机能。但前者是施用刑法的核心机能，也是刑法的主要任务；而后者往往是在实现了基本目标之后，通过对刑法的执行、宣讲等实现的附加价值。因为对法益的保护、对人权的保障以及对行为的规制是现代刑法的合法性来源。所谓"皮之不存，毛将焉附"，如果前者的目标没有实现，那么即使其他机能再得到如何的发挥，动用刑法都将是不符合基本法治理念的。同时，国民的法忠诚的培养也来源于刑法对基本目标实现以及对核心机能的发挥。基本目标没有实现之时，附加功能的作用机制反而会对国民法忠诚造成不利影响。例如，我国之前对正当防卫的严格解释，大量可以被认定为正当防卫的行为被认定为防卫过当。不仅没有使防卫限度是严格要求的这一理念得到民众的深入了解，反而使得民众在一定

---

① 魏昌东：《刑法立法的群体本位性与个体本位性》，载《刑法论丛》2008年第4期。

② 林亚刚、傅学良：《刑法功能的价值评价》，载《中国刑事法杂志》1999年第3期。

程度上不敢同犯罪作斗争，不敢积极行使防卫权利。就恶意透支型信用卡诈骗犯罪而言，刑事立法的重心是规制恶意透支信用卡并且造成重大损害的行为，而恢复受害人的损失则是刑法实现过程中所附带的价值，是通过刑罚的手段保障民事权利得以实现。根据我国《刑法》第36条规定的精神，赔偿损失的确定依赖于民事法规认定。从这一点就可以看出，刑法恢复损失之功能的实现是附加于判决合理的基础之上的对民事权利实现的辅助性功能。那么一旦出罪机制不畅，并不构成本罪的行为人被定为本罪，那么附加的实现民事权利的功能就失去了正当性依托。行为人一旦服从判决进行赔偿，那此时没有实现基本功能反而着重于实现附加功能的刑法即有沦为发卡机关用来追回损失的工具的嫌疑。这显然是与合理的刑法本位观背道而驰的。

从本质上来说，无论何种本位观都无所谓绝对正确或绝对错误，关键在于在这一本位观指导的立法活动、司法活动的影响之下，民众是否认为具体的法律是公正的。之所以学者们不断提出不同的法本位观，更好地回应民众对法公正的期待也是一个重要目标，可以说适当的回应民众对公正的要求是探索正确法本位观的基础之一。

（二）突破了刑法最后手段性

刑法最后手段性，是指刑法作为维护社会秩序的最后一道防线，应当控制其处罚的范围，在运用非正式社会手段（如道德、风俗等）和民事、行政等其他法律手段可以有效维护社会秩序并打击犯罪时，便不需要动用刑法。[①] 刑法的最后手段性与刑法谦抑性之间有着紧密的联系，但是应当指出的是，刑法的谦抑性一般是调整刑法宽度与刑法广度的思想。但刑法的最后手段性则集中于对刑法适用范围的调整。有学者认为，刑法的最后手段性是刑法谦抑性的下位概念[②]。因为刑法谦抑性着重于在立法层面实现刑法的处罚范围和处罚程度的限制，而刑法最后手段性则是司法层面集中展现处罚范围的理论，故而尽管本罪的刑事责任扩大化倾向违反了刑法谦抑性原则，但采用刑法最后手段性作为讨论的对象同样有相应的适用空间。

首先，本罪在实践中有错误的判断行为社会危害性的嫌疑。刑法的最后

① 张建军：《最后手段性：现代刑法的基本理念》，载《光明日报》2014年9月17日，第15版。

② 张建军：《刑法最后手段性的根基及实现》，载《昆明理工大学学报（社会科学版）》2008年第7期。

手段性要求刑法只有在面对造成严重社会危害的行为之时才有适用的必要。从社会危害性的角度来看，在实践入罪的过程中，有相当数量并没有非常严重社会危害性的行为也被纳入本罪进行规制，例如没有非法占有的、银行催收间隔期非常短、来不及筹款以及确实无力偿还等情况都是明显不具备应当入罪的社会危害性要求的。例如，在梁某甲、梁某乙信用卡诈骗案（即本书案例2）[①] 中，梁某甲、梁某乙二人将透支款项用于合法经营活动，由于二人意志以外的市场风险等客观因素导致其无力还款。虽然从结果来看，二人的透支行为造成发卡银行可能面临的财产损失，但这和自始至终就意图侵吞透支款项的典型恶意透支犯罪相比仍然存在较大差别。从主观想法上来看，二人并不追求不能归还透支款项的结果，相反，二人更希望所从事的经营行为能够盈利并归还银行款项。从客观原因来看，无法偿还透支款项这一结果也并非由梁某甲、梁某乙二人直接侵吞所造成的，二人意志以外的市场风险等因素对损失结果的发生具有更大的影响作用。从该案的具体事实和情节来看，梁某甲、梁某乙二人所具有的社会危害性极为有限，对信用卡管理秩序的侵害较为轻微，通过其他规制手段足以恢复被侵害的法益。最终对二人不认定为恶意透支犯罪也较为直观地体现了司法机关对于此类犯罪社会危害性坚持实质评价的认定标准。

其次，本罪在实践中有滥用刑法进行规制之嫌疑。有学者认为，如果不加区分地适用刑法，那么刑法必然会因为这种不当适用而限制其作用的发挥。[②] 刑法的最后手段性要求只有在其他制裁方式不足以抑制犯罪之时才应当适用刑法。如前所述，目前我国规制恶意透支行为有社会信用体系及联合惩戒制度，有民事赔偿制度等，在实践中这些制度也收获了良好的效果。我们通过中国裁判文书网检索了近年来上海地区的部分信用卡纠纷民事案件，发现其中大量案件单从透支数额来看，已经超出恶意透支犯罪5万元

---

① 参见“梁保权、梁博艺信用卡诈骗案”，载《刑事审判参考》总第105集。

② 张建军：《刑法最后手段性的根基及实现》，载《昆明理工大学学报（社会科学版）》2008年第7期。

的立案追诉标准[①]，甚至部分案件透支金额接近人民币30万元[②]。上述信用卡纠纷民事案件的存在，结合恶意透支犯罪案件本身所体现出的刑事责任扩大化倾向，说明刑法并非保障发卡银行利益的迫不得已的手段，通过民事法律程序中的强制执行、失信被执行人制度，结合社会信用体系及联合惩戒制度，足以在较大范围内保证发卡银行的财产利益并维护正常的信用卡管理秩序。

最后，本罪在实践中有忽略动用刑法所带来的负价值之嫌疑。刑罚的发动需要国家动用大量的资源，同时刑罚本身又以侵害权利为表现。故而本罪频繁的动用刑罚，忽略了刑法的最后手段性的基本要求，反而可能在权益没有有效保护的基础之上侵犯他人的合法权益。对于恶意透支型信用卡诈骗罪而言，动用刑法对其进行规制，当然可以在极短的时间内遏制犯罪，但是这种遏制必然是暂时的。因为单纯地依靠刑法打击恶意透支犯罪，忽略了刑法的社会治理角色，使立法者和社会公众过分迷恋、依靠刑罚来抑制犯罪，实际上掩盖了更深层面的社会矛盾和产生犯罪的原因，也就是发卡银行在发卡环节的审批疏漏和盲目高额授信以及在用卡环节的风险管控懈怠。虽然动用刑法打击恶意透支犯罪的目的是维护信用卡管理秩序和发卡银行财产利益，但从长远来看，过度依靠刑法使发卡银行将刑法作为自身的催讨工具，从而降低或者放弃其自身所应承担的管理和监控职能，反而更不利于形成健康、有序的信用卡管理秩序，也即动用刑法所带来的负价值。

---

① 例如上海市黄浦区人民法院（2021）沪0101民初27308号民事判决书认定的透支本金数额5.7万余元，上海市杨浦区人民法院（2021）沪0110民初22405号民事判决书认定的透支本金数额6.1万余元，上海市奉贤区人民法院（2021）沪0120民初24181号民事判决书认定的透支本金数额14.5万余元。

② 上海市虹口区人民法院（2022）沪0109民初35号民事判决书认定的透支本金数额28.6万余元。

第二章　恶意透支犯罪出罪之价值蕴含

第一节　对刑法谦抑性精神的追求

作为现代刑事法律理论中的重要组成部分，刑法谦抑性理论逐渐成为司法活动中的一项基本原则。恶意透支犯罪作为典型的经济犯罪，既侵害发卡银行的经济利益，也破坏我国的金融管理秩序，必须严格限制其刑事打击范围。在认定恶意透支犯罪时，要坚持主客观相一致的原则，既重视客观行为的查证，同时也不能忽视对行为人主观犯罪故意的司法判断，防止刑法不恰当地扩大打击范围。应当立足于刑法谦抑性理论，本着刑法谦抑性的补充性、不完整性和宽容性特征，对恶意透支型信用卡诈骗罪的犯罪圈进行准确的划定。

一、刑法谦抑性理论的司法实现路径

（一）刑法谦抑性理论简述

刑法谦抑性理论既是对近现代刑法整体思潮的总结，也是对未来刑法发展方向的判明。刑法谦抑性思想的核心是刑法对其他社会治理手段的让步，是对个人自由的权利的伸张，高度契合罪刑法定、罪刑均衡、法益保护等刑法基本原则的要求。[①] 从刑法的未来发展方向而言，刑法谦抑性理论基本划定了刑事立法以及刑事司法的边界和行为准则。以往对刑法谦抑性理论的阐述主要包括刑法的宽容性、不完整性、补充性、克制性等[②]，在决定刑法介入社会生活的范围时，要坚持只有在其他规范手段无法发挥作用时，才由刑法予以介入。坚持刑法谦抑性理论，就意味着在调整和维护社会生活秩序时，

---

① 熊永明：《论刑法谦抑性与刑法基本原则之间的契合》，载《云南大学学报（法学版）》2007 年第 3 期。

② 王明星：《刑法谦抑精神研究》，中国人民公安大学出版社 2005 年版，第 49 页。

应尽可能使用相对轻缓的方式，谨慎考量刑法的适用范围，从而体现刑法应有的克制和宽容。[①] 刑法谦抑性理论作为刑法的基本理论，不仅在立法层面发挥着调节刑法适用范围的作用，同样在具体的刑事司法活动中发挥着重要和积极的作用。刑法谦抑主义是在刑法立法和运用中都需要加以考虑的基本原理。[②] 因此，在刑事司法实践中，司法人员应当秉持刑法谦抑性理论，从刑法本身所具有的补充性、不完整性和宽容性特征入手，在对特定行为进行定罪量刑时保持审慎的司法态度。

（二）刑法谦抑性理论的核心要素

与以往的刑法理念不同，刑法谦抑性理论要求刑法在确定管辖范围时，应坚持凡是通过其他规制手段足以抗衡某一违法行为时，就不能将其作为犯罪进行处罚。[③] 刑罚的严厉性以及高昂的适用成本，决定了刑罚不是最优的社会治理手段，一定存在其他替代的规制手段对违法犯罪行为进行抗衡。[④] 面对不断演化的社会关系，公法驰骋纵横的疆界不断扩大，而公法治理运行的方式愈趋柔性[⑤]，也即刑法值得保护的法益的外延在不断扩大，但刑法执行手段愈加人性化。因而，有学者认为，现代刑法谦抑性的实现之路是由“立法扩张与司法限缩”[⑥] 两个维度所组成。恶意透支行为作为我国经济发展之后的新型犯罪，对恶意透支行为进行规制是弥补法益保护不足的必要举措，因而从立法层面而言，对恶意透支犯罪的规制符合刑法谦抑性理念的要求。因而随着本罪在特定时间段案件数量呈现爆发式增长，有必要进一步明确刑法谦抑性理念指导下的司法限缩思路，以排除本罪实践中过度扩张之忧。

刑法谦抑性理论要求在相同的情形下，以对犯罪行为人侵害最小的方式

---

① 吴富丽：《刑法谦抑性实现论纲》，中国人民公安大学出版社 2011 年版，第 10–11 页。

② ［日］大塚仁：《刑法概说》，冯军译，中国人民大学出版社 2003 年版，第 24 页。

③ 张明楷：《刑法格言的展开》（第三版），北京大学出版社 2013 年版，第 491 页。

④ 张明楷：《论刑法的谦抑性》，载《法商研究》1995 年第 4 期。

⑤ 田宏杰：《立法扩张与司法限缩：刑法谦抑性的展开》，载《中国法学》2020 年第 1 期。

⑥ 田宏杰：《立法扩张与司法限缩：刑法谦抑性的展开》，载《中国法学》2020 年第 1 期。

适用刑罚对其进行规制。从具体的要求来看，对于刑法这种直接限制行为人人身权利的规制手段，在决定其适用范围时应当坚持以下核心要求：适当性、必要性和衡平性。[①]适当性是欲达成的目的与实现目的所采用的手段之间的对称关系。[②]刑法所规制的行为与所欲保护的社会关系之间应当存在事实上的因果关联，在决定是否将某一行为作为犯罪进行打击时，应当考量能否通过刑法的介入达到抑制犯罪的目的。必要性则是指刑法只有在不得已的情况下才有限地介入社会生活，而这种介入是实现刑法目的的最温和手段，是最低限度地侵害公民权利。在确定犯罪圈范围的过程中，要考虑行为是否侵害了社会中的重要利益，行为对社会的副作用完全大于正面效果且被全体社会成员所难以容忍，其他方法难以弥补其损害和预防其再次发生。[③]衡平性要求刑法介入社会生活后，对于公民权利的侵害与刑法所保护的法益之间保持平衡；同时也要判断此时的司法资源投入与社会总收益之间是否符合经济效益最大化的要求，避免刑法的不恰当和过度介入所造成的对其他有利于社会发展行为的遏制。

（三）行为入罪应遵循的原则

刑法谦抑性理论实践应用的一大弊端就是没有具体的操作规程或没有明确的要求。贸然援引谦抑性理念进行入罪可能对刑法的安定性有所损害。[④]因此，有学者认为，刑法谦抑性理论不能作为司法人员进行裁判时的依据，而应当将其以更加规范和具体的方式引入解释方法论之中发挥作用。[⑤]不需要纠缠结论是否谦抑，而关键在于思考方式的谦抑。[⑥]因此，本书将尝试从谦抑性的核心理念出发，将刑法谦抑性对刑法介入社会生活关系所必需具备的适当性、必要性、衡平性要求纳入司法实践当中进行考量，初步构建刑法

① 黄荣坚：《刑法问题与利益考量》，中国人民大学出版社2009年版，第135页。

② 姜涛：《追寻理性的罪刑模式：把比例原则植入刑法理论》，载《法律科学（西北政法大学学报）》2013年第1期。

③ 张绍谦：《从刑法特性看犯罪圈的界限》，载《河南政法管理干部学院学报》2007年第5期。

④ 张明楷：《刑法理念与刑法解释》，载《法学杂志》2004年第4期。

⑤ 简爱：《一个标签理论的现实化进路：刑法谦抑性的司法适用》，载《法制与社会发展》2017年第3期。

⑥ 简爱：《一个标签理论的现实化进路：刑法谦抑性的司法适用》，载《法制与社会发展》2017年第3期。

谦抑性理念下的司法入罪三原则：适当原则、必要原则与衡平原则。

1. 适当原则

适当原则来源于适当性对手段与目的对称的追求，适当性要求的是对是否存在值得保护的法益予以检验。[①]对造成法益侵害的行为是否具有普遍性的判断主要是在立法层面进行检视，而具体行为是否契合规范保护目的则主要是在司法层面进行判断。

适当原则要求对任何行为入罪之前，需要对是否存在刑法所保护法益被侵害的事实进行判断，在确定有法益被侵害这一事实的基础上，则需要仔细审视客观行为与法益损害结果之间因果关系存在与否，以及与损害结果存在因果关系的客观行为是否可以视为类型化的行为并通过规范对其进行规制。在具体司法实践当中，首先应当明确规范所保护的法益类型，其次则需要检视因果关系的存在。易言之，适当原则要求在司法实践当中，加强对行为的客观可归责性的判断，当中涉及对因果关系和规范保护目的的双重审视。刑法的动用是否应当谦抑则融入对此二者的判断过程当中：准确把握规范的保护目的，并非规范保护目的之行为不能进行归责。针对经济犯罪等违反了前置法规范的行为，应当通过前置法相关规范识别行为的具体性质。为此，有学者倡导前置法定性与刑事法定量相统一的刑法适用规则，通过犯罪认定司法限缩的方式进行法益侵害的识别。[②]在行为定性完成之后，需要判断行为与结果之间的条件关系。不存在条件关系的行为应当坚决排除归责，存在条件关系但对结果的发生仅起到微弱作用的行为谨慎归责。适当性原则可以被视为秉持着谦抑理念适用客观归责理论展开对行为构成要件符合性判断的原则。

一般而言，在属于法条所明确的构成要件行为的认定上不会出现明显的偏差，但运用适当原则可以强化判断的准确性。同时，因出于实践的需要，一般法条中都会规定所谓“兜底条款”，即以“以其他方式……”或“其他……行为”的文本所体现的规范，在实践中的适用就不能脱离适当原则的指引。因为通常而言，此类文本将对行为人采用的具体方式方法的判断权交

---

① 姜涛：《追寻理性的罪刑模式：把比例原则植入刑法理论》，载《法律科学（西北政法大学学报）》2013年第1期。

② 田宏杰：《立法扩张与司法限缩：刑法谦抑性的展开》，载《中国法学》2020年第1期。

予司法机关，这其中存在着较大的裁量空间，构建出一套既符合谦抑性需求又能够基本满足司法实践功能发挥的入罪原则具有重大意义。

2. 必要原则

必要原则来源于刑法谦抑性理念中对必要性的要求。必要性根植于其他社会手段对法益保护的有效性，只有当其他手段无法实现对行为的有效规制之时，才应当动用刑法，这在刑法研究领域一般被表述为刑法的最后手段性。损害弥补与预防是发动刑法的必要性的两个判断维度，而法益是必要性判断的启动基本点。因此，必要原则落实的逻辑进程应当是：先判断行为侵害了何种法益，再对其他手段弥补有效性与预防有效性进行综合评价，最后就能够得出刑法的介入是否必要的判断。具体如下：

首先，司法事件当中应对规范保护之法益予以适当、合理的解读。这就要求司法工作人员准确把握核心法益、正确区分不同类型的法益，并且能对其合理评价。刑法谦抑性理论要求对侵犯社会法益、国家法益的犯罪行为的制约程度应当高于侵犯个人法益的犯罪。① 无论其对不同类型法益位阶的排序是否得到一致认同，但司法工作当中应当有明确的区分意识这一点是毋庸置疑的。不同法益的自我恢复能力各不相同，其他规制手段也不相同。因此对其规制必要性的判断标准也应当随之变化。

其次，必要原则要求在司法实践当中，行为只有当被其他法律处罚且此类处罚不足以达到损害弥补或预防的目的之时，才能引入刑法对其进行规制。因此在实践中贯彻必要原则，需要援引其他部门法知识或借助专业人士的意见加以判断。② 这一方面要求在司法实践当中，司法人员不能仅对刑法熟稔，对其他法律也应当有一定的认识，在容许的范围之内积极寻找其他有效的规制手段。另一方面这也要求在前置性的民事、行政诉讼结果尚未确定之前，不应当进入刑事司法流程。

刑法规范所保护的核心法益、前置性规范的具体效能等在实践中认知的重要性应当不断强调，才能够保证刑法谦抑性进程的合理推进。因此，以必要原则对法益判断、司法习惯等进行调整，对完善入罪流程具有积极意义。

---

① 简爱：《一个标签理论的现实化进路：刑法谦抑性的司法适用》，载《法制与社会发展》2017 年第 3 期。

② 田宏杰：《立法扩张与司法限缩：刑法谦抑性的展开》，载《中国法学》2020 年第 1 期。

3. 衡平原则

衡平原则来源于对刑法介入时投入成本与收益之间所产生的比较。遭受刑罚的个体自身之权益会遭受刑罚的剥夺，刑罚越重意味着需要动用的司法资源也会同比例的增加。因此，在衡平原则中需要对刑法介入时可能产生的社会效果进行评估，也需要对介入的方式与手段进行评估，具体如下：

首先，刑法介入需要综合考量各方利益，不同个体之间的利益应当以规范保护法益的重要性为参考进行平衡。维护一方利益的同时不能以牺牲另一方的合法利益为代价，维护不同主体的利益时也应当适当考量到主体特性，予以适当的倾斜，综合运用价值位阶理论对不同的利益予以协调。

其次，应当运用数据统计、案例分析等手段加强对动用刑法效果的评估，将统计结果与经验判断相结合，全面检视刑罚所造成的积极影响与消极后果。既要对比刑罚介入前后社会关系的改变，也要对比不同刑罚、刑罚轻重对个体产生的不同影响。

随着社会的发展，刑法介入时涉及的社会关系也变得更为复杂，相互之间也存在着千丝万缕的联系。所谓牵一发而动全身，刑法发动时产生的影响是多层次多角度的。在动用刑法时充分考量可能涉及的社会关系以及产生的积极影响与消极影响，利用衡平原则对此进行考量，在整体影响呈负面之时审慎思考刑法介入与否以及对介入方式的调整，对于在入罪过程中贯彻刑法谦抑性理念有着积极作用。

还需注意的是，适当原则、必要原则、衡平原则的判断是存在逻辑顺序的，首先应当考察是否存在值得保护的法益且行为与法益侵害之间是否存在因果关系，其次应当考察规范保护的核心法益是否遭受侵害且是否其他手段已经无效，最后则是对刑法的介入是否能够实现对其他利益的平衡与综合进行考量，形成完整的入罪判断闭环，通过对谦抑性理念的贯彻实现出罪路径的构建。

二、谦抑性视角下恶意透支信用卡行为入罪之限制

正如前文所述，恶意透支犯罪在实践中存在一定程度的扩大化倾向，对这种不适当的扩大化倾向可能带来的负面影响应当予以重视。尤其是在信用卡使用日益频繁、恶意透支犯罪数量激增的当下，进一步明确谦抑性视角下司法入罪原则在恶意透支信用卡行为中的应用，是实现正确入罪、发挥积极效能、减少负面影响的可行措施。本书拟从适当原则、必要原则、衡平原则

三个角度对恶意透支信用卡行为入罪模式进行分析与探讨。

（一）适当原则的检视

对于恶意透支型信用卡诈骗罪的入罪，基于适当原则，首先需要对受保护的法益是否存在进行检视，其次则是对行为与结果之间的因果关系进行检视。具体到本罪而言，则是判断规范保护目的之下，构成要件行为所侵害的法益。本罪归类位于破坏社会主义市场经济秩序罪大类之下，因而本罪所意图保护的法益之一是经济秩序，具体到本罪而言，则是银行发卡活动的金融管理秩序；同时，本罪规制的是信用卡诈骗行为，因此与诈骗罪保护之法益具有类似性，需要对他人的财产所有权造成侵害，在本罪中即要求对发卡银行的财产所有权造成侵害。因此，本罪所保护的法益主要有金融管理秩序以及发卡银行的财产所有权，二者为并列关系，任一法益没有遭受到侵害或遭受侵害的风险没有因行为而提高，则不可认定为本罪。其次，在实践中明确保护法益应正确区分信用卡业务经营过程中的风险损失和刑法中的损害。作为信用卡的最基本功能属性，信用卡透支业务中发生的利息、手续费、滞纳金等费用构成了发卡银行利润的最主要部分。发卡银行在开展信用卡业务时，虽然能够预见到未来透支业务中可能出现的坏账风险，但出于追逐利润的目的，发卡银行仍然尽一切可能鼓励当事人使用信用卡进行透支。因此，实际上对于发卡银行而言，已经将这种坏账风险作为其固有的一部分经营成本。透支行为是一种典型且高发的金融交易活动，因此要准确区分刑法意义上的损失与经营过程中的坏账风险。对于恶意透支行为，对其进行刑事打击的前提条件是持卡人通过恶意透支行为获取了非法利益，并且造成了发卡银行的财产损失，同时也破坏了金融管理秩序。最后，需要判断行为是否达到规范的保护边界，即行为造成的损害是否是法所不能容忍的。根据“两高”司法解释以及刑法条文不难得出，在构成要件层面构成本罪在主观上须有“非法占有目的”，在客观上须有欠款数额较大、经催收不归还、超期或超限三者。适当性要求对每一个要件都进行周全的检视，任一要件不满足，均不能视为行为对法益造成了不可容忍的侵害，进而需要进行出罪化处理。

在明确了刑法所保护的发卡银行利益和金融管理秩序受到侵害这一事实要件之后，接下来需要分析的是恶意透支行为与发卡银行利益和金融管理秩序受侵害事实之间的因果关系问题。首先，即是要判断通过刑法对恶意透支行为进行规制是否能够避免发卡银行利益损失和金融管理秩序受侵害结果的发生。肯定行为的归责首先需要证明存在“如无前者即无后者”的条件关系的存在。其次，需要对行为是否制造或升高了法所不容许的风险予以判断。再次，需要判断行为是否将法所不容许的风险在构成要件的范围之内实现。最后，则需要考量规范的保护目的。具体而言，首先对行为是否导致了发卡银行的财产安全、金融交易秩序损害或提升了受损的风险，二者之间是否存在条件关系；其次这一行为所制造的结果是否符合本罪构成要件之要求；最后是判断这一行为是否是在本罪视野之下被禁止的行为。任一要求不满足则排除对本罪的入罪与归责。

（二）必要原则的检视

刑法谦抑性理论下犯罪圈划定的必要原则具有两个要求，一是对于某一损害法益的行为，社会公众对其难以容忍；二是其他替代性的规制手段不足以规制此种行为。在我国刑法中，金融犯罪位于刑法分则第三章，分别是第四节“破坏金融管理秩序罪”和第五节“金融诈骗罪”。恶意透支犯罪规制的客体为复杂客体，意味着行为侵害的是包括金融管理秩序、财产所有权在内的多重法益。但一方面本罪是破坏社会主义市场经济秩序罪中的罪名，另一方面针对财产有其他条文对其进行保护。因而应当将本罪视为以保护金融管理秩序为核心、保护财产所有权为连带的规范。这就意味着在本罪当中，尽管财产所有权等法益同样受到保护，但金融管理秩序是本罪所保护的核心法益。平等主体之间金融活动的开展依赖于规范、稳定的金融管理秩序的保驾护航。因此，当行为破坏了这一交易秩序之时，就可以视为是对金融管理秩序的破坏，进而也就侵害到了本罪所保护的核心法益。

在确定了本罪所保护的核心法益之后，则需要检视其他规制手段是否能够实现对核心法益的保护，即使其他手段能够满足对其他法益保护的需求，不能满足保护核心法益需求之时，也不能视为其他手段具有可替代性，此时就有必要引入刑法对这一行为进行规制。就本罪而言，金融交易秩序作为核心法益的体现，行政规制手段以及民事规制手段的有效性需要通过是否能够恢复金融交易秩序，且是否能够实现预防行为的再次发生来进行验证。就行政规制手段而言，主要有行政黑名单、失信惩戒等规制手段，而民事规制手段则主要集中于对本金偿还的强制以及利息等的强制赔偿手段之上。考量行政规制手段或民事规制手段是否有效，与对刑罚有效的评判方法是类似的，都应当通过对经验有效性的检验得以实现。就整体性规制而言，目前，大数据等新型统计手段的出现为更加全面翔实的评价手段是否有效提供了帮助。依托于数据分析、采样调查等手段能够使在行为人遭受行政或民事规制之后是否能够归还欠款，发卡机关等在行为人接受了规制之后发卡秩序、管理秩序等是否得到了恢复都得到验证。通过数据的分析与比对，可以筛查出欠款风险较高的人群，升级对其的规制手段，直至刑法介入。就行为人个体而言，如行为人在接受了民事规制手段之后仍然多次欠款的，就应当视为恶意透支嫌疑较大，可以对其采取要求其提高担保额度或降低其透支额度等方法予以规制；或者如接受了行政制裁之后，依然没有积极还款或逃避还款的，同样可以对其采取一定的强制措施。针对个体行为人而言，其他制裁手段介入的次数与刑法介入的必要性成正比，其他手段介入越多，则意味着手段的有效性在不断削减，对此行为人就需要重点关注。

（三）衡平原则的检视

衡平原则是对刑法介入后收益与成本比较衡量的原则。该原则要求刑法应当在综合比较之后能够取得正向的法律效果时才可发动。同时，还要求所动用的司法资源满足介入必要程度的要求，以及在刑法发动后能够有效平衡各方利益。针对恶意透支型信用卡诈骗罪而言，实践中需要注意平衡以下几个问题。

首先，规制本罪时积极后果与消极后果的平衡。针对本罪动用刑法之时，可以得到规制恶意透支行为、规范金融管理秩序以及预防恶意透支行为的积极作用。但同样会带来影响办卡积极性、影响信用卡普及、催生前科人员等消极影响。应当指出的是，透支作为发卡银行基本的业务之一，是国民经济的有机组成部分。即使放任恶意透支行为能够带来一定程度的畸形办卡繁荣，但坏账烂账的不断累积对国民经济的伤害也同样是致命的，对此进行规制是期待完善稳定的金融秩序能够带来积极影响，由此可以发现，针对本罪之规制取得积极后果的基本前提是规制的应当是“恶意”的透支行为。学者们一般认为，恶意透支行为指的就是“以非法占有为目的”的透支行为。[①]针对“非法占有目的”的认定，2018年经修改的两高司法解释中明确指出，对于行为人是否具有“非法占有目的”，应当结合行为人的用卡记录、还款态度、透支款项的去向以及无力还款的原因等情况作出综合判断，不能仅仅根据最终无力还款的事实就直接认定行为人具有“非法占有目的”。[②]同时，

---

① 李睿：《信用卡犯罪研究》，华东政法大学2009年博士学位论文。

② 参见2018年“两高”《关于办理妨害信用卡管理刑事案件具体应用法律若干问题的解释》第6条。

司法解释中还以列举的形式规定了六种“非法占有目的”的推定情形，均以拒不归还为核心、不能返还为表征。在司法实践中需要在主观上把握行为人拒不归还的主观心态以及客观上行为人不能返还的外在表现，综合认定行为人是否具有非法占有目的。尤其是对经催收后仍不归还行为与非法占有目的之间的关系，需要正确把握。有学者认为，恶意透支犯罪中，经催收后仍不归还实际上是行为人“非法占有目的”的一种外在表现形式。①再根据经验规制或合理预见做出对例外情况的排除，例如持卡人因不可抗力丧失偿还能力、资金暂时周转不开等。这种观点与2018年两高司法解释的修改精神是违背的，“非法占有目的”的认定应当结合多种因素进行判断，不具有可容忍的事由之后再考量是否没有还款行为。

其次，不同金融主体之间利益的平衡。本罪涉及持卡人、发卡银行以及金融监管机构三方主体。对构成本罪的持卡人予以刑法规制可能会对不同的主体利益产生不同的影响：针对其他持卡人而言，一方面可以使其明确透支行为正确的方式，另一方面也会使其办卡积极性、透支产品使用依赖性下降。针对发卡银行而言，一方面可以维护其基本权益，弥补其遭受的损害，但如果犯罪圈不当扩张，反而会致使其客户流失，从长远来看，可能对发卡银行的利益造成更大的影响。而针对金融管理机构而言，其所追求的应当是整体发卡秩序的稳定，从价值位阶来看，整体金融秩序稳定的价值应当是大于发卡银行的商业利益以及个体的用卡意愿的。因此，确实破坏金融管理秩序的恶意透支行为即使对发卡银行与持卡人有一些负面影响，对其进行规制依然是符合衡平原则的。但是如果行为并没有达到破坏金融秩序的程度，那么此时保护金融秩序的意义便不复存在，对持卡人与发卡银行利益的维护又重新变为重点。

最后，在刑法介入之时，需要考量介入时所应付出的司法资源与刑法介入必要性之间的平衡。司法资源是有限的，其介入的程度与介入的方式都应当与介入必要性成正比。例如在针对经济犯罪的规制中，应当重视罚金刑的作用，在情节不严重的情况下可以更多地采用罚金刑这一占用司法资源较少的刑罚手段，以期完善司法资源的有效配置。刑法要对透支法律关系中的相关各方实现平等保护，避免对发卡银行利益的单方面维护，使发卡银行靠高质量的信用服务来维持生存，改变目前司法机关成为发卡银行催收部门的窘境。

---

① 赵秉志主编：《金融诈骗罪新论》，人民法院出版社2001年版，第473页。

第二节　对刑法基本原则的坚守

一、罪刑法定原则

（一）罪刑法定原则的基本内容

罪刑法定原则最为经典的表述来源于费尔巴哈在其教科书中以拉丁文格言的形式阐述之“法无明文规定不为罪，法无明文规定不处罚”。罪刑法定原则内涵丰富，学界一般将罪刑法定原则之内容分为罪刑法定原则“形式的侧面”与“实质的侧面”。

形式之侧面的内容，主要包括法律主义、禁止事后法、禁止类推解释。法律主义原则主要强调法律的成文性，要求施加处罚的刑法应当是成文的；禁止事后法原则是对刑法溯及力的要求，即法不可溯及既往；禁止类推解释原则是禁止超出法律文本中词语所可能具有的含义进行法律解释。

实质之侧面的罪刑法定，则主要包括明确性原则以及刑罚适正原则。根据明确性原则，刑法对某一犯罪构成要件的规定必须明确，不得使用抽象的、规范的语言以保障国民的预测可能性。明确性原则不仅影响着犯罪，也同样适用于刑罚。明确性原则要求法定刑必须具有特定的刑种和刑度。刑罚适正原则首先要求刑罚不能施加于不当罚的行为，其次也不能采取残暴、虐待、不均衡的刑罚方式。不当罚之行为主要指无害的行为，也就是符合法律规定的行使权利行为；在此基础上，刑罚也不得施加于不值得处罚的行为，对于缺乏处罚必要性的行为不应对其适用刑罚；而且，刑法手段不得是残虐的、违反现代社会基本价值观的手段，刑罚幅度的分配也应当适当，不得不均衡的适用刑罚。

（二）罪刑法定原则的出罪要求

罪刑法定原则同样对恶意透支型信用卡诈骗罪的制定与实践提出了一定的要求。应当说，就形式之侧面而言，恶意透支型信用卡诈骗罪符合罪刑法定原则的基本要求。但本罪在实践中的一些问题可能影响对实质侧面罪刑法定原则的回应。在实质犯罪层面，罪刑法定原则的明确性要求无疑对本罪之入罪提出了比较严格的要求。

就明确性原则而言，本罪的构成要件之规定应当是清晰的。本罪旨在规制恶意透支型信用卡诈骗行为，从文义的角度出发，被规制的应当是恶意的透支行为。所谓恶意的透支行为，在本罪语境中，应当指且仅指以非法占有目的而进行透支且拒不归还的行为。对非法占有目的的解释也应当按照2018年经修改的两高司法解释之规定，恪守入罪门槛，尤其是对于推定情形中“其他非法占有资金，拒不归还的情形”，要进行严格的解释。在实践中将行为人透支时用于自身进行经营活动或者进行正常消费等作为推定非法占有目的，以及在实践中出现的因遭遇突发状况、不可抗力等而导致无法还款的情形解释为拒不归还，显然是有不当进行类推解释嫌疑的，而明确性要求则旗帜鲜明地反对进行类推解释。善意透支行为的入罪，一方面会导致司法机关不当扩张刑事处罚的范围，违背罪刑法定原则限制权力的内核；另一方面也会导致国民预测可能性得不到保障，使国民无法准确地给自身行为进行法律定性。因此，只有健全本罪出罪路径，才能够更好地实现对罪刑法定原则之贯彻。

二、责任主义原则

（一）责任主义原则概述

责任主义原则主要由“有责任就有刑罚”以及“无责任则无刑罚”两个维度构成，分别被称为积极的责任主义与消极的责任主义。积极的责任主义因为过分强调责任与刑罚的强联系性，导致在实践中忽视了对基本人权、对公民自由的保障，往往最终会走向必罚主义的窠臼，因而目前学界所称之责任主义，一般多指消极责任主义。责任主义原则在不同的层面有着不同的要求。从整体层面而言，责任主义是对必罚主义的否定，即当其他处罚方式适当之时，不需要动用刑罚。从犯罪成立的条件这一层面来看，责任主义限制着犯罪的成立。只有可以被归责的行为人才可以承担刑罚，如果行为人没有基于非难可能的意思活动，实施了符合构成要件的行为，才可能对行为人进行非难。责任主义的现代含义中，又包含着对主观责任原则与个人责任原则的承认与肯定。

在大陆法系国家，往往责任主义之根据来源于宪法，是宪法中对人的尊严、人的权利的保护在刑法中的体现之一。[①]而刑罚的基本目的也是责任主义原则的体现之一。如果处罚了没有责任的行为，那么将来在同样的状况下发生的同样的行为将无法被抑止，因而无法实现刑罚预防犯罪的效果。因为

① 张明楷：《外国刑法纲要》，法律出版社2020年版，第31页。

刑法的目的在于抑制犯罪，而进行无责任的行为时的心理状态是不足以受到刑罚的影响的。

近现代以来，之所以责任主义原则得到了贯彻，就是因为人们对刑罚的恶害本质了解得更加深入，也更加提防着刑法恣意干涉个人的自由、侵犯人权。为了限制刑罚的发动，责任主义原则逐渐成为近现代各国刑法的基本原则之一。

（二）责任主义原则的出罪要求

责任主义原则要求行为人具有非难可能性之时，才可对其动用刑罚。就我国刑法而言，我国要求行为人应当达到刑事责任年龄且对符合构成要件的行为具有故意或者过失的主观心理态度之时，才可对行为人进行归责。根据行为与责任同时存在的原理，责任主义原则要求行为人必须在透支时具有非法占有目的或没有归还意思。[①] 对于恶意透支型信用卡诈骗罪而言，如果是没有非法占有目的而进行透支的，或者是具有归还意思的，那么都不应当定性为本罪。归还意思是否存在与实际是否具有归还可能不能等量齐观，实际还款行为当然可以体现出行为人的还款意思，但遭受不可抗力等因素而导致的对行为人还款不具有期待可能性之时，同样应当排除其入罪。没有归还意思也同样不能等同于具有非法占有目的，责任主义要求对责任判断应当是严格且审慎的。实践中有些判决忽视了对责任主义的贯彻，将善意透支行为也认定为本罪，这无助于我国刑法实现科学化、现代化的基本目标。因而，出于对责任主义原则之贯彻，也应当完善本罪的出罪路径。

三、法益保护原则

（一）法益保护原则的发展脉络

随着世界各国立法活动的现代化，法益保护主义已经成为许多国家的立法共识，不同国家的刑法典中，或明确记载刑法的目的是保护法益，或是在各项规定中体现出对法益保护原则的贯彻和落实。例如《法国刑法典》第130–1 条规定："为保护社会，预防犯罪发生和恢复社会平衡，本着保护受害人利益的精神，刑罚具有如下功能……"[②]，以及如《挪威刑法典》中，论及

① 张明楷：《刑法学》，法律出版社 2016 年版，第 804–805 页。

② 《最新法国刑法典》，朱琳译，法律出版社 2016 年版，第 10 页。

刑罚之时，句首就是"为了公共利益的需要……"[①]法益保护原则的基本观点，即是指刑法只应当对侵害了法益的行为予以规制，而那些没有侵害具体法益的行为，则不应当动用刑法予以规制。

法益保护原则的起点就是划定法益的范围。康德认为，有义务去保护其公民的个人行为领域，也有义务仅仅为了保障自由才使用法律强制力。[②]促进普遍的福祉，以及从道德上去完善个人，这些已经不再属于法律的范畴了。[③]基于这种对道德王国的拒绝，刑法学家们试图为刑法的使用范围划上边界。费尔巴哈认为，国家只有为了保障所有公民相互之间的自由，才允许使用刑法这一手段。显而易见，费尔巴哈将自由等公民权利当作刑法正当化的根据之一。只有当行为侵害了他人针对任何人所享有的权利时，刑法才能够被动用。但事实上，费尔巴哈的"权利侵害说"并没有得到广泛的认同，其原因在于，费尔巴哈试图对国家权力进行限制，是以断绝国家权力对个人权利的侵害为路径的。[④]这种依托于个人绝对自由权的保护的观念，面对工业化所带来的巨大的经济发展，有些力不从心。

宾丁和李斯特在吸收前人理论的基础之上，提出了自己的法益概念。宾丁认为，从立法者来看，法共同体是具有利益的，因此，法益是立法者通过规范使其免受不期望的侵害或危险而必须努力予以保护全部利益。[⑤]李斯特则主张，法益被认为是人类的利益，人类存在即是法益。[⑥]两者的见解与主张看似水火不容，但实际上两者共同促进了现代法益观念的发展与完善。之后，迈兹格提出法益就是指通过作为评价规范的法所考虑存在平均利益的状态。[⑦]"二战"之后，法益概念又成为刑法寻找合法化根据的有力武器，尤其

① 《挪威一般公民刑法典》，马建松译，北京大学出版社2005年版，第7页。

② 转引自［德］乌尔斯·金德霍伊泽尔：《法益保护与规范效力的保障：论刑法的目的》，陈璇译，载《中外法学》2015年第2期。

③ 转引自［德］乌尔斯·金德霍伊泽尔：《法益保护与规范效力的保障：论刑法的目的》，陈璇译，载《中外法学》2015年第2期。

④ ［日］伊东研祐：《法益概念史研究》，秦一禾译，中国人民大学出版社2014年版，第25页。

⑤ Binding，Normen...，Bd.12 Aufl，1890，S.353/354/355.

⑥ Liszt.ZStWBd.8.S 141/142.

⑦ ［日］伊东研祐：《法益概念史研究》，秦一禾译，中国人民大学出版社2014年版，第131页。

是德国、意大利、日本，开始反思集权主义的危害，因而自由主义刑法又开始兴盛。法益概念成为自由刑法的一根支柱。[①]日本平野龙一教授开始提倡机能主义刑法观，其核心就是对法益的保护，尤其是个人法益。这一时期，德日等国明确了法益保护原则的基本内涵——任何纯粹伦理、道德问题而非产生实际侵害的行为，不应当为刑法所规制。[②]

（二）法益保护原则的出罪要求

通过法益概念的发展历程不难发现，尽管法益的概念存在争论，但法益保护原则的核心始终是如何更好地保障个人自由，限制国家刑罚权。站在这一立场之上，法益保护原则从形式的角度与实质的角度对刑法的规范都提出了应有的要求。

从形式的角度来看，犯罪构成理论就担负起了判断行为是否具体侵害到了法益的责任。如果一行为不满足构成要件的话，那么该行为不应当被评价为侵害到了法益，进而不需要通过刑法对其进行规制。具体到恶意透支型信用卡诈骗罪而言，前文已述，在实践中对“非法占用目的”的不当认定，使得不属于构成要件的行为也被认定为符合，这显然存在忽视构成要件基本内涵的嫌疑，对这些不满足构成要件要求的行为予以规制，显然违反了法益保护原则的基本要求。

从实质的角度来看，法益保护原则所希望保护的利益，是法所承认并且保护的利益。就本罪而言，保护的法益显然是发卡机关的经济利益以及我国社会主义市场经济体制平稳运行的利益，其中后者的利益是否遭受损害以前者利益是否遭受损害为判断标准。因此，法益保护原则对本罪提出的实质性要求就是需要判断发卡机关是否遭受了实际的损害，进而是否引起了我国社会主义市场经济秩序也同样受到损害。实践中，发卡机关本身就存在不负责任滥发信用卡、发卡机关弱化监管责任、各发卡机关无序竞争等问题。[③]发卡机关在发卡时就已经将自己置于可能遭受损害的境地之下，但是此处的损

---

① 转引自［德］乌尔斯·金德霍伊泽尔：《法益保护与规范效力的保障论：刑法的目的》，陈璇译，载《中外法学》2015年第2期。

② ［日］平野龙一：《刑法的基础》，黎宏译，中国政法大学出版社2016年版，第79–89页。

③ 田宏杰：《恶意透支型信用卡诈骗案实证分析》，载《法学杂志》2018年第12期。

害并不能够当然的解释成法益的损害。发卡机关大量发卡的基本动机是获得经济利益，而透支不归还行为则属于致使其预期利益遭受贬损的正常商业风险。刑法并不关注被害人可能的预期收益被贬损，只关注其利益是否遭受了损害。因而只有当恶意透支的行为是为了满足自身获取不当利益的目的之时，刑法所保护的法益才有被侵害的风险。而实践中，忽视行为人主观心态的行为无疑是与法益保护原则相背离的。因而，健全本罪的出罪路径，将不能被评价为侵害了法益的行为排除入罪，是贯彻法益保护原则的基本要求。

第三节　对刑罚配置经济性的考量

一、刑罚配置理论概述

从形式上而言，刑罚是犯罪的法律后果，刑罚的具体配置体现的是刑法的基本精神与基本原则。刑罚的配置包括在刑种上的配置、刑罚适用上的配置以及刑罚执行制度上的配置。刑罚配置的基本前提是刑罚具有正当性，刑罚的正当性既依赖于刑法本身正当性的证成，又依赖于具体刑罚配置中是否能够帮助刑法的价值、原则、精神等实现。刑法本身是否合理，在目前而言是不需要过多讨论的问题，或者说是在教义学视野下无须讨论的话题。因此，应当讨论的是刑罚的配置是否实现了刑法的基本要求，也即刑法的配置是否具有应有的经济性。

刑罚的正当性理论主要有以预防为核心的预防刑论和以报应为核心的报应刑论两种，新近还有一种刑罚是作为法的恢复的理论值得关注。[①] 目前预防刑论处于通说地位。但预防刑论并非尽善尽美，无论是特殊预防理论、消极的一般预防理论还是积极的一般预防理论都在不同程度上遭遇着理论危机。这一危机缘起于将刑罚理论置于周全性与有效性两个层次考量之下，都难以获得完美的解答。刑罚的正当性证成势必要在回应民众对有效性的期待

① ［德］米夏埃尔·帕夫利克：《人格体主体公民——刑罚的合法性研究》，谭淦译，中国人民大学出版社 2011 年版，第 143 页。

与确保犯罪人基本权益不受侵害之间的协调之中取得。[①] 因此，在这个角度之上，是否能够在回应有效性期待的同时维护犯罪人合法权益与尊严才是讨论刑罚配置是否合理的基本标准。

所谓一般预防理论，概言之，即是防止未犯罪人犯罪的理论。而所谓特殊预防理论，则是防止犯罪人再犯罪的基本理论。一般预防理论与特殊预防理论分别强调对于公众的回应和对于犯罪人的回应，所以讨论恶意透支型信用卡诈骗罪刑罚配置问题时，我们也可以遵循以一般预防与特殊预防为双重视角的讨论模式。同时，法的恢复理论也可以作为针对预防理论不足的补充纳入讨论。

二、刑罚配置理论视角下恶意透支信用卡行为刑法规制的检视

（一）一般预防路径的检视

如前所述，刑罚的一般预防基本要求是能够实现对未犯罪人犯罪可能的削减与消灭。在一般预防的视角之下，主要有实现对民众的威慑实现预防犯罪以及唤起民众对法的忠诚与信赖，彰显法秩序的存在来实现预防犯罪两种视角。

恶意透支型信用卡诈骗罪的刑罚配置是否合理，从威慑的视角是无法寻找到答案的。因为从威慑的视角来看，本罪的刑罚显然是越重越好，如果威慑效果确实能够实现的话，那么一旦实行恶意透支信用卡的行为，处以10年以上有期徒刑甚至死刑则能够彻底封闭再犯可能性，同时有效威慑潜在犯罪人。但显然这是早已被时代所抛弃的重刑主义思想，是与现代刑法精神背道而驰的错误观念，因而即使不去讨论刑罚威慑有效性的问题，本罪刑罚配置是否合理也不能从威慑的角度进行检视。

从唤醒民众对法忠诚的视角来看，本罪刑罚的配置则需要对民众的有效性期待进行回应。这种回应需要能够使民众获得安宁感，能够使一般公民的法意识获得平静。[②] 此处所称之“平静”，既包括对民众因犯罪行为而产生的不安感的平静，也包括民众对处罚适当而感到的平静。而在本罪忽视非法占有目的的司法实践中，显然后者无法获得有效满足。如前文所述，民众朴

① 陈金林：《刑罚的正当化危机与积极的一般预防》，载《法学评论》2014年第4期。

② 张明楷：《外国刑法纲要》，法律出版社2020年版，第330页。

素的法感情无法接受那些确实因客观情况，例如投资失败、意外事件等导致确实无法还款的行为被纳入刑事处罚范畴的刑法规定。这就意味着即使实践中的误判并非多发，但误判结果被解读与传播，很容易造成透支5万元以上不还就属于犯罪的认识的传播。那么这种错误的认识足以抵消可能存在其他救济渠道对不安感的中和效果。此时民众抱有的情感显然就是不平静的法情感，是违背了一般预防理论刑罚合理化的基本要求的。只有将并不属于本罪范畴的行为排除出犯罪圈，才能够恢复基本法情感的平静。综上，从一般预防的视角来看，本罪之出罪路径需要进一步完善。

（二）特殊预防路径的检视

特殊预防理论的核心在于防止犯罪人再犯。特殊预防视野下强调的是刑罚给犯罪人带来的痛苦。而讨论犯罪人遭受痛苦而不愿再犯的基本前提是需要恪守罪责刑相适应的基本原则。而恶意透支型信用卡诈骗罪刑罚基本配置是较为完善的，刑种配置与裁量幅度都能够较好地适应防止再犯的基本需求。但是特殊预防路径检索中还有重要的一项，便是是否能够保护犯罪人的基本权益，是否能够维护犯罪人的尊严。此处隐含的前提是犯罪人是否应当成为犯罪人，刑罚是否是实现规制行为人并使其重归正常社会生活的唯一手段，即刑罚是否是必要的。透支信用卡不归还的行为不可避免地要承担民事责任，严重的情况下可能需要承担行政处罚。因为信用卡本身属于信用产品的一种，依赖于行为人对自身信用的维护。我国目前正在着力推荐社会信用制度建设，基本形成了行业、政府多角度的信用监管体系与联合惩戒机制。联合惩戒手段中个人从业禁止等行为具有与吊销营业执照等相似的性质，可以将其视为行政处罚。同时，我国也辅以黑白名单、违法信息公示等手段对失信行为进行规制。这些手段尽管尚未获得行政法的直接认可，但是在学理上一般被视为行政强制措施。同时，行为人因为拖欠还款，则也需要承担支付滞纳金等的民事责任。在多种措施综合作用之下，没有非法占有目的，或者非法占有目的不明确的透支信用卡不还的行为人已经遭受了相当程度的制裁。如果没有非法占有目的的话，为了继续正常地使用信贷产品，行为人已经有足够的还款动机，行为已经可以复归正常，就没有再通过对其适用刑罚制裁而预防其恶意透支的必要性。因此，从特殊预防的角度来说，本罪出罪路径也需要进一步完善。

（三）法的恢复理论路径的检视

相对于预防理论，法的恢复理论并没有得到学界的一致认同。但这一理论从全新的视角诠释了刑罚正当性的来源与检视路径。这一理论主要由德国刑法学家米夏埃尔·帕夫利克提倡，该理论主要以黑格尔哲学思想为起点，从个人自由与国家秩序之间的辩证关系看待刑罚。这一理论的基本观点是刑罚制裁的是公民的不法，刑罚是将行为人侵犯的法秩序进行恢复。[1] 众所周知，法益保护概念的提出与保障公民自由的理念密切相关。刑罚加身是对行为人作为公民被承认与被尊重的体现。从这一理论出发，刑罚是对公民的不法的回应，但这并不意味着所有被引起的公民的不法都必须要通过刑罚进行回应。刑法是留给严重破坏自由秩序的不法，而对于不严重的不法，则应当通过恢复义务等方式回应。那么恶意透支型信用卡诈骗罪对自由的秩序的破坏程度呢？根据米夏埃尔的论述，可归责的不法的程度应当由造成的被害人的自由受损的程度与行为人对法的不忠诚程度来进行衡量。法的不忠诚程度的判断，首先需要行为人实施了构成要件之行为之后才可进行。因此，如果是实践中对没有非法占有目的、具有归还意思的行为人按照本罪进行刑罚规制，就导致了原本在这一理论之下行为人对法的不忠诚程度大幅降低，因而不应当进行处罚或应当采取非刑罚手段进行法的恢复的行为不得不接受刑罚处罚，这与法的恢复的基本理论是相背离的。综上，从法的恢复理论的视角来看，本罪的出罪路径需要进一步完善。

第四节 刑法与其他部门法边界的厘清

一、刑民交叉理论

（一）刑民交叉理论基本原理与研究现状

我国学者曾经对刑民交叉案件做出过界定，“所谓刑民交叉案件，又称为刑民交织、刑民互涉案件，是指民事法律关系与刑事法律关系存在交叉关

---

① ［德］米夏埃尔·帕夫利克：《人格体主体公民——刑罚的合法性研究》，谭淦译，中国人民大学出版社2011年版，第61页。

联且相互影响的案件”。[①] 刑民交叉既是指刑事诉讼程序与民事诉讼程序的交叉，也是指刑法与民法调整内容的交叉。从信用卡产业在我国的发展历史来看，我国大陆地区在20世纪80年代首次开展信用卡业务，一经推出，信用卡透支业务便凭借其便利的功能在我国经济生活中发挥了重要作用。根据中国人民银行数据，截至2021年第三季度，我国信用卡（包括贷记卡和准贷记卡）累计已发行7.98亿张，环比增长0.97%，人均持卡量约0.57张；信用卡授信总额为人民币13.14万亿元，占全部金融机构贷款余额的10.51%。[②] 然而，随着信用卡产业的兴起和蓬勃发展，信用卡使用过程中所暴露出的问题也越来越多。

随着我国《民法典》的出台，原有刑民交叉案件思维应当适应新《民法典》的实际要求，予以升级与革新。所谓公法与私法之间的相互渗入，即原本属于公法或私法的规则、原则、精神等为对方所吸收适用的过程。从本质来看，尽管在学理上，学者们对法律进行了公法与私法的区分，但事实上随着现代社会的演进，公法与私法之间绝对的界限已经变得不再明显。有学者认为，当前公法和私法交叉的情况越来越普遍，已经很难在公法和私法之间作出准确的区分。[③] 在人类立法活动早期，是不存在严格意义上的公法与私法之分的，所谓公法的概念直到18世纪美国宪法与法国宪法系统性的制定之时才被学界提出。但是私法的概念却可以追溯到极为久远的罗马时期，这就意味着学界对私法的认识显然是更优于对公法的认识的。同时，长期的发展历程使得私法不断的积累起具备经验有效性的准则、原则、手段等，这些都能够为公法提供发展的帮助。私法的价值、私法的概念以及私法的调控方式等都不断地渗入到公法当中。[④] 与此相对应地，公法的价值、概念、原则、精神等影响渗入私法，则是公法对私法的渗入。在这一理论基础之上，考量新时代《民法典》对刑法的积极作用变得意义非凡。

---

① 何帆：《刑民交叉案件审理的基本思路》，中国法制出版社2007年版；转引自陈兴良：《刑民交叉案件的刑法适用》，载《法律科学（西北政法大学学报）》2019年第2期。

② 《2021年第三季度支付体系运行总体情况》，https：//new.qq.com/omn/20211206/20211206A076SS00.html，最后访问日期：2022年2月3日。

③ 谢增毅、刘俊海：《社会法学在中国：任重而道远——首届“中国社会法论坛”述评》，载《环球法律评论》2006年第5期。

④ 张淑芳：《私法渗入公法的必然与边界》，载《中国法学》2019年第4期。

1. 刑民交叉理论基本原理

在学理上，调整平等主体之间权利义务关系的民法一般被认为是私法的典型代表。而与之相对应地，调整的主体地位并不平等的刑法，则一般被视为是公法的典型代表。民法对刑法的渗入与刑法对民法的影响在近几十年我国的法律发展中比比皆是。因此有学者提出了民法刑法融合发展的观念，并且进一步将旨在维护社会秩序、安抚公众情绪的刑法的特征概括为“物性”，将坚持以人为本的民法的特征概括为“人性”。该学者认为，人性的民法促进了刑法立法的人道化、助推了刑法制度的人本化、引导了刑法的解释的人文化。[①] 从法律史的视角来看，早期立法活动中，刑法与民法具有纷争原生性相同、法律后果相似等特征。[②] 因此，严格的以公法与私法的概念为刑法与民法划出边界的尝试可能并不会收获理想的结果。只有承认并且肯定二者之间的相互交融与影响，才能够依据民法与刑法的不同法律特性划定二者之间的边界与范围。

从民法对刑法的影响来看，不仅在刑事立法层面应当积极吸纳民法相关制度、原则、规则，在实践当中也可以适当地融入民法的相关精神。在认定透支行为是否属于恶意透支犯罪时，不应当仅关注行为人欠款不还的行为，还应当适当援引民法中诚实信用原则予以综合考量。有学者认为，恶意透支型信用卡诈骗罪与传统诈骗罪的区别之一就是恶意透支型信用卡诈骗罪带有一定的背信性质。[③] 而信用这一特殊的评价客体，则与民法中的诚实信用原则有着直接的联系。因此，我们认为，民法对刑法的渗入在以下几个方面是具有重要意义的：民法上的自治理念；民法上的诚信原则；民法的调控方式；民法的纠纷调解机制；民法的权利救济手段。以上理念，有的已经确实影响到我国刑法的相关规则等的制定，有的尚处于理论与实践的探索阶段。但是民法理念对刑法更加人性化的重要作用是不应当忽视的。

从刑法对民法的影响来看，我国刑法也在一定程度上影响着民法。民法

---

① 刘艳红：《人性民法与物性刑法的融合发展》，载《中国社会科学》2020 年第 4 期。

② 刘艳红：《人性民法与物性刑法的融合发展》，载《中国社会科学》2020 年第 4 期。

③ 冯涛：《恶意透支信用卡诈骗罪的认定及立法完善》，载《中国刑事法杂志》2004 年第 4 期。

的核心是自由与自治，民法的基本目标是实现“定分止争”，这就可能导致民法在一定程度上忽略民事规范的强制性，过分放大个人利益而忽视社会整体利益，刑法所提倡的秩序、安全、公正等基本法价值也可以影响民法，加强民法的规范强制性。而且从我国立法历程来看，我国对经济犯罪的规制在某种角度上也可以看作刑法与民法相互交融的结果。我国刑事立法活跃度高于民事立法，刑法又较早地实现了法典化。因此一些尚未在民法中得到保护的私权利，首先在刑法层面实现了对其的保护，较好地补充了民事立法的薄弱环节。

2. 刑民交叉的界限要求

尽管刑法与民法在实践当中存在相当程度的交叉与互动，但是并不意味着任何一部法律能够替代另一部法律进行社会治理。刑法与民法的关注重点具有本质不同。民法应当关注对损害的补偿，而刑法则应当关注对违规行为的规制，也即“民法是损害的调整，刑法是规范的报应”。[①] 这要求民法需要积极地介入社会生活当中，维护、调整、协调各方权利义务以实现社会治理。而刑法则与之相反，应当在穷尽一切手段时，刑法才可以介入社会治理。因此，不可全面使用刑法思维取代民法思维，忽视对权利的保护；也不可将民法理念全部移植到刑法当中，忽视对社会公共利益的保障。刑法理念应当强化民法的规范性，而民法理念则应当推动刑法人性的构成。

刑法与民法的交叉与界限，都提供了健全恶意透支型信用卡诈骗罪出罪路径的理论支持。首先，在刑事实践，尤其是针对法定犯的刑事实践当中，刑法应当充分借鉴前置法的相关规范、理念，以实现对前置法精神的彰显与保证。透支行为是典型的民事法律行为，在处理恶意透支犯罪之时，应当将民法中的人本理念引入对本罪危害程度的判断当中。而为了使人本理念能够在刑事司法实践当中践行，就需要健全本罪的出罪路径：一方面，人本理念并不主张对以意思自治为核心的民事行为过多的予以规制；另一方面，只有完善纠错机制才能够使人本理念得以贯彻，否则刑罚加身，人本理念的实现就无从谈起。其次，本罪入罪的主要原因之一是民法领域内对恶意透支行为规制的缺失与不足，在我国《民法典》颁布的当下，在刑事实践层面应当预留出一部分空间以适应《民法典》时代下民法规范融入社会治理体系的

① 刘艳红：《人性民法与物性刑法的融合发展》，载《中国社会科学》2020年第4期。

需求。

（二）恶意透支行为的民刑处理现状

从法律关系上来说，恶意透支型信用卡诈骗犯罪是从银行与信用卡持有人之间的民事法律关系转化而来的犯罪行为，因而其中必然涉及刑民关系的界分原理。从民事法律关系的角度来看，信用卡持卡人与发卡银行之间存在信用卡领用的合约关系，如果持卡人透支后拒绝还款，其首先就违反了上述合约关系。根据最高人民法院《民事案件案由规定》，在第四部分“合同、准合同纠纷”中专门设置了信用卡纠纷，并且根据信用卡的类型进一步细分为借记卡纠纷和信用卡纠纷。具体到恶意透支行为，主要涉及信用卡纠纷中的信用卡纠纷。因此，要想正确界定此类行为的犯罪边界，就需要对恶意透支行为的民刑处理现状进行研究，进而分析恶意透支行为民事、刑事责任的差异，以及最终如何对该行为的民刑过渡进行严格的限制，确保只有在符合刑法所规定的全部构成要件的情况下，才对信用卡持卡人追究刑事责任。

对于恶意透支犯罪的概念，刑法条文已经进行了规定，但是实践中对于恶意透支犯罪构成要件的认定标准则存在一定争议，包括持卡人的主体身份、“非法占有目的”、客观行为以及催收要件的认定。2009 年两高司法解释第一次完整地对恶意透支犯罪构成要件进行了较为详细的规定，因此本书以 2009 年两高司法解释的出台作为时间节点，分别对司法解释出台前后恶意透支行为不同的民刑处理方式进行分析。

1. 在 2009 年两高司法解释出台前，主要通过民事途径解决信用卡纠纷

在司法解释出台之前，虽然 1997 年《刑法》中已经设置了恶意透支犯罪这一特殊类型的信用卡诈骗罪，但在司法实践中，部分恶意透支案件虽然实际上符合恶意透支犯罪的构成要件，但最终却作为信用卡民事纠纷进行处理。从当时人民法院审理的信用卡纠纷案件来看，超过 50% 的信用卡纠纷案件中涉案金额超过了同时期恶意透支犯罪的立案追诉标准，部分信用卡纠纷案件中的涉案金额甚至达到数十万元。[①] 因此可以发现，信用卡持卡人在使用信用卡过程中与发卡银行之间产生纠纷的情况长期存在，部分原本可能构成恶意透支犯罪的行为被作为民事纠纷进行处理。之所以会出现这种情况，

① 以上海某基层人民法院为例，2009 年 4 月，该院单月共审理信用卡纠纷案件 336 件，其中涉案金额超过 5000 元（当时的立案追诉标准为 5000 元）的案件为 190 件，占比达到 56.55%。

主要存在以下几方面原因：

（1）犯罪构成要件的认定标准不明确。一方面，在1995年两高司法解释中，虽然对恶意透支行为进行了刑法规制，但仍是以传统的诈骗罪追究恶意透支行为人的刑事责任。虽然按照本书先前所述，恶意透支犯罪作为特殊法条，与作为一般法条的诈骗罪属于法条竞合关系，成立恶意透支型信用卡诈骗罪的前提是符合诈骗罪的全部构成要件，但在当时的司法背景下，在没有相关的立法或者决定的情况下，对此类恶意透支行为是否能够认定为诈骗罪进行刑事处罚，在理论界和实务界均存在较大的争议。为此，我们专门检索了当时的部分研究文献，其中有论者对当时的司法背景进行了描述，“恶意透支犯罪给国家和人民财产造成大量损失，但多数司法机关却不敢下手，理由便是法律条文中没有明确的认定标准。”[①] 也有论者认为，“透支是信用卡业务中最重要的组成部分，发卡银行开展信用卡业务，就应当承担持卡人无力还款这一风险后果。”[②]

另一方面，即便对于恶意透支行为可以认定为诈骗罪形成统一认识，但对其犯罪构成要件仍难以形成统一标准。按照传统刑法理论中诈骗罪的五步法认定标准[③]，恶意透支行为与之存在明显的差异。透支行为中，行为人完全以其本人真实身份，行使信用卡最基本的透支功能，这种情况下如何评价善意透支还是恶意透支，始终是认定犯罪之前需要考虑的问题。当时就有论者认为，恶意透支与善意透支并非完全对立的关系，而是一种互相转化的关系，“正常情况下，善意透支与恶意透支之间的界限并非绝对，即便是善意透支，如果造成严重后果，就存在发展为恶意透支的可能。”[④] 司法实践中，由于对恶意透支犯罪缺乏明确的认定标准，导致部分案件只能被动地作为信用卡民事纠纷进行处理。

（2）发卡银行主动选择民事途径而放弃刑事追责。民事责任的承担直接

① 阿不都热衣木·卡得尔、张国吉：《信用卡透支问题初探》，载《中外法学》1995年第3期。

② 于英君：《银行信用卡犯罪的类型及定性研究》，载《法学》1995年第6期。

③ 行为人实施欺骗行为—被害人陷入错误认识—被害人基于错误认识处分财产—行为人取得财产—被害人遭受财产损失。

④ 陈建明：《处理信用卡纠纷案件涉及到的两个法律问题》，载《人民司法》1994年第6期。

受制于刑事责任的承担状况，这种受制与影响关系主要体现在三个方面：第一，影响民事责任的实际承担大小；第二，影响民事责任的实现方式；第三，影响民事责任的义务来源。① 也有司法机关认为，在恶意透支犯罪中，如果刑法经由检验后已经介入，那么在此时对于行为人而言，刑罚在一定程度上可以视为对行为人部分民事责任的豁免。②

在这样的观念的影响下，一些发卡银行为了使自身利益最大化，往往会不选择报案，转而采取民事起诉的方式以实现自身利益最大化，因为刑事规制手段仅保护透支本金，而民事规制手段则依据双方的合约关系，对于透支本金、利息等费用一并进行保护。根据不同收入的盈利水平分析，透支业务所产生的利息才是发卡银行开展信用卡业务最为重要的盈利来源，在信用卡市场较为成熟发达的国家，信用卡业务的主要收入来源就是利息收入，透支利息在发卡银行收入结构中占比均达 50% 以上；在信用卡业务最为发达的美国，其 2020 年透支利息占发卡银行总收入的比重达到 68%，而在日本这一比重也达到了 55%。③

因此，在面临刑事程序和民事程序两种不同的追责路径以及不同的法律后果时，发卡银行当然会基于自身利益最大化和成本最小化的原则进行选择。从法学理论的角度而言，这种选择是发卡银行行使自我决定权的一种表现形式，由权利人自由支配自己的权利，决定自己的命运。④

2. 在 2009 年两高司法解释出台后，刑事途径逐步受到重视

为了解决理论和实践中对于恶意透支型信用卡诈骗罪犯罪构成存在的争议，2009 年两高司法解释应运而生。伴随着 2009 年两高司法解释的施行，一方面恶意透支犯罪的构成要件得到了极大程度的明确，另一方面司法机关的司法理念也发生了重大转变，逐步重视恶意透支行为刑事法律程序的适用，因而许多原本难以判断的行为得到了明确，司法流程也有了应当遵守的实践规范，这就导致以恶意透支型信用卡诈骗罪定罪量刑的案件数大幅增加。

根据前述分析，恶意透支行为在民事法律程序中主要属于信用卡纠纷案

---

① 傅国方：《诈骗犯罪刑民交错的责任竞合与承担》，载《法治研究》2007 年第 9 期。

② 傅国方：《诈骗犯罪刑民交错的责任竞合与承担》，载《法治研究》2007 年第 9 期。

③ 白玥：《恶意透支型信用卡诈骗罪司法适用研究》，吉林大学 2021 年博士学位论文。

④ 车浩：《自我决定权与刑法家长主义》，载《中国法学》2012 年第 1 期。

件，而在刑事法律程序中则属于信用卡诈骗案件中的恶意透支型信用卡诈骗罪。因此，通过对法院所审理的恶意透支型信用卡诈骗案件的案发数量进行梳理，可以较为清晰地展现 2009 年两高司法解释施行前后的恶意透支行为刑事法律程序适用的状况。根据上海市高级人民法院的公开数据显示，信用卡诈骗罪在 2007—2008 年间案发数量维持在 200—300 件的区间，随着 2009 年两高司法解释的施行，当年的信用卡诈骗罪案发数量骤增至 639 件，鉴于 2009 年两高司法解释具体的施行时间是 2009 年 12 月 16 日，因此在不到一个月的时间内案发数量相比之前增加一倍，足以说明 2009 年两高司法解释施行后刑事法律程序逐步受到重视的发展态势。而 2009 年之后的信用卡诈骗罪案发数量则进一步显现出刑事法律程序在实践中占据的重要地位。2010 年，上海各级法院办理的信用卡诈骗案件数量为 943 件，到 2012 年由于公安机关经侦会战等多方面原因，案发数量达到峰值 1694 件，之后案件数量虽有回落，但 2013—2015 年的案发数量均维持在 1000 件以上。①（详见图 4）

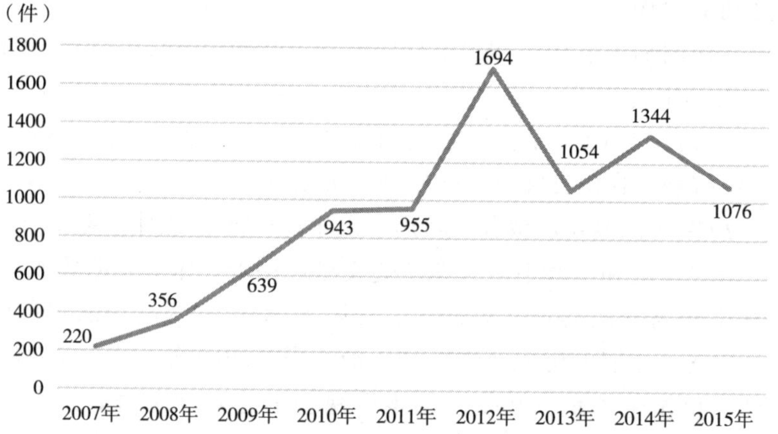

图 4：2007—2015 年上海法院信用卡诈骗罪案件数量

① 数据来源于《上海法院 2011 年度涉信用卡犯罪刑事审判情况通报》，http：//www.hshfy.sh.cn/shfy/gweb/xxnr.jsp?pa=aaWQ9MjEwMzE5JnhoPTEmbG1kbT1sbTE3MQPdcssPdcssz&zd=xwzx；《2012 年度上海法院涉信用卡犯罪刑事审判情况通报》，http：//shfy.chinacourt.org/article/detail/2013/06/id/1011225.shtml；《2013 年度上海法院涉信用卡犯罪刑事审判情况通报》，http：//shfy.chinacourt.org/article/detail/2014/04/id/1269529.shtml；《2014 年度上海法院金融刑事审判情况通报》，http：//shfy.chinacourt.org/article/detail/2015/07/id/1671109.shtml；《2015 年度上海法院涉信用卡犯罪刑事审判情况通报》，http：//shfy.chinacourt.org/article/detail/2016/06/id/1913401.shtml，最后访问日期：2020 年 5 月 3 日。

从以上关于案发数量的分析可以看出，2009年两高司法解释的出台直接影响了恶意透支犯罪的刑事法律适用。在2009年以前，由于恶意透支犯罪的认定标准不明确，发卡银行主要通过民事途径解决信用卡纠纷；而在2009年以后，恶意透支犯罪的认定标准越发明确，司法机关对恶意透支犯罪的认识也形成了统一意见，导致恶意透支案件数量大幅上升，刑事规制手段在信用卡纠纷解决体系中起到更大的作用，但同时也表现出一定程度的刑事责任扩大化倾向。

透支后不归还的属于民事侵权行为，而恶意透支则属于刑事违法行为。二者之间在对“透支”的理解上具有一致性，区别则在于刑法对恶意这一要件提出的新的要求。被归结为恶意的行为可被视为对民事透支之后行为人采取的行动的刑法评价，因此，可以将民事透支行为到刑事恶意透支行为视为一个行为人法律责任发生变化的动态进程，是一个行为人的行为从民事侵权行为转化为刑事犯罪行为的变化过程。为了厘清这一变化过程，需要对民事法律责任加以研究，以明确其与刑事法律责任之间的关联，通过对二者的辨析实现正确界分责任，实现对行为性质的准确区分。

（三）恶意透支行为“民转刑”的严格限制

本书所称的“民转刑”是指某种行为被刑法规定为犯罪，但需要达到一定的程度要求，如果某一行为尚没有达到构成犯罪的程度要求，对其则只能认定为民事违法行为。恶意透支行为具有明显的“民转刑”特征，刑法和司法解释中对于恶意透支犯罪设置了一系列程度要求，包括透支金额、催收次数、主观故意等。对于恶意透支行为，必须达到上述全部程度要求，才会出现司法实践中的民刑过渡情况。因此，本书通过民法的基本原理对恶意透支行为“民转刑”进行严格的限制，以此从源头上实现对恶意透支行为入罪的限制，遏制恶意透支刑事犯罪圈的不当扩大。

1. 通过民法原理限制恶意透支行为“民转刑”的正当性分析

恶意透支行为本身属于持卡人与发卡银行之间的民事法律关系，在“民转刑”的过程中如果忽略对民法要素的考量，会对刑法规范的适用产生相应的影响，有可能造成民刑责任混淆等情况，例如民事违约与刑事犯罪的关系，恶意透支案件中发卡银行过错对定罪量刑是否产生影响等。将恶意透支这一偏正短语进行语义解读，可以视为其表述内容为恶意的透支行为。其中，“恶意”是民事透支行为升级为刑事犯罪的条件，“透支”则是恶意这一概念所依托的标的，即刑法提供的是对何种行为可视为恶意的解释，而民法提供的则是透支行为的定义。从词义上看，“透支”是这一短语的重点，民法原理则构成了对透支含义解释的根基。因此，可以说民法原理是认定透支行为本质的根源，在恶意透支行为“民转刑”过程中，必须考量恶意透支行为的民事法律属性，通过民法原理对“民转刑”过程进行严格的司法限制。

（1）有利于更加准确地把握罪与非罪的界限。信用卡业务的基础是持卡人与发卡银行合约关系规范下的信用卡业务管理秩序和发卡银行的财产利益，只有当恶意透支行为对管理秩序和财产利益的损害程度达到了刑法规定的犯罪认定标准时，才会出现民事法律关系和刑事法律关系之间的过渡。应当注意的是，民法原理在此处起到前置规范的作用，刑法对恶意透支行为的规制均依托于民法对透支行为的规制。正确把握恶意透支行为的前提就是正确理解透支行为的内涵，正确评估刑法介入的必要性也需要对民事规制手段予以了解。而无论是透支行为的内涵还是民事规制手段的实施，都根植于对民法原理的理解。同时，民法原理相较于刑法原理，更加人性化，所指导的管理手段也显得更加柔性。刑事司法实践当中存在的过于强硬的不当扩张犯罪圈的入罪理念如果能够得到柔性的民事理念的滋养，也许能够实现对其的中和，使刑法更加人性化。如前所述，恶意透支犯罪的规制现状，并非是刑法无力介入，而更多体现为刑法有过度介入之忧，因而将民法原理引入对行为性质的判断当中有助于纠正不当理念，准确划定犯罪圈。

（2）有利于更全面地把握定罪量刑情节。发卡银行的过错问题在认定恶意透支行为人的刑事责任时始终存在一定的争议。在民事法律关系中，会根据当事各方的过错大小进行责任分配。在刑法中对被害人过错进行认定之时，采取了比民法更为严格的证明要求，需要考量被害人是否实施了不正当的行为，被害人的行为是否侵害了法益，被害人的过错行为与被告人犯罪行为之间是否存在关联性等问题。具体到本罪当中，发卡机关行为是否正当，就需要通过民法原理对其予以判断，进而成为判断被害人是否存在刑法层面的过错的基础。同时，发卡银行是否存在滥发、超发信用卡的现象，是否采取欺诈等不正当手段诱使被告人开卡，是否明知被告人没有还款能力而发卡或提升额度等对金融管理秩序有侵害的行为都有赖于通过民法原理予以认定。被害人过错的认定应当与过错行为与被告人行为之间是否存在关联性相关，这就同样需要民法原理的辅助与厘清。总体而言，在本罪中确认被害人过错之时，利用民法原理能够更加高效、精确地判断被害人是否存在过错，同时也可以为责任的分配提供一定的参考。

2. 基于民法原理对恶意透支行为“民转刑”进行严格限制

在对恶意透支行为“民转刑”过程中考量民法原理的正当性进行分析论证之后，便需要利用民法有关原理对恶意透支犯罪具体认定过程中所能产生的积极影响进行探索。基于本书所围绕的恶意透支犯罪出罪这一主旨，接下来主要通过民法中的被害人过错理论和意思自治原则，对本罪的入罪和“非法占有目的”的认定进行探讨。

（1）被害人过错理论对恶意透支犯罪认定的影响。在以往的理论研究中，对于恶意透支犯罪的研究已经相对较为全面，其中对于发卡银行的过错问题也有不少论者论及，但绝大多数研究局限于发现了发卡银行的一系列过错，而对于发卡银行的过错是否影响恶意透支犯罪的认定则存在较大分歧。

持否定论的学者一般认为，在恶意透支案件中，作为被害人的发卡银行，其存在的过错主要是其在信用卡发卡审核环节的不健全，[①] 但是这种过错并不影响对恶意透支进行定罪处罚。[②] 从社会综合治理的角度而言，通过刑法对恶意透支行为进行打击的目的是推动发卡银行建立更加完善的信用卡审核体系，提高信用卡发卡质量。相反，对此问题持“肯定说”的学者则认为，在恶意透支案件中，发卡银行的过错可以实质的对恶意透支犯罪的定罪和量刑产生影响。[③] 发卡银行在信用卡发卡过程中，基于其扩大市场份额的出发点，降低对信用卡申请人的审查标准，将原本不符合信用卡申领条件的申领人认定为合格申领人。对于此类恶意透支案件，从透支行为侵害法益的程度和保护法益的适当性、必要性和衡平性标准来看，将此类恶意透支行为作为犯罪处理的正当性和必要性都会产生较大的动摇。

发卡银行在开展信用卡业务过程中的谨慎义务来源于发卡银行在我国金融市场中的绝对主体地位。在我国当前的市场经济背景下，作为金融机构的发卡银行，其功能犹如一台强力涡轮机，将社会经济中一切领域、一切环节的闲置资金吸纳起来，再以资本的方式运作于市场经济之中，使经济的运行发展更具效率。无法想象，如果没有银行，现代企业、政府、居民家庭部门

---

① 毛玲玲：《恶意透支型信用卡诈骗罪的实务问题思考》，载《政治与法律》2010年第11期。

② 安文录、李睿：《恶意透支行为刑事司法认定问题研究》，载《刑法论丛》2010年第3期。

③ 王华伟：《恶意透支的法理考察与司法适用》，载《法学》2015年第8期。

将如何正常运转。[①]企业和个人在经营活动中对资金的需求，使商业银行的融资规模激增，随之而来的必然是信贷风险的伴随。因此，作为恶意透支犯罪被害人的发卡银行，其发卡过程中的不审慎、不规范，不仅仅影响其自身财产利益的实现，更大的危害后果则体现为在社会层面引发金融风险。因此，发卡银行在金融市场中的绝对主体地位，也就构成了发卡银行发卡过程中所承担的审慎义务来源。

在恶意透支型信用卡诈骗案件中，发卡银行的过错实质是发卡银行在具有审慎义务的基础上，有能力维护自身权益而放弃这种维护手段，而这种明知存在风险却不化解的行为，应当在刑事法律范畴得到否定评价。[②]而这种否定性评价，直接影响本罪认定，因为恶意透支犯罪作为诈骗罪的一种特殊形式，需要判断发卡银行是否是基于错误认识而受到实际损失。如果发卡银行已经识别到透支行为人所实施的欺骗行为而坚持发卡并允许行为人透支，那么其后续损失产生的原因就不是陷入错误认识，而是其主动放弃自我保护的行为，这种情况也就不符合诈骗类犯罪的基本行为方式。因此本书认为，在这种情况下，刑法原本所保护的发卡银行利益不再有保护的必要性，从而客观上阻却了行为人透支行为的不法性，构成本罪的法定出罪事由。

（2）民法意思自治原则对“非法占有目的”认定的影响。通过本书前期对上海检察机关恶意透支型信用卡诈骗案件的实证考察，六种推定情形中引起争议较大的是前两种推定情形，即“明知没有还款能力而大量透支，无法归还的”和“肆意挥霍透支的资金，无法归还的”。[③]上述两种推定情形缺乏明确的标准，被部分学者评价为“事后的价值倾向性评价”[④]，认为不得以行为可能产生之或然结果作为否定性评价标准。在这一层面上，显然本罪之规制尚有不妥之处，为摆脱此类嫌疑，可以尝试运用民事证明要求予以弥

---

① 牛江涛、田秋生：《当代市场经济运行的信用经济本质剖析——美国“次贷”危机引发的经济学暨政策思考之一》，载《东北亚论坛》2009 年第 4 期。

② 于小改：《被害人对于欺骗行为不法的作用》，载《中国刑事法杂志》2012 年第 5 期。

③ 2018 年经修改的两高司法解释中已经将原解释中“肆意挥霍透支的资金，无法归还的”替换为“使用虚假资信证明申领信用卡后透支，无法归还的”。

④ 刘宪权、庄绪龙：《“恶意透支”型信用卡诈骗罪若干问题研究——兼评“两高”〈关于办理妨害信用卡管理刑事案件问题的解释〉之有关内容》，载《当代法学》2011 年第 1 期。

补。刑事证明与民事证明要求不同，刑事证明一般需要达到排除合理怀疑的标准。如按该学者指出的实践中可能存在的“事后倾向性评价”问题为切入点，正是因为完全参考刑事证明理念无法判断行为人的投机行为是否是可被法所容忍的行为，进而只能等待结果出现之后反推。此类行为因为不符合刑法确定性要求，违反了对国民预测可能性的保护而应当遭受批判。对此，援引民法原理以辅助刑事推定，对司法实践当中完成对此类行为的认定可能会有所裨益。

在此类投机行为当中，如何证明行为人对没有还款能力的明知？我们认为，应当结合客观的投资成功率以及行为人现实还款能力与透支金额之间的差距来进行综合评价。根据民法意思自治的基本原理，行为人的投资行为属于行为人自担风险的正常民事行为。在行为人选择风险合理的投资方式进行投资之时，刑法不得对其进行先期干预。而采取概率极低的方式进行投机的，则应当视为具有“非法占有目的”，因为面对回报概率极低的行为，一个理性人应当认识到无法还款是大概率事件，进而可以将其视为有非法占有目的。对于这种高风险投机行为，如果投机成功，则应当将其视为有还款能力，如期还款则可视为没有造成危害后果，进而排除归责；如果行为人拒不归还所透支款项则可适用“其他非法占有资金，拒不归还的情形”对其予以规制。

二、行刑衔接理论

我国采取行、刑分立的立法模式，行政法作为公法管理社会秩序，是刑法的前置法，刑法是对行政法承认确立的法益和构建的法律秩序提供法体系的第二次保护。行政法具有管理和效率属性。行政法的首要作用就是维护社会管理秩序。为了社会秩序的有序运转，为社会发展提供合法有效的环境，必须依据行政法对社会各个层面进行规范治理，以确保行政相对人在法律规范约束之下实施行政行为。① 因此，除却刑法这一制裁手段之外，行政制裁手段也都发挥着重要的社会治理作用。

但是动用刑罚需要证明受损的法益、自由不适用刑法就无法得到保护，这也是刑法最后手段性的必然要求。如果能够证明适用其他制裁手段就可以

① 赵运锋：《行政违法行为犯罪化的检视与应对》，载《政法论丛》2018 年第 2 期。

发挥适当的效果，当然就不需要动用刑法。在这个意义上，如果能够有效地运用行政制裁手段来规制恶意透支信用卡的行为，发挥行政制裁和刑事制裁相互衔接、相互补充的作用，将比单纯地依赖刑法具有更好的法律效果。

（一）恶意透支行为行政违法性确认

1. 刑事立法中的行政处罚法律依据

根据 1995 年 6 月 30 日颁布生效的全国人大常委会《关于惩治破坏金融秩序犯罪的决定》第 14 条，其首次对包括恶意透支行为在内的信用卡诈骗行为设置了信用卡诈骗罪这一专门罪名。同时，其第 21 条规定，对于情节轻微不构成犯罪的恶意透支行为，可以由公安机关处 15 日以下拘留、5000 元以下罚款。上述规定成为对恶意透支行为进行行政处罚的最早立法渊源，并且作为全国人大常委会制定的单行刑法，其位阶高于一般的行政处罚法律法规。

1997 年 10 月 1 日施行的刑法，将前述单行刑法的内容予以吸收，也就是第 196 条规定的信用卡诈骗罪。同时，在现行刑法附件二中，明确规定对于包括前述决定在内的部分单行刑法予以保留，其中有关刑事责任的规定已被纳入刑法条文，有关行政处罚和行政措施的规定继续有效。因此从刑事立法的角度而言，现阶段对于情节轻微，尚不构成犯罪的恶意透支行为进行行政处罚，具有相应的上位法法律依据。

2. 行政法律法规中的行政处罚法律依据

全国人大常委会《关于惩治破坏金融秩序犯罪的决定》虽然确认了对不构成犯罪的恶意透支行为可以进行行政处罚，但在具体对行为人进行行政处罚时，仍然需要相应的行政法律法规予以配套衔接。因此，为确认恶意透支行为的行政违法性，有必要对行政法律法规中恶意透支行为可能的制裁依据进行梳理。

作为行政处罚最主要的依据来源，《治安管理处罚法》中并未直接设置对恶意透支行为或者信用卡诈骗行为的处罚，但是本书认为这并不影响实践中适用《治安管理处罚法》对尚未达到立案追诉标准的恶意透支行为由公安机关对其进行行政处罚。一方面，《治安管理处罚法》与《刑法》规制的对象并非完全对应关系。《治安管理处罚法》第三章用 54 个条文列举了 110 余种违反治安管理的行为，而《刑法》分则包括总计十章条款内容，设置了 422 个具体罪名。简单地从数量对比上就可以发现，《治安管理处罚法》与《刑法》规制的对象并非简单对应关系，不能因《治安管理处罚法》未具体规定恶意透支行为就直接否定对其进行行政处罚的法律依据。另一方面，恶意透支犯罪作为信用卡诈骗罪的一种特殊表现形式，与普通诈骗罪之间属于一般法条与特殊法条的关系。而对于普通的诈骗行为，《治安管理处罚法》实际上已经设置了相应的行政处罚条款。《治安管理处罚法》第49条规定，对于诈骗公私财物的，处5—10日拘留，可以并处500元以下罚款；情节较重的，处10—15日拘留，可以并处1000元以下罚款。

需要注意的是，《治安管理处罚法》对恶意透支行为设置的罚款金额与全国人大常委会《关于惩治破坏金融秩序犯罪的决定》存在差异，前者罚款数额最高为1000元以下，而后者中的罚金数额最高则为5000元以下。然而本书认为，这种差异恰恰体现了恶意透支型信用卡诈骗行为与一般诈骗行为之间的特殊关系，根据行政处罚中的过罚相当原则，应当按照位阶更高的《关于惩治破坏金融秩序犯罪的决定》的有关内容，对未达立案追诉标准的恶意透支行为在5000元以下处以罚款。与刑法中罪责刑相适应这一基本原则相对应，行政处罚中的过罚相当原则同样要求违法行为的“过”与行政处罚的“罚”基本相当，做到行政处罚与维护公私合法权益相统一。[①] 司法实践中，恶意透支型信用卡诈骗罪的立案追诉标准远远高于普通诈骗罪。以上海地区为例，普通诈骗罪的立案追诉标准为5000元[②]，而恶意透支案件根据2018年经修改的两高司法解释，立案追诉标准为50000元，两者之间相差十倍。同时，在刑法中信用卡诈骗罪和普通诈骗罪的罚金数额方面也能体现上述差异。对于普通诈骗罪刑法并未规定具体罚金数额，而将信用卡诈骗罪中的最低罚金数额限制为20000元以上。因此，虽然进行行政处罚的行为均是没有达到立案追诉标准的行为，但恶意透支行为所造成的损失和社会危害性明显高于普通诈骗行为，对造成损失更大、社会危害性更高的恶意透支违法行为处以更高金额的罚款，符合行政处罚中的过罚相当原则。

3. 行政执法实践中的处罚现状

如前所述，《关于惩治破坏金融秩序犯罪的决定》和《治安管理处罚法》构建了我国现有法律体系下对情节轻微的恶意透支行为进行行政处罚的法律框架，因此就有必要对行政执法实践中上述法律规定的适用情况进行审视。

目前，我国对于行政处罚尚没有官方平台予以公开，但有地区将部分行

---

① 陈太清：《过罚相当原则的司法适用》，载《法学》2021年第10期。

② 全国范围内的诈骗罪立案追诉标准为“两高”《关于办理诈骗刑事案件具体应用法律若干问题的解释》中规定的3000元至10000元以上。

政处罚信息作为政府信息公开的一部分内容予以披露。以上海为例，在上海市公安局官方网站中的行政处罚信息公开一栏中[①]，可以通过“处罚事由”对已公开的行政处罚信息进行检索。以“信用卡”作为关键词进行检索，显示在2021年，上海地区公安机关对3件案件以“信用卡诈骗”作为处罚事由进行了行政处罚，分别对行为人处以3日至15日拘留，[②]所适用的处罚依据均为《关于惩治破坏金融秩序犯罪的决定》。

令人遗憾的是，当进一步对3件案件的案情进行查阅时，发现3起案件均为“冒用他人信用卡”型信用卡诈骗行为，即使用他人遗忘在ATM机中的银行卡进行取款，数额未达5000元的案件，而非本书所研究的恶意透支型信用卡诈骗行为。尽管行为方式不同，但是无论是恶意透支行为还是冒用他人信用卡行为，二者在刑罚和行政处罚适用法律方面完全相同，公开的3件案件也均适用了《关于惩治破坏金融秩序犯罪的决定》中的行政处罚条款，这也印证了本书前述关于恶意透支行为行政违法性的论述。因此，对于情节轻微的恶意透支行为，在行政执法实践中，完全可以依法对其进行行政处罚。

（二）优先适用行政制裁的意义

在管理和效率属性的要求下，行政法在社会管理领域发挥着前置法的基础作用。行政法对刑法所意图保护的利益起到前置的指引作用，通过行政规范的施加，引导公民遵守规范，减少更严重的法益侵害行为的发生可能性；为了达到行政管理的目的，行政法更注重效率，行政制裁方式与范围也更加广泛而多样。与回溯性视角的刑法不同，行政法注重规范今后可能发生的行为，采取的是预期性视角。相较于刑罚后果的严厉性和众多的附随效应，以及刑事司法程序的复杂性，行政制裁和行政执法无疑更符合行政管理的效率要求和合比例要求。行政法具有较强的灵活性，更符合社会管理的要求。面对社会生活时空环境的变化，行政法能进行及时和嵌合特定区域的立、改、废，从而更适应社会生活的复杂环境，保证法的效率价值实现。

对于社会治理，尤其是经济方面的违法行为的治理，优先适用行政制裁手段，一方面可以有效发挥行政法和行政制裁本身的优势，更加适当、有效地规制违法行为，促进社会秩序的稳定进步和经济的发展；另一方面可以

---

① https：//gaj.sh.gov.cn/shga/ygjw/toXzcf，最后访问日期：2022年4月2日。

② 分别为沪公轨交行罚决字〔2021〕100068号、沪公轨交行罚决字〔2021〕100641号、沪公轨交行罚决字〔2021〕100193号行政处罚决定书。

有效划定行政制裁与刑罚的界限，减少刑罚对社会发展的过分抑制，既符合社会主义市场经济的要求，也符合比例原则的价值内涵。行政法本身具有灵活性的特征，能够及时根据实践中不同情势的需求而设立恰当的规范，引导社会的良性发展；同时，行政制裁具有方式与范围更为广泛、效率更高的特点，不仅能满足对轻微违法行为的威慑、预防需求，而且也提高了行政制裁的效率，使得国家对社会的管理更为高效。相较于刑事程序数月乃至数年的办理程序，行政制裁无疑更为便捷、高效，能够更快地调整社会发展中的异常状况，确立规范的有效性，以规范保障社会的秩序，引导社会的发展；另外，刑事制裁不仅本身的刑罚结果严厉性较强，进入刑事程序往往意味着对当事人人身、财产权利的限制，并且刑罚的施加还会产生如开除公职、就业歧视、犯罪标签等附随效应。对于社会生活中的轻微违法行为，对其的制裁手段必须要与惩治、预防结果之间合乎比例，严厉的刑事手段固然能够产生强大的惩罚与威慑作用，却未必合乎宪法人权保障的价值要求；过强的制裁只会增加刑罚总量的严苛，使民众产生规范悖反的心理；刑事制裁的过度使用更会抑制社会的发展活力，导致社会的停滞不前。

具体到恶意透支行为，如果一味地对其适用刑事制裁，一方面会破坏发卡银行和信用卡持卡人之间原本平等的民事法律地位，损害信用卡业务体系赖以存在的信用制度基础；另一方面过度使用刑事制裁手段，会不恰当地限制信用卡业务的发展，使一般民众出于对刑事制裁的恐惧，被迫选择放弃使用信用卡。如此一来，不仅不能实现通过刑罚保护信用卡管理制度这一受损害法益的初衷，反而最终的结果是导致信用卡管理制度根基的逐渐丧失，从根本上破坏信用卡业务体系的正常发展，阻碍信用卡管理制度的进一步完善。

（三）探索建立恶意透支行为失信惩戒制度

我国失信惩戒制度主要由行政黑名单制度、准入禁止制度辅以行政处罚予以实现。行政黑名单制度的核心是运用社会信用制度手段，建立“严重失信主体名单”，进行失信惩戒，惩戒举措的内容主要包括列为重点监管审查对象、限制资格、撤销或取消荣誉称号、限制高消费、限制行业和市场禁入（退出）等方面。[①] 对于恶意透支的行为个体，可以根据情况考虑将其列入行

① 王顺：《“黑名单”制度法律属性探究及其行政法规制——以〈上海市单用途预付消费卡管理规定〉第25条为视角》，载《东南大学学报（哲学社会科学版）》2019年第2期。

政黑名单，有针对性地限制其信用金融活动，起到失信惩戒目的；准入禁止制度是针对失信个体进行限制其市场准入相关的惩戒，包括限制行政许可或融资行为，停止优惠政策，限制考核表彰等内容，目前在环境保护领域、旅游行业、房地产行业等已有应用。对于恶意透支的行为个体，在其进入特定金融行业时，可以予以一定的准入禁止和限制，通过消减其金融经营获利的可能来降低恶意透支行为的发生，限制失信人员进入金融行业也有利于行业发展。基于行政处罚和刑罚的衔接考量，对于恶意透支行为也可以进行财产罚和人身罚等行政处罚规制，一方面通过罚款和没收等财产罚消除行为获利和附加罚额，对非法获利的目的起到抑制作用；另一方面通过适当的行政拘留等处罚措施，起到必要的保安和惩戒作用。

应当说，失信惩戒模式更加适应于以对个人信用作为评价核心的透支行为进行规制，在实践中，失信惩戒制度已经取得了较为良好的效果，也已在全国多地铺开。因此，在违法程度较轻、社会危害后果较小的案件中，刑罚介入的必要性进一步被削弱。从社会治理角度而言，我国在行政领域已经探索出一套事前、事中、事后全方位的综合管理体系。在刑罚退却，留出施政空间之后，新型行政制裁手段可以较好地起到教育、监管、制裁等效果，进而可以满足社会治理的现实需求。同时，尚不构成本罪的恶意透支行为，也可以通过失信惩戒制度连接传统行政处罚手段和刑事处罚手段予以规制。

第三章　恶意透支行为适当出罪的立法依据

第一节　出罪方式的发展与现行刑法体系中的出罪机制

透支是信用卡使用过程中最为重要和具有代表性的功能，正是无担保透支这一金融功能将信用卡与借记卡、准贷记卡等其他类别的银行卡区别开来。持卡人依据其与发卡银行之间签订的信用卡协议和信用卡章程，使用信用卡进行透支消费，一般情况下应当属于民事法律管辖的范畴，所产生的纠纷由双方通过民事法律途径进行解决。例如，发卡银行将拖欠透支款不还的持卡人起诉至法院，要求持卡人承担违约责任等；而只有符合犯罪构成要件并且达到立案追诉标准的情况下，才能追究行为人的刑事责任。因此，如前所述，恶意透支犯罪具有典型的民刑交叉属性，恶意透支犯罪的发展过程存在较为明显的民刑过渡现象。

从起初司法机关将恶意透支行为以诈骗罪的罪名进行打击，到后来立法机关通过专门立法，相继以单行刑法及刑法典的立法模式创设信用卡诈骗罪这一专门罪名，将恶意透支行为规定为信用卡诈骗罪的特殊情形，再到后来司法机关根据司法实践，对恶意透支型信用卡诈骗罪的构成要件进行详细界定，规范法律适用。在恶意透支型信用卡诈骗罪的立法沿革中，尽管不同时期的立法机关、司法机关对恶意透支行为的范围界定、打击方式等存在一定差异，但是可以看到，前述所有的规范性文件中，在对恶意透支犯罪进行刑事打击的同时，都预留了相应的出罪空间，说明立法者已经意识到了恶意透支行为特殊的民刑交叉属性，力图避免刑法过度介入民事法律关系。

一、恶意透支犯罪出罪依据的历史考察

在我国未对恶意透支行为进行专门立法以前，司法实践中普遍以诈骗罪对恶意透支行为进行刑事打击，根据 1979 年《刑法》第 151 条和第 152 条的规定，诈骗罪的追诉标准为“数额较大”，同时以“数额巨大”作为提升刑

档的数额标准。在1985年上海市人民检察院《处理利用“信用卡”进行诈骗活动的几点意见》中曾规定，利用信用卡实施诈骗，数额巨大，但是在情节比较轻微的情况下，且在我国又无其他犯罪行为的，可以不追究犯罪嫌疑人的刑事责任。而在1994年公安部法制司《关于利用信用卡恶意透支案件如何定性问题的答复》中也有类似的规定，持卡人恶意透支尽管达到数额较大的追诉标准，但是案发后持卡人承诺偿还并在承诺约定的期限内全部偿还的，则不以诈骗罪追究刑事责任，仅由发卡银行做罚息处理。

根据1979年《刑法》的规定，不论数额较大还是数额巨大，均已经达到诈骗罪的立案追诉标准，说明在持卡人恶意透支行为本身已经构成诈骗罪的情况下，上海市人民检察院的《意见》和公安部的《答复》均认为，恶意透支行为人犯罪情节较轻或者承诺还款并履行承诺的，可以不作为刑事犯罪处理。上述规定是我国恶意透支犯罪立法沿革中最早的出罪条款，并且也是门槛最低的出罪条款，仅需要案发后还款，即可以免除持卡人的全部刑事责任，其中蕴含的出罪理念为我国以后的恶意透支犯罪的立法发展打下了坚实的基础。

值得注意的是，无论是上海市人民检察院的《意见》还是公安部的《答复》，在不追究持卡人恶意透支刑事责任的情况下，均规定了对恶意透支行为通过民事途径予以解决的条款。其中上海市人民检察院的《意见》认为，发卡银行追诉款项时，应当通过民事途径处理，公安部门仅仅是协助处理；而在公安部的《答复》中则规定，在不追究恶意透支行为人刑事责任时，发卡银行只能根据其与持卡人之间的信用卡协议以及章程，对持卡人进行罚息处理。上述规定充分注意到发卡银行与持卡人之间民事法律基础关系，建议发卡银行通过民事法律手段对持卡人所欠的透支款项进行追索，确认双方之间的平等民事法律关系和诉讼地位，弱化公权力部门在恶意透支案件中所起的作用。

在恶意透支行为以专门罪名入罪之后的立法沿革中，全国人大常委会《关于惩治破坏金融秩序犯罪的决定》和1997年《刑法》对恶意透支行为进行了专门立法，增设信用卡诈骗罪的罪名，将恶意透支行为作为信用卡诈骗罪的一种特殊行为方式，并对恶意透支行为进行了概念的界定，其中并未涉及相关的出罪条款，此阶段的出罪条款主要集中于最高司法机关的相关司法解释之中，因此本书接下来主要就1995年两高司法解释、2009年两高司法解释以及2018年经修改的两高司法解释中的出罪条款进行整理和归纳，探明其中所蕴含的出罪理念。

1995 年两高司法解释出台时，全国人大常委会的单行刑法尚未颁布，因此当时仍以诈骗罪对恶意透支行为进行认定和打击，因此在 1995 年两高司法解释第 3 条中规定，恶意透支行为人在其行为构成犯罪后，只要在人民检察院起诉前向发卡银行归还全部透支款息的，便可以被免予追究刑事责任。此条规定中，对作为出罪条件的持卡人还款时间进行了限制，限定为在人民检察院起诉前，而在 1994 年公安部《答复》中则仅要求在持卡人承诺还款的期限内，并未对诉讼阶段进行限制。1995 年两高司法解释从出罪的时间节点对恶意透支犯罪的出罪进行限制和规范，虽然从字面上理解限制了恶意透支犯罪出罪条款的适用，降低了恶意透支行为人获得出罪处理的可能性，但是更应注意到的是 1995 年两高司法解释对恶意透支犯罪出罪条款的规范意义。1995 年两高司法解释通过对恶意透支犯罪出罪时间条件的明确规范，实际上增强了出罪条款的可执行性，客观上使恶意透支行为人更容易最终获得出罪处理。

2009 年两高司法解释则在 1995 年两高司法解释的基础上，进一步对恶意透支犯罪的出罪条款进行调整和规范。2009 年两高司法解释第 6 条中规定，恶意透支行为人在立案后、判决前还清全部款息的，对于情节轻微的，可以免除处罚；对于恶意透支数额较大且在立案前还清全部款息，情节显著轻微的，可不作为犯罪处理。从 2009 年两高司法解释的条文来看，其将恶意透支行为人免除处罚的时间段从 1995 年两高司法解释中的起诉前扩展到了法院判决前，扩大了适用免除处罚的出罪时间范围。但是对于不作为犯罪处理的出罪情形，则将 1995 年两高司法解释中的立案后、判决前这一时间段予以排除，仅仅在公安机关立案之前才存在不作为犯罪处理的可能。也就是说，恶意透支行为人一旦被公安机关以信用卡诈骗罪的罪名立案，其就进入了刑事诉讼阶段，只有在情节轻微的情况下才能免除处罚，不再具有直接不作为犯罪处理的出罪可能性。同时，2009 年两高司法解释在立案前归还透支款息不作为犯罪处理的条件中，增加了“情节显著轻微”和恶意透支犯罪“数额较大”的限定要件，实践中更加增加了出罪条款适用的难度，排除了恶意透支数额巨大和数额特别巨大情况下不作为犯罪处理的出罪可能性。[①] 因此，相

---

① 刘涛：《〈关于办理妨害信用卡管理刑事案件具体应用法律若干问题的解释〉的理解与适用》，载《人民司法》2010 年第 1 期。

比1995年两高司法解释中的出罪条款，2009年两高司法解释在出罪问题上，一方面将出罪的时间段前移，另一方面增加出罪的限定条件（详见表1），对恶意透支型信用卡诈骗罪的出罪把握更加严格，实际上降低了出罪的可能性和可操作性，使得我国刑事司法体系下恶意透支犯罪本就十分有限的出罪空间被进一步压缩和限制。

表1：1995年、2009年两高司法解释出罪条款对照表

	1995年两高司法解释	2009年两高司法解释		
出罪时间	案发后、起诉前	立案后、判决前		立案前
出罪条件	偿还全部本息	偿还全部本息	1. 偿还全部本息； 2. 情节轻微	1. 数额较大； 2. 偿还全部本息； 3. 情节显著轻微
出罪结果	可以从轻、减轻处罚或者免予追究刑事责任	可以从轻处罚	可以免除处罚	可以不追究刑事责任

相比于1995年和2009年两高司法解释，2018年经修改的两高司法解释，一方面从犯罪构成要件方面提升了恶意透支犯罪的入罪门槛，包括加强主观上非法占有目的的认定、对发卡银行催收的有效性认定、立案追诉标准的提升等，从实体角度保障了相当数量的案件被直接排除在刑事犯罪圈之外。另一方面，2018年经修改的两高司法解释在出罪机制的构建上进行了大刀阔斧的改革，从出罪的时间、条件和结果多个角度，构建了一套崭新的恶意透支犯罪程序性出罪机制。

2018年经修改的两高司法解释第9条通过对恶意透支犯罪数额的重新认定，将犯罪数额限定为公安机关立案之前尚未归还的本金数额。如此规定，从根本上将立案之前已经还清本金的恶意透支行为无条件的完全排除在刑事犯罪圈之外。相比于2009年两高司法解释，不但突破了"数额较大"的数额限制，也突破了"情节显著轻微"的情节限制，同时将还款的数额限定为全部本金而非全部本息，更重要的是摒弃了以往由司法机关决定最终是否追究持卡人刑事责任的观念，将立案前归还全部本金的恶意透支行为完整的、无条件的排除在刑事犯罪圈之外。而第10条则对于恶意透支数额较大的案件，在检察机关提起公诉前和法院一审判决前全部归还透支本金的，分别预留了不起诉和免予刑事处罚的出罪路径。这一规定，不仅去除了2009年两高司法解释中对于免除处罚所要求的"情节轻微"限制，同样也将还款的数额限定为全部本金而非全部本息，而且将检察机关的不起诉制度纳入司法解释条款之中，规定只要立案后、一审判决前归还全部恶意透支本金的，司法机关均可以对其作出不起诉决定或者免予刑事处罚判决（详见表 2）。

表 2：2009 年两高司法解释、2018 年经修改的两高司法解释出罪条款对照表

<table>
<tr><td></td><td colspan="3">2009 年两高司法解释</td><td colspan="3">2018 年经修改的两高司法解释</td></tr>
<tr><td>出罪时间</td><td colspan="2">立案后、判决前</td><td>立案前</td><td>判决前</td><td>起诉前</td><td>立案前</td></tr>
<tr><td>出罪条件</td><td>偿还全部本息</td><td>1. 偿还全部本息；
2. 情节轻微</td><td>1. 数额较大；
2. 偿还全部本息；
3. 情节显著轻微</td><td colspan="2">1. 数额较大；
2. 归还全部本金</td><td>归还全部本金</td></tr>
<tr><td>出罪结果</td><td>可以从轻处罚</td><td>可以免除处罚</td><td>可以不追究刑事责任</td><td>可以免予刑事处罚</td><td>可以不起诉</td><td>一律不是犯罪</td></tr>
</table>

综上，2018 年经修改的两高司法解释，从出罪的条件和出罪的结果来看，将公安机关的刑事立案作为一个重要时间节点。立案之前只要还清全部本金的，一律不作为犯罪处理；立案之后数额较大且还清本金的，可以不起诉或免予刑事处罚，实现了对恶意透支案件出罪机制的重新建构，同时将恶意透支行为所产生的利息、滞纳金等费用排除在刑事案件考量范畴之外，实现了恶意透支犯罪出罪与入罪的相对平衡。

二、现行刑法体系中的出罪依据

如本节前文所述，我国立法机关和司法机关通过 30 年来对恶意透支型信用卡诈骗案件行为本质和案件特点的不断摸索，逐步确立了恶意透支行为民刑交叉的基本属性，构建了恶意透支型信用卡诈骗罪的刑事出罪体系。在我国目前的刑事司法体系中，2018 年经修改的两高司法解释根据刑法总则中的有关出罪条款，较为全面地梳理了恶意透支型信用卡诈骗罪不同情况下的出罪条件，形成了一套基本完整的恶意透支犯罪出罪体系。

首先，犯罪情节显著轻微危害不大的，可以不追究刑事责任。1997 年《刑法》第 13 条规定了我国关于犯罪的概念，其中的但书条款在我国的刑事法律出罪体系中具有代表性意义。但书条款规定了在特定行为已经构成犯罪的情况下，如果犯罪情节显著轻微危害不大的，则不认为是犯罪。2018年经修改的两高司法解释中所规定的恶意透支行为人在公安机关刑事立案前的出罪条款，其立法依据正是刑法总则中的但书条款。恶意透支行为人在公安机关立案以前，其行为已经符合恶意透支型信用卡诈骗罪的全部犯罪构成要件，根据刑法罪刑法定的基本原则，对于刑法明确规定为犯罪的，必须依法定罪处罚；但是考虑到实践中恶意透支行为人在立案前较早地偿还了全部透支本金（实践中更多的是全部透支本息及相关费用），积极主动修复了其行为所侵害的社会关系，避免了刑事司法资源的浪费，因此属于情节显著轻微危害不大的情形，应当不作为犯罪处理，依法不追究刑事责任。

其次，犯罪情节轻微的，检察机关可以作出不起诉决定。根据2018年经修改的两高司法解释，在检察机关审查起诉阶段，恶意透支数额较大且提起公诉前归还全部透支本金的，检察机关可以作出不起诉决定。相对不起诉属于定罪不起诉，其最终出罪结果同样是在认定恶意透支行为人构成犯罪的情况下，对其作出不起诉决定，不再进入刑事审判环节，更早地结束刑事司法流程，更好地节约刑事司法资源，更有效地实现对恶意透支型信用卡诈骗罪的出罪处理。

最后，犯罪情节轻微的，可以免予刑事处罚。根据1997年《刑法》第37条规定，对于已经构成犯罪的特定行为，如果犯罪情节轻微，则可以在认定构成犯罪的前提下，免予刑事处罚。2009年两高司法解释以及2018年经修改的两高司法解释的出罪条款中，均体现了刑法总则中对于犯罪情节轻微可以免除刑罚的出罪理念。恶意透支数额较大的行为人在一审判决前归还全部透支本金的，可以免予刑事处罚。在此种情况下，恶意透支行为人归还透支款息的时间晚于前述立案前以及检察机关提起公诉前的情形，其行为在修复社会关系的积极性和主动性方面有一定降低，是在已经进入刑事审判程序之后才积极还款，因此对其出罪的程度同样有一定的限制，只能在认定其行为构成恶意透支型信用卡诈骗罪的前提之下，免予对其进行刑事处罚。

综上，在我国现行刑事法律体系中，已经构建了一个包括刑事实体法、刑事程序法和刑事司法解释在内的相互配合衔接的恶意透支犯罪出罪体系，根据恶意透支犯罪不同的犯罪情节，结合恶意透支行为人的不同社会危害性，有针对性地作出轻重有别的出罪决定，用于鼓励恶意透支行为人在实施恶意透支犯罪后，尽早修复其行为所侵害的社会关系，体现自身认罪悔罪的积极性和主动性，实现法律效果和社会效果的统一，最大限度地实现对恶意透支犯罪的出罪处理。

三、现行刑法出罪体系的不足

本书在第一章第一节关于恶意透支犯罪的立法沿革中，已经对本罪现行刑法体系的不足与完善进行过一定的论述，主要包括缺失对于规定限额和规定期限的规范与认定、对于不同催收载体的催收效力未加区分、关于“经催收仍不归还”的体系定位及出罪功能存在悖论等。基于本书所立足的双向出罪模式，上述问题与不足主要属于实体出罪，也就是反向出罪层面，聚焦于明确和提高恶意透支犯罪的认定标准，限制其入罪的可能性。但同时，从程序出罪，也即正向出罪而言，现行恶意透支犯罪的出罪体系同样也存在一定的不足和可完善之处。

从恶意透支犯罪的现行刑法出罪体系可以看出，对其进行出罪并非由司法机关随意适用，而是对符合出罪条件的恶意透支犯罪进行限制性适用，有学者将其概括为“条件性出罪机制”①。司法解释中所设置的出罪条件并非凭空产生，而是基于行为人本身人身危险性大小以及对法益所造成的破坏程度所进行的综合评价，包括是否已经归还全部本金以及犯罪数额是否属于最低一档“数额较大”等。上述出罪条件的存在说明，对恶意透支犯罪进行出罪处理，要求该行为所造成的社会危害性较为有限，并且行为人能够积极弥补其行为所造成的损害，人身危险性较低。“条件性出罪机制”的价值主要在于缩小刑事打击范围，使司法机关对于经济犯罪的处理能够契合当前各国对于此类犯罪进行非罪化和非监禁化的处理趋势。②

但是，上述“条件性出罪机制”关注的焦点是恶意透支行为人本身及其实施的行为，而目前少有观点或者论述将出罪的视角进行拓展，其中一个需要探讨的问题就是发卡银行的过错是否可以作为恶意透支犯罪“条件性出罪机制”的合理延伸。从本质上来说，发卡银行作为恶意透支犯罪中的被害人，其在发卡以及授信过程中存在的过错，实际上导致其在整个透支过程中

---

① 刘宪权、庄绪龙：《“恶意透支”型信用卡诈骗罪若干问题研究——兼评“两高”〈关于办理妨害信用卡管理刑事案件问题的解释〉之有关内容》，载《当代法学》2011年第1期。

② 庄绪龙：《论经济犯罪的“条件性出罪机制”——以犯罪的重新分类为视角》，载《政治与法律》2011年第1期。

并没有因行为人的行为陷入错误认识，发卡银行在有条件保障自身法益不受侵害的情况下，却在一定程度上放弃保障自身的法益，因此本书认为可以将这种过错行为作为恶意透支犯罪的一种违法阻却情形，对透支行为人进行出罪处理。一方面，由于发卡银行在发卡和授信过程中存在的过错，导致不存在刑法设立恶意透支犯罪所要保护的法益，发卡银行的损失并非基于错误认识，而是出于投机和盈利目的所开展的风险业务。[①]另一方面，发卡银行是否存在过错可以进行司法判断。具体来说，司法机关只需要对发卡银行的审核环节进行审查，查明发卡银行是否有足够的理由相信持卡人透支后可以如约归还透支款项。例如，持卡人的资信状况是发卡审核和授信环节的核心，若持卡人无法证明其有稳定的收入来源而银行仍然对其进行高额授信，就说明银行对其未来透支后不能按时还款是有相应的预见和认识的，这种情况下发卡银行所遭受的损失并非刑法所保护的法益，从而可以对恶意透支行为人进行出罪处理。

综上，对于信用卡透支业务中发卡银行和持卡人之间的特殊关系在恶意透支犯罪出罪过程中所能产生的作用，域外不同司法体系的做法也不尽相同。为了进一步探索恶意透支犯罪出罪的路径和方式，有必要对域外已有的司法经验和制度进行一定的总结和借鉴。

第二节　国外立法的借鉴与参考

“恶意透支”这一概念由我国立法和司法机关根据我国国情和司法实践所创设，其在国外刑事立法和司法实践中，尚没有直接对应的相同罪名，在国外刑事法律体系中设置专门罪名进行规制的也较为少见，司法实践中更多的是依托传统刑事法律体系中的诈骗罪、计算机诈骗罪、伪造文书罪等常规罪名进行打击。自信用卡诞生以来，涉信用卡犯罪的形式和手段一直在不断更新，不同国家对信用卡恶意透支行为进行刑法规制的方式和手段也在不断发展，各个国家对恶意透支行为形成了截然不同的法律规制体系。这其中以德国为代表的部分国家和地区对恶意透支行为设立专门罪名进行打击，以日

① 白玥：《恶意透支型信用卡诈骗罪司法适用研究》，吉林大学2021年博士学位论文。

本为代表的部分国家和地区以普通诈骗罪打击恶意透支行为，而在美国等英美法系国家中，普遍将恶意透支行为界定为信用卡持卡人与发卡银行间的民事法律纠纷，刑法并不介入其中。本书通过对德国、日本和美国关于信用卡恶意透支的立法经验和立法技术进行分析和总结，以期为我国立法机关和司法机关进一步完善恶意透支型信用卡诈骗罪的刑法规制体系提供有效的借鉴与参考。

一、德国立法模式：以专门罪名规制恶意透支行为

在以德国为代表的大陆法系国家的刑事法律体系中，一般将恶意透支行为作为需要打击的犯罪进行处理，目前德国刑法中对于恶意透支行为设立单独的罪名，即“滥用信用卡罪”①。德国刑法典作为传统大陆法系国家刑法典的代表，其中对于“诈骗罪”②设有专门罪名，但是德国立法机关并未采用传统的诈骗罪罪名对恶意透支行为进行规制，而是注意到恶意透支行为与传统诈骗行为之间的差异，将恶意透支行为的违法核心认定为持卡人对其个人信用的滥用，而并不具有诈骗罪所要求的欺诈、歪曲或隐瞒事实等行为手段，因此根据恶意透支行为的滥用信用本质，在背信犯罪范围内单独设立了滥用信用卡罪，实现对恶意透支犯罪的精准打击。

德国刑法对恶意透支行为设立单独罪名进行刑法规制的立法模式并不是一蹴而就的，而是经历了德国刑法理论界和实务界漫长的争论和改革发展而成。综观德国刑法对恶意透支行为的刑事立法沿革，可以清楚地看到德国刑法理论界和实务界对于恶意透支行为性质认识的不断深入，有助于我们更加准确地理解恶意透支行为的违法本质。

在德国早期刑事司法实践中，尚没有设立“滥用信用卡罪”对恶意透支行为进行专门立法，而是通过一系列的司法判例认为，对于信用卡持卡人，只要其使用其本人的真实身份申领信用卡，并按照信用卡章程和协议的要求透支使用信用卡，就不符合诈骗罪的犯罪构成要件，持卡人不需要接受刑事处罚；即便信用卡持卡人透支信用卡，且经发卡银行催收后仍拒不归还，该行为也仅仅限于持卡人与发卡银行之间的民事法律范畴内，持卡人仅需要承担相应的还款和罚息等民事法律责任。上述司法实践中的做法，不仅在德国

① 参见《德国刑法典》，徐久生、庄敬华译，中国方正出版社2002年版，第132页。

② 参见《德国刑法典》，徐久生、庄敬华译，中国方正出版社2002年版，第128页。

刑法理论界存在较大的争议，在德国司法实务界同样存在不同看法。20 世纪 80 年代的被告人 ANGEKL 恶意透支案中，德国三级法院对于该案的不同处理意见比较清晰地展现了对于恶意透支行为性质的不同认识。

案例5：ANGEKL恶意透支案①。被告人ANGEKL持有多家银行发行的信用卡，使用上述信用卡进行数十次透支消费，总计金额达到 27079.82 德国马克。其间，发卡银行多次向 ANGEKL 进行催讨，但其仍拒不还款，并继续使用上述信用卡进行透支消费。

比勒菲尔德地方法院在审理该案过程中认为，被告人申领和使用信用卡的行为均从属于其与信用卡公司之间的民事法律关系，其透支使用信用卡的行为符合双方签订的有关合同。同时，被告人在特约商户使用信用卡的过程中，特约商户并不需要对被告人的支付能力、信用状况等进行调查，只需要对信用卡的真伪及被告人的签名等进行形式上的验证；被告人对其本人信用状况和支付能力的隐瞒，并未使特约商户陷于错误认识从而损害其财产，因此不符合德国刑法所规定的诈骗罪犯罪构成要件，不应作为犯罪处理。②

案件上诉至汉姆州高等法院后，法院认为被告人的恶意透支行为，属于对于特约商户以默示的方式实施了欺诈行为，向特约商户隐瞒了其本人不具有信用卡偿还能力的事实，使特约商户陷于被告人有能力支付款项的错误认识之中，并随之根据这一错误认识做出了处分财产的行为；信用卡公司根据信用卡的担保关系向特约商户支付款项后造成了信用卡公司的财产损失。汉姆州高等法院认为此种情形属于典型的三角诈骗情形，被告人对特约商户实施了欺诈行为，特约商户基于错误认识处分了信用卡公司的财产，造成信用卡公司的财产损失，因此符合德国刑法中诈骗罪的犯罪构成要件，应当以诈骗罪追究被告人的刑事责任。③

最终，德国最高法院在审理该案过程中再次改变了先前法院的判决，认为基于持卡人与信用卡公司之间的担保合同关系，信用卡属于持卡人的信用

---

① 王华伟：《恶意透支的法理考察与司法适用》，载《法学》2015 年第 8 期。

② LG Bielefeld，NStZ，1983，S.456. 参见王世洲：《德国经济犯罪与经济刑法研究》，北京大学出版社 1999 年版，第 275 页。

③ OLG Hamm，NJW，1983，S.1335. 参见王华伟：《恶意透支的法理考察与司法适用》，载《法学》2015 年第 8 期。

支付工具。因此信用卡持卡人在使用信用卡过程中，特约商户只对信用卡真伪及持卡人的签名进行形式上的审查，不需要审查持卡人自身的经济状况和支付能力。同时，特约商户处分财产的行为同样基于其与信用卡公司之间的担保关系而做出，并非是因持卡人对其经济状况和支付能力的隐瞒而导致，因此对于持卡人恶意透支信用卡的行为，不符合诈骗罪的犯罪构成要件，不能以诈骗罪对其进行刑事处罚。德国最高法院的判决维持了比勒菲尔德地方法院最初的判决意见，将恶意透支行为排除在德国刑法诈骗罪范畴之外。①

ANGEKL 恶意透支案的办理不仅将德国刑法实务界对于恶意透支行为性质的争论推向高潮，而且在德国刑法理论界也引起了对该问题的广泛争议。该案中的比勒菲尔德地方法院和德国最高法院均认为，信用卡特约商户没有审核持卡人支付能力和经济状况的责任，持卡人对其支付能力和经济状况的隐瞒并不属于对特约商户的欺诈行为，仅仅是对自身信用的滥用，因此不应认定为德国刑法中的诈骗罪，而对于滥用自身信用的行为，当时的德国刑法并无专门条款进行规制。因此，德国联邦议会在 1986 年颁布施行的《第二次经济犯罪对策法》中增设了“滥用支票和信用卡”的罪名，首次以专门立法的形式将恶意透支行为纳入德国刑法规制范围，以滥用信用卡罪对其定罪量刑。②上述法案最终被现行德国刑法典所采纳，形成了目前德国以专门立法形式打击恶意透支犯罪的刑事法律体系。

二、日本立法模式：以普通诈骗罪规制恶意透支行为

日本刑法中对于恶意透支行为并不存在专门立法。在早期日本刑法理论界，对于恶意透支行为是否构成刑事犯罪存在与前述德国早期司法判例中一样的分歧（即恶意透支行为是否构成诈骗罪），但是通过多年来的一系列司法判例和司法实践，在目前的日本刑法理论界和实务界中已经达成共识，对利用信用卡进行恶意透支的行为按诈骗罪论处。然而，即便对于恶意透支行为按照诈骗罪论处已经基本形成共识，日本刑法理论界中对认定恶意透支行为构成诈骗罪的理论依据依然存在诸多不同意见。

一种意见认为，在恶意透支案件中，发卡银行为受骗者和受害者。佐伯

① BGHst，33，244. 王世洲：《德国经济犯罪与经济刑法研究》，北京大学出版社 1999 年版，第 276 页。

② 何鹏：《西德第二次经济犯罪对策法》，载《比较法研究》1989 年第 1 期。

仁志教授等人认为，信用卡持卡人恶意透支过程中，特约商户只是持卡人实施欺诈行为的工具，持卡人通过特约商户，对发卡银行实施了欺诈行为。信用卡持卡人利用了特约商户与发卡银行之间的担保关系，使得发卡银行基于信用卡持卡人的欺诈，错误地向特约商户垫付了款项。因此恶意透支案件中，发卡银行是直接的受骗者，也是最终的受害者，因此符合诈骗罪的犯罪构成要件。①

另一种意见认为，在恶意透支案件中，特约商户为受骗者和受害者。大塚仁教授认为，恶意透支行为人对信用卡特约商户实施了欺诈行为，特约商户基于错误认识进行了交付财产的行为，遭受了实际的财产损失，特约商户既是受骗者，也是最终的受害者，因此完全符合典型意义的诈骗罪犯罪构成要件。②

还有一种意见认为，在恶意透支案件中，特约商户是受骗者，发卡银行是受害者，属于三角诈骗。前田雅英教授认为，信用卡持卡人恶意透支时，对特约商户实施了欺诈行为，从而交付了财产；但是特约商户由于与银行之间存在担保支付关系，所以特约商户由于交付财产所造成的损失最终由发卡银行所承担。因此实际上，恶意透支行为人对特约商户进行欺诈时，特约商户基于错误认识所处分的是发卡银行的财产，最终遭受财产损失的也是发卡银行，此种受骗者与受害者分离的情形，属于诈骗罪中的三角诈骗。③

本书认为，上述三种意见对于恶意透支行为的认定均有一定的可取之处，但是最终均没有将传统诈骗罪与恶意透支行为本质进行较好的协调。上述观点将信用卡持卡人透支本人信用卡这一民事法律行为与欺诈等犯罪行为归于同一罪名进行打击，不能体现恶意透支行为区别于普通诈骗行为的本质特征。在前述德国立法模式中，立法机关正是注意到诈骗罪与恶意透支行为本质之间的种种不协调，才创设了滥用信用卡罪对其进行专门立法。

---

① ［日］佐伯仁志、道垣内弘人：《刑法与民法的对话》，于改之等译，北京大学出版社 2012 年版，第 226 页。

② ［日］大塚仁：《刑法概说（各论）》，冯军译，中国人民大学出版社 2003 年版，第 283 页。

③ ［日］前田雅英：《日本刑法各论》，董璠舆译，台湾五南图书出版公司 2000 年版，第 246 页。

三、美国立法模式：以非刑事法律手段规制恶意透支行为

在美国现行司法体制下，并不存在与我国恶意透支概念对应的概念，而是普遍将透支行为作为发卡银行与信用卡持卡人之间民事法律纠纷，刑事法律规范并不直接介入其中。美国司法理论界和实务界普遍认为，发卡银行自身在向持卡人发放信用卡时，基于其对持卡人信用状况和经济实力的调查和了解而赋予持卡人一定的透支额度，因此信用卡持卡人透支行为是经过发卡银行许可的行为，不能简单地将经过双方合意的行为认定为犯罪。[①] 发卡银行对于持卡人的透支行为应当具备足够的风险承受能力，同时采取必要的手段和措施来防范可能产生的商业风险。因此在透支法律纠纷中，只要持卡人使用自己的信用卡透支，不论透支金额多少、透支期限多久，也不考虑持卡人透支时是基于善意、恶意抑或过失，只能由发卡银行通过民事法律手段向持卡人进行追索。[②]

2007 年美国次贷危机爆发以后，美国根据当时的经济环境和信用卡使用过程中爆发出来的新问题，进一步反思和修正了其以往的信用卡政策，陆续颁布了《信用卡持卡人权利法案》（Credit Cardholders’ Bill of Rights Act）[③] 和《信用卡问责、责任和信息披露法案》（Credit Card Accountability Responsibility and Disclosure Act）[④]，进一步规范发卡银行的发卡行为，明确了发卡银行的事先审查责任，平衡了发卡银行和持卡人之间的权利义务关系。根据上述二部法案，一方面对信用卡申领人的年龄进行了限制，禁止向 18 周岁以下的申领人发放信用卡，对 21 周岁以下的信用卡申领人附加了相应的限制条款；另一方面禁止发卡银行依据对于信用卡持卡人不利的消费记录或者消费信息提升持卡人的透支利率。如果要提高利率或者改变利率计算方式，必须提前 45

① 黄小军、吴昊、邵科：《他山之石：美国信用卡应对两次重大危机的经验与启示》，载《中国银行业》2019 年第 3 期。

② 黄辉、李志超、拓文娜：《美国信用卡事件对我国信用卡市场规范化管理的启示》，载《征信》2019 年第 1 期。

③ Credit Cardholders’ Bill of Rights Act of 2008，https：//www.congress.gov/bill/110th-congress/house-bill/5244，最后访问日期：2020 年 5 月 13 日。

④ Credit Card Accountability Responsibility and Disclosure Act of 2009，https：//www.gpo.gov/fdsys/pkg/PLAW-111publ24/content-detail.html，最后访问日期：2020 年 5 月 13 日。

天书面通知信用卡持卡人；同时，禁止发卡银行对其信用卡业务进行夸大宣传，禁止使用“优惠利率”等容易引起误导的语言表述。[①]因此在目前的美国法律体系下，主要是通过事前加强发卡银行对持卡人的信用审查职责，从源头上规范信用卡的申领和使用，最大限度地避免恶意透支行为的发生，减少恶意透支行为可能造成的损失和不利后果。

美国的刑法规范性文件同样秉持了上述观点，并未将恶意透支行为纳入刑法规制的范围。虽然在美国的联邦政治体制下，各个州及联邦政府均有权制定各自的刑法典，但是在美国各州和联邦政府的刑法典中均没有规定对透支行为进行刑事处罚的条款。以美国法学会制定的《美国模范刑法典》为例，其中虽然规定了“滥用信用卡”[②]的罪名，但在具体的行为表述中将该罪名限定于使用盗窃、伪造、失效及其他被发卡银行禁止使用的信用卡，并未将使用本人名下真实信用卡进行的恶意透支行为包括在内，类似于我国1997年《刑法》中所规定的普通型信用卡诈骗罪。从《美国模范刑法典》将恶意透支行为排除在刑事犯罪圈外的做法可以看出，不论在美国的刑法理论界还是司法实务界，均将恶意透支行为归入民事法律纠纷的范畴，刑法对其并不直接进行规制。

四、域外立法模式的借鉴意义

面对恶意透支行为，德国、日本和美国三种域外立法模式不仅与我国现行的立法模式存在较大差异，同时三者之间也存在实质的区别。在德国立法模式中，在确立用刑事手段规制恶意透支行为的基础上，根据其侵害的法益和信用卡透支业务基础法律关系，将处罚的视角从财产利益转移到信用制度，从而专门性地在背信犯罪中设立滥用信用卡罪对恶意透支行为进行规制，说明恶意透支行为在本质上和诈骗类犯罪存在差异。在美国立法模式中，并没有强调用刑事手段进行打击，主要通过对发卡银行施加更高的审核义务来实现预防此类行为的目的，更多地体现出在发卡银行和信用卡申领人之间寻求权利义务平衡状态的立法意图。而在日本立法模式中，虽然理论界主流观点是通过诈骗罪这一传统罪名对其进行刑法规制，但是对于诈骗的具

---

① 曹坚：《国外关于恶意透支的法律规定》，载《检察风云》2014年第22期。

② 参见美国法学会编：《美国模范刑法典》，刘仁文等译，法律出版社2005年版，第238页。

体类型并没有形成一致的意见。但是如果按照日本立法模式，不论将发卡银行认定为被害人还是将特约商户认定为被害人，抑或是按照三角诈骗理论进行阐释，都无法完美解释如何将正常的用卡行为等同于虚构事实、隐瞒真相的诈骗行为。日本立法模式实际上放宽了对诈骗罪的适用要求，客观上将许多原本可以作为民事纠纷处理的行为纳入了犯罪圈[①]，而这正是本书在最初所提出的司法实践中存在的刑事责任扩大化倾向。

域外三种不同的立法模式，其差异产生的关键是对于发卡银行和持卡人之间的特殊关系如何进行定位和评价。从信用卡业务的发展历程来看，在最初的信用卡业务中，信用制度较为薄弱，技术手段也极为有限，因此发卡银行属于受到法律保护的对象。在早期的研究成果中，曾经就有观点认为，恶意透支产生的原因是由于发卡银行未能及时通过技术手段发现并对透支账户进行止付，导致持卡人在银行网点或特约商户使用信用卡并造成银行损失。[②]但随着技术水平的不断进步，发卡银行已经构建了信息化的信用卡业务体系，以往早期造成恶意透支行为的所谓业务数据“时间差”已经不再存在。在这种情况下，恶意透支行为产生的制度诱因便不再是以往的制度缺陷或是技术短板，而是发卡银行基于自身经济利益考量所从事的市场逐利行为。对于这种可预见的经营风险，是否需要刑法直接加以保护是需要在立法时予以反思的。

某一行为是否具有刑事可罚性，除了以犯罪人的视角进行定义，也就是侵害法益的程度和人身危险性，还需要与保护法益的手段相协调。[③]具体到恶意透支犯罪而言，就是要判断发卡银行作为被害人，其利益是否具有保护的必要性。当具体的危险是由于发卡银行自己的决定而产生时，这种危险就难以符合犯罪构成要件中所要求的危险强度。[④]对于恶意透支行为人动用刑法进行打击，而对于平等民事主体的发卡银行却不予监管，当前我国对于恶意透支行为的规制模式是需要进一步反思的。因此在刑事立法层面，对于发卡银行的利益不能过度施加保护，尤其是不能过度依靠刑法手段予以保护，避免突破刑法规制所要求的必要性和比例性原则。

---

① 王华伟：《恶意透支的法理考察与司法适用》，载《法学》2015年第8期。

② 白建军：《金融诈骗若干问题研究》，载《中外法学》1994年第4期。

③ 赵永林：《信用卡安全机制与法律问题研究》，法律出版社2011年版，第77页。

④ 申柳华：《德国刑法被害人信条学研究》，中国人民公安大学出版社2011年版，第217页。

第四章 实体层面出罪防线之一：严格认定主观上的“非法占有目的”

在正式开始后续研究之前，有必要对本书之前的论述进行一定的总结，并对之后恶意透支行为出罪机制的总体框架进行一定的勾勒，以便在总体框架的基础上再进一步完善本罪相关的出罪机制具体内容。

本书前三章主要立足于通过大量的司法数据和真实案例，以实证研究和比较研究的方法，直观地展现出恶意透支犯罪在近年刑事司法实践中所呈现的刑事责任扩大化倾向，也就是将原本不应该、不需要纳入刑法规制范围的信用卡透支行为作为刑事犯罪进行处理。本书从刑法的基本价值入手，依托刑法谦抑性理论、民刑交叉理论等基本理论，对这种不恰当、不加限制的刑事责任扩大化倾向提出意见。同时，本书也对我国目前的恶意透支犯罪出罪体系进行梳理，对不同时期、不同司法背景下恶意透支行为出罪的条件进行比较，试图探求立法者看待出罪问题的视角和本意，为符合条件的恶意透支犯罪出罪正当化奠定基础。

通过前述分析可以看出，之所以理论界和实务界对于恶意透支行为的入罪和出罪存在较大争议，可以概括为以下三个核心问题：一是原本作为民事领域正常活动的透支行为，在什么条件下才需要刑法介入并进行规制？二是刑法介入所设定的一系列条件是否能够真正将需要打击的犯罪行为从正常的民事行为中筛选出来？三是符合刑法介入条件的恶意透支行为是否一律需要处以刑罚？

本书接下来构建恶意透支型信用卡诈骗行为出罪机制的过程正是回答上述三个问题的过程。一方面，从实体层面提升恶意透支行为的入罪门槛，将不具有恶意的透支行为排除在刑事犯罪圈之外，从源头上将本就不需要刑法介入的行为予以反向出罪；另一方面，从程序层面畅通已经进入刑事诉讼程序的恶意透支行为出罪路径，将虽然已经构成犯罪但不需要判处刑罚的恶意透支行为分流至其他纠纷解决路径，也就是本书所提及的正向出罪。在实体层面认定恶意透支犯罪时，主要涉及对透支人“非法占有目的”的认定，以及超期限、超限额透支的标准，特殊情形下犯罪数额的认定方式等问题，如果无法达到实体的犯罪认定标准，则无法证明其刑事可罚性，在源头上限制对其进行刑法规制。另一个在以往的研究中关注较少的问题则是“经催收仍不归还”在恶意透支行为入罪过程中所起的限制作用，充分发挥“经催收仍不归还”在限制入罪方面的功能，是构建实体层面出罪防线的重要探索。而在程序方面，根据我国的刑事诉讼流程，对某一犯罪行为进行定罪处罚都需要经历侦查、审查起诉和审判三个环节，实践中每一个环节都有不同的出罪方式和出罪条件，从而可以根据三个诉讼阶段不同主体的出罪权限，探索建立覆盖刑事诉讼全过程的出罪筛查机制，通过筛查将确实符合犯罪构成要件并且具有处罚必要性的行为进行刑事处罚，最大可能限制刑事规制手段的适用。

因此，本书接下来试图从主观犯罪故意、客观犯罪事实、刑事追责条件三个实体方面，以及侦查、审查起诉、审判三个不同的诉讼阶段，各自构建三道出罪防线，发挥其出罪职能，构建全程、立体的出罪机制，尽最大可能实现对恶意透支行为的双向出罪，保持刑法的谦抑性本质。

第一节　“非法占有目的”的适用困境

对于恶意透支型信用卡诈骗罪而言，其主观方面的犯罪构成要件即为信用卡持卡人主观上具有“非法占有目的”。只有信用卡持卡人在“非法占有目的”这一主观要素支配下所实施的相关信用卡透支行为才可以被认定为刑法意义上的恶意透支犯罪，刑法才有介入的必要。

“非法占有目的”存在于信用卡持卡人的主观范畴之内，并不会直接呈现于司法机关面前，因此必须通过一系列主观见之于客观的分析和判断，才能对行为人是否具有“非法占有目的”进行实质判断。因此，不论是2009年两高司法解释，还是2018年经修改的两高司法解释，均对恶意透支犯罪中“非法占有目的”的认定具体规定了六种推定情形，以期帮助司法机关对信用卡持卡人的“非法占有目的”进行判断。六种情形中除了最后一条兜底条款外，均是从持卡人客观外在的行为推定行为人的主观目的，此种以推定方式认定行为人主观目的的做法，在诈骗类犯罪的司法解释及相关文件中大量存在，已经成为我国司法实践中认定此类犯罪“非法占有目的”的重要依据和途径。

在司法实践中，不同司法机关对于“非法占有目的”的推定存在不同的适用标准，导致在具体案件的司法认定过程中，一方面存在忽略主观要件认定的倾向，另一方面也存在明显的同案不同判现象。在本书的最开始，便通过三个案情相似但处理结果却迥然不同的案例[①]引出了本书研究的前提和出发点，也就是恶意透支犯罪司法实践中刑事责任的扩大化倾向，而造成这种扩大化倾向的核心原因便是恶意透支案件中当事人主观上“非法占有目的”的难以界定和虚化。

一、典型案例

案例 6：康某信用卡诈骗案。2012 年至 2013 年，犯罪嫌疑人康某先后办理了 10 家银行的信用卡，之后共透支金额人民币 32083.77 元，其中本金人民币 24923.17 元，利息以及滞纳金人民币 7160.60 元。2013 年 12 月 25 日最后一次还款人民币 2000 元。后银行多次催收该笔欠款，至 2014 年 6 月案发，仍未归还。

2014 年 6 月 25 日，公安机关对康某提请检察机关批准逮捕。检察机关审查逮捕过程中经审查认为，现有证据能够证实康某欠银行本金达到数额较大的标准[②]，银行均催收两次以上且嫌疑人超过三个月未还款，但根据嫌疑人供述，其拖欠银行款项是由于 2013 年 3 月失业导致，且根据银行账户明细，康某于 2013 年 3 月后除当月三次小额取现外，截至案发并未再使用两张银行卡，康某并无明知没有还款能力而大量透支、逃避银行催收等法律规定的行为，现有证据不足以认定其具有非法占有目的，因此作出不批准逮捕决定。[③]

案例 7：张某信用卡诈骗案。2010 年，张某在担任某机电设备租赁公司总经理期间，在中国农业银行办理 1 张透支额度为人民币 20 万元的信用卡。2013 年 4 月至 6 月间，张某使用该信用卡共计透支本息人民币 22 万余元。

① 详见本书第一章案例 1 至案例 3。

② 案件发生时，根据 2009 年两高司法解释，恶意透支犯罪的“数额较大”的标准为人民币 1 万元。

③ 该案系上海市某区人民检察院办理的康某涉嫌信用卡诈骗审查逮捕案件，检察机关作出存疑不捕决定后，公安机关对该案作撤案处理。

2013 年 6 月 9 日，张某最后一次向发卡银行归还人民币 2 万余元后再未归还任何款项，且经发卡银行数十次书面和电话催收仍拒不归还剩余的透支款项人民币 20 万余元。

公安机关立案后，张某于 2014 年 1 月向发卡银行归还全部透支本息。在一审法院审理阶段，法院认为张某以非法占有为目的，超期限透支信用卡，且经发卡银行多次催收后仍拒不归还，数额巨大①，其行为已构成信用卡诈骗罪，判处有期徒刑 5 年，并处罚金人民币 5 万元。②

张某不服一审判决提出上诉。在二审法院审理阶段，张某当庭供述称本案案发期间，其经营某机电设备租赁公司，涉案信用卡主要用于为公司在机电市场购买相关设备用于对外租赁，也包括部分个人日常消费。后张某开始为某高速公路标段提供设备租赁服务，项目初期能够靠信用卡透支购买的设备实现资金周转，按时归还银行透支款，之后由于该高速公路标段亏损，该项目承包人携款潜逃，造成张某资金链紧张。2013 年 4 月 7 日，张某使用涉案信用卡为朋友刷卡购买了 20 万元的石材原料，并收取其朋友支付的 20 万元现金，全部用于结算工人工资。2013 年 6 月，该高速公路标段暂停施工，导致张某无力按时归还透支款项。张某的辩护人也提出张某主观上没有非法占有的目的，不能还款的结果是因为项目方出逃导致的资金周转困难。二审法院审理后确认上述客观事实存在，但仍然坚持认为，张某的行为构成信用卡诈骗罪，张某及其辩护人的意见不成立，不予采纳。最终改判张某有期徒刑 3 年，缓刑 4 年，并处罚金人民币 3 万元。③

上述两个案例中，信用卡持卡人均以本人的真实身份办理信用卡，最终导致信用卡持卡人无力还款的原因均是持卡人意志以外的突发原因。案例 6 中信用卡持卡人康某使用信用卡期间突然失业，且失业以后仅进行三次小额取现，再未使用涉案的信用卡；案例 7 中的张某，系由于其承接的高速公路

---

① 案件发生时，根据 2009 年两高司法解释，恶意透支犯罪的“数额巨大”的标准为人民币 10 万元。

② 参见湖南省郴州市苏仙区人民法院（2015）郴苏刑初字第 169 号刑事判决书。

③ 参见湖南省郴州市中级人民法院（2016）湘 10 刑终 226 号刑事判决书。该判决在没有法定减轻处罚情节的情况下减轻处罚，在裁判文书“本判决为终审判决”后应当表述“本判决报请最高人民法院核准后生效”，而二审判决书却表述为“本判决为终审判决”，违反了法定刑以下量刑程序的规定，后被撤销，发回重新审判。参见湖南省高级人民法院（2017）湘刑核 80895954 号刑事裁定书。

标段负责人携款潜逃，导致项目暂停施工，致使张某无力按时归还透支款项。但上述案件的处理路径却大相径庭，案例 6 中检察机关认为在持卡人或其家庭因突发状况如失业、经营失利、重大疾病等导致财务状况恶化，最终无法及时归还欠款时，其本身不存在非法占有银行资金的主观目的，此后也未继续恶意大额取现或消费的，一般不认为其具有非法占有目的，最终作出不批准逮捕决定；而案例 7 中，尽管法院判决所认定的事实已经确认张某无力还款是由于高速公路标段亏损且负责人携款出逃、项目停工导致，但仍然认定其行为构成信用卡诈骗罪，按照案例 7 中法院的认定思路，即便持卡人在透支信用卡时属于没有“非法占有目的”的善意透支，但只要经发卡银行催收，超过 3 个月仍未归还的，同样成立恶意透支犯罪。①

二、“非法占有目的”认定的实践难题

基于案例所暴露出的恶意透支案件“非法占有目的”认定的不同标准及导致的不同处理结果，我们前期对上海市区域内检察机关审查起诉的恶意透支型信用卡诈骗案件起诉书和判决书进行了详细的梳理，发现不论是起诉书还是判决书，在案件事实表述部分，绝大部分仅仅对全案的透支行为的过程要素进行客观描述，包括透支数额、催收不还等事实，证据部分也主要针对上述客观事实进行举证，对行为人主观上非法占有目的的证明过程基本缺失，然而在最后形成的法律文书的结论部分却无一例外地认定信用卡持卡人主观上具有“非法占有目的”，似乎只要证明行为人客观上有符合透支经催收而不还的行为，就足以说明其主观上具有非法占有透支款的目的，因而也就具备了诈骗犯罪的主观犯罪故意。这种司法证明过程情况使得在具体案件的处理和认定过程中“非法占有目的”成为“无源之水、无本之木”，本罪构成主观方面的目的要件在司法上很大程度被虚置。因此，本书将仍然在位于上海市远郊的 Q 区人民检察院和位于上海市中心城区的 H 区人民检察院

① 张明楷：《恶意透支型信用卡诈骗罪的客观处罚条件——〈刑法〉第 196 条第 2 款的理解与适用》，载《现代法学》2019 年第 2 期。

范围内，以恶意透支信用卡类案件为考察样本[①]，从案件的微观层面出发，发现、归纳恶意透支型信用卡诈骗罪“非法占有目的”认定过程中存在的倾向性问题，并进一步分析导致上述问题的原因，为后续的研究提供事实依据。

司法机关在办理恶意透支型信用卡诈骗案件过程中，需要通过客观的证据，来证明信用卡持卡人的透支行为具有“非法占有目的”，此种证明过程主要通过司法解释中的六种推定情形进行认定。但是通过对上海市Q区人民检察院和H区人民检察院两家单位恶意透支案件起诉书和对应的判决书进行统计，发现对于恶意透支犯罪“非法占有目的”的证明方式存在诸多混乱之处：一方面，部分案件中缺少犯罪主观要素的事实与证据；另一方面，两家单位办理恶意透支案件过程中适用司法解释六种推定情形的标准不一。下面结合具体的司法实践数据，进一步对上述问题进行分析（详见图5）。

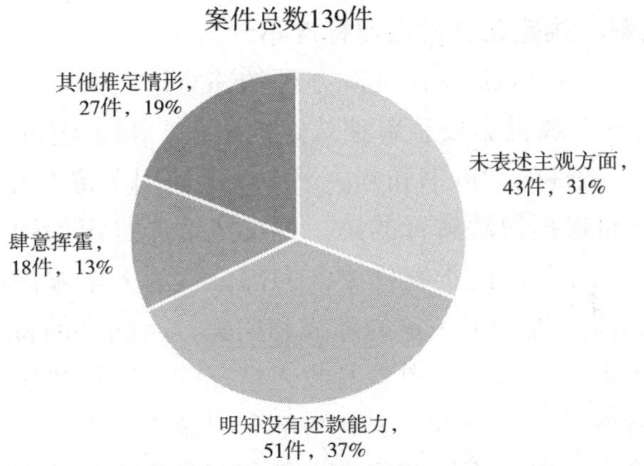

图5：2014-2015年Q区院、H区院恶意透支案件“非法占有目的”认定情形分布

（一）忽视主观犯罪故意的单独认定

2014-2015年，上海市Q区人民检察院和H区人民检察院共办理并最终起诉至法院的恶意透支案件共139件（其中Q区院办理16件，H区院办理123件），其中有近1/3的案件（43件）起诉书和判决书中仅对信用卡持卡

① 此部分数据来源均为“全国检察机关统一业务应用系统”“上海检察机关法律文书库”。2014—2015年，上海市Q区人民检察院办理的恶意透支型信用卡诈骗罪案件为16件，上海市H区人民检察院办理的此类案件数量为123件，案件数量合计139件。

人客观上透支信用卡和经发卡银行催收不还的事实进行认定，既没有直接证明信用卡持卡人具有“非法占有目的”，也没有根据司法解释的规定以推定形式证明信用卡持卡人具有“非法占有目的”。很显然，这种单纯以信用卡持卡人透支后经发卡银行催收不还的事实认定信用卡持卡人具有“非法占有目的”，以及将同一组证据（即证明经发卡银行催收不还的证据）同时用于证明信用卡持卡人主、客观两方面的犯罪构成要件的做法，明显不符合认定犯罪主客观相一致的基本要求。另外，仅仅以信用卡持卡人透支后经发卡银行催收不还的事实认定其具有“非法占有目的”，使得信用卡持卡人的主观犯罪故意和客观犯罪行为存在于不同的时空范围内，即行为人先实施了刑法规定的犯罪行为，之后又产生了非法占有的犯罪故意，这种情况下信用卡持卡人的主客观犯罪构成要件没有同时具备，而是先后具备。忽略主观犯罪故意的犯罪认定方式无疑背离了刑法主客观相统一的原则，滑向了客观归罪的泥沼。[①]

（二）司法解释推定条款的适用标准不一

2014–2015 年，Q 区院和 H 区院办理的恶意透支案件中，除了前述已经论及的 43 件缺少主观犯罪故意单独认定的案件，剩余超过七成（96 件）的案件中，有 51 件案件的起诉书和判决书中认定信用卡持卡人属于“明知没有还款能力”，从而根据司法解释的第一种推定情形推定信用卡持卡人主观上具有“非法占有目的”。此类案件中，大部分行为人申领信用卡过程中对自己的身份及还款能力进行了一定的隐瞒和欺骗，所提供的材料与客观事实不符。特别是关于申领人的工作单位及收入情况往往直接决定了申领信用卡能否成功及所能获取的透支额度，因此一部分申领人便虚构工作单位及收入情况，通过此种隐瞒和欺骗手段获得发卡银行对其发放信用卡。对此，起诉书和判决书往往直接认定行为人没有对应的还款能力，属于推定情形中的“明知没有还款能力而大量透支，无法归还的”，从而直接认定行为人主观上具有“非法占有目的”。在行为人使用其本人真实身份和资信材料申领信用卡后恶意透支的案件中，司法机关一般情况下根据具体案件的透支数额来判断信用卡持卡人是否具有“非法占有目的”，如果透支的数额远超其本人的正常收入，则同样认定行为人主观上明知没有还款能力，从而推定其具有“非法占有目的”。

---

① 张红梅：《恶意透支信用卡的定性分析》，载《人民法院报》2008 年 7 月 9 日，第 6 版。

2009年两高司法解释所规定的推定情形中，司法实践中另外一个适用频率较高的推定情形是“信用卡持卡人肆意挥霍透支的资金，无法归还的”。在研究样本中，共有18件案件被司法机关认定为信用卡持卡人肆意挥霍透支资金，从而推定其具有“非法占有目的”。司法机关判断信用卡持卡人是否属于挥霍，主要根据其对透支资金的使用方式，对于从事高风险投资或者消费的情况，一般可以认定信用卡持卡人属于肆意挥霍透支资金，例如使用透支资金购买彩票、股票或者进行高额消费等。但是司法实践中，不同司法机关对于具体资金使用行为的风险判断标准则存在一定的不统一之处，进而导致部分案件的处理结果存在较大差异。例如，对于使用恶意透支的资金进行炒股是否属于挥霍情形，一般情况下司法机关均认为炒股属于高风险投资行为，属于对透支资金的肆意挥霍，[①] 从而直接认定信用卡持卡人的行为构成恶意透支型信用卡诈骗罪。[②] 但是在样本案例中，则出现了信用卡持卡人使用透支资金炒股，由于股市大涨没有亏损，而是事后因其他挥霍行为导致案发的情况，该案在审理过程中并未将行为人使用透支资金炒股的行为直接认定为肆意挥霍[③]。

对于司法解释中规定的剩余三种推定情形，司法实践中出现的频率相对较低，2014–2015年Q区院、H区院办理的案件中共有27件认定信用卡持卡人逃避催收、隐匿财产逃避还款或进行违法犯罪活动等情形，从而推定案件中的信用卡持卡人具有“非法占有目的”。

三、“非法占有目的”认定的法律难题

通过前述对恶意透支案件“非法占有目的”司法适用现状进行分析和阐释，可以看出在信用卡持卡人“非法占有目的”的推定过程中，由于缺乏统

---

① 邱作霖、刘宇靖：《女教授炒股亏损恶意透支信用卡60余万获刑5年》，http://news.sohu.com/20160112/n434195569.shtml，最后访问日期：2020年6月6日。

② 例如被告人高某某信用卡诈骗案，参见北京市第二中级人民法院（2016）京02刑终595号刑事裁定书；被告人肖某某信用卡诈骗案，参见广东省深圳市中级人民法院（2016）粤03刑终2464号刑事裁定书；被告人王某某信用卡诈骗案，参见天津市第二中级人民法院（2016）津02刑终424号刑事裁定书，数据来源于中国裁判文书网。

③ 例如被告人钮某某信用卡诈骗案（参见上海市青浦区人民检察院沪青检金融刑诉〔2014〕11号起诉书、上海市青浦区人民法院（2014）青刑初字第849号刑事判决书），数据来源于上海检察机关法律文书库。

一的推定程序规则，在实践过程中容易出现认识不统一、标准不一致等情况。[①]本书认为，完全依靠司法机关及司法人员的主观价值判断来对“非法占有目的”的推定标准进行把握，在司法实践中极易出现同案不同判的情况，对于同一客观事实，不同的司法办案人员基于其不同的价值倾向，完全可能得出不同的处理意见。例如本节前述的关于使用透支资金炒股盈利的行为，司法机关内部便存在不同的处理意见。同时，推定情形的适用必然面对当事人提出反驳的情况，对于当事人的反驳，司法人员如何进行审查和判断也没有统一的标准。

“非法占有目的”对于认定恶意透支型信用卡诈骗罪的犯罪构成、明确信用卡持卡人的主观恶性程度以及实现罪责刑相适应的基本原则有着重要的理论和实践意义。但是，实践中认定“非法占有目的”仍需要通过刑事诉讼程序中的证据规则予以认定。“非法占有目的”属于刑法意义上的犯罪目的，而犯罪目的相较于犯罪故意而言更具有隐蔽性，[②]尤其在部分犯罪未得逞的情况下，更加不容易通过客观证据对犯罪目的进行认定。这种过于依赖信用卡持卡人口供来证实其“非法占有目的”的做法，容易导致司法机关为了定案而尽可能使被告人认罪从而获得其认罪口供，这样就会不可避免地出现各种各样的非法取证情形，一旦在刑事诉讼中被告人的认罪口供因非法取证而遭到排除，则很难对信用卡持卡人的主观犯罪目的进行相应的补证。

为了弥补单纯依靠口供定罪的不足，同时根据我国刑事诉讼法中所要求的弱化口供作用的刑事司法理念，在被告人供述不稳定或者不认罪的案件中，司法机关便会通过刑事推定的手段来证明被告人的“非法占有目的”。然而，根据本节前述的分析，单纯依靠刑事推定的手段认定“非法占有目的”又会使司法机关陷入忽视主观犯罪故意单独认定的不利境地。本书认为，基于刑法的主客观相一致原则，即便在被告人认罪的情况下，司法机关同样需要收集相应的证据，不论是直接证明还是间接推定，仍需要对被告人的“非法占有目的”进行佐证；而在被告人不认罪的情况下，刑事推定手段的适用需要更加谨慎，推定的标准需要更加明确，并且还需要明确统一的推定规则，以避免出现客观归罪的不当情形。

---

① 劳东燕：《认真对待刑事推定》，载《法学研究》2007 年第 2 期。

② 黄辛、范凯：《恶意透支型信用卡诈骗罪非法占有目的之认定标准新论》，载刘宪权主编：《刑法学研究》（第 10 卷），上海人民出版社 2013 年版，第 367 页。

第二节 责任主义视角下“非法占有目的”的规范认定

一、责任主义视角下“非法占有目的”的理论基础

责任主义原则是我国刑法的基本原则，是构建我国现代刑事司法理念的基础，同时也对当前我国的立法和司法实践有相应的指导意义。在古典刑法学理论体系中，责任主义与犯罪人的客观行为相对应，主要指向犯罪人的主观认知内容。在大陆法系刑法理论发展历程中，责任主义的内涵也在发生变化，规范责任论逐渐被主流刑法理论所采纳，将前述古典刑法学理论中的心理责任论进行了进一步的改良和优化。规范责任论的基础是犯罪行为的可谴责性，而不再执着于犯罪人的主观认知内容，更加注重从规范的层面构建责任主义的理论基础。因此，以规范责任论为基础的责任主义在我国刑法理论的发展历程中起到重要的作用，具体到本书所论及的恶意透支型信用卡诈骗罪，明确规定持卡人主观上必须具有“非法占有目的”，根据责任主义的基本要求，认定“非法占有目的”是否存在，也就成为判断恶意透支型信用卡诈骗罪是否成立的主观性评价。

“非法占有目的”是恶意透支型信用卡诈骗罪的主观构成要件，也是犯罪人实施犯罪时的主观心理态度，是区分罪与非罪、此罪与彼罪的关键考量要素，是有责性判断的关键，也是犯罪人恶意透支行为具有可谴责性的心理事实基础。因此，基于责任主义刑法观，准确、合理地认定犯罪人恶意透支时是否具有“非法占有目的”，也就成为认定恶意透支型信用卡诈骗罪成立与否的必然要求。

二、形式层面“非法占有目的”的认定

恶意透支型信用卡诈骗罪与其他一般刑事犯罪相同，从主观犯罪故意与透支行为出现的时间关系上来说，“非法占有目的”出现的时间存在三种情况，也就是事前、事中和事后。标准形式的恶意透支型信用卡诈骗罪，其“非法占有目的”应当产生于恶意透支行为之前，也就是持卡人在“非法占有目的”的支配和指引下实施了恶意透支行为，从而符合责任主义所要求的责任与行为同时存在这一基本原则。但是理论上的完美犯罪形态在司法实践

中往往难以真实存在，主要原因便是实践上很少能找到相应的证据证实持卡人在透支前事先就产生了“非法占有目的”；而持卡人基于趋利避害的本能，在案发后也会自然倾向于为自己开脱，穷尽一切可能否认自己事先具有“非法占有目的”，希望避免被追究刑事责任。除去标准形式的事先具有“非法占有目的”，事中产生的“非法占有目的”在恶意透支型信用卡诈骗罪中也并不少见，比如办理信用卡时尚没有“非法占有目的”，但在信用卡透支使用过程中逐渐产生“非法占有目的”。但事中产生的“非法占有目的”同样面临相同的证据查找的困境，并且如何确定事中“非法占有目的”的产生时间也是司法实践中的难题。

根据责任主义理论，抛开证据层面的认定问题，事前、事中的“非法占有目的”尚且符合责任与行为同时存在的责任主义基本原则，毕竟不论是事前还是事中，至少在犯罪人实施透支行为时，其已经产生并具有了“非法占有目的”。但是如果“非法占有目的”是行为人透支行为发生后，在决定是否归还透支款的过程中才产生，则属于事后的“非法占有目的”，如果以这种事后故意作为认定其具有“非法占有目的”，这又违背了责任与行为同时存在的责任主义基本原则。因此，明确以何时产生“非法占有目的”的具体时间作为恶意透支犯罪成立的形式层面的标准，便具有其相应的合理性和必要性。①

在对恶意透支犯罪“非法占有目的”产生时间分为事前、事中、事后三种类型的基础上，有学者进一步提出四分法的区分标准。这种观点根据“非法占有目的”的产生时间和无力还款的原因，分为申领信用卡时具有“非法占有目的”、办卡后透支前产生“非法占有目的”、透支后不愿还款、透支后因意志以外原因无力还款四种类型。②而根据透支产生的时间，透支之前具有“非法占有目的”的是恶意透支，而透支行为发生后所产生的“非法占有目的”则是民法领域的欠债不还行为。四分法相比传统的三分法，实际上并没有根本的突破，只是将透支后不还款的原因进行了区分，因此还有学者在

① 赵运锋：《恶意透支型信用卡诈骗罪“非法占有目的”研究》，载《中国刑事法杂志》2020年第4期。

② 参见王华伟：《恶意透支的法理考察与司法适用》，载《法学》2015年第8期。

四分法的基础上，进一步提出五分法的区分标准。[①] 五分法所增加的一种类型就是申领信用卡和透支行为发生时均具有非法占有目的，但经发卡银行催收后归还了透支款项的情形。对于增加的第五种情形，该观点认为虽然这种情况下恶意透支行为已经符合刑法规定的主客观犯罪构成要件，但是由于缺少客观处罚条件，因此不能认定其构成恶意透支犯罪。

不论是传统的三分法，还是在此基础上提出的四分法、五分法，区分的最基本标准始终是“非法占有目的”的产生时间。但是，上述三种区分方法都属于静态的区分标准，以绝对的“非法占有目的”产生时间作为恶意透支犯罪成立与否的标准，司法实践中不仅存在证据收集难题，更是难以涵盖司法实践中大量非典型形态的犯罪模式。例如，行为人在申领信用卡时具有“非法占有目的”，此时行为人的行为理论上已经符合责任主义理论下犯罪成立的标准，但是如果在后续透支时，行为人不再具有“非法占有目的”，此种情况行为人是否构成恶意透支型信用卡诈骗罪？再如，行为人正常申领信用卡之后长期使用，最终在长期使用过程中产生“非法占有目的”，如何确认“非法占有目的”的产生时间，进而准确认定犯罪数额？对此，有必要对事前、事中、事后三种情况下所产生的“非法占有目的”在恶意透支犯罪定罪过程中的作用进行阐述。

（一）事前产生的“非法占有目的”

此种情形中，行为人在申领信用卡的时候，内心就具有“非法占有目的”，并且后续正是基于这种自始就具有的“非法占有目的”实施了透支行为，且之后拒不还款，这类行为属于最标准的恶意透支型信用卡诈骗罪。恶意透支行为人在申领信用卡的过程中，向发卡银行隐瞒了其将来不打算归还透支款项的主观想法，使发卡银行陷入申领人将按约归还透支款项的错误认识之中，并基于这种错误认识处分了自身财产，也就是认可行为人的透支行为，承担相应的透支款项，最终使得透支款项无法追回，造成发卡银行利益受损的结果。因此，在事前申领信用卡时产生“非法占有目的”的情形，其直接欺骗的对象是发卡银行，最终受损的也是发卡银行，符合典型诈骗类犯罪的认定要求，对其进行刑法规制具有合法性和正当性。

---

① 参见张明楷：《恶意透支型信用卡诈骗罪的客观处罚条件——〈刑法〉第196条第2款的理解与适用》，载《现代法学》2019年第2期。

（二）事中产生的“非法占有目的”

事中产生“非法占有目的”的情形在司法实践中也并不少见，行为人起初基于正当使用的目的，合法申领信用卡，在这个过程中行为人并未实施任何虚构事实、隐瞒真相的诈骗行为。但是在后续用卡过程中，在某一特定的时点上，行为人产生了不归还透支款项的主观想法，也就是事中产生的“非法占有目的”。此时，发卡银行的发卡行为已经实施完毕，行为人实施透支行为的对象一般情况下为特约商户，因此行为人的违法行为也是针对特约商户而实施的。实践中，特约商户对于持卡人使用信用卡进行透支仅承担形式审核义务，也就是核对信用卡的真假以及签名真伪，并不承担核实行为人是否具有“非法占有目的”的义务。[①] 此时，可以通过三角诈骗的理论对此种行为进行分析，行为人基于“非法占有目的”在特约商户处进行透支，同时向特约商户隐瞒这种“非法占有目的”，从而实施透支行为。之后特约商户基于其与发卡银行之间的支付协议，将财产损失转移到发卡银行进行承担。因此，在事中产生“非法占有目的”的情况下，虽然行为方式和认定路径与事前产生的“非法占有目的”存在一定差异，但仍然可以通过刑法基本理论的适用，对此类行为的刑事违法性进行确认，对其进行刑法规制同样符合责任主义的要求。

（三）事后产生的“非法占有目的”

特定行为发生后的主观想法并非行为时的主观想法，以这种事后行为判断行为人所实施的客观行为是否构成犯罪，明显有违责任主义的要求，同时也不符合诈骗类犯罪的犯罪构成要件。

一方面，事后产生的“非法占有目的”不符合责任主义的要求。按照责任主义所蕴含的行为与责任同时存在原则，构成恶意透支犯罪的基本前提条件是行为人实施透支行为时就不打算归还透支款项。因此，对于事后产生的“非法占有目的”，并不符合刑法基本的犯罪认定原理。因为有责性与刑事不法性并非一种单纯的叠加关系，责任是对符合犯罪构成要件的违法行为的责任。这也就是责任的不法关联性，或者说是责任对违法性的从属性。[②]

另一方面，事后产生的“非法占有目的”也不符合诈骗犯罪的基本构造。对于诈骗犯罪的基本构造，本书前文已经进行过探讨，诈骗犯罪的犯罪

① 张明楷：《诈骗罪与金融诈骗罪研究》，清华大学出版社 2006 年版，第 607 页。

② ［日］井田良：《讲义刑法学·总论》，东京有斐阁 2008 年版，第 78 页。

既遂标准始终是行为人违法取得财产和被害人财产受到损失。如果认可事后产生的“非法占有目的”可以作为主观要件认定行为构成恶意透支犯罪，那么就会出现透支行为已经实施完毕，被害人损失已经产生，犯罪行为已经达到既遂，但“非法占有目的”尚未出现的窘境；如果继续演绎，则会导致行为人产生“非法占有目的”后没有实施任何欺骗和取财的行为，反而构成恶意透支犯罪的尴尬情形。①

因此，为了对“非法占有目的”作出更为合理的认定，在以“非法占有目的”产生时间为依据的形式层面认定标准基础之上，有必要从规范的层面进一步对“非法占有目的”进行合理认定。

三、规范层面“非法占有目的”的认定

“非法占有目的”作为主观犯罪构成要件，并不直接外化于客观环境之中，对其主要通过外在的客观行为进行推定，这种推定必须基于合理和必要的标准，才能有效防止恶意透支行为刑事责任扩大化的倾向。根据本书前文的分析，特定时间段内恶意透支型信用卡诈骗罪高发的原因，除了行为人的主观因素之外，还与发卡银行滥发信用卡、监管不到位、对使用信用卡的法律后果未做充分告知等情况有难以切断的关联。恶意透支行为具有典型的二元违法性特征，涉及民事违约以及行政违法，刑法条文在立法时也进行了相应的政策考量，要求发卡银行尽到合理催收的义务。这一规范层面的表述，明确体现了立法机关控制恶意透支行为入罪的立法意图，与本书所研究的出罪机制也直接契合。

2018 年经修改的两高司法解释中，对于恶意透支型信用卡诈骗罪“非法占有目的”明确列举了五种具体的推定情形以及一个兜底条款；在此基础上进一步要求对行为人是否具有“非法占有目的”进行判断时，既要考虑行为人透支行为发生前的实际状况，也要考虑透支行为发生后的特定行为，综合、全面、审慎地认定“非法占有目的”。同时，解释中也对发卡银行的催收进行了更加明确的规范要求，要求发卡银行等金融机构进一步规范信用卡发行和监管体系，为恶意透支型信用卡诈骗罪的出罪预设了理论基础和出罪路径。

---

① 张明楷：《恶意透支型信用卡诈骗罪的客观处罚条件——〈刑法〉第 196 条第 2 款的理解与适用》，载《现代法学》2019 年第 2 期。

在运用推定手段认定“非法占有目的”时，按照犯罪构成的基本要求，目的要件与客观行为要件之间虽然存在推定的依赖关系，但二者仍然是两个独立的犯罪构成必备要件，也是司法机关认定犯罪时应当同时查明的要件。对犯罪目的必须有独立的证明过程，而不能简单地以客观行为事实的存在替代对犯罪目的的证明。刑事推定仅仅是一种认定手段，只是概率论意义上的经验法则，本身并不能直接等同于甚至取代目的要件的单独认定过程。[①] 在认定“非法占有目的”过程中，虽然上述推定情形为司法机关提供了经验法则的指引，但最终的认定结论仍然应当承受社会常理、常识、常情的检验，而不能僵化地理解和适用司法解释中的推定情形。

因此，基于刑法的谦抑性特征和保障法地位，应当对恶意透支行为的入罪保持更为慎重的态度，对恶意透支行为本身进行严格的限缩解释。[②] 在此基础上，本书试图基于责任主义理论，对我国刑法体系下恶意透支犯罪“非法占有目的”的推定体系确立更加严格的适用标准，保障“非法占有目的”这一目的要件推定过程中的审慎和谦抑。

第三节 “非法占有目的”推定体系的司法限制

正是基于司法实践中对于恶意透支犯罪“非法占有目的”的认定困难现状，司法机关才通过司法解释的形式对该目的的证明采用类型化的推定认定方式。然而，即便能够通过推定手段对“非法占有目的”进行认定，但刑事推定手段的适用在理论界和实务界均存在一定的争议。为保证刑事推定手段适用的准确性和合法性，必须与恶意透支行为的具体行为方式相结合，在坚持刑事推定认定方式基本要求的前提之下，对每一种推定方式建立起相对应的证明标准和证明体系，明确公诉机关的证明责任和被告人享有的抗辩权，在“以审判为中心”的大环境下，建立完善的控、辩、审三者之间的平衡制约机制，实现对恶意透支犯罪“非法占有目的”推定体系的司法限制。

---

① 参见邢红霞、田然：《司法推定的证明方法及其限制》，载《法律适用》2019年第22期。

② 王华伟：《恶意透支的法理考察与司法适用》，载《法学》2015年第8期。

一、限制“非法占有目的”刑事推定的基本原理

（一）“非法占有目的”刑事推定的基本步骤

在刑法的基本理论层面，刑事推定区别于以往的传统证明方式，通过降低证明标准的手段，对部分较难认定的待证事实进行认定，实现对传统证明方式的有效补充。但从目前的法律体系来看，刑法规范性文件中均没有关于刑事推定的说明和规范，更遑论刑事推定的适用标准和适用程序，对刑事推定这一概念普遍持回避和保留态度。这一情况明显体现出刑法立法者对于刑事推定可能造成的负面效果是有明确认知的，这种负面效果的一个重要表现就是法律适用的过度自由和较强不确定性所带来的司法擅断。在当前的刑事司法理念下，罪刑法定、无罪推定已经成为刑事法律的基本原则，在这种背景下大肆宣扬刑事推定的认定方式，无疑会给普通社会公众带来对刑法基本价值取向的怀疑。[①] 这种质疑是有一定根据的，刑事推定并不仅仅是证明手段的问题，事实上各方所关注的问题焦点是刑事推定方式降低了证明标准、简化了控方的证明责任，使定罪变得更为容易。如果推定手段被滥用，确实有过度放大刑法适用范围之忧。

当然，从司法现实来看，一定情况下的推定也是必要的，因为事物之间存在广泛的联系，人们根据自己对事物的观察经验和形成的生活常识，在一定条件下，根据一定情况确实也能够推断出另一种情况的存在或不存在，因而推定也成为人们认识事物的常用方法，这并不违反客观规律。只是，要确保推定结果的真实性，就需要对推定规则进行科学的设定。在刑事司法实践中，刑事诉讼的证明过程是一种对已经发生的客观事实的事后证明，因此证据上存在极大的局限性，很多案发时的证据无法完整呈现，导致案发的实际情况难以通过证据进行准确认定，有些事实确实很难使用客观证据直接证实其是否存在，但其存在与否又完全能够在其他事实上反映出来，这种情况下，如果不允许推定，就可能使刑法适用形成巨大的漏洞，从而给刑事法治社会带来难以承受之重，这也是公正的社会所不能允许的。因此，不能简单地因噎废食，因刑事推定可能存在的缺陷而完全否定刑事推定。司法实践中并不能回避刑事推定手段的适用，特别是在关于行为人主观方面的认定，而是应当对其推定的规则和程序进行更为精准、科学的设计，一是明确推定的

① 劳东燕：《认真对待刑事推定》，载《法学研究》2007 年第 2 期。

规则，二是完善推定的程序，使之在公开、公正、科学的环境下加以适用。本书所研究的正是恶意透支型信用卡诈骗罪的出罪问题，与刑事推定所造成的入罪后果直接产生冲突，因此必须对刑事推定的基本要求和适用标准进行详细的分析，使刑事推定手段既能起到帮助认定犯罪的作用，同时也不阻碍在必要的情况下对不需要施以刑罚的透支行为进行出罪处理。

因此，刑事推定手段要求在已经查明的基础事实和待证事实之间建立联系，通过法律、司法解释等形式，赋予这种联系以刑法效力，只要基础事实被证明，便认为待证事实同时成立。控方必须首先对于基础事实承担证明责任，被告人对于该基础事实可以提出相反证据予以反驳。因此，在刑事推定的适用过程中一般存在两个步骤，一是明确控方对于待证事实的证明责任以及适用刑事推定手段的法律依据，二是控方对于基础事实的证明过程，并通过刑事推定手段证明待证事实。具体到本书所论及的恶意透支型信用卡诈骗罪，首先是明确公诉机关对于信用卡持卡人“非法占有目的”的证明责任和两高司法解释中的推定条款，其次便是公诉部门收集证据证明推定条款所要求的“明知没有还款能力而大量透支”等基础事实的存在，进而通过刑事推定手段认定信用卡持卡人的“非法占有目的”。

（二）限制“非法占有目的”刑事推定的基本理念

在刑事推定过程中，客观行为要件作为目的要件推定的基础，必须允许当事人对客观行为要件提出反证，并且司法机关对于当事人提出的反证应当予以回应，而不能再次进行刑事推定，否则就会陷入循环推定论证的境地。刑事推定的适用前提是基础事实与推定事实间常态的关联，任何一个司法者都不可能无遗漏地掌握所有作为推定依据的行为人外部行为。实践中，正是由于存在刑事推定过程证明标准的差异，也就导致了刑事推定过程中一定程度的不确定性。有观点就认为，司法机关在对“非法占有目的”进行推定的过程中，应当在基础事实成立的情况下，运用司法人员的个人经验法则进行判断，进而推定恶意透支案件中行为人的“非法占有目的”。①

刑事推定是关于目的要件的证明方式，如果适用不当，反而可能会侵害当事人的合法权益。有学者就指出，刑事推定是一种诉讼证明的技术，实际上降低了控方的证明责任，使指控和定罪变得更为容易，这就意味着刑事推

① 参见北京市高级人民法院（2015）高刑终字第558号刑事判决书。

定使司法机关公权力在潜移默化的进行扩张。[①]因此，如何在运用刑事推定手段认定“非法占有目的”的同时，对推定的过程进行必要的限制，是司法机关必然面临的一个问题。

事实上，多数需要进行刑事推定的情况都存在一个相似点，就是无法通过客观证据证明待证事实。具体到恶意透支犯罪中，也就是无法通过行为人透支不还的客观外在行为推定其透支时具有“非法占有目的”。从法理的角度而言，对于刑事推定，在降低证明标准和保障当事人合法权益之间，应当树立“存疑有利于被告人”的原则，以此对刑事推定进行相应的平衡和制约。[②]对于恶意透支行为来说，行为人到底是以非法占有为目的的恶意透支犯罪，还是不以非法占有为目的的善意透支，在进行推定时也应该受到“存疑有利于被告人”这一原则的限制。在透支行为完成后，行为人的后续透支款使用行为是判断其主观意图的标志，但司法实践中，有些行为人将透支款用于生产经营，有些则用于个人消费，还有些则用于循环养卡，如何准确判断其主观目的，对于司法者而言是一个挑战。另外，从因果关系的角度来看，行为人透支后因为资金链断裂导致无力还款而案发，是启动刑事追责的一般情形。但是无力还款的结果存在复杂的诱因，在无法准确判断诱因时，也应该依据“存疑有利于被告人”的原则进行从宽把握。

二、限制“非法占有目的”刑事推定的具体路径

司法实践中，认定信用卡持卡人的行为构成恶意透支犯罪，需要提供证据证明信用卡持卡人主观上具有“非法占有目的”。2018 年经修改的两高司法解释中，在对“非法占有为目的”的推定情形做了调整的同时，增加了允许当事人提出反证的规定，即“有证据证明持卡人确实不具有非法占有目的的除外”。[③]两高司法解释中，对于列举的六种推定具有“非法占有目的”的情形通过但书的方式允许反证，是对刑事推定允许反证原理的贯彻，也是“存疑有利于被告人”这一原则的体现。考察其背后的立法初衷，则是对本

---

① 劳东燕：《认真对待刑事推定》，载《法学研究》2007 年第 2 期。

② 冀洋：《“存疑有利于被告人”的刑法解释规则之提倡》，载《法制与社会发展》2018 年第 4 期。

③ 耿磊：《〈关于修改《关于办理妨害信用卡管理刑事案件具体应用法律若干问题的解释》的决定〉的理解与适用）》，载《人民司法》2019 年第 1 期。

罪“非法占有目的”的再次强调，突出目的要件在本罪犯罪构成中的独立地位，限制仅凭客观行为要件入罪的不当情形。根据2018年经修改的两高司法解释规定的推定条款，有六种类型的客观行为事实属于可以适用推定情形的基础事实。司法机关必须能够提供证据证明六种基础事实中至少一种事实的存在，在刑法意义上才可以推定信用卡持卡人主观上具有“非法占有目的”。但在以刑事推定手段认定“非法占有目的”的过程中，有必要对这一推定的过程加以相应的限制，以防止推定条款的滥用。

（一）对“明知没有还款能力而大量透支”应进行综合把握

根据本书之前所进行的实证研究，实践样本接近40%的恶意透支犯罪案件中，司法机关均认定信用卡持卡人属于明知没有还款能力而大量透支，进而推定其主观上具有“非法占有目的”，从而认定其构成恶意透支型信用卡诈骗罪。在“明知没有还款能力而大量透支”这一基础事实中，信用卡持卡人自身的还款能力处于核心地位。信用卡业务中，还款能力属于持卡人本人的资信情况，银行并不要求信用卡持卡人提供任何形式的担保，而是完全基于持卡人的资信情况发行信用卡并授予一定的透支额度。若信用卡持卡人明知自己没有相应的还款能力，也就说明其资信情况不符合发卡银行发放信用卡所要求的条件，在这种情况下，信用卡持卡人仍大量透支，显然是置给银行造成的坏账风险于不顾，通过大量透支来满足自己的资金需求，在明知会给银行造成必然财产损失的情况下仍然大量透支，据此推定其主观上具有“非法占有目的”当然是有充分理由的。但是司法实践中，信用卡持卡人在使用信用卡过程中，其个人的还款能力可能处于不确定的状态，因而很难通过客观证据来证明行为人在使用信用卡透支时就明知自己没有还款能力。因此，从出罪的角度来看，适用“明知没有还款能力而大量透支”这一推定条款的过程中，应当对整个推定的过程进行综合把握，重点考察以下几方面内容：

1. 根据透支行为发生时的实际情况判断行为人有无还款能力

有实务观点认为，行为人在使用信用卡透支时，虽然其收入状况和经济水平有一定波动，并且透支的款项也用于存在一定风险的经营活动中，即便最后经营失败无力还款，也不能据此认定其明知自己没有还款能力。[①]认定信用卡持卡人是否具有还款能力，不能简单地以最终无力还款这一客观事实

① 张鹏成：《准确认定恶意透支型信用卡诈骗罪非法占有目的》，载《检察日报》2018年10月26日，第3版。

认定持卡人明知没有还款能力，而应当根据信用卡持卡人对于自身还款能力的真实预期来判断持卡人对于不能还款的结果是否具有明确的认知。如果行为人在使用信用卡透支时有相应的稳定收入，或者是透支信用卡用于正常合法经营，只是在后续过程中由于经营不善、投资失利等客观因素而丧失还款能力，这种情况下行为人主观上并没有恶意不还的主观故意，而是因为出现其不能预见且不符合其主观预期的客观因素导致无力还款，因而不能据此认定行为人属于“明知没有还款能力而大量透支”的主观推定情形。对于上述观点，下面以一个真实的案例进行说明。

案例8：黄某某信用卡诈骗案①。被告人黄某某在中国农业银行广东省某支行申领信用卡后，使用该信用卡在套现商户处进行现金套现，相关透支款项用于其个人生意周转，后由于市场价格波动等原因，导致黄某某无力归还透支款项。截至2016年年底，透支本金合计人民币4.9万余元②，本息合计人民币6.3万余元。后经发卡银行多次催收，黄某某直至案发仍未还款。

黄某某一案中，虽然根据中国裁判文书网显示其最终被判处了刑罚，但是根据该案判决书所认定的事实，其不能还款的原因是由于其未能预料的市场因素，并不能据此认为其自始就明知自己没有还款能力，更不能“一刀切”地将这种无法还款的透支行为统统作为犯罪处理，这也是前述刑事推定过程“存疑有利于被告人”原则的一个具体体现。否则，任何存在风险的投资经营行为都将面临失败就意味着刑罚的尴尬局面，这不仅与正常的市场规律不相符合，并且在一定程度上会抑制经济的发展和社会的创新。

2. 根据透支行为发生后的还款表现判断行为人有无还款能力

在典型的恶意透支犯罪中，行为人基于“非法占有目的”，在透支后往往想尽一切办法拒绝还款，其透支后拒绝还款的行为恰恰直接体现了其主观上将透支款项据为己有的真实想法。反之，实务中也存在一些案件，行为人透支后按照协议约定积极地履行还款义务，但后续个人或者家庭出现失业、疾病、意外等变故，导致无力继续还款，在这种情况下，也不能仅仅根据最终的无力还款状态来推定行为人具有“非法占有目的”。有论者据此认为，

---

① 参见广东省遂溪县人民法院（2017）粤0823刑初358号刑事判决书。数据来源于中国裁判文书网。

② 该案发生时“两高”尚未对恶意透支犯罪司法解释进行修改，因此当时恶意透支犯罪立案追诉标准及相关量刑档次仍以2009年两高司法解释为准。

行为人在透支使用信用卡期间，为了循环利用信用额度，正常情况下会按期归还透支款项，如果其还款数额达到了与发卡银行约定的最低还款数额，则不宜认定行为人具有非法占有目的，行为人和发卡银行之间仍处于民事法律范畴。① 虽然该论者强调从还款数额来考察行为人的还款能力，但是也表明行为人透支后的还款表现直接影响其“非法占有目的”的推定。对此，下面结合具体案例进行说明。

案例 9：孔某某信用卡诈骗案②。被告人孔某某在中国农业银行河北省某支行申领信用卡后，截至 2014 年 11 月，使用信用卡透支本金合计人民币 7.2 万余元，后不再还款。经过发卡银行的多次催收，孔某某截至案发前仍未归还透支款项。孔某某到案后供述称，其在 2014 年上半年之前有正当工作，一直正常归还信用卡透支款项，在 2014 年下半年由于失业导致突然没有经济收入，便不再归还透支款项，也没有继续使用信用卡进行透支。同时孔某某将手机关机逃避银行催收，直至案发。

该案中，孔某某在相当长的一段时间内是能够正常归还信用卡透支款项的，其积极的还款行为表明其在透支行为发生时对于自己的还款能力是有明确认知的，而之后由于失业这样一个意外变故导致其无力还款。根据责任主义理论下责任与行为同时存在的基本原则，这种事后发生的行为并不能影响或者改变之前行为发生时行为人的主观认识内容。综上，在判断行为人是否明知自己没有还款能力的过程中，对于其透支后的还款表现也应当予以充分的注意，对于透支后有积极还款表现的行为人，纵使最终同样是无力还款，但在判断其是否具有“非法占有目的”时需要更加审慎和谦抑。

3. 根据透支款项逾期后的还款态度判断行为人有无还款能力

前面论述了透支后的还款表现对于行为人是否具有还款能力进行判断时的影响，那么在行为人没有具体的还款表现的情况下，是否就可以直接推定其具有“非法占有目的”呢？实践中，如果行为人在透支款项逾期后及时与发卡银行联系，不逃避催收，并积极地与发卡银行协商还款事宜，积极地筹措资金，尽管最终仍然可能由于筹资未果未能归还透支款项，但这种情况下

---

① 赵运锋：《恶意透支型信用卡诈骗罪“非法占有目的”研究》，载《中国刑事法杂志》2020 年第 4 期。

② 参见河北省磁县人民法院（2019）冀 0427 刑初 249 号刑事判决书。数据来源于中国裁判文书网。

也不宜认定行为人明知自己没有还款能力。对此，有学者进行了阐述，“如果信用卡持卡人在使用信用卡时具有偿还能力，之后也积极试图履行还款义务，但最终由于意志以外的原因无力偿还时，可以认定其在透支时不具有非法占有目的，不构成刑事犯罪，而应通过民事手段予以处理”。[①]上述情况在部分案件[②]中已经真实出现，被告人辩解其始终与发卡银行积极沟通还款事宜，并采取了相应的筹款举动。虽然最终的判决结果并未据此免除其刑事责任，但是对于恶意透支犯罪这种典型的具有民刑过渡特征的案件，司法机关在认定行为人还款能力时，应当充分考量行为人事后的还款态度，避免简单地由最终结果倒推出行为人明知自己没有还款能力而大量透支。

（二）对“使用虚假资信证明申领信用卡后透支”应进行限缩解释

2018年经修改的两高司法解释与2009年两高司法解释相比，对于“非法占有目的”的推定情形只做出一项修改，便是将原先推定情形中的“肆意挥霍透支的资金”修改为“使用虚假资信证明申领信用卡后透支”。这一修改反映出最高司法机关在推定“非法占有目的”的过程中，改变了以往根据后续行为推定行为人取财时主观故意内容的事后价值评价取向，转而通过事前以及事中行为，也就是信用卡申领过程中持卡人的具体行为来推定其是否具有“非法占有目的”。[③]

2009年两高司法解释所规定的以“肆意挥霍透支的资金”推定非法占有目的，属于根据事后行为推定行为人事前主观犯罪故意，这种认定方式在刑法理论层面存在一定的争议。一方面，事后推定情形本身的合理性有待商榷。“非法占有目的”一般是指排除权利人并将其财物占为己有进行支配、利用和处分的意思。[④]具体到恶意透支犯罪而言，肆意挥霍也就属于“非法占有目的”的利用意思，属于主观上的超过要素。这种仅具有利用意思的主观超过要素，对于恶意透支犯罪而言，实际上并不能准确地区分罪与非罪，

① 江海洋：《恶意透支型信用卡诈骗罪教义学限缩分析》，载《金融法苑》2020年第2期。

② 参见湖南省娄底市中级人民法院（2019）湘13刑终693号刑事判决书。数据来源于中国裁判文书网。

③ 缐杰、吴峤滨：《〈“两高”关于修改《关于办理妨害信用卡管理刑事案件具体应用法律若干问题的解释》的决定〉重点问题解读》，载《检察日报》2018年11月29日，第3版。

④ 参见张明楷：《刑法学》（第五版），法律出版社2016年版，第957页。

将其作为“非法占有目的”的推定情形有违主观超过要素的基本功能[①]。另一方面，从语义角度来说，关于何为“肆意”、何为“挥霍”存在多种不同的理解，存在较大弹性，不同社会生活背景的个体往往会得出不同的结论，并且与行为人个人消费习惯、消费场景等存在较大关联，难以做到司法认定过程中的平等和公正。[②]

将关注的视角重新回到2018年经修改的两高司法解释中所规定的“使用虚假资信证明申领信用卡后透支”推定情形，信用卡作为一种金融消费工具，其赖以存在的基础便是信用体系。发卡银行对于信用卡申领人信用状况的判断，很大程度上取决于其提交的资信证明材料。行为人使用虚假资信证明材料申领信用卡时，会使发卡银行错误判断其资信情况和财产状况，从而误认为其具有申领资质而给其发放信用卡并允许其进行一定额度的透支，这种情形实际上直接破坏了信用卡业务体系的信用基础。并且通过虚假资信证明取得的信用卡往往是后续使用信用卡违规套现、恶意透支的前提条件，因而据此推定行为人具有“非法占有目的”具有现实的合理性，并且符合打击犯罪的预期。[③]

但是在现实生活中，行为人使用虚假资信证明申领信用卡的目的多种多样，有些行为人的目的仅仅是为了满足银行的审核条件，而并非希望将透支款项占为己有。例如，大量自由职业者无法满足银行所要求的工作单位和固定收入要求，但是根据自由职业者以往的实际收入水平，其能够正常归还信用卡；此时自由职业者仅仅是为了满足发卡银行内部的审核要求，而出具虚假的工作证明、收入证明，并不能说明其具有“非法占有目的”。因此，尽管“使用虚假资信证明申领信用卡后透支”推定情形具有前述合理性，但在具体适用过程中，仍然应当秉持限缩解释的基本立场，具体可以从以下几点进行把握。

---

① 徐凌波：《论财产犯的主观目的》，载《中外法学》2016年第3期。

② 耿磊：《〈关于修改《关于办理妨害信用卡管理刑事案件具体应用法律若干问题的解释》的决定〉的理解与适用）》，载《人民司法》2019年第1期。

③ 参见毛淑玲、林驰：《司法推定的适用条件与要求》，载《法学杂志》2019年第12期。

1. 严格限制资信证明的种类范围

根据《商业银行信用卡业务监督管理办法》[①]第41条，发卡银行审核发卡过程中，应当对申领人开展资信调查，主要包括核实有关身份证明文件和确认有可靠的还款保障。[②]2018年经修改的两高司法解释第4条则规定，为信用卡申请人制作、提供虚假的财产状况、收入、职务等资信证明材料，应当追究刑事责任的，依照刑法第280条的规定定罪处罚。尽管司法解释的该条内容并非直接针对恶意透支犯罪，但是按照体系解释的基本原理，与恶意透支犯罪推定情形中的“虚假资信证明”应当具有语义相关性和一致性。因此，有观点认为，所谓资信证明，主要是指能够证明行为人个人资产状况以及过往信用记录等能够反映其个人商业信用的证明材料，主要包括申领人的工作单位、收入证明、银行代发工资记录、自有房产、自有汽车以及银行存单、消费和信贷记录等七项内容。[③]

对于司法实践中虚假资信证明的主要类型，我们也在中国裁判文书网进行了相应的检索。经过检索，2019年至2021年[④]，合计有241件公开的信用卡诈骗罪生效裁判文书正文中包含“虚假资信证明”这一关键词。但是经过进一步的查阅，发现其中绝大部分案件只是在引用法条过程中列举了司法解释的条款内容，仅有少量案件真正属于使用虚假资信证明申领信用卡后透支的情形。以2021年为例，在全部22份公开的裁判文书中，仅有4份裁判文书[⑤]所认定的事实是被告人使用虚假资信证明申领信用卡后透支，而所使用的虚假资信证明类型无一例外都是全套的虚假房产证明、工作证明和收入证明。

需要特别注意的是，不能将虚假资信证明材料扩大到虚假的身份证明材

① 中国银行业监督管理委员会通过，2011年1月13日起施行。

② 参见《商业银行信用卡业务监督管理办法》第41条。

③ 侯宪忠：《使用虚假证明骗领信用卡后恶意透支的行为定性》，载《中国检察官》2018年第4期。

④ 2018年经修改的两高司法解释自2018年12月1日起施行，因此此处的检索时间从2019年开始。

⑤ 参见广东省佛山市顺德区人民法院（2021）粤0606刑初833号、山西省繁峙县人民法院（2021）晋0924刑初14号、天津市蓟州区人民法院（2021）津0119刑初580号、辽宁省灯塔市人民法院（2021）辽1081刑初21号刑事判决书。数据来源于中国裁判文书网。

料。恶意透支型信用卡诈骗罪与普通型信用卡诈骗罪的一个区分标准就是案件事实是否属于“真人真卡”。恶意透支的持卡人属于身份犯，应是指合法持卡人。[①] 如果行为人使用虚假的身份证明材料申领信用卡，那么也就不存在恶意透支犯罪所要求的的合法持卡人要件，其隐匿身份的行为从一开始就体现出行为人的“非法占有目的”。这类普通型信用卡诈骗罪社会危害性的角度明显重于本书所论及的恶意透支犯罪，因此司法解释从量刑档次上对两者进行了区分[②]，对其应当认定为普通型信用卡诈骗罪中的使用以虚假的身份证明骗领的信用卡，施以更为严厉的刑罚。

2. 坚持对行为人的还款能力进行实质判断

如前所述，运用刑事推定手段证明待证事实，要求在已经查明的基础事实和待证事实之间建立联系，而这种联系是一种常态的联系，并不能涵盖现实生活中的所有推定依据。[③] 具体到“使用虚假资信证明申领信用卡后透支”这一推定条款，按照一般常态，行为人使用虚假资信证明的原因是其不具有相应的还款保障能力，从而通过这种造假的行为使发卡银行陷入错误认识并遭受经济损失，因此这种常态的关联也就成为推定行为人“非法占有目的”的正当依据。

但是，在按照社会生活常态联系进行刑事推定的基础上，司法者仍然需要运用经验法则进行相应的逻辑判断，才能保证推定条款的正当适用。例如，以真实案例中最常出现的工作证明、收入证明两种虚假资信证明为例，发卡银行基于把控自身业务风险的初衷，将信用卡发卡对象限定为有固定工作和固定收入的人群。但是对于大量存在的私营业主、自由职业者等人群，出于合理避税、降低成本等多种因素的考虑，很大一部分人无法证明其工作和收入情况，为了满足发卡银行的硬性要求而提供了虚假工作证明和收入证明。这种情况下，就需要司法者对行为人的还款能力进行实质的判断，通过工作证明、收入证明以外的证明要素来审查行为人对于自身还款能力的真实

① 张明楷：《论信用卡诈骗罪中的持卡人》，载《政治与法律》2018 年第 1 期。

② 2018 年经修改的两高司法解释中，对普通型信用卡诈骗罪规定的数额较大、数额巨大、数额特别巨大标准分别为 5 千元、5 万元、50 万元，而对恶意透支型信用卡诈骗罪设定的数额标准分别为 5 万元、50 万元、250 万元。

③ 邢红霞、田然：《司法推定的证明方法及其限制》，载《法律适用》2019 年第 22 期。

认知状态。[①]如果行为人在申领信用卡过程中对其还款能力有合理的认知，尽管这种认知的依据与其提供的资信证明并不对应，但也不能仅仅根据其使用虚假资信证明的客观行为便直接推定其具有“非法占有目的”。

另外，前文在对“明知没有还款能力而大量透支”这一推定情形进行论述时已经阐明，需要根据透支行为发生后行为人的还款表现和还款态度来综合判断行为人是否明知自己没有还款能力。具体到“使用虚假资信证明申领信用卡后透支”这一推定情形，上述判断的方式仍然需要予以坚持。在行为人确实使用了虚假资信证明申领信用卡并无力还款的情况下，在考察行为人透支时的主观认知内容基础上，行为人在透支后的表现和不能归还透支款项的原因同样需要司法者进行审查，判断行为人的主观目的究竟是一段时间内不欲归还，还是故意给发卡银行造成财产损失[②]，避免简单地以客观行为要件取代主观目的要件的证明。

（三）对“透支后逃避催收”应进行双重审查

2018年经修改的两高司法解释中分别规定了两款信用卡持卡人透支后以逃避形式拒绝履行还款义务的推定情形，分别是“透支后逃匿、改变联系方式，逃避银行催收的”情形和“抽逃、转移资金，隐匿财产，逃避还款的”情形。上述两个推定条款基础事实中的核心要素都是信用卡持卡人透支后的逃避行为，只是逃避行为的对象存在差别。前者是信用卡持卡人本人的逃避，使得发卡银行无法对其进行有效催收；后者则是信用卡持卡人对其资金、财产的隐匿，使透支款项无法得到清偿。

上述两种推定事实中，信用卡持卡人的抽逃、转移资金、隐匿财产行为，比较全面地体现了对持卡人“非法占有目的”进行综合判断的要求。其中的抽逃、转移资金的对象正是恶意透支款项，因此在时间上符合行为与责任同时存在这一基本原则；另外，隐匿财产的行为则直接体现了行为人在透支行为发生后的还款表现和还款意愿，表明其始终没有归还透支款项的主观想法，直接说明其对于透支款项自始具有的“非法占有目的”[③]，对于这种情

---

① 参见刘雅楠：《信用卡诈骗罪量刑失衡研究》，吉林大学2020年博士学位论文。

② 参见白玥：《恶意透支型信用卡诈骗罪司法适用研究》，吉林大学2021年博士学位论文。

③ 何荣功：《非法占有目的与诈骗案件的刑民界分》，载《中国刑事法杂志》2020年第3期。

况推定其实施透支行为时具有“非法占有目的”不存在太大争议。

“逃避银行催收”是恶意透支犯罪中的一个专有概念，与之相对应的则是民事纠纷中的逃债或者拖延还款行为。司法实践中，如果行为人透支后故意逃避银行催收且最终拒不归还透支款项，在多数情况下会被司法机关直接认定其具有“非法占有目的”。正如有学者所言，经催收不还是对“非法占有目的”的证明，如果透支后经过发卡银行的有效催收后仍然拒不归还透支款项，就可以认定行为人的“非法占有目的”。[①]尽管这种观点具有一定的现实可操作性，可以将原本边界模糊的行为人“非法占有目的”认定标准予以明确，但是本书对此观点仍持不同的意见[②]，根本原因就是先前已经反复论述的不能以客观行为要件完全取代主观目的要件的证明过程，二者均应当由司法者进行独立的认定。因此，在对“逃避银行催收”这一推定情形予以适用的过程中，应从发卡银行和持卡人两个方面，同时对“逃避银行催收”进行双重审查。

1. 强化对发卡银行催收有效性的形式审查

2018年经修改的两高司法解释进一步强调了有效催收的认定标准[③]，更加突出催收有效性在认定恶意透支犯罪时的重要作用。总的来说可以概括为以下三个要素，即时间要素、行为要素和规范要素[④]。上述三个要素正是认定发卡银行催收行为有效性的具体标准；如果不能同时满足上述三个要素，则发卡银行的催收就难以作为追究恶意透支行为人刑事责任的启动条件。具体来看，时间要素主要涉及催收的开始时间以及间隔时间，行为要素主要涉及催收的方式，规范要素则是对发卡银行对其催收有效性的证明要求。因此，在适用“逃避银行催收”进行推定时，发卡银行催收行为的有效性成为推定过程中基础事实的前提条件。

作为信用卡业务的行业规范，《商业银行信用卡业务监督管理办法》也对发卡银行催收的内容和形式进行了严格的规定，其中第69条规定，信用卡

① 赵秉志、许成磊：《恶意透支型信用卡诈骗犯罪问题研究》，载《法制与社会发展》2001年第3期。

② 本书将“经催收不还”界定为刑事追责条件，具体在第六章进行完整论述。

③ 参见2018年经修改的两高司法解释第7条。

④ 赵运锋：《恶意透支型信用卡诈骗罪“非法占有目的”研究》，载《中国刑事法杂志》2020年第4期。

催收函件应当载明欠款金额、催收事由和相关法规、持卡人相关权利义务、提出异议的方式以及提出证据的途径等主要内容。之所以要求恶意透支行为人应当明知催收的内容和法律后果，是因为上述内容直接和犯罪成立与否相关联。如果在催收过程中恶意透支行为人知道“经催收仍不归还”的法律后果并积极偿还透支款项，修复被侵害的法益，完全有可能避免刑事追责程序的启动。

2. 突出对持卡人逃避催收行为的实质审查

在发卡银行的催收行为形式上达到有效性标准的基础上，还需要对持卡人逃避催收行为的原因进行实质审查，充分评估信用卡持卡人失联行为的合理性及其现实还款意愿，不能仅以持卡人逃避行为的出现，不加区分地全部推定其主观上具有“非法占有目的”。

从现实情况来看，持卡人透支后与银行失联情况比较复杂，失联原因可能是多方面的，确有一些持卡人是为了逃避催收而故意隐匿，但也有一些失联是由于一些持卡人无法控制的其他客观原因造成的，例如病重就医、因其他事由被司法机关羁押、自然灾害失联等。因此，不能把所有失联直接等同于逃避催收，只有那些确实出于逃避催收的意图而故意制造失联状态的持卡人，才能认定其具有“非法占有的目的”。[①] 因此，司法机关在具体办案中，在利用“逃避银行催收”这一基础事实推定行为人存在“非法占有目的”时，应当进行全面、深入的分析判断。

（1）司法机关需要查明信用卡持卡人的失联行为与拒绝还款行为之间是否存在直接因果关系。在人口高速流动的现代社会，信用卡持卡人改变联系方式或者改变住址的情况时有发生，由此就可能导致发卡银行无法联系到信用卡持卡人对其进行催收。在这种情况下，司法机关需要查明信用卡持卡人是否是出于逃避还款责任的目的而故意逃避银行的催收。如果持卡人的失联行为并非出于逃避还款责任的目的，且持卡人本人对其失联行为能够做出合理解释，则说明信用卡持卡人的失联行为与拒绝还款行为之间不存在直接因果关系，便不能直接将此种情况下的持卡人逃避行为作为推定其“非法占有目的”的基础事实。

（2）司法机关需要对信用卡持卡人的实际还款能力和还款意愿进行核

---

① 何荣功：《把握“非法占有目的”须考量五方面事实》，载《检察日报》2019年1月25日，第3版。

实。一般情况下，如果持卡人实施了转移、隐匿财产的行为，则可以比较直观地说明其拒绝还款的意愿。但是如果事发后信用卡持卡人通过其他途径一直在筹钱归还透支资金，则说明其主观上仍具有积极的还款意愿，此种情况下不宜直接认定其主观上的“非法占有目的”。还需要关注的一点是，如果信用卡持卡人辩解称自己有还款意愿，但无法提供相应的证据且实际上仍在转移、隐匿财产以逃避还款责任，便不能简单地根据其辩解而排除其主观上的“非法占有目的”。

（四）对“使用透支的资金进行犯罪活动”应进行审慎适用

在我国刑事法律规范中，对于诈骗类犯罪的“非法占有目的”通过资金的去向和用途进行推定的做法长期存在。2001年《全国法院审理金融犯罪案件工作座谈会纪要》中就将“使用骗取的资金进行违法犯罪活动”作为“非法占有目的”推定情形之一；2010年最高人民法院《关于审理非法集资刑事案件具体应用法律若干问题的解释》[①]则规定了“将集资款用于违法犯罪活动”这一推定情形。2009年两高司法解释中则针对恶意透支犯罪，规定了“使用透支的资金进行违法犯罪活动”这一推定情形[②]。对于这种主观推定模式，立法者主要是出于刑事政策的考量而做出的法律拟制，以满足从严打击的需要。[③]

然而，本条推定情形与之前四条推定情形存在本质上的差异。不论是司法解释中“明知没有还款能力而大量透支”，还是“使用虚假资信证明申领信用卡后透支”，再或者是“逃避银行催收”和“逃避还款”，在推定情形之后，均明确规定了无法归还或者逃避还款，意味着发卡银行已经实际遭受了经济损失，侵害法益的结果已经发生。对于这种情况，有学者便提出了质疑，本条推定情形仅仅对透支资金的用途进行了明确，并未要求任何后果的出现，甚至对于银行财产所面临的风险也未提及，便直接推定行为人“非法占有目的”，实际上是对于未来尚未发生的结果的司法推定，具有明显的刑

① 2022年2月，最高人民法院《关于审理非法集资刑事案件具体应用法律若干问题的解释》进行了修正，但对于“非法占有目的”的推定情形未做改动。

② 2018年经修改的两高司法解释对本条内容进行了微调，修改为“使用透支的资金进行犯罪活动”，对此本书后续将专门分析。

③ 参见刘为波：《〈关于审理非法集资刑事案件具体应用法律若干问题的解释〉的理解与适用》，载《人民司法》2011年第5期。

法工具主义的思维[①]。

诚然，恶意透支案件中，行为人如果将透支款项用于犯罪活动，最终被司法机关罚没、追缴，确实有较大的可能性造成透支行为无力归还透支款项的结果。但是，“将透支资金用于犯罪活动”这一基础事实本身与“非法占有目的”之间并不存在常态的关联[②]。按照正常的逻辑，行为人实施犯罪的唯一目的就是攫取更大利益，而非造成款项投入后无法收回的结果。有观点就指出，实施犯罪的人普遍希望通过高风险的违法手段，赚取高额的钱款后向银行归还透支款，谁也不乐意被抓获，被法律制裁。[③]

如前所述，“使用透支的资金进行犯罪活动”这一推定情形存在一定程度的理论不自洽，但是相比其他推定情形，本条的语义相对最为明确，那么在实践层面其适用情况具体如何？下面对这一推定情形的司法实践情况进行调查。

透支是信用卡最主要也是最基本的功能，这一行为最主要的发生场景就是消费和购物，而在我国刑法中存在多个买卖型的罪名，如果行为人使用信用卡进行透支，从而实施此类买卖型犯罪，按照本条推定条款，可以认定行为人的透支行为具有“非法占有目的”，如果符合其他构成要件，则应当可以认定为恶意透支犯罪。本书以《刑法》第120条规定的非法买卖枪支、弹药、爆炸物罪作为切入视角。一段时间以来，新闻媒体时常报道买卖双方通过网络平台购买“火柴枪”而双双入罪的案件[④]，因此此类案件的司法裁判情况是一个较好的实证研究视角。在中国裁判文书网中，在正文中以“信用卡”“淘宝”作为两个检索关键词，共检索出18件非法买卖枪支、弹药、爆

① 王雅琼：《信用卡诈骗罪研究》，华东政法大学2013年博士学位论文。

② 参见邢红霞、田然：《司法推定的证明方法及其限制》，载《法律适用》2019年第22期。

③ 周凡：《论非法占有目的的刑事推定》，湖南师范大学2016年硕士学位论文。

④ 《摆摊卖火柴枪被鉴定为枪支，法院重审维持原判》，载上观新闻，https：//export.shobserver.com/baijiahao/html/434924.html；《男子摆地摊卖火柴枪被鉴定为枪支一审判三缓三，重审维持原判》，载澎湃新闻，http：//m.thepaper.cn/uc.jsp?contid=15953867；《网店店主卖火柴枪涉罪，“不会认罪只是怀旧玩具”》，载光明网，https：//m.gmw.cn/baijia/2021-09/08/1302563744.html，最后访问日期：2022年4月23日。

炸物案件一审生效的裁判文书。经过进一步检索，其中仅有4件案件[①]属于本书讨论的使用信用卡在淘宝商家购买枪支、弹药的案件。以其中张某某等三人犯非法买卖枪支案为例[②]，根据裁判文书认定的犯罪事实，2019年10月某日，被告人张某某、周某某通过淘宝购物平台结识，张某某欲向周某某购买枪支，便伙同另一被告人一同至周某某所在地，在周某某经营的商铺内，使用该商铺POS机刷卡支付50500元，购买枪支一支及子弹三发。经鉴定，该枪支系以火药为动力的枪支，该三发子弹系自制六四式子弹。最终，张某某、周某某分别因犯非法买卖枪支弹药罪被判处有期徒刑3年10个月、3年6个月。这件案件中，张某某使用信用卡透支的目的非常明确，就是购买枪支弹药，因此其透支资金应当可以认定为用于犯罪活动，但是在整个裁判文书中都没有对张某某使用信用卡进行透支的行为进行评价，事实部分也未表述事后是否归还了透支款项；并且从最终的判决结果来看，也仅仅以非法买卖枪支弹药罪一罪对张某某判处刑罚，不仅没有数罪并罚，也没有任何认定牵连犯从一重处罚的裁判理由。

因此，对于透支行为人所从事的犯罪活动，当然应当给予否定性法律评价，刑法会对其进行制裁；但是如果仅仅出于刑事政策和打击犯罪的考量，便通过"非法占有目的"的认定来惩罚行为人在先发生的透支行为，实际上与我国现行法律体系存在直接矛盾。因为透支行为人将透支款项用于犯罪活动这一客观外在行为，实际上和行为人意图侵害发卡银行财产权益之间没有直接的关系，因而"使用透支的资金进行犯罪活动"这一推定情形本身的合法性和合理性就存在一定疑问，在适用过程中应当更加审慎，尤其限制对尚未发生的未来行为及其结果进行司法推定。

按照"使用透支的资金进行犯罪活动"推定行为人"非法占有目的"的思路，可以将其概括为以下推定路径：将透支资金用于犯罪活动→不可能产生盈利→会被司法机关查处、收缴→无法归还透支本息→非法占有目

① 参见山东省淄博市临淄区人民法院（2021）鲁0305刑初570号、黑龙江省牡丹江市西安区人民法院（2021）黑1005刑初116号、江西省南昌市新建区人民法院（2020）赣0112刑初9号、江苏省扬州市广陵区人民法院（2013）扬广刑初字第0051号刑事判决书。数据来源于中国裁判文书网。

② 参见江西省南昌市新建区人民法院（2020）赣0112刑初9号刑事判决书。数据来源于中国裁判文书网。

的。[①] 这种推定路径是否符合刑事推定的基本原则，是有待商榷的，并且刑事推定赖以存在的常态关联也是实质缺失的。因此，在适用“使用透支的资金进行犯罪活动”对尚未发生的行为人未来“非法占有目的”进行推定时，仍应当坚持全面审查的原则，采用与“明知没有还款能力而大量透支”相同的刑事推定标准，对行为人事前、事中、事后的还款能力、还款意愿、还款表现进行综合认定，避免以单一的资金用途事实片面认定“非法占有目的”。

（五）对兜底条款应进行理性判断

2018年两高司法解释中，对于“非法占有目的”的推定情形保留了原解释中的兜底条款，即“其他非法占有资金，拒不归还的情形”。这种兜底条款在我国刑法体系中普遍存在，例如刑法条文中“其他……”“以其他……”“具有其他……”等表述就是兜底条款的常用表述，其中既有对于客观行为认定的兜底条款[②]，也有和恶意透支犯罪一样对于主观犯罪故意的兜底认定条款。由于刑法条文本身具有一定的滞后性，并不能涵盖所有社会生活中的犯罪行为，因此兜底条款在及时打击新类型犯罪时具有比较积极的作用。正如有学者所言，在当今风险社会大背景下，应当正视刑法所带来的潜在风险，从而积极审视兜底条款的价值。[③] 但是由于兜底条款本身界限具有模糊性，并且刑法本身也具有扩张的属性，这就可能造成一般社会公众对于法律违背公众心理预期的可能性大大提高，不利于实现刑法本身的预测作用。[④]

作为本罪中认定“非法占有目的”的一种推定情形，兜底条款与前五项推定情形处于并列地位，是否应当对兜底条款进行限制解释，目前理论界存在不同意见。有观点认为，“其他非法占有资金，拒不归还”这一兜底条款的范围，应当基于同质性要求，受司法解释中前五项推定情形没有还款意愿、没有还款能力、没有还款表现的基本解释限制。[⑤] 但也有相反观点认为，

---

① 参见邢红霞、田然：《司法推定的证明方法及其限制》，载《法律适用》2019年第22期。

② 例如合同诈骗罪刑法条文中“……（五）以其他方法骗取对方当事人财物的”。

③ 万邵鹏、马荣春：《认真对待刑法的“兜底条款”——基于刑法扩张风险的考量》，载《南海法学》2018年第4期。

④ 参见何家梁：《恶意透支型信用卡诈骗罪司法适用疑难问题研究》，华东政法大学2019年硕士学位论文。

⑤ 蔡道通：《经济犯罪“兜底条款”的限制解释》，载《国家检察官学院学报》2016年第3期。

诈骗类犯罪的兜底条款，不再需要进行限制解释。[①] 恶意透支犯罪“非法占有目的”的兜底条款本身并不属于扩张性的规定，2018 年经修改的两高司法解释第 6 条第 2 款中对于“非法占有目的”的认定，在推定条款之前已经进行了实质的整体规范，推定情形只是作为提示性规定，所有推定情形都应当依附于前款规定。

对此，本书认为在认定恶意透支行为人是否具有“非法占有目的”时，兜底条款本身不属于刑法的扩张性规定，判断行为人是否构成恶意透支犯罪，问题的关键在于行为是否符合恶意透支型信用卡诈骗罪的犯罪构造，以及行为人主观上是否有按时归还透支款项的主观认知。[②] 司法机关在认定犯罪时，必须面对同质性的判断和限制解释，对兜底条款通过限制解释的方式，确保所认定的恶意透支行为符合刑法规范的要求。[③] 同时，为了保持兜底条款与前五项明确列举的推定情形在质与量方面体现相同的性质，也需要对兜底条款进行限制解释。

1. 透支资金用于应急目的时“非法占有目的”的认定

司法实践中，透支行为人将透支款项用于紧急救治亲属，最终无力还款被追究刑事责任的案例时有发生。以中国法院网公布的一个案例为例，被告人刘某使用多家银行信用卡进行透支，经过催收后仍不归还，最终被追究刑事责任。法庭审理过程中，刘某对自己的犯罪行为供认不讳，称由于母亲做开颅手术后需要长期服用药物和接受治疗，其欠下大量债务，便开始透支信用卡给母亲看病，后透支金额越来越高，最终无力还款。[④] 再如，曾经在全国引起巨大反响的廖丹诈骗案[⑤]，廖丹为了给身患尿毒症的妻子做透析，找人伪造了 4 枚医院印章，伪造收费单据，4 年间骗取医院医疗费 17.2 万余元，

① 参见张明楷：《合同诈骗罪行为类型的边缘问题》，载《东方法学》2020 年第 1 期。

② 参见陈兴良：《民事欺诈和刑事欺诈的界分》，载《法治现代化研究》2019 年第 5 期。

③ 参见何荣功：《非法占有目的与诈骗案件的刑民界分》，载《中国刑事法杂志》2020 年第 3 期。

④ 《为母亲治病青年恶意透支，非法套现被追责》，载中国法院网，https：//www.chinacourt.org/article/detail/2010/08/id/421110.shtml，最后访问日期：2022 年 4 月 24 日。

⑤ 《廖丹诈骗案：一次情与法的碰撞》，载新浪新闻，https：//news.sina.com.cn/o/2012-07-15/000424775158.shtml，最后访问日期：2022 年 4 月 24 日。

最终被法院以诈骗罪判处有期徒刑3年，缓刑4年，并处罚金3000元。

上述两件案件都是行为人在危急时刻，使用犯罪方法救助危在旦夕的亲人，刘某使用信用卡透支支付医疗费，廖丹伪造收据骗取诊疗费用。主观上，二人都明知自己在短期内无力偿还透支款项或支付医疗费用，客观上也实际造成了被害单位的经济损失。之所以上述案件会引起社会广泛关注，主要争议在于危急时刻侵害财产权的行为是否构成犯罪。以刘某案件为例，其行为完全符合恶意透支犯罪的主客观构成要件，但是另一个应该注意的问题则是，在对此类案件进行评判时，还面临着对该行为是否属于刑法意义上紧急避险的评价。紧急避险的本质是对于现实危险的避免，在法益遭遇危险而不能通过其他措施避免时，不得已损害其他较小的合法权益，以此来保护较大的合法权益免受侵害。[①]

在将透支资金用于应急目的时，持卡人的主观认知内容与典型恶意透支犯罪存在一定的差异，其主要目的是保护更大的生命权益，而非侵害发卡银行的财产权益。因为从权利位阶来看，生命权高于其他任何权利，所以当生命权受到现实危险威胁时，牺牲其他权益也在情理之中。[②]因此，对于将透支资金用于应急目的是否属于紧急避险的问题，已经不再局限于法学的范畴，而应是一个哲学或者社会学的问题。在绝境中，为保护生命权不受侵害，要求行为人在寻求救济途径时还要先行考量自己将来有无还款能力，显然是一种违背人类伦理的要求。

因此，如果行为人出于应急目的，在没有其他救济途径可供选择，为了保护更大的权益而透支信用卡，且最终无法还款时，不宜直接动用刑法对其进行规制。尽管认定在应急情况下使用信用卡透支是一种紧急避险行为，可能会在一定时间内导致此类案件高发，但是对于社会保障体系不健全、发卡银行防范机制不完善所导致的紧急情况，完全让信用卡持卡人承担责任，断然否定其紧急避险的合法性，有违法律的公平正义和社会伦理。

2. 透支资金用于高风险活动时“非法占有目的”的认定

部分恶意透支案件中，行为人使用透支资金从事高风险活动，例如投入股票、期货、贵金属交易等，最终造成无力还款的结果。应该看到的是，在

---

① 参见王雅琼：《信用卡诈骗罪研究》，华东政法大学2013年博士学位论文。

② 《廖丹：这是个关于活着的故事》，载新浪新闻，http：//history.sina.com.cn/bk/2013-10-25/153972231.shtml，最后访问日期：2022年4月24日。

充分的市场经济环境下，收益往往是和风险伴生的，风险越大，往往投机性越强，最终带来的可能是更高的收益或者更大的损失。在邮币卡市场中，普通的几十元面值的邮币被玩家将价格炒到数百元甚至上千元，以2008年北京奥运会10元面值纪念钞为例，当前其市场交易价格超过4000元，市场行情稍有波动，高额收益和巨额损失的风险将同时存在。[①] 因此，在行为人将透支资金用于高风险活动时，应当在限制解释的基础上，从以下几个方面对行为人是否具有“非法占有目的”进行理性判断：（1）如果损失是由于正常的市场交易机会、交易风险或者政策调整所造成的，那么这种损失结果与行为人的主观认知不符，这种情况下不符合恶意透支犯罪的基本构造，这种判断方式与“使用透支的资金进行犯罪活动”基本一致；（2）如果损失是由于相关的交易信息、交易行为被行为人人为操控所导致，这种情况下最终的结果正是行为人主动选择和追求的结果，最终透支资金的损失符合其主观的心理预期，应当认定其具有“非法占有目的”；（3）如果行为人在未经法律允许或者政府审批的交易平台从事高风险活动，同样应当对损失的发生原因进行实质审查，判断损失是客观的市场交易风险造成的，还是人为控制导致的结果，不能简单地因为存在损失结果就直接认定行为人具有“非法占有目的”。

三、对当事人反驳的审查判断标准

推定规则不仅存在于刑事司法领域，在民事、行政司法领域同样存在。但是与民事、行政案件相比，刑事案件的证明标准最为严格，司法机关只能在基础事实已经被充分证明的情况下才能依照经验法则推出待证事实，但是这种推定的事实能否达到刑事司法所要求的排除合理怀疑，还需要司法机关根据全案的事实和证据进行综合判断。刑事推定得出的结论是否有效，取决于司法机关据以进行推定的经验法则是否可靠。司法实践中，不同的司法者由于自身所形成的经验法则存在差异，在面对相似的基础事实时，可能会基于个人的理论水平、价值取向、生活阅历、司法经验的差异而推导出不同的结论。[②] 特别是对于“非法占有目的”推定情形中“明显”“大量”等推定条

① 《邮币卡交易，疯狂背后的潜藏风险》，载中国新闻网，http：//finance.ce.cn/rolling/201510/08/t20151008_6646997.shtml，最后访问日期：2022年4月24日。

② 参见杜邈：《刑事推定规则的特征、类型与司法适用》，载《法律适用》2022年第2期。

件，其性质属于经验法则中的人文经验，很难在司法者中形成统一且具有较高可靠性判断标准。但如果在推定时，依据可靠性较低的经验法则来推定待证事实，这样的推定结论就容易受到公众的质疑。基于盖然性的前提而获得的结论，虽然从概率的角度来说具有一定程度的科学性，但是必然难脱或然性的局限。① 因此，刑事推定本身建立在高度盖然性的经验法则之上，但是这种高概率联系的经验法则仍然具有一定的不完备性，不能简单地将其等同于排除合理怀疑。②

如上所述，推定的规则是可靠性较高的经验法则，但归根结底仍是一种经验的体现。因此，不管是法律本身设置的推定规则，还是司法解释中的推定规则，均允许行为人对于司法机关进行推定所依据的基础事实以及推定事实本身提出反驳。③ 基于此，2018 年经修改的两高司法解释中在规定“非法占有目的”推定情形的同时，也明确规定“有证据证明持卡人确实不具有非法占有目的的除外”，在推定适用的过程中，允许当事人对推定事实和推定结论提出反驳，以推翻推定的适用。④

理论界对于当事人反驳的行为性质存在一定的争论。有观点认为，刑事推定过程中当事人所提出的反驳是一种救济权利。⑤ 也有观点认为，刑事推定中当事人所提出的反驳，是其为了避免承担不利后果而应当承担的主观证明责任。⑥ 还有观点认为，应当根据当事人反驳所针对的对象确定反驳的性质，如果当事人是针对基础事实进行反驳，则这种反驳是一种权利；如果反驳是针对推定事实，则是一种责任。⑦ 对此本书认为，区分当事人反驳性质的关键在于当事人在没有提出反驳的情况下是否会因此承担不利的法律后果。如果当事人不提出反驳也不会承担不利的法律后果，则此时当事人提出的反驳实质上属于辩护权的一种；而如果当事人不提出反驳便会承担不利的

① 闵春雷：《刑事诉讼证明基本范畴研究》，法律出版社 2011 年版，第 229 页。

② 张云鹏、徐静：《论事实推定的规制路径》，载《当代法学》2007 年第 2 期。

③ 琚明亮：《证明困难视阈下的事实认定与刑事推定》，载《政治与法律》2020 年第 2 期。

④ 李建勋：《贷款诈骗罪若干问题研究》，吉林大学 2012 年博士学位论文。

⑤ 何家弘、黄健：《贪污罪非法占有目的之推定规则初探》，载《法学杂志》2016 年第 10 期。

⑥ 陈瑞华：《论刑事法中的推定》，载《法学》2015 年第 5 期。

⑦ 张云鹏：《刑事推定与无罪推定之契合》，载《法学》2013 年第 11 期。

法律后果，则其应当对其提出的反驳承担相应的证明责任。

在刑事法律体系中，司法机关特别是控方承担举证责任，因此具体到刑事推定过程中，对于基础事实应当由控方承担举证责任，这种情况下当事人有权反驳控方指控的内容不实，其提出的反驳本质上属于辩护权的一种，主要目的在于避免承担不利的法律后果；①即便当事人没有针对基础事实提出反驳，其也不会承担不利的法律后果，因为司法机关在认定基础事实时仍要达到排除合理怀疑的证明标准。而当事人对推定事实提出反驳时，情况则恰恰相反。推定事实成立的前提是基础事实已经足以认定，依据一般的经验法则推导的结论；在推定事实成立之前，基础事实已经达到了刑事司法中的排除合理怀疑的证明标准，此时推定事实的成立是必然的结果。②当事人对于推定事实所提出的反驳，如果不能完成任何举证行为，则其应当承担不利的法律后果。

刑事推定由于上述功能的限制，只能在司法人员内心形成暂时的推定事实。这种推定而来的事实随着当事人反驳的提出，便面临消失的可能。有的当事人面对推定事实，为了逃避处罚或减轻罪责，时常会提出难以查证的幽灵辩解，希望借此否定司法机关的推定事实，增大控方举证难度，从而逃避法律的制裁。③具体到恶意透支犯罪中，当事人针对“非法占有目的”所提出的反驳内容不外乎自己透支时具有还款能力、还款意愿或者还款表现，只是由于客观情况的变化导致无力还款，这其中也必然包括无法核实的幽灵辩解。对此，司法机关应当坚持实质审查的原则，以是否能够排除合理怀疑作为对当事人反驳审查判断的标准。

1. 当事人反驳足以形成合理怀疑

刑事案件中，特别是当事人被采取羁押性强制措施的情况下，其很难提供成体系的证人证言以及相关的证据材料，这种暂时没有证据支持的反驳事

---

① 傅贤国：《对司法推定若干基础问题的研究》，载《西南政法大学学报》2014年第6期。

② 毛淑玲、林驰：《司法推定的适用条件与要求》，载《法学杂志》2019年第12期。

③ 万毅：《幽灵抗辩之对策研究》，载《法商研究》2008年第4期。

项，最终也可能具有合理性。[①]当事人并不需要针对控方证据体系的所有环节一一提出反驳，只需要对其中一个必要环节提出实质反驳，如果这种反驳能够引起对于推定事实的合理怀疑，那么即便当事人的反驳没有证据支持，也应当对推定事实予以否定。例如在一起恶意透支案件中[②]，透支行为人贾某提出自己将透支的资金用于合法经营行为，因行业政策导致资金链断裂无力还款，其主观上不具有非法占有目的。对于贾某的辩解，有证据能够证实其确实经营水泥生产企业，并且案发期间基于环保的要求，主管部门要求当地的水泥生产企业停产并向郊区搬迁，贾某所提出的不具有“非法占有目的”的辩解具有一定的合理性。除此之外，贾某还提供了其名下企业近年的财务报表以及其名下信用卡十年来的透支和还款记录。贾某提出的上述反驳内容，实际上已经导致推定结论“非法占有目的”事实存疑，故而此时行为人提出的反驳便实现了对刑事推定的阻断。

2. 当事人反驳不足以形成合理怀疑

部分案件中，针对指控的犯罪事实，司法机关通过直接证据和间接证据已经构建了完整的证据体系，当事人虽然提出了反驳，称自己的行为不构成犯罪，但其反驳缺乏实质内容，且与已经查明的部分事实不相符合，这种情况下便难以实现对刑事推定的阻断，司法人员完全可以依靠已有的证据体系对当事人反驳的内容予以证伪。同样以刚才的贾某恶意透支案为例，如果贾某辩解将透支资金用于经营活动，但是却无法提供企业及项目信息，资金去向也难以体现用于合法经营，由此可以认定其反驳的内容缺乏真实性。当然，实践中往往还存在另外一种情况，也就是当事人所提出的反驳虽然没有使推定事实形成合理怀疑，但是使原有的推定路径和结论产生一定的缺陷，这种情况下司法机关仍然需要对新的反驳事项收集证据进行查证，完善原有的推定路径[③]，最终实现对推定结论的内心确认。

---

① 杜邈：《刑事推定规则的特征、类型与司法适用》，载《法律适用》2022年第2期。

② 该案系一件由上海市Q区公安机关移送检察机关审查起诉的案件，最终案件由公安机关做撤回处理。

③ 此时的司法认定过程可以概括为“使用推定手段建立证据体系→当事人提出反驳→对反驳内容证伪→再次通过推定手段建立新的证据体系……”的循环状态。

第五章　实体层面出罪防线之二：准确理解和把握客观犯罪事实

第一节　超限额、超期限透支要件的严格把控

根据1997年《刑法》第196条第2款对恶意透支型信用卡诈骗罪的定义，恶意透支行为必须是由持卡人在“非法占有目的”支配下所实施的超过发卡银行与持卡人约定的信用卡透支限额或透支期限的行为。换言之，持卡人实施恶意透支行为，其透支不还款项的数额超过了发卡银行授予的透支额度，抑或其透支不还款项的时间超过了发卡银行与其约定的还款期限。在恶意透支型信用卡诈骗罪的客观犯罪构成要件体系中，超过规定限额透支或者超过规定期限透支是最基本的客观犯罪构成要件。透支行为的本质就是发卡银行根据持卡人的信用程度，授予其相应的透支额度并规定相应的还款期限，因此持卡人单纯地在规定限额内透支使用信用卡并在规定期限内还款的行为，仅仅属于持卡人与发卡银行之间的民事履约行为，不涉及任何刑事层面的违法犯罪问题。即便信用卡持卡人主观上具有本书之前所论及的“非法占有目的”，但如果其客观上的透支行为没有超过规定的限额或者规定的期限，则说明其主观上的犯罪故意并未付诸实践于客观行为之中，也便不能就此将其透支行为纳入恶意透支刑信用卡诈骗犯罪的法律评价范围。

一、超限额、超期限透支现象产生的原因

（一）信用卡透支资金结算的非实时性特征

随着信息技术的普及和发展，目前各家发卡银行均可以对其所发行的信用卡一般透支使用情况进行实时记录和监控，从技术的层面实现对信用卡透支数额的限制，禁止持卡人超过发卡银行规定的最高透支限额进行透支。但是实践中，信用卡持卡人超过规定限额进行透支的情况确是真实存在的。部分银行在其信用卡章程中便设置“超限费”这一条款，和信用卡持卡人约

定超限额透支的费用收取标准；而作为银行业监管部门，中国人民银行在2016年4月15日颁布《关于信用卡业务有关事项的通知》，其中明确规定自2017年1月1日起，发卡银行不得收取任何形式的“超限费”。上述信用卡章程和监管部门的规章，从不同的角度印证了超限额透支这一情况存在的可能性。

根据前文所述，既然发卡银行已经可以通过信息技术的手段实时监控信用卡的透支数额，禁止信用卡持卡人超过最高透支限额进行透支，为何还会出现超限额透支的情况？这需要我们对信用卡的部分特殊交易流程进行分析和理解，现阶段可能导致信用卡超限额透支的主要情形是现实交易与信用卡资金结算存在时间差的情况，具体包括信用卡脱机交易和通过国际信用卡组织以外币进行结算的境外消费两种情况。

所谓信用卡脱机交易，也称信用卡离线交易，是指在交易过程中，特约商户的POS机在不与收单银行或者信用卡组织的主机进行联机的情况下，只记录信用卡的卡号、有效期、CVV码、持卡人签名等信用卡信息，当场并不实时进行结算，而是事后通过网络使用上述资料，向信用卡发卡银行请求付款。[①]此种脱机交易虽然最终也是通过网络完成的，但由于并不是实时完成信用卡资金的结算，导致持卡人与特约商户之间的消费行为和发卡银行与特约商户之间的付款行为存在一定的时间差，如果信用卡持有人在此时间差范围内连续进行大额消费，则可能会出现超过最高透支限额进行透支的情形。

而对于境外消费，如果信用卡持卡人在消费时选择我国的“银联”作为结算平台并以人民币作为结算币种，则可以实现境外消费与境内发卡银行交易数据的实时交换，就不会出现前文所述时间差问题。但是考虑到“银联”目前在全球范围的推广程度和接受程度有限，相当数量的国家和地区并未接入“银联”的支付结算通道，从而也就不能选择“银联”作为结算平台，而只能选择VISA、Master Card、JCB等其他全球性国际信用卡组织作为结算平台，并以外币作为结算币种。此种情况下，国际信用卡组织、境外收单银行需要与国内的发卡银行进行交易数据的传递，同样会导致前文论及的时间差问题，可能出现超过最高透支限额进行透支的情形。对此，我们也进行了实际测试，使用中国工商银行发行的“银联”与Master Card双标信用卡，通过

---

① 丁昌月：《基于NFC的钱包脱机交易处理系统实现》，复旦大学2013年硕士学位论文。

泰国商户进行境外消费，结算时选择 Master Card 结算平台并以美元作为结算币种。通过银行的交易明细可以发现，虽然此笔交易的发生时间为 2017 年 12 月 14 日，但记账时间则是 2017 年 12 月 15 日，出现了所谓的交易与结算之间的时间差问题，如果利用这种时间差，可能导致超限额透支情形的出现（详见图 6）。

图 6：通过国际信用卡组织以外币进行结算的境外消费明细

（二）信用卡透支期限的可变性特征

1997 年《刑法》中并未对信用卡透支期限做出具体的规定，并且在相关的刑事司法层面，对于信用卡透支期限也均没有相关规定。因此，我们首先需要从行政监管层面对信用卡透支的期限做出界定。根据中国人民银行《支付结算办法》和《银行卡业务管理办法》的有关规定，信用卡透支的期限最长为 60 天，在此期限内信用卡持卡人可以享受免息待遇。从上述规定来看，作为信用卡业务监管部门的中国人民银行，根据当时的金融环境和信用卡业务的发展情况，以行政法规的形式对信用卡透支和免息还款的期限做了范围上的限定，所有发卡银行均不允许超过 60 天设置信用卡透支和免息还款的期限。因此，发卡银行一般在其与信用卡持卡人所签订的信用卡领用协议和信用卡章程中，均会根据上述规定设置信用卡透支和免息还款的期限。例如，招商银行对其所发行的信用卡设置的信用卡透支期限为最长 50 个自然日，而中国工商银行信用卡透支期限最长为 56 天，均在上述行政法规规定的透支期限范围之内。

然而，随着我国信用卡业务的发展和与国际市场的接轨，相关行政法规中所规定的透支期限、免息还款期限等过于细化的问题已经影响了信用卡业务的进一步发展，无法通过市场的角度激发信用卡业务的活力。原有的以行政监管为主的信用卡业务中，发卡银行无法根据自身的业务需要，针对不同资信状况的持卡人设置不同的透支期限，使得发卡银行的信用卡业务难以做到差异化和针对性的服务，限制了我国信用卡产业的发展。正是在这样一个弱化行政监督、激发市场活力的大环境下，中国人民银行颁布《关于信用卡业务有关事项的通知》，其中明确规定自 2017 年 1 月 1 日起，信用卡透支免息还款的期限不再受行政法规的限制，由发卡银行根据自身业务的开展情况自行确定。可以预见的一个情况是，在今后的信用卡市场中会出现更多的差异化服务内容，不同持卡人所享有的信用卡透支期限，需要由持卡人与发卡银行通过民事途径予以约定，不再受行政法规的限制，使得信用卡持卡人具有更多的“议价权”，完全可能出现跨度更长的信用卡透支和免息还款期限。

根据本书前述的介绍，已经明确今后信用卡的最长透支期限将不再通过行政法规的形式加以规定，而需通过信用卡持卡人与发卡银行协商进行确定。但需要注意的是，不论是在之前的行政法规中，还是现在的信用卡领用协议和信用卡章程中，对信用卡透支期限的规定中均有一个限定词，那就是“最长”二字。“最长”透支期限的文字表述说明这个期限的可变性特征，虽然发卡银行规定了最长的透支期限，但是并非持卡人的每一笔透支消费均能享受整个透支期限和免息还款期，需要根据每一笔透支消费的具体时间来确定其所对应的透支期限；信用卡持卡人不得主张其每一笔透支款项必须享受完整的免息还款期待遇。

信用卡业务实践中，发卡银行一般按月制发信用卡账单，要求持卡人在一定期限内归还透支款项。以中国工商银行信用卡为例，根据《中国工商银行牡丹信用卡章程》的规定，该行发行的信用卡对账单日期统一为每月 1 日，每月 1 日发卡银行会对持卡人上月整月的交易款项、费用等进行汇总，结计利息，计算出持卡人当期应还款项的日期；而到期还款日则为当月 25 日，持卡人最晚要在当月 25 日归还透支款项，才能享受免息还款的待遇。上述关于对账单日和到期还款日的规定正印证了中国工商银行信用卡透支期限最长为 56 天的规定。上述期限的设置方式说明发卡银行规定的透支期限和免息还款期限只是一个确定的区间范围，在此范围内的透支消费，从其透支消费之日起至最后还款日之间享有免息还款待遇，而每一笔透支消费的具体发生时间决定了其所对应的免息还款期限的长短，部分透支款项的透支和免息还款期限可能远远低于约定的最长透支期限和免息还款期，若在账单周期最后一日进行透支消费，则实际享受的透支期限最短，只有 26 天（详见表 3）。

表 3：不同时间透支款项还款期限对照表

透支消费日期	最后还款日	实际透支期限
1 月 1 日	2 月 25 日	56 天（最长）
1 月 15 日	2 月 25 日	42 天
1 月 31 日	2 月 25 日	26 天（最短）
2 月 3 日	3 月 25 日	51 天[①]
2 月 11 日	3 月 25 日	43 天
2 月 26 日	3 月 25 日	28 天

二、超限额透支的合理认定

（一）超限额透支的司法实践

司法实践中常见的恶意透支犯罪均属于超期限透支，较少出现超限额透支的情况，于是有观点就认为，随着金融体制和科学技术的发展，利用银行间交易系统时间差来完成超限额透支已不可能发生，超限额透支这一构成要件在认定犯罪过程中已经不具有实际意义，应当予以删除。[②] 对于这一观点，本书并不认同。司法实践中，随着信息技术的发展，超限额透支的情况虽然并不常见，但在特殊情况下（例如系统故障、系统漏洞）仍然存在超限额透支的可能，而超限额透支的客观存在更加明显地体现了行为人的主观犯罪故意。对此，在中国裁判文书网中，以正文关键词“超限额透支”进行检索，可以发现生效裁判文书中超限额透支的情形在司法实践中并不少见。例如在徐某某信用卡诈骗[③] 一案中，根据检察机关指控，2014 年被告人徐某某得知

① 假设当年 2 月为 28 天。

② 江琦：《恶意透支型信用卡诈骗犯罪研究》，华东政法大学 2011 年硕士学位论文。

③ 参见浙江省平阳县人民法院（2015）温平刑初字第 533 号刑事判决书。数据来源于中国裁判文书网。

有一种超限额透支信用卡的非法技术，遂赶到广州市联系该非法技术操作人员，在明知自己无力偿还的情况下，将自己持有的透支额度为人民币 2 万元的信用卡交由两名非法技术操作人员，由其利用信用卡预授权交易中的网络漏洞，恶意透支银行资金人民币 539450 元，徐某某从中分得人民币 213000 余元。最终徐某某被判处有期徒刑 7 年，并处罚金人民币 10 万元。本案中，徐某某最终实际透支的本金数额接近 54 万元，是其信用卡透支额度的近 27 倍，而本案中徐某某非法获利的关键手段便是通过信用卡交易系统交易金额未实时入账的漏洞，侵占发卡银行资金。无独有偶，在另一起潘某某信用卡诈骗案[①]中，同样是利用系统漏洞，潘某某使用额度为 5000 元的信用卡最终透支 21 万余元，实际透支金额达到透支额度的 40 余倍。最终潘某某被判处有期徒刑 6 年，并处罚金 10 万元。

因此，从上述超限额透支案件的司法实践来看，具体案件中一旦出现超限额透支，司法机关普遍认为这种情况下信用卡持卡人利用了信用卡透支资金结算在特殊情况下的非实时性特征，在短暂的时间差内大额、多次实施透支行为，规避银行监管，从而其“非法占有目的”更为明显，比较容易在客观上引导办案人员将信用卡持卡人的透支行为引向入罪的路径，如果持卡人的主体身份和主观故意同时符合了恶意透支型信用卡诈骗罪的犯罪构成要件，则在司法实践中将其认定为犯罪的可能性极高。但即使如此，司法实践中，在对信用卡持卡人是否超过信用卡透支限额进行认定的过程中，也还是要坚持严谨慎重的态度，必须结合信用卡的客观使用规则进行考察，综合判断持卡人的行为是否属于超过规定限额进行透支，防止错误地理解而导致恶意透支型信用卡诈骗罪的犯罪圈过度扩张。

（二）“临时调额”期限届满时的未归还透支款项不应认定为超限额透支

在信用卡业务中，“临时调额”是指信用卡持卡人在临时需要进行大额消费的情况下，原有的最高透支限额不能满足其使用需要，而向发卡银行所申请的原最高透支限额之外的临时透支额度，属于经特别授权的超限额透支。[②]发卡银行会根据信用卡申请人的资信状况、透支资金用途等因素对持

---

① 参见浙江省温州市鹿城区人民法院（2014）温鹿刑初字第 1605 号刑事判决书。数据来源于中国裁判文书网。

② 安文录、李睿：《恶意透支行为刑事司法认定问题研究》，载《刑法论丛》2010 年第 3 期。

卡人的申请进行审核，对通过审核的持卡人，在一定期限内授予其最高透支限额以外的临时额度。此种临时额度往往具有一定的期限性（如中国银行、中国工商银行的临时额度期限均为2个月），在该期限内信用卡持卡人可以进行正常透支和还款。对于临时额度内的透支款项，发卡银行一般均要求持卡人在临时额度期限内全额归还；临时额度期限届满时，发卡银行会将临时额度取消，原有的超过最高透支限额的款项会被一次性计入欠款数额，不允许进行分期付款且不享有免息还款期等优惠条件。这种情况下需要考虑的是，如果信用卡持卡人在临时额度期限内无法还款，在期限届满、发卡银行调回信用卡原有最高透支限额后，持卡人在原临时额度内的透支款项是否属于超过规定限额进行透支？下面通过真实案例进行解析。

案例10：罗某某信用卡诈骗案[①]。2012年5月，被告人罗某某在中国银行襄阳分行办理了一张信用额度为人民币20万元的信用卡，随后将该卡临时信用额度逐步提高至人民币39.7万元。被告人罗某某多次使用该信用卡透支本金达人民币39.68119万元，经发卡行多次催收仍不归还。案发后，被告人罗某某已归还透支本金39.68119万元及利息129899.27元，取得了银行方面的谅解。最终罗某某被判处有期徒刑5年，并处罚金人民币5万元。

罗某某信用卡诈骗案中，对于罗某某本身认定“非法占有目的”并以信用卡诈骗罪判处刑罚不存在太大争议。但是该案中值得关注的是，检察机关起诉书指控的事实为“罗某某超过规定限额、期限透支，经发卡行多次催收拒不归还”，检察机关认为罗某某在信用卡临时透支额度已经调回的情况下，对于原临时额度内的透支款项在双方约定的还款期限内拒不归还，已经构成超限额透支。而法院审理过程中，针对信用卡临时额度系双方协议调整这一情况，在最终判决书中仅认定罗某某“超过规定期限透支，经发卡行多次催收拒不归还”，否定了检察机关指控的超限额透支这一事实。从罗某某信用卡诈骗案中可以看出，虽然对案件本身的定罪量刑没有实际影响，但在审查判断“临时调额”未归还款项是否构成超限额透支时，不能忽视临时调额过程中双方协议约定的内容。

结合案例10以及本节前面列举的两个案例可以看出，行为人超限额透支可以分为未经授权的超限额透支和经授权的超限额透支两种类型，超限额透

① 参见湖北省襄阳市高新技术产业开发区人民法院（2018）鄂0691刑初111号刑事判决书。数据来源于中国裁判文书网。

支并非一概是违反规定的。[①] 罗某某信用卡诈骗案中，罗某某的行为属于典型的经授权的超限额透支，是在银行授予的临时额度内使用信用卡进行透支；而徐某某信用卡诈骗案和潘某某信用卡诈骗案，二人超限额透支则是利用系统漏洞并通过非法手段而实现，属于未经授权的超限额透支，刑事违法性较强。

因此，本书认为，临时额度的产生属于信用卡持卡人与发卡银行的合意约定内容，在该期限内超过原最高透支限额进行透支是双方合意的内容，此时的透支行为属于持卡人行使自己信用卡申领合同中相关权利的行为。[②] 因此，临时额度内的透支款项在其产生时便不具有违法性要素，如果在临时额度期限届满后将此部分透支款项认定为超限额透支，则明显有违“行为与责任同时存在”的责任主义刑法基本理论。况且信用卡申领人与发卡银行的合同中也已经约定，临时额度期限届满后的临时额度内未归还款项一次性计入欠款数额，不允许进行分期付款且不享有免息还款期等优惠条件，说明双方已经同意通过民事途径，以罚息及违约金等方式维护发卡银行的财产权益。[③] 综上，“临时调额”期限届满时的未归还透支款项应通过信用卡持卡人与发卡银行间的民事合同条款进行处理，而非直接认定为刑法意义上的超过规定限额进行透支，避免刑事犯罪圈的不当扩张。

三、超期限透支的合理认定

（一）超期限透支的体系定位

恶意透支犯罪设立以来，无论是刑法条文还是司法解释中均没有对超期限透支进行进一步的规范或者说明，并且超期限透支是恶意透支犯罪专有的构成要件，在刑法其他条文中也没有相同或者类似表述，无法通过体系解释的方法进行解释。对此，有观点认为，超期限透支这一构成要件要素并不需要单独进行认定，行为人经催收后仍不归还透支款项这一事实已经包含了超

① 罗恢海：《恶意透支型信用卡诈骗罪的司法认定》，湖南大学2019年硕士学位论文。

② 安文录、李睿：《恶意透支行为刑事司法认定问题研究》，载《刑法论丛》2010年第3期。

③ 叶小舟：《论恶意透支型信用卡诈骗罪的认定》，上海师范大学2014年硕士学位论文。

期限透支这一事实。[①] 如果按照这种观点，只要行为人最终经发卡银行催收后仍不归还，则其就一定是超期限透支，那么超期限透支也就成为对恶意透支行为不能提供违法性依据的表面构成要件要素，而对于表面构成要件要素在诉讼法层面是不需要专门证明的。但是，表面的构成要件要素的功能立足于犯罪分类的基础上，是为区分此罪与彼罪的界限而设置的。[②] 超期限透支与超限额透支在法条表述中处于并列地位，二者与经催收后仍不归还之间应当处于相同的地位和关系，而超限额透支与经催收后仍不归还之间明显不存在任何的替代或者包容关系，故而可以推导出的结论就是经催收后仍不归还这一事实同样并不等同于超期限透支。[③] 超期限透支本身并非表面的构成要件要素，而是为恶意透支行为违法性判断提供依据的构成要件要素。

根据超期限透支的字面意思，要求行为人透支后超过规定的期限仍不还款，而对于透支业务中规定的期限到底是怎样一个区间范围，目前尚没有统一的意见，相关的学术研究也基本处于空白状态。在信用卡业务中，行为人在账单日未能按期偿还最低还款额且后续也没有在宽限期足额还款的，就会被认定为信用卡业务中的逾期还款。[④] 对于恶意透支犯罪来说，由于并非信用卡一旦逾期就一律构成犯罪，所以从时间的先后顺序来看，超期限透支的时间起点一定晚于发生逾期的时间，只有逾期还款达到某一特定的时间节点才可能构成犯罪。因此，既然并非所有的逾期还款都构成恶意透支犯罪，所以超期限透支这一构成要件要素也就起到区分恶意透支犯罪和民事纠纷的作用，以超过规定期限的长短来判断恶意透支行为人的主观恶性和社会危害性，进而决定其是否构成犯罪。[⑤]

---

① 白玥：《恶意透支型信用卡诈骗罪司法适用研究》，吉林大学2021年博士学位论文。

② 张明楷：《论表面的构成要件要素》，载《中国法学》2009年第2期。

③ 李睿：《信用卡犯罪研究》，华东政法大学2009年博士学位论文。

④ 参见《中国工商银行牡丹信用卡章程》，http：//www.icbc.com.cn/icbc/%e7%89%a1%e4%b8%b9%e5%8d%a1/%e5%85%ac%e5%91%8a%e7%89%8c/%e4%b8%ad%e5%9b%bd%e5%b7%a5%e5%95%86%e9%93%b6%e8%a1%8c%e7%89%a1%e4%b8%b9%e4%bf%a1%e7%94%a8%e5%8d%a1%e7%ab%a0%e7%a8%8b.htm，最后访问日期：2022年4月28日。

⑤ 陈力：《信用卡诈骗罪行为方式研究》，西南政法大学2010年硕士学位论文。

（二）超期限透支的时间范围

恶意透支犯罪所保护的法益是发卡银行的财产权益以及信用利益，而对超期限透支的时间界定必须受刑法的保护目的所限制。在信用卡业务中，行为人逾期还款并不等于给发卡银行带来损失，反而是发卡银行获取盈利的最重要方式，只有行为人未在双方约定的还款期限内还款，发卡银行才能依据双方协议内容收取利息，实现其财产权益。以我国信用卡行业最具代表性的发卡银行招商银行为例，2021 年其信用卡业务共实现收入 867.54 亿元，其中利息收入 596.45 亿元，利息收入在全部信用卡业务收入中占比接近 70%。[①] 放眼整个中国信用卡行业，情况也基本相似。根据中国银联的相关统计数据，银联客户银行信用卡业务收入的利息收入占比 42.4%，分期手续费收入占比 28%，考虑到分期手续费本质上是利息收入，实际利息收入占比约 70%。[②] 由此可见，不能将信用卡业务中的逾期还款等同于刑法意义上的超期限透支，否则不仅与刑法规制恶意透支犯罪所欲保护的目的相冲突，还会导致对于发卡银行利益的过度保护，有违刑法的公正性要求。

恶意透支犯罪作为诈骗罪的一种特殊表现形式，不仅在于其客观行为的特殊性，更加体现在行为人通过透支手段取得财产和发卡银行遭受损失之间的特殊关系。在恶意透支犯罪中，行为人取得透支款项并不意味着发卡银行已经实际遭受损失，还需要确认行为人不打算归还透支款项，也就是其“非法占有目的”，这也正是信用卡业务中“盈利来源于逾期，损失亦来源于逾期”的真实体现。[③] 只有行为人确认不再归还透支款项后，发卡银行的损失才客观产生，从而行为人的透支才能被评价为恶意透支犯罪。对于逾期还款的期限划分，刑法本身尚没有相关的规定，但在《商业银行信用卡业务监督管理办法》中专门对信用卡业务中的风险资产进行分类管理，而这一分类的基础正是行为人透支后逾期还款的时间长短。[④] 根据上述分类管理的规定，

---

① 《招行信用卡年收入 867 亿，信用卡贷款余额同比增 12.55%》，载华夏时报，https：//baijiahao.baidu.com/s?id=1728106014107934614&wfr=spider&for=pc，最后访问日期：2022 年 4 月 29 日。

② 《我国信用卡行业业务收入结构与业务支出成本分析》，https：//market.chinabaogao.com/gonggongfuwu/0D34245R018.html，最后访问日期：2022 年 4 月 29 日。

③ 田宏杰：《恶意透支型信用卡诈骗案实证分析》，载《法学杂志》2018 年第 12 期。

④ 参见《商业银行信用卡业务监督管理办法》第 92 条。

对于逾期还款90天以内的，作为“关注类”财产；逾期还款91天至120天的，作为“次级类”财产；逾期还款121天至180天的，作为“可疑类”财产；只有透支后逾期还款超过180天的，才将透支本金作为发卡银行的损失，计入“损失类”财产进行处理，只有此时发卡银行的财产权益和信用利益才实际受到损害。在此基础上，《商业银行信用卡业务监督管理办法》进一步规范了特殊情形下风险资产的分类标准①，其中与本书密切相关的就是对于持卡人使用诈骗方式申领、使用信用卡造成的风险资产，一经确认，直接计入“可疑类”或“损失类”财产。通过这种提示性规定可以看出，只有当逾期还款时间达到一定的期限时，才可能涉及刑法的介入问题。

从行业监管的角度来看，在信用卡业务监管体系中，信用卡逾期半年未偿还信贷的金额是评价我国支付体系运行总体情况的重要指标。根据中国人民银行数据，截至2021年第三季度，我国信用卡逾期半年未偿还信贷总额达人民币869.26亿元，占信用卡应偿还信贷余额的1.04%。② 同时，也有学者曾经对司法实践中恶意透支案件行为人逾期时间的长短进行过一定统计，该学者以上海地区269份恶意透支案件生效裁判文书为统计样本，发现其中142份裁判文书中记录了透支款项的逾期时间以及发卡银行第一次催收的时间。其中有94份裁判文书中发卡银行是在行为人逾期半年以后才进行第一次催收，占比达到66%。③

因此本书认为，上述信用卡业务风险资产分类管理的规定以及行业监管和司法实践中的做法，可以为明确超期限透支的时间范围提供有益参考。在恶意透支犯罪中，超期限透支为恶意透支行为违法性判断提供依据，实际上和发卡银行遭受财产损失和信用损失紧密关联。在行为人逾期超过180天（六个月）仍拒不还款的情况下，风险资产已经被作为“损失类”财产，发卡银行的损失已经实际发生，对于此类案件便可以依法开展后续的催收环节，并视情决定是否启动刑事追责程序。而对于逾期还款尚未达到180天（六个月）的案件，从会计记账的角度而言，发卡银行的损失尚处于不确定

① 参见《商业银行信用卡业务监督管理办法》第93条。

② 《2021年第三季度支付体系运行总体情况》，https：//new.qq.com/omn/20211206/20211206A076SS00.html，最后访问日期：2022年2月3日。

③ 白玥：《恶意透支型信用卡诈骗罪司法适用研究》，吉林大学2021年博士学位论文。

状态，此时不宜认定行为人属于超期限透支，可以通过双方协议或者民事途径解决欠款纠纷。

第二节　恶意透支犯罪数额的准确认定

犯罪数额是否达到立案追诉标准是认定恶意透支型信用卡诈骗罪成立的一个关键要素，对此，1997 年《刑法》中通过对恶意透支数额限定“数额较大”“数额巨大”“数额特别巨大”的方式对入罪标准和不同的量刑档次进行区分。其中，将“数额较大”作为本罪的立案追诉标准，所对应的法定刑为 5 年以下有期徒刑或者拘役，并处罚金 2 万元至 20 万元；将“数额巨大”“数额特别巨大”作为提升量刑档次的数额标准，分别对应 5 年至 10 年有期徒刑和十年以上有期徒刑、无期徒刑，相对应的罚金数额也有所差别。由于刑法条文中只是对于恶意透支犯罪数额进行笼统的规定，实践中司法人员在适用法律时必然出现标准的不一致，从而容易导致同案不同判的问题，严重损害司法机关的公信力。正是出于统一恶意透支型信用卡诈骗罪法律适用的目的，“两高”在 2018 年修改恶意透支犯罪司法解释的过程中，结合近年来的经济发展形势，对恶意透支犯罪的数额标准重新进行了详细的规定，分别将量刑标准大幅提升至 5 万元、50 万元、500 万元。“两高”司法解释的颁布，确实在极大程度上解决了全国范围内法律适用的统一性问题，使司法机关在办理恶意透支案件过程中有一个明确的定罪量刑标准，基本实现了全国范围内的定罪和量刑统一化。

但是恶意透支犯罪具有其特殊性，透支行为本身属于持卡人与发卡银行之间基于双方合意所产生的民事法律行为，透支行为本身不仅不具有违法性，反而是履行法律所要求的合约义务的行为。而恶意透支型信用卡诈骗罪将民事领域的透支行为直接过渡为刑事领域的恶意透支犯罪，出现民事合法行为与刑事违法行为的直接过渡。由于实践中民事法律与刑事法律对透支数额的认定标准不一，容易导致司法机关对于恶意透支犯罪数额认定的分歧。

对于恶意透支犯罪数额的认定，在以往的理论研究中已有大量论著，且基本上已经形成了理论界的共识。例如，恶意透支犯罪数额只包括透支本金，不包括发卡银行收取的利息、罚息、滞纳金等费用；多张银行卡的透支数额可以累计计算；分期付款未到期款项不计入透支数额等。本书在同意理论界已有共识观点的基础上，立足于透支行为的民事法律本质属性，在认定恶意透支犯罪数额的过程中充分考虑透支行为本质，主张对恶意透支犯罪数额的认定标准做严格的把握，实现对恶意透支犯罪的公正处理。

一、以透支本金计算犯罪数额的时间起点

目前在理论界和实务界中，关于恶意透支犯罪数额是否包括利息等发卡银行收取的费用已经存在共识，即恶意透支犯罪数额仅包括透支的本金，因透支款项逾期所产生的利息、滞纳金、违约金等费用不计算在恶意透支范围之内。这一观点主要基于2009年两高司法解释所产生，2018年经修改的两高司法解释继续继承了这一观点。两高司法解释认为复利、滞纳金、手续费等费用不计入恶意透支犯罪数额，应以公安机关立案时持卡人拒不归还的本金数额作为定罪的依据。实践中，进一步将银行收取的利息、违约金等其他费用一并列入应当予以扣除的范围。按照这种观点，对恶意透支行为人极为有利，可以将其案发前归还的所有费用全部抵扣本金，降低犯罪数额。但是这种全额抵扣的观点，在司法实践中也经常遇到难以解决的难题，下面以一起真实案件作为切入点，分析全额抵扣观点存在的不足。

案例11：池某信用卡诈骗案。2012年3月，犯罪嫌疑人池某向某商业银行申领信用卡一张，透支额度为5万元。池某本人使用信用卡期间，由于用卡习惯问题，经常出现短期逾期等违约情况，但每次经发卡银行提醒后便将本金及逾期利息、违约金等费用全部偿还，池某一直正常使用该卡。2015年4月，池某因外面欠债难以归还，于是想到通过信用卡进行提现的方式筹钱还款，根据其信用卡5万元的信用额度，其在ATM机分多次取现共计2万元用于还债。后池某变更联系方式潜逃至外地，不再向银行还款。后发卡银行经过多次催收，且达到3个月期限之后向公安机关报案，认为池某恶意透支2万余元[①]（包括2万元本金及至案发前3000余元利息、手续费等费用），且经银行催收后仍拒不归还，构成信用卡诈骗罪。

该案中，根据发卡银行提供的信用卡账户明细，池某从信用卡申领日起，直至2015年4月，虽然多次逾期，但每次都结清了全部本息，其间累计透支金额达到21万余元，因逾期所产生的利息、违约金等费用共计4万余

① 该案发生时“两高”尚未对恶意透支犯罪司法解释进行修改，因此当时恶意透支犯罪立案追诉标准及相关量刑档次仍以2009年两高司法解释为准。

元，上述费用池某均已还清。2015 年 4 月后，池某仅有取现 2 万元一次交易记录，后期连续产生手续费、滞纳金、利息等费用直至案发，累计达到 3000 余元。

在办理本案过程中，面临两种截然不同的意见。一种意见认为，应当以池某名下信用卡的全部透支数额减去其已经向银行支付的全部费用作为本案的犯罪数额，即全额抵扣法。按照这种意见，本案中池某名下信用卡累计透支金额应为 23 万余元，而池某向银行归还的费用则为 25 万余元，因此池某在本案中不存在犯罪数额，对其不应作为犯罪处理。另一种意见则认为，池某正常使用信用卡期间向银行所支付的利息、滞纳金等费用，属于履行其与发卡银行间民事合同的行为，其正常用卡期间所支付的利息、滞纳金等费用不能用于抵扣其恶意透支的犯罪数额。因此，本案的犯罪数额应为 2015 年 4 月其产生非法占有目的之后的全部透支本金，即取现的数额 2 万元，只能将此 2 万元所产生的利息、手续费等费用予以扣除。因此，池某的行为构成信用卡诈骗罪。

对比上述两种观点，毫无疑问全额抵扣法在司法实践中更加容易适用，对于恶意透支犯罪，只需要将行为人申领信用卡后透支金额和还款金额进行总体计算并相减，其差额便是恶意透支犯罪数额，计算公式可以简化为：恶意透支数额 = 消费 + 取现 – 还款。在行为人事先具有“非法占有目的”的情况下，全额抵扣法能够较为准确地反映行为人犯罪行为所造成的危害后果[①]，例如行为人申领信用卡后一次性透支使用信用卡或者使用过程中从未还清欠款的情形。但是司法实践中的恶意透支犯罪并非均是事先具有“非法占有目的”，大量案件属于事中产生“非法占有目的”的情形，如果不加区分地在所有案件中以全额抵扣法计算犯罪数额，则难以体现恶意透支犯罪双方特殊的权利义务关系，也无法实现刑法在规制恶意透支犯罪时所追求的公正价值。

在处理事中产生“非法占有目的”的恶意透支案件时，全额抵扣法实际上忽略了持卡人主观犯罪故意的认定。根据 2009 年两高司法解释的规定，恶意透支犯罪数额不计算利息、滞纳金、违约金等费用的前提是符合恶意透支型信用卡诈骗罪的犯罪构成要件，即持卡人主观上必须具有非法占有目的。

---

① 参见王雯汀：《论刑法中“非法占有目的的产生时间”》，中国政法大学 2011 年硕士学位论文。

实践中，并非所有的持卡人均是从一开始就具有非法占有故意，大量持卡人是在用卡过程中逐渐产生了非法占有故意。以上述案例为例，现有证据并不能证明池某申领信用卡时就具有非法占有目的，反而可以看到池某全额支付罚息、滞纳金等费用，说明其在前期履行了与发卡银行所签订的信用卡领用合同。池某产生“非法占有目的”的时间应该是2015年4月，其为了归还外债，在自己已经没有还款能力的情况下又透支取现2万元，并变更联系方式潜逃且拒绝归还。按照犯罪构成要件的要求，池某也只有在2015年4月之后的行为才满足恶意透支犯罪的全部主客观构成要件。

实际上，在信用卡业务中，正常使用信用卡透支和归还欠款行为，是信用卡持卡人最基本的权利和义务，即便其所归还的款项中包含了各种银行收取的利息、违约金、滞纳金等费用，但这是基于其和发卡银行之间平等法律关系的自愿行为，不能简单地将此类费用作为对之后透支本金的偿还。[①]对于这种有正当权利义务基础的行为，不能将其作为犯罪的一部分进行处理。[②]根据前述关于善意透支和恶意透支的论述，二者区分的关键即持卡人是否具有“非法占有目的”。因此具体到案例中，池某在2015年4月之前使用信用卡的行为，应当认定为善意透支。对于这种没有“非法占有目的”的善意透支，属于池某与发卡银行之间的民事法律关系；虽然池某存在逾期等情况，但每次池某均按要求归还利息和滞纳金，发卡银行对池某的行为表示认可并允许其继续透支使用信用卡，说明二者之间的民事法律关系始终是有效的。2015年4月之后，池某在“非法占有目的”的支配下实施了恶意透支犯罪，但是后续的犯罪行为并不能导致先前合法民事行为的无效，2015年4月之前池某与发卡银行间的民事法律关系同样受到法律的保护。如果按照全额抵扣法的计算方式，将2015年4月之前池某归还的全部费用一并用于抵扣透支本金，便会出现后续犯罪行为导致前期合法民事行为无效的情况，使得刑事法律和民事法律的界限进一步发生混淆。

因此本书认为，无论是从犯罪构成要件的角度，还是刑民关系的角度，均不应当无差别地采用全额抵扣法计算恶意透支的犯罪数额。应以最后一次结清本息之日为限，将之前的行为归为普通民事法律关系，刑法并不直接介

---

① 肖晚祥：《恶意透支型信用卡诈骗认定中的新问题》，载《法学》2011年第6期。

② 张明楷：《诈骗罪与金融诈骗罪研究》，清华大学出版社2006年版，第669页。

入其中；而最后一次结清本息之日后，持卡人在“非法占有目的”支配下实施的恶意透支犯罪数额以本金为限，不包括发卡银行收取的利息、滞纳金、手续费等费用。

一方面，以最后一次结清本息之日作为计算透支本金的时间起点，能够与信用卡行业监管规则保持一致。《商业银行信用卡业务监督管理办法》中对于持卡人还款时冲还欠款的顺序进行了规范[①]，行为人逾期还款不足90天的，先冲还利息及各项费用，后冲还本金；超过91天逾期还款的，则先冲还本金，后冲还利息及各项费用。上述两种不同的冲还顺序，与本书之前曾阐述的信用卡业务风险资产分类管理制度[②]高度关联。按照该制度，透支款项逾期超过90天的，才作为风险资产进行管理，并进一步分为“关注类”“次级类”“可疑类”“损失类”财产；在透支款项逾期不足90天时，属于信用卡业务中发卡银行和持卡人可预见的民事法律关系范畴，应按照双方约定的顺序，优先冲还利息及各项费用。虽然行业监管规则中以具体的时间节点来区分冲还款顺序，但是其背后所蕴含的充分尊重双方合意内容的精神与本书的观点高度一致。

另一方面，以最后一次结清本息之日作为计算透支本金的时间起点，能够充分体现刑法的谦抑性特质。信用卡业务本就是行为人与发卡银行之间的平等法律关系，双方自愿约定信用卡使用事宜，包括免息还款期、利息和违约金计算依据等，属于民事法律调整的业务领域；而只有在持卡人基于主观故意，在申领或者使用信用卡过程中故意不遵守或者破坏这种平等法律关系时，刑法才有介入的空间。[③]在持卡人按照双方约定的方式长期循环透支或者分期付款时，持卡人除了归还本金，必然还要支付利息、手续费、滞纳金等费用，持卡人通过承受一定的经济成本，以此换取更长的还款期限等待遇，二者之间具有对价关系，这实际上是持卡人处分自身权利的行为。[④]因此，在以本金计算恶意透支犯罪数额时，应以持卡人最后一次结清本息之日

① 参见《商业银行信用卡业务监督管理办法》第57条。

② 参见《商业银行信用卡业务监督管理办法》第92条。

③ 陈叶晖：《恶意透支型信用卡诈骗罪问题的研究》，内蒙古大学2019年硕士学位论文。

④ 岳陆：《论恶意透支型信用卡诈骗罪的司法认定》，吉林大学2018年硕士学位论文。

作为起算点，在此之前持卡人已经充分履行了其与发卡银行之间的信用卡业务合约内容，是双方真实意思表示的体现，对该部分履约行为应当坚持通过民事法律途径进行调整，避免不当扩大刑事打击范围。

二、关于小额透支数额的累计计算

在恶意透支犯罪数额认定的问题中，多张信用卡的透支数额是否能够累计计算是长期以来理论界和实务界经常探讨的问题，目前对于透支数额可以累积计算的观点已经基本达成共识。但理论界和实务界在处理数额累计问题过程中又存在一些不同的做法。例如，不少论者根据刑法理论上连续犯或者徐行犯的观点，认为不论单张信用卡的透支数额是否达到立案追诉标准，均可以对其透支数额进行累计计算，用以认定其行为是否构成恶意透支犯罪；[①]另有一些实务界论者则认为，持卡人持多张信用卡进行透支时，必须至少有一张信用卡的透支数额达到立案追诉标准，也就是在已经构成犯罪的基础上，才可以对多张信用卡透支数额进行累计计算，否则便不能进行透支数额的累计计算。[②]

对于恶意透支数额是否能够累计计算的问题，目前立法机关和司法机关尚未作出明确的规定，但实务部门的部分规范性文件中则表明了实务操作过程中的基本观点，即恶意透支犯罪数额原则上可以进行累计计算。例如，在2009年两高司法解释施行后，公安部经济犯罪侦查局曾在2010年7月制发《关于办理信用卡犯罪案件若干法律适用问题工作意见的通知》，其中规定对于每张信用卡透支数额均未超过立案追诉标准的，原则上可以累计计算犯罪数额，但在累计总额不大且刚超过立案追诉标准时，应区分情况进行处理。[③]

对于上述恶意透支犯罪数额是否累计以及如何累计的问题，我们需要运用刑法的基本原理进行分析。一方面，以连续犯的观点论证恶意透支数额累计问题不符合刑法基本原理。刑法理论上的连续犯是指行为人出于同一个犯

① 朱铁军：《犯罪数额累计问题研究》，载《法治研究》2009年第10期。

② 肖凯、李小文：《恶意透支型信用卡诈骗罪的实务争议问题研究》，载《刑事司法指南》2014年第2集（总第58集）。

③ 参见公安部经济犯罪侦查局《关于办理信用卡犯罪案件若干法律适用问题工作意见的通知》第1条。

罪故意，连续实施多个犯罪行为，但触犯一个罪名的行为。[①]典型的连续犯包括连续实施的多次盗窃、抢劫等行为，此种情况犯罪数额是可以累计计算的。但认定连续犯的一个必要条件是多个行为均必须单独构成犯罪，因此连续犯的观点不足以支撑透支数额可以累计计算的观点，因为这个问题的核心就是单张信用卡透支数额不到立案追诉标准时数额能否累计的问题。另一方面，以徐行犯的观点论证恶意透支数额累计问题同样不符合刑法基本原理。刑法理论上一般认为徐行犯是指行为人在概括的犯罪故意支配下，连续实施数个性质相同的违法行为，这些违法行为单独并不构成犯罪，但数个违法行为综合起来导致行为人构成犯罪。从表面上看，徐行犯的观点与我们所研究的透支数额累计计算问题比较契合，运用了从量变到质变的原理，从行为的社会危害性角度出发，认为透支数额可以累计计算用以认定犯罪。但是在恶意透支犯罪中，单张信用卡透支数额不到立案追诉标准时，仅仅是持卡人与发卡银行间的民事合约关系，若将多个民事合约关系综合认定为犯罪行为，明显不符合徐行犯的转变要求。因此，徐行犯的观点同样不足以支撑透支数额可以累计计算的观点。另外，对于实务界中必须至少有一张信用卡的透支数额超过立案追诉标准，才可以对多张信用卡透支数额进行累计计算的观点，在刑法理论层面不存在适用上的限制，因为持卡人的行为已经构成犯罪，此时累计计算透支数额符合刑法理论。但是这种观点在一定程度上放纵了对部分恶意明显的持卡人的打击，持卡人完全可以通过蚂蚁搬家的形式实施犯罪，即同时申领数十张信用卡，每张透支金额均不超过立案追诉标准，以此来规避法律的打击。这种行为的社会危险性十分明显，对其不予打击有违刑法的基本任务，难逃放纵犯罪之嫌。

综合上述观点，目前理论界和实务界关于恶意透支犯罪数额可以累计计算的共识本身不存在太大问题，但适用该共识的逻辑顺序和具体要求应当根据恶意透支犯罪的本质属性，进行适当的调整。因此本书认为，每张信用卡透支数额均超过立案追诉标准或者至少一张信用卡透支数额超过立案追诉标准时，持卡人名下所有信用卡透支金额可以直接累计计算；持卡人单张信用卡透支金额均不到立案追诉标准时，各张信用卡的透支数额原则上不予累计，只有在有证据证明持卡人出于非法占有发卡银行资金的故意，实施了一系列恶意透支行为，才能将每张信用卡透支金额均不到立案追诉标准的透支

---

① 马克昌：《犯罪通论》，武汉大学出版社2001年版，第691页。

数额进行累计计算。本书的上述观点在司法实务部门已经得到了初步的体现，上海市人民检察院通过检察委员会案例通报和办案指引的形式对小额恶意透支犯罪数额累计的问题进行规范。其中，上海市人民检察院金融检察处与上海市公安局经济犯罪侦查总队于2015年9月共同制定《关于办理恶意透支型信用卡诈骗犯罪案件若干问题的指引》，其中明确要求只有有证据证明持卡人主观上有恶意透支的故意，才能在每张信用卡透支金额均不到立案追诉标准时，累计计算犯罪数额；并且累计透支数额不大时，应更加严格地把握持卡人“非法占有目的”的认定，区分案件具体情况做出具体处理。

对于单张信用卡透支金额均不到立案追诉标准的小额透支，原则上不予累计计算数额的观点，能够较好地处理恶意透支行为本质及其民刑交叉的行为特点，避免将一般的民事合约行为无限制地直接转变为刑事违法行为，避免连续犯、徐行犯等理论观点与恶意透支案件现实办理中的种种冲突。原则上对于小额透支数额不累计计算，可以保持刑法应有的谦抑性特征，不过分干预一般的民事行为，严格限制恶意透支犯罪圈的范围，为此种情况下不具有主观恶意的行为人保留可能的出罪路径。同时，在不违反罪刑法定基本原则的前提下，对具有一定社会危害性的恶意透支行为保持应有的打击力度，杜绝行为人利用刑法规范的漏洞而实施犯罪的可能，严密刑事法网，真正做到刑法适用的宽严相济。

三、关于分期付款未到期数额计算的限制

分期付款是信用卡透支业务中经常出现的一种业务类型，主要是指信用卡持卡人在透支进行大额消费后无法及时全部偿清，从而根据持卡人与发卡银行所签订的信用卡领用协议申请分期付款，发卡银行将透支总额分期计入每月应还款额，并加收一定的手续费等费用。以中国工商银行为例，持卡人对于单笔大于人民币100元的消费申请分期付款后，其消费金额从当月应还款额中扣除，但相应的透支额度仍然占用；后发卡银行于每个月的分期付款日，将当月分期付款数额和相应的手续费直接计入当月最低还款额，持卡人应于下月还款日全额还款。可以看出，分期付款状态下，每月应当归还的分期款项仍然可以按照信用卡领用协议享有最长56天的免息还款待遇，但不再享有最低还款额待遇，必须一次性还清，否则需要计收违约金、利息等费用。

司法实践中，恶意透支案件经常出现分期付款的情况，因为从恶意透支和分期付款的本质可以看出，二者都反映出持卡人一定程度上还款能力的不

足，只不过分期付款是持卡人与发卡银行通过民事合约的途径，以支付手续费为代价，获得延迟还款的待遇，而恶意透支则是持卡人单方面所实施的刑事违法行为。对于已到期的分期付款数额，发卡银行已经计入当期应还款额，在持卡人拒不还款的情况下，发卡银行履行催收等手续后，将该部分金额计入恶意透支犯罪数额在理论上不存在太大争议。但对于尚未到期的分期付款数额是否应当计入恶意透支的犯罪数额，在理论上和实务操作中存在不同的意见和做法，对此问题下面通过真实案例的形式予以展开。

案例 12：蔡某某信用卡诈骗案[①]。被告人蔡某某于 2007 年在福建省厦门市某商业银行申领信用卡一张，蔡某某在明知自己没有相应还款能力的情况下，通过透支消费、取现等形式使用信用卡并连续出现逾期还款的情况，蔡某某对于其中部分透支款项向发卡银行申请并办理分期付款业务。后由于蔡某某仍无力还款，发卡银行经过多次催收且超过三个月后向公安机关报案，指控蔡某某恶意透支本金人民币 12 万余元，其中包括未到期的分期付款未出账单金额人民币 3 万余元。

厦门市思明区人民法院一审判决认定被告人蔡某某恶意透支本金数额为人民币 12 万余元，属于“数额巨大”情形，以信用卡诈骗罪判处蔡某某有期徒刑 5 年，并处罚金人民币 5 万元。被告人蔡某某认为量刑过重，上诉至厦门市中级人民法院。厦门中院经审理认为，蔡某某分期付款未出账单金额人民币 3 万余元尚未逾期超过三个月，不应一并计入恶意透支犯罪数额，因此本案透支金额应为人民币 9 万余元，属于“数额较大”的情形，一审判决认定事实不清，导致量刑错误，因此二审改判蔡某某有期徒刑 3 年，缓刑 3 年，并处罚金人民币 2 万元。[②]

上述案例中，一审法院将未到期的分期付款数额一并计入了恶意透支犯罪数额，而二审法院则认为未到期的分期付款数额不应计入恶意透支犯罪数额。从结果上来看，二审法院的观点保持了刑法的谦抑性，且在出现分歧意见时作出了对被告人有利的决定，更能获得社会公众的认可。但是我们更需要从分期付款业务中持卡人与发卡银行间法律关系的本质出发，准确判断未到期的分期付款数额是否应当计入恶意透支本金数额。因此有必要对分期付

---

① 该案发生时“两高”尚未对恶意透支犯罪司法解释进行修改，因此当时恶意透支犯罪立案追诉标准及相关量刑档次仍以 2009 年两高司法解释为准。

② 参见厦门市思明区人民法院（2012）思刑初字第 774 号刑事判决书。

款的业务规则和条款进行进一步的深入研究。

在部分发卡银行（以中国工商银行为例）的信用卡章程和与持卡人签订的领用协议中，会明确约定在持卡人分期付款款项逾期不还超过规定时间后，分期付款业务自动失效，未到期的分期付款款项一次性计入应还款数额，持卡人应按当期对账单在到期还款日前一次性偿还。而在另外一些发卡银行的信用卡章程中则不存在上述约定。因此本书认为，未到期的分期付款款项是否应当计入恶意透支本金数额，应以发卡银行与持卡人之间的协议约定为准。只有双方已经约定在持卡人逾期的情况下，发卡银行有权取消分期付款要求持卡人一次性偿还，才能将未到期的分期付款数额一并计入恶意透支本金数额。[①] 反之，如果双方没有上述约定，则发卡银行只能对已到期的分期付款数额进行催收，未到期的分期付款数额不应计入恶意透支本金数额。

以双方协议约定为依据来决定分期付款未到期数额是否应当计入恶意透支本金数额，一方面严格限制了恶意透支犯罪圈的范围，另一方面也更加体现了尊重契约的精神。构成恶意透支犯罪，需要持卡人主观上的非法占有目的，客观上的透支数额较大且经发卡银行 2 次催收后三个月仍不归还，只有同时符合上述主客观犯罪构成要件，才能认定为恶意透支型信用卡诈骗罪。对于未到期的分期付款数额，该部分金额基于持卡人与发卡银行间的协议约定，尚未超过还款期限，持卡人仍属于正常履行民事法律关系的范畴之内，此时发卡银行难以对未到期的分期付款数额进行有效的催收，同时也难以认定持卡人对于未到期的分期付款数额具有非法占有目的。因此，只有在持卡人与发卡银行间存在协议约定的情况下，可以将未到期的分期付款数额直接计入当期应还款金额，后续再由发卡银行进行催收，才能使这种情况下犯罪数额的认定符合恶意透支犯罪的全部构成要件，从而严格控制恶意透支犯罪圈的范围，避免刑法的过度扩张。

从尊重契约精神的角度而言，持卡人既然能够办理分期还款业务，说明发卡银行同意持卡人分期还款，且这种分期还款的待遇必然伴随有手续费、利息等费用，实际上持卡人是使用金钱换取延迟还款的权利。因此，在双方合意的情况下，持卡人暂不归还未到期的分期还款数额是其正当的民事权

---

① 在双方约定的情况下，未到期的分期付款数额一次性计入当期应还款额，实际上已经属于到期的分期付款数额，为表述方便，此处仍然将这种情况视作未到期分期付款数额。

利。在没有事先协议约定的情况下，作为平等民事主体一方的发卡银行，并没有权利直接单方面取消分期还款的协议。发卡银行与持卡人签订分期还款协议，可以向持卡人收取高额的分期付款手续费、利息等费用，且往往是第一个账单周期一次性收取，即便后期持卡人提前还款也不予返还，在这种情况下如果仍允许发卡银行单方面取消分期付款协议，必然造成发卡银行与持卡人之间权利义务的不平衡。因此本书认为，分期付款协议是持卡人与发卡银行间的民事契约，而要解除分期付款协议，同样需要以双方的契约内容为准。只有在双方事先所签订的分期付款协议中明确约定发卡银行可以取消分期付款协议的情形，在出现约定情形的情况下，发卡银行才能将未到期的分期付款数额直接计入当期应还款数额，在经过有效催收且持卡人拒不归还后才能一并计入持卡人恶意透支犯罪数额。

第三节　类贷款业务的性质认定

近年来，随着发卡银行信用卡业务类型的不断创新，各种依托于信用卡而发展出的新类型金融产品应运而生，例如华夏银行“易达金”、广发银行“财智金”、浦发银行“万用金”等，这些新型信用卡业务一方面以信用卡为载体，通过信用卡进行放款、还款等流程，另一方面又对信用卡透支业务进行了进一步扩展，从而在司法实践中出现了信用卡透支业务与上述业务之间的混淆。上述新类型业务由不同银行推出，并且各业务的名称、申领流程、还款方式也有所差异，但从本质上来说都是以信用卡为载体的现金分期业务，将信用卡的透支额度延伸转变为信用贷款[①]，因此本书将此类业务称为类贷款业务。

一、类贷款业务与信用卡透支业务的交织共生

根据我国《刑法》规定，与信用卡透支业务相关的涉及类贷款业务的罪名主要是第193条规定的“贷款诈骗罪”和第175条之一规定的“骗取贷款罪”，二者之间区分的标准主要是行为人主观上是否具有“非法占有目的”，

① 罗强：《信用卡类贷款业务非罪探析》，载《中国检察官》2018年第3期。

如果有证据能够证实行为人在获取贷款过程中就具有“非法占有目的”，则可以认定其行为构成处罚更重的贷款诈骗罪；反之则其行为只能认定为处罚相对较轻的骗取贷款罪。但由于现实生活中，有些银行所开展的一些新型金融业务性质本身具有模糊的特点，导致信用卡透支业务和类贷款业务的区别不清晰，司法机关对于持卡人欠款不还的行为到底属于恶意透支还是骗取贷款或者贷款诈骗会发生困惑，甚至导致案件定性错误。下面通过两个案例进行说明。

案例 13：谢某某信用卡诈骗案。2012 年 5 月至 6 月，犯罪嫌疑人谢某某在中国农业银行股份有限公司上海某支行用其本人身份与该行签订《金穗贷记卡汽车分期业务担保借款合同》，并办理透支额度为人民币 8 万元的金穗贷记卡一张。该信用卡透支额度只能用于在银行指定时间、指定商户购买指定型号汽车之用，且分期还款后透支额度不恢复。2012 年 6 月 14 日，犯罪嫌疑人谢某某使用该卡消费人民币 80000 元用于购买汽车，至案发前尚未归还的借款为人民币 12000 余元①，银行多次催收后犯罪嫌疑人谢某某仍拒不归还。

2014 年 3 月 12 日，犯罪嫌疑人谢某某接电话通知后主动到案，向公安机关如实供述了上述事实，案发后已还清全部借款。

案例 14：陈某某信用卡诈骗案。2012 年 5 月，犯罪嫌疑人陈某某使用其本人真实身份，以日常消费的名义向华夏银行上海分行申请“易达金”信用卡一张，后华夏银行经审核向陈某某名下借记卡内一次性放款人民币 8 万余元，双方约定通过前述陈某某办理的“易达金”信用卡分期对前述 8 万余元款项进行归还。后陈某某将银行发放款项主要用于赌博活动，在案发前仅通过“易达金”信用卡还款 1 万余元，剩余本金 7 万余元无力偿还。②

经查，本案中华夏银行的“易达金”业务一次性向申请人个人借记卡账户放款，之后申请人按照双方约定的手续费率和分期还款方案，通过“易达金”信用卡分期进行还款。“易达金”信用卡不具有刷卡透支消费和取现的功能，只能用于分期归还“易达金”业务的放款，且还款后相关“易达金”业务的额度不会自动恢复。

---

① 该案发生时“两高”尚未对恶意透支犯罪司法解释进行修改，因此当时恶意透支犯罪立案追诉标准及相关量刑档次仍以 2009 年两高司法解释为准。

② 该案发生时“两高”尚未对恶意透支犯罪司法解释进行修改，因此当时恶意透支犯罪立案追诉标准及相关量刑档次仍以 2009 年两高司法解释为准。

案例 13 中，上海市公安局某区分局对犯罪嫌疑人谢某某以信用卡诈骗罪立案并移送上海市某区人民检察院审查起诉，指控犯罪嫌疑人谢某某恶意透支的金额为人民币 1 万余元，应以信用卡诈骗罪追究其刑事责任。经过检察机关对本案证据，尤其是谢某某与发卡银行所签订的《金穗贷记卡汽车分期业务担保借款合同》的条款进行审查，认为本案中谢某某所办理的业务并不属于信用卡透支业务，而属于发卡银行向其发放的贷款业务，而谢某某的涉案金额（12000 余元）尚未达到贷款诈骗罪的立案追诉标准（2 万元）[①]，因此谢某某的行为可能不构成犯罪。后上海市公安局某区分局在补充侦查期间，撤回了对该案的移送审查起诉意见，对谢某某的行为不再作为犯罪处理。

案例 14 中，上海市公安局某区分局以陈某某涉嫌信用卡诈骗罪移送上海市某区人民检察院审查起诉。后上海市某区人民检察院经审查，根据本案事实及“易达金”业务的特征，改变案件定性为贷款诈骗罪，并向上海市某区人民法院提起公诉。上海市某区人民法院一审判决采纳了检察机关的起诉意见，最终以贷款诈骗罪判处被告人陈某某有期徒刑 1 年 9 个月，并处罚金人民币 2 万元，违法所得责令退赔。

通过上面所列举的两个案例，将恶意透支型信用卡诈骗罪与贷款诈骗罪、骗取贷款罪进行比较，可以看出三个罪名在立案追诉标准和量刑档次标准上存在显著的差异。就骗取贷款罪而言，由于犯罪嫌疑人不具有非法占有目的，所以其处罚的力度最轻，给银行造成直接经济损失 50 万元[②]才可能构成犯罪，且法定最高刑仅为 7 年有期徒刑；而恶意透支型信用卡诈骗罪和贷款诈骗罪都要求犯罪嫌疑人具有“非法占有目的”，且二者的法定刑范围相同，2022 年 4 月 6 日修订后的《关于公安机关管辖的刑事案件立案追诉标准的规定（二）》，其中对于贷款诈骗罪的立案追诉标准由原先的 2 万元调整为 5 万元，保持和恶意透支犯罪相同的立案追诉标准，但是对于贷款诈骗罪而言，并不需要满足恶意透支犯罪所要求的有效催收以及时间间隔等要求。

从上述对比可以看出，司法实践中对于信用卡透支业务和类贷款业务之

---

① 该案案发时贷款诈骗罪的立案追诉标准和量刑档次标准以当时上海市司法实践为准，参见 2011 年 7 月 12 日《关于本市办理部分诈骗类犯罪案件具体数额标准的意见》。

② 2022 年 4 月 6 日，修订后的《关于公安机关管辖的刑事案件立案追诉标准的规定（二）》，其中将骗取贷款罪的立案追诉标准从给银行造成直接经济损失 25 万元调整为 50 万元。

间所出现的混淆情况，很有可能在极大程度上影响对犯罪嫌疑人是否追究刑事责任。例如，犯罪嫌疑人客观上从发卡银行获取并占用资金20万元，如果认定为恶意透支型信用卡诈骗罪或者贷款诈骗罪，则其将面临5年以下有期徒刑或拘役；但如果进一步证实其没有“非法占有目的”，以骗取贷款罪进行认定，则犯罪嫌疑人的行为不构成犯罪，因为其涉案金额尚未达到骗取贷款罪的立案追诉标准。本书通过真实案例为切入点，从信用卡透支业务与类贷款业务的本质特征出发，结合司法实践中的经验做法，对类贷款业务进行区别和界分，以期帮助司法机关准确认定犯罪。

二、类贷款业务不应认定为信用卡透支业务

近年来，银行等金融机构为了拓展业务、规避风险，创设了许多新型信用卡业务。银行往往将此类类贷款业务叠加在信用卡业务上，虽然此种业务形式上都称为信用卡业务，但究其实质则属于小额现金分期业务。[①] 实践中，信用卡行业规范中对于信用卡透支业务和传统贷款业务进行明确的区分，原银监会《个人贷款管理暂行办法》[②]第43条就明确将信用卡透支业务排除在该办法适用范围之外。[③] 而在司法实践中，司法机关对于该问题也已经充分注意，在2018年经修改的两高司法解释第11条专门对此进行了规定，发卡银行如果违规以通过信用卡透支的方式，变相发放各类贷款，不适用恶意透支犯罪的有关规定；构成其他犯罪的，以其他犯罪论处。上述规定已经较为清楚地体现了司法机关的态度，如果持卡人未按规定偿还的资金属于实质上的贷款资金，则应当根据骗取贷款罪或者贷款诈骗罪的构成要件判断持卡人的行为是否构成犯罪。[④]

1. 在透支额度以外的类贷款业务，突破授信总额，削弱了授信总额的控制风险作用

根据中国人民银行、原银监会、公安部、原工商总局《关于加强银行卡

---

① 张德芬：《论信用卡法律关系的独立性与牵连性》，载《河北法学》2005年第4期。

② 原银监会制定，自2010年2月12日起施行。

③ 参见《个人贷款管理暂行办法》第43条。

④ 江海洋：《恶意透支型信用卡诈骗罪教义学限缩分析》，载《金融法苑》2020年第2期。

安全管理、预防和打击银行卡犯罪的通知》（银发〔2009〕142号）[①]第4条的规定，发卡银行应当将信用卡透支额度与现金分期等业务信用额度合并计算，不得在授信总额之外再单独授予持卡人以分期付款额度。因此从行业监管的角度来看，类贷款业务本身就不符合监管部门关于授信总额的规定，变相提高了持卡人的授信总额。也正因此，2018年经修改的两高司法解释中将类贷款业务表述为“发卡银行违规通过信用卡透支的方式变相发放各类贷款”。类贷款业务中，发卡银行并未对持卡人的资质以及还款能力进行重新审核，放大了业务风险。对于持卡人而言，其对此部分超出信用卡透支额度以外的类贷款额度，享有的权利不同于信用卡透支额度，还款义务、还款方式也与信用卡透支额度存在差异，因此持卡人对此部分额度的欠款不应承担与信用卡透支欠款相同的法律后果。

2. 在透支额度以内的类贷款业务，属于一次性现金分期业务，也不同于信用卡透支业务

此类现金分期业务，并没有超出原有的持卡人个人授信总额，而是将授信总额内的一定金额以现金的形式转入持卡人借记卡中，之后再由持卡人分期还款，这种业务模式实际上已经突破了信用卡的传统透支功能。此部分透支额度以现金形式转入持卡人名下借记卡，使该部分额度被特定化，实际上是持卡人与发卡银行之间所形成的全新借贷法律关系，而非原本的信用卡透支法律关系。[②]根据中国人民银行《贷款通则》[③]第9条的规定，信用贷款是以借款人的信用为基础发放的贷款。持卡人在申领信用卡过程中，主要需要证明其还款能力，不需要财产抵押，因此在信用卡透支额度内的类贷款业务本质上与信用贷款并无太大差异。正常情况下，贷款业务的风险较高，审核条件也比信用卡申领条件更加严格，而类贷款业务由于依托信用卡而开展，实际上发卡银行大幅降低了审核标准，通过信用卡变相发放信用贷款。[④]因此，在银行没有充分履行审核义务而发放贷款并最终无法追回的情况下，也不应

---

① 中国人民银行、原银监会、公安部、原工商总局制定，自2009年4月27日起施行。

② 徐志宏：《商业银行信用卡业务》，中国金融出版社2007年版，第3页。

③ 中国人民银行自1996年8月1日起施行。

④ 吴娟：《“万用金”业务性质的刑法问题研究》，西南政法大学2019年硕士学位论文。

由持卡人单方面来承担由此导致的全部不利后果。

三、类贷款业务与信用卡透支业务的区别与界分依据

从上述分析可以看出，作为本书研究素材的案例13和案例14，比较鲜明地体现了信用卡业务和类贷款业务的差别。两个案例具有一系列共同的特征，例如两个案例中发卡银行对于所发放的款项用途均与持卡人做了明确约定、所发放的款项均是一次性打入持卡人借记卡账户或者特约商户账户、持卡人不能使用手中所持信用卡透支消费、还款后信用额度并不恢复等。从两个案例的上述共同特征可以看出，类贷款业务中所依托的信用卡，实际上并不具有信用卡的基本功能，不能认定为刑法意义上的信用卡。

首先，类贷款业务中的信用卡并不具备透支这一信用卡最本质功能。案例中，信用卡存在的根本目的是作为持卡人归还款项的途径，持卡人根本无法使用该信用卡进行透支消费。其次，类贷款业务中的持卡人并不存在恶意透支的客观行为要件。刑法意义上的恶意透支，要求行为人超限额或者超期限透支，经发卡银行二次催收后超过三个月仍不归还。具体到案例事实中，不论是案例13中的谢某某还是案例14中的陈某某，对于所持的信用卡均没有客观上的使用行为，也不存在超限额或者超期限透支的情况，其所获取的银行资金是由发卡银行直接发放的。最后，持卡人所办理业务的额度属于一次性额度。根据信用卡业务的基本规则，持卡人享用发卡银行向其授予的循环授信额度，持卡人占用授信额度后只要及时还款，信用卡授信额度就可以自动恢复，持卡人就可以循环使用。但是案例中的事实却截然相反，发卡银行向持卡人所发放的款项并不属于循环授信，持卡人即便全部归还所欠的款项，其所办理的业务额度也无法恢复，若要继续使用此种业务则必须重新办理该业务。

类贷款业务的办理规则也明显区别于传统的信用卡业务。案例中的发卡银行所发放的款项更加符合贷款业务的本质特征，从上述两个案例的最终处理结果也可以看出，司法机关最终将此类业务认定为贷款业务，在持卡人同样具有非法占有目的且犯罪数额达到立案追诉标准的情况下，可以认定为贷款诈骗罪。① 随着金融产品的不断更新换代，可以预见到今后会出现更多依

---

① 罗强：《信用卡类贷款业务非罪探析》，载《中国检察官》2018年第3期。

托信用卡的新型金融业务，因此司法机关应当从信用卡透支业务与类贷款业务所具有的以下几个不同特征出发，准确区分信用卡业务与类贷款业务，根据案件的具体事实选择正确的罪名，真正做到罚当其罪，实现刑事司法的宽严相济。

1. 申请流程不同。对于信用卡，申领人需要提供身份和资信证明材料，用于证明其具有相应的还款能力；发卡银行则通过征信机构查询申领人的资信状况，以此决定是否向申领人发放信用卡及对应的授信额度。而在类贷款业务中，由于行为人已经持有发卡银行信用卡，银行对其资信在发放信用卡时进行过审核，因此对于类贷款业务的审核较为宽松，主要通过线上形式（网站、App 等）自动进行审核，申请流程相比申领信用卡的流程更为简单。①

2. 还款方式不同。在信用卡业务中，发卡银行授予行为人透支授信总额，在此额度之内，行为人可以自行决定透支的次数、金额，并且可以在还款期限内自行决定还款的时间和金额。信用卡透支还款方式具有非固定性、循环性的特征，属于小额、循环的消费信贷业务。②而在类贷款业务中，在申请时双方已就还款时间、还款总额、每期还款数额等事宜进行约定，行为人不具有自行决定权，还款后对应的额度也无法自行恢复，属于一次性、非循环的贷款业务。

3. 使用成本不同。信用卡业务中，正常的透支消费不需要额外缴纳费用，并且行为人享有免息还款期的待遇。只有在行为人逾期还款的情况下，发卡银行才会收取相应的利息、违约金、滞纳金等费用。而在类贷款业务中，还款周期相对较长，金额也普遍高于信用卡透支金额，因此银行开展类贷款业务的目的就是盈利，所以其开展类贷款业务过程中会直接收取相应的费用，例如分期费、手续费等。

---

① 以浦发银行“万用金”为例，仅需要在手机客户端进行操作，输入申请额度后系统自动审核放款，整个流程仅需 3—5 分钟。

② 江海洋：《恶意透支型信用卡诈骗罪教义学限缩分析》，载《金融法苑》2020 年第 2 期。

第六章 实体层面出罪防线之三：科学设定刑事追责条件

第一节 “经催收仍不归还”的出罪功能定位

1997年《刑法》第196条第2款的条文表述中对恶意透支型信用卡诈骗罪做了相对比较明确的规定。2018年经修改的两高司法解释则对该条文进一步做出了解释，从发卡银行的催收次数、催收之间的间隔时间、催收后还款期限、有效催收的认定要求等角度，放宽了对信用卡持卡人的还款要求。首先，两高司法解释要求发卡银行的催收次数最少为2次，通过人为增加最低催收次数的方式，强化发卡银行的催收义务，实际上也增加了持卡人收到有效催收的可能。其次，两高司法解释还要求信用卡持卡人经过发卡银行2次催收后，超过三个月仍不归还，才可能构成恶意透支行为。这实际上在刑事责任的范畴内延长了信用卡持卡人的最长透支和还款期限。虽然此时信用卡持卡人违反了其与发卡银行约定的最长透支期限，但这种违约仅属于民事责任范畴内的法律责任，发卡银行通过违约金、透支利息等手段已经获得了补偿。而通过设置三个月的还款期限要求，使得信用卡持卡人可以在收到催收后三个月内积极实施筹款和还款行为，避免刑法这一社会最严厉和最后的救济手段过早地介入信用卡透支行为之中，保持刑法本身的谦抑性特征。最后，2018年两高司法解释修改过程中，着重对催收的有效性认定标准进行了详细的要求。催收必须采取能够被持卡人所收悉的方式进行，且两次有效催收之间至少间隔30天，同时还对认定有效催收的证据标准进行了规范，要求发卡银行提供催收的电话录音、送达回执等证明持卡人确已收到催收的相关凭证。

可以说，1997年《刑法》和2018年经修改的两高司法解释中对“经催收仍不归还”所进行的规制和解释，实际上已经大幅缩减了恶意透支型信用卡诈骗罪的适用范围，极大地提高了恶意透支型信用卡诈骗罪的入罪门槛。

司法实践中，各发卡银行基本均能严格遵守上述规定，在符合条件之后再行向公安机关报案并提供相应的催收记录等凭证。同时，司法机关对于上述规定的严格执行，将一批不符合犯罪构成要件或不需要追究刑事责任的案件阻拦在刑事处罚范围之外，对恶意透支行为进行出罪处理的价值倾向明显。但在实践中，我们也发现仍有一些问题有待理论界和司法实务界共同进行解决，以期明确"经催收仍不归还"在刑事法律体系中的性质、地位及"经催收仍不归还"的具体认定等问题，进一步发挥其出罪功能。

一、关于"经催收仍不归还"在犯罪构成体系中地位的理论纷争

本书第四章的论述已经明确阐述了恶意透支与善意透支的主要区分标准，即信用卡持卡人是否具有"非法占有目的"，一旦持卡人基于其主观上的"非法占有目的"而客观上实施了透支行为，即应认定为刑法意义上的恶意透支。根据刑法理论中的犯罪停止形态基本原理，不同的犯罪停止形态之间具有不可逆转性，一旦成立犯罪既遂，则不再可能构成犯罪未遂、犯罪中止等未完成形态。[①] 因此，在信用卡持卡人的行为已经构成刑法意义上的恶意透支行为后，向发卡银行归还透支款项的行为应当属于犯罪既遂以后的退赃行为，不影响犯罪既遂的成立（可以参考盗窃、诈骗等常见罪名中对于实施犯罪后退赃行为的认定）。

基于上述分析，理论界便存在一种观点，认为经发卡银行催收后仍不归还本身并不属于刑法意义上恶意透支型信用卡诈骗罪的犯罪构成要件。但是，1997 年《刑法》条文中又在恶意透支行为的定义中明确加入了"经发卡银行催收后仍不归还"这一限定条件，那么对这一规定应当如何理解？应当如何认定"经催收仍不归还"的性质？上述问题长久以来在刑法理论界存在极大的争议，主要包括以下两种观点：

（一）犯罪构成要件论

犯罪构成要件论的核心观点是"经发卡银行催收后仍不归还"属于恶意透支型信用卡诈骗罪的犯罪构成要件之一，成立该罪必须要求信用卡持卡人存在经催收后仍不归还这一客观行为。例如有论者认为，"经催收后仍不归

① 赵秉志：《犯罪停止形态适用中的疑难问题研究》，吉林人民出版社 2001 年版，第 322 页。

还”与“非法占有目的”同属于恶意透支型信用卡诈骗罪的犯罪构成要件，即便现有证据已经足以表明信用卡持卡人基于“非法占有目的”实施透支行为后而携款潜逃，也必须要求行为人经发卡银行催收后仍不归还，才能认定其构成恶意透支型信用卡诈骗罪。[①]此种观点认为，恶意透支型信用卡诈骗罪属于复合行为犯，“经催收仍不归还”与恶意透支行为都属于恶意透支犯罪的客观构成要件，只有具体案件中的客观事实同时符合恶意透支和“经催收仍不归还”时，持卡人的行为才构成恶意透支型信用卡诈骗罪的犯罪既遂形态。

犯罪构成要件论是我国刑法理论上的主流观点，但是具体到恶意透支型信用卡诈骗罪中而言，该观点仍有一定的实践和理论缺陷。

一是有违犯罪停止形态的不可逆转性特征。在犯罪构成要件论中，认为经发卡银行催收后仍不归还是成立恶意透支型信用卡诈骗罪的构成要件，因此恶意透支犯罪的既遂也就应以经发卡银行催收后仍不归还为时间界限。如果特定案件中不具备经发卡银行催收后仍不归还这一客观事实，则可能构成犯罪未遂或者犯罪中止。这明显违反了恶意透支型信用卡诈骗罪以透支行为是否实际完成作为既遂与否标准的基本原则。

二是法律适用过程中存在冲突情况。按照复合行为犯的观点，恶意透支型信用卡诈骗罪的客观行为包括诈骗行为和侵占行为两个部分，如果按照这种认定方式，在司法实践中会引起不必要的法律适用窘境。例如，持卡人基于“非法占有目的”实施恶意透支行为，经银行催收之后，持卡人正在积极筹款归还透支款项。此时持卡人的朋友劝说持卡人不要归还欠款，于是持卡人在朋友劝说下不再归还恶意透支款项，并且最终符合司法解释规定的催收有效性认定标准。如果按照复合行为犯的观点，持卡人实施的是信用卡诈骗行为，而持卡人在实际控制并使用透支款项后，其信用卡诈骗行为已经实施完毕。此时催收过程中持卡人朋友的劝说行为，只能针对后续的侵占行为。但是如果按照犯罪构成要件论，则此时持卡人的朋友同样构成恶意透支型信用卡诈骗罪的共同犯罪。因此，犯罪构成要件论与其复合行为犯的立论基础之间，在处理具体案件时会产生法律适用上的冲突。

三是不符合犯罪构成要件的功能认定标准。犯罪构成要件的具体内容是

① 肖中华、孙利国、徐华玲：《恶意透支型信用卡诈骗若干疑难问题研究》，载《河南警察学院学报》2012年第1期。

通过刑法条文的解释决定的，因此其并不必然等同于刑法条文的文言。[①]只有某种犯罪行为中所固有的类型化可罚要素，才属于构成要件要素。[②]因此，只有能够表明特定行为的违法性特征的要素才属于犯罪构成要件。对比传统诈骗罪的"五步法"认定标准，"经催收仍不归还"本身并不属于欺骗行为，也没有因此造成发卡银行陷入错误认识，并且发卡银行被骗财产在之前透支行为发生时已经处分完毕，同样也没有使银行债权消失。具体到恶意透支犯罪，其属于特殊形态的诈骗罪，其构成要件与一般诈骗罪之间不存在本质差别，因此"经催收仍不归还"这一要素并不能用来证明恶意透支型信用卡诈骗罪的成立，从而不符合犯罪构成要件的功能认定标准。

（二）主观犯罪故意推定要件论

主观犯罪故意推定要件论认为，经发卡银行催收后仍不归还并不属于独立的恶意透支型信用卡诈骗罪犯罪构成要件，而只是信用卡持卡人主观犯罪故意，即"非法占有目的"的推定要件。[③]如果信用卡持卡人在实施透支行为后，经发卡银行催收仍拒不归还，则可以推定其具有非法占有的主观犯罪故意。例如有论者认为，只要恶意透支行为人基于"非法占有目的"进行透支并达到立案追诉标准，便可以对其定罪处罚；而行为人外在的行为特征，如超限额、超期限透支，经发卡银行催收仍拒不归还等客观事实，只是行为人主观犯罪故意的客观表象，只能起到帮助司法人员判断其主观犯罪故意的作用，对恶意透支犯罪的成立与否不具有决定意义。[④]

对于上述观点，确实在实践中为司法办案人员办理此类案件提供了一些帮助，使司法机关能够快速、直接地对信用卡持卡人是否具有"非法占有目的"进行判断。但是主观犯罪故意推定要件论仅仅是回避了"非法占有目的"具体认定标准的问题，并没有从本质上解决这一问题。同时，从刑法基本理论的角度而言，上述观点存在几个明显的缺陷。

---

① 张明楷：《恶意透支型信用卡诈骗罪的客观处罚条件——〈刑法〉第196条第2款的理解与适用》，载《现代法学》2019年第2期。

② ［日］町野朔：《犯罪论の展开》，东京有斐阁1989年版，第52页。

③ 赵运锋：《恶意透支型信用卡诈骗罪"非法占有目的"研究》，载《中国刑事法杂志》2020年第4期。

④ 侯放、柯葛壮主编：《信用证、信用卡、外汇违法犯罪的防范与处罚》，中国检察出版社1999年版，第304页。

一是存在事后的价值评价。在主观犯罪故意推定要件论中，认为经发卡银行催收后仍不归还是推定行为人主观犯罪故意的推定要件。如此一来，行为人主观上是否具有非法占有目的，完全取决于其透支行为完成后的拒不归还行为，属于事后价值倾向性评价，明显违反了行为与责任同时存在这一责任主义刑法基本原则。

二是间接导致客观归罪情况。如果按照主观犯罪故意推定要件论，只要存在“经催收仍不归还”，便可以据此认定持卡人具有“非法占有目的”，则又回到了客观归罪的老问题。据此观点，司法机关在办理案件时，往往会放弃对“非法占有目的”其他证明要素的收集力度，因为只要证明“经催收仍不归还”，便可以得出持卡人具有“非法占有目的”，而“经催收仍不归还”的证明难度明显低于其他主观犯罪故意证明要素。其结果往往使得司法机关在办案中只重视对于是否存在经催收仍不归还事实的证明，只要存在这一事实，就直接推定行为人主观上具有非法占有目的，从而整体行为就被评价为恶意透支型信用卡诈骗罪，这难免会陷入客观归罪的泥坑。

综上，不论是犯罪构成要件论还是主观犯罪故意推定要件论，在刑法基本理论层面均不能给“经发卡银行催收后仍不归还”一个准确的性质定位，我们需要摆脱已有观点的束缚，从“经发卡银行催收后仍不归还”对于认定恶意透支型信用卡诈骗罪的功能角度对其性质进行重新定位。

二、“经催收仍不归还”的功能定位

有论者认为，经发卡银行催收后仍不归还本身并不属于刑法意义上恶意透支型信用卡诈骗罪的犯罪构成要件，也不是主观犯罪故意的推定要件，而是本罪刑事处罚的必要性条件，即在信用卡持卡人实施了符合主客观犯罪构成要件的行为这一前提下，以经发卡银行催收后仍不归还作为刑法介入的标志。① 基于先前预设的结论，本书认为这种观点有其积极的理论价值，并且符合本书关于恶意透支型信用卡诈骗罪出罪的核心要旨，可以将其归纳为本罪的刑事追责条件。

众所周知，虽然行为一旦成立犯罪，就可以依据刑法对犯罪人行使刑罚权，但在特殊的情况下，在犯罪构成要件以外，刑事责任的追究还依托于其

---

① 周铭川：《论恶意透支型信用卡诈骗罪的本质》，载《东方法学》2013 年第 5 期。

他外部事实。[1]将“经催收仍不归还”视为刑事追责条件，实际上就是国家出于刑事政策的考虑，对恶意透支型信用卡诈骗案件是否需要追究刑事责任，特别设置了附带的追责限制条件，从而实现对该行为刑事打击的精准和审慎。

在我国现行刑法中，刑事追责条件不仅存在于本书论及的恶意透支型信用卡诈骗罪，还广泛存在于多个其他罪名中。例如《刑法》第201条规定的“逃税罪”和第276条之一规定的“拒不支付劳动报酬罪”。在逃税罪的罪状表述中，对于已受行政处罚的，不予追究性质责任，一般理解为首罚不入刑原则；[2]在拒不支付劳动报酬罪的罪状表述中，要求经政府部门责令支付仍不支付，上述表述与恶意透支型信用卡诈骗罪中“经催收仍不归还”具有相同的功能定位，也就是在行为人的行为已经符合特定犯罪的主客观犯罪构成要件的情况下，单独设置刑事追责条件，以此来限制刑事追责程序的启动，实现刑法的谦抑性特征，同时，也是充分利用刑罚的严厉性对行为人进行精神强制，督促其及时归还透支款项，避免刑罚后果，从而更好地保护金融机构的利益，维护国家金融安全。

将“经催收仍不归还”定位为刑事追责条件，在理论层面和实践层面也具有实质性的理由，对此，下面主要从三个方面进行论证。

（一）恶意透支型信用卡诈骗罪的本质仍是诈骗，事后归还行为属于既遂后的退赃行为

根据罪数形态理论，恶意透支型信用卡诈骗罪在我国刑法体系中与诈骗罪属于法条竞合关系，具有特别法与一般法的关系，因此恶意透支型信用卡诈骗罪仍然具有诈骗罪的基本属性。而在普通诈骗罪的认定中，行为人一旦在主观犯罪故意支配下实际骗取了财物，就已经构成犯罪既遂；之后的返还诈骗款物的行为，只作为退赃情节予以考虑，而不影响已经构成的诈骗罪的认定。因此，作为诈骗罪的特殊情形，恶意透支犯罪也应采用与诈骗罪相同的认定方式，将事后的退赃或者返还行为排除在犯罪构成要件体系之外。

（二）恶意透支行为人主观上难以认识到经催收不还属于犯罪构成要件

故意由认识符合特定构成要件的客观的事实（犯罪事实）和实现其内容

---

① ［日］大塚仁：《刑法概说（总论）》，东京有斐阁2008年版，第515—516页。

② 郭昌盛：《逃税罪的解构与重构——基于税收制度的整体考量和技术性规范》，载《政治与法律》2018年第8期。

的意思所构成。故意的认识对象是客观的构成要件要素，即构成要件记述的要素和规范的要素的全体。[①] 根据马克昌教授的上述观点，特定罪名的犯罪构成要件应当为行为人所认知并积极实现。在恶意透支型信用卡诈骗罪中，恶意透支行为人在实施犯罪过程中，主观上的认知范围一般仅仅是以非法占有目的，侵占发卡银行透支款项，至此便实施完成了其主观犯罪故意范围内的全部内容；而对于发卡银行是否催收、如何催收、催收几次、催收后多久不归还等内容，在恶意透支行为人主观犯罪故意范围内是难以认识到的。因此，经发卡银行催收后仍不归还并不在恶意透支行为人主观犯罪故意范围之内，故而难以将其认定为恶意透支型信用卡诈骗罪的犯罪构成要件。

（三）经催收不还作为刑事责任的追责条件，符合立法本意

在刑法条文已经做出明确规定的情况下，虽然本书将经发卡银行催收后仍不归还排除在恶意透支型信用卡诈骗罪犯罪构成要件之外，但实践中认定行为人恶意透支行为构成犯罪并适用刑罚，仍然要求经发卡银行催收后仍不归还这一客观事实的存在。对于刑法条文中所规定的犯罪构成要件以外的犯罪成立条件，我们需要对其立法本意进行实质考察。刑事处罚的必要性条件属于实质上的刑罚适用条件，对此行为人主观上不需要存在预见（故意）或者预见的可能性（过失），刑事处罚的必要性条件只需在客观上存在即可，刑事处罚的必要性条件的产生原因便是刑事政策下对于刑罚适用必要性的考虑。[②]1997 年《刑法》和 2018 年经修改的两高司法解释中对“经发卡银行催收后仍不归还”的规定和细化，表现出了明显的限制恶意透支型信用卡诈骗罪犯罪圈扩张的意图；通过在犯罪构成要件以外再设置一个犯罪的成立条件，给已经符合犯罪构成要件的恶意透支行为人预留一个出罪路径，避免一味地扩大刑事打击范围。

三、“经催收仍不归还”的出罪功能

将“经催收仍不归还”界定为恶意透支犯罪的刑事追责条件，不影响本罪原本的成立要件与基本构造。同时作为刑事追责条件，在一定程度上能使

---

① 马克昌：《比较刑法原理——外国刑法总论》，武汉大学出版社 2002 年版，第 233 页；转引自周铭川：《论恶意透支型信用卡诈骗罪的本质》，载《东方法学》2013 年第 5 期。

② 黄荣坚：《基础刑法学》（下），台湾元照出版公司 2006 年版，第 712 页。

司法机关在认定恶意透支型信用卡诈骗罪时，在主客观犯罪构成要件以外，更加注重对恶意透支行为违法性和有责性的判断，更加全面地收集证据证实持卡人主观上的“非法占有目的”。将“经催收仍不归还”界定为刑事追责条件，在恶意透支型信用卡诈骗罪出罪机制方面有多重的积极价值。

（一）明晰、限缩恶意透支行为的处罚范围

信用卡持卡人在申领和使用信用卡过程中，隐瞒其主观上的“非法占有目的”，最终实际将透支款项据为己有，客观上已经符合了恶意透支型信用卡诈骗罪的犯罪构成要件。但如果按照此种标准，则必然导致恶意透支犯罪圈的无限放大和边界模糊。透支本就是发卡银行发行信用卡时对其赋予的主要功能，只不过实践中将透支行为区分为善意透支和恶意透支。持卡人善意透支时，其主观上愿意归还透支款项，因此其并没有实施隐瞒主观上“非法占有目的”的欺骗行为；而持卡人恶意透支时，主要便是隐瞒了其对于透支款项的“非法占有目的”。但是否具有“非法占有目的”，完全是持卡人的一种主观心理状态，通过刑事推定的手段来证明持卡人是否具有“非法占有目的”始终是一个存在争议的话题。

将“经催收仍不归还”界定为恶意透支犯罪的刑事追责条件，可以为恶意透支犯罪圈设立一个外在的、较为明确的界限，提高持卡人对于恶意透支犯罪的可预见性和期待可能性。即便持卡人基于“非法占有目的”实施了恶意透支行为，但只要其经过银行催收后能够及时清偿透支本金和利息、滞纳金，便可以通过刑事追责条件的限定，将此种行为排除在刑事犯罪圈之外，为恶意透支犯罪圈设置一个较为明晰的外围边界。

（二）实现刑民交叉法律关系中的利益平衡

刑民交叉理论是贯穿本书始终的一条重要理论脉络，在刑民交叉背景下，如何有效平衡恶意透支行为的刑事和民事法律属性，对于有效平衡恶意透支案件各方当事主体之间的利益具有重要作用，客观上也直接影响恶意透支型信用卡诈骗罪犯罪圈的涵盖范围。

《德国刑法典》第 266 条 b 规定，“滥用接受支票或信用卡的机会，诱使签发者支付并造成其遭受损失的，处 3 年以下自由刑或罚金刑”。[①] 从上述法条表述可以看出，德国刑法对滥用信用卡的行为进行定罪时，以造成损害为前提条件。在恶意透支案件中，处于被害人地位的发卡银行，之所以不遗余

---

① 参见《德国刑法典》，徐久生、庄敬华译，中国方正出版社 2002 年版，第 132 页。

力甚至不惜冒着“滥发”的名义大量发行信用卡，系因为信用卡业务能够关联、产生大量其他金融衍生业务，包括账户开立数量、授信额度总额、贷款发放总额等高附加值业务，为银行的盈利提供路径。根据本书第一章的论述可知，信用卡透支业务中的透支利息、滞纳金等已经成为信用卡发卡银行最重要的收入来源之一部分。因此，对于发卡银行而言，其关注的重点并非持卡人基于善意还是恶意进行透支，反而更加关注持卡人透支后能否归还银行所要求的本金和高额利息、滞纳金；即便持卡人基于“非法占有目的”实施了恶意透支行为，虽然其行为已经构成犯罪既遂，但只要持卡人能够足额归还透支本金和高额利息、滞纳金，实际上就已经实现了发卡银行发行信用卡的目的。

因此，将“经催收仍不归还”界定为刑事追责条件，可以充分体现对发卡银行被害人地位的保障，只有在持卡人恶意透支后经银行催收后仍不归还，银行才要求追究持卡人恶意透支的刑事责任。如果在追究刑事责任之前，持卡人能够充分弥补发卡银行的损失，消除其恶意透支行为可能造成的实际损害，那么对其追究刑事责任就难以满足有责性的要求，从而将其排除在犯罪圈之外。

（三）促成法益恢复效果的实现

在恶意透支型信用卡诈骗罪“经催收仍不归还”这一刑事追责条件的限定下，发卡银行通过规范开展催收行为，要求持卡人对催收程序予以配合。此时，发卡银行应当充分向持卡人告知催收的内容和可能导致的法律后果，使持卡人充分知晓经催收后归还透支款项可能产生的积极后果。正常情况下，恶意透支型信用卡诈骗罪中的持卡人相较于一般刑事犯罪嫌疑人，往往更加愿意也更加容易配合发卡银行的催收程序，积极归还透支款项，及时修复其恶意透支行为所造成的法益损害。[①] 司法实践中，大量恶意透支行为人在受到刑事追诉后，在短时间内偿还了全部透支本息，同样说明在确定面临刑罚制裁的情况下，恶意透支行为人普遍有较高的还款意愿。如果将恶意透支行为人修复法益的时间节点前移，无疑将在更大程度上促成法益恢复效果的实现。

为使发卡银行的催收行为具有促成法益恢复的效果，必然要求将“经催

---

① 熊波：《信用卡诈骗罪“有效催收”的本质与认定》，载《南方金融》2021年第8期。

收仍不归还”独立于犯罪构成要件之外，也就是本书所界定的刑事追责条件。只有司法机关充分认识到刑事追责条件与犯罪构成要件之间的功能差异，为刑事追责条件设置独立的运行和判断标准，才能使刑事追责条件摆脱对于犯罪构成要件的从属性和依附性，充分发挥其出罪功能和法益恢复效果。

（四）体现预防犯罪的刑罚目的

刑法的目的是惩罚犯罪、保护人民，但是刑法的目的并不直接等同于刑罚的目的，刑罚的目的取向直接指导着刑罚的创制与适用。我国刑罚目的及其发展方向在偏重预防的基础上，兼顾报应的要求，是报应与预防的统一。①

刑罚的预防功能包括特殊预防与一般预防。在恶意透支型信用卡诈骗罪的特殊预防方面，如果持卡人在实施恶意透支行为后，经过银行的催收能够及时归还透支款项，则对该持卡人也就没有进行特殊预防的必要性。②持卡人经催收后及时归还透支款项，说明其并没有继续坚持或者维系自己违法行为所造成的不法状态，而是通过自己的积极行为修复被其侵害的法益，使社会关系回归到合法轨道之上。同时，经过催收后，持卡人除了透支本金之外，必然按照其与发卡银行之间的信用卡申领协议承担了相应的滞纳金和罚息，在经济层面已经遭受了损失，此时即便对其进行出罪处理，实际上也已经起到了预防其再次犯罪的功效，实现了刑罚预防犯罪的目的。

在一般预防方面，对于普通社会公众，基于正常的社会阅历和常识，知道通过恶意透支行为获得的利益属于不法利益，并且潜在的恶意透支犯罪人也知道只有通过及时还本付息，才能避免刑罚权的启动，使自己免受刑事追诉。将“经催收仍不归还”界定为恶意透支犯罪的刑事追责条件，能够在全社会形成普遍、积极的一般预防效果，在普通民众中树立对于法秩序的贯彻和信赖，从而实现刑罚的一般预防目的。

---

① 田宏杰：《刑罚目的研究——对我国刑罚目的的理论的反思》，载《政法论坛》2000年第6期。

② 参见张明楷：《恶意透支型信用卡诈骗罪的客观处罚条件——〈刑法〉第196条第2款的理解与适用》，载《现代法学》2019年第2期。

第二节 催收有效性的判断标准

如前文分析可知，“经催收仍不归还”在恶意透支型信用卡诈骗罪中具有独立于犯罪构成要件的特殊体系地位，应当界定为本罪的刑事追责条件，起到限制刑罚权启动、保障出罪路径的功能。因此，在确立“经催收仍不归还”理论体系地位的基础上，有必要对如何认定发卡银行催收行为的有效性进行实质判断。2018 年两高司法解释修改过程中，已经对催收的有效性认定标准进行了一定的要求。其中，要求催收必须采取能够被持卡人所收悉的方式进行，且两次有效催收之间至少间隔 30 天，同时还对认定有效催收的证据标准进行了规范，要求发卡银行提供催收的电话录音、送达回执等证明持卡人确已收到催收的相关凭证。

一、催收的有效性应当符合责任主义原则

本书在对“非法占有目的”进行认定的过程中，已经对责任主义原则进行了理论阐述，并基于责任主义原则对恶意透支行为人的“非法占有目的”进行了体系定位。在大陆法系刑法理论发展历程中，责任主义的内涵也在发生变化，规范责任论逐渐被主流刑法理论所采纳，将古典刑法学理论中的心理责任论进行了进一步的改良和优化。规范责任论的基础是犯罪行为的可谴责性，而不再执着于犯罪人的主观认知内容，更加注重从规范的层面构建责任主义的理论基础。因此，在对发卡银行催收行为的有效性进行判断过程中，也同样有必要结合责任主义原则进行理论评析。

（一）恶意透支行为人应当知道自己被催收这一事实的存在

2018 年经修改的两高司法解释中，要求催收应当采用能够确认持卡人收悉的方式进行，这也是故意犯罪所要求的主观认识内容的一部分。在恶意透支型信用卡诈骗罪中，发卡银行催收有效性的前提就是恶意透支行为人已经充分认识到因为自己超过规定限额或者规定期限透支后，正在被发卡银行所催收。如果恶意透支行为人在已经明确认识到自己被催收后仍拒不归还透支款项，将会导致刑事追责程序的启动。否则，尽管发卡银行实施了相关的催收行为，但恶意透支行为人并不清楚银行实际对其实施了催收行为，其便有充足的理由对发卡银行催收行为的有效性提出抗辩。

（二）恶意透支行为人应当知晓催收可能导致的法律后果

如前所述，在认定发卡银行催收行为有效性时，首先要求恶意透支行为人知道自己因为透支行为被催收，在此基础上，同时还应当知道自己被催收可能导致的法律后果。《商业银行信用卡业务监督管理办法》[①]中对发卡银行催收的内容和形式进行了严格的规定，其中第69条规定，信用卡催收函件应当载明欠款金额、催收事由和相关法规、持卡人相关权利义务、提出异议的方式以及提出证据的途径等主要内容。之所以要求恶意透支行为人应当明知催收的内容和法律后果，是因为上述内容直接和犯罪成立与否相关联。如果在催收过程中恶意透支行为人知道“经催收仍不归还”的法律后果并积极偿还透支款项，修复被侵害的法益，完全有可能避免刑事追责程序的启动。

二、严格掌握有效催收的成立条件

“经催收仍不归还”作为独立于犯罪构成要件之外的刑事追责条件，只需要该程序事实的经历性、过程性特征即可，且一旦经历过，则刑事追责条件就已成立。[②]因此，刑事法律规范中应当单独对发卡银行催收行为的方式、主体、时间、程序等内容进行规范，确认“经催收仍不归还”刑事追责条件的独立判断标准，从而充分体现其出罪功能。

（一）有效催收成立的时间条件

在信用卡合约民事法律关系中，只要持卡人超限额或者超期限透支，发卡银行便可以对其实施催收行为。但在将恶意透支行为从民事违约升格到刑事犯罪的背景下，应当并且也有必要对有效催收的时间要素进行更加严格的规范，从而对发卡银行的催收行为提出更加严格的要求。

有效催收并不意味着只要发卡银行实施了催收行为就成立有效催收。根据2018年经修改的两高司法解释第6条的要求，有效催收至少两次且超过三个月仍不归还；第7条进一步规定两次催收至少间隔30日。司法解释中的上述规定体现了刑法的最后手段原则，为恶意透支行为人预留了相对较为充足的还款时间。但是对于上述时间条件的适用，理论界和实务界目前尚有一定的分歧。

① 原中国银行业监督管理委员会通过，自2011年1月13日起施行。

② 参见熊波：《网络服务提供者刑事责任“行政程序”前置化的消极性及其克服》，载《政治与法律》2019年第5期。

一个分歧较大的问题是，上述时间条件是否在所有恶意透支案件中均应当无条件适用？有学者认为，对于部分明显没有还款能力的案件，持卡人故意逃避催收，此时两次有效催收、间隔超过 30 日、超过三个月等时间条件明确无法满足，这种情况下不必拘泥于有效催收成立的时间条件，否则会导致犯罪人借此逃避法律制裁，并错过打击恶意透支犯罪的最佳时机。①

然而，即便恶意透支行为人在申领和使用信用卡过程中均具有明显的“非法占有目的”，但这并不排斥发卡银行的损失有受到弥补和挽回的可能性。如果发卡银行按照法定程序完成催收，尽管可能无法对恶意透支行为人实现有效催收，但是完全有可能通过其他途径使恶意透支行为人的透支款项得到偿还，例如亲友得知持卡人因透支被催收后自愿代为偿还等。因此，两次有效催收、间隔超过 30 日、超过三个月等时间条件正是基于上述可能存在的情况而设置的刑事追责步骤，三者必须同时兼具，以此来对催收程序的启动进行规范，充分保证“经催收仍不归还”这一刑事追责条件出罪功能的发挥。

（二）有效催收成立的载体条件

2018 年经修改的两高司法解释第 7 条对有效催收的审查认定方式进行明确，从司法解释规定的审查路径可以看到，催收的载体主要包括电话、信息、信函、电子邮件、书面送达材料等。实务中，可以依据发卡银行内部的规范性文件、透支期限的长短，来适用不同的催收方式。②从上述司法解释条文和学者观点来看，各种催收方式之间属于并列的关系，因此司法机关在认定催收有效性过程中普遍认为只要有任何一种或者几种的催收载体形式，就可以认定催收的有效性。但是这种认定方式忽略了各种催收载体之间催收效力的不同和性质的差异。

虽然司法解释中没有规定各种催收载体的先后顺序，但在司法实践中，应当要求发卡银行按照催收效力从低到高的顺序，穷尽所有催收路径，以满足催收有效性的认定标准。发卡银行启动催收程序后，应当首先根据信用卡申领协议中载明的地址和方式进行书面、口头或者电子形式的催收，在实施

---

① 参见贺雄：《对信用卡诈骗罪中“恶意透支”的法律思考》，载《武汉金融》2015 年第 12 期。

② 参见张伟新、于书峰：《恶意透支型信用卡诈骗罪“两次催收”及相关问题研究》，载《河北法学》2013 年第 11 期。

上述约定形式的催收后，如果持卡人仍然拒不归还透支款项，进一步可以采取其他多种催收方式。与此同时，为了进一步证明持卡人对于催收及其内容、效力的知晓，可以在后续催收过程中对先前催收行为进行确认，例如通过电话录音的形式与持卡人确认之前存在有效催收的事实。

（三）有效催收成立的对象条件

根据《商业银行信用卡业务监督管理办法》第69条的规定，催收可以向债务人本人进行，也可以向债务人的担保人进行。[①] 同时2018年经修改的两高司法解释第7条也确认催收行为可以向持卡人的家属进行。从上述条文可以看出，持卡人家属的签收可以作为催收有效性审查的一种方式，但这是否意味着持卡人家属当然就属于有效催收的对象？

本书认为，催收对象和送达对象是法律意义上两个不同的概念。将持卡人家属的签收作为催收有效性的审查认定条件，是将持卡人家属作为送达人，其签收行为只是基于其与持卡人之间的特殊关系，而被法律视为持卡人本人签收，持卡人家属此时主要起到的是接收送达后向持卡人本人传递催收信息的功能。因此，虽然持卡人家属的签收可以作为催收有效性的审查认定依据，但此时持卡人家属仅属于发卡银行催收载体的送达对象，催收行为的对象仍然仅限于持卡人本人。

第三节　出罪视角下特殊情形催收效力的从严认定

对于“经催收仍不归还”这一刑事追责条件而言，要发挥该条款本身所具有的出罪价值，前提条件就是保证催收行为的有效性。但是司法实践中，在催收有效性的标准满足过程中以及达到催收有效性的标准之后，恶意透支行为人基于各种主客观原因，仍然有可能采取一定的行为，如催收过程中持卡人归还部分款项、催收后继续透支、催收后与发卡银行达成还款协议等特殊情况，此时对于已经进行的部分或者全部催收行为，其有效性是否会受到影响，直接决定了刑事追责程序是否能够启动。因此，有必要对司法实践中出现的特殊情形下催收效力问题进行相应的分析和阐述。

---

① 参见《商业银行信用卡业务监督管理办法》第69条。

一、催收后归还部分款项时催收效力的认定

司法实践中，对于发卡银行催收的有效性如何认定，是司法人员所必须面临的另一个问题。是否要求信用卡持卡人必须实际收到发卡银行的催收，决定了对发卡银行催收行为有效性的认定标准。司法实践中，一般均要求发卡银行按照其与信用卡持卡人所签订的信用卡领用协议中持卡人预留的联系方式向持卡人发出催收，在不存在明显瑕疵的情况下，可以认定该催收行为的有效性；但如果发卡银行在催收过程中存在明显的瑕疵或者造假行为，则可能实质上影响其催收行为有效性的认定。例如，实践中已经出现的部分案例中，银行工作人员出于完成考核任务等目的，编造虚假的催收记录和催收信件邮寄记录，严重妨碍司法机关的工作，导致对案件的错误认定。[①] 这种情况下，银行所进行的催收其实是无效的。而在另一种情况下，如果信用卡持卡人改变预留的联系方式，而未按照信用卡领用协议的要求及时通知发卡银行，则只能要求发卡银行按照预留的方式向持卡人进行催收，此时，无论持卡人是否实际收到催收，均不应影响催收行为有效性的认定。否则，如果一味地要求信用卡持卡人必须客观上实际收到催收才认定催收有效，一方面会不恰当地扩大发卡银行的责任，另一方面也会给部分确实具有“非法占有目的”的行为人以可乘之机，利用变更联系方式或住址的方式逃避银行催收，阻断催收行为的有效性，实现其非法占有透支款项的目的。上述观点在2018年两高司法解释修改过程中已经得到一定的体现，该解释比较详细地明确了发卡银行催收有效性的认定标准，在一定程度上解决了司法实践中对于催收有效性认定困难或者司法过于随意的问题，客观上也增加了指控犯罪的难度。

根据1997年《刑法》的规定，认定恶意透支型信用卡诈骗罪必须要求行为人经发卡银行催收后仍不归还行为的存在；而两高司法解释则对催收的次数、两次有效催收间隔的时间、催收的形式以及催收后还款的期限进一步进行了细化，规定经发卡银行2次有效催收且间隔超过30日后超过三个月仍不归还的，可以认定为恶意透支型信用卡诈骗罪。根据上述刑法条文和司法解

① 该案例系上海市某区人民检察院起诉的案件，法院审理阶段被告人的辩护人提出：银行工作人员虚构催收记录，所出具的催收记录落款时间和邮局回执时间存在明显矛盾。经调查，该催收记录系催收人员编造，此部分证据被法院予以排除。后该案因其他证据的补足，未出现无罪判决。

释的设置，如果持卡人经有效催收后超过三个月仍拒绝还款，可以直接导致其被追究刑事责任；而如果持卡人在三个月内全额还款，则不再存在入罪的可能。但是司法实践中还存在拒绝还款和全额还款之外的情况，即持卡人经过发卡银行有效催收后，在三个月内只归还部分催收款项的情况。此时对于催收数额中剩余未归还部分，原有的催收是否仍然具有相应效力？未归还款项的金额如果达到立案追诉标准，是否仍然构成恶意透支型信用卡诈骗罪？

对于上述问题，理论界存在不同意见。一种意见认为，只要持卡人经催收后进行还款，则不论还款数额的多少，都导致原有催收的失效，对于原催收范围内未归还的透支数额不再构成犯罪。[①]此种意见认为，相关的法律和司法解释中均没有明确规定归还部分款项对催收效力的影响，因此从有利于当事人的角度出发，只要持卡人有还款行为，则一律排除其行为的构罪可能性。另一种意见则认为，持卡人只有在全额归还透支款项的情况下，才完全排除其行为构成犯罪的可能，部分还款时，未归还的部分仍可以构成恶意透支犯罪。[②]此种意见从持卡人与发卡银行之间民事法律关系的角度出发，认为此时持卡人有根据协议归还全部透支款项的义务，其未能完整履行还款义务的行为已经违反了双方的合约关系，由于其具有“非法占有目的”，因此其行为构成恶意透支犯罪。还有一种意见则综合了前面两种直接相对的意见，认为持卡人经发卡银行催收后，必须归还一定数量的催收款项才能导致原催收的失效；如果归还的金额未达到一定数量，则其未归还部分仍然可以构成犯罪。[③]对于要求持卡人归还的数量，则需要司法机关进一步予以确定。

上述分歧意见的实质其实是发卡银行与持卡人之间的利益博弈，而上述前两种观点均无法在二者之间做到平衡。按照第一种意见，对持卡人的利益做到了最大化，只要其有还款行为，不论还款数额多少，一律将其排除在犯罪之外。此种情况可能会导致部分存在非法占有故意的持卡人，恶意地利用还款行为，只归还少量欠款，从而排除发卡银行催收的效力，达到其长期占用发卡银行资金的目的。而按照第二种意见，则是将发卡银行的利益做到了

① 陆红源、叶菊芬：《持卡人部分还款对银行催收效力的影响》，载《人民法院报》2012年9月27日，第7版。

② 王雅琼：《信用卡诈骗罪研究》，华东政法大学2013年博士学位论文。

③ 林清红：《恶意透支型信用卡诈骗罪司法难题研究》，载《中国刑事法杂志》2011年第1期。

最大化，持卡人必须归还全部催收款项，才可以免受刑事处罚。按照此种意见，对持卡人是否全额还款进行“一刀切”的认定，要求持卡人必须全额还款才可以免除其行为构成犯罪的可能性。然而实践中，对于持卡人施以过高的还款要求可能适得其反，对本具有一定还款意愿的持卡人，由于部分还款无法免除其所面临的刑罚，索性不再进行还款，导致发卡银行更大的损失。

在持卡人已经存在超限额或者超期限透支的情况下，一方面既需要在持卡人和发卡银行的利益之间进行平衡；另一方面也需要根据持卡人已经存在的违约行为，对持卡人施以相对较高的还款比例要求。因此，对于发卡银行已经进行催收的透支款项，持卡人最低还款的比例可以参照信用卡章程中最低还款额的比例进行认定。因为以信用卡章程中约定的最低还款额作为持卡人经催收后必须归还的数量标准，一方面，可以给持卡人一定的缓冲区间，使其可以尽最大努力进行筹款；另一方面，又对持卡人设置了较高的还款要求，对发卡银行的利益进行有效保护。持卡人对于催收的款项，必须达到最低还款额，才可以使此次催收归于无效；如果未能归还最低还款额，则对于剩余未归还部分，原催收仍然有效，透支款项仍可能构成恶意透支型信用卡诈骗罪。

需要说明的是，此时的最低还款额并非《银行卡业务管理办法》中规定的 10% 或者发卡银行与持卡人约定的其他比例。① 此处规定 10% 的最低还款额，是持卡人在免息还款期限内无法归还透支款项时，银行给予持卡人延迟还款的权利，只有当期的透支款项才享有 10% 最低还款额的待遇。一旦持卡人按照最低还款额进行了还款，虽然银行不将其行为列为逾期还款，但在下一账单周期内，持卡人未归还的部分必须全额归还，且利息、违约金等费用需要一并予以归还。因此，在发卡银行 2 次催收后三个月的时间范围内，持卡人的透支款项必然已经超过免息还款期，其已经不可能再享受 10% 的最低还款待遇，按照信用卡章程中关于最低还款额的计算标准，此时其最低还款的比例已经接近全部透支款项的 90%。②

① 中国人民银行已经废除最低还款比例的限制，可由发卡银行自行确定。本书为方便表述，此处继续以 10% 为例进行论述。

② 最低还款额可以参考本书第五章第一节中对最低还款额的说明予以认定。

二、催收后继续持卡透支时催收效力的认定

前面探讨了催收后仅归还部分款项时催收效力的认定问题，概括起来就是催收后透支数额发生了减少。那么实践中必然存在一种相对应的情况，即催收后持卡人继续持卡透支导致透支数额增加，此时原有催收的效力认定问题同样值得思考。一种意见认为，持卡人经2次催收后在三个月内未归还透支款项，此时已经足以说明其主观上的非法占有目的，因此持卡人其后的继续透支行为，属于持卡人在其非法占有目的支配下实施的犯罪行为，已经足以认定其构成恶意透支型信用卡诈骗罪，不再需要重复进行催收，原有催收的效力对于增加的透支数额仍然有效。[①]另一种意见则认为，催收系基于持卡人与发卡银行之间信用卡领用协议而产生的行使权力行为，一旦催收后持卡人能够继续透支，则说明发卡银行对于持卡人的继续透支予以认可，从而推翻了双方之前所发生的催收法律关系，导致原有催收的效力丧失，发卡银行必须重新对持卡人就全部透支数额进行催收，才可以认定持卡人就全部透支数额构成恶意透支犯罪。[②]还有一种意见认为，催收只对其催收范围内的透支款项具有催收的效力，如果催收之后持卡人继续透支导致透支数额进一步增加，虽然原有催收对于新增加的催收数额不具有催收效力，但对于原有催收范围内的透支数额仍具有催收效力。[③]

上述分歧意见的本质仍然是持卡人与发卡银行之间利益的博弈，而上述前两种意见同样无法在二者之间做到平衡。按照第一种意见，原有催收对于新增加的透支数额同样有效，这种认定方式对于发卡银行极为有利，最大限度地降低了发卡银行的催收义务。但是这种方式一方面将经催收不还作为持卡人非法占有目的的推定事实，具有客观归罪的嫌疑；另一方面，这种认定方式将恶意透支型信用卡诈骗罪的入罪门槛大幅降低，只要持卡人有一次催收不还行为，则后续透支行为均可以认定为恶意透支犯罪，如此必将导致刑事法律对于社会生活的不当介入，有违刑法的谦抑性特征。按照第二种意见，则是将持卡人的权利进行了放大。尽管发卡银行对持卡人催收后其并未还款，而只要继续透支便可以否认前次催收的效力，从而客观上实现对刑事

---

① 张红梅：《恶意透支信用卡的定性分析》，载《人民法院报》2008年7月9日，第6版。

② 李邦友、高艳东：《金融诈骗罪研究》，人民法院出版社2003年版，第350页。

③ 肖晚祥：《恶意透支型信用卡诈骗罪认定中的新问题》，载《法学》2011年第6期。

处罚的逃避。我们完全有理由相信，部分心怀不轨的持卡人可以通过继续透支以逃避之前透支款项的归还义务。如此便形成一个悖论，在持卡人具有"非法占有目的"的情况下，一方面持卡人继续无限制的透支，另一方面又免除原先透支款项的还款义务。因此，上述两种意见在实践中均不具有可操作性。

基于上述分析，第三种意见是相对更为可采纳的。如果持卡人经发卡银行催收后并未还款，而是继续进行透支，则对于新增加的透支数额，仍然要求发卡银行履行其催收义务，不能将新增加的透支数额直接认定为恶意透支犯罪数额，因为对此新增加的透支部分来说，银行并没有完成两次催收的行为，因而如果将其作为定罪数额，有违刑法对于恶意透支型信用卡诈骗罪追责条件的要求。而对于原有催收范围内的透支数额，如果原催收符合催收的有效性标准，由于双方之后并未产生撤销原催收的意思内容，因此原催收对于其催收范围内的透支数额仍然具有相应的催收效力。只有如此，才能在维护法律权威的前提下，最大限度地在发卡银行和持卡人之间实现利益的平衡，在对持卡人恶意透支行为严厉打击的前提下，预留出罪的路径，真正实现罚当其罪。

三、催收后达成还款协议时催收效力的认定

前述两种情形均是恶意透支行为人在收到发卡银行催收后，透支金额发生变化的情况。司法实践中还有另一种情况，即部分恶意透支行为人收到银行催收后，虽然无法按期还款，但是与发卡银行积极进行协商，达成相应的还款协议，对还款期限和还款金额进行约定。在达成还款协议的情况下，如果恶意透支行为人能够依据双方之间达成的协议，按时足额归还透支款项，则发卡银行与行为人之间的信用卡借贷关系在还款协议约定的期限内继续维持；相反，如果恶意透支行为人仍然无力按照还款协议清偿透支款项，表明发卡银行无法通过双方民事法律关系层面的还款协议来实现透支款项的追偿，必然会面临对恶意透支行为人如何进行刑事追责的问题。在此种情况下，发卡银行之前已经进行的催收效力如何界定，直接影响刑事追责程序启动的正当性。

在信用卡透支法律关系中，最本质的仍然是发卡银行和持卡人之间的信用卡合同关系，双方以信用卡为标的物构成了信用卡使用的合同关系，双方

之间的意思自治足以在信用卡消费、还款过程中起到决定性作用。[①] 在发卡银行催收行为符合有效性成立标准的情况下，实际上已经可以对恶意透支行为人启动刑事追责程序，发卡银行随时可以选择向公安机关进行报案。但在有效催收成立的情况下，发卡银行如果不选择启动刑事追责程序，而是与持卡人就还款方式、期限、金额进行协商，达成还款协议，实质上属于发卡银行和持卡人之间信用卡使用合同关系的补充条款，进一步规范双方之间的权利义务关系。

这种情况下，还款协议本身并不影响已经进行的催收行为的效力，还款协议实质上属于对于发卡银行刑事追责程序启动的暂缓，而不是放弃。虽然还款协议中不会对于发卡银行的诉讼权利进行明确的处置，但是相关条款内容实际上却暗含了对刑事追责程序的启动条件，也就是如果持卡人不能按照还款协议约定的期限和数额清偿透支本息，则发卡银行将启动刑事追责程序。在这种情况下，恶意透支行为人本身的行为符合恶意透支犯罪的犯罪构成要件，同时作为刑事追责条件的“经催收仍不归还”有了更加深刻和清楚的体现，也就是经过还款协议给予的宽限期后仍然拒不归还，发卡银行催收行为的有效性得到进一步的确认，此时启动对持卡人的刑事追责程序更加具有合法性和正当性。

---

① 邹小彤、佟晔：《论信用卡诈骗案件催收效力问题的认定》，载《辽宁公安司法管理干部学院学报》2017 年第 5 期。

第七章　构建司法程序层面的三道出罪防线

前文第四章、第五章、第六章分别从严格认定主观犯罪故意、客观犯罪事实和刑事追责条件等三个角度对于如何从实体法层次构建恶意透支型信用卡诈骗罪的出罪机制作了研究，从源头上提升恶意透支犯罪的入罪门槛，在入罪阶段通过较高的构成要件设置，以控制此种行为入罪的数量，实现出罪效果。而从根本上来说，对行为人定罪处刑、关押处罚并不是刑法要追求的最后目的，如何能够通过司法适用更好地解决社会矛盾，最大限度地减少被害人可能受到的实际损害，尽可能地恢复原有的社会秩序，这才是刑法适用应当追求的最高价值目标。特别是对于从本来的民事纠纷转化的刑事案件来说，如何在司法过程中尽量减少刑法的介入，给其他法律的适用提供更多的机会，这也是刑事司法机关办案过程中需要考虑的重要问题。即使对于那些确实已经符合恶意透支型信用卡诈骗罪构成要件的透支行为来说，司法机关在办案过程中，仍然存在如何根据刑法的谦抑精神，对行为人给予出路，避免适用严厉的刑事制裁的问题。这就需要从司法程序上作进一步的研究，构建可能在不同的司法阶段尽可能给予出罪机会的司法机制。这种已经符合犯罪构成要件，再根据法定的要求对行为人做出罪处理的方式，正是传统刑法意义上的出罪①，即入罪之后再出罪，而非入罪阶段不入罪。

司法实践中，一旦持卡人的恶意透支行为进入我国的刑事司法流程，其将先后经历公安机关的立案侦查阶段、检察机关的审查起诉阶段及法院的审判阶段，在上述三个刑事司法阶段，司法人员可以从持卡人的行为危害性大小、危害后果严重与否、是否积极修复被损坏的社会关系等角度对持卡人的恶意透支行为进行全面考察，并进一步在我国现行刑事司法体系之下，根据恶意透支犯罪有关法律和司法解释，对形式上已经符合恶意透支犯罪构成要件的行为进行出罪处理，对其不再作为犯罪处理。因此，本章将以司法办案

---

① 储陈城：《“但书”出罪适用的基础和规范》，载《当代法学》2017年第1期。

流程为视角，对公安机关的立案侦查阶段、检察机关的审查起诉阶段及法院的审判阶段中的程序性出罪机制分别进行构建和完善，以期构建一套既符合我国司法实践现状，又能最大限度地实现对恶意透支犯罪进行出罪的刑事司法机制。

第一节　出罪防线之一：设置刑事立案前的最后告知制度

一、立案前最后告知制度的缺位

案例 15：赵某信用卡诈骗案。2013 年 3 月，犯罪嫌疑人赵某在明知自己没有还款能力的情况下，使用其本人名义在中国农业银行申领信用卡 1 张，透支额度为人民币 30000 元。2013 年 4 月至 2015 年 5 月间，赵某恶意透支其名下信用卡，累计透支本金人民币 23000 余元[①]，后赵某无力偿还透支本息。2015 年 9 月开始，发卡银行先后数十次通过电话、短信、寄送催收函、上门等方式向赵某进行催收，赵某均拒绝还款。

2016 年 10 月 31 日，中国农业银行向公安机关报案，指控犯罪嫌疑人赵某涉嫌恶意透支型信用卡诈骗罪。公安机关受理发卡银行的报案后于当日予以立案，并于当日下午根据线索将犯罪嫌疑人赵某抓获。赵某被抓获后，赵某家属于 2016 年 10 月 31 日向发卡银行归还全部本息。最终，检察机关认定赵某的行为构成信用卡诈骗罪并起诉至法院，赵某最终被判处有期徒刑 6 个月，缓刑 1 年，并处罚金人民币 2 万元。

上述案例单就认定的犯罪事实而言，犯罪嫌疑人赵某主观上具有非法占有的目的，客观上恶意透支数额较大，且经过发卡银行 2 次有效催收后三个月仍拒不归还，属于比较典型的恶意透支型信用卡诈骗罪。但是，该案中存在一个特殊情况，即 2016 年 10 月 31 日犯罪嫌疑人赵某因中国农业银行的报案而到案后，其家属不仅将其所欠的中国农业银行信用卡透支本息全额还清，还将赵某另外使用的平安银行、浦东发展银行信用卡所透支的本息一并全部还清。而在 2016 年 10 月 31 日当天，平安银行、浦东发展银行均尚未向

① 该案发生时“两高”尚未对恶意透支犯罪司法解释进行修改，因此恶意透支犯罪立案追诉标准及相关量刑档次仍以 2009 年两高司法解释为准。

公安机关报案，因此虽然犯罪嫌疑人赵某恶意透支平安银行、浦东发展银行信用卡的行为本身已经符合恶意透支型信用卡诈骗罪的犯罪构成要件，但是由于赵某家属在公安机关立案之前还清全部本息，因此赵某在该两家银行恶意透支的数额并未计入其犯罪数额当中。

上述案例中，之所以同一名持卡人同时期恶意透支使用不同发卡银行的信用卡，最终导致的结果出现天壤之别，根本原因就是2009年两高司法解释中对于恶意透支型信用卡诈骗罪所预留的出罪路径在时间节点上进行了明确的限制，即以公安机关立案为标准。公安机关立案之前，如果信用卡持卡人恶意透支数额较大且归还全额本息的，属于情节显著轻微，可以不追究刑事责任；而如果持卡人在公安机关立案之后才归还全部透支本息，则最多只能从轻处罚或者免除处罚，从而使信用卡持卡人丧失了出罪的可能性。2018年两高修改司法解释过程中，进一步在2009年两高司法解释的基础上，将恶意透支犯罪数额明确界定为公安机关立案时持卡人尚未归还的透支本金数额，从而以公安机关立案的时间为界限，将立案前已经归还的恶意透支行为完整地排除在恶意透支犯罪圈之外。

通过上述司法解释可以看到，我国司法机关总体上对恶意透支犯罪的出罪路径实施严格限制的总体思想，通过将出罪的时间节点设置于刑事诉讼流程的最前端（公安机关立案之前），使得恶意透支犯罪一旦进入刑事诉讼流程就基本丧失了出罪的可能性。为进一步证明我们的观点，我们继续在位于上海市远郊的Q区检察院和位于上海市中心城区的H区检察院范围内，以所各自办理的恶意透支案件为考察样本①，对恶意透支行为人的还款时间进行分析，揭示出罪时间节点的设置对于出罪结果的影响。

在上述考察样本中，一共包括139件恶意透支型信用卡诈骗案件，其中信用卡持卡人或者亲属代为归还全部透支本息的有86件，实践中超过六成的案件均属于已经全额归还本息的情形。但是上述86件案件客观上全部进入刑事诉讼流程之中，最终均以法院判决和检察机关相对不起诉作为诉讼终结的方式。进一步对上述86件案件中信用卡持卡人或者亲属代为归还全部透支款项的时间进行分析，我们发现所有案件中归还本息的时间无一例外均

---

① 此部分数据来源于全国检察机关统一业务应用系统、上海检察机关法律文书库。2014—2015年，上海市Q区检察院办理的恶意透支型信用卡诈骗罪案件为16件，上海市H区检察院办理的此类案件数量为123件，案件数量合计139件。

在公安机关立案之后（详见表 4）。这种情况，一方面在客观上虚置了两高司法解释中的出罪条款，另一方面也浪费了极为有限的司法资源，将原本可以不纳入刑事诉讼流程的案件归入刑事诉讼流程，人为地造成司法资源的浪费。

表 4：全额归还透支本息时间分布表

还款时间	案件数量	所占比例
立案当天	12 件	13.9%
立案后侦查阶段	45 件	52.3%
审查起诉阶段	9 件	10.5%
法院审理阶段—开庭前	16 件	18.6%
法院审理阶段—判决前	4 件	4.7%

通过对以上数据的分析，可以清楚显现出恶意透支行为人或者其亲属在公安机关最初立案后具有极强的还款意愿。86 件案件中，有 12 件案件的当事人在公安机关立案当天就归还了本息。更有甚者，在极个别案件中，公安机关立案后，侦查人员电话通知恶意透支行为人，要求其先去银行归还所欠本息，再前往公安机关处理恶意透支案件，导致证据中显示恶意透支行为人归还本息的时间仅比公安机关立案时间稍晚不足一小时。

把恶意透支行为人归还全部本息的时间进一步向后推移，可以看到超过半数的行为人归还欠款时间是在公安机关立案后的侦查阶段。在立案后的公安机关侦查阶段，恶意透支行为人及其亲属基于可能面临的长期被羁押状态，往往显示出较强的还款意愿①，因此大多数行为人还清本息的时间节点均为公安侦查阶段。在刑事辩护方面，对于被采取拘留措施的犯罪嫌疑人，辩护人普遍将公安机关侦查过程中检察机关批准逮捕前的期限（最长 37 天）称为刑事案件的“黄金救援期”②，一旦犯罪嫌疑人被检察机关批准逮捕，在我国的司法体制下，很难再将犯罪嫌疑人出罪，甚至适用缓刑等非监禁性刑罚

① 彭广水、连银军：《“案发前”、“案发后”的表述不妥》，载《检察日报》2015 年 1 月 20 日，第 8 版。

② 张超：《公安机关实施刑事拘留期限状况调查报告》，载《中国刑事法杂志》2010 年第 5 期。

措施的可能性都极低。虽然审查逮捕的主体是检察机关，但是检察机关审查逮捕的目的是考察行为人的社会危险性，以决定是否在侦查过程中由公安机关对行为人继续采取较长时间的羁押措施。[①]因此从本质上而言，审查逮捕阶段仍然处于公安机关侦查阶段，一般情况下审查逮捕的7天期限包括于刑事拘留的最长期限37天之内。因此，不论是恶意透支行为人本人还是其家属，再或者是辩护律师，均希望能够在公安机关侦查阶段，通过积极的归还本息，修复因其行为所造成的损害后果，降低其人身危险性，争取使恶意透支行为人不被长期羁押。而司法实践的现状也印证了上述说法，对于采取取保候审强制措施的犯罪嫌疑人，司法机关最终对其适用缓刑的概率大大高于羁押状态下的犯罪嫌疑人。[②]

随着刑事诉讼流程的推进，恶意透支案件进入检察机关审查起诉和法院审判阶段后，案件的事实和证据已经相对固定，有能力归还透支本息的犯罪嫌疑人已经在侦查阶段将所欠本息还清。对于剩余部分确实自身没有归还能力的恶意透支行为人，在法院审判阶段会再次出现一个归还本息的高潮，究其原因，一方面是因为此部分确无还款能力的恶意透支行为人及其亲属经过一段时间的筹款，最终得以归还透支本息，另一方面的原因就是即将随着法院判决而到来的刑罚手段本身对恶意透支行为人所产生的强大心理震慑，使恶意透支行为人及其亲属尽最后的努力以使行为人获得从轻处罚。

通过上述案例的展示和实证数据的分析，不难看出两高司法解释将恶意透支犯罪出罪的时间节点设置于公安机关立案之前，使得本书所研究的86件案件样本中没有1件符合该出罪条款的规定。相反，如果按照1995年两高司法解释，将出罪的时间节点设置于案发后、起诉前，则86件案件样本中有66件案件中归还透支本息的时间符合出罪的条件，虽然最终不可能全部做出罪处理，但至少在路径上保留了对恶意透支行为予以出罪处理的可能。从两高司法解释的本意来看，其之所以将恶意透支犯罪出罪的时间节点前移至

---

① 根据刑事诉讼法的规定，一旦犯罪嫌疑人被采取逮捕措施，一般情况侦查羁押期限为两个月，即侦查机关必须在两个月内完成侦查工作；对于特殊类型或者疑难复杂案件，可以经检察机关批准，延长侦查羁押期限，理论上逮捕后最长的侦查羁押期限为七个月。

② 刘兴军：《取保候审判处缓刑案件实证调研报告》，载《中国刑事法杂志》2011年第4期。

公安机关立案前，主要的考量是督促恶意透支行为人尽早归还所欠本息，尽早修复被损害的社会关系，以降低其行为的社会危害性。然而，从实际案例来看，我们很难说案发前归还透支本息与案发当天或者侦查阶段归还透支本息之间，恶意透支行为人的主观恶性存在重大差别。相当部分的恶意透支行为人是因为本身并不了解司法解释中的出罪规定，也不知晓必须在立案前归还透支本金才可能获得出罪处理，因而错过了“立案前”这一出罪的时间要件。

对于公安侦查机关而言，其收到发卡银行的报案后，经过审查予以刑事立案，在刑事案件办理程序上来说不存在任何问题。刑事立案的时间对于案件的办理本身并无多大影响，但是对于恶意透支行为人可能面临的后果却会产生重大影响。司法实践中，侦查机关对于形式上符合构成要件的恶意透支案件，往往直接做立案决定，缺少立案前的最后告知制度（明确地将出罪的条件和后果告知恶意透支行为人，再由行为人决定是否在立案前归还透支本息），使大量本身具有较强还款意愿和还款能力、本可以获得出罪处理的恶意透支行为人丧失出罪的机会，使司法解释中的出罪条款失去适用的可能性。

二、制度缺位产生的原因与解决对策

如前所述，公安侦查机关在立案环节未对恶意透支行为人予以充分的释法说理，在刑事诉讼流程的源头就使大多数恶意透支行为人根本没有机会获得出罪处理，这种实践现状不仅不恰当地扩大了刑事司法手段的打击范围，将原本可以出罪、可不作为犯罪处理的行为纳入刑事犯罪圈，将行为人贴上犯罪的标签，而且也在相当程度上浪费了宝贵的司法资源。因此，为了在公安机关立案侦查阶段构建以立案前最后告知制度为主要内容的出罪机制，有必要对产生这一问题的原因进行分析，从而有的放矢地进行后续制度的构建和完善。

（一）出罪理念的缺乏

在我国自古以来的刑事司法体系中，向来存在“重入罪、轻出罪”的思想，这也是重刑主义对于我国刑事司法体系的一个重要影响。[①]不论是在立法过程还是司法过程中，都比较鲜明地体现了这一状况。“重入罪、轻出罪”

① 顾德瑞：《对重刑主义的忧思》，载《法制与社会》2012年第10期。

思想的产生与我国刑法界普遍所采用的犯罪构成“四要件理论”[①]存在重要的关联。“四要件理论”从主体、客体、主观方面、客观方面四个维度出发，将符合特定犯罪构成要件的行为认定为刑法意义上的犯罪行为。“四要件理论”主要关注的是如何对特定行为进行入罪处理，而缺乏对特定行为予以出罪的应有之义。这与西方国家刑法学界普遍推崇的犯罪构成“三要件理论”[②]存在鲜明的反差，“三要件理论”不仅要求特定行为符合犯罪构成要件，也即犯罪构成该当性，还要求该行为具有违法性和有责性，在犯罪构成要件以外考察行为是否存在违法阻却事由，对符合犯罪构成要件的行为不再简单地一律入罪，保留出罪的可能。

具体到本书所论及的恶意透支型信用卡诈骗罪，不论是法律条文还是司法解释本身，均以犯罪构成“四要件理论”为基础，从恶意透支的主客观方面入手，关注的重点均是如何实现入罪，而对于出罪仅仅用司法解释中的一个条文进行规定，并且设置了较为严苛的适用条件。在我国刑事司法实践中，这种“四要件”认定犯罪的模式未对行为人的有责性进行充分的论证而径行认定其行为构成犯罪，没有对有责性的阻却事由设置明确的法律规定，反而对出罪设置繁多的条件和限制。因此，基于我国刑事司法体系中出罪路径原本就十分有限这一背景，无疑会产生出罪条款虚置的后果，导致司法实践中出罪路径和出罪可能被进一步压缩和限制。

理念的缺失是一个全新制度构建的最大障碍。[③]出罪理念在我国刑事司法实践中的长期缺失，使司法人员在办理刑事案件过程中不愿、不敢对案件做出罪处理，甚至个别人根本不知晓出罪条款的存在，使得出罪机制被长期虚置。因此，司法人员必须摆脱重刑主义思想的束缚，改变“重入罪、轻出罪”的思想现状，使出罪理念贯穿刑事司法全过程。为了强化出罪理念，必须改变以往“刑罚万能论”的陈旧思想。刑罚并非一剂万能药[④]，刑罚在众

---

① 陈兴良：《犯罪构成论：从四要件到三阶层》，载《中外法学》2010年第1期。

② 陈兴良：《构成要件：犯罪论体系核心概念的反拨与再造》，载《法学研究》2011年第2期。

③ 曹虎、杨宏：《认罪认罚案件试行刑事速裁程序实证分析与思考——以域外辩诉交易制度为借鉴》，载《法治论坛》2017年第4期。

④ 蔡一军：《法国：刑罚并非一剂万能药》，载《法制日报》2013年6月11日，第3版。

多惩治危害社会行为的方式中是最为严厉的处罚方式，不仅可以长期剥夺行为人的人身自由，甚至可以剥夺行为人的生命。但是这种最为严厉的刑罚手段，在惩治犯罪分子和预防犯罪方面往往却并非最为有效的手段。对于本书所论及的恶意透支型信用卡诈骗罪，其侵犯的客体既包括金融管理秩序，也包括发卡银行的财产利益，而刑罚的适用与保护恶意透支犯罪所侵犯的客体之间，并不存在一个直接关联的关系。在本书第二章的论述中，我们对上海地区 2009 年两高司法解释施行前后恶意透支型信用卡诈骗案件的数量进行过统计[①]。从当时案件数量的变化来看,2009 年两高司法解释施行后，此类案件数量明显大幅上升，在之后的两三年时间里由于多种因素的共同作用，案件数量达到历史峰值，2012 年全年上海法院办理的恶意透支型信用卡诈骗案件近 1700 件。在此之后案件数量虽有所回落，但是多年维持在每年 1000 件以上。因此，一味地试图通过适用刑罚以期遏制恶意透支案件的发生，实际上往往适得其反，不仅不能产生所期望的降低案发数量的效果，反而会导致案件数量的激增，人为制造不安定社会因素。

综上，刑事司法实践中，原本出罪路径就十分有限，在这种重刑主义思想的作用下，更加不可能对案件做出罪处理。因此，为了构建恶意透支案件在立案侦查阶段的出罪机制，必须在司法人员中强化出罪理念，使司法人员理解出罪条款的意义，愿意并且善于运用出罪条款。

（二）以侦查为中心刑事诉讼制度的影响

在我国刑事诉讼制度下，参与的公权力主体主要包括侦查机关、检察机关和审判机关，根据三机关之间的关系，可以将刑事诉讼制度区分为以审判为中心和以侦查为中心两种。对于三机关之间的关系，刑事诉讼法仅仅进行了笼统的表述，难以准确区分三机关之间的地位关系。实际上，在我国过去的刑事司法实践中，长期推行的是以侦查为中心的刑事诉讼制度，在这种制度下，公检法三机关之间重配合、轻制约，以控制和打击犯罪为共同的首要目标，这也是我国传统刑法中重刑主义思想在诉讼制度方面的体现。[②] 在侦查中心主义诉讼制度下，侦查机关的侦查权处于核心地位，检察机关、审判机关职权的行使均服务于侦查机关的侦查权。

具体到恶意透支型信用卡诈骗罪中来看，以侦查为中心刑事诉讼制度的

---

① 具体数据详见本书第二章第四节图 4。

② 陈瑞华：《刑事诉讼的中国模式》，法律出版社 2008 年版，第 109 页。

影响同样深远。对于形式上符合构成要件的恶意透支行为，公安机关立案以后往往会要求报案银行提供完整的报案材料，以确保符合犯罪构成要件；同时，公安机关的立案行为客观上也关闭了唯一的出罪路径，使检察机关和审判机关很难对案件做出罪处理。

通过上述分析可知，导致侦查机关立案前最后告知制度缺失的原因，不仅包括出罪理念的缺失，更为重要的一点则是我国长期以来所推行的以侦查为中心的刑事诉讼制度。以侦查为中心，就是以侦查机关查办犯罪职能为中心；而以审判为中心，则是以审判机关的居中审判为中心。两种刑事诉讼制度之间侧重点的不同，直接影响出罪机制在我国刑事诉讼制度中的地位。侦查机关的职能就是查办案件，虽然法律规定侦查机关应当同时收集犯罪嫌疑人有罪、无罪及罪重、罪轻的证据，但侦查机关基于其控方的本职职能特征，往往将更多的精力投入有罪证据和罪重证据的收集上来，因此，侦查机关在查办案件过程中，其关注的重点是“入罪”，而非“出罪”。以侦查为中心的刑事诉讼制度必然导致刑事案件办理过程中司法人员关注的焦点是如何对特定行为进行“入罪”。

以审判为中心的刑事诉讼制度改革，是党中央全面推进依法治国的重大历史决策。审判机关在刑事案件办理过程中具有居中裁判的司法属性，这一属性使审判机关的办案理念明显区别于侦查机关的办案理念。以审判为中心，就是以审判和庭审活动为中心，以审判和庭审的标准要求侦查机关，使侦查机关的侦查活动达到审判和庭审过程中对于案件事实、证据等方面的要求。以审判为中心的刑事诉讼制度，一方面要求侦查机关对于恶意透支行为人是否构成犯罪以及具有何种量刑情节等进行客观、全面、有针对性的侦查。另一方面对于侦查机关证据的收集标准也提出了更高的要求。一个最明显的差别就是对于恶意透支行为人“非法占有目的”的查证，以往在以侦查为中心的刑事诉讼制度中，只要行为人最终无力归还本息，侦查机关便倒推其具有“非法占有目的”，这种做法实际上虚化了“非法占有目的”的证明要求；而在以审判为中心的刑事诉讼制度中，恶意透支行为人的主观犯罪故意并不能简单地以无力归还本息这一最终结果而进行事后倒推，必须要求侦查机关收集客观证据，证明持卡人在透支使用信用卡的当下即具有“非法占有目的”，否则便不能认定恶意透支行为人构成犯罪。

综上，以审判为中心的刑事诉讼制度将处于居中审判地位的审判机关办案标准和理念向前传导至侦查过程中，对于可能在审判环节进行出罪处理的案件，使侦查机关能够尽早将其排除在刑事犯罪圈之外。因此，为了构建恶意透支案件在侦查阶段的出罪机制，必须进一步贯彻以审判为中心的刑事诉讼制度，为出罪机制的构建打下良好的制度基础。

（三）恶意透支行为人对法律法规缺乏认识

按照本书前述的观点，公安机关在进行刑事立案之前，未对恶意透支行为人进行充分的告知，导致恶意透支行为人不知晓、不了解在当时情况下自己所可能具有的出罪可能性，从而使恶意透支行为人丧失获得出罪处理的可能。根据我国刑事诉讼法的规定，法律和相关司法解释并不属于需要控方举证进行证明的内容，也就是说，我国公民对于我国现行有效的法律和司法解释应当知晓其内容，不能以自己不知道法律、司法解释的内容为由提出抗辩；退一步讲，至少对于办理信用卡并透支使用的持卡人而言，其应该知晓我国刑法中有关恶意透支型信用卡诈骗罪的有关规定和司法解释。

但实际情况却并不尽如人意。在我国的刑事司法实践中，不仅包括统一适用的刑法典，还包括全国人大及全国人大常委会颁布的单行刑法和立法解释、“两高”颁布的司法解释，以及“两高”在司法实践中针对出现的特定问题，从而以意见、答复、批示、复函等多种形式对司法实践起到指导作用的规范性文件。[①] 对于本书所论及的恶意透支型信用卡诈骗罪而言，在上海地区范围内先后有效的规范性文件就包括 1997 年刑法、2009 年两高司法解释、2010 年公安机关管辖案件立案追诉标准、2015 年上海检察机关办案指引、2018 年经修改的两高司法解释、2022 年经修订的公安机关管辖案件立案追诉标准等（详见表 5）。如此繁杂的刑事法律规范体系，对于受过专业培训和学习的司法人员而言，尚难以完全了解所有规范的详细内容，更遑论对于一般的社会公众，尤其是信用卡持卡人，则更加难以充分了解相关法律规范的内容。

① 王敏远：《2012 年刑事诉讼法修改后的司法解释研究》，载《国家检察官学院学报》2015 年第 1 期。

表 5：上海地区适用的恶意透支犯罪规范性文件列表

施行时间	名称
1997 年 10 月 1 日	《中华人民共和国刑法》
2009 年 12 月 16 日	最高人民法院、最高人民检察院《关于办理妨害信用卡管理刑事案件具体应用法律若干问题的解释》
2010 年 5 月 7 日	最高人民检察院、公安部《关于公安机关管辖的刑事案件立案追诉标准的规定（二）》
2015 年 9 月 21 日	上海市人民检察院《关于办理恶意透支型信用卡诈骗犯罪案件若干问题的指引》
2018 年 11 月 28 日	最高人民法院、最高人民检察院《关于办理妨害信用卡管理刑事案件具体应用法律若干问题 的解释》（2018 年修订）
2022 年 5 月 15 日	最高人民检察院、公安部《关于公安机关管辖 的刑事案件立案追诉标准的规定（二）》（2022 年修订）

在本书前文关于恶意透支型信用卡诈骗罪司法实践现状部分，已经对于司法实践中恶意透支案件的非典型特点进行了分析，从其中的实证数据可以看出，此类案件中的恶意透支行为人，与普通金融犯罪行为人相比，体现出明显的差异性特征。在持卡人学历方面，本书所有 139 件研究样本中，初中学历的持卡人人数为 67 人，占比 48%；高中学历人数为 33 人，占比 24%；小学及以下学历的人数为 27 人，占比 19%；大学及以上学历的人数为 12 人，占比 9%（详见图 7）。

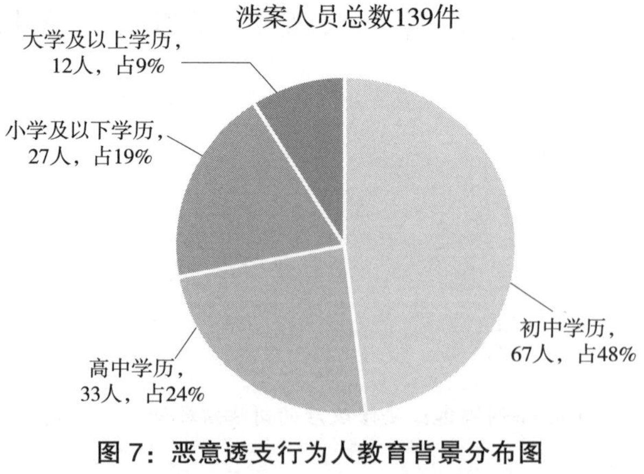

图 7：恶意透支行为人教育背景分布图

从上述恶意透支行为人教育背景分布可以看出，占比最大的是初中和高中学历的行为人，而在我国的中学教育阶段，并没有专门的法律知识教育，通识性法律教育一般从大学阶段开始。因此，司法实践中大量的恶意透支行为人并没有专门的法律知识背景，更没有对于恶意透支犯罪所涉及的法律知识进行过学习，普遍将恶意透支行为简单等同于民事上的“欠债不还”行为，缺乏对自身行为违法性的认识。在不认为自己的行为构成犯罪的情况下，恶意透支行为人更不会主动地了解司法解释中才存在的出罪条款。因此，公安机关在接到发卡银行的报案后，如果能在立案前将行为人已构成恶意透支犯罪及可能的出罪路径进行充分的告知和说明，我们相信会有相当部分的恶意透支行为人在立案前便归还全部本息，从而达到司法解释所规定的出罪条件。基于我国目前的法律规定现状，上述论断无法进行相应的实证检验，但根据本书对案发后全额归还本息案件中还款时间所进行的统计和分析，可以看到大量恶意透支行为人在公安机关侦查阶段乃至立案当天便归还了全部本息[①]，此部分行为人即为潜在的可能经过公安机关立案前告知，从而在立案前归还全部本息的行为人。

三、恶意透支案件立案前最后告知制度的具体构建

通过本章前述分析，我们已经明确了在侦查机关立案前对恶意透支行为人进行最后告知的必要性，一方面使恶意透支行为人有权自主选择是否在立案前归还全部透支款项以获得出罪处理，另一方面通过较为简便易行的告知程序，将部分恶意透支犯罪案件排除在刑事犯罪圈之外，提高司法工作的效率，同时也体现了我国刑法在处理恶意透支犯罪上宽严相济的刑事政策。接下来将立足于我国的现行刑事法律体系，试图多角度构建一个公正、高效、合理的恶意透支案件立案前最后告知制度。

（一）适用范围

立案前最后告知制度设立的法律基础是 2018 年经修改的两高司法解释第 11 条的规定，该条规定将恶意透支的数额仅仅限定为公安机关立案时尚未归还的透支本金数额，而不包括其他利息、手续费等费用，以这种计算恶意透支数额的方式将立案前透支本金已完全清偿的案件整体排除在刑事犯罪圈

① 具体数据详见本书第七章第一节表 4。

之外。

与检察机关的相对不起诉制度相比，从出罪的角度来看，依托于恶意透支数额的计算方式，立案前最后告知制度不仅没有《刑事诉讼法》第177条第2款所规定“犯罪情节轻微”这一情节要求，也没有2018年经修改的两高司法解释第10条所限制的只有“数额较大”的恶意透支案件才有可能适用相对不起诉制度。同时，从出罪的可能性来看，无论是刑事诉讼法还是两高司法解释，均规定由检察机关根据具体案件情况决定是否适用相对不起诉制度，因此法条表述为“可以作出不起诉决定”，而非一律作出不起诉决定。另外，与《刑法》第13条“但书”条款相比，更是不存在“情节显著轻微危害不大”这一要求更高的限定条件。①

因此，从适用的范围来看，立案前最后告知制度应当适用于所有恶意透支案件，透支数额、主观恶性、犯罪情节、人身危险性等定罪、量刑要素并不影响立案前最后告知制度的适用，即便透支行为人明确基于“非法占有目的”进行透支并且透支数额达到法定的“数额巨大”“数额特别巨大”标准，但只要其能够在公安机关刑事立案之前归还全部透支本金，那么其恶意透支数额便应认定为0，从而难以达到恶意透支犯罪的立案追诉标准，不应被追究刑事责任。

需要说明的是，虽然立案前最后告知制度理论上可以适用于所有恶意透支案件，但是具体案件情况可能存在例外情形，例如当事人故意逃避告知，拒绝承诺还款，转移、隐匿财产逃避还款，隐匿、伪造、毁灭证据或者串供等，导致在个案中不再适用立案前最后告知制度，应由公安机关依法决定是否立案侦查，对此将在后续专门进行研究。

（二）启动时间

在我国刑事司法体系中，侦查机关受理报案人的报案、控告或者举报后，并非直接无差别地均予以刑事立案。根据我国刑事诉讼相关法律法规的规定，侦查机关对于报案、控告、举报，都应当接受，并且迅速进行审查，审查后有犯罪事实的才应当立案。可见，在侦查机关启动侦查活动时，“立案”并非首个环节，在“立案”之前还存在“受案”以及之后的“审查”环节。以公安机关为例，根据《公安机关办理刑事案件程序规定》第171条，公安机关在接受报案人报案后，第一个环节即是“受案”，公安机关应制作《受案登记表》

① 具体出罪条件详见本书第三章第一节表2。

并将回执交予报案人。但是“受案”并不意味着必然对案件进行“立案”，而是应由公安机关对案件事实进行“审查”，在必要的时候经审批可以进行“调查核实”，采取询问等不限制当事人人身自由的措施，审查后认为有犯罪事实的，才予以“立案”；否则便不应予以“立案”（立案阶段办案流程详见图 8）。

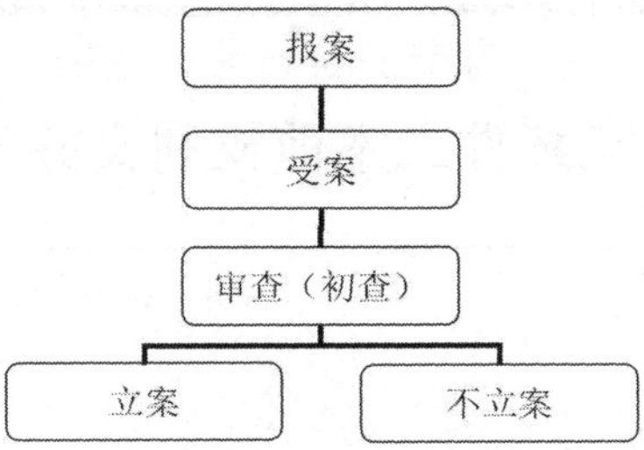

图 8：立案阶段办案流程

具体到本书所讨论的恶意透支型信用卡诈骗罪，根据侦查权限应当由公安机关负责侦查。在图 8 立案阶段办案流程中可以看到，对于发卡银行的报案，公安机关必须无条件地予以受案。因此，恶意透支案件中公安机关立案前的最后告知制度，完全可以设置于受案后的审查阶段。在受案后的审查阶段，公安机关应当初步查明是否有犯罪事实且需要追究刑事责任，对于案件事实不明的，公安机关可以采用询问等不限制人身的措施进行调查核实。公安机关的审查及调查核实过程为本书力图构建的恶意透支案件立案前最后告知制度提供了完备的时间和空间条件。

（三）告知方式

1. 以书面形式告知为原则

根据《公安机关办理刑事案件程序规定》第 174 条，公安机关在受案后的审查阶段，应当初步查明是否有犯罪事实且需要追究刑事责任，事实不明的，经批准可以进行调查核实。调查核实主要以不限制人身、财产权利的方式进行。因此，公安机关在受理发卡银行报案后，为了核实案件事实，可以对恶意透支行为人采取询问这种并不限制人身的措施开展调查核实工作。在进行初步询问的过程中，一方面公安机关可以了解相关案件事实，并对催收等环节进行初步审查；另一方面公安机关可以在询问过程中，以书面形式向行为人告知立案前还款可能导致的相关法律后果，使其知晓在立案前归还透支款项所可能适用的出罪条款及相应的法律后果，以便其在立案前能够有相应的时间筹集资金用于归还所欠透支款项（文书样本详见图9）。一旦恶意透支行为人在公安机关受案后的审查阶段全额归还了所欠本金，则恶意透支的数额即为0，不再需要追究刑事责任，公安机关经审批后依法不予立案，不再追究恶意透支行为人的刑事责任，实现对恶意透支犯罪的出罪处理。

上海市公安局××分局

恶意透支案件立案前权利义务告知书

沪×公恶透立前告〔××××〕××号

（持卡人姓名）：

根据《中华人民共和国刑事诉讼法》第一百一十条第三款的规定，我局已受理（报案银行名称）向我局报称的你涉嫌信用卡诈骗犯罪一案，现就本案进行审查。

根据最高人民法院、最高人民检察院《关于办理妨害信用卡管理刑事案件具体应用法律若干问题的解释》第九条第一款的规定，恶意透支的数额，是指公安机关刑事立案时尚未归还的实际透支的本金数额。

若你在我局刑事立案前仍未归还实际透支的本金数额，经我局审查后认为有犯罪事实的，将根据《中华人民共和国刑事诉讼法》第一百一十二条的规定，依法予以刑事立案并追究你的刑事责任。

××××年××月××日

被告知人：

告 知 人：

见 证 人：

图9：恶意透支案件立案前权利义务告知书（样本）

2. 以其他形式告知为例外

根据前述规定，公安机关在受理后的审查阶段，可以采取不限制人身自由的方式开展调查核实工作，而根据刑事诉讼法的规定，限制人身和财产的侦查措施只能在刑事立案以后才能适用。因此，对于恶意透支案件的立案前告知制度，由于其本身依托于公安机关的调查核实工作，从而只能以询问这种非强制方式接触当事人，不能对其进行强制性拘传。

对于当事人积极配合的情形，公安机关可以在调查核实阶段以书面形式向当事人送达《恶意透支案件立案前权利义务告知书》，并告知相关的权利义务和可能导致的法律后果。如果当事人因为种种客观原因无法到现场配合公安机关的调查核实工作，在征得当事人同意的情况下，公安机关可以采用邮寄、互联网送达、电话告知等多种形式向当事人告知恶意透支案件的相关法律规定，使其了解立案前最后告知制度的设立初衷以及可能给自己带来的法律后果，使其能够基于自身利益的考量，决定是否积极地在刑事立案前归还透支款项。

同时，需要注意的是，对于这种非书面形式的告知，公安机关应当保证告知的真实性和有效性，通过电话录音、信息送达记录、信函送达回执、电子邮件送达记录等证据材料，证实当事人的自愿性以及告知的真实性。例如，在2022年上海市新冠疫情管控期间，上海市司法机关已经对于法律文书互联网送达进行了相应的探索，在通过电话充分告知权利义务并经当事人同意的基础上，当事人使用手机通过互联网阅看和签收法律文书，知晓自身权利义务，并全程留痕（详见图10）。

本人已收到《犯罪嫌疑人诉讼权利义务告知书》，已阅读并理解犯罪嫌疑人的诉讼权利、义务和认罪认罚从宽制度。

被告知人（签名）

已于2022年05月11日 12:55查看此文书

已于2022年05月11日 12:55签收此文书

图10：法律文书互联网电子签收记录

（四）还款期限

1. 立案前最后告知制度所允许的还款期限应受到限制

设立恶意透支犯罪立案前最后告知制度的初衷，是为了在公安机关刑事立案之前，尽最大可能使恶意透支行为人能够积极归还透支款项，一方面尽早修复被其犯罪行为侵害的社会关系；另一方面也避免自身被追究刑事责任。因此，从法律效果来看，立案前最后告知制度实际上将恶意透支行为人的还款期限再次延长，而这种延长必须限制在一定的时间范围之内，不能无限制地等待行为人筹集资金，否则便会不恰当地使公安机关正常的刑事立案审查活动受制于行为人还款的时间早晚。

对于恶意透支案件的还款期限，前面曾进行过多角度的论述。在本书第五章第一节中，在对超期限透支这一构成要件要素进行分析时，曾引入逾期还款的概念。根据《商业银行信用卡业务监督管理办法》关于信用卡业务风险资产分类管理制度①，只有透支后逾期还款超过180天的，才将透支本金作为发卡银行的损失，计入“损失类”财产进行处理，只有此时发卡银行的财产权益和信用利益才实际受到损害，发卡银行才能依据刑法以及司法解释的要求对行为人进行催收。因此，根据本书论证的逾期还款期限，在发卡银行开展催收之前，恶意透支行为人至少已经接近六个月没有归还透支款项。如果发卡银行欲追究恶意透支行为人的刑事责任，接下来便将着手对恶意透支行为人进行催收。为了达到司法解释所要求的催收有效性要求，发卡银行至少需要进行2次有效催收满3个月，且2次有效催收之间至少间隔30日。因此，经过简单的计算，发卡银行为了满足恶意透支案件的刑事追责条件，其催收过程最短也需要经历4个月左右时间。

因此，对于一件恶意透支案件，从行为人最初的逾期归还透支款项，到发卡银行财产损失实际发生，再到发卡银行完成有效催收并符合刑事追责条件，普遍已经经历至少10个月至1年时间，留给其归还透支款项的时间已经比较充裕。在这种情况下，立案前最后告知制度所允许的还款期限必须受到相对比较严格的限制，不能无限制地放宽行为人还款期限。而对于这种限制的程度，则应当结合公安机关关于立案的时间要求以及恶意透支案件的司法实践现状进行确定。

---

① 参见《商业银行信用卡业务监督管理办法》第92条。

2. 立案前最后告知制度所允许还款期限的合理认定

刑事案件的办理期限受到法律法规的严格限定，对于公安机关立案环节而言，也必须在法定期限内决定是否立案。根据最高人民检察院、公安部《关于公安机关办理经济犯罪案件的若干规定》，公安机关在办理经济犯罪案件时，应在受案后7日内决定是否立案；对于疑难复杂案件，经批准，期限可以延长至30日；对于特别疑难复杂案件，经批准，期限可以再延长30日。[①]恶意透支犯罪作为典型的经济犯罪案件，按照最理想情况，公安机关在完成审批的情况下，应当最晚在受理发卡银行报案后2个月内作出是否立案的决定。

但是，对于恶意透支型信用卡诈骗案件，绝大多数案件案情并不复杂，司法解释对发卡银行报案时需要提供的证明材料提出了明确的要求，实践中较少存在重大、疑难、复杂案件，甚至相当数量的恶意透支案件公安机关在受案后当天随即作出立案决定[②]。因此，从恶意透支案件的实际情况来看，对于本书所讨论的需要进行出罪处理的恶意透支案件，公安机关受理后的立案审查期限基本以7日为限。

本书前面也对恶意透支案件中行为人的还款时间进行过实证研究[③]，在所有86件案件样本中，有12件案件的当事人在公安机关立案当天就归还了本息，占比达到13.9%。而如果将还款期限放宽为公安机关立案后7日内，则34件案件的当事人或其家属归还了全部透支本息，占比接近40%。对于立案后7日内归还透支款项的当事人及其家属，如果公安机关能够在刑事立案前充分向其进行告知，使其知晓立案前归还和立案后归还透支款项的差别，我们有理由相信，其在被告知后7日内归还全部透支款项同样具有较大的可能性。

因此，本书认为，结合法律规定的公安机关受理后一般情况下7日的立案审查期限和恶意透支案件的司法实践现状，可以将立案前最后告知制度所允许的还款期限限定为7日，既能够保证公安机关在法定期限内完成立案审查工作，也能为当事人预留一定的还款期限，增大其还款压力，避免无节制地延长当事人还款期限，影响司法工作效率。

---

① 参见最高人民检察院、公安部《关于公安机关办理经济犯罪案件的若干规定》第15条。

② 可参考本文第七章案例15。

③ 相关数据详见本书第七章第一节表4。

（五）透支行为人应遵守并履行的条件

恶意透支案件中，信用卡持卡人与发卡银行之间原本处于平等的民事法律地位，在发卡银行因持卡人无力归还透支款项而向公安机关报案后，虽然在公安机关立案之前持卡人还不属于刑法意义上的犯罪嫌疑人，但是作为被控告的对象，信用卡持卡人此时享有的权利义务已经发生明显的变化。在立案前最后告知制度中，信用卡持卡人既享有一定期限内还款的权利，同时也必须遵守公安机关相关规定，否则可能导致立案前最后告知制度的停止适用，无法对其进行出罪处理。

1. 配合公安机关开展立案前审查工作

如前所述，在立案审查过程中，公安机关不能限制当事人的人身权利，只能采取询问等非限制人身的方式开展调查核实工作。这也决定了设置于立案审查阶段的恶意透支案件立案前最后告知制度，只有在当事人积极配合的情况下才有开展的可能，而公安机关无权采取任何强制措施来推动立案前最后告知制度。① 为了获得司法过程中的优惠待遇，案件当事人必然应当履行比一般情况下更高的保证义务，以匹配这种优惠待遇。② 立案前最后告知制度设置的目的是尽可能地对符合条件的恶意透支犯罪做出罪处理。恶意透支行为人是该制度的主要受益人，在享受利益的同时必然要承担更高的配合义务。因此，恶意透支行为人在收到公安机关通知后，应当及时与公安机关联系，向公安机关陈述案情并签收《恶意透支案件立案前权利义务告知书》。

2. 承诺在规定的期限内还款

立案前最后告知制度中，恶意透支行为人是潜在的最大利益获得者，而其获得利益的前提条件就是及时归还全部透支款项。因此，为了顺利启动恶意透支案件立案前最后告知制度，需要行为人在知晓权利义务及法律后果的情况下，向公安机关作出在规定期限内还款的承诺。恶意透支行为人作出承诺的，表明其主观上愿意积极筹款归还透支款项，修复其先前恶意透支行为所造成的社会危害后果。

需要注意的是，根据2018年经修改的两高司法解释规定，恶意透支数额

① 参见公安部《公安机关办理刑事案件程序规定》第174条；最高人民检察院、公安部《关于公安机关办理经济犯罪案件的若干规定》第18条。

② 马腾江：《认罪认罚制度下的检察释明问题研究》，载《福建警察学院学报》2021年第10期。

为立案时尚未归还的本金，而不包括利息、滞纳金等费用。根据恶意透支案件所涉及逾期还款和有效催收等条件的限制，公安机关受理案件的时间距离恶意透支行为人逾期还款已经间隔较久，司法实践中普遍达到或者超过一年左右，因此根据《商业银行信用卡业务监督管理办法》关于冲还欠款顺序的规定[①]，行为人超过 91 天逾期还款的，则先冲还本金，后冲还利息及各项费用。上述规定也与两高司法解释仅以本金认定恶意透支数额的精神相一致，在这种情况下恶意透支行为人归还的费用优先偿还透支本金，只要透支本金完全偿清，即便双方约定的利息、违约金、滞纳金等费用尚未偿清，也不再追究恶意透支行为人的刑事责任，而应由发卡银行通过其他途径，例如民事途径予以解决。

3. 如实提供相关证明材料

根据刑事诉讼法的规定，在办理刑事案件过程中，公安机关有权向相关涉案主体调取证据，相关涉案主体均应当如实提供。[②] 虽然在立案审查阶段，公安机关尚未对发卡银行的报案予以立案，但是案件已经进入刑事诉讼办理流程。根据前述《公安机关办理刑事案件程序规定》[③]，公安机关可以采取不限制行为人人身和财产权利的措施开展调查核实工作，其中除了可以询问行为人之外，还可以调取相关证据材料。

因此，恶意透支行为人在签收《恶意透支案件立案前权利义务告知书》并承诺在规定的期限内还款后，其就需要及时提供证明材料，证实其按照先前承诺的内容，积极地向发卡银行履行了还款义务，相关透支本金已经偿还完毕。公安机关在收到恶意透支行为人提供的证明材料后，应当结合恶意透支案件立案前最后告知制度对行为人提供的证明材料进行查证，重点是与发卡银行就行为人还款情况进行核实，确保证明材料的真实性、合法性和关联性。

4. 承担无法偿还透支款项的法律后果

恶意透支案件立案前最后告知制度，为恶意透支行为人在公安机关刑事立案前保留了不作为犯罪处理的可能性。对于这种可能存在的出罪结果是否实际出现，取决于恶意透支行为人能否按照承诺在规定期限内偿还透支款

---

① 参见《商业银行信用卡业务监督管理办法》第 57 条。

② 参见《刑事诉讼法》第 54 条。

③ 参见公安部《公安机关办理刑事案件程序规定》第 174 条。

项。在持卡人积极履行还款义务，但确因客观情况无法在公安机关立案前偿还透支款项时，公安机关应当依法及时办理立案手续并正式开展案件侦查活动。在公安机关立案后，恶意透支行为人如果能够继续还款，虽然不能再适用立案前最后告知制度进行出罪处理，但仍然可以获得相应的从轻、减轻处罚待遇。根据2018年经修改的两高司法解释第10条，对于恶意透支数额较大的案件，如果在检察机关提起公诉前全部归还透支款项的，可以作出相对不起诉决定；而如果在一审判决前全部归还透支款项的，可以由审判机关免予刑事处罚。

（六）例外情形

在对恶意透支案件立案前最后告知制度的适用范围进行论证时，本书已经根据2018年经修改的两高司法解释中关于恶意透支犯罪数额的认定精神，将制度的适用范围明确为所有恶意透支案件，而不区分具体案件的透支金额、主观恶性等定罪、量刑因素。因此，公安机关在收到发卡银行的报案后，应当保障每一件案件中的恶意透支行为人有在立案前归还透支款项并获得出罪处理的机会。但是，虽然立案前最后告知制度理论上可以适用于所有恶意透支案件，但是具体案件中可能存在各种特殊情形，导致在个案中不再应当适用立案前最后告知制度，而应由公安机关依法及时立案侦查。

1. 当事人故意逃避告知

在刑事立案前，公安机关只能以非限制人身的方式开展调查核实工作，因此立案前最后告知制度的有效开展必须依靠当事人的积极配合。恶意透支行为人在发卡银行办理信用卡时预留了相应的联系方式，并且发卡银行为保障其催收的有效性，会以多种形式向行为人进行催收。因此，公安机关在受理发卡银行的报案后应当及时联系恶意透支行为人，同时这也是立案前告知制度启动的前提条件。但是在部分案件中，恶意透支行为人在透支逾期后就故意逃避还款，同时在银行催收过程中也故意逃避催收，此时公安机关由于当事人的逃避行为无法与其取得联系，故立案前最后告知制度存在“告知”难以成立，公安机关无法完成“告知”，因而无法通过立案前最后告知制度来实现出罪效果。并且，当事人长期的逃避还款和逃避催收行为，表明其主观上不具有弥补其行为所造成损害后果的意愿，这种情况下，由公安机关及时立案开展侦查工作也是打击此类犯罪的应有之义，与立案前最后告知制度的设立初衷并不冲突。

2. 当事人拒绝承诺还款

在前述第一种例外情形中，是由于当事人的逃避行为，公安机关无法对其进行告知，从而导致立案前最后告知制度无法开展。但在当事人接受公安机关询问的情况下，同样可能存在例外情形，导致立案前最后告知制度无法适用。部分案件中，恶意透支行为人对于自己的行为定性存在辩解。例如，关于“非法占有目的”的认定，根据2018年经修改的两高司法解释，行为人可以提出反证证实自己不具有“非法占有目的”[①]，如果行为人能够证实自己不具有“非法占有目的”，也就不存在立案前最后告知制度适用的空间，因为这种行为本身就不构成犯罪，不能追究刑事责任；另有一些案件中，行为人对于透支金额、利息、滞纳金等费用的计算与发卡银行之间存在不同意见，无法就还款金额和方式达成一致意见。因此，在恶意透支行为人明确拒绝承诺在规定期限还款的情况下，公安机关同样应当依法开展调查核实工作，查明案件事实，对于需要追究刑事责任的，依法予以立案。

3. 当事人转移、隐匿财产逃避还款，隐匿、伪造、毁灭证据或者串供

前述第一种例外情形是当事人逃避告知，第二种例外情形是当事人因各种理由拒绝承诺还款。那么，如果当事人已经签收《恶意透支案件立案前权利义务告知书》并承诺在规定的期限内还款后，立案前最后告知制度是否就必然启动？公安机关是否仍然要在当事人承诺的7天期限届满后再决定是否立案？答案当然是否定的。对于转移、隐匿财产的行为人，实质上其客观行为已经直接否定了其之前所做出的还款承诺，表明其通过消极的转移、隐匿财产行为在逃避归还透支款项；而对于隐匿、伪造、毁灭证据或者串供的行为人，其客观行为也表明其主观上对抗司法机关的态度。根据刑事诉讼法的规定[②]，不论何方当事人，凡是伪造、隐匿、毁灭证据的，都将受到法律追究，这种情况不再对其适用立案前最后告知制度也是法律的应有之义，不能使当事人通过违法行为获取法律上的优待。

综上，通过前述恶意透支案件立案前最后告知制度的构建，可以真正激活两高司法解释中的出罪条款，畅通出罪路径，使出罪在司法实践中发挥越来越大的作用，最大限度地保障恶意透支行为人的合法权益，并通过公安机关在源头上对恶意透支案件进行出罪处理，从而节约司法资源，有效提升司法效率。

---

① 参见2018年经修改的两高司法解释第6条。

② 参见《刑事诉讼法》第54条。

第二节 出罪防线之二：加强对相对不起诉制度的规范适用

相对不起诉制度是我国检察机关自由裁量权的最主要表现形式，由检察机关在审查起诉阶段，对犯罪情节轻微、不需要判处刑罚的行为人，在认定其行为已经构成犯罪的前提下，依法作出不起诉决定，不再追究行为人的刑事责任。相对不起诉制度是诉讼便宜主义思想[①]在我国刑事司法制度中的产物，即行为人的行为已经构成犯罪，但根据其犯罪情节、危害后果、主观恶性等方面的考量，认为其犯罪情节轻微，不再需要通过刑罚的手段对其进行规制。

从上面所进行的实证研究可以看出，恶意透支案件被定罪的案件透支数额普遍较低，超过八成案件的透支数额为司法解释规定的“数额较大”档次；另外，此类案件案发后恶意透支行为人还款意愿较强、还款比例较高，之后再犯的可能性极低，司法实践中对于此类轻微恶意透支犯罪的量刑轻缓化（包括缓刑的适用）现象已经较为明显。由此看来，在检察机关审查起诉过程中，对于犯罪情节普遍轻微的恶意透支犯罪加大相对不起诉制度的适用，有现实的必然性。

以上海检察机关为例，在2018年两高司法解释修改之前，司法实践中对于犯罪数额较低，犯罪嫌疑人主观恶性较低、社会危害后果有限的信用卡诈骗案件，存在一定数量的相对不起诉适用比例，约为同期信用卡诈骗案件数量的1%—2%（详见表6）[②]。虽然单就数字而言这一比例并不突出，但是结合我国检察机关的司法实践，在仍然受“重刑主义”“重入罪、轻出罪”等传统思想的影响下，检察机关内部对相对不起诉制度的适用和决定有极为严格的适用条件和审批流程。在一般刑事案件中，如果没有特殊情况，往往很难作出相对不起诉决定。因此，信用卡诈骗案件中，在没有立法及司法层面特

① 樊崇义、李岚：《“刑事起诉与不起诉”制度研究观点综述》，载《法学杂志》2006年第3期。

② 上海市人民检察院：《上海金融检察白皮书（2019）》，第53页；《上海金融检察白皮书（2020）》，第56页。

殊“照顾”的背景下，能够存在1%—2%的相对不起诉适用比例，已经足以体现恶意透支型信用卡诈骗罪与相对不起诉制度之间的客观关联性。

表6：2014–2020年信用卡诈骗案件相对不起诉适用比例表

	2014	2015	2016	2017	2018	2019	2020
信用卡诈骗案件数量	1752	1701	1027	765	335	227	99
相对不起诉案件数量	23	21	13	14	13	40	12
占比	1.31%	1.23%	1.27%	1.83%	3.88%	17.62%	12.12%

同时，我们也可以发现，以2018年底两高修改司法解释为时间节点，信用卡诈骗案件出现了新的变化。一方面，从案发数量而言，信用卡诈骗案件数量呈现快速下降走势。以往信用卡诈骗案件数量长期占据金融犯罪案件数量“榜首”，但是从2018年开始，信用卡诈骗案件数量退居金融犯罪案件数量次席，2020年则进一步下滑至金融犯罪案件数量第四名，且案件数量首次跌至两位数。另一方面，从不起诉所占比例而言，2018年两高修改司法解释之后，信用卡诈骗案件的不起诉比例呈现暴增态势，2019年不起诉比例达到了创纪录的17.62%。究其原因，既包括部分存量案件因司法解释规定的定罪量刑标准发生变化而作出相对不起诉决定；也包括修改后的司法解释对于“非法占有目的”“经催收仍不归还”等定罪处罚条件的进一步从严把握；同时，检察机关近年来推动落实宽严相济刑事政策也在检察机关作出相对不起诉决定时发挥了重要作用。

随着相对不起诉制度在恶意透支型信用卡诈骗案件中的大量适用，司法实践中也随之出现一系列的问题，如果不能从制度层面加以解决和规范，相对不起诉制度在恶意透支案件中原本所能够实现的出罪效果会大打折扣，直接影响相对不起诉制度的适用效果。下面我们将从问题的角度出发，针对司法实践中出现的问题制定对策，规范恶意透支案件中相对不起诉制度的适用，最大限度地发挥相对不起诉制度在恶意透支案件中的出罪作用。

一、相对不起诉制度的适用难题

案例16：安某某信用卡诈骗案。2010年6月起，被不起诉人安某某在交通银行使用其本人身份办理信用卡1张，后于2011年6月至2011年12月间，以非法占有为目的，共恶意透支本金人民币1.9万余元[①]，后安某某改变联系方式躲避银行催收。发卡银行多次对其进行催收，但安某某仍不归还其所透支的款项。案发后，被不起诉人安某某主动至公安机关投案，并将所欠发卡银行的透支本息合计人民币4万元全部还清。

2016年5月，吉林省松原市宁江区人民检察院鉴于被不起诉人安某某在案发后主动到公安机关投案，并如实供述所犯罪行，具有自首情节；且安某某悔罪表现明显，案发后已经偿还全部款息，依法对安某某作出相对不起诉决定。[②]

案例17：黄某某信用卡诈骗案。2012年8月，被告人黄某某在明知自己没有还款能力的情况下，在中国光大银行用其本人身份办理信用卡一张。2012年8月26日至2013年4月25日间，被告人黄某某通过刷卡消费、取现、POS机套现等方式使用该卡透支人民币20000余元[③]，该透支款项超过规定还款期限并经银行多次催收后被告人黄某某仍拒不归还。经公安机关电话通知后，被告人黄某某主动到案并如实供述了上述事实，案发后已还清其信用卡账户全部透支款项。

2014年7月15日，检察机关以被告人黄某某犯恶意透支型信用卡诈骗罪起诉至法院，法院经审理，判处黄某某有期徒刑6个月，并处罚金人民币2万元。

上述两个案例，不论是案件的透支数额（均为人民币2万元左右），还是恶意透支行为人的犯罪情节（自首、立案后判决前全额退还本息）方面基本均一致，但最终的处理结果却大相径庭。检察机关认定案例16中的安某某犯罪情节轻微，可不追究刑事责任，最终对其作出不起诉决定，安某某从而免受牢狱之灾；对于案例17中犯罪事实和情节基本相似的黄某某，检察机关则认定其恶意透支数额较大，应予追究刑事责任，最终黄某某获刑6个月（实刑）。犯罪事实和情节基本相似的两个案件，是什么原因导致最终的处理结果出现如此大的偏差？其中所暴露出的问题，有必要引起司法理论界和实

① 该案发生时“两高”尚未对司法解释进行修改，因此当时恶意透支犯罪立案追诉标准及相关量刑档次仍以2009年两高司法解释为准。

② 参见宁检公诉刑不诉〔2016〕25号不起诉决定书。

③ 该案发生时“两高”尚未对司法解释进行修改，因此当时恶意透支犯罪立案追诉标准及相关量刑档次仍以2009年两高司法解释为准。

务界的共同重视，从解决问题的角度出发，完善和规范恶意透支案件相对不起诉制度的适用。

（一）法律适用的标准模糊

1.“犯罪情节轻微”的区分界限不明

对于何种情况下行为人的犯罪行为属于“犯罪情节轻微”，不论是刑法还是刑事诉讼法均没有明确的规定。有观点认为，“犯罪情节轻微”意味着犯罪行为恶性较轻，危害社会的程度也较轻，属于“轻罪”的范畴，可以将法定最高刑为3年有期徒刑以下刑罚的犯罪行为认定为“犯罪情节轻微”。[①]还有观点认为，“犯罪情节轻微”应结合案件的具体情况予以认定，既包括“轻罪”案件，也包括具有从轻、减轻等情节的“重罪”案件。对于这种“重罪”案件，虽然其原本的法定刑较重，但如果“重罪”案件的当事人具有刑法规定的从轻、减轻处罚情节，则此类“重罪”案件的当事人仍然符合相对不起诉制度所要求的“犯罪情节轻微”这一条件。[②]

具体到本书所探讨的恶意透支型信用卡诈骗罪，根据刑法的规定，该罪的量刑档次分为三个，目前司法实践中，司法机关普遍将恶意透支案件“犯罪情节轻微”限制在最低量刑档次范围内，即恶意透支“数额较大”的案件，对于“数额巨大”和“特别巨大”的案件，明确排除在相对不起诉制度适用范围之外。当然，对于恶意透支“数额巨大”和“特别巨大”的案件，持卡人透支金额均超过50万元，甚至部分案件中透支金额达到数百万元，且往往最终持卡人也无力还款，但如果简单地以不同的量刑档次来作为“犯罪情节轻微”的区分标准，而不考虑恶意透支行为人本身所具有的法定从轻、减轻处罚情节，则难以实现设立相对不起诉制度的初衷，同时也会导致司法实践中不同司法机关适用标准的不统一。

2.“依照刑法规定不需要判处刑罚”的认定标准模糊

根据《刑事诉讼法》第177条第2款的规定，无论是“不需要判处刑罚”还是“免除处罚”，均应当是刑法所规定的，而不能超越刑法规定的范围。我国刑法条文中“不需要判处刑罚”这种表述仅仅在《刑法》第37条出

---

① 白新潮：《如何改革完善不起诉制度》，载《检察日报》2006年8月21日，第3版。

② 梅笑、方志敏：《不起诉制度的缺陷和完善》，载《法制日报》2006年10月12日，第9版。

现一次，而在刑法其他条文中均没有“不需要判处刑罚”这一表述。《刑法》第37条属于刑法总则第三章第一节“刑罚的种类”部分的内容，主要规范的是我国刑法体系下非刑罚性处置措施。因此，《刑法》第37条条文本身的重点是该条的后半段，即免予刑事处罚后的非刑罚性处置措施，而对于何种犯罪行为属于“不需要判处刑罚”的犯罪行为，不论是《刑法》第37条还是刑法的其他条文，均没有明确的定义，难以明确相对不起诉制度所要求的“依照刑法规定不需要判处刑罚”的认定标准，在司法实践中不具有实际可操作性，容易引起法律适用的混乱。

（二）司法程序烦琐，社会效果不佳

1. 适用程序烦琐

设置相对不起诉制度的一个重要目的在于，通过程序分流的方式，将轻微刑事犯罪案件终结在审查起诉阶段，从而节约司法资源，提高诉讼效率。但就当前而言，适用程序上的烦琐正是造成相对不起诉适用率低下的一个重要原因。恶意透支型信用卡诈骗罪属于金融犯罪中的常见罪名，普通案件的办理难度不大，特别是有证据能够证明恶意透支行为人具有非法占有目的的情况下，办案人员一般均倾向于程序较为简便地向法院提起公诉。而如果办案人员根据案件情况希望作出相对不起诉决定，则通常需要经过多个办案程序流转，这些都严重影响了案件承办人员的办案积极性和工作心态，大大降低了恶意透支案件中相对不起诉制度的适用率。

2. 社会公众不理解，诉讼终结效果不理想

部分检察机关在适用相对不起诉制度过程中缺乏公开性和监督性，也造成社会公众易对“权力滥用”“以赔代罚”“同罪不同罚”“以钱赎刑”形成舆论指责。具体到恶意透支型信用卡诈骗罪中，在上海检察机关2014年至2020年作出相对不起诉决定的136件案件中，恶意透支行为人本人或者其家属无一例外的在案发后均已按照发卡银行的要求归还了全部透支本息，由此可知一般社会公众很容易将案发后归还本息与相对不起诉决定之间错误地画上“等号”。而一些检察机关在进行不起诉宣告时，仅仅向被不起诉人宣读相对不起诉决定后草草了事，未进行必要的释法说理，也未进行后续的跟踪和考察，易造成被害单位、社会公众，甚至被不起诉人本人对相对不起诉决定的不理解，极大地影响了相对不起诉制度适用的社会效果。

3. 决策过程不公开，缺乏当事人参与

相对不起诉制度属于终局性的诉讼制度，但是现阶段相对不起诉的审查和决定过程普遍缺乏公开透明的运行机制，同时也缺少各方当事人的参与。在恶意透支型信用卡诈骗案件中，检察机关审查起诉过程中往往将主要工作重心放在恶意透支行为人一方，而并不注意听取其他当事各方的意见，包括发卡银行、侦查机关等方面对案件处理的意见，这不仅背离了检察机关在积极推进检务公开中的要求，更说明了检察机关在检察决策过程中公开宣告和释法说理等工作的不到位，被不起诉人、被害单位的主体地位并没有得到应有的尊重，被不起诉人、被害单位没有程序参与权、事实陈述权和异议表达权等，从而导致决策过程的不公开，影响相对不起诉制度的适用效果。

二、相对不起诉制度适用的必要性与可行性

根据前文所述，恶意透支案件相对不起诉制度法律适用的标准模糊、司法程序烦琐、社会效果不佳，造成这些问题的原因多样，既有制度本身的问题，也有司法人员的观念性问题。要解决这些问题，需要从多个维度入手，多策并举，从制度上和观念上同步进行优化，为恶意透支案件相对不起诉制度的规范适用打下良好的制度和思想基础。

（一）恶意透支案件适用相对不起诉制度进行出罪的必要性分析

1. 积极推进轻微金融刑事案件快速办理

轻微刑事案件快速办理机制是维护社会稳定的一项重要措施，有利于提高诉讼效率，更好地保障人权，也有助于缓解当前司法机关办案任务重、人案矛盾突出的问题。目前，检察机关在金融检察领域尚未形成相应的“快速办理”机制，主要原因是金融案件相对疑难复杂、书证较多、金额较大、影响较广，无论是侦查机关、公诉机关还是审判机关均难以在短期内审结。本书选取恶意透支型信用卡诈骗罪作为相对不起诉制度规范适用的切入点，也正是基于以上考虑，以此作为突破口，对相对不起诉制度的适用进行探索，将有助于检察机关推进“轻案快办”工作的良性发展，也有助于在金融检察部门内部形成高效运行、有序衔接的工作机制。

2. 及时修复社会关系，维护社会稳定

恶意透支型信用卡诈骗罪的犯罪嫌疑人绝大部分主观恶性并不重，之所以会走上犯罪道路，一方面是自身法律意识不强、存在侥幸心理，总认为拖欠银行欠款最多是民事纠纷，而不至于构成犯罪；另一方面是发卡银行

自身存在一定过错，如片面地“重办卡数量指标考核、轻申领人员资质审查”“重办卡额度上调、轻申领人财务危急监督应对”“重利息手续费一次性催讨、轻本金规划性还款举措”等，发卡银行与持卡人之间出现“申领时百般奉承、使用时循循善诱、催款时恶语相向”的不同境遇，最终导致银行与持卡人要么对簿公堂，要么拒绝还款不依不饶追究到底，尤其是在金额较小的恶意透支型信用卡诈骗案件中，公权力的过度介入往往会激起社会公众更多的反弹和不满。因此，检察机关主导下的相对不起诉审查兼具权威性和柔和性，犯罪嫌疑人可以与发卡银行沟通并获得谅解，减少其犯罪阴影，更快地回归社会，同时发卡银行可以得到财产性赔偿。

3. 充分体现宽严相济刑事政策

刑事政策以其灵活性而被广泛运用于刑事司法实践中，“宽严相济”符合刑事政策自身发展规律，也适应了我国目前的刑事司法现状。[①] 对小额恶意透支型信用卡诈骗案件启动相对不起诉程序在价值和功能方面与宽严相济刑事政策相契合，此类案件在审查起诉阶段准确运用相对不起诉予以终结性评判，不仅有利于金融检察职能的延伸，而且能够促使犯罪嫌疑人认真改过自新和早日回归社会。

（二）恶意透支案件适用相对不起诉制度进行出罪的合理化路径

1. 明确相对不起诉制度的适用范围

能否准确适用相对不起诉制度，关键需要对法条中的“犯罪情节轻微”和“依照刑法规定不需要判处刑罚”确定明确的判断标准。同时，还应当将以下两项内容作为参考：一是是否具备“从轻或者减轻处罚”的情节，且在量刑上经过减轻处罚后是否在 3 年有期徒刑以下；二是被告人真诚悔过后，当事人之间是否已经成功和解。

具体到恶意透支型信用卡诈骗罪中，主要应以犯罪数额作为“犯罪情节轻微”的基本认定标准，应当结合现行刑法和两高司法解释的规定，根据不同犯罪数额所对应的法定刑档次，选取合适的透支金额作为启动相对不起诉制度的基准。另外，还需要综合考虑恶意透支案件中犯罪嫌疑人所具有的量刑情节，将法定的从轻、减轻情节和犯罪嫌疑人认罪悔罪态度、一贯表现等酌定量刑情节予以综合评判，确定恶意透支案件相对不起诉制度的合理适用

① 孙万怀：《宽严相济刑事政策应回归为司法政策》，载《法学研究》2014 年第 4 期。

范围。

2. 简化相对不起诉审批程序

按照《人民检察院刑事诉讼规则》规定，相对不起诉案件由检察长批准。相对不起诉制度的重要价值之一就是提高司法效率，从而节约司法资源。如果在节约某一环节司法资源时却又在其他环节耗费更多的司法资源，不仅会导致民众对案件处理公正性的忧虑，同时也和相对不起诉制度设立的初衷背道而驰。上海检察机关在简化相对不起诉审批程序方面已经进行了有益的尝试，根据2015年《上海检察机关落实司法责任制工作细则（试行）》第10条、第11条①的规定，已经将适用相对不起诉的决定权以检察长授权的形式赋予独任检察官和检察官办案组检察官行使，检察长和检察委员会仅保留存疑不起诉和绝对不起诉的决定权。通过简化审批流程，使相对不起诉的决定权掌握在承办检察官手中，改变以往“办案人无权决定，决定人不实际办案”的司法困境，激发办案检察官适用相对不起诉制度的积极性，节约司法资源，提高了诉讼效率。

3. 增强公开性和透明度

相对不起诉制度的公开性和透明度不仅应体现在相对不起诉的决策结果上，也应当体现在相对不起诉的决策过程上。检察机关对于符合条件并拟开展相对不起诉审查的案件，应当听取当事各方的意见，包括侦查机关、被不起诉人以及被害人，帮助检察机关作出正确的判断。由于相对不起诉制度具有终局性效力，因此检察机关在作出不起诉决定时，同样应当保证被不起诉人有提出异议的权利。部分案件中，行为人并不认为自己的行为构成犯罪，从而认为不应作出相对不起诉决定，而应作出绝对不起诉决定。因此，如果被不起诉人不愿意接受“有罪认定”的相对不起诉决定，检察机关就应当将案件移交给法院进行审判。同时，在作出不起诉决定前，承办人员应当将决定可能导致的法律后果，向相关利害关系人进行释法说理，并进行公开宣告。

三、恶意透支信用卡行为适用相对不起诉制度的完善路径

为了更好地对恶意透支案件适用相对不起诉制度进行完善，在本部分的论述中将扩大所研究的样本对象，以位于上海市中心城区、案件数量更为庞

---

① 参见《上海检察机关落实司法责任制工作细则（试行）》第10条规定。

大、案件类型更为多样的上海市H区检察院所办理的恶意透支案件作为研究样本进行分析。2016年1月至2017年12月，H区检察院共受理各类信用卡诈骗案件238件245人，对其中15件16人恶意透支型信用卡诈骗案件作出相对不起诉决定，占该院受理审查起诉信用卡诈骗案件总数的6.3%，[①]远高于同期上海全市检察机关信用卡诈骗案件1%—2%的相对不起诉适用比例[②]。H区检察院在恶意透支案件适用相对不起诉制度的规范化建设方面进行了有益的探索，也为本书所欲构建的恶意透支案件在检察机关审查起诉阶段出罪路径的构建提供了可供借鉴和参考的实践样本。以H区检察院的实践探索为基础，本书从恶意透支案件相对不起诉制度适用和审查的标准为核心切入点，以简化办案流程、推进检务公开，提升司法公信等角度为抓手，全方位、多角度地对恶意透支案件适用相对不起诉制度进行规范和完善。

（一）明确适用范围，统一适用标准

恶意透支案件适用相对不起诉制度，核心问题是如何明确恶意透支案件“犯罪情节轻微”的具体标准。在前述的分析和论述中，已经对司法实践中恶意透支案件最终量刑上的刑罚轻缓化特点进行了分析。根据上海高级人民法院的统计数据，在上海法院系统所办理的恶意透支案件中，大部分案件恶意透支数额较低，犯罪情节较轻，同时恶意透支行为人具有自首、坦白等法定减轻从轻情节，并能积极退赃，超过半数案件中最终对行为人适用缓刑。因此，在研究方法上，本书采取逆向思维的方式，对考察样本中恶意透支相对不起诉案件的涉案金额、情节等要素进行统计和归纳，将其中共性的特征进行提炼，明确恶意透支案件“犯罪情节轻微”的标准，形成恶意透支案件相对不起诉制度最基本的适用范围标准。

针对考察样本中检察机关作出相对不起诉决定的15件案件和同期法院作出免予刑事处罚判决的2件案件[③]，对其中涉案的恶意透支金额进行分析，可

① 此部分数据均来源于全国检察机关统一业务应用系统、上海检察机关法律文书库。

② 具体数据详见本书第七章第二节表6。

③ 考虑到此部分论述的主要目的在于明确恶意透支案件“犯罪情节轻微”的标准，而法院免予刑事处罚与检察机关作相对不起诉的诉讼效果近似，因此此部分论述中将法院作出免予刑事处罚的案件与检察机关作相对不起诉案件一并进行分析和比较。

以发现所有 17 件案件中，涉案金额均不超过 2 万元。[①] 结合 2009 年两高司法解释、最高人民法院《关于常见犯罪的量刑指导意见（二）（试行）》及上海市法院、检察院相关实施细则，恶意透支案件透支数额达到 1 万元立案追诉标准以上的，基准刑期为 3 个月拘役至 6 个月有期徒刑，在此基础上恶意透支金额每增加 1600 元，增加 1 个月基准刑期。[②] 因此，考察样本中 17 件相对不起诉和免予刑事处罚的案件中，涉案的恶意透支数额均小于 2 万元，所对应的基准刑期应为 1 年以下有期徒刑和拘役范围内。

另外，上述 17 件恶意透支数额不满 2 万元的案件中，所有涉案的犯罪嫌疑人均具有自首、坦白等法定从轻、减轻处罚情节，且多数犯罪嫌疑人系初犯、偶犯，认罪态度较好且到案后能主动退缴全部赃款。在当时的司法解释背景下，如果以恶意透支金额不超过 2 万元且犯罪嫌疑人具有相应的从轻、减轻处罚情节作为标准，对 H 区检察院 2016 年 1 月至 2017 年 12 月所受理 238 件信用卡诈骗案件进行进一步的统计，可以发现符合上述要求的案件为 31 件，占到全部办案数的 13% 左右；[③] 而除了前述 17 件相对不起诉和免予刑事处罚的恶意透支案件，另外 14 件透支数额和犯罪情节等均符合相对不起诉和免予刑事处罚条件的案件，却被法院最终判处刑罚。这也折射出司法实践中“犯罪情节轻微”标准认定的模糊现状，即便在同一基层检察院内部都难以做到标准的统一，更遑论在全国范围内对于“犯罪情节轻微”的统一界定。

在 2009 年两高司法解释背景下，恶意透支案件“数额较大”“数额巨大”“数额特别巨大”的标准分别为 1 万元、10 万元、50 万元；在两高 2018 年对司法解释进行修改过程中，数额标准分别提升至 5 万元、50 万元、500 万元，增长幅度统一设置为原先数额标准的 5 倍至 10 倍。因此本书认为，从不同恶意透支数额所对应法定刑范围的角度出发，结合 2018 年经修改的两高司法解释所确立的量刑档次标准，以恶意透支数额小于 10 万元，犯罪嫌疑人具有自首、坦白等法定从轻、减轻处罚情节，认罪态度较好且到案后能

---

① 2018 年 11 月 28 日“两高”司法解释进行了修改，因此在此处的统计区间内，恶意透支型信用卡诈骗罪的立案追诉标准和相关量刑档次标准，仍以 2009 年两高司法解释为准。

② 参见上海市高级人民法院、上海市人民检察院《〈关于常见犯罪的量刑指导意见（二）（试行）〉实施细则》第 4 条。

③ 此部分数据均来源于全国检察机关统一业务应用系统、上海检察机关法律文书库。

主动退缴全部赃款作为恶意透支案件相对不起诉制度适用的范围标准，具有现实的合理性和实践的可操作性。一方面，符合上述标准的案件涉案金额较低，法定刑幅度在1年有期徒刑以下，若进入法院审判环节，易被法院判处免予刑事处罚，属于检法两家在实践中基本达成共识的“犯罪情节轻微”范畴；另一方面，以恶意透支的数额作为适用相对不起诉制度的基础标准，再结合犯罪嫌疑人所具有的不同犯罪情节进行标准的调整，便于在更大的范围内统一“犯罪情节轻微”标准的认定，有助于实现恶意透支案件相对不起诉制度适用的规范与完善。

（二）制定审查方案，突出审查重点

结合本书前述所确定的恶意透支案件相对不起诉制度适用的数额和情节标准，我们筛选并明确了恶意透支案件适用相对不起诉制度的“六项标准”。（1）犯罪嫌疑人系初犯、偶犯，且无任何行政或刑事处罚前科的；（2）犯罪嫌疑人到案后能够自愿认罪，并如实供述所犯罪行或具有自首情节的；（3）恶意透支本金人民币10万元以下（含10万元），且案发后能够全额退赔的；（4）残疾人、孤寡老人、丧失劳动能力人确因家庭困难，恶意透支后无力偿还的；（5）有证据证明恶意透支钱款用于个人医疗、学习或未成年子女抚养的（限单亲家庭）；（6）法律法规、本市规定可以适用相对不诉的其他规定。上述标准中，（1）、（2）、（3）项为常见标准，也是恶意透支案件适用相对不起诉制度的必备条件；（4）、（5）、（6）项为例外标准，属于适用相对不起诉制度中的特殊考虑要件。检察机关案件承办人受理案件后，首先应根据上述前三项标准对恶意透支案件的基本事实和情节进行审查，对于初步符合相对不起诉适用条件的恶意透支案件，进一步审查犯罪嫌疑人的主观动机、人身危险性和社会危害性，全方位评估犯罪嫌疑人恶意透支行为给金融管理秩序带来的损害和其挽回、弥补该损害的最终结果，决定最终是否对其作出相对不起诉决定。

同时，为保证案件质量，突出审查重点、提升办案效能，检察机关在审查特定的恶意透支案件是否适用相对不起诉制度的过程中，应采用“一强二简”的审查方式，突出审查重点。“一强”，即强化审查过程中对适用相对不起诉制度理由的说明。对于准备适用相对不起诉制度予以终结的案件，检察机关案件承办人必须认真审查透支钱款用途、无法及时归还原因、家庭经济状况等客观事实，同时还要对案件的社会危害性、犯罪嫌疑人人身危险性、不起诉后可能产生的社会影响等犯罪“情节轻微”要素进行详细说明和预测，必要时须前往犯罪嫌疑人居住地进行社区调查和家庭走访，避免因情况掌握不及时、不到位，引发相对不起诉后的负面效应。“二简”，则是简化审查报告中陈述性文字摘抄和简化相对不起诉审批程序。可以借鉴上海检察机关近年来全市范围内法律文书改革的成果，对适用相对不起诉案件的审查报告进行结构性调整，将原有需要文字说明的陈述性事实内容通过填写表格的方式展现出来（详见图 11），将案件相关审查要点和证据内容以表格的直观形式提交给主办检察官进行审核，可以大幅缩短审批时间、提高审批效率。

××信用卡诈骗案证据概要及相关问题说明										
报案银行	透支起算日期	最后结清本息日期	最后还款日期	透支金额	催收情况说明					其他证据
					时间	方式（根据具体催收情况填写）	回执	确认	未被催收原因	
						电话				
						短信				
						催收函				
						上门				
						……				
透支总额：			退赔情况：			是否随案移送：				
到案情况：			其他量刑情节：							
管辖理由：被害银行信用卡中心位于本区域						适用程序：速裁（）；简易（）；普通（）				

图 11：恶意透支案件表格式审查样本

（三）提升司法公信，延伸检察职能

检察机关对符合条件的恶意透支案件适用相对不起诉制度过程中，不应仅仅局限于办理案件本身，更不能将相对不起诉制度作为问题案件、存疑案件的消化通道，应提高检察机关相对不起诉决定的公正性和公信力，始终坚持“以公开促高效、以公开示公信、以公开证公正”的办案原则，做到“两个公开”，即审查公开、决定公开，具体体现在以下几个方面。

一是认真听取各方合理化意见和建议。对于符合条件的恶意透支案件，在作出相对不起诉决定前，检察机关办案人员应主动听取公安侦查部门、被害银行、辩护律师等相关单位或人员的意见或建议，做好案件沟通协调，当事人之间赔偿谅解、细化各项工作方案，做到案结事了、不留后遗症。

二是增强审查办案过程中的释法说理。根据个案的不同特点，案件承办人应从三个方面做好释法说理工作：第一，针对恶意透支型信用卡诈骗犯罪系行政犯（法定犯）的特点，在案件审查的过程中，提高当事人的法律意识，使其认清恶意透支行为的社会危害性，引导当事人积极、自愿退出违法所得。第二，选择典型案例进行类比说明。一个案例胜过一打文件，通过翔实的案例，对当事人进行释法说理，以当事人容易理解和接受的方式，使其认清自身恶意透支行为的本质，主动承担相应的法律责任，消除其侥幸心理和对抗情绪。第三，在不起诉决定书附件中增设“检察官寄语”。在不起诉文书中，除从被不起诉人行为的社会危害性、人身危险性以及犯罪动机、目的、手段、方式等方面具体地阐述为什么其犯罪行为情节较轻，对其作出相对不起诉的依据等内容外，案件承办人还应在相对不起诉决定书中增设“检察官寄语”作为训诫内容，督促被不起诉人改过自新，遵纪守法。

三是对不起诉决定进行公开宣告，接受各方监督。相对不起诉是检察机关具有终结性、涉及当事人重要诉讼权利的决定，为增强不起诉决定的公信力和权威性，应推广不起诉案件公开审查、公开听证的全覆盖，并且对审查、听证的过程制定规范性指引，应尽可能使用普通公众看得见、能理解、信得过的方式来维护和促进司法公正，对所有相对不起诉案件一律采用公开宣告方式，规范宣告记录机制，并适时邀请人民监督员、人大代表、社区群众通过直接参与或文书送达的方式进行监督，进一步促进司法公开，提升检察形象，取得良好社会效果。

第三节　出罪防线之三:"但书"条款的厘定与运用

"但书"条款在我国刑事立法体系中长期存在。1979年制定我国首部《刑法》时，立法者在其中第10条关于犯罪概念的条文中，便以"但是"这一具有明显转折语义的词语首次设置了我国刑法体系中的"但书"条款；该条规定，"……但是情节显著轻微危害不大的，不认为是犯罪"。1997年刑法基本完整地保留了1979年刑法中的"但书"条款，从而构成了我国现行刑事法律体系中"但书"条款的基本架构。"但书"条款的本质是对于部分原本已经符合犯罪构成要件的行为，因为其情节具有显著轻微的特征，所造成的社会危害性极为有限，所侵害的特定法益已经得到充分的修复，从而在法律层面不再将该行为视为犯罪，从而完全从源头上将其排除在犯罪圈之外。"但书"条款所要求的情节要件是"情节显著轻微"，这一点明显区分于检察机关相对不起诉制度所要求的"犯罪情节轻微"，因此两种制度所导致的最终结果也存在重大差异。相对不起诉制度概括起来可以称作"定罪不起诉"，即认为特定的行为已经完全满足了刑法关于某种犯罪的全部构成要件，考虑到其犯罪情节轻微，在对其行为进行定罪评价后，再作出不起诉决定，不再将其移送法院接受审判。可以说，"但书"条款是比相对不起诉制度更加彻底的出罪路径。

从整个刑事诉讼的流程来看，可以将立案侦查、审查起诉、刑事审判三个阶段对于出罪与否的审查比喻成顺流而下的三道程序防线，首先是立案侦查阶段的出罪审查；其次是经过审查起诉阶段的出罪审查；最后则是刑事审判阶段的出罪审查。三重审查中只要其中任意一道防线认为案件符合当时的出罪要求，便可以对符合条件的案件进行出罪处理，从而使案件退出刑事办案流程。因而，在刑事审判阶段构建更为合理、有效且符合现有法律规范的"但书"条款出罪体系，一方面是构建恶意透支型信用卡诈骗罪出罪体系的必需组成部分，另一方面也是更为重要的，则是可以在整个刑事诉讼流程终结前，对所有已经进入刑事审判程序的案件进行最后的兜底审查，避免立案侦查和审查起诉阶段"过滤网"出罪审查作用的失灵，从而使恶意透支型信用卡诈骗罪的出罪路径得到最大限度的保障。

一、“但书”条款的适用现状

具体到本书所论及的恶意透支型信用卡诈骗案件，如果持卡人在公安机关立案侦查以前未能全额归还本金，进而公安机关对其刑事立案，而在审查起诉阶段检察机关也未对其作出相对不起诉决定，则持卡人所涉嫌的恶意透支型信用卡诈骗罪便进入刑事审判阶段。这种情况下，信用卡持卡人已经错失了前两次出罪的可能性，因此刑事审判阶段的出罪路径，也就是本节所分析的“但书”条款，便成为持卡人是否能够得到出罪处理的最后可能性。

为了探查“但书”条款在我国恶意透支案件刑事司法实践中的应用情况，我们通过中国裁判文书网对全国范围内已公开的生效恶意透支案件刑事判决进行检索，设置检索关键词为“情节显著轻微危害不大”，检索出 11 件案件①。通过对案件犯罪事实进行初步筛查，其中4件案件为本书所研究的恶意透支型信用卡诈骗案件。进一步对每份判决书进行审查后发现，上述 4 件案件中虽然均出现了“情节显著轻微危害不大”的文字表述，但其中没有一件案件属于本书所论及的适用“但书”条款予以出罪的案件。其中 2 件案件②系被告人本人提出的上诉理由，认为自己的行为属于“情节显著轻微危害不大”的情形，请求二审法院作无罪判决；二审法院经审查，均未采纳被告人关于无罪的上诉理由，但在量刑时均对一审判决进行改判，降低了最终的量刑结果，其中1件案件最终对持卡人作出定罪但免予刑事处罚决定③。另外 2 件案件④均为所引用法律条文中包括关键词“情节显著轻微危害不大”，实际上与“但书”条款无实际关联。

如果跳出本书所限定的恶意透支型信用卡诈骗罪，对另外 7 件其他类型的信用卡诈骗案件进行审查，发现其中 4 件案件为冒用型信用卡诈骗案件。此 4 件案件中有 3 件系同一法院所作的判决，均认定被告人“情节显

---

① 检索时间为 2021 年 3 月 4 日。

② 陈某某信用卡诈骗案，参见甘肃省白银市中级人民法院（2017）甘 04 刑终 178 号刑事判决书；康某某信用卡诈骗案，参见广东省清远市中级人民法院（2015）清中法刑二终字第 35 号刑事判决书。

③ 陈某某信用卡诈骗案。

④ 邱某某信用卡诈骗案，参见广东省韶关市中级人民法院（2015）韶中法刑二终字第 23 号刑事判决书；杨某某信用卡诈骗案，参见湖南省长沙市中级人民法院（2017）湘 01 刑终 38 号刑事裁定书。

著轻微危害不大”，但得出的结论却是“依法不需要判处刑罚”，最终作出的也是定罪免处决定[①]；另一案件中[②]，法院则以被告人“情节显著轻微危害不大”为由对被告人仅作出从轻处罚的决定，最终仍然对被告人判处刑罚。

从上述司法实践现状可以看出，对于恶意透支型信用卡诈骗案件，可以归纳出两个较为明显的特征。一是“但书”条款的适用率极低。通过前述的检索结果可知，司法机关（特别是法院）极少适用“但书”条款对当事人进行出罪处理。目前通过公开途径无法找到任何一件适用“但书”条款，对信用卡持卡人做出罪处理的案件[③]。二是“但书”条款存在大量错误适用的情形。在前述更大范围的检索中可以发现，部分司法机关将“但书”条款作为从轻处罚情形，以“情节显著轻微危害不大”为由对当事人从轻处罚，最终作出免予刑事处罚的决定。但是，根据《刑法》第13条的规定，适用“但书”条款情形下，是对于当事人的行为不作为犯罪处理；同时，根据《刑事诉讼法》第16条的规定，对于已经进入法院审判阶段的案件，如果符合“但书”条款要求的条件并决定适用“但书”条款，法院应当作出终止审理或者宣告无罪的决定。因此，部分司法机关将“情节显著轻微危害不大”作为从轻处罚的情节，对当事人从轻处罚，进而作出免予刑事处罚的决定，明显违背了刑法和刑事诉讼法的基本要求，因为免予刑事处罚的前提是当事人的行为已经构成犯罪。

二、“但书”条款正确适用的法理解析

通过前述对于司法实践现状的总结，可以看出“但书”条款不论是在恶意透支型信用卡诈骗案件中，还是在其他类型的刑事案件中的适用比例极低，且存在错误适用的情形。因此，有必要对“但书”条款本身进行充分的法理分析。司法人员之所以对“但书”条款缺乏适用的积极性，一个不可忽

---

① 薛某某信用卡诈骗案、高某某信用卡诈骗案、王某某信用卡诈骗案，分别参见河南省三门峡市湖滨区人民法院（2018）豫1202刑初115、146、184号刑事判决书。

② 韦某某信用卡诈骗案，参见山东省青岛市黄岛区人民法院（2015）黄刑初字第512号刑事判决书。

③ 当然司法实践中可能存在在公安机关侦查阶段或者检察机关审查起诉阶段，已经依照“但书”条款撤案或者法定不起诉的案件，此种情形中“但书”适用的情况无法体现在法院判决文书之中。

视的重要原因便是“但书”条款自身表述的模糊性，导致其适用条件的不确定。“但书”条款的模糊性，主要是指不论是立法机关还是司法机关，均没有明确《刑法》第13条规定的“但书”条款是否能够直接作为法院作出无罪判决的依据；并且由于“但书”条款自身语义表述的模棱两可，导致对“但书”条款具体适用的标准存在不同理解。下面对“但书”条款自身所具有的模糊性进行法理解析。

（一）“但书”条款的独立适用法律地位

关于“但书”条款能否直接作为法院作出无罪判决的法律依据，刑法理论界长期存在不同观点。“否定说”认为判断某一行为是否构成犯罪，唯一的标准就是犯罪构成要件。一旦某一行为达到了刑法所规定的某一犯罪的全部构成要件，则不存在再将其进行无罪处理的任何可能性，否则便会违反罪刑法定这一最基本刑法原则，使《刑法》第13条前半段关于犯罪的规定失去应有的意义。[①]“肯定说”则认为，“但书”条款可以直接作为刑事案件出罪的法律依据，并且不仅法院可以适用“但书”条款，公安机关、检察机关同样也可以适用。[②]

任何事物的产生和适用都可以从其产生的必要性和适用的可行性两方面进行分析。关于适用“但书”条款的必要性，在此不需赘述。本书的主旨思想便是在法律规定的框架之内，对恶意透支型信用卡诈骗案件作出罪处理。因此“但书”条款所指向的法律后果——“不认为是犯罪”，正是恶意透支案件出罪路径的重要组成部分。而适用“但书”条款的现实可行性则是我们在司法实践中更需要解决的问题。对于适用“但书”条款进行出罪的现实可行性，可以从“两高”一系列的规范性条文中得到初步的答案。例如，最高人民检察院法律政策研究室《关于相对刑事责任年龄的人承担刑事责任范围有关问题的答复》中规定，相对刑事责任年龄的当事人实施抢劫犯罪时，对于情节显著轻微危害不大的，可以根据《刑法》第13条规定的“但书”条款，不追究刑事责任。再如，最高人民法院《关于审理未成年人刑事案件具

① 张明楷：《刑法学》（第五版），法律出版社2016年版，第93页。

② 崔志伟：《“但书”出罪的学理争议、实证分析与教义学解构》，载《中国刑事法杂志》2018年第2期。

体应用法律若干问题的解释》[①]，其中同样将“但书”条款作为可以引用的法律依据，对符合条件的未成年当事人，可以不认为是犯罪。因此，虽然法律条文中没有对是否能够适用“但书”条款对当事人做出罪处理进行明确规定，但“两高”的规范性法律文件实际上已经将“但书”条款作为司法办案实践中可以直接予以适用并作出无罪决定的法律依据。由此可以看出，“但书”条款在我国的刑事司法实践中不仅具有产生的必要性，其同样具有适用的可行性，可以直接作为出罪的法律依据。

（二）“但书”条款语义要素的规范认定

对于“但书”条款，仅仅从法律条文字面本身进行分析，可以将其拆解成“情节”“显著轻微危害不大”“不认为是犯罪”等三部分语义要素。而在司法实践中，对于上述语义要素缺乏明确的界定依据，从而使司法人员在判断是否可以适用“但书”条款进行出罪时，难以准确把握“但书”条款的实质要求，从而极大地限制了“但书”条款在司法实践中的适用。为了提升“但书”条款的实际可操作性，必须对该条款中的语义要素进行充分的法理解析，从而消除适用“但书”条款进行出罪的种种障碍。

1.“情节”要素的规范认定

从字面含义出发，“情节”在法律语境下一般指犯罪或犯错误的具体情况。[②]“情节”这一概念历来在我国刑事法律体系中占有相当重要的地位。据统计，在1979年《刑法》条文中，“情节”一词共出现72次；而1997年《刑法》经过11次修正以后，目前累计出现379次。与“情节”这一语义要素在刑法条文中反复出现的现状相反，理论界对于“情节”一词的含义始终存在多种争议，其中最主要的便是“情节”在刑法规范中的涵盖范围。

具体到我国的刑事司法实践中，我们认为在“但书”条款中的“情节”一词，仅仅指代具体犯罪中的量刑情节，而不涵盖有关定罪的情节。前文已经阐述，“但书”条款在我国刑法体系中并非独立存在的条款，仅仅是《刑法》第13条关于犯罪概念的后半段。《刑法》第13条前半段主要规范了什么行为在我国刑法中被认定为犯罪，而后以“但是”这一转折词语进行衔接，进而规定了本书所论及的“但书”条款。由此看来，“但书”条款存在

---

① 参见最高人民法院《关于审理未成年人刑事案件具体应用法律若干问题的解释》第9条。

② 《现代汉语词典》（第7版），商务印书馆2016年版，第1067页。

的前提条件便是犯罪概念的明确，也即必须在已经存在犯罪的情况下，才可能适用“但书”条款进行出罪处理。因此，在特定行为已经符合犯罪构成要件的情况下，再将定罪情节纳入“但书”条款中“情节”一词的语义要素之内，可能导致定罪情节既是入罪的条件，同时也是出罪的条件这一悖论。因此，在“但书”条款中的“情节”，其涵盖的语义范围应当限定在量刑情节之内，既包括法定的量刑情节，也包括各种法律并未明确规定的酌定量刑情节。

2.“显著轻微危害不大”要素的规范认定

“显著轻微危害不大”在条文中跟随在“情节”之后，从语法的角度来看，对“情节”主要起修饰作用，是“情节”这一语义要素在具体严重程度上的体现。与相对不起诉制度所要求的“犯罪情节轻微”相比，“但书”条款中对于“情节”的程度要求进一步降低为“显著轻微危害不大”，体现出更为轻微的社会危害性和人身危险性。但究竟何种程度可以界定为“显著轻微危害不大”以及界定过程中需要考虑哪些因素，司法实践中无法做出统一的认定标准和范式，必须结合具体的个案分别进行考察。

从字面意思来看，“但书”条款要求犯罪的情节“显著轻微危害不大”，其中一个特征便是犯罪中的情节额外的、特别的轻微，已经达到足以使该行为不再被认为是犯罪的程度；而另一个特征则是危害不大，这里的“危害”所对应的是该行为所造成的社会危害结果，以及行为人自身的人身危险性和主观恶性。具体到恶意透支型信用卡诈骗罪，主要应从信用卡持卡人行为的社会危害性、其本身人身危险性和主观恶性等方面进行综合把握，主要从恶意透支行为人的主观动机、透支款项的具体用途、案发后是否积极弥补损害、平时一贯表现及再犯可能性等层面，对恶意透支案件进行量刑情节的全面、充分审查，以决定是否符合“但书”条款所要求的“情节显著轻微危害不大”。

3.“不认为是犯罪”要素的规范认定

“不认为是犯罪”这一语义要素是“但书”条款中最重要的一部分内容，直接决定了“但书”条款最终导致的法律后果。对于如何理解“不认为是犯罪”，虽然有观点认为“不认为是犯罪”是指特定的行为不符合犯罪构成要件，因此不构成犯罪[①]；但本书在对“情节”要素进行解析时已经进行了阐释，认为“不认为是犯罪”潜在的含义就是特定的行为在已经符合犯罪构成要件，可以构成犯罪的情况下，因其“情节显著轻微危害不大”，从而不再将其视为犯罪，排除出犯罪圈范围。

之所以得出上述结论，主要基于以下两方面考量：一方面，从“但书”条款与《刑法》第13条犯罪概念前半段之间的转折关系来分析，说明适用“但书”条款的前提是行为已经构成《刑法》第13条所规定的犯罪。关于这一点，前文已经做了较为详细的阐述，在此不再赘述；另一方面，单纯从“但书”条款的用词来看，也可以得到印证。“但书”条款原文采用的是“不认为是犯罪”，而非反对论者所称的“不构成犯罪”。“不构成犯罪”的结果是绝对的，即某一行为根本没有构成犯罪，更为准确地说，则是根本没有构成过犯罪。而“不认为是犯罪”则包含了司法机关的主观认识，具有一定的相对性和灵活性，是在行为已经符合犯罪概念的情况下，通过司法人员的主观价值判断，根据个案案情所进行的个案掌握。因此，从用词的角度来看，也说明“不认为是犯罪”指的是某一行为本身已经构成犯罪，但因为“情节显著轻微危害不大”，所以不再作为犯罪进行处理。这一点也明显区别于相对不起诉决定和免予刑事处罚判决，该两者在刑法意义上均是认为行为本身已经构成犯罪，在定罪的基础上，对其不起诉或者免予刑事处罚。

三、恶意透支信用卡行为出罪过程中“但书”条款的具体运用

根据刑法理论，刑法分则所规定的具体罪名应当受到刑法总则条款的制约，这其中当然包括本书论及的“但书”条款。司法机关在办理恶意透支型信用卡诈骗案件过程中，必须将“但书”条款所规定的“情节显著轻微危害不大”的恶意透支行为排除在刑事犯罪圈之外。虽然恶意透支型信用卡诈骗罪的犯罪构成在刑法条文中已经做了明确规定，但特定案件中恶意透支行为的社会危害性则必须结合具体的案件事实与情节进行综合判断。[②]刑法条文

---

① 晏仕禹：《“不认为是犯罪”规定的适用需审慎》，载《人民检察》2015年第4期。

② 赵秉志、赵远：《危险驾驶罪研析与思考》，载《政治与法律》2011年第8期。

对于恶意透支型信用卡诈骗罪的定罪采用概括型数额犯方式，仅仅将数额区分为较大、巨大、特别巨大三种情形，而后再通过司法机关的司法解释对数额标准进行设定。因此，适用“但书”条款对恶意透支型信用卡诈骗罪进行出罪，并非针对数额或者情节的某一方面而言，而是必须综合考虑数额和全案的情节要素，最终判断是否符合“但书”所要求的出罪条件。

在恶意透支型信用卡诈骗罪的司法认定过程中，虽然犯罪数额对定罪量刑起决定性作用，但并非只要达到司法解释所要求的立案追诉标准，便无例外地进行定罪处罚。2018 年经修改的两高司法解释进一步提高了恶意透支犯罪中“情节”对于定罪的作用，因此在审查决定是否对某一恶意透支行为进行定罪时，便应当考虑“情节”对于定罪的影响。对于犯罪情节显著轻微危害不大的恶意透支犯罪案件，虽然达到了立案追诉的标准，但可以依据犯罪情节的具体情形进行出罪处理。根据前文论述，本书认为，由于司法解释规定的恶意透支型信用卡诈骗罪的犯罪数额标准是刚性的，在不违反这一刚性标准的前提下，可以将“情节”作为调节的标准，对于部分超过恶意透支型信用卡诈骗罪立案追诉标准的案件不作为犯罪处理。司法实践中，法院在审理恶意透支型信用卡诈骗案件过程中，司法人员应当敢于在现有的刑事法律体系框架之内，运用案发后的退赃、悔罪表现、犯罪动机等情节因素，对达到恶意透支型信用卡诈骗罪立案追诉标准但是“情节显著轻微危害不大”的，进行合法的出罪化处理。

当前，防范金融风险是抓好决胜全面建成小康社会三大攻坚战的重要组成部分①，从严格维护金融市场秩序和交易安全的总原则出发，参考盗窃、贪污受贿等相关犯罪的司法实践，在决定是否适用“但书”条款进行出罪过程中，司法人员不仅要考察案件中恶意透支行为人的客观情节，还应加大对行为人主观方面情节的考察，坚持主观情节与客观情节相统一；同时，在情节考察过程中，也不能仅仅限定于犯罪构成要件之内的情节，还需结合恶意透支行为人在实施犯罪行为前后的表现、对社会造成的危害程度进行综合认定。

适用“但书”条款对恶意透支型信用卡诈骗罪进行出罪处理，对限缩刑事犯罪圈、保障人权等方面具有重大的意义。但是，对于“但书”条款的司

① 靳凤菊：《关于打好防范和化解重大金融风险攻坚战的思考》，载《征信》2018 年第 12 期。

法适用，最终需要通过司法人员的自由裁量权来实现。自由裁量权适用得当，可以最大限度地实现程序正义和实体正义；适用不当，则会导致司法滥权，损害法律的权威性和公信力。因此，在适用“但书”条款的过程中，应当对司法人员的自由裁量权进行相应的限制，对于部分虽然具有从宽情节的恶意透支型信用卡诈骗案，如果同时具有其他从重情节，则在适用“但书”条款进行出罪时应当保持审慎的态度，避免“但书”条款成为部分犯罪分子逃脱法律制裁的“黑色”路径。

参考文献

一、专著

（1）张明楷:《外国刑法纲要》，法律出版社 2020 年版。

（2）张明楷:《刑法学》（第五版），法律出版社 2016 年版。

（3）张明楷:《刑法格言的展开》（第三版），北京大学出版社 2013 年版。

（4）张明楷:《诈骗罪与金融诈骗罪研究》，清华大学出版社 2006 年版。

（5）马克昌:《比较刑法原理——外国刑法总论》，武汉大学出版社 2002 年版。

（6）马克昌:《犯罪通论》，武汉大学出版社 2001 年版。

（7）赵秉志:《犯罪停止形态适用中的疑难问题研究》，吉林人民出版社 2001 年版。

（8）赵秉志:《金融诈骗罪新论》，人民法院出版社 2001 年版。

（9）张文显:《法学基本范畴研究》，中国政法大学出版社 1995 年版。

（10）黄荣坚:《基础刑法学（下）》，台湾元照出版公司 2006 年版。

（11）黄荣坚:《刑法问题与利益考量》，中国人民大学出版社 2009 年版。

（12）陈瑞华:《刑事诉讼的中国模式》，法律出版社 2008 年版。

（13）秦晖:《传统十论》，山西人民出版社 2019 年版。

（14）王明星:《刑法谦抑精神研究》，中国人民公安大学出版社 2005 年版。

（15）吴富丽:《刑法谦抑性实现论纲》，中国人民公安大学出版社 2011 年版。

（16）王世洲:《德国经济犯罪与经济刑法研究》，北京大学出版社 1999 年版。

（17）付立庆:《主观违法要素理论——以目的犯为中心的展开》，中国人民大学出版社 2008 年版。

（18）李邦友、高艳东:《金融诈骗罪研究》，人民法院出版社 2003 年版。

（19）侯放、柯葛壮:《信用证、信用卡、外汇违法犯罪的防范与处罚》，中国检察出版社 1999 年版。

（20）鲜铁可:《金融犯罪的定罪与量刑》，人民法院出版社 1999 年版。

（21）申柳华:《德国刑法被害人信条学研究》，中国人民公安大学出版社 2011 年版。

（22）赵永林:《信用卡安全机制与法律问题研究》，法律出版社 2011 年版。

（23）闵春雷:《刑事诉讼证明基本范畴研究》，法律出版社 2011 年版。

（24）徐志宏:《商业银行信用卡业务》，中国金融出版社 2007 年版。

二、译著

（1）[日] 平野龙一:《刑法的基础》，黎宏译，中国政法大学出版社 2016 年版。

（2）[日] 伊东研祐:《法益概念史研究》，秦一禾译，中国人民大学出版社 2014 年版。

（3）[日] 佐伯仁志、道垣内弘人:《刑法与民法的对话》，于改之等译，北京大学出版社 2012 年版。

（4）[日] 大塚仁:《刑法概说（各论）》，冯军译，中国人民大学出版社 2003 年版。

（5）[日] 前田雅英:《日本刑法各论》，董璠舆译，台湾五南图书出版公司 2000 年版。

（6）[德] 米夏埃尔·帕夫利克:《人格体主体公民——刑罚的合法性研究》，谭淦译，中国人民大学出版社 2011 年版。

（7）[德] 恩施特·贝林:《构成要件理论》，王安异译，中国人民公安大学出版社 2006 年版。

（8）[德] 卡尔·马克思、弗里德里希·恩格斯:《马克思恩格斯全集》（第一卷），人民出版社 1956 年版。

（9）[英] 威廉·葛德文:《政治正义论》，何慕李译，商务印书馆 1980 年版。

（10）[意] 恩里科·菲利:《犯罪社会学》，郭健安译，中国人民公安大学出版社 1993 年版。

（11）[美] 博登海默:《法理学》，邓正来译，中国政法大学出版社 2004

年版。

（12）[美]道格拉斯·N. 胡萨克：《刑法哲学》，谢望原等译，中国人民公安大学出版社 2004 年版。

（13）《德国刑法典》，徐久生、庄敬华译，中国方正出版社 2002 年版。

（14）《美国模范刑法典》，刘仁文等译，法律出版社 2005 年版。

（15）《最新法国刑法典》，朱琳译，法律出版社 2016 年版。

（16）《挪威一般公民刑法典》，马建松译，北京大学出版社 2005 年版。

三、期刊

（1）杜邈：《刑事推定规则的特征、类型与司法适用》，载《法律适用》2022 年第 2 期。

（2）陈太清：《过罚相当原则的司法适用》，载《法学》2021 年第 10 期。

（3）李晴：《论过罚相当的判断》，载《行政法学研究》2021 年第 10 期。

（4）马腾江：《认罪认罚制度下的检察释明问题研究》，载《福建警察学院学报》2021 年第 10 期。

（5）熊波：《信用卡诈骗罪"有效催收"的本质与认定》，载《南方金融》2021 年第 8 期。

（6）刘艳红：《人性民法与物性刑法的融合发展》，载《中国社会科学》2020 年第 4 期。

（7）赵运锋：《恶意透支型信用卡诈骗罪"非法占有目的"研究》，载《中国刑事法杂志》2020 年第 4 期。

（8）何荣功：《非法占有目的与诈骗案件的刑民界分》，载《中国刑事法杂志》2020 年第 3 期。

（9）琚明亮：《证明困难视阈下的事实认定与刑事推定》，载《政治与法律》2020 年第 2 期。

（10）江海洋：《恶意透支型信用卡诈骗罪教义学限缩分析》，载《金融法苑》2020 年第 2 期。

（11）田宏杰：《立法扩张与司法限缩：刑法谦抑性的展开》，载《中国法学》2020 年第 1 期。

（12）张明楷：《合同诈骗罪行为类型的边缘问题》，载《东方法学》2020 年第 1 期。

（13）孙本雄：《出罪及其正当性根据研究》，载《法律适用》2019 年第

23期。

（14）邢红霞、田然:《司法推定的证明方法及其限制》，载《法律适用》2019年第22期。

（15）毛淑玲、林驰:《司法推定的适用条件与要求》，载《法学杂志》2019年第12期。

（16）熊波:《网络服务提供者刑事责任“行政程序”前置化的消极性及其克服》，载《政治与法律》2019年第5期。

（17）陈兴良:《民事欺诈和刑事欺诈的界分》，载《法治现代化研究》2019年第5期。

（18）张淑芳:《私法渗入公法的必然与边界》，载《中国法学》2019年第4期。

（19）王顺:《“黑名单”制度法律属性探究及其行政法规制——以〈上海市单用途预付消费卡管理规定〉第25条为视角》，载《东南大学学报（哲学社会科学版）》2019年第2期。

（20）黄小军、吴昊、邵科:《他山之石：美国信用卡应对两次重大危机的经验与启示》，载《中国银行业》2019年第3期。

（21）陈兴良:《刑民交叉案件的刑法适用》，载《法律科学（西北政法大学学报）》2019年第2期。

（22）张明楷:《恶意透支型信用卡诈骗罪的客观处罚条件——〈刑法〉第196条第2款的理解与适用》，载《现代法学》2019年第2期。

（23）黄辉、李志超、拓文娜:《美国信用卡事件对我国信用卡市场规范化管理的启示》，载《征信》2019年第1期。

（24）耿磊:《关于修改〈关于办理妨害信用卡管理刑事案件具体应用法律若干问题的解释的决定〉的理解与适用》，载《人民司法》2019年第1期。

（25）田宏杰:《恶意透支型信用卡诈骗案实证分析》，载《法学杂志》2018年第12期。

（26）靳凤菊:《关于打好防范和化解重大金融风险攻坚战的思考》，载《征信》2018年第12期。

（27）郭昌盛:《逃税罪的解构与重构——基于税收制度的整体考量和技术性规范》，载《政治与法律》2018年第8期。

（28）冀洋:《“存疑有利于被告人”的刑法解释规则之提倡》，载《法制与社会发展》2018年第4期。

（29）侯宪忠:《使用虚假证明骗领信用卡后恶意透支的行为定性》，载《中国检察官》2018年第4期。

（30）万邵鹏、马荣春:《认真对待刑法的“兜底条款”——基于刑法扩张风险的考量》，载《南海法学》2018年第4期。

（31）罗强:《信用卡类贷款业务非罪探析》，载《中国检察官》2018年第3期。

（32）赵运锋:《行政违法行为犯罪化的检视与应对》，载《政法论丛》2018年第2期。

（33）崔志伟:《“但书”出罪的学理争议、实证分析与教义学解构》，载《中国刑事法杂志》2018年第2期。

（34）张明楷:《论信用卡诈骗罪中的持卡人》，载《政治与法律》2018年第1期。

（35）袁江华:《刑法中情节、犯罪情节的辨别与比较》，载《人民司法》2018年第1期。

（36）张明楷:《法益保护与比例原则》，载《中国社会科学》2017年第7期。

（37）隋宝玲、杨红:《论恶意透支型信用卡诈骗罪中“非法占有目的”的认定》，载《山东行政学院学报》2017年第6期。

（38）邹小彤、佟晔:《论信用卡诈骗案件催收效力问题的认定》，载《辽宁公安司法管理干部学院学报》2017年第5期。

（39）曹虎、杨宏:《认罪认罚案件试行刑事速裁程序实证分析与思考——以域外辩诉交易制度为借鉴》，载《法治论坛》2017年第4期。

（40）简爱:《一个标签理论的现实化进路：刑法谦抑性的司法适用》，载《法制与社会发展》2017年第3期。

（41）储陈城:《“但书”出罪适用的基础和规范》，载《当代法学》2017年第1期。

（42）何家弘、黄健:《贪污罪非法占有目的之推定规则初探》，载《法学杂志》2016年第10期。

（43）孙国祥:《骗取贷款罪司法认定的误识与匡正》，载《法商研究》2016年第5期。

（44）徐凌波:《论财产犯的主观目的》，载《中外法学》2016年第3期。

（45）蔡道通:《经济犯罪“兜底条款”的限制解释》，载《国家检察官学院学报》2016 年第 3 期。

（46）贺雄:《对信用卡诈骗罪中“恶意透支”的法律思考》，载《武汉金融》2015 年第 12 期。

（47）王华伟:《恶意透支的法理考察与司法适用》，载《法学》2015 年第 8 期。

（48）陈瑞华:《论刑事法中的推定》，载《法学》2015 年第 5 期。

（49）晏仕禹:《“不认为是犯罪”规定的适用需审慎》，载《人民检察》2015 年第 4 期。

（50）[德] 乌尔斯 · 金德霍伊泽尔:《法益保护与规范效力的保障论刑法的目的》，陈璇译，载《中外法学》2015 年第 2 期。

（51）王敏远:《2012 年刑事诉讼法修改后的司法解释研究》，载《国家检察官学院学报》2015 年第 1 期。

（52）曹坚:《国外关于恶意透支的法律规定》，载《检察风云》2014 年第 22 期。

（53）傅贤国:《对司法推定若干基础问题的研究》，载《西南政法大学学报》2014 年第 6 期。

（54）孙万怀:《宽严相济刑事政策应回归为司法政策》，载《法学研究》2014 年第 4 期。

（55）陈金林:《刑罚的正当化危机与积极的一般预防》，载《法学评论》2014 年第 4 期。

（56）肖凯、李小文:《恶意透支型信用卡诈骗罪的实务争议问题研究》，载《刑事司法指南》2014 年第 2 期。

（57）张伟新、于书峰:《恶意透支型信用卡诈骗罪“两次催收”及相关问题研究》，载《河北法学》2013 年第 11 期。

（58）张云鹏:《刑事推定与无罪推定之契合》，载《法学》2013 年第 11 期。

（59）周铭川:《论恶意透支型信用卡诈骗罪的本质》，载《东方法学》2013 年第 5 期。

（60）姜涛:《追寻理性的罪刑模式：把比例原则植入刑法理论》，载《法律科学（西北政法大学学报）》2013 年第 1 期。

（61）黄辛、范凯:《恶意透支型信用卡诈骗罪非法占有目的之认定标准新论》，载刘宪权主编:《刑法学研究》（第 10 卷），上海人民出版社 2013 年版。

（62）顾德瑞:《对重刑主义的忧思》，载《法制与社会》2012年第10期。

（63）肖中华、孙利国、徐华玲:《恶意透支型信用卡诈骗若干疑难问题研究》，载《河南警察学院学报》2012年第1期。

（64）车浩:《自我决定权与刑法家长主义》，载《中国法学》2012年第1期。

（65）于小改:《被害人对于欺骗行为不法的作用》，载《中国刑事法杂志》2012年第5期。

（66）张绍谦:《论我国刑法的公正价值》，载《公民与法》2011年第9期。

（67）赵秉志、赵远:《危险驾驶罪研析与思考》，载《政治与法律》2011年第8期。

（68）肖晚祥:《恶意透支型信用卡诈骗罪认定中的新问题》，载《法学》2011年第6期。

（69）刘为波:《〈关于审理非法集资刑事案件具体应用法律若干问题的解释〉的理解与适用》，载《人民司法》2011年第5期。

（70）刘兴军:《取保候审判处缓刑案件实证调研报告》，载《中国刑事法杂志》2011年第4期。

（71）陈兴良:《构成要件：犯罪论体系核心概念的反拨与再造》，载《法学研究》2011年第2期。

（72）庄绪龙:《论经济犯罪的“条件性出罪机制”——以犯罪的重新分类为视角》，载《政治与法律》2011年第1期。

（73）刘宪权、庄绪龙:《“恶意透支”型信用卡诈骗罪若干问题研究——兼评“两高”〈关于办理妨害信用卡管理刑事案件问题的解释〉之有关内容》，载《当代法学》2011年第1期。

（74）林清红:《恶意透支型信用卡诈骗罪司法难题研究》，载《中国刑事法杂志》2011年第1期。

（75）毛玲玲:《恶意透支型信用卡诈骗罪的实务问题思考》，载《政治与法律》2010年第11期。

（76）刘远:《我国治理金融犯罪的政策抉择与模式转变》，载《中国刑事法杂志》2010年第7期。

（77）刘宪权、曹伊丽:《“恶意透支型”信用卡诈骗罪的刑法分析》，载《华东政法大学学报》2010年第6期。

（78）龙敏:《秩序与自由的碰撞——论风险社会刑法的价值冲突与协

调》，载《甘肃政法学院学报》2010 年第 5 期。

（79）张超:《公安机关实施刑事拘留期限状况调查报告》，载《中国刑事法杂志》2010 年第 5 期。

（80）劳东燕:《刑事推定中的合理性联系——以美国联邦最高法院的判例为视角》，载《清华法学》2010 年第 4 期。

（81）陈兴良:《犯罪构成论：从四要件到三阶层》，载《中外法学》2010 年第 1 期。

（82）刘涛:《〈关于办理妨害信用卡管理刑事案件具体应用法律若干问题的解释〉的理解与适用》，载《人民司法》2010 年第 1 期。

（83）朱铁军:《犯罪数额累计问题研究》，载《法治研究》2009 年第 10 期。

（84）牛江涛、田秋生:《当代市场经济运行的信用经济本质剖析——美国“次贷”危机引发的经济学暨政策思考之一》，载《东北亚论坛》2009 年第 4 期。

（85）张明楷:《论表面的构成要件要素》，载《中国法学》2009 年第 2 期。

（86）高维俭:《刑法情节的基本概念与适用规范探究》，载《人民检察》2009 年第 1 期。

（87）张建军:《刑法最后手段性的根基及实现》，载《昆明理工大学学报（社会科学版）》2008 年第 7 期。

（88）魏昌东:《刑法立法的群体本位性与个体本位性》，载《刑法论丛》2008 年第 4 期。

（89）万毅:《幽灵抗辩之对策研究》，载《法商研究》2008 年第 4 期。

（90）傅国方:《诈骗犯罪刑民交错的责任竞合与承担》，载《法治研究》2007 年第 9 期。

（91）张绍谦:《从刑法特性看犯罪圈的界限》，载《河南政法管理干部学院学报》2007 年第 5 期。

（92）熊永明:《论刑法谦抑性与刑法基本原则之间的契合》，载《云南大学学报（法学版）》2007 年第 3 期。

（93）劳东燕:《认真对待刑事推定》，载《法学研究》2007 年第 2 期。

（94）张云鹏、徐静:《论事实推定的规制路径》，载《当代法学》2007 年第 2 期。

（95）[德] 弗兰克:《论责任概念的构造》，冯军译，载冯军主编:《比较刑法研究》，中国人民大学出版社 2007 年版。

（96）谢增毅、刘俊海:《社会法学在中国：任重而道远——首届“中国社会法论坛”述评》，载《环球法律评论》2006 年第 5 期。

（97）张明楷:《案件事实认定的方法》，载《法学杂志》2006 年第 3 期。

（98）樊崇义、李岚:《“刑事起诉与不起诉”制度研究观点综述》，载《法学杂志》2006 年第 3 期。

（99）张德芬:《论信用卡法律关系的独立性与牵连性》，载《河北法学》2005 年第 4 期。

（100）张明楷:《刑法理念与刑法解释》，载《法学杂志》2004 年第 4 期。

（101）高习智、曹允志:《恶意透支构成信用卡诈骗罪的认定》，载《辽宁公安司法管理干部学院学报》2004 年第 2 期。

（102）张建升:《恢复性司法：刑事司法新理念——访中国社会科学院法学所副研究员刘仁文》，载《人民检察》2004 年第 2 期。

（103）冯涛:《恶意透支信用卡诈骗罪的认定及立法完善》，载《中国刑事法杂志》2004 年第 1 期。

（104）赵秉志、许成磊:《恶意透支型信用卡诈骗犯罪问题研究》，载《法制与社会发展》2001 年第 3 期。

（105）李东方:《现代经济法的历史前提及社会公共利益的本位性》，载李昌麒主编:《中国经济法治的反思与前瞻》，法律出版社 2001 年版。

（106）田宏杰:《刑罚目的研究——对我国刑罚目的理论的反思》，载《政法论坛》2000 年第 6 期。

（107）王充:《定罪情节若干问题研究》，载《法学评论》2000 年第 6 期。

（108）梁保权、梁博艺:《信用卡诈骗案》，载《刑事审判参考》总第 105 集。

（109）林亚刚、傅学良:《刑法功能的价值评价》，载《中国刑事法杂志》1999 年第 3 期。

（110）陈正云、张汝杰:《刑法效益与刑法公正关系论析》，载《现代法学》1997 年第 2 期。

（111）康均心:《刑法价值界说》，载《法学评论》1996 年第 6 期。

（112）于英君:《银行信用卡犯罪的类型及定性研究》，载《法学》1995 年第 6 期。

（113）张明楷:《论刑法的谦抑性》，载《法商研究》1995 年第 4 期。

（114）阿不都热衣木·卡得尔、张国吉:《信用卡透支问题初探》，载《中外法学》1995 年第 3 期。

（115）陈建明:《处理信用卡纠纷案件涉及到的两个法律问题》，载《人民司法》1994 年第 6 期。

（116）白建军:《金融诈骗若干问题研究》，载《中外法学》1994 年第 4 期。

（117）储槐植:《市场经济与刑法》，载《中外法学》1993 年第 3 期。

（118）何鹏:《西德第二次经济犯罪对策法》，载《比较法研究》1989 年第 1 期。

四、报纸

（1）何荣功:《把握“非法占有目的”须考量五方面事实》，载《检察日报》2019 年 1 月 25 日。

（2）缐杰、吴峤滨:《“两高”关于修改〈关于办理妨害信用卡管理刑事案件具体应用法律若干问题的解释的决定〉重点问题解读》，载《检察日报》2018 年 11 月 29 日。

（3）张鹏成:《准确认定恶意透支型信用卡诈骗罪非法占有目的》，载《检察日报》2018 年 10 月 26 日。

（4）魏昌东:《经济刑法规制应当适度限缩》，载《检察日报》2018 年 9 月 12 日。

（5）《上海市检察院发布的〈2015 年上海金融检察白皮书〉显示涉互联网金融犯罪骤增》，载《检察日报》2016 年 8 月 10 日。

（6）彭广水、连银军:《“案发前”、“案发后”的表述不妥》，载《检察日报》2015 年 1 月 20 日。

（7）张建军:《最后手段性：现代刑法的基本理念》，载《光明日报》2014 年 9 月 17 日。

（8）蔡一军:《法国：刑罚并非一剂万能药》，载《法制日报》2013 年 6 月 11 日。

（9）陆红源、叶菊芬:《持卡人部分还款对银行催收效力的影响》，载《人民法院报》2012 年 9 月 27 日。

（10）张红梅:《恶意透支信用卡的定性分析》，载《人民法院报》2008 年 7 月 9 日。

（11）梅笑、方志敏:《不起诉制度的缺陷和完善》，载《法制日报》2006年10月12日。

（12）白新潮:《如何改革完善不起诉制度》，载《检察日报》2006年8月21日。

五、学位论文

（1）白玥:《恶意透支型信用卡诈骗罪司法适用研究》，吉林大学2021年博士学位论文。

（2）刘雅楠:《信用卡诈骗罪量刑失衡研究》，吉林大学2020年博士学位论文。

（3）王雅琼:《信用卡诈骗罪研究》，华东政法大学2013年博士学位论文。

（4）万选才:《刑法谦抑的司法实现》，武汉大学2012年博士学位论文。

（5）李建勋:《贷款诈骗罪若干问题研究》，吉林大学2012年博士学位论文。

（6）李睿:《信用卡犯罪研究》，华东政法大学2009年博士学位论文。

（7）何家梁:《恶意透支型信用卡诈骗罪司法适用疑难问题研究》，华东政法大学2019年硕士学位论文。

（8）罗恢海:《恶意透支型信用卡诈骗罪的司法认定》，湖南大学2019年硕士学位论文。

（9）陈叶晖:《恶意透支型信用卡诈骗罪问题的研究》，内蒙古大学2019年硕士学位论文。

（10）吴娟:《“万用金”业务性质的刑法问题研究》，西南政法大学2019年硕士学位论文。

（11）岳陆:《论恶意透支型信用卡诈骗罪的司法认定》，吉林大学2018年硕士学位论文。

（12）周凡:《论非法占有目的的刑事推定》，湖南师范大学2016年硕士学位论文。

（13）叶小舟:《论恶意透支型信用卡诈骗罪的认定》，上海师范大学2014年硕士学位论文。

（14）丁昌月:《基于NFC的钱包脱机交易处理系统实现》，复旦大学2013年硕士学位论文。

（15）江琦:《恶意透支型信用卡诈骗犯罪研究》，华东政法大学 2011 年硕士学位论文。

（16）王雯汀:《论刑法中“非法占有目的的产生时间”》，中国政法大学 2011 年硕士学位论文。

（17）陈力:《信用卡诈骗罪行为方式研究》，西南政法大学 2010 年硕士学位论文。

六、外文

（1）Binding, Normen und ihre Übertretung, Bd.12 Aufl, 1890, S.353/354/355.

（2）Liszt.ZStWBd.8.S 141/142.

（3）LG Bielefeld，NStZ，1983，S. 456.

（4）OLG Hamm，NJW，1983，S. 1335.

（5）BGHst，33，244.

（6）[日] 大塚仁:《刑法概说（总论）》，东京有斐阁 2008 年版。

（7）[日] 町野朔:《犯罪论の展开》，东京有斐阁 1989 年版。

（8）[日] 井田良:《讲义刑法学・总论》，东京有斐阁 2008 年版。

七、网络

（1）《2021 年第三季度支付体系运行总体情况》，https：//new.qq.com/omn/20211206/20211206A076SS00.html。

（2）最高人民法院《金融诈骗司法大数据专题报告》，https：//www.chinacourt.org/index.php/article/detail/2019/04/id/3812461.shtml。

（3）《2018 非法集资案数上升 1.5 万人因非吸被起诉》，https：//www.wdzj.com/news/hydongtai/3870280.html。

（4）《上海：非法吸收公众存款案件连续 6 年翻升》，http：//sh.eastday.com/m/20190121/u1a14549139.html。

（5）《中行信用卡风雨三十载》，http：//finance.hsw.cn/system/2015/0827/23574.shtml。

（6）邱作霖、刘宇靖:《女教授炒股亏损恶意透支信用卡 60 余万获刑 5 年》，http：//news.sohu.com/20160112/n434195569.shtml。

（7）《摆摊卖火柴枪被鉴定为枪支，法院重审维持原判》，载上观新闻，

https：//export.shobserver.com/baijiahao/html/434924.html。

（8）《男子摆地摊卖火柴枪被鉴定为枪支一审判三缓三，重审维持原判》，载澎湃新闻，http：//m.thepaper.cn/uc.jsp?contid=15953867。

（9）《网店店主卖火柴枪涉罪，“不会认罪只是怀旧玩具”》，载光明网，https：//m.gmw.cn/baijia/2021-09/08/1302563744.html。

（10）《邮币卡交易，疯狂背后的潜藏风险》，载中国新闻网，http：//finance.ce.cn/rolling/201510/08/t20151008_6646997.shtml。

（11）《为母亲治病青年恶意透支，非法套现被追责》，载中国法院网，https：//www.chinacourt.org/article/detail/2010/08/id/421110.shtml。

（12）《廖丹诈骗案：一次情与法的碰撞》，载新浪新闻，https：//news.sina.com.cn/o/2012-07-15/000424775158.shtml。

（13）《廖丹：这是个关于活着的故事》，载新浪新闻，http：//history.sina.com.cn/bk/2013-10-25/153972231.shtml。

（14）《招行信用卡年收入867亿，信用卡贷款余额同比增12.55%》，载华夏时报，https：//baijiahao.baidu.com/s?id=1728106014107934614&wfr=spider&for=pc。

（15）《我国信用卡行业业务收入结构与业务支出成本分析，https：//market.chinabaogao.com/gonggongfuwu/0D34245R018.html。

（16）《最高人民法院、最高人民检察院、公安部、国家安全部、司法部〈关于推进以审判为中心的刑事诉讼制度改革的意见〉》，http：//www.spp.gov.cn/zdgz/201610/t20161011_169052.shtml。

（17）《〈中国人权法治化保障的新进展〉白皮书》，http：//www.scio.gov.cn/zfbps/32832/Document/1613514/1613514.htm。

（18）《上海法院2011年度涉信用卡犯罪刑事审判情况通报》，http：//www.hshfy.sh.cn/shfy/gweb/xxnr.jsp?pa=aaWQ9MjEwMzE5JnhoPTEmbG1kbT1sbTE3MQPdcssPdcssz&zd=xwzx。

（19）《2012年度上海法院涉信用卡犯罪刑事审判情况通报》，http：//shfy.chinacourt.org/article/detail/2013/06/id/1011225.shtml。

（20）《2013年度上海法院涉信用卡犯罪刑事审判情况通报》，http：//shfy.chinacourt.org/article/detail/2014/04/id/1269529.shtml。

（21）《2014年度上海法院金融刑事审判情况通报》，http：//shfy.chinacourt.org/article/detail/2015/07/id/1671109.shtml。

（22）《2015 年度上海法院涉信用卡犯罪刑事审判情况通报》，http：//shfy.chinacourt.org/article/detail/2016/06/id/1913401.shtml。

（23）Credit Cardholders’ Bill of Rights Act of 2008，https：//www.c ongress.gov/bill/110th-congress/house-bill/5244.

（24）Credit Card Accountability Responsibility and Disclosure Act of 2009，https：//www.gpo.gov/fdsys/pkg/PLAW-111publ24/content-detail.html.

八、其他

（1）上海市人民检察院:《2012 年度信用卡犯罪案件情况通报》。

（2）上海市人民检察院:《2013 年上海金融检察情况通报》。

（3）上海市人民检察院:《2014 年上海金融检察情况通报》。

（4）上海市人民检察院:《2016 年上海金融检察情况通报》。

（5）上海市人民检察院:《2017 年上海金融检察情况通报》。

（6）上海市人民检察院:《上海金融检察白皮书（2019）》。

（7）上海市人民检察院:《上海金融检察白皮书（2020）》。

资产证券化
及其税制问题研究

徐珊◎著

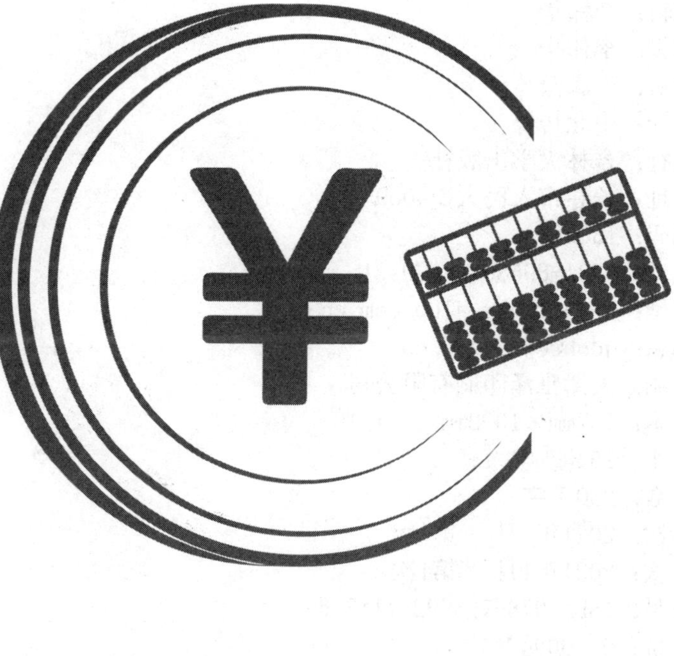

吉林大学出版社
·长春·

图书在版编目（CIP）数据

资产证券化及其税制问题研究 / 徐珊著. -- 长春:
吉林大学出版社, 2020.9
ISBN 978-7-5692-7112-6

Ⅰ. ①资… Ⅱ. ①徐… Ⅲ. ①资产证券化一税收制度
一研究一中国 Ⅳ. ①F812.422

中国版本图书馆CIP数据核字(2020)第185324号

书　　名：资产证券化及其税制问题研究
ZICHAN ZHENGQUANHUA JI QI SHUIZHI WENTI YANJIU

作　　者：徐珊 著
策划编辑：李伟华
责任编辑：李伟华
责任校对：李潇潇
装帧设计：中北传媒
出版发行：吉林大学出版社
社　　址：长春市人民大街4059号
邮政编码：130021
发行电话：0431-89580028/29/21
网　　址：http://www.jlup.com.cn
电子邮箱：jdcbs@jlu.edu.cn
印　　刷：天津雅泽印刷有限公司
开　　本：787mm×1092mm　1/16
印　　张：15
字　　数：250千字
版　　次：2021年1月　第1版
印　　次：2021年1月　第1次
书　　号：ISBN 978-7-5692-7112-6
定　　价：62.00元

前　言

在发达的金融市场中，资产证券化是一项重要的金融工具，但在我国，资产证券化处于起步阶段。相较于传统的金融工具而言，资产证券化能将原有流动性不强的资产转换成具有较强流动性的资产。那些只能在未来产生稳定现金流的资产能够提前转换为可以在资本市场上流通的资产支持证券。因此，资产证券化将储蓄业务、贷款业务、投资业务与资产的流动性相互联系，提供了一种新型的融资途径，为资本市场引入了新的投资工具，对拓宽资本市场的广度与深度具有积极意义。

在我国，目前供给侧结构性改革过程中，资产证券化可以扩展企业的融资渠道，缓解地方融资平台的流动性压力，有利于我国经济结构的顺利升级与转型。我国于 2013 年 8 月 28 日决定对信贷资产证券化的试点进一步扩大。此后，政策的春风不断吹拂，资产证券化的进程明显加速。如今，资产证券化市场中呈现出投资主体多样化、定价更加市场化、发行主体宽泛化、基础资产多样化、监管支持力度加大等良好态势。资产证券化市场的规模加速扩展，运行稳健，得到了市场各方的认同与肯定。但是，在我国资产证券化提速的过程中，相关的软环境建设并没有跟上步伐，税收制度、法律规范等还不能对其形成支持，需要进行系统的梳理与缜密的分析，以此适应资产证券化的蓬勃发展。

在我国，针对资产证券化的专门规定仅有财税〔2006〕5 号文件，但其也仅对“营改增”之前的信贷资产证券化的课税规则做出规定。随着我国资产证券化的发展，不仅有信贷资产证券化，还有资产支持专项计划、资产支持票据、房地产信托投资基金等，如何对其征税没有一个明确的规定。税收制度成为资产证券化发展的一个瓶颈。税收是资产证券化过程中的一项重要成本，对投资者的收益会产生影响，进而决定资产证券项目的成败。因此，通过对资产证券化税制的研究，可以很好地处理资产证券化发展过程所遇到的税收瓶颈，对化解资产证券化发展过程的风险，促进金融市场的安全与稳定，具有一定的实践意义。

资产证券化所独有的结构化设计，使其很难适应传统的税收制度。例如，资产证券化的多环节的设计，就会形成重复课税；在对纳税人的认定、征税对象的选择、计税依据的确定等方面，传统的计税规则很难对其进行明确的规定。对于资产证券化税收制度的研究涉及税收学、金融学、法学、会计学等多个领域。本书的研究有助于拓展研究视野，充实资产证券化的专题研究成果，为构建合理的证券化税制提供可能的参考，具有一定的理论意义。

徐珊

2020.04

目录
CONTENTS

第一章　资产证券化的制度考察

第二章 资产证券化的产生与发展

第三章 金融创新与税收法制

第四章 资产证券化的税收法规

第一章
CHAPTER
资产证券化的制度考察

第一节 资产证券化及其税制的基本概念界定

一、资产证券化的概念

一般情况下，要开展一项研究，首先要明确研究对象的内涵与特征。但遗憾的是，对于资产证券化，无论是在学术界，还是实务界从未得出一个公认的定义。

资产证券化这一概念最早由美国的投资银行家刘易斯·拉涅罗在1977年提出。此后，伴随着金融创新的发展，金融工程技术水平日益进步，资产证券化的应用领域不断拓展、内容不断丰富、证券化品种不断增多，使其成为一个有众多主体参与的复杂的金融业务。因此，要想给资产证券化下一个整体的、符合当时实践的定义有一定难度，需要从不同的角度来了解资产证券化的概念。

美国学者Gardener（1991）提出了证券化的概念，“所谓的资产证券化，是使储蓄者与借款者通过金融市场得以部分或全部匹配的一个过程，或者是一种金融工具。这样，开放的市场信誉取代了由银行或者其他金融机构提供的封闭的市场信誉。”Gardener理解的资产证券化是广义的资产证券化，即以市场为基础的信用中介的直接融资都可以称为资产证券化。它包括一级证券化和二级证券化：一级证券化是指在资本市场或货币市场上直接发行证券（股票、企业债券、商业票据）来筹资的形式；二级证券化是指将具有未来可预期现金流，但现在流动性不佳的资产，如信贷资产、应收账款等，通过证券化，成为在市场上可流通的证券的过程。当前，金融界所指的资产证券化一般是指二级证券化。

美国证券交易委员会在2005年发布的《资产支持证券规则》中，认为“资产证券化是将卖方不流通的存量资产或者可预见的未来收入构造和转变成为资本市场上可销售和流通的金融产品的过程”。中国证监会颁布的《证券公司企业资产证券化业务试点工作指引》中，将企业资产证券化定义为：“企业资产证券化是指证券公司以专项资产管理计划为特殊目的载体，以计划管理人身份面向投资者发行资产支持受益凭证，按照约定用受托资金购买原始权益人能够产生稳定现金流的基础资产，将该基础资产的收益分配给受益凭证持有人的专项资产管理业务。”

总之，虽然目前没有能够对资产证券化下一严密的定义，但业界还是形成一种共识，认为各种能够归类在“资产证券化”名义下的金融活动，归纳起来，都具有将“资产”转变为“证券”的共性。[①] 即资产证券化是将现在缺乏流动性，但有未来现金收入流的资产，通过结构性重组，使其转变成能在金融市场上流通的证券并以此融资的结构性金融衍生产品。针对资产证券化的研究是本书的一个重点。

二、资产证券化税制的概念

一般来说，资产证券化税制是指与资产证券化有关的税收政策和制度的总称，包括资产证券化业务流转过程中各主体和各环节涉及的税种以及具体的税务处理。

资产证券化税制具体包含两部分的内容：第一，针对资产证券化相关机构的税收制度。资产证券化相关机构作为提供资产证券化相关服务的法人，有所

① 李彧．特殊目的载体组织形态创新研究 [D]. 华东政法大学，2017.

得就要缴纳所得税（包括企业所得税和个人所得税）；而经营活动的流转额应当缴纳流转税（增值税）。因此，资产证券化税制中应包含针对资产证券化相关机构的所得税和流转税的规定。第二，针对资产证券化纳税环节的税收制度。资产证券化涉及多个环节中的多个税种。具体来说，资产证券化包括基础资产转让、发行资产支持证券、分配收益、转让资产支持证券四个环节。资产证券化各环节的运转过程中会涉及多个税种。针对资产证券化税制的研究是本书的另一个重点。

第二节　资产证券化的基本原理

资产证券化之所以成为 20 世纪一项影响深远的金融创新工具，在全球发展迅猛，得益于其精巧的结构设计。学者们将实践中结构设计遵循的基本操作规则提炼出来，形成了资产证券化的基本原理。基本原理包括基础资产现金流分析、资产重组、风险隔离和信用增级，其中基础资产现金流分析是核心原理。我们的相关讨论就从资产证券化的基本原理出发，进而对资产证券化的整体制度进行深入的探讨。

一、基础资产现金流分析

成功构建资产支持证券取决于很多因素，但关键是对基础资产的现金流进行分析。只有通过现金流分析才可以对资产证券化产品进行定价和风险与收益的分析。因此，基础资产的现金流分析成为资产证券化的核心原理。资产证券化从字面上看，是对资产进行证券化，但是从其内在的本质上看，资产证券化中进行证券化的应该是基础资产未来所产生的现金流。只有基础资产产生稳定且可预期的现金流，才能成功发行资产支持证券来实现融资。

基础资产未来要有稳定的现金流，这样才能保证基础资产所支持的证券能够按期还本付息，否则就会使得证券化产品出现偿付风险。同时，基础资产未来产生的现金流应该是可以明确预测的，这样才可以通过公式确定资产证券化产品的价值，评级机构才能对资产证券化产品进行评级。由此可见，基础资产所产生的稳定的、可预测现金流是进行资产证券化的先决条件。

衡量基础资产现金流的指标包括：提前偿还率、平均期限（可在提前偿还率确定的条件下计算）、久期以及资产支持证券的凸性。[①]

对于资产证券化产品定价的基本原理是货币的时间价值，需要依赖现金流，通过对未来现金流量的预测，并以估计的收益率为折现率，现金流的折现值就是资产证券化产品的价格。这需要准确的现金流和折现率数据，还需要考虑借款人主动违约与提前还款的期权价值，即：资产证券化产品的价值是未来现金流量的现值与借款人主动违约和提前还款的期权价值的差额。

资产证券化产品具体定价模型常用的有三种：静态现金流折现法、期权调整利差法和静态利差法。它们都是依据资产证券化产品的现值应等于该资产未来所产生的全部现金流的现值总和。静态现金流折现法是最早使用的定价方法，也是最简单的定价方法。该方法假定提前偿付率只与账龄有关、贴现率不变、未来的现金将以一致的收益率进行投资。静态利差法考虑了利率的期限结构，每一期的贴现率有所不同。但是它们都没有考虑到期权的价值，因此会使资产证券化产品的价值偏高。期权调整利差法则很好地考虑了利率的期限结构和利率的波动性，对比前两种方法有着实质性的进步，但它需要有成熟的债券市场和大量的历史数据，因此是现今发达市场上最常使用的定价模型。

我国资产证券化市场起步较晚，历史数据有限，市场利率化程度较低，而静态现金流折现法简单易行，适合现在的中国市场。

基础资产是现金流的来源，其信用也需要充分考虑。债权资产要考虑债权人的资信状况。未来收益权资产则要关注原始权益人的偿债能力和偿债安排。不同基础资产产生的现金流，有不同的信用级别和期限结构，这些信用级别和期限结构置身于未来不同的利率环境下，会设计出不同期限和本利偿付特征的

---

① 郑磊．资产证券化国际借鉴与中国实践案例 [M]. 北京：机械工业出版社，2014.

资产支持证券产品。

二、资产重组原理

资产重组原理是指通过对资产的风险与收益进行重新的分离与重组，再对其进行重新的定价配置，使得资产证券化参与过程中的各方的利益最大化。资产重组原理是源自结构化融资。具体地说，资产重组是将基础资产进行分类后筛选以此形成资产池，资产池里都是有共同特征的基础资产。依据大数法则，资产池里单项资产个别的风险与收益很难以预估，但资产池里丰富多样的资产使估计未来的风险与收益成为可能，也可以降低单项资产的风险，以此提高整个资产池的收益。

基础资产的种类繁多，各有特点。例如，信贷资产证券化笔数较少，借款人为法人客户，分散在不同的行业与区域中，彼此差异较大；汽车抵押贷款资产证券化笔数就较多，借款人多为个人，期限短，以汽车为抵押品，彼此差异较小；住房抵押贷款资产证券化笔数也较多，贷款人基本上是个人，期限较长，以房产为抵押品，同质性强。但是从实践上看，能够证券化的资产应具有一些共性，才能更方便进行资产证券化。第一，要能够在未来产生可预计的稳定的现金流，这是成为资产的基本条件。第二，分散性原则。资产池里的资产应该具有地域分散的特点，这样才可以避免资产受到特定区域可能出现事件的负面影响，从而保护投资者的利益。第三，基础资产要有较大的规模，在资产证券化过程中，资产池达到一定规模时，相关的中介费基本固定，资产池的规模越大，单位成本越低，收益越高。第四，基础资产应该是有较强的同质性，这样才方便进行资产的重组与整合，以此均衡资产证券化过程中各个相关方的利益，保证证券化产品的顺利发行。第五，可预测性，基础资产未来可产生的现金应该可以合理预测，以此对风险与收益进行估价。如果有基础资产历史上的详细的现金流数据，信用评级机构和投资银行就能较好地根据历史数据做出公允的定价和评级，给投资者提供有用的信息。但如果没有历史数据的积累，就会为定价和评级带来不确定性。

资产重组可以平滑资产池中基础资产未来现金的流入。单项资产未来现金流可能会发生变化，例如信贷资产中的早偿风险。但通过资产重组，将多样的资产纳入资产池，可以缓解单项资产现金流变化对资产支持证券现金流的影响。资产重组还可以分散非系统性风险。例如，将相关性较弱的资产纳入同一资产池，单一风险事件对整个资产池产生的负面影响就会得到缓解。最后，资产重组可以达到信用增级的目的。基础资产从发起人的资产负债表中剥离到SPV（特殊目的机构）时，SPV 就相当于一个评级主体，可以使资产支持证券的信用评级独立于发起人的信用评级。信用评级较低的发起人也有可能发行信用评级较高的资产支持证券，以此节约融资成本。资产的重组是设计资产证券化产品的首要步骤，直接影响了证券化产品的发行与上市销售。

三、风险隔离原理

风险隔离原理是指在资产证券化过程中，基础资产的风险与发起人自己的风险隔离开来，以此保证资产支持证券的资金来源，使得资产证券化的整个过程能够顺利运转。资产证券化这一结构融资区别于传统的融资方式主要体现在风险隔离上。在传统融资方式中，股票、债券或基金的风险与融资方的财务风险捆绑在一起。但是，资产证券化通过风险隔离的设计，在基础资产与发起人之间建立起一道坚固的防火墙。资产支持证券的风险只与基础资产的质量相关，发起人的自身的经营风险不会转嫁到资产支持证券的持有人。在实践中，真实出售是实现风险隔离的行为条件，而 SPV 的特殊设计则是风险隔离的主体条件。

（一）基础资产的真实出售

真实出售（true sale）是资产证券化重要的结构性设计。发起人将基础资产出售给 SPV 后将不再拥有对基础资产的所有权。发起人的债权人和股东无权对已出售的资产行使追索权。真实出售基础资产的风险是最小的，是最符合资产证券化要求的。但是，在实践中，有的证券化结构会设计成担保融资的方式。

1. 真实出售与担保融资的利弊

真实出售与担保融资是资产转移中的两种方法，各有利弊。真实出售可以提高资产支持证券的信誉度，从而形成对发行者有利的价格。但真实出售也将面临较高的税费，同时还要提高折扣率以补偿投资人所失去的追索权。如果使用担保融资的方式转移资产，由于基础资产仍在表内，发起人的信用情况与基础资产相联系，没有破产风险隔离将会对资产支持证券的信誉度产生负面影响。但采用担保融资的方式，投资人仍拥有对发起人的追索权，相关的税费也低于真实出售情况下的税费。发起人可以将优良的资产保存在资产负债表内。资产证券化各个利益相关方要综合考虑税收、法律、会计的各项政策，权衡利弊来决定资产转移的方式。但有的国家，会计准则、税收政策与破产法律对真实出售的判断标准是不一致的，这就有可能出现在会计与法律上认为是真实销售，而税法上认为是融资的情况。所以在资产证券化交易架构的设计中，除了要按相关规定执行，还需要多征求监管部门和政府机构的意见。

2. 判断资产转移是真实销售还是担保融资的方法

如何判断资产转移是真实销售还是担保融资，美国的做法值得借鉴。

①投资人的追索权：追索程度越高，法院认定真实销售的可能性就越低。②原始权益人赎回或者购回被转让的资产的权利：交易中没有赎回或者购回条

款有利于将交易界定为真实销售。③价格机制：如果定价与某项利率指标挂钩，就表明是担保贷款。④账款的管理和收集：如果是真实出售，受让人应有权控制账款的回收。⑤交易行为、交易文件等其他因素：例如交易文件的语言中包含发起人为债务提供“担保”这样的字眼。[①]

（二）SPV 的破产隔离

SPV 的作用是实现基础资产与 SPV 的破产隔离。标准普尔公司把特定目的机构定义为一个不可能因其自己的行为而导致破产的机构，是一个与任何有关当事人的破产充分隔离的实体。[②]SPV 要设计成不易破产的实体，也就是说，虽然不可能完全避免破产，但要尽可能地将破产风险降到最小。在各国的实践及立法中，SPV 隔离破产风险的措施主要包括对业务范围的限制、对自愿破产（由债务人主动提出的破产）和非自愿破产（由债权人提出的破产）的限制。

1.SPV 的业务范围有严格的限制

在创立 SPV 时，相关的章程将限制它的权利，使它不能从事与本资产证券化无关的商业活动，目的是使发起人的债权人不能对它提出清偿的要求，不能任意对它提出破产的申请，这样投资者的权益就能得到很好的保护。

2.SPV 的自愿性破产

自愿性破产是指债务人自己主动提出的破产。如果 SPV 的控制权在发起人手中，他有可能为了自己的利益而恶意申请 SPV 的破产，这样就会对投资者的利益造成很大的损伤。为了保护投资者的利益，应该对 SPV 的自愿破产申请设置限定条件，使其无法任意进行自愿破产。具体的限制条件有：在章程

---

① 斯蒂文·L. 西瓦兹. 结构金融：资产证券化原理指南 [M]. 李传全，龚磊，杨明秋，译. 北京：清华大学出版社，2003.

② 王保岳. 资产证券化风险研究 [D]. 中国社会科学院研究院，2009.

里直接做出限定SPV的自愿破产的规定；当SPV恶意申请自愿破产时，发起人的实际控制人应提供担保，以此增加资产支持证券的稳定性；发行多种类别的股票。不同类别股票的控制权掌握在不同的人手中，可以避免SPV进行恶意破产。

3.SPV的强制性破产

强制性破产是由SPV的债权人提出的。强制破产也会对资产支持证券的投资造成重大的损害，因此也要尽量避免。可以采取以下几个措施来避免SPV的强制破产：第一，要避免SPV对外提供担保，以此防止被担保企业的破产而被承担连带责任；第二，要严格限定SPV的经营范围，SPV除了发行资产支持证券外，不应该有任何其他无关的经营活动，这样就不会有与发行资产支持证券无关的负债，避免强制破产；第三，资产支持证券的投资者对基础资产有优先求偿权，中介机构对中介费用的追索权应该在资产支持证券投资者之后；第四，SPV的组织形式应保持稳定，以此避免组织形式的变更对基础资产现金流造成波动。

四、信用增级原理

信用增级原理是指通过对资产支持证券的偿付能力提供保证，以此使证券化产品的信用等级高于基础资产的平均信用等级。证券化产品是一种固定收益类证券，它对信用非常敏感。信用增级是资产证券化的重要特点。

（一）资产证券化所面临的风险

证券化产品在发行过程中面临着许多风险，具体包括：第一，产品的违约风险。对于证券化产品，它还本付息的来源是基础资产未来所产生的现金流。如果债务人未来偿债能力发生变化，或者基础资产未来运营情况发生变动，就可能出现不能偿付证券化产品收益的困境。例如，对于信贷资产，如果基础资产是信用贷款，则违约风险就比较高。即使是抵押贷款，也存在抵押品流动性差、价格下降的风险。第二，提前归还贷款的风险。在对个人客户的贷款中，如按揭贷款、车辆贷款等，债务人有可能提前归还贷款，这就会对基础资产的现金流的稳定性造成影响。如果市场收益率下降，投资者再投资的收益率将低于原资产支持证券的收益率。第三，结构性风险。资产证券化是结构性融资工具，对于优先级和次级资产，应进行风险分配，以此确保投资者能够按顺序获得收益。第四，经营风险。在资产证券化过程中各个服务机构因经营不当将会导致投资者利益受损，特别是资产管理机构，要是它们经营能力较差，陷入财务困境，将不能及时收回现金，给投资者造成巨大的损失。第五，法律与政策性风险。在资产证券化过程中，各个主体、各个过程都将面临法律与政策的变化而带来的风险。第六，信用保障机制的风险。在证券化过程中，原有的信用保障机制削减或消失带来的风险。

（二）两种信用增级方式

对于以上风险，可以采用信用增级措施来预防和化解风险。资产支持证券的信用增级分为外部信用增级和内部信用增级两种方式。

1. 外部信用增级

外部信用增级是指由外部第三方提供担保以此降低信用风险的增级措施。外部信用增级的具体方法有相关方担保、备用信用证、多线保险等。各种方法都可以进行整体担保或个别担保。整体担保是指对资产池中全部的资产提供保证担保；个别担保是只对资产池中的个别资产提供担保。

相关方担保是指第三方提供担保，这是实践中经常采用的方式；备用信用证是指商业银行为 SPV 开出信用证，为基础资产提供不可撤销或可撤销的保证，一旦发生违约，商业银行将承担第一顺位的付款责任；多线保险是指为基础资产或资产支持证券购买保险，基础资产发生违约，保险公司将提供赔偿。

外部信用增级方式操作容易，但担保成本比较高，有的增级方式还需要较高的保证金与抵押物，这又进一步推高了成本。目前在实践中，主要采用内部信用增级方式。

2. 内部信用增级

内部信用增级按信用增级的强度，可分为设立超额利差账户、设立准备金账户、超额担保、优先 / 次级分层结构、债务保障比测试、信用事件触发机制等。

（1）设立超额利差账户。超额利差是基础资产所产生的收益减去应付资产支持证券的利息、服务费和损失后的差额。超额利差账户是为未来可能发生的损失进行补偿的储备账户，它是承担资产支持证券可能发生损失的首道防线。如果超额利差为负，则显示现金流不足，需要其他的信用增级方式。

（2）设立准备金账户。发起人在证券化初始阶段设立一个准备金账户，当超额利差为负时，就要启动准备金账户，从中提取资金以保证资产支持证券的按时还本利息。

（3）超额担保。基础资产的总价值大于资产支持证券的发行规模，超额部分就形成了对资产支持证券的超额担保。超额担保部分没有利息，在冲抵损失后的剩余部分归发起人所有。

（4）优先 / 次级分层结构。按照本息偿还的先后顺序，资产支持证券分为优先级、次级等多个不同的证券等级。次级证券对优先级证券提供保护。在偿还本息方面优先级证券享有优先权，若出现违约损失，则先由次级证券承担，剩余部分才由优先级承担。这是证券化市场上最常用的一种信用增级方式。

（5）债务保障比测试。债务保障比是指基础资产未来所产生的现金流与资产支持证券的本息的比率。债务保障比越高，资产支持证券的风险就越低，对投资者的保护也就越高。债务保障比测试要和优先 / 次级分层结构相互配合使用，对各个等级的资产支持证券进行测试，这样才能达到更强的增信效果。

（6）信用事件触发机制。当出现一些信用事件，例如超额利差为负、基础资产的违约率达到一定的水平、发起人破产等，则信用事件触发机制开始生效。资金将全部用于优先级证券的兑付或者将收入账户和本金账户的资金全部用于各个等级证券本息的支付。

第三节 资产证券化相对于一般融资方式的特征

一、一般融资方式

企业融资的渠道包括直接融资和间接融资。直接融资就是股权交易，包括上市挂牌融资、引进外部投资者等。在我国，大多数企业选择在A股市场、科创板、中小板上市。在国内股票市场上市可以募集数量较多的资金，可以提高企业的知名度，大股东基本上可以保持对公司控制权，在资本市场上进行后续融资也相对容易。在股票市场上，可以通过IPO（首次公开募股）筹集资金，后续还可以以增发或配股的方式进一步融资。但是，通过公开的资本市场进行融资的进入门槛比较高，资产要达到一定的规模，盈利水平要比较高。私募股权融资是以非公开的方式向高净值的个人和机构投资者筹集资金，它是通过基金经理来进行的。随着市场经济的不断发展，私募股权融资方式已被越来越多的企业采用。在政府政策的支持与鼓励下，私募股权市场急剧扩张，成为企业另一种新型的直接融资工具。总体来说，股权融资占社会总融资规模的比重比较小，企业还是主要采用间接融资的方式。间接融资就是债权融资。商业银行贷款是企业债权融资的主要方式。国内的商业银行偏好于国有大型企业，使得中小企业长期处于融资困难的境地，即使政府高度重视，中小企业融资难的困境仍未得到舒缓。同时，银行业是个风险厌恶的行业，它们主要发放短期贷款。企业普遍用“短贷长投”这种危险的财务运作方式来解决长期投资的需要。近几年，非银行金融机构也提供了越来越多的融资渠道。例如，信托通道的贷款、

票据 、集合债等，但本质上还是信贷。

二、资产证券化与一般融资方式的区别

资产证券化是一种新型的融资工具，相对于一般融资工具有如下的区别。

（一）资产证券化是以资产为基础的融资

资产证券化区别于一般融资方式的首要之处在于信用主体不同。一般融资方式的信用主体是企业整体，但是资产证券化仅以企业中的部分资产的信用作为融资的基础，与企业整体的信用相隔离。企业整体经营不善，达不到一般融资的要求，但假如企业有一些优良的资产（基础资产），能够在未来产生稳定的现金流，例如，基础设施的收益权、自然资源、应收账款、贷款等，就可以以这些资产为信用基础进行融资。企业以资产证券化的方式融资时，基础资产与发起人便实现了风险隔离，投资者仅需要关注基础资产的质量、它们未来产生现金流的数量与稳定程度、交易结构的有效性，而不需要考虑发起人自身的资信情况。这就大大拓宽了企业的融资渠道，提高了经营情况不佳的企业的流动性。

对于具备一般融资条件的企业，资产证券化是一种更低成本的融资渠道。企业剥离部分的优质资产，通过分类与信用增级的方式，使得发行的证券的信用评级高于企业自身的信用评级。例如，AA 级银行可以发行 AAA 级的证券。企业可以根据资产质量以不同的成本进行融资，以此降低整体的融资成本。另外，资产证券化模式总融资成本仍然要低于传统融资方式，资产证券化交易的各项中介总费用比率较其他类型融资方式的费用比率至少要低 50 个基点。[①]

① 陈凌白 . 中国信贷资产证券化效应研究 [D]. 辽宁大学，2014.

企业可以用较低的成本达到融资的目的。（见图 1–1）

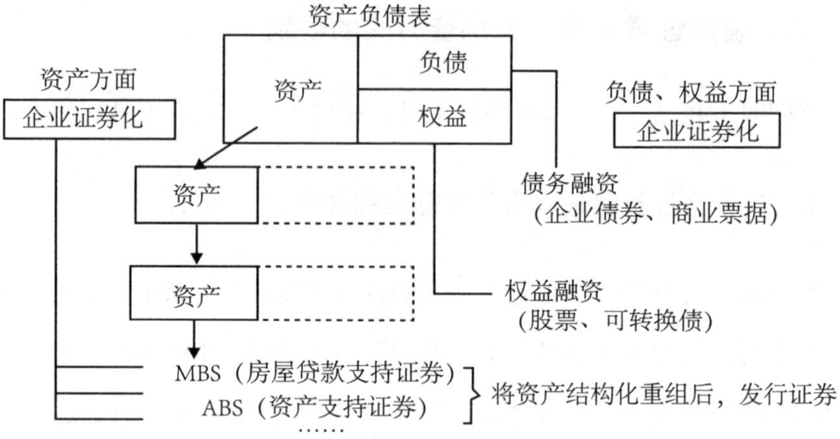

图1–1　资产证券化与一般融资方式的区别

资料来源：井出保夫．证券（图解现代个人理财顾问）[M]. 北京：科技出版社，2004.

一般融资方式与资产证券化融资的条件有所区别：债务融资主要基于企业的信用，股权融资关注企业的成长性和盈利水平，结构性融资基于基础资产的质量。[①] 资产证券化以基础资产的信用为融资基础，这就与传统的贷款、股权融资、民间借贷相区别。

（二）资产证券化是一种结构性的融资方式

资产证券化是一种创新性的金融工具。它整合了传统的机构与市场，设计出一种结构性的融资方式。所谓的结构性，是指采取现金流分类重组、信用增级与分级等技术，对资产证券化的交易过程的设计与安排。

一般的融资活动仅由少数的金融机构包揽。资产证券化将原本由少数金融

① 郑磊．资产证券化：国际借鉴与中国实践案例 [M]. 北京：机械工业出版社，2014.

机构包揽整个过程的融资活动通过市场化的方式进行了拆分，让更多的市场主体，如发起人、SPV、证券公司、律师事务所、会计师事务所、信用评级机构参与到融资的过程中，各司其职。传统的金融机构可以将部分的工作内容剥离出去，形成一些新的服务机构。例如，银行可以将发放贷款业务与贷款回收业务相分离，就能形成专门的从事贷款业务和贷款回收业务的服务机构。机构也将提供专门为资产证券化服务的业务，例如，保险公司为资产证券化提供的资产证券化相关的保险服务。资产证券化打破了传统金融机构存款和贷款的垄断地位，促进了市场竞争，扩大了各个市场主体的交流。资产证券化也调节了传统金融机构原有的结构。银行通过资产证券化，可以解决资产与负债错配的问题，改善银行的资产负债率。

资产证券化打破市场主体固有的功能，将传统绑定在一起的业务相分离，由不同的市场主体来提供这些服务。这样可以打破某些特定机构的垄断地位，分散风险。更重要的是，通过资产证券化结构性的设计，在基础资产整体状况不改变的情况下，将基础资产未来产生的现金流的风险与收益进行分割与重组，通过资产证券化的二级市场，可以更高效地连接资金的提供者与需求者，证券可以被迅速出售变现，提高了资产的流动性。

（三）对资产负债表的操作角度不同

资产证券化融资与一般融资方式的又一个区别在于对资产负债表的操作角度不同。一般的融资方式中，债权融资增加了企业的负债，股权融资增加了企业的所有者权益，通过增加资产负债表的右边的项目来进行融资。而资产证券化是通过对资产负债表左边，资产的操作来进行融资。两者都能实现融资的目的。资产证券化进一步丰富了企业的融资方式。

资产负债表的左边是资产类项目。资产按流动性的强弱、变现能力的大小排序，分为流动资产和非流动资产两大类。资产证券化就是以左边的资产信用为基础的结构性融资。具体哪一些资产可以证券化，关键看这些资产未来能否产生稳定的、可预测的现金流。在流动资产中，现金及现金等价物是随时可以用来支付的，交易目的权益性投资变现能力也非常强，所以不存在证券化的情况。应收款项，如应收账款、应收票据、其他应收款等，对于银行就是贷款等项目，这些是企业未来需收回的款项，非常适合资产证券化。非流动资产中的债权投资，如可供出售金融资产、持有至到期投资，它们到期还本利息，未来有稳定的现金流，这些也非常适合资产证券化。固定资产能否进行证券化，看资产的具体情况。如融资租赁资产证券化，已经成为我国融资租赁公司重要的融资方式。对于商业地产的证券化，房地产投资信托基金已经发展到了很大的规模。对于无形资产，有对版权、专利权、著作权、收益权进行证券化的尝试。早在 1996 年，我国就以资产证券化的方式，由特许经营的高速公路收益权作为基础资产进行融资。

资产证券化体现在资产负债表上，是报表的左边资产类别的变化。贷款、应收账款、商业地产等出售给 SPV，代之以现金的流入，或者是风险更低、流动性更强的有价证券，没有影响到资产负债表的右边。而一般性的融资则是报表右边，负债或所有者权益增加，同时报表的左边货币资产也增加。下面通过两个具体的案例来探讨资产证券对企业报表的影响。

1. 信贷资产证券化案例[①]

我国的信贷资产证券化经过十几年的历程，已经进入常态化的发展阶段。本书以一家虚拟的 Y 银行为例，来讨论资产证券化对银行的报表会产生什么样的影响。

① 本案例根据 Asset securitization：theory and practice（Hu，Joseph C，2011）改编。

为了便于说明问题，Y 银行的业务简化为仅有传统的存款与贷款的业务，资产负债表也为简表，仅包括几项能说明问题的资产和负债（见表 1–1）。Y 银行 2018 年的资产包括现金 15 000 元、贷款 2 000 000 万元和其他资产 300 000 元。负债部分，存款 2 119 800 元、其他债务 10 000 元。资本充足率简化为资产的 8%。资本金为 185 200 元。

表1–1　Y银行资产负债表

2018 年 12 月 31 日　　　　单位：元

现金	15 000	存款	2 119 800
贷款	2 000 000	其他债务	10 000
其他资产	300 000	资本金	185 200
总资产	2 315 000	负债和所有者权益总计	2 315 000

2019 年，假定 Y 银行还是开展传统的存款与贷款业务，存款利率为 2%、贷款利率为 5%。Y 银行要新增 2 000 000 元的贷款，需要新增 1 840 000 元的存款，资本金部分，盈利增加所有者权益 60000 元，银行还需注资 100 000 元。

表1–2　Y银行资产负债表

2019 年 12 月 31 日　　　　单位：元

现金	15 000	存款	3 959 800
贷款	4 000 000	其他债务	10 000
其他资产	300 000	资本金	345 200
总资产	4 315 000	负债和所有者权益总计	4 315 000

但是，传统存贷业务已经形成了行业的“红海”，同业竞争愈发激烈。信贷资产证券化可以拓宽业务线，开辟新盈利点，改善盈利性，并在一定程度上实现监管资本套利。[①] 为此，Y 银行决定开展信贷资产证券化业务，努力寻

① 李杜若. 中国信贷资产证券化：微观动因与影响效应分析 [D]. 东北财经大学，2017.

找创新点，希望能开辟出一片崭新的“蓝海”。假定Y银行将2 000 000的贷款进行证券化，这时候，Y银行的利润来源于贷款的发放费用而不是存款与贷款的利差。贷款发放费为1%，Y银行一年中进行四次证券化和发放贷款，以此赚取更多的利润。如表1–3所示，Y银行的利润比传统的存贷业务增加了50%，资产充足率高达11%，银行可以有充足的资金开展其他业务。通过开展资产证券化的业务，Y银行在收入结构上获得了较好的改善。

表1–3　Y银行资产负债表

2019年12月31日　　　　单位：元

现金	2 095 000	存款	2 119 800
贷款		其他债务	10 000
其他资产	300 000	资本金	265 200
总资产	2 395 000	负债和所有者权益总计	2 395 000

2. 房地产投资信托案例

房地产投资信托（Real Estate Investment Trusts，简称REITs）在发达国家或地区已经是一种成熟的投资与融资工具。我国目前还没有真正意义上的REITs，业界称之为“类REITs”，相当于不动产的证券化。对于“类REITs”本身而言，既属于一种投资工具，也是一种融资工具，但在中国目前的大环境下，其更多的是作为一种融资工具而被提及，肩负着诸多房地产企业“轻资产”改革的使命。①

2009年开始，苏宁易购②（原苏宁电器）实行营销变革，从传统的零售业

① 王志宇．中国税制下的REITs设立困境探析——以中信启航为视角[J]. 金融法苑，2015（2）.

② 苏宁公司经过三次的更名。2013年公司名称由“苏宁电器股份有限公司”变更为“苏宁云商集团股份有限公司”，2017年公司名称由“苏宁云商集团股份有限公司”变更为“苏宁易购集团股份有限公司”，公司中文简称由“苏宁云商”变更为“苏宁易购”。为了方便起见，本书统一称为“苏宁易购”。

转向以互联网零售为主体，线上线下相结合的经营模式。营销战略的变革需要大量的资金投入，线上线下同样的价格又牺牲了企业的利润，使得公司的盈利能力急速下降。2014年上半年，公司亏损高达7.55亿元，这是公司上市10年来首次出现半年报亏损。同时，利润的牺牲并没有带来用户的增长，反而使公司的营业收入同比下降7.87%。

苏宁易购于2014年10月15日发布公告，发行中信华夏苏宁云创资产支持专项计划（简称苏宁云创），规模为43.42亿元。苏宁云创发行优先级和次级两类证券。苏宁易购的母公司苏宁集团享有对次级证券优先的收购权，相当于对优先级证券提供担保，提高其信用等级。

苏宁易购进行证券化的不动产是早期通过自建、外购方式取得，持有至2014年，已有较大幅度的增值。随后，苏宁易购将基础资产转给苏宁云创，获得现金37.80亿元，实现税后净利润20.46亿元，依靠这项交易，公司2014年的年报扭亏为盈。

苏宁易购于2014—2016年运用REITs模式进行不动产证券化融资，以此实现了既能保留对商业物业房地产（目标资产）的控制权，又能最大限度地获取现金，更能改善财务报表的多重目标。①

① 徐珊.中国REITs的财富效应——基于苏宁易购的案例分析[J].沈阳大学学报：社会科学版，2019（3）：274—279.

第四节 资产证券化的操作体系

一、资产证券化的主要参与主体

资产证券化的操作流程十分复杂，其中涉及多个市场主体，主要包括发起人、SPV、信用增级机构、信用评级机构、证券承销商、投资者以及会计师事务所、律师事务所、资产评估机构等其他为证券化交易提供服务的机构。

（一）发起人

发起人是准备以基础资产证券化的方式来融资的人，是资产证券化业务的起始方。发起人可以是基础资产的原始权益人，如贷款银行、大型企业、基础设施运营公司、设备租赁公司等，也可以是从原始权益人处购买基础资产并再进行证券化的人，如投资银行等。发起人对基础资产享有合法权利，并有完整的基础资产的相关数据与法律文书。在资产证券化业务中，发起人是交易中的实际借款人。

不同的发起人有不同的开展证券化的动机。对于金融机构，开展信贷资产证券化可以提高资本充足率，节约资本；拓宽金融机构的盈利渠道，增加非利差收入；优化资产负债结构，减轻流动性风险；降低融资成本与信贷风险；降低资产负债率，提高资本回报率；增加投资品种，增强银行的抗风险能力。对于企业资产证券化的发起人，资产证券化的融资成本低，可以改善财务报表并开辟新的经营模式与盈利模式。

在资产证券化过程中，发起人要选择SPV的管理人、担保人和其他的中介机构，在完成内部的审核流程后，协助资产管理人进行尽职调查，确认最终的资产证券化设计方案。不同的发起人工作流程也有所不同。对于信贷资产证券化，发起人可以作为投资人进行资产证券化的投资，还可以接受受托机构的委托，成为信贷资产证券化的贷款服务机构。发起人从债权人转变成为贷款的管理服务人，代理收取信贷资产的本金、利息和其他收入；代为保管会计凭证、借款合同、保证合同等相关文档和表单；对相关的授信系统信息和操作系统信息进行维护管理；对违约的贷款进行及时处置；及时转付基础资产各种收回的款项；根据贷款服务合同的约定向受托机构提供相关的报告。对于不动产证券化，由于是不动产领域的融资，过程中面临多方面、多环节的税收困境，为此，对于发起人，首要工作是在法律允许的范围内进行纳税筹划，以此降低融资成本。由于大部分的不动产属于优质资产，发起人不愿意失去对于不动产的控制权，所以发起人还会与管理人签订售后返租的合同，以保障自身与投资者的利益。有些私募REITs项目，如中信华夏苏宁云创资产支持专项计划，发起人还会对A级证券（优先级证券）提供流动性支持，发起人的关联方对B级证券（次级证券）有优先收购权，以此保证A级证券的顺利发行。在私募REITs到期前，发起人要配合管理人完成公募REITs的发行准备工作。

（二）特殊目的机构（发行人）

发行人是指购买发起人的资产组合，并以此发行资产支持证券的主体。发起人一般不作为资产支持证券的发行主体，以此将发起人的整体信用与基础资产的信用区分开来。在资产证券化运作过程中，要专门设置一个机构进行破产隔离以此完成资产证券化这一特殊目的。特殊目的机构是资产支持证券的发行人。SPV是资产证券化交易的核心与中枢，它连接发起人、投资者和信用评级机构等服务机构。资产证券化交易的设计都是围绕着 SPV 展开的。SPV 承接发起人转让的基础资产，使基础资产的信用独立于发起人的信用；SPV 以基础资产未来的现金流为基础发行证券并销售给投资者；证券发行后，SPV 还需进行本息的支付、账务处理、后续评级等工作。SPV 还与信用评级机构、资产管理机构、增级机构等机构存在密切的法律关系。SPV 作为基础资产的拥有人和资产支持证券的发行人，起到了破产隔离的作用，保证了基础资产的安全和独立。由于资产证券化业务是 SPV 的唯一业务，所以大部分国家和地区的 SPV 不用纳税，起到税收中性的作用。但是我国的情况比较特殊，存在部分的重复征税的问题，这些会在本书第六章详细讨论。

SPV 是专门为资产证券化交易而设立的，它可以是一个实体，也可以只是一个空壳。在美国等发达市场的资产证券化实践中，SPV 有特殊目的信托（SPT）、特殊目的公司（SPC）、特殊目的合伙人（SPP）三种形式。从大方向上看，SPV 由 SPT 向 SPC 演进，SPP 逐渐消失，主要原因在于 SPC 发行证券多样化，而 SPP 无法实现破产隔离。[①] 在中国，受分业监管的影响，SPV 的形式有所不同。根据发起机构的性质与基础资产的种类，我国的 SPV 主要包括以下几种形式：在银行间市场发行的以信贷资产为基础资产的称为特殊目的信托（SPT）；在证券交易所发行的以非金融企业资产和非银保监会管理的金融企业的资产为基础资产的称为资产支持专项计划；银保监会管理的资产证券化的载体称为项目资产支持计划，后两者可以统一称之为 SPE。我国《公司法》的有关规定是为传统的公司而制定的，对于仅实现资产证券化的特殊目的机构不适合，所以目前没有 SPC 这种法律形式。

SPT 是依据《中华人民共和国信托法》（以下简称《信托法》）设立的。《信

① 邓海清，胡玉峰，蒋钰炜．资产证券化——变革中国金融模式 [M]. 北京：社会科学文献出版社，2013.

托法》规定："信托财产与委托人未设立信托的其他财产相区别；信托财产与属于受托人所有的财产相区别。"所以，采用SPT形式的破产隔离效力最强，实现了完全的破产隔离。我国的SPE主要是资产支持专项计划。根据《证券公司及基金管理公司子公司资产证券化业务管理规定》(以下简称《管理规定》)，专项计划资产独立于原始权益人、管理人、托管人及其他业务参与人的固有资产。专项计划与管理人的破产隔离依据《管理规定》，但《管理规定》的上位法《中华人民共和国证券投资基金法》和《证券法》没有明确专项计划的破产隔离效力，所以专项计划与管理人的破产隔离存在不确定性。基于基础资产的真实销售，专项资产与原始权益人的资产实现了较好的破产隔离，但对于一些不确定的权利，如收费权等是否有破产隔离的效力，也存在着不确定性。

（三）承销商

承销商的作用是保证资产支持证券的成功发行，为此，承销商一般会充当投融资顾问的角色，与信用增级机构、管理人等机构合作，设计出符合监管的要求，并能在最大限度内保护发起人和投资者权益的发行方案。具体来说，承销商的工作职责包括产品设计、销售与发行和流动性安排三大方面。①

在产品设计方面，承销商首先要关注于基础资产的选择。对于债权类基础资产（包括贷款、应收账款等），主要关注基础资产自身的信用情况、历史违约率、早偿率、相应的担保方式等。对于收益权类基础资产，由于其个性化较强，所以更多是关注发起人的经济实力、担保情况、行业的历史记录与前景等。接下来是对交易结构进行设计，这是资产证券化交易的重要步骤。交易结构要包括信用增级的措施、信用触发机制、设置相关的账户、如何划转现金

① 林华.中国资产证券化操作手册（上）[M].北京：中信出版社，2015.

流、循环购买等。承销商还要与发起人、信用评级机构合作，进行现金流建模工作，对基础资产未来的现金流、风险与收益进行测评。在前期工作完成后，承销商开始进行产品方案的设计，具体包括对资产支持证券的分级（优先级、劣后级或更细分），确定与基础资产所产生的现金流相匹配的资产支持证券的发行规模和期限，资产支持证券本利支付的方式、频率，选择固定利率还是浮动利率，资产支持证券是否包含回购与赎回选择权等。承销商还要根据发起人的需求，综合会计、法律、税收的规定，设计基础资产的转移方式。对于非收益权类基础资产，基础资产的转移设计成真实销售还是抵押融资，会对于发起人的资产负债表与税负产生重大影响。

发行与销售是承销商最重要的工作职责，是资产证券化的"惊险一跳"。承销商根据资产支持证券的不同类型锁定不同的投资者。信贷资产证券化产品在银行间债券市场发行，企业资产证券化在交易所市场发行。银行间债券市场的投资者主要是银行，交易所市场的投资者主要是非银行投资者，但资金的最后来源大多是银行。确定了投资者后，承销商会邀请其他金融机构（特别是多次销售资产证券化产品的银行）组成承销团，以此增加对资产证券化产品的销售能力。为了增强销售效果，承销商在与发起人、潜在投资等沟通以后，确定对投资的销售方案。对于核心投资者，进行一对一的路演，对于有投资实力但投资需求分散的投资者进行一对多的投资推荐，在与投资者充分沟通后，明确投资者的需求，以此最大限度地保证发行的成功。在了解投资者的投资需求后，结合市场的实际情况对资产证券化产品进行定价。定价的方法为：资产证券化产品的收益率＝无风险债券收益率＋税收补偿＋信用风险补偿＋流动性风险补偿。[①] 对于信贷资产证券化的产品，一般采用招标的发行方式；对于企业信

① 林华.中国资产证券化操作手册（上）[M].北京：中信出版社，2015.

贷资产证券化产品，一般采用簿记建档的发行方式。

为了解决资产证券化产品流动性差的问题，承销商在产品设计时、产品发行后都采取措施，以此增强资产证券化产品的流动性。在资产证券化产品设计的时候，对于较长期限的证券化产品，在条款里面加入投资者回售的选择权，以此解决长期限证券化产品对于投资者的资金压力。在我国实践中，广州长隆公园入园凭证专项资产管理计划等项目设计了投资者回售的选择权。在产品设计时，还可以加入定期开放赎回的条款，同样起到增强流动性的作用。承销商可以从事做市商业务，通过对资产证券化产品的转让提供双方的报价业务安排，以此提高资产证券化产品的流动性。承销商还可以为资产证券化产品提供质押回购融资服务。承销商可以利用自身的专业、资金等优势为交易双方提供信息服务、资金与技术的支持。在交易所推出针对资产证券化产品的债券借贷政策后，承销商也可以参与这项新业务，为交易双方提供中介服务，以此进一步提高资产证券化产品的流动性。

（四）受托管理机构

资产证券化过程中，发起人将基础资产转移给 SPV。SPV 只是为资产证券化专门设立的一个实现破产隔离、税收中性的通道。为此，需要一个机构接受发起人的委托运作 SPV，再与其他服务机构联系，执行证券承销、贷款管理等职能。在信贷资产证券化中，受托管理机构一般是信托公司；在企业资产证券化中，受托管理机构一般是证券公司等金融机构。

理论上讲，受托管理机构在整个资产证券化业务中处于核心地位。受托管理机构与发起人签订合同，完成基础资产的转移，管理基础资产，发行资产支持证券，分配资产支持证券的收益，披露基础资产与资产支持证券的信息。应该说，受托管理机构是资产证券化过程中最重要的主体之一，是为数不多的贯穿于资产证券化始末的主体之一。但在我国的实践中，受托管理机构只是一个资产证券化业务的“通道”，对于资产证券化项目的设立与运作没有起到实质性的作用。这是由于受托管理机构处理资产证券化业务的专业能力有限，资产管理的经验不足，资产证券化的风险意识较为淡薄，因此，受托管理机构很少参与资产证券化的先期筹备工作，缺乏与投资者的接触，只是从事一些通道型的业务。由于 SPV 依附于受托管理机构，所以我国的受托管理机构还承担着资产证券化产品的部分风险。

（五）信用增级机构

信用增级是资产证券化过程中非常重要的一种技术安排，通过对资产支持证券提供进一步的信用支持，使证券化产品的信用等级高于基础资产的信用等级，以此降低证券化产品的风险，更利于产品的销售。信用增级机构就是为证券化产品提供信用增级的机构。信用增级有内部增级和外部增级两种方式。对应这两种方式，信用增级机构分别是发起人和独立的第三方。第三方信用增级机构包括政府机构、保险公司、金融担保公司、银行、大型企业的财务公司等。国外资产证券化发展初期政府机构的担保占据主要地位，后来非政府担保逐渐发展起来，包括银行信用证、保险公司保函等，之后又产生了金融担保公司。

（六）信用评级机构

信用评级机构是对所发行的资产支持证券的质量进行评估，将资产支持证券的安全程度完整客观地向投资者展示出来。信用评级机构的工作包括初始评级和后续的“跟踪评级”。评级机构在初始评级时，对基础资产以及证券化产品进行评估。在资产证券化的整个存续期间，还要对证券化产品的信用进行后续跟踪，确保其信用等级保持不变。如果发现有新的情况，则及时调整评级以此维护投资者的利益。相较于一般的债券，资产支持证券产品结构复杂，不同的产品基础资产各异，同质性很低，信用评级可以方便投资者判断风险与收益，评级机构的作用也就更加重要。

现今国际公认的具有公信力的有三大评级机构：标准普尔（S&P）、惠誉（Fitch）和穆迪（Moody's）。业务范围包括资产证券化评级、企业债券评级和国家主权信用评级。它们都有百年以上的经营史，有丰富的历史数据，极具市场价值。这些都赢得了市场的信赖，因此它们垄断了全球的评级市场，其他的评级机构的市场份额很有限。美国证券交易委员会将这三大评级机构认证为国家认可的统计评级组织，将它们的评级结果纳入美国证券交易法规体系。很多机构只认可三大评级机构的评级结果。很多资产证券化业务会同时选择两家评级机构，以此提升投资者的信心。

三大评级机构的信用评级具体的符号不一样，但都分成七大评级级别，每个级别的标准基本一样。

在我国主要的评级机构有联合资信评估有限公司、中诚信国际信用评级有限公司、大公国际资信评估有限公司和东方金诚国际信用评估有限公司。当然，由于我国的金融市场还处于发展阶段，国内的评级机构发展时间很短，相关的经验不足，评级能力与水平有限，市场定位模糊，各家机构的业务基本上没有差别，这使得我们的评级机构相较于三大评级机构竞争力不足。

（七）投资者

投资者是指在市场上购买资产支持证券的机构或者个人。投资者对基础资产未来所产生的现金流投资，是资产证券化的资金提供者与风险承担者。在某些发达国家，资产证券化市场已经处于成熟阶段，信息披露机制完善，中介机构的公信力强、透明度高，使投资者群体较为丰富。投资者可以是自然人，也可以是机构投资者。对于安全系数强、收益率高的资产支持证券，会有大批的投资者，如商业银行、对冲基金、保险公司、资产管理公司等进行投资，使资产证券化交易火爆。

在我国，由于投资者还未适应资产证券化投资的复杂性，因此，投资者群体呈现单一化的现象，商业银行是资产支持证券的最大投资者。资金来源包括商业银行的自有资金和理财资金。据不完全统计，2014 年，银行间信贷市场的资产支持证券的投资人中，国有商业银行占比为 40%，股份制商业银行占比为 30%，城市商业银行和农商银行占比为 15%，券商占比为 6%，信托占比为 2%，保险公司占比为 2%，财务公司占比为 1%，资产管理公司占比为 1%，基金占比为 1%，其他约占 2%。[①] 在交易资产证券化产品的投资者中，国有商业银行和股份制商业银行占比也高达 80%。一些国际评级在 AA 级以上的资产证券化产品还获得了境外投资机构和私募基金的青睐。

不同的投资者有不同的风险偏好，国有商业银行和股份制银行的自有资金对资产支持证券的评级要求高，同时还需要基础资产的详细资料以此通过授信。国有商业银行和股份制银行的理财资金成本比较高，因此更为关注的是资产证券化产品的收益率。对于地方性商业银行，它们也在加大对资产证券化产品的学习力度，由于地方性商业银行理财资金的成本高于国有商业银行和股份制银行，所以它们会认为资产支持证券的收益率偏低。对于保险公司则偏好收益稳定的证券化产品。证券公司则对资产组合和差异化收益的产品感兴趣。

由于我国资产证券化产品的流动性差，因此它的收益率通常高于相同评级的债券。对于流动性强的机构投资者而言，将其购入并持有至到期可以获得更高的收益。买入再持有到期是我国投资者采用的主要的投资方式，所以投资者

① 林华．中国资产证券化操作手册（下）[M]. 北京：中信出版社，2015.

也更为青睐短久期的证券化产品。

二、资产证券化的基本要素

（一）基础资产

在资产证券化过程中，资产支持证券本息来源于基础资产，所以基础资产的选择就显得非常重要。基础资产的选择是资产证券化项目成败的关键因素，也是资产证券过程中风险控制的核心。美国2008年发生的次贷危机的根源就是资产证券化的基础资产出了问题。根据我国《证券公司资产证券化业务管理规定》第八条规定，基础资产是指符合法律法规，权属明确，可以产生独立、可预测的现金流的、可特定化的财产权利或者财产。根据多年来资产证券化实践经验发现，有如下特征的资产比较容易实现证券化。

1. 资产预期能够产生稳定的、可预测的现金流入。

2. 原始权益人持有该资产具有一段时间，且信用表现记录良好。

3. 资产具有很高的同质性，它们通常具有标准化的合约文件。

4. 资产抵押物易于变现，且变现价值与受抵押资产价值较为接近。

5. 资产的债务人地域分布和人口统计分布都较为广泛。

6. 资产的历史记录良好，违约率和损失率较低。

7. 获取上述因素所需要的资产的相关数据容易获得资产池中的资产应达到一定规模，从而实现证券化交易的规模经济。[①]

单一资产很难同时达到上述标准，因此，一般情况下，资产证券化的基础资产是多笔资产组成的资产集合，即资产池。发起人确定符合自身融资需求的

---

① 何小锋.资产证券化：中国的模式[M].北京：北京大学出版社，2002.

资产池规模后选择现金流稳定、信用质量好、分散性强、易获得相关数据的资产，以此组成资产池。资产池应该获得高于发起人的信用评级，以此节约融资成本。

理论上说，只要未来可以产生稳定现金流的资产都可以成为基础资产，组成资产池。但是，实际上各国对可以进行资产证券化资产范围的规定是不一样的。美国等国对可以证券化的基础资产规定十分宽松，几乎不设置任何障碍；而有些国家，如比利时等，对于资产证券化基础资产的范围有比较多的限制性规定。

在我国，基础资产可以分为信贷资产证券化中的信贷资产和企业资产证券化中的应收账款、具体项目的收益权、知识产权、商业物业等。

可以作为证券化基础资产的信贷资产，应该是那些现金流比较稳定、能够带来预期收益、距离到期尚有一定时间、信用等级比较稳定的贷款。① 信贷资产支持证券的收益是来源于信贷资产池的收益，所以信贷资产首先是要有稳定的现金流；信贷资产要能够给投资者带来他想要的收益而不仅仅是一点的收益；由于开展资产证券化业务需要时间，所以信贷资产要有一定的存续期，否则与付出的成本不成比例；如果贷款的等级在资产证券化期间发生变化，将会增加投资者的风险。

现今，对于贷款质量评定的通用方法是五级分类法，即贷款分为正常贷款、关注贷款、次级贷款、可疑贷款和损失贷款。我国的 2015 年 5 月份的国务院有关会议精神规定，信贷资产证券化的基础资产应该要选用优质的资产，对于次级贷款、可疑贷款和损失贷款这三类不良贷款能否成为基础资产，则采用审慎的态度。

租赁资产是企业资产证券化中最适合进行证券化的基础资产。首先，租赁

---

① 沈炳熙，李哲平．中国资产证券化热点实务探析 [M]. 北京：北京大学出版社，2017.

公司的专业背景、发展历史符合资产证券化业务的内在需求。其次，租赁资产的相关信息易于获得，未来可以产生稳定、可预测的现金流。最后，租赁资产与信贷资产一样，在收益水平、利率、违约风险、行业等因素方面可以构建风险分散的资产池。

REITs 的基础资产主要是发起人的商业物业，包括门店、写字楼、酒店等。对于商业物业要求完工进度的比例高于 90%。我国类 REITs 的收入也是来自商业物业的租赁和其他运营的收益。但是，由于我国现阶段相关法规不完善，因此我国类 REITs 的 SPV 并不直接持有商业物业的产权，而是通过构建双 SPV 等方式从事证券化业务。具体来说，基础资产分为：契约型私募基金份额，如苏宁云创、中信启航等项目；项目公司股权，如招商创融 - 天虹商场（一期）资产支持专项计划；信托受益权，如海印股份专项资产管理计划；收益权益，如鹏化前海万科 REITs 封闭式混合型证券投资基金。

（二）结构化设计要素

基础资产是资产支持证券还本付息的来源，而结构化设计可以弥补基础资产中的不足之处，乃至于提升基础资产池的信用评级。通过结构化的设计，可以使资产支持证券的兑付更有保障，有利于证券化产品的发行，保障投资者的利益。资产证券化产品的结构设计包括分层设计、现金流偿付顺序和信用触发机制等方面。①

证券化产品的分层设计是按照风险与收益的水平不同，对证券化产品进行分类，使其有不同的风险偿付顺序。目前，业界一般采用优先级 / 次级的分层，再加之以超额利差的内部信用增级方式。优先级 / 次级的分层是指根据违约率、

① 林华 . 中国资产证券化操作手册（上）[M]. 北京：中信出版社，2015.

损失率、早偿率等指标，对资产池的动态现金流进行模拟，从而将证券化的产品分成优先级和次级。如果发生突发事件，基础资产产生的现金流发生波动，资产池产生的现金将优先偿付优先级的证券。次级证券产品为优先级的证券产品提供信用保护，保证了优先级证券的安全。

证券化产品偿付的安排要考虑很多因素。首先，基础资产的现金流特性，如现金流期限的长短、稳定性、资产的风险性、加权平均期限是决定性因素。期限长、稳定性强、风险性小适合过手型证券，反之则选择转付型证券。其次，不同的证券偿付方式会有不同的会计处理和税负水平，所以发起人要综合考虑，选择有利于自身的偿付方式。如果以上两种方式对过手型证券和转付型证券都适合，投资者的需求就是最后的考虑因素了。

从中国已发行的资产支持证券来看，过手型证券因为与资产池现金流匹配度高，所以使用频率高于转付型证券。

在资产证券化交易的设计过程中，会设置多个信用触发条件。例如，资产池的表现情况、交易相关方的情况等。大部分产品设置了与资产表现情况有关的违约事件和加速清偿触发机制。当违反了相关的条款，例如，累计违约率高于设计水平就推迟支持次级证券的利息，变化优先级证券的偿付顺序，停止摊销现金储备，最后有可能资产证券化过程提前终止。

（三）信用评级

资产证券化信用评级指通过综合分析资产支持证券的信用风险、结构性风险、法律风险、第三参与方风险等因素，对证券化的资产保证按期向持有人分配收益或偿付能力的评价。[①] 资产证券化具有复杂的交易结构，普通投资者难

① 陈怡西．证券信用评级法律制度研究 [D]．西南政法大学，2008.

以判断其风险与收益水平。信用评级通过分析和提示风险，为投资者提供投资决策的依据，以此节约交易成本，有利于资产支持证券产品的发行、销售与风险跟踪，降低融资的成本，还可以协助政府部门监管资产证券化产品，防范金融风险。

资产证券化信用评级有着严密的操作流程。发起人主动与评级机构接触并支付评级费用。评级机构在收集了相关资料后，进入现场进行尽职调查。尽职调查要对现场进行实地考察，并对被评对象的上级部门、监管机构、外部合作伙伴进行访谈。在此基础上形成信用评级的级别，并与客户沟通后确定最终的评级结果。评级信息应按监管的要求及时披露。评级机构还要进行评级跟踪，定期或不定期地更新评级信息。

三大评级机构评级的方法、分析的重点大体相同。下面以惠誉为例，介绍资产证券化评级的方法。资产证券化产品具有一般债券的风险，如利率风险、事件风险、违约风险、流动性风险等，还具有资产证券化特有的风险，如资金回收风险、资产池集中度风险、服务机构风险与提前还款风险。惠誉的信用评级框架包括基础资产的质量、交易的组织结构、证券化产品的支付结构、信用增级和重要参与方的质量五个方面。资产质量是通过充足的数据，根据基础资产的信用特征评价基础资产未来的预期损失。交易的组织结构主要是考察基础资产是否真实出售以及 SPV 是否实现了破产隔离。证券化产品的支付结构是分析不同压力情景下的现金流。信用增级是量化内部增信与外部增信对投资者的保护。重要参与方评价是关注发起人、各种服务机构是否有履行合同的能力。

对于证券化的产品，RMBS（住房抵押贷款支持证券）、ABS（资产支持证券）与 CDO（担保债务凭证），信用评级的关键在于资产池现金流的分析和损失的预测，在综合考虑各种信用增级后，测试各种损失出现的情况下，资产池产生的现金流能否及时有效地支付投资者的本金与利息，由于证券化产品的基础资产不同，具体评级方法也有所差异。

我国重启资产证券化后，金融监管机构规定信用评级需要进行双评级，即要两家的信用评级机构对同一资产证券化产品进行信用等级评估，只认可较低的评级结果。一般情况下，资产证券化产品的评级是有偿评级，在市场竞争激烈的情况下，评级机构有可能会为了利益而妥协，屈从于发起人提高信用等级，以致误导投资者，甚至可能引发金融危机。美国的次贷危机就是一个惨痛的教训。如果两家评级机构相互独立、相互平等，发起人能依据市场机制选择评级机构，那么监管机构双评级的规定就是有效的。发起人不能轻易地操纵评级机构，评级机构也不敢违反职业道德，随意评级。但是，由于我国目前监管机构会指定一家的评级，这家指定的评级机构的地位就会高于另一家评级机构，最终形成了以指定评级机构的评级结果为主的局面，失去了双评级的相互制约的作用。对于双评级，监管部门应该把评级的事务交给市场来处理，不要再指定评级机构，评级的结果由市场判断，这样才能客观、公正、科学地评级。

三、资产证券化操作的一般流程

资产证券化的交易结构十分复杂，典型的交易结构如图 1–2 所示。

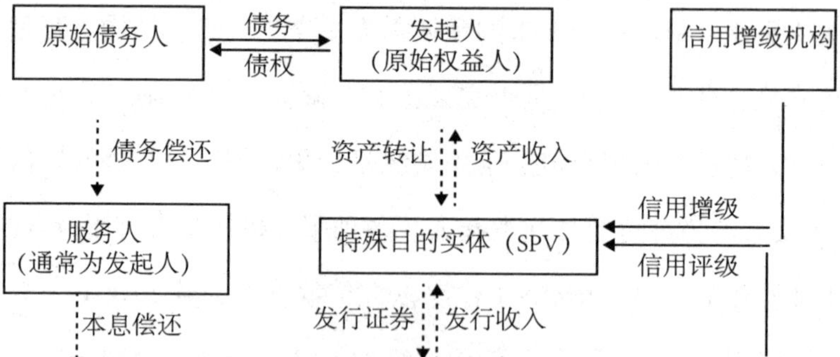

图 1–2　资产证券化操作的交易结构图

资料来源：张金若．发起人金融资产证券化会计问题研究 [D]. 厦门大学，2008.

发起人将基础资产转让给 SPV 并收到现金，这个环节需要判断是否为真实出售；SPV 对资产池进行结构性设计后以资产池产生的现金流为基础发行资产支持证券，出售资产支持证券后获得作为从发起人购买基础资产的现金；服务机构按合同规定，将资产池产生的现金流分配给投资者。

具体来说，资产证券化操作的具体流程可以分为六个环节。

1. 创建资产池。发起人的资产中有缺乏流动性但未来可以产生现金流的资产，如应收账款、贷款等。发起人根据自身的融资需求以及市场的要求，根据资产的特征选择符合证券化的资产，构建一个符合资产证券化运作要求的资产池。资产池构建完毕后，发起人要聘请第三方机构对资产池进行审核。

2. 设立 SPV。发起人或第三方设立 SPV，保证其专门从事资产证券化业务，在法律上实现发起人与基础资产池的破产隔离；SPV 可以是由发起人在证券化资产上设立的一个机构，主要是 SPT，通过信托财产独立性的规定实现破产风险隔离，并以此发放信托产品。SPV 也可以是在法律上有独立地位的空壳。发起人将基础资产转让给 SPV，SPV 依据基础资产发行证券。SPV 是一个非常关键的主体，它的管理职能一般委托其他机构实现。

3. 出售资产。发起人将基础资产转让给 SPV，如果基础资产不属于发起人，则转让为真实销售，反之则是担保贷款。在真实销售的认定上，会计、法律和税收有所分歧，有可能从会计上认定为真实销售，但是在法律上却是担保贷款。如果资产转让符合会计上销售行为的认定，则发起人的交易核算就是基础资产与现金的转化，反之，在会计核算上就是由基础资产担保的借款，这样发起人的财务杠杆将会提高。法律上考虑的是资产转让后的破产隔离。如果是真实销售，则 SPV 享有基础资产的所有权，可以实现与发起人的破产隔离；但如果为担保贷款，则 SPV 只享有基础资产的担保特权，就不能实现破产隔离的效果。税收方面不同的转让认定则会承担不同的税负。

4. 信用增级和信用评级。SPV 取得基础资产后，一般会通过发起人或第三方实施信用增级，以此提高拟发行资产支持证券的信用等级，吸引更多的投资者，降低发起人的融资成本，特别是对于不良资产证券化业务来说，信用增级可以降低证券化结构风险，避免投资者因不良资产质量带来的损失。一般情况下，信用评级机构会参与到资产证券的整体设计与操作过程中，在证券销售后还跟踪基础资产的表现。信用评级机构通过其专业的技术和方法，在审查各类的合同和文件后，对资产支持证券给出评级的结果。信用等级越高，投资者的风险就越小，发行的成本就越低。信用等级是投资者选择资产支持证券的重要依据。信用增级和评级是资产证券化中的又一个重要环节。

5. 销售证券。信用评级后，SPV 以发行人的身份向投资者销售资产支持证券，具体的销售工作由承销商承担。证券承销商以公募或私募的方式将资产支持证券销售给投资者。由于资产支持证券的复杂性，一般是由机构投资者购买。SPV 从证券承销商处取得证券发行收入后，依据合同的约定支付购买基础资产的资金。

6. 后期管理。资产支持证券出售后，发起人实现了融资的目的，但还有很多的后续工作。后续资产管理工作可以由发起人或专门的机构承担。资产管理人日常主要负责资产池的管理、交易的监督、定期报告、支付其他服务机构费用等工作，在证券到期后，按照合同的约定向投资者偿还本金和利息，并将资产池中的剩余收入分配给发起人等。至此，证券化交易才算结束。

第五节　资产证券化的产品

资产证券化交易结构复杂，有多种的分类方法，例如按基础资产分类、按结构性重组分类、按监管机构或交易市场分类等，不同的分类方法还可以交叉混合，形成新的资产证券化产品。因此，本书仅介绍几种最基本的资产证券化产品。

一、按基础资产分类

在发达国家的金融市场中，资产证券化的产品按基础资产分类，可分为“单层资产证券化”产品和“多层资产证券化”产品。

(一)“单层资产证券化”产品

“单层资产证券化”产品是指广义的资产支持证券，英文全名为“Asset Backed Security (ABS)”，通过单层的资产证券化设计，以发起人所拥有的资产为基础发行证券进行融资。

广义的资产支持证券(ABS)的基础资产应该是未来可以产生稳定现金流的资产。基础资产包括不动产、信贷资产、可以产生稳定现金流的实体资产和经营性业务等。最早出现的单层资产证券化产品是MBS(Mortgage-backed Securitization)，是指以住房抵押贷款作为基础资产发行的证券。MBS按发行机构还可以进一步细分为政府机构抵押贷款支持证券和私人机构抵押贷款支持证券。在2008年金融危机中，私人机构抵押贷款支持证券受到了重创。MBS根据抵押贷款的标的是居民住宅还是商业地产分为居民住房抵押贷款支持证券和商业地产抵押贷款支持证券。在美国资产证券化初期，所有的MBS抵押贷款的标的都是居民住宅，随着资产证券化的发展，才开始有了商业地产抵押贷款支持证券。

资产证券化发展到了中期，基础资产的种类变得更多。具体来说，贷款类除住房贷款以外，还有汽车抵押贷款、信用卡应收账款、企业贷款；应收账款类有应收账款、设备租赁费等；收费类有机场、铁路、医院等设施的运营收入、门票收入、会员费收入、保费收入等；知识产权类有版税收入、彩票收入等。

不同基础资产的资产支持证券发展水平也不一样。比较典型的是住房抵押贷款支持的证券。从 2000 年开始，受益于房价的快速上涨，住房抵押贷款支持证券的发行量呈爆发性增长。但在 2008 年金融危机后，发行量就一落千丈，至今仍一蹶不振。

（二）“多层资产证券化”产品

“多层资产证券化”产品是指金融机构将资产支持证券（ABS）通过再次证券化转化为担保债务凭证（CDO）。传统的资产证券化是将基础资产转化为证券，只进行一次的证券化，所以称之为单层证券化。而金融机构通过创新的金融活动，将资产支持证券再次证券化，就称之为多层证券化。担保债务凭证按照其被再证券化的次数可以分为（狭义的）担保债务凭证（CDO）、担保债务凭证平方（CDO^2）和担保债务凭证立方（CDO^3）。（狭义的）担保债务凭证（CDO）是以 ABS 等为基础资产再进行一次证券化，所以有时又称“资产支持证券型担保债务凭证（ABS-CDO）”；基于（狭义的）担保债务凭证（CDO）进行了两次再证券化的就是担保债务凭证平方（CDO^2）；进行了三次再证券化的就是担保债务凭证立方（CDO^3）。可以看出，再证券化的次数越多，离实体经济越远。2006 年，担保债务凭证（CDO）的全球发行量达到了顶峰，标志着资产证券化的市场膨胀到了极致。2009 年以后，担保债务凭证（CDO）的发行量巨额回落。时至今日，虽然发行量已经有所恢复，但已不复金融危机前的辉煌了。

CDO 的基本交易结构与 ABS 一样。可以说，CDO 也是一种 ABS。当 ABS 的基础资产为 ABS 时，称为 CDO；而以非 ABS 为基础资产的，称为 ABS。ABS 称为单层资产证券化产品，ABS 在 ABS 后就成了 CDO。

ABS 和 CDO 不同的是基础资产和发起人的动机。CDO 的基础资产顾名思义是债券，一个资产池里有几百种的债券，包括高收益债券、高等级债券、国债、ABS、CDO、CDS、私募股权投资基金、对冲基金等。ABS 的设计原理是将缺乏流动性的基础资产，如信贷资产转化成有流动性的债券，使资产使用效率提高，各方面都能从中受益。CDO 的基础资产是债券，而债券本身就具有流动性，通过资产证券化将债券再包装成另外一个新的债券，这就失去了资产证券化原有的意义。投资银行通过复杂的结构设计，制造迷惑性，使投资者不了解 CDO 的底层资产究竟是什么。CDO 将低信用等级、高回报率的债券通过结构化重组，发行高信用等级的债券，降低融资成本，从而赚取高利率债券与低利率债券之间的利差，原债券越垃圾，利差就越大，这就是发起人赚钱的关键所在。

二、按结构性重组分类

发达国家金融市场还有一种分类方法，按资产池的结构性重组的方法不同，分为过手型结构（pass-through）和转付型结构（pay-through）两种。

过手型证券是股权型的证券。在过手型结构中，发起人将基础资产转让给信托，取得受益权凭证，再将受益权凭证出售给投资者。受益权凭证能享有信托资产的所有权以及一切的本金和利息。信托资产产生的现金流没有经过任何的重构设计，直接过手给投资者，因此称为过手型证券。过手型结构是最早的资产证券化交易结构，由于投资者承担的风险比较大，现在已经很少使用。

转付型证券是债券型的证券。在转付结构中，发起人将基础资产转让给SPV，SPV 销售以基础资产支持的债券给投资者。转付型证券是 SPV 的负债。SVP 根据市场的需求对基础资产组成的资产池进行结构性重组，设计出不同层次的债券。由于采用了信用增级等方式，债券的风险匹配度比较合理，因此是当前资产支持证券的主要结构模式。

过手型证券和转付型证券的区别在于转付型证券对基础资产进行结构性的重组设计，而过手型证券没有进行这样的设计。

三、按监管机构或交易市场分类

（一）四种分类的界定

我国资产证券化分类的方法与上述方法有所不同。我国的资产证券化根据监管机构的不同分为四类，分别是信贷资产证券化、企业资产证券化、资产支持票据和项目资产支持计划。

信贷资产证券化由中国人民银行（简称央行）和中国银行保险监督管理委员会（简称银保监会）主管，是指以金融机构为发起人，以各类贷款（含不良贷款）为基础资产，通过信托机构发行，以信贷资产的存续期间所产生的收益向投资者偿付本金与利息的资产支持证券。

企业资产证券化又称为资产支持专项计划，由中国证券监督管理委员会（简称证监会）和中国证券投资基金业协会（简称基金业协会）主管，是指以非金融企业及部分金融企业为发起人，以专项资产管理计划为特殊目的机构，以证券公司为计划管理人发行的资产支持证券。

资产支持票据是由中国银行间市场交易商协会（简称交易商协会）主管，

是指以非金融企业为发起人，在银行间债券市场发行的，由基础资产所产生的现金流作为还款支持的，在一定期限内还本付息的债务融资工具。相较而言，由于目前发行的大部分资产支持票据没有通过设置 SPV 来实现破产隔离，所以有学者认为资产支持票据只能是属于抵押债券而不能称为严格意义上的资产证券化产品，因此资产支持票据的发行市场较小。

项目资产支持计划是由中国银行保险监督管理委员会（简称银保监会）主管，以保险资产管理公司为受托机构，以项目资产支持计划为特殊目的机构，有望成为保险资产管理公司证券化的融资工具。但由于发起人、发行方式、投资者、交易场所等还没有明确规定，因此本书不做详细介绍。下面仅就前三种证券化产品进行分析与比较。

（二）三种资产证券化模式的比较

我国三种资产证券化模式的比较见表 1–4。

表1–4　我国三种资产证券化模式比较

	信贷资产证券化（ABS）	企业资产证券化（ABS）	资产支持票据（ABN）
主管部门	央行、银保监会	证保监会	交易商协会
发起人	金融企业（商业银行、财务公司、信用社、金融资产管理公司等）	非金融企业及部分金融企业（如租赁公司）	非金融企业

① 《证券公司及基金管理公司子公司资产证券化业务管理规定》第一章第三条。

② 《非金融企业资产支持票据指引（修订稿）》第四条。

续表

	信贷资产证券化（ABS）	企业资产证券化（ABS）	资产支持票据（ABN）
基础资产	信贷资产	符合法律法规，权属明确，可以产生独立、可预测的现金流且可特定化的财产权利或者财产。基础资产可以是单项财产权利或者财产，也可以是多项财产权利或者财产构成的资产组合。财产权利或者财产，其交易基础应当真实，交易对价应当公允，现金流应当持续、稳定。基础资产可以是企业应收款、信贷资产、信托受益权等财产权利，基础设施、商业物业等不动产财产或不动产收益权，以及中国证监会认可的其他财产或财产权利。基础资产不属于资产证券化业务基础资产负面清单指引中的负面清单范畴①	符合法律法规规定，权属明确，可以依法转让，能够产生持续稳定、独立、可预测的现金流且可特定化的财产、财产权利或财产和财产权利的组合。形成基础资产的交易基础应当真实，交易对价应当公允②
发行机构	特殊目的信托	资产支持专项计划或证券会认可的其他特殊目的载体	特定目的信托、特定目的公司或交易商协会认可的其他特定目的载体，也可以为发起机构
交易场所	全国银行间债券市场	证券交易所、证券公司柜台市场、证券业协会机构间报价与服务系统	全国银行间债券市场
投资者	银行、保险公司、企业年金、证券投资基金等银行间债券市场的投资者	合格投资者且人数不超过200人、不高于核查最终投资人之和	银行间债券市场投资者，其中定向发行面向特定机构投资者
发行方式	公开发行或定向发行	公开发行或不公开发行	公开发行或定向发行
登记托管机构	中央国债登记结算有限责任公司	中国证券登记结算有限责任公司	银行间市场清算股份有限公司
审核方式	备案制	备案制	注册制
信用评级	双评级	评级机构需要取得证券市场资信评级业务资格	公开发行需要双评级、定向发行双方协商处理
受托机构	信托公司	证券公司、基金管理公司	视发行机构的类别而定
相关规定	《信贷资产证券化试点管理办法》《金融机构信贷资产证券化试点监督管理办法》	《证券公司及基金管理公司子公司资产证券化业务管理规定》及配套规定	《银行间债券市场非金融企业资产支持票据指引》

资料来源：根据公开资料整理。

从表 1–4 可以看出，三种模式主要有以下区别。

1. 主管部门不同。信贷资产证券化的主管机关为央行和银保监会，采用备案制。企业资产证券化主管机关为证监会，采用备案制。资产支持票据主管机关为交易商协会，采用注册制。

2. 基础资产不同。信贷资产证券化的基础资产是银行的信贷资产，包括一般企业贷款、个人住房抵押贷款、信用卡贷款及不良贷款等。企业资产证券化基础资产包括债权、收益权和不动产，例如企业商业地产、基础设施收费权、租赁款等。资产支持票据的基础资产目前主要有债权资产和收益权资产等。

3. 风险隔离方式不同。信贷资产证券化通过信托的方式较好地实现了风险隔离。企业资产证券化采用资产管理专项计划的形式进行风险隔离，由于相关法律法规不够完善，所以隔离效果次之。资产支持票据的交易结构没有严格的风险隔离安排，基础资产的现金流不足以支付资产支持票据的本息时，不足部分由发起人补足，这也是有学者认为资产支持票据不是证券化产品的原因。

第二章

CHAPTER

资产证券化的产生与发展

资产证券化从诞生开始，已经经过了五十年的风雨历程。资产证券化从美国辐射到全球，包含欧洲、亚洲、拉丁美洲等，是金融体制发展的必然结果。各国的资产证券化交易在借鉴美国的基础上，也有各自的地域特征。例如欧洲的国家和地区首创了整体业务证券化；拉丁美洲的国家和地区创新发行了未来现金流证券化产品；沙特阿拉伯也于 2004 年首单发行 Asset-Backed Sukuk 。五十年间，资产证券化的基础资产、发行机构、交易结构也不断演变，经历过沉沦起伏，在纠错调整中朝着良性化的方向发展。美国是资产证券化的发源地，有着最发达的市场。为此，本章以美国为主详细介绍资产证券化的产生与发展，以期为我国资产证券化的发展献计献策。

第一节　资产证券化的起源之路

一、西方金融体制发展的必然结果

资产证券化是西方金融体制发展的必然结果，与当时的经济环境息息相关，是金融机构与经济环境动态平衡的一种调节工具，反映了国际资本流动下金融市场的发展趋势与内在的变革诉求。

20 世纪 30 年代，资本主义经济危机爆发前，金融体系经营业务多样化，除了存款与贷款业务以外，信托、证券买卖、汇兑等业务都可以开展，政府对金融系统基本上采取自由放任的态度，整个社会处于无政府的状态。

1920—1933 年，资本主义世界爆发了经济大危机。由于缺乏对金融系统有效的监管，危机中脆弱的金融机构不堪一击，纷纷破产，引发又一轮的信用危机，使资本主义的经济雪上加霜。危机过后，资本主义国家开始反思与调整自由放任的经济政策，包括对金融业的整治，以此恢复银行的信用。金融改革否定传统的“自由化”与“多元化”的金融体系，强调金融业的分业经营，通过中央银行的宏观调控作用对国民经济进行了干预。严格的金融监管体现在金融机构的专业分工以及对利率和市场的限制，具体表现有：第一，金融机构实行分业经营。商业银行、投资银行、信托公司等各司其职，商业银行业从事传统存款与贷款等间接融资业务，投资银行从事证券承销等直接融资的业务，信托公司从事以信用委托为基础的多边信用业务。分业经营有利于降低金融机构的经营风险，提高流动性，从而保护各方的利益。第二，对利率实行限制。对于商业银行的存款与贷款利率有最高的规定或者只给出一个狭小的范围。在日本，还以行政指导的方式将信托的分红率、债券利率进行规定。利率限制不包括证券的利率。第三，国内外资本流动的限制。本国金融机构不能随意到外国开展金融业务，同样外国机构也不能进入本国从事金融业务。严格的金融监管为资本主义经济的调整、恢复创造了有利的条件，为经济的发展起到了重要的作用。

经济的持续增长到了20世纪70年代后，又出现了周期性的经济危机。资本主义国家的经济进入“滞涨”阶段，产能过剩、生产停滞伴随着对外贸易的赤字与黄金储备的流失。经济危机导致对金融机构严格的监管出现了松动。首先，由于固定汇率的土崩瓦解使得各国的利率政策开始变动频繁。其次，金融机构为了应对经济危机，纷纷扩大业务范围，从分业经营走向混业经营，这就使得以存贷利差为利润来源的商业银行与以服务费为利润来源的投资银行界限模糊。最后，金融机构也将业务扩展至海外，在各个主要的金融中心开设分支机构。混业经营使得各个金融机构服务的同质化严重，竞争加剧。非银行金融机构抢夺商业银行的优质客户，给商业银行传统的存款、贷款业务带来了巨大的冲击。同时，金融监管当局对银行提出资本充足比率的要求更提高了商业银行的筹资成本。危机倒逼变革，商业银行渐渐认识到，可以通过销售贷款，发行长期债券来增加流动性，提高资本充足率。于是，20 世纪 80 年代，商业银行开始率先向市场销售信贷资产实行资产证券化。

资产证券化业务的产生是内外因素共同驱动的必然结果。Mckinnon（1973）提出金融抑制理论，虽然是描述发展中国家金融体系普遍存在的“金融压抑”的特征，但也可以解释资产证券化产生的由来。政府当局金融管制过多，对利率进行限制，实行信贷配给，造成金融产品单调等现象。大多数学者认为金融抑制使社会资金配置效率降低。因此，商业银行通过各种方式推动创新金融业务的开展，通过资产证券化来规避监管，降低融资成本成为必然的选择。

资产证券化是商业银行金融创新的典范。经济学家熊彼特（1912）最早提出“金融创新”一词。金融创新理论为资产证券化业务的发展提供了合理的解释。Hicks 和 Niehans（1976）认为，金融创新的主要驱动因素和动机是降低交易成本，因此，交易成本的降低成为衡量金融工具创新是否具有实际意义的关键标准。资产证券化将发起人的活动仅仅限制在金融交易服务链的信贷审查阶段，对信贷资产的长期保存则通过发行证券的方式由金融市场担当，是应对金融市场交易费用下降对企业边界的收缩，通过资产证券化，金融企业将不具成本优势的金融交易转移给市场而达到节约自身交易费用（组织成本）的目的。[①] 1983 年，美国金融学家 Silber 在《金融创新的发展》一书中，从供给的角度来阐述影响金融创新的因素。商业银行面临着更为严格审慎的金融监管，这促使商业银行不断创新，交易结构日趋专业化和复杂化。信贷资产证券化就是银行通过创新来规避《巴塞尔协议》对资本充足率的监管。由于表外与表内资产

① 崔兵．资产证券化的本质与动因 [J]. 理论视野，2014（5）：80-82.

信用转换系数设置不同，导致对资本充足率的影响也不同。商业银行通过资产证券化将信贷资产转移到表外，以此获取监管套利，实现利润最大化。但是，Kane 于 1984 年提出，金融机构与监管部门之间是一种博弈的关系，金融制度是一种动态的均衡关系。资产证券化这项创新业务也推动《巴塞尔协议》的逐步完善，而《巴塞尔协议Ⅲ》进一步扩大了风险覆盖范围，提高了复杂资产证券化产品风险暴露的资本要求，提升了资本监管水平。[①] 因此，监管部门和金融机构的动态博弈的循环往复推动着金融创新向前发展。

二、美国资产证券化发展概况

（一）推行的背景

资产证券化起源于美国的住房抵押贷款证券化。从其产生的历史背景来看，是与经济大萧条后美国实行“居者有其屋”的公共政策带来的房地产几十年的繁荣发展有关，但更重要的是美国政府所引导的住房金融市场的发展。

经济大萧条后，美国政府采取了一个重要的措施就是通过私人贷款买房促进经济的发展。但是，房地产市场具有投资周期长、资金需求量大的特点，要建立一个大众都能积极参与的住房交易市场，前提和基础是建立一个完善的、具有高度技术性和专业性的住房抵押贷款和保险制度。[②] 在分立经营政策的限制下，主要是由储蓄银行为公众提供相应的抵押贷款服务，其资金来源于存款账户。联邦政府成立了联邦住宅局（Federal Housing Administration，简称 FHA）和退伍军人局（Veteran Administration，简称 VA），专门为符合条件的私人住户，如低收入者、军人等提供住房抵押贷款担保业务，以此降低金融机

① 幸丽霞 . 商业银行表外业务发展的影响因素及经济后果研究 [D]. 中央财经大学，2018.
② 张金若 . 发起人金融资产证券化会计问题研究 [D]. 厦门大学，2008.

构的风险，增加抵押贷款的发放，使更多人能解决住房问题。

在政府的担保下，银行发放了大量的住房抵押贷款，让三分之二的美国人获得住房。但是，在严格的监管下，银行的压力也日趋增大。首先，资金来源与资金运用的期限不匹配。住房抵押贷款多为二三十年的长期贷款，存款的期限远远短于贷款的期限，存在着资金期限错配的问题。其次，由于实行严格的地域限制。各州之间的住房抵押贷款的需求供给不一定匹配。最后，在20世纪60年代后，由于相对宽松的制度与规则出台，资金纷纷离开储蓄机构，转向投资基金和货币市场，这又迫使银行增加筹资的成本，但同时又得按照利率的限制发放低息的住房抵押贷款。这导致银行的生存面临考验，发展举步维艰。从住房抵押贷款的发放到盛行，其流动性一直是需要解决的问题。

为了解决住房抵押贷款流动性的问题，美国政府开始着手建立住房抵押贷款的二级市场。1937年，联邦国民住房抵押贷款协会（Federal National Mortgage Association，简称FNMA，房利美）成立，作为政府机构，它的主要职责是为联邦住房管理局和退伍军人管理局担保的住房抵押贷款提供流动性。房利美通过发行高信用等级的政府债券和票据以及从财政部获得一定额度的信贷来筹集资金后购买FHA和VA担保的住房抵押贷款。房利美为个人住房抵押贷款二级市场的活跃发挥了重要的作用。1966年，房利美购买的个人住房抵押贷款占全美的18%。1968年，美国国会将房利美拆分成两个机构，新的房利美剥离政府职能，成为经营二级抵押市场业务的上市公司；新成立的政府国民抵押协会（Government National Mortgage Association，简称“Ginnie Mae”，吉利美）成为承担住房抵押贷款二级市场政府公共职能的上市公司。

20世纪60年代初，庞大的住房抵押贷款已经成为影响银行资产流动性和资本充足率的主要因素，而抵押贷款机构手上又有大量的抵押贷款并为许多的抵押贷款提供担保。住房抵押贷款的证券化已经呼之欲出。1968 年，吉利美以 FHA 和 VA 担保的住房抵押贷款为基础发行“房贷转付证券”（Mortgage Pass Through Certificates，简称“MPT”）。资产证券化正式拉开序幕。

（二）发展概况

1. 发行机构

在早期，参与资产证券化业务和推动资产证券化发展的都是政府机构或政府支持的公司，它们发行的证券称为机构证券。

第一单 MBS 由吉利美发行，由于有美国政府的信用担保，它的债券评级相当于美国的国债，但收益率却高于国债，所以受到了投资者的追捧。但吉利美只从事 FHA 和 VA 担保的住房抵押贷款证券化业务，还有 80% 的普通住房抵押贷款需要提供流动性。为此美国政府扩大了房利美的业务范围，允许其收购没有经过 FHA 和 VA 担保的普通私人住房抵押贷款。同时美国政府成立了“联邦住房贷款抵押贷款公司”（Federal Home Loan Mortgage Corporation，简称“Freddie Mac”，房地美）。房地美与房利美一样都是由政府支持的公司，设立目的与经营范围和房利美一样，但是规模小于房利美。设立房地美的目的是为了打破房利美对普通住房抵押市场的垄断，形成一个有竞争的更高效的二级抵押市场。它们名义上是私人机构，但在公众的心目中是有着美国政府信用担保的半官方机构。 房利美、吉利美与房地美这三大机构成为早期美国住房抵押贷款二级市场的中流砥柱（见表 2–1）。2008 年，房利美与吉利美在次贷危机中受到重创，同年 9 月被美国政府接管，第二年两房的股票退市。

表2-1　美国住房抵押贷款二级市场机构

全称	简称	成立日期（年）
联邦国民住房抵押贷款协会	房利美	1938
美国政府国民抵押协会	吉利美	1968
联邦住房贷款抵押贷款公司	房地美	1970

随着资产证券化的发展，越来越多的金融机构加入了相关业务的行列。由于美国的监管部门对机构有严格的风险控制，所以机构对于住房抵押贷款的合格条件，如担保方、贷款期限等都有一定的要求。要选择优质的住房抵押贷款进行资产证券化，金融机构（以下称为非机构）就进入不符合机构标准的住房抵押贷款市场，即从事非优质的住房抵押贷款的资产证券化。虽然机构在优质住房抵押贷款证券化市场上有着垄断的优势，但是非机构在住房贷款的总量很快赶上了机构的步伐。非机构证券的基础资产的等级分为两个，一个是高信用等级的，一个是低信用等级的。低信用等级市场又称为次级抵押证券市场。非机构很快就将目光投向低信用等级但高收益的次级抵押证券市场，次级抵押贷款证券很快成了市场的主流。2007 年，非机构十大发起人分别为美国全国金融公司（Countrywide Financial）、雷曼兄弟（Leman Brothers）、富国银行（Wells Fargo）、华盛顿互惠银行（Washington Mutual）、贝尔斯登（Bear Stearns）、摩根大通（JPMorgan Chase）、德意志银行（Deutsche Bank）、Residential Funding Corp、美林证券（Merrill Lynch）、摩根士丹利（Morgan Stanley）。2008 年，由于次级抵押贷款证券的基础资产出现了偿付危机，导致非机构十大发起人中的前四名破产。

2. 发展的路径

美国的资产证券化发展路径如图 2-1 所示。

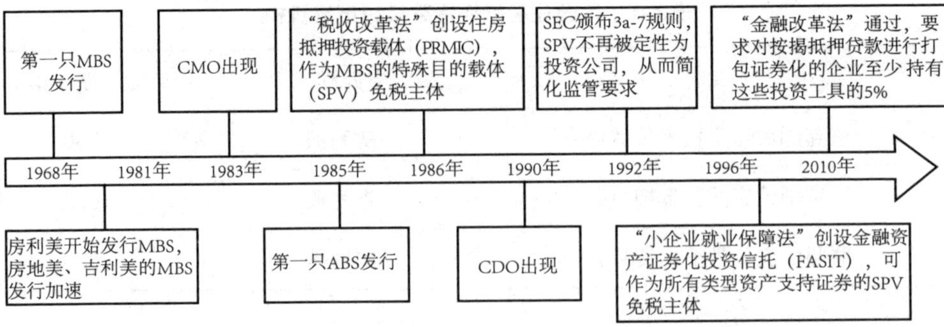

图 2-1 美国的资产证券化发展路径图

资料来源：郑磊，杨皓．资产证券化评级：国际模型与中国实践[M]．北京：中信出版社，2016.

1968 年，吉利美成功发行首单抵押贷款证券后，1971 年，房地美也追随其后，发行了类似的抵押贷款证券，取名为参与凭证。10 年后，房利美才发行它的第一支抵押贷款证券，名字就是我们现在非常熟悉的抵押贷款支持证券（MBS），同时房地美与吉利美也开始加速发行 MBS。

美国经济的不断增长与住房抵押贷款证券化的成功让投资银行的精英们又将目光投向了其他基础资产。基础资产走向了各个领域，呈现出百花齐放的局面。1985 年，抵押贷款以外的基础资产出现。租赁合约资产证券化成为首个非住房抵押贷款证券化产品。同年，又推出汽车贷款证券化产品和设备贷款证券化产品。1987 年，推出信用卡贷款证券化产品。1993 年，推出学生贷款证券化产品。1998 年，推出知识产权证券化产品。MBS 的发行量逐年增长，迎来几次的高速发展期，一度成为美国债券市场中发行量最高的产品。可以说，从 MBS 的发展中可以窥探出美国资产证券化的发展全貌。

早期的 MBS 都是最简单的过手型结构，就是将个人抵押贷款的本金和利息扣除机构的管理费用（如担保费）以后全部过手转付给投资者。1970 年，吉利美首次发行转付结构的证券化产品，重组技术开始运用。二家投行房利美发行了史上第一支分级偿还产品——担保抵押债券（CMO）。CMO 设立了 SPV，建立了风险机制，其资产池还可以是抵押担保证券，将这些抵押担保债券再次证券化，设计出 CM^2 和 CM^3 产品，为以后 CDO 的出现创造了条件。

20 世纪 90 年代后，CDO 产品开始推出。由于 CDO 可以很好地转移金融机构的风险，加快金融机构资金的周转速度，为投资者提供新的投资渠道，因此受到了普遍的欢迎。CDO 的发行在 2006 年达到了巅峰，但 2007 年金融危机开始初现端倪时，其发行量就开始下降，2008 年、2009 年持续下降至谷底。金融危机过后，CDO 的发行量开始稳步上升。

总体来说，美国的资产证券化市场发展历经四个阶段：第一阶段，20 世纪 30—60 年代处于萌芽时期；第二阶段，20 世纪 70—80 年代中期以 MBS 为主的发展时期；第三阶段，20 世纪 80 年代中期到 2007 年快速创新发展时期；2008 年金融危机后谋求稳定发展时期。①

可以看出，美国的资产证券化市场是政府为了实施住房公共政策而建立并不断推动发展起来的。以政府信用为担保的债券市场，增加了投资者的信心。政府的监管保证了资产证券化安全、有效地运作与健康地发展。可以说，资产证券化市场的建立，为美国“居者有其屋”住房公共政策的实现提供了强有力的支持，也提高了金融机构的效率，并为投资者提供了一个很好的投资机会。

同时我们也看到，当资产证券化脱离初衷变成以套利为目的时，所引发的金融危机对全球经济的影响。因此，美国资产证券化市场的成功与失败更值得我们去研究。本书将在了解美国资产证券化全貌的基础上，在第三节与第四节进一步探讨美国资产证券化的演变以及次贷危机所给予的教训。

① 张利. 美国资产证券化研究 [D]. 吉林大学，2013.

三、欧洲资产证券化发展概述

（一）欧洲的发展历程

如前所述，美国的资产证券化起源于信贷资产证券化。无独有偶，欧洲的资产证券化也起源于信贷资产证券化。1769年，德国贵族土地协会（landschaft）以成员的不动产为担保发行债券以此筹集建设资金。这就是欧洲早期的资产证券产品——全担保债券（Covered Bond，简称CB）。欧洲的CB与美国的资产证券化产品一样都是不动产抵押贷款与债券的结合，不同的是多了一层发起人的担保。基于不动产的相对保值，CB获许与货币一样的流通权。德国CB很快传到欧洲其他国家，基础资产也从不动产抵押贷款领域扩大到其他贷款领域。但相对于美国的资产证券化产品，CB的流动性比较差，使其发展缓慢。20世纪90年代，为了促进CB的发行与销售，德国采取了系列措施增强CB的流动性，使得德国成为最大的CB发行市场。但是，由于欧洲CB自身的局限性，在与美国模式ABS的竞争中逐渐走向下风。2005年以后，欧洲ABS超过欧洲CB的发行量。但是，相较ABS而言，欧洲CB特别是德国的CB经受住了2008年金融危机的考验，并得到了进一步的发展。

20世纪80年代后期，美国模式的资产证券化产品被引入欧洲。1987年，全英住房贷款公司发行了第一支住房抵押贷款支持债券，标志着美国式的资产证券化正式进入欧洲。此后，法国、意大利等国家也开始推出资产证券化业务，基础资产也从不动产抵押贷款扩展到商业抵押贷款、信用卡贷款等消费信贷领域和融资租赁领域。ABS在进入欧洲市场初期发展比较缓慢，直到2005年以后才开始迅速发展。特别是合成式CDO，由于其设计可以很好地规避相关法规、转移信用风险，因此在欧洲得到了银行的青睐。由于英国与美国有着相近的法律体系与活跃的消费信贷与住房信贷市场，因此英国成为欧洲最大的 ABS 发行市场。现今，欧洲已经成为美国以外世界第二大的资产证券化市场。

可以看出，欧洲与美国资产证券化的起因都是为了缓解因住房抵押贷款的大幅增长而引起金融市场流动性紧张的问题。不同的是，美国政府是资产证券化的主要推手，而欧洲的资产证券化主要源于市场的推动。在美国资产证券化的发展过程中一直伴随着创新与活力，但危机与挑战也并存。相较而言，欧洲的资产证券化则显得保守与谨慎。

（二）欧洲 CB 的运作模式

欧洲 CB 和美国 ABS 都是以住房抵押贷款等信贷资产为主的基础资产，都实行了破产隔离机制并以增强基础资产流动性为目标的金融创新。但欧洲 CB 采用了与美国 ABS 表外运作模式完全不同的表内运作模式。这种模式的结构非常简单，将一部分的资产从发起人（银行）的资产中剥离出来，形成独立的资产池，以资产池为担保发行 CB 债券。资产池中的资产仍留在发起人的资产负债表中，和其他资产一样保留资本金。欧洲 CB 采用资产担保加机构担保的双重担保的模式。投资者有对资产池和发起人资产的双重追索权。传统 CB 由发起人直接以资产担保发行债券，运作模式如图 2-2 所示。部分 CB 以签订合约的方式将基础资产转移到 SPV 以此发行债券，运作模式如图 2-3 所示。

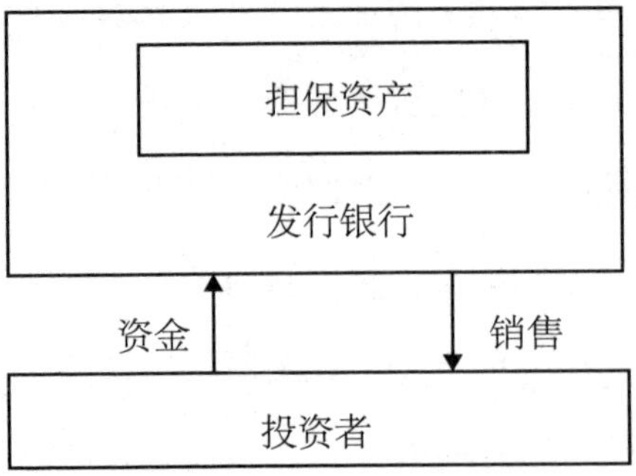

图 2-2　欧洲 CB 传统运作模式

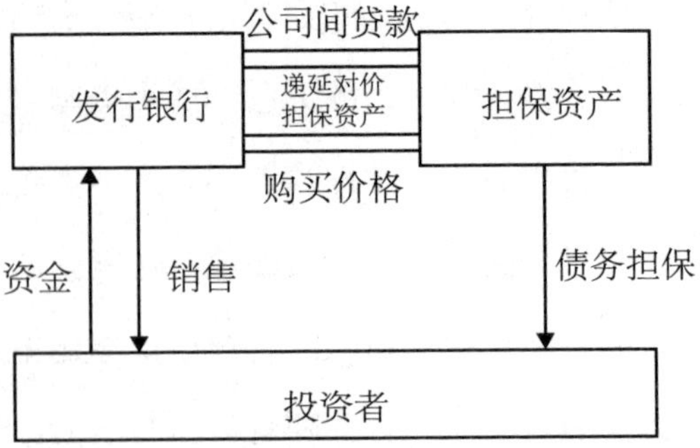

图 2-3　欧洲 CB 结构性运作模式

资料来源：高蓓，张明，邹晓梅．美、欧、日资产证券化比较：历程、产品、模式及监管[J]. 国际经济评论，2016（4）:140-155.

欧洲 CB 是基于融资的目的而发行的，它的结构比较简单，只需将资产从贷款机构中剥离出来发行债券就可以，发行的是无差别的债券，没有结构化的设计，也不能衍生出新的债券，所以有学者认为欧洲 CB 不是证券化产品。欧洲 CB 产品的品种较少，只限于特定的优质贷款，同时它的资产池是动态变化的，贷款机构能以资产的情况对资产池进行调整，以此保证其对 CB 的偿付能力。虽然资产从贷款机构的其他信贷资产中剥离出来，但只是为了资产池管理方便和为 CB 提供资产担保，并不是真实销售。欧洲 CB 的表内运作模式是它最重要的特征。由于不能真实销售，CB 的规模就受制于贷款机构自身信贷资产的规模。欧洲 CB 的发行机构就是贷款机构，他们在负责发行的同时还要承担债券的偿付责任，资产池的一切风险，如早偿风险、违约风险都没有转移。由于欧洲 CB 的结构简单，贷款机构承担发行、管理等大部分的工作，因此参与的中介机构很少，只有评级机构等中介机构，这也节约了发行成本。

从其发展历程可以看出，欧洲 CB 的模式从早期开始形成至今基本上没有变化。欧洲 CB 具有公司债券的特征，但又比公司债券多了资产池的担保，虽然创新与活力不足，但贵在安全。德国 CB 存续 200 多年，没有发生过一起违约事件。这也解释了为什么欧洲 CB 没有被强劲的美国 ABS 所取代，反而能与美国 ABS 形成齐头并进的局面。

（三）资产证券化的主要产品

欧洲的 ABS 市场大量借鉴美国的经验，因此市场的构成基本相同。欧洲 ABS 的创新产品是整体业务证券化（Whole Business Securitization，简称 WBS），其市场的特点是中小企业贷款证券化（Small and Medium Entrepreneur Security，SMES）发行规模大、占比高。

整体业务证券化的设计方案最早于 1996 年由野村国际（Nomura International）的雇员 Guy Hands 提出。发行的第一单产品是 Angel Trains WES。整体业务证券化融合了传统的担保融资与证券化的设计。在整体业务中是以 SPV 给发起人的抵押贷款为支持发行证券（抵押贷款的还款来源是企业某个特定整体业务产生的现金流），而传统的资产证券化业务是以发起人转移的基础资产的现金流为支持发行证券。WBS 之所以能够在英国发展是因为英国的破产法对债权人提供了强有力的支持。在英国，浮动抵押权持有者的权利大于破产法庭管辖权，还可以任命管理人。这就确保在发起人破产时，被证券化的业务不列入破产清算范畴，还可以为投资者的利益继续运营。这是英国能够开展整体业务证券化的关键所在。WBS 随后在新加坡、澳大利亚、新西兰等沿袭了英国法律的国家出现。由于英美两国的破产法有巨大的差异，所以 2000 年这项技术虽然回流到美国，但美国的模式与英国的模式依旧有很大的不同。

WBS 有 ABS 和公司债券的双重特征。WBS 与 ABS 一样，都可以获得比间接融资更低的融资成本。这是因为它有与 ABS 一样的结构化设计，将公司的全部业务中优质的业务挑选出来，以此发行证券，因此证券的信用评级能够高于发起人的主体信用评级，从而获得更低的融资成本。但是 WBS 产品的基础资产是集团中正在运营的整体业务，并且没有实行真实销售，所以被证券化的整体业务仍然留在发起人的资产负债表中。WBS 的发行将会提高发起人的资产负债率。WBS 的偿付受限于整体业务的信用质量，需要发起人积极地经营与管理，这是它与传统的债权融资相同的地方。与传统的债权融资不同的是，投资者不会暴露于发起人全部的经营风险之下，WBS 的证券化结构会确保已证券化的业务在发起人破产时转移到投资者，使该业务能够继续运营为投资者获利。这是 WBS 最重要的证券化结构 。WBS 产品的限期都比较长，一般有 20 至 30 年，这样可以使管理上更有确定性。适合进行整体业务证券化的业务需要一个周期内都稳定的交易业绩和高度可预期的未来盈利能力，尤其是一些有很强市场地位、准入门槛高的业务，例如酒店、水务和疗养院。[①]

SMES 是指对中小企业的资产证券化，是将中小企业向银行等金融机构的贷款作为证券化的基础，以贷款偿还的现金流作为收益支撑。[②] 中小企业融资难是一个历久弥新的世界性难题。中小企业由于规模小、可抵押资产较小、企业信用等级较低，因此一直处于融资难的困境。为了突破中小企业的融资瓶颈，德国 2000 年开展 SMES，其发行规模持续增大。到 2005 年前三个季度，德国新发行资产证券化产品 184.7 亿欧元，比上年同期增加 159 亿

① 斯蒂文·L. 西瓦兹 . 结构金融：资产证券化原理指南 [M]. 李传全，龚磊，杨明秋，译 . 北京：清华大学出版社，2003.

② European Commission. Study on Asset-Backed Securities：Impact and Use of ABS on SME Finance. GBRW Limited，Luxemburg，2004.

欧元，增长 6.2 倍。[①]2012 年，欧洲 SMES 的发行量高达 570 亿欧元，资产证券化已经逐渐成为欧洲中小企业的主要融资方式之一。[②]

① 何韵．中国资产证券化问题研究 [D]. 西南财经大学，2011.

② 高蓓，张明，邹晓梅．美、欧、日资产证券化比较：历程、产品、模式及监管 [J]. 国际经济评论，2016(4):140-155.

第二节 美国资产证券化的演变

一、基础资产的演变

设计资产证券化结构的首要选择是基础资产。从第二章的介绍可以知道，资产证券化的基础资产是多笔资产组成的资产集合，即资产池。基础资产应该是现在流动性比较差但未来有稳定的现金流的资产。华尔街有一句名言，“如果你有一个稳定的现金流量，要将它证券化。”

个人住房抵押贷款是最早的基础资产。最先由机构发行的 MBS 都是优质贷款。优质贷款的判断标准有借款人自身资信状况和担保条件等。借款人信用分值在要 660 分以上，首付比例要达 30%以上，还要有标准化的规模要求。还有一些贷款，虽然不符合借款人的合规要求，但由于有政府的担保，也视为优质贷款。这些由联邦住房管理局（Federal Housing Authority，简称“FHA”）为低收入的个人和退伍军人管理局（ Veterans' Administration，简称“VA”）为退伍军人担保的个人住房抵押贷款，贷款的首付比例低，贷款的期限长，借款人信用等级较低，大部分有信用违约记录，但由于政府为其提供担保，因此也被认定为优质贷款，可以进行资产证券化。

由于机构垄断着优质贷款证券化的市场，私人部门难以在红海中搏出一番天地，就把目光投向了优质贷款以外的贷款，大额优质贷款资产和次优贷款资产粉墨登场。大额优质贷款和次优贷款的信用要求比优质贷款宽松。自 2004 年后，大额优质和次优贷款就进入快速增长的轨道，到 2006 年，其规模增长一倍多。

2008 年，私人部门的 MBS 业务受到了重大的冲击。大额优质贷款和次优贷款资产池出现了急剧的萎缩。但机构发行的优质贷款的比重大幅上升，这说明了危机来临时，政府信用给予市场很大的信心。

私人部门不断地降低个人住房抵押贷款的入池标准。基础资产逐渐从优质贷款走向次级贷款。次级贷款大家都比较熟悉，2008 年全球金融危机就是由次级贷款证券化引发的。次级贷款的借款人收入来源极不稳定或者根本没有收入；贷款占房屋估值比例极高，有的可能高达 100%；有 10%左右的贷款是二次抵押；贷款的利率比优质贷款的利率高；借款人的 FICO 信用评分在 500~660 分之间。在资产证券化的早期，次级贷款比较鲜见，但在私人部门的推动下，次级贷款的规模不断增长，到 2000 年次级贷款的规模已经达到了 1994 年的 5 倍之多。到 2006 年，有 4800 多亿美元的次贷被证券化，这表明大量增加的资级贷款的资金来源是直接融资中证券化的融资，而不是间接融资的银行存款。

20 世纪 90 年代，基础资产的范围拓展到商业不动产抵押贷款。与个人住房抵押贷款一样，商业不动产抵押贷款也是由政府推动的。美国重振信托公司（Resolution Trust Coiporation，简称 RTC）为了增加商业不动产抵押贷款的流动性，开始对其进行证券化并进一步推动其市场的拓展。RTC 在投资银行的帮助和政府信用的背书下，采用超额担保和证券分级的方式，成功地发行了商业不动产抵押贷款支持证券。私人机构也进入 CMBS 市场，CMBS 市场的增长虽然迅速，但相较于个人住房抵押贷款证券化市场而言，市场份额还是比较小的。在金融危机爆发后，CMBS 的发行量急剧下降，与美国国债对比的风险溢价也快速升高。

基础资产又逐渐扩展到非房屋抵押贷款领域，发起人也从金融部门扩大到非金融部门。基础资产不断拓展是顺理成章的事情。资产证券化的设计理念是将未来的现金流结构化设计成证券发行。这样，只要有未来能带来现金流的资产，不管是金融机构的资产还是非金融机构的资产都可以证券化。对于发起人，资产证券化是一种新的融资渠道，还可以转移自身资产的风险。对于投资银行，资产证券化是一种新的盈利模式，所以它们有很强的驱动力，不断创新出新的交易结构（如 CDO 等），以至于最后可以不受资产池的限制，变成只要有投资者，就可以资产证券化。对投资者，资产证券化为其提供了一个新的投资渠道。当然，资产证券化风险最终的承担者是投资者。如金融危机中，投资者损失惨重。

非房屋抵押贷款支持证券的规模不大，但基础资产种类繁多，以至于到金融危机前夕，只要能想象到的就可以证券化。基础资产的范围大致有以下种类：第一，金融机构的非房屋抵押贷款，如普通的工商企业贷款、学生贷款、政策性贷款、个人消费贷款、信用应收账款、融资租赁应收账款等。第二，非金融部门在商业活动中形成的现时的与未来的应收款项，如企业的应收账款、商店的特许经营权收入、道路等基础设施的收费权等。第三，无形资产，如版权、专利权等。第四，公共事务的收入，如政府部门未来的税收等财政收入。非房屋抵押贷款证券化基础资产非常分散，信用卡应收账款、汽车贷款和学生贷款占比相对较大。

二、交易结构的演变

与欧洲 CB 的稳定与保守不同的是，美国 ABS 的结构不断变化与演进。从最初简单的过手型结构，到 CMO 的结构化设计，再到 CDO 乃至合成 CDO。美国 ABS 结构的演变，是美国金融创新与活力的体现，但也蕴含着巨大风险与挑战。

最早也是最简单的 ABS 交易结构是过手型结构。过手型结构没有任何结构化的设计，只是将抵押贷款资产池中的本金和利息，扣除相关的费用，直接转付给投资者。资产池的收益与风险全部由投资者按投资份额无差别承担。从现在的眼光看，MBS 的交易结构是最简单的，但在当时，它也是一项金融创新。这种资产剥离的技术贯穿着美国 ABS 的演变之路，美国 ABS 的交易都需要将基础资产从发起人的资产中剥离出来，构建风险与收益相匹配的资产池。资产剥离技术使得 ABS 的交易可以横向扩展组合不同发起人的资产，从而为美国资产证券化的快速发展奠定了良好的基础。MBS 的另一个创新是构建了标准提前偿付模型，这也是所有 MBS 交易设计的基础。个人住房抵押贷款可以提前偿还。如果发生提前偿还，就会使资产池的本金和利息减少。提前偿还的存在导致投资者获得的本金、利息与时间都有不确定性，这让 MBS 证券的定价发生困难。为此，美国市场上对提前偿付率做了大量的假设和估计，比较权威的是美国证券行业协会所提出的标准——提前偿付模型（Standard Prepayment Model）。这一模型通过对提前偿付的速度进行假设来确定提前偿付率并被后期的 MBS 产品所广泛使用。作为最早出现的证券化产品，相较而言，MBS 的交易结构也显得比较粗糙。MBS 中的提前偿付率是对未来的估计数，会与实际发生数不同，使得投资者获得的现金流存在不稳定性。由于没有任何结构化的设计，住房抵押贷款的期限长，所以发行的支持证券的期限也很长，这就容易受到利率变化的影响。

CMO 开启了美国资产证券化结构化设计之门。在此基础上，美国 ABS 的结构新意频出，成为金融史上“一颗璀璨的明珠”。CMO 是由投资银行协助房地美设计的，采用真实销售实现了风险隔离，运用分层技术推出不同等级的债券。CMO 的出现使得基础资产进一步扩展，多层资产证券化产品开始出现。

CMO 首次设计出 SPV。SPV 是一个仅为证券化目的而设置的独立于发起人的机构。基础资产从发起人处剥离出来后，真实销售给 SPV 。这样基础资产与发起人就很好地实现了风险隔离。美国政府还对SPV规定了相应的税收优惠法规，这进一步促进了CMO的发展。

CMO第二个创新之处是运用等级划分技术，使债券的风险与收益能够更好地匹配。SPV将风险隔离的资产池分成不同的等级，并以此设计对应的不同等级的债券。资产的风险与收益是相伴相生的，风险越大，收益越高；反之，风险越小，收益越低。高等级资产所支持的债券风险低、收益的确定性高，因此收益率也就低；而低等级所支持的债券风险高、收益的确定性低，因此收益率也就高。一般情况下，等级越高的债券期限就越短，等级越低的债券期限也就越长。各个等级债券都共享同一个资产池的收益并承担风险，但风险的承担有一定的先后顺序。当资产池发生损失时，先由低等级债券消化违约风险，这相当于低等级债券对高等级债券提供担保，因此在有些CMO产品中由发起人购买劣后级的债券，以此对其他投资者提供更多保障。损失由低向高逐层吸收，当损失太大时，高等级债券的收益也会受到影响。

CMO的创新之处还在于，基础资产将从实体经济走向虚拟经济。基础资产可以是发行的资产支持证券，将其再次运用分级技术就可以产出另一种新的债券。因此，CMO^2、CMO^3等产品开始出现。相较于欧洲CB受制于基础资产的规模，美国ABS的资产池资源源源不绝，但同时也应该看到，金融市场的风险开始加剧。

CMO的积极意义在于，它创新性地采用了内部信用增级的技术，让没有政府担保的私人机构的ABS市场进一步扩大。此外，私人机构的创新力由此被激发，外部信用增强手段也由此产生，将进一步降低发行的成本，促进资产支持证券的流通。等级划分的技术产生之后，美国CMO又出现了几十种的等级创新，有纯本债券、纯息债券、剩余等级债券等。在我国资产证券化实践中经常出现剩余等级债券。但福兮祸之所伏，过于复杂的交易结构使得投资者很难穿透层层迷雾识别基础资产的风险，这也为金融危机的爆发埋下了伏笔。

继 CMO 后，CDO 开始粉墨登场。CDO 的交易结构都一样，区别在于基础资产的不同。CDO 中以资产支持证券型担保债务凭证（简称 ABS-CDO）的发行量占比最大，其又是 2008 年金融危机中的主角。故此，本节以 ABS-CDO 为主线来探讨它交易结构的演变，从中可以看出金融危机爆发的端倪。

ABS-CDO 主要是以次贷资产支持证券为基础资产，次级贷款单层证券化形成多个等级的债券。其中，高等级的债券由于高评级和相对于同等级企业债券更高的收益而受到投资者的青睐，股权份额由于不能获得信用评级通常由发起人自行持有。这是证券化信用增级的一种方式。中间的夹层份额作为基础资产形成一个新的资金池，再次通过结构化设计形成不同等级的债券。以这样多层资产证券化方式设计出来的产品就叫作 ABS-CDO。

ABS-CDO 产生的目的是为夹层份额获得流动性以及套利。风险厌恶型投资只愿意投资于 AAA 信用等级的债券。夹层份额由于信用评级低，很难销售出去。为此发行人将无法销售的夹层份额再次组合，通过信用增级等技术得到 AAA 级的债券，就可以流通。最重要的原因应该是 ABS-CDO 可以为发起人带来丰厚的利润。夹层份额高风险带来高的利息率，而证券化后的高评级债券利息率就会降低。二者的利差是发起人 ABS-CDO 的经济驱动力。

一个奇怪的问题是，为什么一个低评级的债券经过证券化会形成 AAA 级债券呢？其中一部分原因有信用增级的作用。有的（CDO）AAA 级别的份额会有一份信用违约互换（CDS）。信用违约互换（CDS）是一种保险产品，当（CDO）AAA 级债券发生偿付风险时由保险公司给予赔偿。表面上看，这些（CDO）AAA 级的安全性应该是非常高了，但是，一旦发生系统性的风险，巨大的风险敞口可能使保险公司破产，这时候它的偿付就会有问题。另一个原因就在于评级公司。对于所有的以信贷资产为基础资产的证券化产品，最大的风险就是违约风险，ABS–CDO 也是一样。有确定的违约率，才能得出债券的价格。2000 年，李祥林博士提出高斯联结相依函数，以 CDS 价格的走势来判断资产池的违约率，以此确定资产的风险价格。高斯相依函数的出现让评级机构如获至宝。利益蒙蔽了他们的双眼，他们相信他们所希望相信的，只要一个公式，就能得出一个评级。大量的 AAA 级证券就这样创造出来。

将 ABS–CDO 中的夹层份额再次证券化，形成新的债务担保凭证就是 CDO^2，再将 CDO^2 的夹层份额进行证券化形成的凭证就是 CDO^3，这样循环往复，无穷尽也。但到了 CDO^3 时，金融危机就已来临，多层资产证券化就此戛然而止。CDO^3 的交易结构如图 2–4 所示。

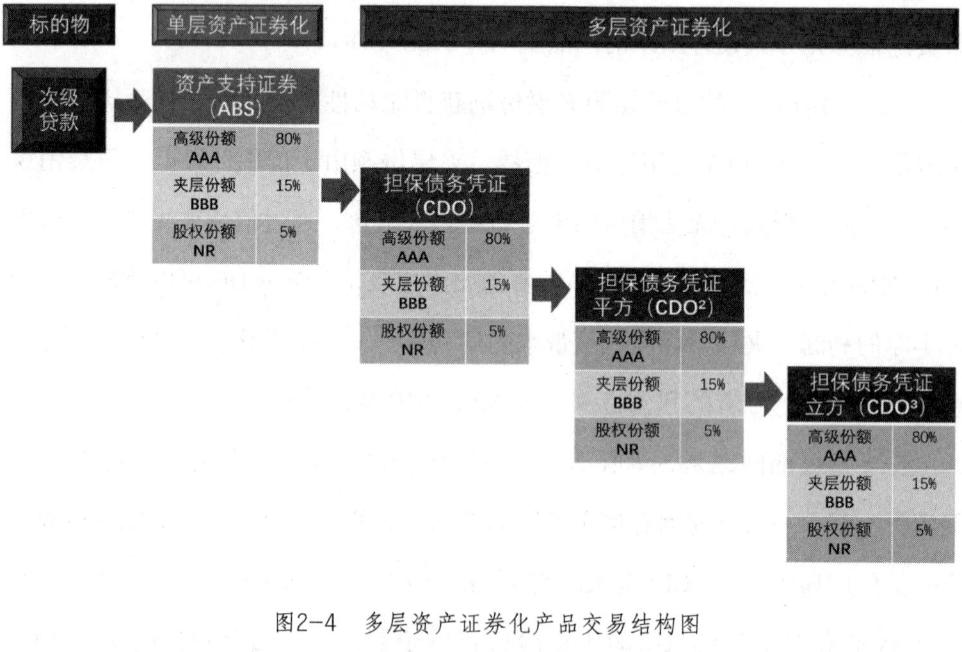

图2–4　多层资产证券化产品交易结构图

资料来源：吴奕捷（Jeffrey Ng）. 2008年美国金融危机中资产证券化产品风险研究[D]. 中国社会科学院研究生院，2017.

信用违约互换（CDS）也可以作为基础资产，于是合成担保债务凭证（简称合成 CDO）就产生了。合成 CDO 属于奇异衍生品类别。CDS 产生的现金流就是保费。发行人将保费通过证券化的设计分给投资者。CDS 只是一张保险合约，所以投资者购买合成 CDO 的本金实际上是违约时赔偿的押金。SPV 将收到的钱投资于低风险、高信用、高流动的领域。合成 CDO 已经完全背离了资产证券化增加资产流动性的初衷，成了一个 CDS 对赌合约，而且是一个不透明、不公平的对赌合约。合成 CDO 的发起人可以类似为投保人，定期支付保费，当参照物没有违约时，发起人损失的是保费，但是当参照物发生违约时，发起人可以得到最高百分百的赔偿金。赔偿金已经在 SPV 处，发起人一定可以得到这笔赔偿金。对于投资者，如果参照物没有违约，他可以得到保费加上 SPV 运营本金的所得。但是，如果参照物发生违约，他可能百分百地失去本金。这就相当于，投资者在不明真相的情况下以为自己买的是 AAA 级债券，没想到却承担起了保险公司的角色。保险公司只是在发生违约时赔付，还可以因偿付能力不足而破产。投资者在一开始就要将赔付款支付给 SPV，当然出现违约事件时就只能赔付。合成 CDO 对于发行人或空头是低风险、高回报，而对于投资者则是高风险、低回报。从表 2-2 可以看出，当次级贷款的损失率为 12%时，合成 CDO 投资者就将损失所有的本金，而发行人或空头则得到全部的本金。

表 2-2 合成 CDO 盈亏一览表

	高级份额损失率（AAA级别）			
次级贷款损失率	次级支持证券	夹层ABS-CDO	担保债务凭证平方	担保债务凭证立方
12%	0%	33%	100%	100%
空头投机者或发起人的盈亏	无利润 需付出利息成本	33亿美元	100亿美元	100亿美元
合成担保债务凭证高级份额投资者的盈亏	无亏损 获得利息	（13亿美元） 损失率是16%	（80亿美元） 损失率是100%	（80亿美元） 损失率是100%

资料来源：吴奕捷（Jeffrey Ng）. 2008 年美国金融危机中资产证券化产品风险研究[D]. 中国社会科学院研究生院，2017.

三、发行机构与发行量的演变

在资产证券化的早期，吉利美、房利美和房地美三家机构长期垄断着MBS市场。金融危机前，虽然面临着非机构的竞争，机构的MBS依然占有50%以上的市场份额。其中，“两房”（房利美和房地美）在机构发行额中占比高达90%以上。2009年，由于机构有政府强有力的支持，MBS的发行份额高达99%，而非机构的发行份额则一落千丈，下跌到1%。吉利美发行了第一只抵押贷款证券，并对MBS的发展起到了重要的作用。在1981年，它的发行量在机构中占比为84%。这可以看出政府对于创设和推动MBS市场的作用。此后吉利美的发行量逐渐减少，“两房”的发行量渐渐增长。在“两房”中，房利美的发行份额在“两房”中占比较大，特别是进入20世纪90年代以后，其业务的发展更是高歌猛进。房利美和房地美在住房抵押市场中扮演着重要的角色。金融危机后，政府接管了这两家公司，第二年公司退市。

非机构也在20世纪70年代末进入MBS市场。美国银行的国民信托和储蓄协会（Bank of America National Trust & Savings Association）是第一家发行MBS的非机构。非机构进入MBS市场，打破了机构的垄断，使得市场更具有活力，个人购房更加便捷，更好地促进了美国住房公共政策的实施。由于非机构没有政府的担保，为此不得不加大创新力度。竞争使得“两房”为了生存也放松尺度，最后连信用衍生工具都进入证券化领域。过度的创新导致信用风险失控，当金融危机到来时，一些非机构中的巨头，如雷曼兄弟、富国银行等破产。

在非机构进入MBS市场初期，非机构的市场份额非常小。到2004年前，一直处于平缓增长的状态。2004年开始，非机构的发行量开始大幅增长，到了2006年，已经能同机构平分秋色。但随着金融危机的爆发，2007年的发行量开始下降，到了2009年，已经处于停滞的状态。如图2-5所示。

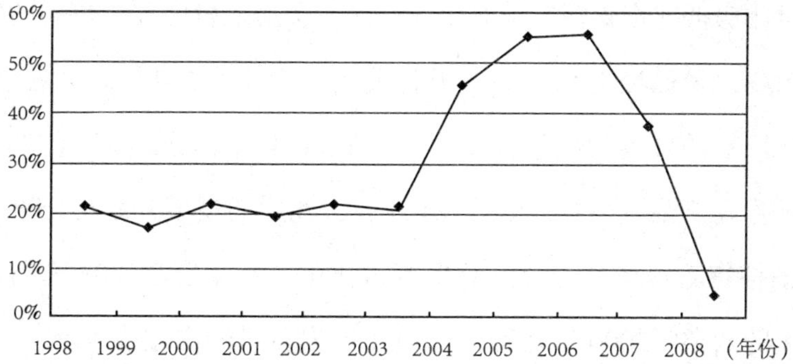

图2-5　金融危机前非机构MBS市场占比

资料来源：祝小芳．欧美资产证券化模式比较研究及对我国的启示[D]．财政部财政科学研究所，2010.

由于MBS是美国政府公共政策的一部分，所以机构在MBS市场占主导地位。ABS市场都属于市场领域，政府不涉及具体的经营，所以非机构占了主导地位。到2007年，非机构的ABS占据了一半以上的市场份额。金融危机后非机构ABS的发行量降到了谷底。在激烈的市场竞争中，非机构出于盈利的考虑，基础资产从优质贷款转向非优质贷款。到了2005年，其非优质贷款ABS的发行量翻了一倍，而优质贷款ABS的发行量则下降一半。

20世纪90年代以后，美国资产证券化市场才开始发展，进入中后期，资产证券化市场开始以每年12%的速度发展，占了债券市场的1/3份额。2000年以后，美国的资产证券化产品已经超过企业债券和美国国债，成为最大的债券品种，占比达到35%。美国的资产证券化市场中，住房抵押贷款资产证券化产品在总量一直占据主导的地位，占比一直在八成左右。机构发行的住房抵押贷款资产证券化产品由于有政府的信用担保，成为债券市场上仅次于国债的债券品种。金融危机开始后，住房抵押贷款资产证券化产品的市场份额虽然有所下降，但降幅不大。这说明MBS在固定收益市场中的深厚的群众基础。到了2013年年底，住房抵押贷款资产证券化产品的份额超过了90%。

从20世纪90年代中后期开始，非住房抵押贷款资产证券化的产品增长速度开始超过住房抵押贷款资产证券化的产品。金融危机之前，美国的资产证券化产品的市场总量已经上升到11.1万亿美元，增长了100倍。金融危机之后，资产证券化产品的市场份额急转直下，到2011年底市场份额只有28%。2012年，资产证券化产品的规模增长了24.38%，此后的规模开始稳定增长。在各类非住房抵押贷款资产证券化产品发行占比中，汽车贷款ABS和信用卡ABS是占比最大的两类，2000年开始，汽车ABS发行量的占比最大。

第三节　金融危机的回眸与展望

由美国次贷危机所引发的全球金融危机，向世人展示了资产证券化创新与活力的同时，也领教了它的破坏力。危机的根源在于金融监管失灵时，次级贷款信贷资产证券化各个环节存在的风险控制的漏洞。为此，回溯金融危机的始末，分析金融危机中资产证券化风险的传导机制，探讨金融监管与金融创新的问题，对于稳定推动我国资产证券化的发展，具有重要的理论与现实意义。

一、金融危机前存在的问题

（一）资产证券化风险传导的机制

前美联储（Fed）主席本·伯南克与前美国联邦存款保险公司主席希拉·贝尔对资产证券化的风险传导机制进行了很好的总结。他们认为，房价开始下跌使非优质住房抵押贷款开始出现违约，而贷款违约率的上升又让房价进一步下跌，这让投资者不断看空 MBS 和相关金融衍生品的价值。资产证券化产品的风险快速积累放大，加上资产证券化产品的不透明，迫使金融机构越发谨慎，市场流动性降低至几乎冻结，最后越演越烈，危机爆发。导致金融危机的资产证券产品主要是多层资产证券化产品以及与其相关的衍生产品。在危机中各类资产证券化产品中 AAA 级债券的损失率如图 2–6 所示。

	高级份额损失率			
次级贷款损失率	次贷支持证券	夹层ABS-CDO	担保债务凭证平方CDO²	合成担保债务凭证
12%	雷曼结构型信托2005-6（SAILT 2005-6）：0% 花旗房贷信托2006-NC2（CMLTI_2006-NC2）0%	高盛柯立芝基金2005（COOLIDGE-2005）： A1 份额: 17% A2 份额: 100%	美林第五类基金（CLASS V）：100%	高盛算盘2007-AC1（ABACUS 2007-AC1）： A1 份额: 3% A2 份额: 100%

图 2-6　各类资产证券化产品中 AAA 级债券的损失率

资料来源：吴奕捷（Jeffrey Ng）. 2008 年美国金融危机中资产证券化产品风险研究 [D]. 中国社会科学院研究生院，2017.

美国金融危机调查委员会（FCIC）调查得出，在 2007 年底时，次级贷款的平均违约率是 12%左右。从图 2–6 可以看出，两个单层资产证券化产品没有受到损失。美国学者加里 · 戈顿（Gary B.Gorton）调查了 1.3 万亿美元的次贷支持证券的 AAA 级份额在 2010 年 2 月时的损失率，得出 0.17%的损失率。美国金融危机调查委员会也指出，即使在市场信心大幅下降的情况下，在 2005 年到 2007 年间被评为 AAA 级的次贷支持证券，到了 2009 年的总体违约率为 4%。可以看出，虽然次贷资产证券化产品的基础资产信用程度不高，但是通过资产证券化的信用增级、分级等结构性设计，使得最高级的债券的安全度（违约率最高 4%）远远高于基础资产的安全度（违约率最高 12%）。这也可以说明，适度的资产证券化可以较好地化解风险。出现风险的是多层资产证券化产品，证券化层级越多，风险越大。

次贷的夹层份额的违约率就高于次贷的违约率，其中，AA 级别债券的违约率达到 17.9%、A 级别债券的违约率达到 39.5%、BBB 级别债券的违约率达高达 57%。

担保债务凭证（CDO）是一个转折点，改变了资产证券化的格局。CDO将次贷支持证券的夹层份额再次进行证券化，每一次的再证券化都加大杠杆，使得风险也按平方、立方的速度扩大蔓延。单层资产证券化产品到次贷支持证券（subprime ABS）的损失率的风险放大倍数只有 1.25；再证券化的各种多层资产证券化产品的损失率之风险放大倍数则随着再证券化层数的增加而攀升至 8.33 倍、55.56 倍和 370.37 倍。[①]

信用违约互换（CDS）是一种外部信用增级的手段，可以为 CDO 中的 AAA 级债券提供保险。但是，在保险的赔偿款过大导致当保险公司不能承受时，投资者就会承担损失。而以信用违约互换（CDS）为基础资产的合成担保债务凭证（synthetic CDO）更使交易成了赌局，投资者的风险已经是非常之大了。

适度的杠杆有利于金融机构的发展。住房抵押贷款就是创造了杠杆，让更多人有其屋。次贷支持证券以及 CDO 以次贷为基础，进一步推动了杠杆。CDO^2 和 CDO^3 更是成倍地加大杠杆。例如，在次贷危机之前，华尔街五大投资银行的杠杆率到了 30 倍及以上，而个别的对冲基金的杠杆率已经高达 100 倍。也就是说，只要有 1 元钱，就可以让盈利与亏损达到 100 元。因此，当房地产价格有所波动，数百万名的购房者中出现了部分违约，就会导致数万亿美元的资产证券化产品投资亏损，同时爆发流动性危机。

（二）风险传导机制引发贷款质量问题

资产证券化重要的结构性设计就是真实销售。它能将风险高、成本相对较低的次级房屋贷款销售给投资者，使投资者承担了住房贷款的违约风险，成为

① 吴奕捷（Jeffrey Ng）. 2008 年美国金融危机中资产证券化产品风险研究 [D]. 中国社会科学院研究生院，2017.

住房贷款市场新的资金来源。但真实销售会使得银行放松了贷款的审查。在发放贷款时，他们关心的不是贷款的质量而是如何将贷款通过资产证券化销售出去。越多的贷款代表着银行越高的利润，所以对于贷款质量的审查越来越宽松，乃至于出现了虚假的贷款人资料。

传统的贷款发放，商业银行要对于贷前、贷中、贷后的全过程实施监管。由于贷款违约的损失要由商业银行自行承担，所以对于贷款的发放有严格的风险控制。那些无业、无收入、无担保的借款人是不可能获得贷款的，更不用说是虚假资料。在贷款过程中商业银行也会及时跟进，如果借款人的资信情况发生变化，商业银行也会及时采取行动乃至拍卖房产来保证自身的利益。

但是，有了资产证券化以后，一个贷款的完整流程则由不同的机构来负责。商业银行只负责生产住房贷款，投行收到贷款以后结构化成次贷支持证券。众多的机构各司其职，但却不能对业务链条中最基本的贷款质量负责。于是，商业银行卖力地签发抵押贷款，投资银行在评级机构的协助下将其粉饰成AAA 级债券。最终，投资者购买了这些证券化产品。

在金融危机之前，源源不断的资金流向美国，投资他们认为的低风险、高收益的 AAA 级别的资产证券化产品。大量的资金流回房屋贷款市场，导致次贷的规模一再放大，让更多的美国人实现了居者有其屋的梦想，并刺激房价的上升。房价的步步高升又让次贷市场更进一步发展，就这样循环往复。学者们盛赞这是一种信用民主化的过程，即普通民众也可以从事非常专业的贷款业务。但遗憾的是术业有专攻，普通民众没有银行家的专业知识和经验穿透资产证券化的层层迷雾来判断贷款人的信用水平。如果投资者接受过相关的教育，有专业的经验，自己承担起对基础资产审查的责任，也许金融危机就不会爆发了。在资产证券化的参与过程中，重要的投资者是金融机构，他们是资产证券化的创造者，与一般的投资者相比，应该更具有专业能力，能够识别风险，稳健投资，但也许是疏忽大意，更多的是在利益的驱使之下出于侥幸的心理，他们一起投入到这场次贷证券化的盛宴中，最终造成了这场灾难。

（三）评级的缺陷

在资产证券化早期，投资者对于资产证券化产品关注的是政府担保，但出现了非机构资产支持证券后，评级机构由于为投资者提供风险评估成为资产证券化的一个非常重要的机构。资产证券化的基础资产种类繁多，交易结构十分复杂，投资者要有很多的时间和很强的专业知识来判断基础资产的质量，于是依赖信用评级公司，特别是三大信用评级公司。

资产证券化称为金融炼金术，例如次级房屋贷款是“垃圾”，但是通过证券化，其中有80%就可以变成AAA级债券，而次级证券化产品的夹层份额再次证券化，又有80%变成AAA级债券，经过不断的证券化就可以将“垃圾”变成“黄金”。资产证券化之所以能成为金融炼金术，是因为设计出的资产支持证券有高的信用评级，投资者才会购买，评级机构的重要性可见一斑。但是证券化过程中，评级机构的工作存在着一些缺陷。

评级的主流付费模式是发起人付费，为资产证券化产品评级带来了丰厚的利润。穆迪的财务报表显示，在资产证券化的高峰期，为一个CDO评级的最高收费可以达到85万美元，公司的利润2006年比2002年增长了三倍，利润率从26%升至37%，其中有近一半的利润来自资产证券化产品。与一般的公司债券发行机构分散不同的是，资产证券化的发行机构集中在几家大型的投资银行。由于资产证券化评级是评级公司重要的利润来源，同时付费人的集中度高，容易左右评级机构。这会使得评级机构有可能提高级别来迎合客户。

资产证券化是一项金融创新，产品的复杂性也给评级机构的专业性带来了极大的挑战。虽然三大评级机构十分擅长公司债券的评级，资产证券化产品与公司债券一样都是固定收益产品，但是资产证券化产品的复杂性远远大于普通的债券，评级机构对此毫无经验。在评级过程中要涉及一些重要的参数，如违约率、现金流分布、相关系数等，这些都要评级机构开发模型。但是确定参数的历史数据十分缺乏，这就使得评级模型的风险较高。评级机构也无法对每笔贷款都进行风险评估，只能依赖发起人提供的数据来评估贷款的信用风险。CDO 的基础资产数目极为庞大，相关系数的计算难度增加，为这些多层资产证券化产品进行评级是一件非常困难的事情。评级机构对于房价过于乐观，低估了房价下跌的幅度，也没有充分意识到住房贷款的质量在恶化。最终，在金融危机中，次贷资产证券化产品的证券评级被大量下调。

（四）金融监管的失灵

美国前总统奥巴马曾经说过，金融危机源于华尔街到华盛顿权力机构的责任失灵。资本市场是自发的，经过漫长的发展形成一个有序的格局。但金融监管不是自始有之，它往往是为了应付金融危机而建立起来的。最早的金融监管起因于南海泡沫而颁布的“泡沫法案”。考察美国的金融发展史，这些被依法授予一定监管职权的监管机构，设立的时间不尽相同，彼此相互独立，又存在一定的联系，充分体现了美国金融监管“应急而建”和“多头复杂”的特色，被形容为“碎片式”的金融监管构架。[①] 在分业经营时期，这种碎片式的严格监管为经济发展提供了稳定的环境。但是，过于强化金融监管会抑制金融机构的创新力和活力，会影响其效益。资本天然追逐利润，创新是金融机构利润的源泉，市场压抑的力量必然要冲破严格的监管，要求放松管制，为金融机构的生存与发展开辟一条新的道路。美国于 1999 年通过的《金融服务现代化法》

---

① 洪艳蓉．危机之辨：次贷证券化与金融监管 [J]. 国际经济法学刊，2009（2）.

正式拆除了分业经营的“格拉斯—斯蒂格尔墙”，允许混业经营市场上成立了许多金融百货公司型的金融控股集团，下属公司分别从事银行、证券和保险的业务。投资银行激进的企业文化逐渐替代了商业银行保守的企业文化。但是监管方面仍然是维持了在分业经营下的分散监管的架构体系，只是提出以功能来监管，即相同的功能受到相同的监管，而与功能实施的机构无关。功能监管要求监管机构加强信息分享与合作。

面对资产证券化这种多机构、多环节、跨组织、跨市场的金融创新工具，美国的功能监管显得力不从心。功能监管从理论上涵盖了全部的金融业务，但是金融创新让各个业务的边界模糊，以及监管部门迫于金融自由化的压力而放松了金融监管，形成了不少的监管空白地带。例如，对于评级机构只是简单地进行登记，而对评级方法、评级内容没有监管；对于大量发放次级贷款的非银行贷款人没有监管；SPV 融通了大量的资金，却采用表外操作，没有计入发起人的风险资本管理。2000 年通过的《商品期货现代化法》废除了对 CDS 在内的金融衍生产品的监管，使金融衍生产品以及它的交易者，如商业银行、投资银行、保险公司和庞大的市场都合法地脱离了监管的制约。对高杠杆金融衍生品逐利和非理性追求，以及金融监管的缺位，产生了金融体系系统性风险和金融危机爆发的严重后果。危机也让危机的制造者吞下了苦果。

资产证券化让各类市场的不同机构和不同业务形成了产品链条和联动的市场。面对日益复杂的市场，投资者需要充足的信息来对证券化产品的风险进行研判。但是分业监管的模式使各行业面对不同的监管方式，无法在证券化过程有效合作和信息分享。这就导致投资者（包括专业的金融机构）只能了解证券化过程中的碎片化信息，无法准确地通过了解证券化产品的全过程评估产品的价值，在市场仅仅出现一些风吹草动时，也会引起投资者信心的崩溃，最终爆发危机。

美国的各个监管部门有各自的目标，这就会在监管过程中发生矛盾。例如，金融衍生产品只是将原有的风险进行包装组合，这并没有化解风险，只是转移风险。这种组合后的风险比普通金融产品的风险更隐蔽也更危险。SEC 认为应该对金融衍生品市场进行监管，但美联储认为对其监管会抑制金融创新，牺牲效率和发展。最终对 CDS 在内的金融衍生产品免于监管，这为过度的投机和金融诈骗提供了空间，给金融市场造成了巨大损失。

在功能监管下，每个监管部门只负责各自的监管工作，对于金融市场整体的风险则无法顾及。而资产证券化又拆除了各个市场的壁垒，让风险可以在整体市场传导。这就体现了功能监管最大的缺陷，就是没有一个监管机构能够监管系统性的风险。单独的风险可能引发系统性风险，进而使实体经济受到影响。多头监管不仅给国内市场的沟通与协调带来困难，在次贷危机蔓延到国际时，也不能与各国的监管机构和国际金融监管机构协调一致，延误了遏制和处理危机的国际间合作，最终引发国际金融危机。

二、次贷危机后监管的改进及其效果

（一）次贷危机后监管改革的过程

金融危机后，各国政府采取了紧急求助措施，在短时间内避免了金融危机的进一步恶化。但金融危机爆发的原因是政府的监管政策失灵。为此，改革金融监管模式、提高金融机构的风险防范能力才是实现金融稳定与经济发展的治本之道。美国在次贷危机后进行了金融监管改革的实践，为其他国家的改革提供了参考。

次贷危机后，美国金融监管经历了先紧后松的两个改革过程。2010 年 7 月，《多德－弗兰克华尔街改革与消费者保护法案》（Dodd–Frank Wall Street

Reform and Consumer Protection Act，简称 DFA）的提出开启了美国 20 世纪 30 年代以来最广泛、最严格的金融监管改革阶段。2018 年 5 月，《经济增长、监管放松和消费者保护法案》（Economic Growth，Regulatory Relief，and Consumer Protection Act，简称 EGRRCPA）的提出对 DFA 的多项监管措施进行了温和的调整，开启了自 2008 年次贷危机之后力度最大的监管放松阶段。

DFA 的原文长达 2300 页，16 个章节，法案的目标是通过改善金融体系的问责制度与透明度来促进金融稳定，终结“大而不能倒”现象，结束紧急救助以保护纳税人，防止金融业务滥用以保护消费者为由去实现其他目标。[①] DFA 只是一个纲领性的指导文件，没有具体的操作步骤，其后的推进比较缓慢，以下几方面的因素影响了法案的落实。首先，多层多边的监管导致监管竞次让政策的协调难度加大，最终导致政策的执行效率低下。监管竞次就是指监管机构为了取悦本部门利益集团、吸引潜在的监管对象或扩展监管势力范围，竞相降低监管标准，以致降低整体监管水平，损害消费者（投资者）和社会公共利益的现象。[②] 美国的金融监管史就是一部监管权的争夺史。所以，多家部门基于自身的利益争夺领导权，在条款的制定与执行各执一词，这就导致法案的执行效率低下。其次，政党的分歧减慢了法案的落实进程。美国民主党和共和党长久以来存在政见分歧、代表不同的利益阶层。一般来说，民主党代表的利益阶层是贫民、蓝领、工会以及少数派族群，得到媒体、大学、法律等行业的支持。共和党代表的利益阶层是 WASP、企业主、雇主，得到汽车、能源等传统行业的支持，金融行业的倾向性并不十分明显，因政党政策影响而有所变化，

---

① 美国参众两院通过了《2010 年华尔街改革和消费者保护法》(Dodd—Frank Wall Street Reform and Consumer Protection Act)，多德 - 弗兰克华尔街改革与消费者保护法案 [M]．董裕平等译．北京：中国金融出版社，2010.

② 罗培新．美国金融监管的法律与政策困局之反思——兼及对我国金融监管之启示 [J]. 中国法学 , 2009, 000(003):91-105.

这些年来更偏向于支持共和党。美国的共和党和民主党的金融监管理念不同，民主党强化监管，共和党则强调金融效率和自由。两党金融监管理念的分歧让法案进展缓慢。再次，金融机构的不配合也让法案迟迟未落实。金融机构肯定不欢迎强化监管的DFA，为此不断地游说和拖延，使得法案成为各种力量妥协的产物。这在沃尔克规则体现最为明显。最终这项不容变更的规定经过谈判被削弱，成为一个有许多漏洞的规则 。最后，DFA 中的某些条款操作难度大，这也影响了它的执行进程。

2018 年通过的 EGRRCPA，开启了金融监管放松的阶段。EGRRCPA 在对规模最大的一类金融机构保持强化监管的基础上，提高了强化监管的资产规模门槛，使中小规模的金融机构得到相应的监管放松，这次以 EGRRCPA 为核心的改革，不仅是对 DFA 实践效果的反思，更反映了美国当前开始放松金融监管的趋势。① 虽然 EGRRCPA 放松了部分金融机构的监管，有助于释放它们的活力，但也存在着一定的风险隐患。

（二）次贷危机后美国资产证券化的改革效果分析

次贷危机后美国政府对于危机进行了深刻的反思。金融监管改革产生了广泛且深远的影响。政府对资产证券化市场实施全面的监管，要求资产证券化的发起人对基础资产实行更为清晰明了的披露，确保投资者的知情权，让投资者了解资产证券化的交易结构和资产支持证券的质量，同时也对资产证券化的风险转移实行了严格的控制，要求发起人对至少保留部分劣后级的证券，以此更好地保护投资者的利益。

次贷危机爆发时，美国的资产支持证券的发行量急剧下降，发行规模减少

---

① 田彪．次贷危机后美国金融监管改革研究 [D]. 东北亚研究院，2019.

了一半，但到了 2009 年发行规模又开始回升。到了 2012 年，美国的资产支持证券又成了仅次于国债的第二大债券市场。对于基础资产的选择，都是较为优质的资产，产品的交易结构更为简单和透明，几乎没有复杂的多层资产证券化产品。资产证券化市场主要以住房抵押贷款证券化和风险较小的信用卡应收款证券化和汽车贷款证券化为主。在“看得见的手”的调控下，资产证券化市场经过修复后运行良好。

次贷危机过后，大型的金融机构的效率在短期内大幅下降，但随后开始反弹，恢复后保持稳定的状态。小型金融机构在严苛的监管法规放松后有可能引发金融机构的变化。整个金融市场朝着更加稳健和有序的方向发展，流动性和赢利性都有更好的保障。

第四节　美国资产证券化的借鉴与启示

在对资产证券化的产生与发展进行全面分析的基础上，我们可以看出，资产证券化成为美国解决居民的住房问题和刺激消费的最大推手，为经济增长和市场的繁荣做出了很大的贡献。但是，成也萧何，败也萧何。金融创新一旦失控，脱离实体经济，不仅形成虚拟的泡沫，还会形成系统性的风险。我国也将资产证券化作为促进市场流动性的重要手段。通过总结美国资产证券化发展的经验与教训，可以为我国的资产证券化的市场运作提供借鉴。

一、资产证券化市场中九个关键要素

建立一个成功的资产证券化市场需要九个要素：第一，合理的基础资产发起过程；第二，相辅相成的法律架构；第三，完整的现金流分析；第四，清晰定义的会计准则；第五，审慎的信用风险评估；第六，全面周到的投资银行服务；第七，成熟的政府债券市场；第八，有活力的二级市场；第九，广泛的投资者市场。[①] 其中，基础资产的发起是需求端，信用评级机构是最为重要的中介机构，投资者是供给端。这是资产证券化最重要的三个部分。

二、谨慎推行复杂的创新产品

美国资产证券化不断进行结构创新，但正是这过度的创新蕴藏着极大的风

① 扈启平．资产证券化理论与实务 [M]．北京：机械工业出版社，2014.

险。从前面的分析可以得知，风险主要集中在担保债务凭证（CDO）身上。这些多层资产证券化产品构建于其他资产证券化产品之上，它们的风险随着证券化次数的增加而成倍增长。信用违约互换与合成担保债务凭证等更是脱离了资产证券化的初衷，纯粹成了资本投机的工具。美国也意识到复杂的金融创新工具的危害性和不可控性，在次贷危机后限制了相关工具的应用。我国的资产证券化市场还仅处于试点阶段，没有完善的法律和监管体系，更应该谨慎对待多层资产证券化产品和相关的衍生金融工具，严禁高杠杆的资产证券化产品在市场流通，适合推广结构简单、没有过度包装的单层资产证券化产品。从前面的分析可以知道，单层资产证券化产品可以促进证券市场的流动性，提高效率，即使是以次贷为基础资产，通过信用增级和分层的结构化设计，也能降低风险。次贷支持证券中 AAA 级债券的风险与相应企业的债券差不多。推动单层资产证券化产品的发展，能在风险可控的前提下，最大限度地提高金融系统资金周转速度，以此支持实体经济的发展。

三、防范系统性金融风险

建立防范系统性金融风险的长效机制和系统方案，已经成为各国监管的重点，我国也不例外。具体到资产证券化，首先，要完善信息披露的要求与标准。资产证券化要发展，需要减少信息不对称，以此避免欺诈等行为。我国目前的信息披露要求比美国资产证券化之前的要求还相差甚远。在金融危机过后，美国对于资产证券化有更为严格的披露要求，对资产证券化从产品的注册到发行，以及存续期间的披露进行了全面的规范，要求直接穿透到基础资产层面的信息，对资产池内部可能存在的风险因素进行提示。金融衍生品交易交付保证金并需要标准化的操作流程。这些举措都提高了资产证券化市场信息的透明度，为市场相关机构提供了充分及时的决策信息。其次，要对基础资产进行严格的审查。在DFA就规定发起人要保留5%的劣后级债券。这让发起人不会因为真实销售而放松对基础资产的审核。发起人为了避免自己的利益受到损失，就要保证基础资产的质量。如果发起人或发行人有意欺诈，监管部门就可以对违规者进行起诉。责任追溯机制会对抑制欺诈起到一定的作用。再次，加强信用评级工作。评级公司在资产证券化过程中扮演了重要的角色。在金融危机中，证券机构的信誉严重受损。评级机构存在的问题在中国这样的债券市场发展短的国家中更明显。危机过后，评级机构在评级方法上有所改进，但利益冲突的问题依然存在，为此，美国的监管部门要求信用评级公司对信用评级的方法和信息进行公开，并声明如果出现不遵守职业操守的行为将承担相应的法律责任，通过透明的信息、公开的承诺对评级公司的行为进行约束。

四、建设完善资产证券化市场

我国的资产证券化市场主要是银行间的债券市场。资产证券化的产品基本上在各银行间互相持有。在美国有众多的固定收益证券交易系统，根据产品和客户需求的不同采取集中交易、经济选择、价格配对、发行竞价等模式。众多模式为固定收益的证券经纪商和投资者提供了很好的系统运行服务。美国的资产证券化二级市场中产品流动性很高，市场的主要参与者是做市商和投资者，做市商对促市场的流动性起到了很大的作用。

在美国还有次级证券的竞标机制。发行人在发行产品时会邀请一些机构投资者对基础资产进行尽职调查，投资者根据调查出具竞标书。在中国的资产证券化市场上缺少次级档的投资人。次级档的投资人要有更高的风险识别和承受能力。缺少次级档的投资人让发起人不能真正实现风险转移。所以，我们应该要大力培育有风险识别和定价能力的次级档投资者，以此增加资产证券化产品的流动性。

第三章

CHAPTER

金融创新与税收法制

第一节　金融创新与税法的相互关系

一、金融创新的原因之一：税法

税收是企业的重要成本，金融企业也不例外。金融企业通过不同金融要素的巧妙组合设计可以达到预先的经济目的并实现税收负担的最小化。诱发金融创新的因素有很多，通过合法的行为来最大化地减少自己的税收成本是其中之一。美国经济学家西尔伯（W.L.Silber）认为，金融创新是金融组织在追求利润最大化、减轻外界给予的束缚而产生的。英国学者沃伦·爱德华兹（Warren Edwardes）认为，在金融交易过程中需要考虑税收的因素，税后利润才是净利润，个人与机构金融交易的所得都应该是税后所得，同时要考虑税金的时间价值。不同国家或者相同国家不同时间的税收法规不同，就是这些不同给跨境或跨期交易带来了可能。所以，税收成为金融创新原因之一。美国经济学家詹姆斯·C. 范霍恩（James C.Van Horne）也认为，当税收制度发生变化时，原有的均衡结构被打破，这时新的金融产品就会出现，从而实现利润最大化。美国经济学家约翰·希克斯（John R. Hicks）认为金融创新的主要动机是降低交易成本。金融企业的目的就是利润最大化，要使利润最大化的一种方式就是降低交易成本，交易成本的高低决定了金融工具是否有实际意义。在金融交易中，技术不断创新能够直接降低交易成本。金融制度的创新与组织架构的变革会提高效率，间接降低交易成本。整个金融创新史就是不断降低成本的历史。美国经济学家凯恩（E.J.Kane）认为规避监管是金融创新的主要力量。政府的监管是一种隐形的成本，降低了金融机构的盈利能力，金融机构必然会通过金融创新来规避监管。莫顿·米勒（ Merton Miller ）也认为，税制的变动是推动金融创新的一个主要因素。

经济学家们都认为，税收是金融交易中的一项成本，而规避税收成了金融创新的一大动力。金融的监管是对金融机构的经营活动的限制，从而成为金融交易中的一项隐形成本，而税收则是政府作为交易中不请自来的第三方，直接占用了金融机构的部分收益，减少了金融机构的利润。因此，金融机构在经营活动中必须要考虑税收的因素，通过金融创新来规避政府的税收。纳税人可以在现有的法律体系中选择最有利于自己的条款来达到节税的目的，金融机构当然也有这项权利，可以通过对金融交易的重新设计来实现税收负担最小化，从而提高税后利润。因此，降低税负是金融机构金融创新的一个重要原因。

税收负担对金融交易的选择产生直接影响，同时也要看到税收遵从成本的存在。为了遵守税法的规定而产生的纳税申报等对政府税收征管的协助义务，同样对金融机构的经营活动产生限制。为此，应该考虑到税收对金融创新的影响，除了直接的税收负担以外的税收遵从成本。

政府行使公共事务的管理权需要资金，这些资金应该由市场主体来承担，金融市场的主体也不例外。对金融机构课税不仅是金融产品或服务的提供者和受益者为消费社会公共产品或公共服务而支付的税收价格，还体现了政府确保金融企业履行其经济责任和道德责任的关怀。① 由于金融市场内在的风险性、投资性和脆弱性，金融机构需要完善的法律环境和政府的有效监管才能稳健发展。当出现系统性风险的时候，金融机构在金融危机中有可能破产倒闭，金融负外部性只能通过政府看得见的手来矫正。为此，对金融机构课税具有合理性。有收益才征税，同时这项收益必须是非公益性的、明确的。金融机构与其他机

---

① 王国华，马衍伟．金融税制功能的重新定位 [J]. 税务研究，2005（1）：57-60.

构一样以货币计量，收益是确定性的，因此，对金融机构征税具有合理性，金融机构在经营活动中要承担税收的遵从成本。

金融机构在经营活动中所产生的行为、收益与流转额须承担相应的纳税义务，这体现在让渡一部分的收益或部分的财产权给政府。纳税是金融机构的负担，是金融机构交易活动中的重要成本。与税收的经济成本和管理成本相同的是，税收的遵从成本让纳税人消耗资源在纳税义务上，也一样减少其经济利益。税收的遵从成本是指纳税人（自然人和法人）为遵从既定税法和税务机关要求，在办理纳税事宜时发生的除税款和税收的经济扭曲成本（如工作与闲暇选择的扭曲、消费或生产选择的扭曲）以外的费用支出。[①] 金融机构从事生产经营活动的基本原则是效益最大化，推动金融机构从事金融创新的动力也是交易收益的最大化。税收遵从成本的承担与金融创新之间就存在矛盾与冲突。金融机构可以在现有的法律框架下，充分利用自身的资源和条件推动金融创新，以此尽可能地减少纳税成本，包括纳税的遵从成本。

应该看到，金融创新的动力在于对利益最大化的追求，因此有利于金融机构降低成本、提高收益的因素包括金融监管、技术进步、会计制度等，都可能是金融创新的原因，税收只是其中之一。税法在不断动态发展中，如果金融创新的目的仅为避税，那将随着税法的变革而消失。只有那些真正能够促进社会进步的金融创新才能基业长青，具有长久的生命力。金融创新与税法两者之间呈现螺旋发展的态势。政府行使征税权必然减少金融机构的利润，金融机构就将通过金融创新来改变适用的税法条款，以此减少乃至完全避免缴纳税款。政府又将不断地改变税法来对各种金融创新进行有效的课税。当金融创新的节税目的因税收的变革而不存在时，金融机构又将掀起新一轮的创新浪潮。因此，

① 雷根强，沈峰．简论税收遵从成本 [J]. 税务研究，2002（7）：41-43.

税法变革与金融创新之间交替发展，呈螺旋式上升态势。但是，相对来说，税法作为法律规范，要保持相对的稳定性。与私人部门的积极创新相比，税法的变革需要一个相对漫长的时间。正是税法应对上的滞后才让金融机构有动力去为了避税而进行金融创新，税法滞后的时间越长，金融机构的获利越多，进行创新的意愿也就越强。

二、税法应对金融创新的滞后及其负面影响

（一）税法应对金融创新的滞后

金融机构不断推陈出新是为了满足纷繁复杂的经济活动的需要，而税法显然难以适应高度专业化的金融创新，远远滞后于金融创新的发展，形成许多的空白与漏洞。

在简单的金融工具中，其交易的经济实质与法律形式一致。例如，发行股票对于发行方来说形成所有者权益，发行债券则是发行方的负债。简单金融工具泾渭分明的划分让股权与债权的税收待遇也有所不同。转让股票所得有的被认定为资本得利，而转让债券的所得属于一般所得；支付利息可以税前扣除，而支付股息则不能税前扣除；收取利息按一般收入纳税，而收取股息则有一定的税收减免。但是随着金融市场的不断发展，简单的金融工具相互组合产生了更为复杂的金融工具。对于这些复杂的金融工具而言，债权与股权的边界已经日渐模糊，例如可转债、永续债、优先股，有着股权和债权的双重特征。这些复杂金融工具的收入如何界定，是把它们分拆成简单的金融工具，还是当成一个整体来缴税，存在着诸多争议。税法对股权和债权的刚性划分难以适用不断发展的金融创新工具。税法不仅对不同类型的金融工具规定不同的税收待遇，不同主体从事相同金融活动也有可能承担不同的税负，不同国家的税收规定更

是千差万别。这些税收差异都给金融创新以动力，通过不同金融工具的组合，各个交易形式的改变来获取税收利益。在这种情况下，如果税法加以限制，就会抑制金融创新，但如果不加以限制，就会造成政府税款的流失。税法应该如何面对金融创新，是一个值得深思的问题。

如果说复杂的金融工具还可以拆分成简单的金融工具，那么衍生金融工具则完全独立于简单的金融工具。衍生金融工具指其价格和价值建立在其他资产的价格或价值之上，随着其他资产（不论是股票、债券或商品）价值的变动而变动的产品，随着上述资产的指数或者指数集合价格的变动而变动的产品。[①] 衍生金融工具与简单金融工具有许多的不同之处：首先，简单金融工具的目的在于筹资，而衍生金融工具的主要目的是为了规避风险和套利；其次，简单金融工具的价格取决于其未来现金的流入，而衍生金融工具的价格则基于投资者对未来的预期；第三，简单金融工具的交易采取的是一手交钱一手交货的现货方式，而衍生金融工具则是充分利用了杠杆的远期交易。税法对应税商品性质的界定是该商品的经济实质在法律所有权结构中的反映，这是税收结构设计的基础。[②] 衍生金融工具是基于避险的需要而产生的，它有着与简单金融工具完全不同的收益形态与来源。由于二者明显的不同，让税收基于简单金融工具的性质的界定完全不适用于衍生金融工具，使得衍生金融工具的立法的处于空白状态，无法对其进行有效的课税。

（二）税法应对金融创新的滞后造成的负面影响

适度的金融创新是对市场有利的，但是如果过度的创新则会带来风险，乃至于形成金融危机，这可以从美国资产证券化的发展史上得到验证。税法的空

---

① 张春丽．我国金融衍生品税法性质及规范研究 [J]. 政法论坛 ,2015,33(06):127-137.

② 张春丽．我国金融衍生品税法性质及规范研究 [J]. 政法论坛 ,2015,33(06):127-137.

白与漏洞则会加剧金融风险的形成。

税法对于以简单金融工具为基础的传统金融市场构建与其相适应的征税制度，但是对于创新金融市场则没有足够的税法依据对其征税。由于对创新金融工具征税的空白与漏洞，使创新金融市场获得相较基础金融市场更为宽松的纳税环境。随着混业经营的形成，激进的投行风格逐渐取代了商业银行稳健的风格。由于创新金融工具可以提供更高的杠杆，受到许多激进投资者的追捧。税负的差异进一步加剧了两个市场的失衡状态。大量的资金涌入创新的金融市场领域，导致经济进一步脱实向虚，进而引发金融危机。

在传统的金融市场中，税收是金融交易的一项重要成本。金融机构在从事经营活动时，会综合考虑包括税收在内的各项成本后确定交易的可行性。但是由于创新金融工具的复杂性、灵活性与专业性，让税法在确定纳税主体和具体的征税金额等上面存在诸多困难。税法的不明确性让金融交易的成本无法得到准确计算，金融机构有可能隐藏税收成本以此夸大创新金融工具的收益率，高额的收益率将吸引市场的投资者并进一步推高价格。但是，如果征税机关的征税额超过市场的预期，这将降低创新金融工具的收益率并引发投机者的抛售，交易规模的萎缩会导致价格下跌。税法的不明确性会引发价格不正常的涨跌并造成市场的波动。创新金融工具对于未来的预期的反应更为敏感，高杠杆又让价格波动得更为明显。税法的不明确性让金融市场对于财税政策的炒作成为可能，极易引发投资者的非理性行为。这种非理性行为有可能被放大造成创新金融工具价格的剧烈波动。创新金融市场存在大量的投机者，如果因为税法的漏洞而获得较高的收益率，就会引发示范效应，更多的投机者乃至普通民众都参与其中，从而使得金融泡沫进一步加大。一旦政府对创新金融工具征税，就会造成价格的下跌，使得金融市场动荡不安。对于两个市场有不同的税收待遇，将会造成金融市场的扭曲，形成金融风险。

创新金融工具需要有相应的价格发现机制来确定其收益性，这样才能被市场中的套利者及时发现。投资主体的利润与税负之间是负相关的关系，税负越高，利润越低，反之，税负越低，利润越高。金融交易的税收负担不仅直接影响投资主体的税后收益，税负的高低通过增加或降低证券交易成本、引起证券价格的变动而影响买卖差额、金融交易的投资者数量、购入金融资产的数量和品种，从而影响金融资产的流动性。[①] 税法对于创新金融工具征税的不明确性，让投资者无法合理地预期自己的实际收益率，也就削弱了投资者进行投资的意愿，从而降低产品的流动性，使其规避风险的功能无法得到很好的发挥。

创新金融工具还会造成政府的税款的流失。创新金融工具与传统金融工具不同的特点，给政府税收政策的制定带来了极大的挑战。确定纳税主体是第一步，只有在明确了纳税主体的前提下，才能进一步确定何时纳税、哪一个环节纳税、纳税的所得额等问题。由于创新金融工具会让收益的享有人与所有人相分离，所以让谁成为纳税主体的判断十分困难。金融工具的创新是无穷性的，可以依附于任何变量产生。金融工具的创新所形成的多样性、复杂性给征税机关对于课税要素的制定造成了很大的困扰。征税机关很难判断其收入的构成与属性，从而无法进行税收的征管工作。金融机构可以通过对金融工具的交易进行灵活多变的设计来达到避税目的。例如，一些似股非股、似债非债的金融产品，对于金融机构最希望设计成给投资者的支出列为利息，但在资产负债表上体现为所有者权益。对于资产证券化产品，发行人设计时希望在转让环节在税法上认定为担保融资，这样可以达到节税的目的，但在会计上认定为真实销售，这样可以达到粉饰报表的目的。

创新金融工具还有可能让政策的税收调控作用失灵。由于税收负担与资金

① 尹音频．税收机制与金融风险相关性的理论分析 [J]. 涉外税务，2000（04）：15-20.

的流动呈负相关的关系：税收负担越高，投资者的收益越低，资金的流入越少；税收负担越低，投资者的收益越高，资金的流入越多。税收具有市场的调节属性，因此政府就可以通过税收这一经济杠杆来对资源在金融市场的配置予以引导。但是，由于金融工具可以通过创新充分利用有利于其发展的税收政策而回避不利于其发展的税收政策，这就让政府对金融市场的税收激励措施和税收惩罚措施的差异被模糊化，使得税收对金融市场的调节作用弱化乃至于消失殆尽。

面对金融创新，税法的空白与漏洞，不仅对金融市场产生了负面的影响，也影响了政府的财政收入，以及政府对金融市场的有效调控。

三、金融创新下税法的选择

（一）面对金融创新税法的困境

1. 税法的稳定性与金融创新的易变性

税收法定原则是税法的基本原则，是指只有在有法律规定的情况下，纳税人才需要承担相应的纳税义务，即法无明文规定不征税。在税法尚未对金融创新工具做明确规定时，就不能对其征税。但是这个时候金融创新工具已经产生了收益，应该和其他的经济主体一样承担相应的税收责任。但由于法无明文规定不征税，所以税法无法对其课税，这不仅造成了政府税款的流失，使创新金融成为避税的渠道，还让经济主体之间的税收水平不一。

亚当·斯密提出租税四原则中的确定性原则，即每一个个体应承担的税收义务应当是确定的，而不是随心所欲、任意为之的，包括纳税的时间、方式和数量等对缴纳者而言都应该是清楚明了和简明易懂的，这些要求对缴纳者以外的其他人也是如此。[①] 对于金融机构而言，税收是其根据自身的经济能力所承担的社会义务，这种义务必须是明确的、可预测的，这样才能对政府的征税权有所约束，才可以保护自身的合法财产。但是金融创新却是易变的，"创新—风险—监管—再创新"是一个动态的迂回发展过程。[②] 金融创新与税法的稳定之间就形成了不可调和的矛盾，成为税法对于金融创新的空白与漏洞的主要原因。

如果税法为了回应金融创新而放弃稳定性，及时对税法的条款进行更改、替换乃至于做出重大的变革，这样做虽然对金融创新做出及时应对，但会导致金融市场上的税法规则变动频繁，失去了税制的稳定性而导致税制的不可预测性。金融市场的交易主体不能够根据现有的税收制度来预测交易的税收成本，有可能还要因税收制度的频繁变动承担不良后果。更何况，税法对于金融创新的及时应对都只是当下的相机抉择，不可避免地零星化，无法形成应对金融创新的整体和普遍适用的税收制度。一事一议的处理方式让税收法规冗长、零碎且无章可循，条款之间还会存在矛盾与冲突，这更加剧了税法的漏洞，有可能造成权力的寻租，加大纳税人税收遵从成本。税法保持稳定性则无法对金融创新有效征管，但如果税收对金融创新及时回应就会加大金融机构的经营风险，金融创新的灵活性与税法稳定性之间的矛盾让金融税制的构建陷入两难的境地。

2. 税收负担的合理性与金融市场的流动性

所谓的流动性是指某种资产转换为支付清偿手段的难易程度。[③] 流动性强

---

① 亚当·斯密．国富论 [M]. 陈星，译．陕西：陕西师范大学出版社，2010.

② 郑联盛．金融创新、金融稳定的历史回望与当下风险管控 [J]. 改革，2014（08）：81-89.

③ 钱崇秀，宋光辉，许林．信贷扩张、资产多元化与商业银行流动性风险 [J]. 管理评论，2018，30（12）：13-22.

的金融市场是一个高度有效的市场，各种成本和风险都可区分和测量，投资者也有极强的意愿进入这个市场。金融创新根据客户的需要，依托市场机制，提供包括融资、风险管理、价值提升、支付清算、金融理财等在内的全面金融服务，更进一步地加强了市场的流动性。① 例如，美国早期资产证券化产品创新的发行－分销模式，就将流动性较差的住房抵押贷款转化为流动性较强的公开市场上发行的债券，很好地支持了美国政府的公共住房政策，促进了经济发展。金融市场需要保持充足的流动性才能实现融资、风险转移、价格信号等功能。国际货币基金组织在 2008 年 4 月的《全球金融稳定报告》中提出，当市场流动性与融资流动性不足时，私人部门的金融风险就会转变为公共部门的金融风险。② 由于流动性对金融市场有着重大的意义，所以降低流动性的举措就应该慎之又慎。对金融市场征税在短时间内会增加财政收入，但是随着投资者的减少和转移，交易量会随之下降，反而会让政府的财政收入下降。

但是金融机构是市场主体的一部分，同样享受了政府提供的公共服务，同时出于金融稳定的需要，政府投入更多的资源进行金融监管等工作，因此金融机构应该同其他的市场主体一样让渡自己部分的利润给政府。特别是在我国，金融业与其他行业相比存在明显的竞争优势，包括利率非市场化，实际上处于高度垄断地位，占主导地位的国有金融企业经营风险不高（最终亏损将由财政兜底），金融业利润丰厚、从业人员收入高。③ 在此情况下，对于创新金融交易产生的收益免税实际上是增加了金融业的净收入，不但不能起到促进经济增长的效果，而且会强化金融业的垄断势力、扭曲经济效率、加剧收入分配的不

① 李扬．影子银行体系发展与金融创新 [J]. 中国金融，2011（12）：31-32.

② 易宪容，王国刚．美国次贷危机的流动性传导机制的金融分析 [J]. 金融研究，2010（05）：41-57.

③ 杨斌，林信达，胡文骏．中国金融业“营改增”路径的现实选择 [J]. 财贸经济，2015（06）：5-17.

公平。[①]

对金融市场征税会降低其流动性，但如果对庞大的金融资产和巨额的金融交易量不征税，就会造成政府税款流失，引发社会的不公，更为重要的是，税负的差异还会让资金过量流入创新金融市场，从而加大市场的风险，有可能导致金融危机。因此，政府如何在避免引发市场流动性不足的前提下有效征税，是一个两难的选择。

（二）金融创新对税法的影响

1. 多元化的金融创新对税法的影响

金融创新是一种多元化的开发活动，税法只有适应金融创新的多元化发展才可以对金融市场实行有效的课税。在金融创新的过程中，激发了很多全新的金融市场主体。例如在资产证券化过程中，就把原来由银行独揽的贷款发放、管理与回收分别由不同的机构处理。SPV 是资产证券化过程中重要的主体，它与传统意义上的纳税主体有很多差别，如何对 SPV 课税存在着许多争议。随着金融创新的不断深入，金融业已经从分业经营走向混业经营，银行、证券、保险、信托、投资银行业务已经日益交叉融合，催生出了许多大型金融集团。这些金融集团的业务范围不断扩展，但是集团与下属分公司或子公司的纳税资格如何确定、收入的来源地如何确认等问题也随之产生。

金融创新也让金融契约更加多元化。以现今普遍的金融创新工具远期、期权、期货和互换为例，可以运用数学方法，将它们各自组合，也可以和基础金融工具相结合，形成不同的交易方式、不同的种类、不同内容的金融契约。可以说，金融创新下的契约是无穷的。这些创新的金融契约的权利义务关系与传

---

① 杨斌，胡文骏，林信达．账簿法增值税：金融业“营改增”的可行选择 [J]. 厦门大学学报（哲学社会科学版），2015（05）：10-18.

统的金融契约有很大的不同。以信用违约互换（CDS）为例，它的标的物不是股权或债权，而是偿付风险是否发生，它的当事人中的一方未来可以行使权利而不是双方必须履行义务。很多的创新金融工具不是现货交易，而是以相同但方向相反的合同来冲销。金融契约的多样化，使得交易双方的权利和义务的内涵更加复杂。税法对于交易行为的性质、所得的类型、收入的来源，以及所得的归属等确认也就更加困难。为此，税法应该对金融创新中契约的多样化有所认识从而准确应对。

传统的金融交易主要的目的是资金的融通。但是金融创新让交易的目的更加多样化。例如，很多衍生金融工具的目的是为了规避风险，通过与现货交易相反的操作，来达到对风险的管理，让风险控制在可以接受的范围内。这些衍生金融工具就与原合同之间存在着不可分割的联系。同时，金融机构运用创新金融工具的目的也要纳入考虑范围。不同的交易目的产生不同的所得性质，应当给予不同的课税规则。金融创新不仅体现在金融工具上，还体现在金融服务上。现今最有代表性的就是技术与金融领域的结合，即所有金融领域都避免不了技术渗透，要么技术提供金融服务开展的媒介，要么技术改善金融体系的风险与定价模式，要么技术改变金融基础设施架构，总之，就是技术改变金融，金融依托技术。[①] 例如，Fintech（金融科技）让金融机构只需利用网络就可以从事交易，业务范围可以拓展到全球。Fintech 导致金融交易的虚拟性和全球一体化，对传统税务机关的数据收集方式以及依靠纳税人物理空间为要素的税收征管方式造成了极大的冲击。税法应该对 Fintech 予以客观应对。

2. 虚拟化的金融创新对税法的影响

股票、债券等基础金融工具的产生形成了社会中的虚拟资本。金融工具的创新则加大了金融市场的虚拟化。以资产证券化为例，对于早期的证券化

---

① 林华．Fintech 背景下资产证券化发展趋势浅析 [M]. 北京：中信出版社，2016.

产品，还与现实资本的流动有着密切联系，但到了后期，合成担保债务凭证就已经脱离了现实的资本运作，让金融虚拟化的程度日益提高。现今，创新金融工具已经成为国际金融市场上的主要交易产品，它们在降低交易成本、提高市场流动性、规避风险方面发挥了很好的作用，但同时也不可避免地成为投机的工具。

虚拟资本（证券）的价格决定因素可以归结为四个方面：定期获得的收益、利息率、证券持有者对流动性的需要以及投机性预期。[①]华尔街有句名言是"没有什么不可以证券化"，金融创新让一切可能的收益都可以证券化。这就让证券化的范围只局限于想象。金融创新工具由于杠杆高、易波动，吸引了大量的投机性资金，也成为炒作的理想对象。以合成担保债务凭证为例，在市场预期向好的时候，大量的资金追逐其中，拉动其价格一路高升，作为吸收过剩货币资本的重要领域，虚拟资本还会通过借贷资本的放大而获得更大规模的价格增值，形成"泡沫经济"。[②]

税款的征收，需要建立在金融市场的净值上，对于金融市场所虚增的财富征税就会让金融市场的税负增加，有可能超过其能够承受的范围。而且，虚拟资本的炒作其实是一种零和博弈，只是财富的再分配，当市场预期向下时，虚拟资本的价格就会急剧下跌。因此，在确定金融市场的课税基础的时候，要充分考量金融市场的虚拟性以及净产值的波动，这样才可以合理准确地预测金融市场的税收负担。

金融创新所加剧的金融市场虚拟化，还造成了财富分配的扭曲。衍生金融工具的加入，使可以资本化的来源越来越多。虚拟资本将社会财富中的"泡沫"

---

① 陈享光，袁辉．现代金融资本的积累及其影响 [J]. 长春：当代经济研究，2010：33-38.

② 肖磊．信用创造、虚拟资本与现代经济运行——兼论我国实体经济与虚拟经济的关系 [J]. 当代经济研究，2019（12）：85-96.

越吹越大。辛辛苦苦在实业工作的收入可能远远低于从事金融投机工作的收入。虚拟资本与劳动和自然资源无关，没有真实的价值决定。

在对创新金融市场征税时，应该与实体市场的征税有所区别。如果创新金融市场虚拟所得的税负低于实体所得的，会刺激投机行为，收入进一步扭曲。因此，如何对虚拟所得课税是税法应该深思的问题。

3. 易变的金融创新对税法的影响

金融创新的不断推进导致现代的金融兼具融资、避险和投机的功能。金融市场的虚拟性决定了金融交易的易变性。传统的资本资产定价模型是基于理性经济人的前提而建立的，影响定价的各种因素都明确并能够对未来进行准确的预测。但实际上，金融产品的交易价格不完全取决于价值，某些衍生金融产品本身就是一纸合约，根本没有任何价值，也不取决于市场的供求。影响其价格波动的因素是多方面的，包括市场信息、投资者预期和流动性等，次要因素的影响可能更显著。投资者对市场信息的把握程度不尽相同就导致了价格的预期不同；流动性与资产的价格呈正相关的关系；价格波动更重要的一个原因在于投资者对未来资产价格走势的异质性预期，而这种异质性预期的产生主要源于客观经济信息与主观心理特征两个方面。客观经济信息主要包括宏观经济信息、市场指标以及资产自身特质等，主观心理特征主要包括投资者的投资经验、直觉判断与情绪等因素。① 投资者自身认知的有限性以及心理上的非全部理性让金融产品的价格处于频繁波动之中，而置身于集体之中的羊群效应所引发的非理性更会让金融资产的价格剧烈波动。

由于投资主体的非理性，在金融市场中任何微小的变动，都有可能引发蝴蝶效应。税收作为金融产品重要的成本，同时也是政府宏观经济信息的一部分，

① 李茹霞，扈文秀．异质信念视角下的金融市场价格波动研究 [J]. 区域金融研究，2019（04）：5-10.

对其任何的调整，都会对金融市场造成影响。如果税法变动频繁，语焉不详，对交易主体而言就无法获得准确的预期，这会引发金融市场的波动。金融市场的易变性对税法的稳定性提出了更高的要求。稳定的税法能给交易主体提供明确的信息，能帮助交易主体更为准确地预测金融资产的价格，从而降低金融市场的不确定性。而且，政府可以通过税法向金融市场传递其政策的导向等信息，让投资有更多的信息可以预测金融资产未来的现金流，从而进一步加强金融市场的稳定。

金融创新的经济属性易变，其法律属性也很难认定。创新金融工具在法律属性上与传统的金融工具有很大差别。不同的金融工具之间相互组合、交叉和混合，乃至于原有的金融工具被赋予不同的条款或功能，都可以成为新的金融工具。创新金融工具的变化可以是无穷的，金融创新的速度又是迅速的，创新金融工具又有复杂和专业的设计，这些都使得对于金融创新工具法律属性的认定十分困难。

无法对创新金融工具进行明确的定义，也就无法对其制定明确的税法适用。税务机关需要根据金融交易的法律性质来确定相应的纳税事实和行为。如果金融交易的法律性质不明，则其纳税主体和纳税义务就无法明确，甚至有可能无法明确收益的归属。税务机关可以根据实质重于形式的原则来对金融交易课税，但遇到没有法律实质标准的情况时，税务机关可能会在国库保护主义的导向下做出不利于纳税人的决定。金融交易法律属性的不确定性会导致税法适用的不确定性，最终将会损失金融市场的稳定性，引起资金外流。

4. 金融全球化对税法的影响

金融市场是国际化程度最高的市场，在 FinTech 的背景下，金融全球化的进程日益加快。大多数国家的金融机构都在跨国家跨地区开展业务。各国彼此开放金融市场。金融全球化背景下的金融创新浪潮，进一步促进了国际间资本的流动，降低了金融交易成本，引发了层出不穷的金融创新产品。

金融全球化对税法产生了深刻的影响。由于全球化，资金可以自由地流动，各个金融市场的可替代性增强。在税负与收益呈负相关的情况下，资本会迅速从税负高的市场转向税负低的市场。因此，应该站在金融全球化的视角下确定对创新金融工具的税法适应，不仅考虑国内的财政收入、经济水平等因素，更要考虑国际金融市场的平均税负，以免造成税负过重引发资金外流。

金融全球化还使得在对金融创新课税时要参考他国的税法规定，以免因彼此间课税规则的巨大差异而造成税收套利。同时，国与国之间的税收协定也应该随着金融创新的不断推进而有所调整，以此避免国际资本流动所引发的国别间的税收争议。

创新金融工具为国际资本的流动提供了更多的舞台，同时由于衍生金融工具的杠杆作用，更是成为国际游资追逐的对象。这些国际投机资金数额庞大，有的规模超过一个国家的实力，它们往往在短期内就可狙击成功，获得高额的利润。但是，大量资金的频繁进出有可能引发市场的剧烈波动。金融全球化也意味着当一个国家发生金融危机时有可能波及其他国家，乃至影响到全球的经济，美国的次贷危机就是一个例证。对于大额游资对金融市场的破坏作用，一方面可以通过加强本国的监管与加大国际间的监管合作来解决，另一方面也可以通过税制的设计来对其制约。资金输入与输出不同的累进税率的设计，可以在一定程度上制约大额资金的频繁进出境。同时，税收征管也可以和金融监管合作，对国际游资的动态及时掌控。但对国际游资进行征税的同时也要确保正常的资金流动，以免因征税而导致资本的外流。

（三）金融创新背景下的税法原则

金融创新打破了传统金融的业务边界，在促进流动性、管理风险等方面发挥了重要作用。金融创新带来质的变革，对于税法的构建提出了更高的要求。一个有效的金融市场，金融交易的价格可以有效地反映与风险相关的信息。在金融创新背景下的税法规则的构建，应该在保证政府财政收入和实现宏观调控目标的情况下，尽可能地维护金融创新和金融效率。

现代税法有税收法定原则、税收公平原则、税收效率原则等基本原则，这些对于创新金融市场也同样适用。

1. 税收法定原则

税收是财富在经济主体（企业和个人）和政府之间的重新分配。正是由于税收是政府无偿征收以获得财政收入的活动，所以调整税收关系的税法被认为是侵权法规。为了避免公民的财产权遭到不法的侵害和限制，就必须要求税款的征收要有法律依据，这就是税收的法定原则。

税收法定原则是税法体系中的基本原则。税收法定原则的具体内容在各个国家虽不尽相同，但一般均包括：税的开征须由法律规定；每开征一种税都应当制定一部税法，没有法律依据，国家不能征税；税法要素必须由法律明确，行政机关尤其是征税机关无征税自由裁量权；符合征税条件的事项，征税机关应一律征收，法无明文规定的，征税机关不得随意减免税；征税机关应依法定程序征税，纳税人有权获得行政救济或司法救济。[①] 税法应该是稳定、明确和可预测的，这样才能让市场主体的财产权有足够的保障。金融领域需要完善的法律来规范和调节市场的秩序，减少经济活动的波动性，降低金融自由化所导致的金融脆弱化概率。只有制定公平、明确和可预测的税法体系，才能让征收关系有合理的规则，保障金融市场的公平交易。金融创新对税法的稳定性和可预测性的要求更高。语焉不详的税法会让市场主体从事金融创新时无法准确计

① 刘剑文．西方税法基本原则及其对我国的借鉴作用 [J]. 法学评论，1996（03）：20-24，37.

算税收的成本。利润的不确定会打消市场主体进行创新的想法，对金融创新造成阻碍，从而影响金融市场的整体利润率。金融创新的法律形式与经济实质经常不一致，如果税法的规定不明确就会给税收套利的机会。

创建金融创新交易的税法规则首要依据的是税法法定原则。税法条款应该明确规定税收法定原则的基本内涵。创新金融交易纳税权利义务的主体、内容、标的、范围等税收基本要素要由法律明确规定，不要出现歧义和空白，征税机关严格按照税法的规定来征收税款。只有确定且明晰的税法，才能让金融机构在金融创新时可以明确地预计自己要承担的纳税义务，为金融创新创造良好的税收法制环境。

但是，税法应对金融创新显得力不从心。税法的明确性和稳定性决定了税法必然滞后于金融创新。对于金融的全方位创新，税法越是明确，应对越是迟钝。因此，税法应该在明确与稳定的前提下，建立一套更具有普遍性的课税规则 ，这样才能及时回应金融创新所带来的变化。这就是说，税法不应当仅就某一特定的金融工具或金融交易制定纳税规则，事实上针对创新金融工具制定具体的课税规则难度很大，应当提取出普遍的标准和操作规范。对于千变万化的创新性的金融交易，应该根据其所得的属性以及来源，进行类型化的归纳，从中概括出适用于这一类型的税法规则。只有这样才能避免税法的频繁修改，以此保证税法的稳定性，进而维护金融市场的稳定。因此，金融机构应通过判断自身金融创新产品的类型，找到确定其税负税法操作规范，从而准确地预测其税收负担。

2. 税收公平原则

税收法定原则属于形式正义，税收公平原则属于实质正义，分别代表不同层次的理性考虑。[①] 税收公平原则要求税收的负担在全体纳税人之间公平地分配，要求对金融机构课税对其带来的损失仅限于税款本身，没有其他任何的除税款以外的负担或损失。各个金融机构和各种金融交易平等的税收负担，才不会对金融交易的决策造成扭曲，才能保证市场在金融业资源配置中发挥作用，才可以促进金融市场的效率，最终保证政府的财政收入。

税收还被用来作为调节经济的工具。如果政府的政策导向使得不同的产业有不同的税收负担，必然会引发资源的重新配置，破坏原有的均衡。在金融全球一体化的背景下，如果对金融市场的整体征税率远低于其他市场，就会让金融投资的利润率远远高于其他产业的平均利润率，引发大量的游资涌入金融市场，造成金融市场的过度膨胀，引发“金融泡沫”。在金融市场不断发展、交易规模日益提高的情况下，金融机构也获得了丰厚的利润，因此应该与其他的市场主体一样量能课税。

税收公平原则要求不仅金融市场主体与其他市场主体承担相同的税负，金融市场中不同的投资者税收负担也应该公平。投资者的税负仅与其交易的性质与收益水平有关，这样才可以享有仅根据经济信息来做出投资决策的自由。如果不同金融产品或金融交易的税负水平差异过大，就会改变原有金融工具的资源配置，投资者会因为税收的原因而改变投资策略或为了避税来改变金融交易的安排，这样不仅造成对金融市场结构的扭曲，还会影响政府的财政收入。

如何征税才能做到公平，有的学者主张能力说，亦称“能力标准”，是指以纳税人的纳税能力为依据征税，纳税能力大者应多纳税，纳税能力小者少纳税，无纳税能力者则不纳税。[②] 投资相同类型的金融产品取得的不同的收益

① 刘剑文．落实税收法定原则的现实路径 [J]. 政法论坛，2015，33（03）：14-25.

② 刘剑文．西方税法基本原则及其对我国的借鉴作用 [J]. 法学评论，1996（03）：20-24，37.

其税负应当不同；投资不同类型的金融产品取得的相同的收益其税负应当相同。只有这样，投资者才能去除税收的噪声而自由做出投资的决策，从而保证金融市场的稳定。

如何测量金融交易的税收能力呢？不同的学者有不同的看法。在金融市场上，由于金融创新的灵活与多变，可以让法律形式相同的产品有着不同的经济实质，仅仅依据金融交易的表面形式来征税有可能影响税收公平的实现。为此，对于金融交易的量能课税应该根据实质重于形式的原则，不仅仅根据交易的表面形式，更重要的是根据交易后所产生的经济效果来决定税收能力。

对于金融交易征税应当依据公平原则，唯有这样才可以让金融市场免受影响，同时也可以保证政府的财政收入。

3. 税收效率原则

税收效率包括经济效率和行政效率，是指以最小的费用获取最大的税收收入。理论基础是利用税收的经济调控作用最大限度地促进经济发展，或者最大限度地减轻税收对经济发展的妨碍。① 鉴于我国税收征管的现状，在构建创新金融税制时，税收效率原则应该成为重要原则。

为了应对金融创新的复杂性、多变性与专业性，税法也变得日益复杂、多样与技术性，不同类型及至于不同目的的金融交易都有具体的课税规则，这就必然增加了税收立法、执法的难度。同时，当金融税法的规定紧随金融创新而变得复杂后，公众如果没有具备更加专业的知识来判断其纳税义务，就需要付出高额的中介费用。金融税法的复杂性也增加了税收的征管成本，金融机构要提供更多、更复杂的信息，税务也需要花费更多的人力、物力成本来确认金融交易的性质、所得的来源等。因此，复杂的创新金融催生出的复杂的金融税制

① 闫肃．中国金融业税收政策研究 [D]. 财政部财政科学研究所，2012.

将会增加税收的成本。

复杂的金融税制有助于税收的明确性和可执行性，让纳税人可以准确地预测税收负担。税收效率原则要求以税收成本最小化，即使对于复杂的创新金融工具也要尽可能减小税收成本。因此，应该构建一个既可以应对日益复杂的金融创新，又保持相对稳定，同时又简单易行的金融税制。在简单的金融税制中，税法的概念和要求是清晰明了，便于纳税人理解和使用。纳税人依据税法的规定就可以确认其纳税义务，从而尽可能地减少税收成本。当然，由于金融税法是具有较强专业性的信息载体。无论如何简化和通俗化，都不能保证所有的纳税人都能准确地把握其内涵。可理解性只针对那些具有一定的知识背景的纳税人。

税收效率原则要求尽可能减少税收对经济社会的负面影响，以此最大限度地促进经济的发展。但是，税收成本终究是其一项重要的交易成本，在坚持税收中性原则的前提下，还是会减少金融市场的利润，降低其资金的流动性，从而限制金融市场的自由、创新与发展。金融业效率的下降将会牵动整个社会经济效率的下降。国外有学者运用一般均衡模型等工具进行了实证研究后发现金融业税收政策对宏观经济效率确实存在影响，运用一般均衡模型进行模拟仿真研究后发现，对宏观经济总体效率的影响，除金融服务业的增值税体系要比覆盖金融业的增值税体系更有效率。[①] 因此，一个良好的金融税制应该是中性和可理解的，这样才能避免给金融机构带来额外的负担，减少对金融机构正常交易行为的干扰，从而降低金融机构的税收成本，提高金融市场效率，推动金融市场的发展。

在运用税收手段对金融市场进行干预时也应该遵循效率原则。只有运用税

---

① 闫肃．中国金融业税收政策研究 [D]. 财政部财政科学研究所，2012.

收政策的成本最低、对金融市场的影响最小的情况下才可以选择。不同的税收政策的选择也应该遵循对金融市场最小的限制和干预，这样才可以同时保证政府的调节作用和金融市场的效率。

第二节　金融创新对于税法的挑战与应对

一、金融创新对于税法的挑战

金融创新的复杂、多变打破了税法传统的概念和内涵，给税法带来了挑战。在金融创新的背景下税法能否在现有的框架下进行修补，还是构建一个全新框架体系，这是我们需要思考的问题。

（一）金融创新对于税法要素的挑战

1. 纳税人资格的挑战

在传统的金融市场中，银行、证券公司和信托公司等市场主体因其行为或收益成为纳税主体，根据税法的规定承担不同的纳税义务。但是，随着金融创新的不断发展，出现了一些新的组织机构，这些机构是否具有纳税人的资格引起了争议。以各种机构投资者为例，根据税法规定，享有完全的民事权利的主体，在税法上也可以认定为纳税义务人，如法人和自然人。没有完全的民事权利或只有部分民事权利的主体，在有税收的经济负担能力的基础上，也可以成为纳税义务人，如合伙企业、机关、事业单位等非法人团体。但如何认定投资基金？如果认定为是风险共担、利益共享的一种投资方式，投资人各自以拥有的财产进行集合投资，就没有新的纳税人产生；如果认定为是投资者将资金集合，再委托他人投资后按出资份额分配的资本集合体，那同样没有新的纳税人产生；如果认为是投资者通过购买基金份额投资，由投资基金运营后按基金份额分配收益的组织，那就有可能成为纳税人。

正是由于对于投资基金的认定存在不同的看法，所以对投资基金的纳税人认定有不同的标准。如果认为投资基金不具备纳税人资格，就直接跳过投资基金，由投资者承担纳税义务。如果认定投资基金具备纳税人的资格，一般也会给予一定的税收优惠。如美国，投资基金满足一定条件才可以免税。

机构投资者是金融市场上的重要主体，为金融市场的繁荣与稳定做出了巨大贡献。但是，机构投资者并不在税法传统认定纳税人的范围。纳税人是纳税义务的最终承担者，是税法构成中的基本要素。因此，对于金融创新下所产生的新的市场主体的纳税人资格需要给予考量，以此实现税收的公平与合理。

2. 征税对象的挑战

征税对象又称课税对象、征税客体，是税法规定对什么征税，是纳税双方权利义务共同指向的标的物。征税对象决定着某一税种的征税范围，是一种税区别于另一种税的重要标志。征税对象按照性质划分有流转额、所得额、财产、资源、特定行为五大类，每个类别有自己的界限，彼此之间不交叉。以征税对象为基础，税种也分为五大类，分为是流转税、所得税、财产税、资源税和行为税。只有明确内涵与边界的征税范围才可以征税，但金融领域中存在许多模糊不清的地方，金融创新的存在更加剧了这种现象，让政府征税极为困难。

如何对金融业征收增值税，本来就是一个国际难题。世界上没有一个国家曾成功地把销售税应用于金融媒介服务上。① 在经济中能够产生增值额的货物销售与服务提供都应该是增值税的征税范围。金融服务是满足个人的消费需求，为此发生的成本同样也是物质的投入，所以金融服务应该纳入增值税的征税范围。但是，在金融创新的浪潮下，金融服务的种类日益繁多，服务对象涵盖社

---

① ［美］爱伦 · A. 泰特 . 增值税：管理与政策问题 [M] . 刘翠微，译 . 北京：中国财政经济出版社，1995.

会的方方面面，有表内的业务，也有表外的业务；有传统的金融中介服务，也有直接收费的服务。但是，上述的金融服务征税范围的内涵和外延有许多的争议之处。以最为传统的贷款服务为例，银行等金融机构提供贷款服务收取的利息费用是融资成本和贷款过程中的消耗和服务的总和，包括了反映改变消费时点相关的回报的纯利息费用、损失调节的风险费用和金融机构的中介费用，也包括了对借出资金的货币时间价值和机会成本的补偿。[①] 而且金融媒介的提供方式和费用支付方式多种多样，因此征税必须小心从事。[②] 也就是说，由于所收取的费用隐藏于低买高卖的价差中，无法准确计算增值额，这就是很难对贷款服务课征增值税的根本原因。学界也提出了多种不同的征税方法，也曾部分实践过，但是尚未找到一个简单且有效的方法来计算增值额。复杂的税收机制会带来高额的征管成本与遵从成本。

对于金融交易中的流转额能否与普通的货物和服务一样征收增值税，学界没有达到共识。金融是指跨空间、跨时间的价值交换或资源配置的方式，金融的本质是通过合约关系对信用的风险定价。[③] 不同的金融交易有不同的合约方式，如股票、债券、基金、银行贷款、可转债等。而金融创新又运用技术工具设计出新的合约方式，如网络众筹、P2P 网络贷款、数字货币（如比特币）等。这些都是一组组技术化的合约关系的集合，通过不同技术化的合约给信用的风险定价。[④] 资产证券化又是一种金融契约关系的创新，它通过一系列的契约安

① 汤洁茵．金融保险业的“营改增”：实施争议与制度检讨 [J]. 人大法律评论，2017（02）：37-60.

② ［美］爱伦·A. 泰特．增值税：管理与政策问题 [M]．刘翠微，译．北京：中国财政经济出版社，1995.

③ 易宪容，郑丽雅，何人可．金融科技合约关系的实质、运行机理及风险防范——基于现代金融理论的一般分析 [J]. 社会科学，2019（05）：40-49.

④ 易宪容．金融科技的内涵、实质及未来发展——基于金融理论的一般性分析 [J]. 江海学刊，2017（02）：13-20.

排来缔结各参与主体之间的权、责、利关系，实现金融资源配置。[①] 金融商品就是依附于金融交易中合约的象征所有权的凭证或符号。金融商品的转让体现为财产权利的转让，具体形式是金融合约的转让，例如股票的转让等。可以看出，金融商品的转让与一般的增值税针对最终消费征税是有所不同的，因此，能否对金融商品的转让征收与一般商品和服务一样的增值税，是值得商榷的。

创新金融工具的出现也给所得税的征税对象的认定造成了很大的障碍。基于股权和债权两种投资方式的差异，税法中对债权与股权、利息与股息的税收处理也做了相应不同的规定，由于税法上的股权与债权投资的差异性规定，引发了包括复杂性、不确定性和税收套利在内的诸多问题。[②] 创新金融工具的出现让对其所得性质的把握成为难点。创新金融工具有的与基础金融工具有着密切联系，但是它融合了基础金融工具的不同特征，形成了复杂、灵活、多变、多元且不确定的法律形式与经济实质。因此，它的所得可能兼具股息与利息的双重特征，难以对其进行税法上的性质认定。创新金融工具的所得还有不同的类型。例如信用违约互换（CDS），它只是一种对特定信用事件进行风险转移的合同权利，双方的权利义务都是参照选定信用事件的发生与否。而且信用违约互换（CDS）也没有资本的转移与回报，所以它的收益就与基础金融工具的股息和利息有所不同。

大部分国家和地区的所得税法规都对利息和股息所得做出不同的税务处理。利息属于经济活动的成本可以所得税前扣除，而股息则是从缴纳所得税后的净利润中分配。一般认为，债务融资的成本要低于股权融资的成本。对于创

---

① 邱成梅，杨明皓，高川．我国企业资产证券化的契约结构及其风险研究 [J]. 学术论坛，2013，36（04）：132-136.

② Katherine Prattle，“The Debt-Equity Distinction in a Second-Best World”，58 Vanderbilt Law Review 4（2000），1087. 转自：汤洁茵．新型投资工具的税法属性辨析——基于美国的经验与借鉴 [J]. 交大法学，2014（01）：75-91.

新金融工具的所得应该如何认定才能避免税收套利的行为，显得十分重要。

3. 经济利益归属的挑战

所得税法中一般在转移所有权时确认所得。但是创新金融工具可以将法律与现实意义上的所有权人相分离，这就让所得的认定非常困难。以衍生金融工具为例，它虽然有市场价值，但只是一纸合约，没有任何实际价值，不是企业的股权，也不是企业的债权，更不是实体的证券。衍生金融工具可以不是任何投资，也不代表任何的实体资产。在衍生金融工具的交易中，只涉及标的物所产生的权利和义务，但不一定有标的物的实际交割。正是由于创新金融工具的虚拟化让依据所有权确定收益的归属关系变得不可行。

在传统的经济交易中，资产所有权的转让伴随着物的转让。但是创新金融工具能让所有权与物之间相分离，权利已经转让，但实物不一定交割。同时，在传统的经济交易中，随着合同的履行完毕，双方的损益是明了的，但创新金融工具的损益在整个合约期是不明了的，它可能需要根据标的物的变化或合约的履行与否来确定。正是由于创新金融工具对于权利和义务的分割和重组，让税法无法以法律上的所有权来确认所得的纳税义务承担者。因此，依据所有权来确定纳税义务的方式无法适用于创新金融工具。

4. 课税时点的挑战

税法对于课税时点有清晰的规定，具体有收付实现制和权责发生制，其中权责发生制占据主导地位。例如根据我国《企业所得税法》规定，对于利息收入，按合同约定的债务人应付利息的日期来确认；对于股息收入，按照被投资方作出利润分配决定的日期来确定。

但是创新金融工具的课税时点很难用上述两种核算方式来确认。许多创新金融工具是一种未来的一纸合约，从交易的生效日到交割日之间的价格一直在变动，但没有现实的现金收付，都是属于账面上的财富，直到交割时也主要以平仓来计算合约的损益，没有资金的流动。课税点的不同对其所得的认定也不同。由于创新金融工具千变万化，不同的创新金融工具的交易时点有所不同，即使是同一种创新金融工具，也可以有不同的交易时点。这些都给课税时点的认定带来了很大的困难。特别是对于资产证券化等创新金融工具，有着多环节、多主体的特征，这时候应该是按某个环节各自课税，还是等整个交易链条完成后再课税，这都对课税时点的认定有影响。

由于创新金融工具交易结构的灵活性，进一步加剧了课税时点的模糊性。一些远期的交易合约，由于收益的不确定性，因此在税法上要以合约被处分时才能认定为课税时点，纳税人就会获得延期缴税的纳税利益，造成政府税款的流失。

（二）税法应对金融创新应税事实的判断原则

1. 税法应对金融创新应税事实判断原则的选择

应税事实的认定对于纳税人的纳税义务成立与否具有决定性的作用，是税收征管中的核心要件。对于应税事实的认定，一般情况要依据私法规则下形成的法律形式，但是，如果纳税人的法律形式与经济实质不相符的情况下，征税机关应该依据经济交易的法律形式还是依据经济实质，就有两种不同的观点。有学者认为，税法应该关注的是税收的经济意义而不是私法的表面形式。税法不同私法的表面形态，亦不同私法上的如何表示，其关心的重点仅在于私法上当事人表示后所发生的经济效果。[①] 实质重于形式的原则在实践中也广泛运用。我国台湾地区的“税捐稽征法”第 12 条就规定了征税机关在确定课税的构成要件时，应该以“实质经济事实关系及其所产生实质经济利益之归属与享有”

① 葛克昌 . 税法基本问题（财政宪法篇）[M]. 北京：北京大学出版社，2004.

作为课税依据。由于创新金融的复杂性，如果税法依据法律形式征税，就有可能造成相同的经济实质的交易税收负担却不同，违背了税收中性的原则，因此实质课税的原则在创新金融领域得到了极大的推崇。

金融交易的合约中包含着与货币或货币的时间价值相关的权利与义务。随着金融科技与金融工程的快速发展，将标准化合约中的权利和义务进行重组和再造，就会设计出与其他金融工具经济能力相同但法律形式不同的金融工具，这就形成了金融创新。例如永续债券，从字面上看它是一种债券，但它又没有到期日，虽然有票面利率和发行人赎回权等设置，但发行方没有还本的义务，还可以合法地延期支付利息，这让它与发行股票无异。对于发行方而言，最好的结果是税法上认定永续债为债券，这样支付的款项就可以认定为利息后所得税前列支；但是会计或金融监管上则认定为股票，这样就可以粉饰财务报表，特别是对于金融机构可以有利于其满足资本充足率的监管要求。

对交易或事项的法律形式与经济实质有所不同的，会计上规定了实质重于形式的原则。例如对于一项资产，虽然法律上没有拥有，但是只要企业可以实际控制这项资产，就应该确认为企业的资产，比如融资租入固定资产的处理。在税法界也认为应该将实质重于形式作为判断应税事实的原则，特别是对于灵活、多变且专业的金融交易，更应该如此，否则将违反公平的原则。

但是相较于税法的具体规则而言，实质重于形式的原则就显得含糊不清，不能根据它清晰明了地确定纳税人具体的纳税义务。实质重于形式的原则的模糊性与开放性就与税法法定原则相背离。因此，如果对于实质重于形式的原则不加以限制地使用，会让税法规则可以有各自不同的解释，让税收法定原则形同虚设。在不同的国家，或者在相同国家的类似案件中，“实质重于形式”原则也有着不同的判断标准，这不仅让纳税人无法准确地预测自己的税收负担，连税务机关和司法机关也无法准确地把握这个原则。

实质重于形式的原则同样也不能从根本上解决金融创新领域的征税问题。金融创新包含了三个层次的不同内容：其一，为金融领域思维上的飞跃，其创新程度最高，如第一份互换协议、第一份资产证券合约；其二，是对原有观念、思维的重新理解和运用，如股指期货产品；其三，是重新组合、分解现有的金融产品和手段，如可转换公司债等。[①] 金融创新不断产生出与市场中原有经济实质有根本差异的金融工具，税务机关要深入到大量的不同的金融交易中，去具体考察每个金融交易的经济事实，这势必加大税收的征管成本，降低征税的效率，导致税款无法及时入库。更何况现代的金融工程是将工程思维引入金融领域，综合地采用各种工程技术方法（主要有数学建模、数值计算、网络图解、仿真模拟等）设计、开发和实施新型的金融产品。[②] 互联网、大数据、云计算、区块链、人工智能等技术纷纷被应用于金融市场。税务机关或司法机关需要综合现代金融、系统工程等多学科的知识，才能探究创新金融交易的来龙去脉，从而确定适用的税法条款，这对他们的专业性来说是一个极大的挑战。

如果毫无限制地依据经济实质对创新金融交易征税，有可能造成税务机关不加以约束地征税，侵害纳税人的合法权利。对于税法滞后于金融创新所产生的漏洞，税务机关以经济实质原则来课税有可能选择对国家财政收入有利的角度予以适用。特别是在我国，税务机关有可能借助于实质解释，重塑税法规则的内容，代之以新的规则，更重要的是，税法实质解释的主张往往是单向的，纳税人主张特定条文的目的性解释以取得特定的税收利益，一般难以获得支

① 汤洁茵．原则还是例外：经济实质主义作为金融交易一般课税原则的反思 [J]. 法学家，2013（03）：24-39，176.

② 叶望春．金融工程与金融效率相关问题研究综述 [J]. 经济评论，1999（04）：76-84.

持，税务机关是税法最主要的解释者，解释权限几乎不受限制。[①]因此，毫无限制地使用经济实质原则将会损害纳税人的合法权利，还有权力寻租的隐忧。税收法定原则就是通过明确的税法条款，以此形成有章可循的征管秩序，进而保障金融市场的自由与创新。依据经济实质原则产生课税的随意性和主观性将会导致纳税人从事金融交易税负的不确实性，从而抑制了金融市场的自由与创新的热情，增加了金融市场的风险。

因此，税务机关在运用经济实质原则对创新金融交易的课税与否进行裁量时，必须有所限制。如果对法律形式完全否定而一味强调经济实质，将会影响金融的自由与创新。税收是金融产品的一项重要的成本，金融机构可以选择税负最小的金融契约，除非滥用，否则应该在税法上得到肯定。

但是，也应该看到，金融工具的复杂性让其可以成为一种避税的通道，相同经济利益的金融工具有不同的组合与排序就会形成不同的税收后果，因此，金融市场主体可以充分利用其专业知识构建税负最小的纯避税型金融工具。对于这样的金融工具，就不能只以法律的外包装来认定，而应该依据税收的经济实质来确定纳税事实。经济实质原则应该有严格的限制，应当仅作为判定一项交易是否构成避税安排的基础标准，此法律形式的采用是否仅仅基于套取税收利益的考量。只有一项创新金融交易的设计意图仅为避税，交易的架构异常复杂迂回，没有任何合理商业目的，如果没有避税的可能性，就不会设计该创新金融交易，这时才能以创新金融交易的经济实质来认定纳税事实而不是以表面的法律形式为准。

综上所述，对于创新金融交易纳税事实的认定，不应该只以法律形式或只以经济实质为基础，应该在法律形式的理性框架下实施经济实质的原则。只

① 汤洁茵．形式与实质之争：税法视域的检讨 [J]. 中国法学，2018（02）：248-268.

有创新金融交易只为税收利益而设计，没有任何合法的商业目的这时才可以运用经济实质的原则来确定其纳税事实。只有这样，金融机构才可以自由地设计其契约的形式，并准确预测该形式下的税收待遇，从而保障金融市场的自由与创新。

2. 税法应对金融创新应税事实判断原则的确定

对于有合理商业价值的创新金融交易基于明确的法律文本纳税，税法的稳定性与金融交易的灵活性让税法一定会滞后于金融创新的步伐，因此，还需在法定原则的基础上进一步探讨对于创新金融工具的纳税事实的判断原则。

金融交易某些创新性的设计让不同的金融合约的特征相互整合，这就让税法规则的适用存在困难。对于这些创新性的金融工具，某些国家采用了“分离交易原则（separatetransaction principle）”来进行课税。典型的代表是英国，“分离交易原则”明确被运用于利率合约、利率期权合约、货币合约、货币期权合约、债务合约以及债务期权合约；瑞士也对互换合约做出规定，中期收入（或支出）需要纳税（或进行纳税扣除），合约有效期内的收入要在所属纳税年度征税。[①] 分离交易原则的认定基础在于金融创新工具是各种基础金融工具重构而成的，所以可以将其还原成基础金融工具确定税收适用，但这也意味着每一个创新金融工具都应该是由基础金融工具组合而成，这样才能拆分成独立的个体，按各自的税法适用来课税，这也消除了金融重组后可能获得的税收利益。分离交易原则认为创新金融工具只是基础金融工具价值的简单加减，但是组合后金融工具有自己独立的经济实质与法律性质，并不是基础金融工具风险与报酬的加减所得。其次，如何对创新金融工具进行拆分也存在分歧。不同的拆分方式会有不同的税收待遇，这就增加了创新金融工具税负的不确定性，对

① 刘建红．金融衍生工具的所得税制研究 [D]. 厦门大学，2006.

相关主体的行为产生扭曲。

也有不少国家遵循“不分解原则（no decomposition principle）”，即单独的金融衍生工具不被分离看待，法国就在实践中贯彻这种原则：税法将金融衍生工具区分为有组织的市场产品和场外产品，其中对场外产品，规定只有在合约结束时，才需要就有关利润征税。[①] 不分解原则将包含不同基础工具的多环节的金融交易视为一个新的整体来课税，无论其组合形式如何变化都认定为相同的纳税事实。

这也同样出现了问题，创新金融工具中部分的权利义务已经先于整体交易而取得，如果到了交易结束才给予认定，会造成纳税延迟的问题。对于资产证券化等结构型金融产品，如果将其视为整体纳税，各个环节的盈亏将会相互抵消，减少应纳税所得额，造成政府税款的流失。

分离交易原则与不分解原则都没有办法真正解决创新金融交易课税的问题。在某些国家，一旦产生其他新型金融工具，对其课税规则不明确，往往是参照或者类推适用传统金融工具的做法。[②] 类推适用并没有对创新金融工具进行机械的分解，而是考虑创新金融工具的纳税事实与已经明确的先例是否相同或类似，如果二者之间的风险与报酬相当，纳税事实类似，就可以依据现有的税法条例进行类推。有的学者认为，在税法适用解释上，税务、司法机关只能严格遵循税法文义，不能对税法做超脱于文义的目的解释，不能对税法进行类推适用等漏洞补充。但也有学者认为，税法可以类推适用，因为一般行政法中所有干预行政均不禁止类推，税法亦无例外的道理。[③]

税法需要保持一定的稳定性来满足金融市场对于税负的可预测性的要求，

① 刘建红．金融衍生工具的所得税制研究 [D]. 厦门大学，2006.

② 杨春娇．金融衍生工具交易所得课税问题研究 [M]. 北京：法律出版社，2016.

③ 王宗涛．反避税法律规制研究 [D]. 武汉大学，2013.

但稳定性并不是表面形式的绝对稳定。一个国家的税法法治总是倾向于从形式法治向实质法治的发展和扩张。[①] 政府对于人民征税的侧重点，应该从形式上的安定性走向公平税负、量能课税，以此实现人民的平等权利。只有在税负平等的情况下，政府才能在市场的竞争中保持中立，实现税收的中性原则。税收滞后于日益复杂的金融创新，开成大量的空白与漏洞，如果一味遵守稳定而禁止税法的类推，将会产生大量的避税行为，不利于金融市场的稳定。

二、金融创新背景下税法的应对

在我国的实体税收制度中，税收的构成要素包括纳税主体、纳税客体、税率、纳税地点、纳税环节等。在金融创新的背景下，税法的应对就是对税收要素进行重新的调整与修正。

（一）纳税主体资格的认定

纳税主体作为税法的核心要素之一，是纳税义务的承担者，也是税收征管的起点。但是，在金融创新的背景下，出现了各种全新的交易形式和组织形态。例如 SPV、对冲基金等，这些金融主体在金融交易过程的流转额与所得是否要征税，首先要明确其纳税主体的资格。各种形式的金融组织层出不穷，因此需要明确金融纳税主体认定标准与具体的判断原则，才能对其有效地征税。

自然人与法人这些享有民事权利的主体，具备纳税主体资格。有些主体虽然没有承担自己行为责任的能力，同样也可以成纳税主体。在所得税中，关注的是主体在经济活动中取得收益和税收负担的能力。

对于在各个经济环节课征的增值税只须把握商品或劳务的流转与销售这一

① 王宗涛．反避税法律规制研究 [D]. 武汉大学，2013.

“过程性”的交易事实，确保将税负转嫁给推定为消费者的交易相对人，无须考量经济利益的终极归属。[①]所以没有民事权利的主体，只要有税收负担能力或有转嫁税负给消费者的能力都可以认定为纳税主体。

创新金融主体在参与经济活动过程中获得收益，这些收益成为其所有者权益的一部分，这就表明了其有承担纳税义务的责任。因此，创新主体进行金融活动并能取得收益，表明其能够成为所得税的纳税主体。对于增值税，仅需要创新金融主体在流转过程中，以自己的名义向下一环节交付货物或提供服务就可以成为增值税的纳税主体。也就是说，增值税纳税主体的认定不取决于交易的经济利益的归属，只要依据合同的约定，发生了交付货物或者履行服务就可以认定为增值税的纳税主体。

不同的税种，对于纳税主体的认定有所不同。例如，个人独资企业和合伙企业不能成为企业所得税的纳税主体，只能成为个人所得税的纳税主体。所以，应该根据各个税种的规定来判断创新金融主体能否成为该税种的纳税主体。

（二）征税范围的认定

在我国的现行税制中，对于金融交易的所得可以分为转让财产所得（或资本利得），股息、红利等权益性投资收益，利息所得三大类。金融创新工具究竟属于债务性质还是属于权益性质，法律中对于权益资本与债务资本二元分类规则无法对其做出清晰的界定，造成了分类不一致或无法认定的情况。[②]以期权合约为例，期权是指期权持有者享有在特定时间或者合同缔结的特定期间经

---

① 汤洁茵．资管产品增值税的纳税人之辨——兼论增值税的形式主义[J]. 法学，2018（04）：139-149.

② 杨春娇．金融衍生工具交易所得课税问题研究[M]. 北京：法律出版社，2016.

过之后，按照固定成交价格（strike price）从对手方买进或者向对手方卖出一定数量资产的选择权。[①] 期权交易没有产生基础资产的转让，不能认定为财产转让或销售商品所得。虽然期权合约与基础资产有千丝万缕的联系，也有自己独立于基础资产的价值可以计量。利率、汇率、基础资产价格的变动、期限等都对期权的价格产生影响，但期权既不是股权，也不是债权，其所得不能列入利息或股息的范畴。

传统对于有价证券的二元认定已经无法认定创新金融交易的所得类型，因此应该扩展现行的所得税征税范围。创新金融工具是一项金融合约，创新金融工具的持有人能够通过合约的签订来实现套期保值、风险管理和货币的时间价值。创新金融工具也有财产意义上的权利与义务。因此，应该将有价证券的外延从股权与债权工具扩展到所有具有财产价值的金融合约，对于创新金融工具的所得就列为财产转让所得的范畴。

对于是否对创新金融工具征收增值税，存在很大的争议。一般认为，增值税只对最终的消费征收，不对投资征收，加之对于金融工具征收增值税存在征管方面的困难，所以有学者认为对于创新金融工具还是以征收所得税为主，在实践中很多国家没有或者无法对创新金融工具征收增值税。

有的学者认为，金融市场通过对资源的有效配置提高效率，一样导致经济的增加值，应该将增值税的征收范围扩展到整个社会财富的价值增值。中国将增值税引入金融领域，适度修正了增值税的征收范围，做了很多有益的尝试。

---

① 张春丽．我国金融衍生品税法性质及规范研究 [J]. 政法论坛，2015，33（06）：127-137.

（三）税收客体归属的确认

一般情况下，对于税收客体的归属，是以经济财产的所有权作为判断标准。在金融交易中，所有权人处分金融资产并承担损益，权利和义务实现对等的转让，此时财产的所有权就成为确认纳税主体的依据。但是创新金融工具中，不仅分离了所有权中的各项职能，而且在实际交割的时候往往以现金结算而无须发生标的资产的转移，当事人无须考虑对手的所有权问题。而且有的创新金融工具中的标的资产是一些虚拟对象，如指数等，更无从谈起所有权的归属。为此，对于权利和义务发生不对等转让的情况下，以财产所有权归属来判断纳税义务就有失合理。为此，就要对传统的税收归属的认定有所突破。

一般商品的所得来源于其商品自身价值的增值，但是金融商品就是一纸合约，本身没有价值，其价格应该是预期在未来的持有期间能获得的现金流的现值，随着未来收益的不确定而变化。特别是作为风险管理的创新金融工具，所获得的收益与承担的风险之间有着明显的相关。为此，我们可以引入“风险转移和承担”的判断标准，依据金融衍生交易的真正风险承担者的原则，来判定所得税的纳税义务人，即以“创新金融工具交易后果的直接承担者”作为纳税人。[①]

以风险的转移和承担来判断经济利益的归属很好地解决了创新金融工具所有权淡化所引发的课税难题。一般的商品交易中，标的物的所有权转移，所承担的风险与报酬也随之转移。但是创新金融交易并不是标的物或者金融工具本身，而是该工具在未来的时间中能获得的现金流的现值，是对未来的一个可能发生的结果进行交易。金融合约的各方的损益，取决于在整体市场环境下自身承担的风险。如果承担的风险大于自身的预期就产生损失，反之则取得收益。

---

① 雷根强，刘建红．金融衍生工具所得税纳税人的确定 [J]. 税务研究，2007（07）：37-39.

因此，可以以风险的转移和承担来判断经济利益的归属。

（四）纳税时点的确认方法

纳税时点是指纳税主体确认损益的时间点。经济活动何时确认为税法上的损益关系到当期的应纳税款的金额。纳税主体倾向选择推迟确认收入和提早确认成本的方式，以此获得货币的时间价值。税法限制纳税人对于纳税时点的自由选择，传统的纳税时点的确认方法有收付实现制和权责发生制。

但是由于针对创新金融工具税法规则的滞后性，创新金融工具的纳税时点并不明晰，为此提出盯市法、收益实现法、公式征税法等新的课税时点确认方法。

盯市法是指在每个纳税期限末，对未平仓的合约按该合约在纳税期限最后一天的市场价格计算未实现的收益并课税，对出售或清仓合约按照实际收益额进行征税。① 盯市法类似于会计准则中的公允价值计量。盯市法可以有效消除递延纳税的问题，对于金融工具市值的连续更新有利于降低企业的财务风险。例如，美国、法国等国家就采用盯市法。但是盯市法是要在每一纳税期限都要计算相应的损益，对于未实现的损益就予以课税，纳税人的现金流出与流入不配比，造成流动性困难。盯市法的关键之处是需要有公开的或可靠的市场价格，因此适用于在交易所上市，有公开市场价格的金融工具。对于那些没有公开市场价格的金融工具，对其课税就存在困难。即使采用估值技术确定价格，也会增加遵从成本和征管成本，影响纳税的效率。

收益实现法要求真实反映实际发生的交易或事项，充分估计各种风险和损失，收益的确认推迟到实现以后。② 收益实现法不对未实现的收益征税，征收

---

① 杨春娇 . 金融衍生工具交易所得课税问题研究 [M]. 北京：法律出版社，2016.

② 刘建红 . 金融衍生工具的所得税制研究 [D]. 厦门大学，2006.

方法简单明了，有利于降低征管成本。但由于收益实现法要在收益最终实现时才纳税，就可以造成延期纳税的问题，违背量能课税的原则。

学者们还提出公式课税法等认定标准。每一种纳税时点的确认方法都有各自的优点和缺点。我国所得税征收上的“分期预缴，汇算清缴”的方法以及会计处理金融资产公允价值变化的方法值得借鉴。金融资产的价值会随着市场的变化而变化，因此为了体现量能课税的原则，在每一纳税期末，应该按照市场价格对其收益部分课税。到了金融资产最终出售时，合并各个纳税期末的损失与收益，计算其应纳税额并结合已经预缴税款多退少补。这样才可以既实现量能课税，避免延迟纳税的问题，又能弥补盯市法下产生的现金流动性不足的问题。

第三节 金融创新下的税收征管

一、金融创新下税收征管的问题

（一）金融创新下税收征管能力的不足

随着大数据、人工智能、互联网等技术在金融领域的广泛应用，P2P 网络借贷、第三方支付、众筹等也纷纷进入公众的生活，为金融市场注入活力。现行的税收征管主要适用于实体金融交易，因此，金融创新的虚拟化、信息化、全球化与高效化给国内的税收征管带来了很大的挑战。

我国进行税源监控的手段主要是"以票控税"，通过强制使用发票，对纳税人发票登记的交易额可以有准确的把握，纳税人的所得不再仅靠纳税人自己申报，而是要与发票核对吻合。[①] 创新金融交易高度数字化、自动化与智能化，这就让税务机关处于信息不对称的弱势地位。在创新金融交易中，相关的信息流都以电子数据的形式存在，包括金融工具本身以及各种凭证、账簿和报表。区块链带来的数字加密货币和智能合约，让税务机关更加难以把握交易的主体、金额、数量，乃至于交易的本身。因此，基于数据安全而发展起来的信息加密技术可以让金融主体隐藏信息，这些让税务机关以实物票证为线索的传统征管方式无法适用，对其全面掌握信息造成了很大的障碍。

---

① 曹海生 . 电子商务税收征管体系研究 [D]. 东华大学，2012.

在金融科技的背景下，税务机关应该加大与金融部门的协作，包括金融监管部门、商业银行、交易所等金融部门。金融交易大多要通过金融部门进行，因此，金融部门有金融交易的详细资料。如果能够建立税务机关与金融部门的信息沟通平台，对于消灭税收征管盲区，全面掌握信息，提高征管效率有极大的帮助。

金融创新突破了传统金融的合约关系，利用金融理论与科技的结合建立起一套新型的合约关系，走向了量化金融、金融工程和结构金融等科技金融业务道路。例如，高盛招聘了大量高级技术人才，开发全新的编程语言并建立了庞大的数据库，以此来整合金融交易、市场和投资研究的信息和数据，并用以训练机器学习算法，在此基础上正在开发多款极具竞争力的金融科技产品。[①]通过缜密的数学分析与前沿技术工具的运用，金融创新可以设计出全新的金融工具或者对原有的金融工具拆分、组合形成不同的时间、杠杆和风险等参数的金融工具，以此适应交易者的不同需求。新技术、新思路和新方法的不断涌现让创新金融工具的品种类型趋向于无穷。

金融创新背景下金融活动的复杂性与专业性，是对税务征管能力的极大考验。税务机关不仅要深谙传统金融市场的征管方式，还要具备更加专业的金融理论和科技知识，才能对金融交易的性质与结构有所认识，更好地核定纳税事实。

① 易宪容，郑丽雅，何人可．金融科技合约关系的实质、运行机理及风险防范——基于现代金融理论的一般分析 [J]. 社会科学，2019（05）：40-49.

（二）税收征管与金融监管的矛盾

金融监管出现的直接原因是金融市场上风险的存在。① 为了通过外部干预使金融风险被控制在一个适宜水平，金融监管机构应运而生。② 金融监管机构通过对金融市场的准入、准备金与资本充足率的要求、利率与投资的限制、信息披露的要求等措施来防范金融风险，成为金融市场上重要的权力组织。金融市场的主体要根据监管的要求从事经营活动并对其提供必要的信息。对于金融市场主体为了遵从监管而付出的成本是否可以税前扣除，是税务机关征管时需要考虑的问题。更重要的是，金融监管机构有着翔实的金融市场信息，这让税务机关在征管时需要考虑金融监管的因素。

在金融交易中，信息是非常重要的因素。金融监管机构有强有力的关于金融信息收集的渠道，金融信息是金融监管权的一项基础性权力。③ 为了获得充分的信息，金融监管部门不仅有法定的金融信息权，整合各个金融服务领域的信息，还与非官方机构合作，其金融信息与非官方的统计相互检验，以此保证信息的真实、可靠。金融市场经营活动的信息正是税收征管部门所需要的，因此，与金融监管部门的合作将有利于税收征管。

税法本已不可避免地滞后于金融交易的不断出新，而税务机关金融专业知识的缺乏，又对其开展征管业务造成了很大的困难。税务机关很难认定具体金融工具的经济属性，也就无从判断纳税事实并对其课征相应的税收。但是金融监管部门深谙金融市场运行之道，特别是在金融创新凭借杠杆效应扩大风险，引发金融危机后，更是反思并重构适应金融创新的金融法规。为此，根据金融监管披露的金融信息确认纳税事实，有助于降低征管成本和税收遵从成本。

---

① 牛广轩 . 中国金融监管体制分权架构研究 [D]. 云南大学，2016.

② 尹龙 . 金融创新理论的发展与金融监管体制演进 [J]. 金融研究，2005（03）：7-15.

③ 郑少华 . 论金融监管权的边界 [J]. 法学，2003（07）：73-77.

但是，税收征管与金融监管都要获得翔实的金融运营信息，由于二者的目标不同，对于具体信息的认定标准上存在着许多的差异。以我国的基础金融市场为例，监管机关与税务部门在计提贷款损失准备上的分歧较大，金融监管强调“五级分类”和“预期损失”；税收法规则原则上企业计提的各项准备金支出不得在税前扣除，待减值真实发生时才能税前扣除。[①] 二者的差异随着金融创新的不断深入而更加突出。例如，对于混合金融工具要求拆分后监管；但是税法更强调各个要素组合成的交易主体的税负水平。由于税收征管与金融监管目标的不同，造成了虽然依据监管信息征税可以节约征税成本，但是有可能无法准确地识别金融交易的纳税事实，不能从根本上解决创新金融交易税收征管问题。

（三）金融创新下税收征管自由裁量权的界定

自由裁量权是法律、法规赋予行政机关在行政管理中依据立法目的和公正合理的原则，自行判断行为的条件，自行选择行为的方式和自由做出行政决定的权力。[②] 但是依据税收的法定原则，没有法律依据，税收行政机关无权开征、停征，也无权减免、退补，依法征税既是其职权，也是其职责，它无权超越法律决定是否征税以及何时征税，因而不能适用便宜原则。[③] 但是，经济活动的多样性与复杂性让税务机关的自由裁量权有一定的余地。金融创新的日益深入又让税务机关的自由裁量权有进一步扩大的趋势。

税收法定原则的前提是要有完善的税法。纷繁复杂的经济活动中所有现实

① 徐珊．商业银行贷款损失准备分歧与协调 [J]. 常州大学学报（社会科学版），2012，13（04）：36-39，100.

② 姜明安．论行政自由裁量权及其法律控制 [J]. 法学研究，1993（01）：44-50.

③ 张守文．论税收法定主义 [J]. 法学研究，1996（06）：57-65.

发生的以及将来发生的行为和事实都要在税法中有严密的规定，这样税务机关才能依法征收。但是任何一部法律都不可避免地滞后于经济活动，税法也不例外。立法者根本不可能完全准确地预测金融创新的新思路与新方法，因此对于金融活动，税法必然存在大量的空白与模糊之处，这就让税务机关行使自由裁量权成为可能。正如原则导向的会计准则必然是高度简化，同时也是高度灵活，在具体执行时如果出现一些特殊事项或有争议的事项，主要依赖职业判断。[①]在金融税法中出现了模糊不清的条款，这可以部分解决税法的适用性问题，但也由此引发了更多的歧义与争论，让税务机关获得更多纳税事实的判断及其法律适用的选择空间，加大了税收征管上的不确定性。

如本章第二节所述，税法对创新金融工具可以采用类推适用。但是，由于金融工具有等值性的特殊属性，某个创新金融工具的风险与报酬可以与若干个不同的金融工具相同。不同的金融工具有不同的收入类型与费用的扣除方式，因此，考虑创新金融工具的纳税事实与哪一个金融工具相同或类似决定了它的税收负担。税务机关在行使自由裁量权时，很可能做出有利于国库的决定，加大了金融机构的税收负担。同时，税收是金融机构的一项成本，金融机构在进行交易结构设计时，会在等值的金融交易中选择税收负担最小的。这样的交易也是基于金融工具的等值效应而安排的，税务机关应该如何认定，是否为避税行为而采取反避税的税收条款，这些都给税务机关很大的自由裁量空间。

（四）跨国金融的税收征管

1. 各国的不同经济利益的考虑给跨国金融的税收征管造成的困难

金融自由化构造了一种真正的金融活动的全球基础，正是各国金融活动的

---

① 平来禄，刘峰，雷科罗．后安然时代的会计准则：原则导向还是规则导向[J]．会计研究，2003（05）：11-15.

逐步自由化以及阻碍资金跨国流动的藩篱被不断拆除，使得本来各自独立运行的各国国内金融日益融合在全球金融的大潮之中。[①] 跨国资本的高流动性、各国的不同经济利益以及迥异的税收规范都给税收征管带来了很大的困难。

在跨国金融交易中，税务机关信息的获取比国内更难。跨境金融交易税收信息的收集，要花大量的时间与成本，虽然双边或多边缔结了税收信息交换的协定，但还是面临着许多障碍。金融业是现代经济的核心产业，其发展对各国的经济有重要的作用，决定了各国在世界中的地位。跨境金融交易税收信息的收集本质上就是金融信息的收集。金融信息无疑是经济社会中一种最基本、最全面的数据信息，在安全、准确、完整、保密的原则指导下保存的金融信息连续性强、关联性强，容易实现交易网络的刻画。[②] 各国均认为，对于金融信息的保护是本国金融市场良好运作的信用基础。因此，各国在跨境金融信息的提供时，基于自身的利益需要，更多地考虑国家的经济利益与经济安全，限制了跨国金融信息的交流，成为跨国金融税收征管的障碍。

2. 各国不同的金融隐私权保护给跨国金融的税收征管造成的困难

在跨境金融信息的收集中，各国对于金融隐私权保护的差异又成了另一个法律障碍。发达国家支持跨国金融信息的交流，但强化对于金融隐私权的保护。例如欧盟于 1995 年颁布、1998 年 10 月生效的《个人数据保护指令》(以下简称《指令》) 第 25 条明确规定，对于个人信息向第三国传递的情形，只有当该第三国在个人信息隐私的保护方面达到了足够水平，才能许可个人信息向该第三国传递，且保护水平是否充分应当依照围绕整个信息传递操作过程的条件来具体评判，尤其应当考虑信息的性质、运行操作的目的和期间、来源国和目的

① 黄金老 . 金融全球化与中国的战略对策 [J]. 国际金融研究，2000 (07)：21-27.

② 范万栋 . 资金查控：金融信息在侦查中的深度应用 [J]. 山东警察学院学报，2015，27 (1)：100-105.

国、一般和特别领域生效的法制情况，以及该国的执业规则和安全措施等。[①]金融发达国家系统、完备的金融信息保密法规让金融隐私权保护程度较低的国家很难通过信息交换获得相关跨境金融信息，这阻碍了跨境金融税收征管合作，有可能造成资本流动的扭曲和对他国税基的侵害。

3. 各国不同的金融监管给跨国金融的税收征管造成的困难

各国不同的金融监管也有可能对跨境金融信息的交换造成障碍。不同的监管体系导致金融信息有所不同，这也对跨国金融信息的交换产生困难。各国的金融市场发展水平不一致，金融监管当局具体的监管规则以及监管重点、广度、深度也有所不同，在金融交易中各个要素的描述也就有所不同，这就让金融信息存在不一致之处。特别是对依据金融监管来确定纳税事实的国家影响更大。金融危机后，跨国金融监管趋向一体化，强调各国金融监管当局的合作，以此防范系统性的风险在全球蔓延。因此，在国际金融监管中，要将跨国金融交易视为一个整体来进行监管，没有单独确认一个国家境内的交易情况。但是税收的属地原则要求金融交易属于本国的征税范围。对于金融信息，税务机关倾向于按照交易的主体和交易的发生地来予以确认。税务机关要求的金融信息就与国际监管当局提供的金融信息存在很大的差异。

4. 金融电子化引发的税收管辖权问题

伴随计算机网络和通信技术的迅猛发展，尤其是互联网的普及和应用，金融电子化潮流在短短的十几年便席卷全球，引发了世界范围的金融革命，给金融业带来了前所未有的挑战。金融电子化能够打破空间的局限，融合银行、证券、保险等分业经营的金融市场。[②]金融的跨境交易让其收入、成本、费用等

① 吴寒青．金融隐私权保护制度探析 [J]. 西南民族大学学报（人文社科版），2006（12）：104-107.

② 马蔚华．金融电子化——21 世纪银行业发展的战略选择 [J]. 中国金融，2000（01）：40-42.

项目的发生并不局限于同一个国家或地区，税收管辖权问题由此而生。

当前，以居民和来源地作为国际税法的两大国际税收管辖基础得到普遍认可，并形成了以属人原则为基础的居民税收管辖权和属地原则为基础的来源地税收管辖权。① 金融电子化的发展让国际税收管辖权遭到挑战。传统的管辖权的认定强调交易活动的物理形式，例如固定的办公场所、合同的履行地或员工的存在。但是金融电子化促进了无形金融市场，金融交易可以在任何时候、任何地方以任何方式进行。② 不同国家、不同地区的投资者可以直接在网络上实行金融交易。员工不需要集中在一个有形空间里办公，甚至于可以不设立常设机构。随着金融交易的虚拟化成为趋势，原有的以物理形式存在的属地与属人的认定标准也逐渐失去了应用价值。

为了适应全球经济一体化的潮流，跨国金融机构应运而生。一般情况下，跨国金融机构会根据其全球战略布局的需要，在不同的国家与地区设立经营场所。这时，所在国就可以根据居民管辖权或常设机构原则对其征税。但是，跨国金融机构的业务具有整体性，不同国家和地区的分支机构都基于本集团的利益，彼此之间紧密联系共同参与金融交易。同一个金融交易可能由不同的分支机构共同参与完成，这时如何划分各国的所得就成为一个难题，有可能造成不同国家之间管辖权的冲突。

金融交易的无形性和可移动性使得确定税收管辖权的连接因素消失或模糊。③ 跨境金融交易多以电子数据的形式存在，会计记录是其存在的重要依据。但是，金融交易可以记录与其业务发生地无关的场所，而且金融交易可以分

---

① 杨春娇．金融衍生工具交易所得课税问题研究 [M]. 北京：法律出版社，2016.

② 马蔚华．金融电子化——21 世纪银行业发展的战略选择 [J]. 中国金融，2000（01）：40-42.

③ 张泽平．数字经济背景下的国际税收管辖权划分原则 [J]. 学术月刊，2015，47（02）：84-92.

解记录在不同的场所，所以不能仅依据会计的记录来确定金融交易所得的来源地。同时，金融交易的无形性让其更易于转移。与有形资产不同的是，金融资产可以在不改变会计记录地点的情况下，通过授权或者对冲等交易将风险等转移到其他场所。金融交易的特殊性使其利益归属的难度加大，引发不同国家之间税收利益的冲突。

5. 创新金融工具引发的双重征税或不征税问题

创新金融工具的复杂性导致国际税收协定适用上的困难，由此引发系列的问题。以《OECD 税收协定范本》为例，对于跨境的投资所得、营业所得、其他所得等仍然保留着传统上对于所得的二元分类，但无法对其明确定义，仍适用各国的分类标准。但各国对于金融工具都无法进行准确、清晰的概括，同样的用语可能有不同的法律表达，进而适用不同的税务处理。

由于创新金融工具的复杂性，金融工程师可以利用各国税法的不同，设计出一种混合金融工具，在发行国可以被认定为债券，以此获得债务的税盾效应，但是在投资国却被认定为一项权益而享受豁免征税。混合金融工具所得形式可以实现双重不征税，反之则是双重征税。

6. 跨境金融对国际反避税条款的影响

跨国金融交易的复杂性与虚拟性也引发了转移定价与资本弱化等问题。各国税制的不同，给跨国金融集团避税带来了可能性，其中转移定价是其进行税务筹划的主要手段。在转移定价领域，独立交易法是基本制度，独立交易法下评估转移定价的传统交易法分为可比非受控价格法、再销售价格法、成本加价法等。[①] 可比非受控价格法被认为最符合独立交易原则，其重点在于关联金融交易与独立的金融交易之间的可比性，如果没有可比的独立金融交易就不能

---

① 叶莉娜. 跨国公司转移定价对国际税法规则的催生、挑战、改变、发展 [D]. 吉林大学，2014.

作为调整价格的方法，但是金融交易中寻找独立的可比交易难度很大。与传统的商品和服务不同的是，金融交易可以是个性化的，一些衍生金融工具还以表外的形式存在，这些都让可比数据难以获得。例如，大量场外交易不仅涉及交易双方各自对利率、基础资产价格变化等一些市场风险因素的估计，而且随着交易的时间、方式、数量以及所要规避的风险的不同，都会影响金融交易的价格。[①] 因此，确定金融交易的可比非受控价格可操作性不强。

由于各国税法普遍对于股权融资和债务融资实行差别的税收待遇，这就产生了资产弱化。资本弱化又称资本隐藏、股份隐藏或收益抽取，是指企业投资者为了达到避税或其他目的，在融资方式的选择上，降低股本的比重，提高借款的比重，以借款方式替代募股方式进行的投资或者融资。[②] 跨国公司采用资本弱化的方式进行避税，例如跨国的金融集团对其子公司进行投资，正常应该是股权投资，但跨国金融集团以借款的方式将资金转移给子公司，这样子公司给母公司的利益分配可以列为利息税前分配，又避免了跨国间股息的双重征税。因此，各国纷纷引入反资本弱化规则，以此避免税款的流失。

反资本弱化规则的前提是对于债权与股权的清晰定义。但遗憾的是，各国至今都不能对债务资本和股权资本做出清晰明了的解释。更何况创新金融工具模糊的属性，给认定企业通过其筹集的资金为债务还是股本带来了很大的困难。各国税法对金融工具属性认定方式的不同，更加剧了反资本弱化规则实施的难度。因此，在金融创新的背景下，反资本弱化规则也应该进一步修正。

① 杨春娇．金融衍生工具交易所得课税问题研究 [M]. 北京：法律出版社，2016.

② 刘磊．论资本弱化税制 [J]. 涉外税务，2005（10）：26-31.

二、金融创新下税收征管的完善

（一）金融科技下税收征管能力的提升

大数据、区块链、云计算、人工智能等技术已经在金融业广泛使用，为此，税务机关应该顺应时代发展，探索利用互联网、大数据、云计算的思维和技术改造升级现有的税收征管体系，逐步建立起网络化、平台化、智能化的数据管税体系。① 与一般的商业行为不同，金融活动本质是资金供给方和使用方之间的一种特殊契约，并进而衍生出了金融市场和金融中介机构。② 无论金融活动采取何种形式，核心环节都是资金的流动，而现代科技手段的运用是使得资金的流动更为迅捷和隐匿，因此对于金融活动的税收征管关键是对于资金流动的追踪与监测。税务机关前往金融机构查询是获取金融信息的一种方式。跨部门网络涉税信息交流平台的搭建与税收信息的共享对形成完整、动态、及时的税源监控网络与全方位监控税源有关键的作用。③ 例如，美国、意大利等国家就建立了税务机关与金融监管等部门的信息共享渠道，以此掌握在金融交易过程中全面的涉税信息。

税务机关还应该提升自身的税收征管能力。对于金融活动的"数据管税"不仅是简单地将互联网技术运用在税收征管上，还通过对税收征管体系的流程再造，实现数据的互通与共享。具体来说，税务机关应该提升税收征管的硬件设施与软件水平，例如开发适合于金融交易的电子征税软件，通过软件的使

---

① 李昊源．我国互联网交易的税收征管问题研究 [D]. 中央财经大学，2017.

② 马光荣，李力行．金融契约效率、企业退出与资源误置 [J]. 世界经济，2014，37（10）：77-103.

③ 孙开，沈昱池．大数据——构建现代税收征管体系的推进器 [J]. 税务研究，2015（01）：96-99.

用，可以及时确认金融主体的金融交易线索；通过税务认证软件可以将金融交易各方的基本信息与税务征管系统的信息进行交叉比对，以此保证信息的真实性。区块链、数字货币等一些可能出现的新技术、新的货币记账与支付形式将为全面过渡到“数据管税”提供强大的支撑。① 深圳市税务局提出“区块链 + 电子发票”试点实施方案，在区块链发票信息结构和信息流径下，结合区块链低层节点信息和上层的应用程序，在区块链发票开票行为完成后，可对区块链发票全生命周期的状态进行多向验证、更新和交换，全面防范发票的管理和使用风险。② 区块链技术的运用可以让金融活动每一笔的资金流动都留下公开、透明、不可篡改的记录，为税务机关的征管提供充分的信息。

税务机关只有适应新技术下金融创新的发展态势，建立起科技型的税收征管方式，才能对金融交易进行有效的征管，避免因金融科技造成税款的流失。

（二）税收征管与金融监管的协调

金融监管机构的目标是防范系统性风险，维护金融市场的安全。虽然金融市场主体有强制信息披露的义务，但是仍然存在道德风险。金融市场的职业道德建设是一个历久弥新的话题，即使是世界上财务监管最为完善的美国，也频频爆出财务舞弊丑闻。税务机关在征管过程中收集的税源分布的资料，可以给金融监管机构提供交叉比对，进一步判断金融信息可靠性的可能。税务机关与金融监管机构之间虽然有具体目标的差异，但两者的本质都是政府管理职权的体现，因此，两者可以相互合作，成为维护金融市场稳定的重要力量。

① 李昊源．我国互联网交易的税收征管问题研究 [D]. 中央财经大学，2017.

② 《利用区块链促进税收管理现代化的研究》课题组，张国钧，李伟，谢波峰，李荣辉．基于区块链的“互联网 + 税务”创新探索——以深圳市税务局的实践为例 [J]. 税务研究，2019（01）：68-73.

税务机关可以在金融监管规则的制定与实施过程中积极参与，以此减少金融监管规则对课税资料的影响。税务机关在金融监管规则制定前期的参与，可以很好地了解金融监管的意图，了解金融监管规则与税法之间的差异，对于金融监管信息可参照的程度就会明了于心。在对金融创新交易课税的过程中，税务机关总是在创新产品交易一段时间后，才开始对其有所了解，并研究其课税问题，这就让金融税法滞后于金融创新的步伐 。通过参与金融机构的日常监管，税务机关可以提前了解创新金融交易的设计意图与目标，为将来准确判断纳税事实做准备。

更为重要的是，与金融监管机构的合作可以提升税收征管中的金融专业能力。税收征管人员要同时具备金融和税务的专业知识才能对金融交易有效地课税，但这样的人才在现实中比较稀缺。为此，税务机关可以通过与金融监管机构的交流合作，就金融交易的技术性问题交换意见，特别是对于金融创新的交易，通过交流可以及时地了解最新的方向与趋势，为更好地征税做准备。

（三）金融创新下税收征管自由裁量权的约束

古典法治主义认为，自由裁量被认为是法律规则供给不足的产物，因此从逻辑上讲，对自由裁量权进行控制，最有效的方法就是通过制定明确的规则，从源头压缩甚至取消自由裁量空间。[①] 但是，金融市场是经济领域最活跃的市场，受技术变革等因素影响，金融创新不断迅猛涌现，法律不可避免地滞后于金融创新的脚步，由于金融工具的复杂性与虚拟性，金融税法比一般的税法存在更多的漏洞与空白。因此，虽然要不断地完善金融税制，但通过立法来限制自由裁量权的行使是很困难的。如果将原则控制作为自由裁量控制的一种模

① 王锡锌．行政自由裁量权控制的四个模型——兼论中国行政自由裁量权控制模式的选择 [J]. 北大法律评论，2009，10（02）：311-328.

式，[①] 金融税法虽然能为自由裁量权的行使做出原则性的指导，但是税收征管需要能进行实际操作的指导，而抽象的原则难以提供可操作的规范。金融创新下个性化的金融产品和交易，一般性的原则不能提供具体的指导，因此金融创新下税收征管自由裁量权的约束需要另辟蹊径。

在行使自由裁量权时，税务机关应该在法律的范围内，根据公平的原则，对具体的个案形成相对合理的推断。对自由裁量权的规范可以遵循如下的路径生成：在无法直接且适时地起草规则时，首先付诸税务机关的裁量；随着同一事项被反复裁量且确定其解决方案，将形成可以遵循的先例，进而颁布具有指导意义的操作细则，并发展这一领域所应遵循的原则，最终制定规范这一事项的规则。[②] 也就是说，税务机关从某类创新金融交易的课税经验中提炼出对此类交易的可执行、可操作的统一标准，用来指导今后类似属性的金融交易的征税工作，以此避免在征税过程中纳税事实判断的过于随意性，保证金融交易税收裁量的公平与统一，有利于市场形成对于税收负担的合理预期。

（四）金融全球化下跨境税收征管的修正

1. 金融隐私权的保护与平衡

在对金融信息进行适度披露时，应该兼顾金融隐私权的保护。综观各国在金融隐私信息保护方面的立法，均规定了目的特定和利用限制原则。[③] 首先税务机关获取的金融信息只能用于征税目的，而且要遵守法律规定的程序。税务机关获取金融信息不能影响金融机构的正常运行，只有在利用金融渠道获取

---

① 王锡锌．行政自由裁量权控制的四个模型——兼论中国行政自由裁量权控制模式的选择 [J]. 北大法律评论，2009，10（02）：311-328.

② 汤洁茵．税法续造与税收法定主义的实现机制 [J]. 法学研究，2016，38（05）：67-85.

③ 马运全．个人金融信息管理：隐私保护与金融交易的权衡 [D]. 山东大学，2014.

信息是最好方式的情况下才可以要求金融机构配合提供金融信息。税务机关获取的信息在没有法律规定或信息主体同意时，不得向第三方泄露。其次，税务机构所能获得的金融信息，只能限于金融交易本身与涉税有关的信息，如资金的流转、信用等级、开户信息等，其他的信息，如金融机构在业务办理过程中收集到的一些敏感信息或金融机构自身对于客户的评价等信息可不向税务机关提供。

2. 跨国税收信息交换机制的完善

经济全球化以及金融自由化让资本在国际间的流动越来越频繁，但也为税收套利提供了机会。怠于金融信息交换的国家，金融市场主体可以获得更多的税后所得，因此受到国际资本的青睐。对应国的征税权则受到侵害。国际间金融信息保护的滥用将会引发不良的税收竞争，最终会给每个国家带来负面影响。为此应该建立一个有效跨国税收信息交换机制，以此实现政府对跨境金融交易的有效征管。国际组织在协调跨境金融信息交换方面做出了很多的尝试，例如 OECD 建议各成员国之间积极进行税收信息的交换，不要基于自身经济利益的考量而拒绝提供缔约国的税收信息交换的要求。缔约双方或多方之间通过签订情报交换协定等形式，建立金融信息的交换机制，以此实现双方的互惠互利。缔约国可以就交换金融税收信息的具体内容、双方的权利和义务进行明确说明，并结合彼此金融监管的制度、金融隐私权的保护等具体情况协商一致后，形成一种制度化的信息分享机制，以此保护彼此的征税权。例如，美国政府在调查“苹果公司避税案”时充分运用了国际税收情报交换机制，与爱尔兰、荷兰等国家和地区密切合作，[①] 充分掌握了苹果公司在国际间的涉税信息。当然，税务机关获取交换的金融信息应当有严格的范围限制，应仅限于与税收征

① 鹿华岩．发达国家国际税收情报交换经验对我国的借鉴 [D]. 云南财经大学，2015.

管有关的情报。[①]

3. 国际税收规则的修正

如何对跨境金融交易课税尚未形成共识。金融创新对跨境税收征管的冲击在于弱化了来源国与金融交易所得之间传统的连接点。各国基于简便行政原则、操作的可持续性，以及较为客观的中立性，有基础资产所在地标准（如美国），承担风险所在地标准（如阿根廷），法院对于有争议的收入来源地适用最密切类似规则。[②]

最密切类似规则又叫最密切联系原则，是指法院在审理某一涉外民商事案件时，不按原来单一、机械的连接因素来决定应适用的法律，而考察并权衡各种与该案有法律关系，或有关当事人具有联系的因素，找出适用解决该案与当事人有最密切联系国家（或地区）的法律，其最早可追溯到萨维尼的法律关系本座说。[③] 跨境金融交易中，各国税法冲突时同样适用最密切联系原则。对于传统的连接点，如机构所在地，利息、股息的支付所在地，不动产所在地等可以作为最密切联系原则分析的基础。基于金融创新的虚拟性，对于最密切联系原则的适用更多地要考虑其电子化的技术特征。

---

① 汤洁茵．金融机构在税收征管中的第三方协助义务——以金融隐私权为核心 [J]. 税务与经济，2010（03）：82-89.

② 杨春娇．金融衍生工具交易所得课税问题研究 [M]. 北京：法律出版社，2016.

③ 徐伟功．从自由裁量权角度论国际私法中的最密切联系原则 [J]. 法学评论，2000（04）：34-39.

第四节 创建适应金融创新的税收政策

一、金融创新的外溢性与税收激励政策

（一）金融创新的外溢性

金融业是现代经济产业中的核心产业。金融创新是金融市场提高投资效率，增加投资收益的源泉和动力，更是促进经济发展的主要推手。保持金融创新的活力与动力，才可以推进社会经济的持续发展。金融创新在建立创新型大国中具有重要作用。但是，与所有的创新活动一样，金融创新活动需大量的前期投入，其产出却又相对滞后且不可预知，开展创新活动时面临较高的成本与风险。[①] 金融创新是金融市场主体的一种创造性的脑力劳动，其成果相较其他创新性成果而言，具有更多的外溢性。

金融创新的本质是金融业的创造性变革和开发活动，即所谓金融要素的重新组合。[②] 从金融创新的定义可以看出，金融创新是人类智慧的结晶，它具有无形性的特征。金融创新和其他产业的创新有很大的不同，具体表现为：金融创新的周期相对较短，而且易被模仿，大多数金融产品没有专利保护，这也就是说，金融创新不能保证有足够长的垄断时期以补偿开发一种新产品的相关成

① 孙莹．税收激励政策对企业创新绩效的影响研究 [D]. 东华大学，2013.

② 于东升．金融发展中的创新：理论与中国的金融改革 [D]. 西北大学，2004.

本。[①] 相较其他创新而言，金融创新具有更高的风险和不确定性。金融创新的成功与否取决于市场的接受程度。金融创新面临着更大的市场风险。由于金融体系整体系统性风险的存在，其面临着比其他机构更为严格的监管。金融市场主体的创新都必须得到监管机构的审批后才可以进入市场，特别是对于冲破监管或出于避税目的而设计的创新性举措，更是面临着许多政策与法律的风险。金融监管机构还可能出于对整体社会经济稳定发展的考虑，将某些金融创新否决。但是，金融创新高度的不确定性带来的风险并没有得到更高的收益。金融创新主体无法获取有效垄断后的高额回报。由于金融产品的非排他性，其他金融主体可以很容易模仿、应用而不用付出高额的成本，更不用承担创新所带来的风险。

金融创新主体由于无法对金融创新申请专利，就只能任由竞争者对其知识成果的引进。创新金融主体不仅没有因创新而获得超额的回报，反而在市场竞争中趋于下风。这将让金融市场的主体失去了金融创新的动力。

金融创新对整个市场的好处不言而喻，但是对于创新主体而言，当其风险与收益不配比时，从事创新的动力就会下降。金融市场主体都想消极享受其他主体创新的好处，整个金融市场的活力就会下降，失去发展的推动力。

金融创新成本与收益扭曲的根源在于市场的失灵。为此应该设计新的激励机制来矫正创新主体与其他主体的收益分配，以此实现风险与收益的配比。制度提供一种结构和一套行为规则，通过创设一定的平台和机制，创新金融的所涉主体获得一种合作的契机，提供一种能影响各主体行为发生改变的机制。[②] 政府通过制度安排，以减少成本或增加收入的方式增加创新金融主体的利润，以此鼓励金融主体从事创新的积极性。

---

① 何军．论商业银行的金融创新 [D]. 西南财经大学，2006.

② 周昌发．科技金融发展的保障机制 [J]. 中国软科学，2011（03）：72-81.

鼓励创新的最有效方式是知识产权专利制度。[①]通过制度安排，对金融创新成果授予类似专利权的保护方法，使金融创新主体对其知识成果有排他性的市场垄断权利，这样可以避免其智慧成果被他人所模仿，从而达到风险与收益的配比。由于产权制度可以强化金融主体进行金融创新的动机，形成对金融创新的正向激励，为此各国都加大了对金融创新知识产权保护的立法工作。

产权制度固然保护了金融创新主体的劳动成果，从而鼓励创新行为，但是也存在不足。产权制度让金融创新主体获得了市场的垄断权利，并以此获得高额的利润，但这也阻碍了金融创新成果在市场上的推广，从而降低了金融创新的社会效应。金融创新成果的特征也阻碍了产权制度的激励功能。金融创新包括金融业务创新与制度创新两个方面，具体是指金融机构和金融管理当局出于对微观利益和宏观效益的考虑而对机构设置、业务品种、金融工具及制度安排所进行的金融业创造性变革和开发活动。[②]具有技术特征的金融工具、业务品种对其提供知识产权保护符合法律的规定。例如，2003 年 4 月，国家专利局通过了对中国工商银行的牡丹国际卡“一卡双账户银行卡处理装置”的“实用新型专利”审查，这是国内银行卡首次获得的国家专利。[③]但机构安排、制度设置这些本质上是属于经营管理手段，没有利用自然规律或技术方法解决技术问题，产生技术效果。因此，如何对其进行知识产权的保护，存在着许多的法律障碍。

金融创新是否成功，关键在于能否为金融市场所接受。为此，金融创新主体需要经由金融监管机构审批后，向投资者详细披露创新产品的内容，以此明确双方的权利与义务。相较其他的创新成果而言，金融创新成果更不易于保护

① 李美娟 . 外资银行进入与金融知识产权保护 [J]. 北方经济，2007（04）：88-89.

② 于东升 . 金融发展中的创新：理论与中国的金融改革 [D]. 西北大学，2004.

③ 李美娟 . 外资银行进入与金融知识产权保护 [J]. 北方经济，2007（04）：88-89.

其技术内涵，加之技术含量低，易于模仿，因此，即使给金融创新成果以法律上的保护，也很难从根本上制止其他主体搭便车。

给予金融创新以知识产权的保护，固然对推动金融创新能起到一定的作用，但无法给予金融创新以全面、有效的制度激励，为此应该确立一种新的激励机制来对金融创新提供积极引导。

（二）税收激励对于金融创新的有效性

仅靠市场力量是无法有效激励企业进行创新活动的，因此，需要依靠政府力量对其进行适度的外部干预和调控，其中财政补贴和税收优惠较为有效，财政补贴政策实质上并不能起到有效的激励作用，税收优惠对企业创新有显著的激励作用，且激励效果十分有效。[①] 政府作为交易双方中不请自来的第三方，可以通过对收益的分配改变市场主体的收益。特别是通过给予金融创新主体以有效的税收优惠，可以减少其应纳税额，增加投资收益率。通过税收的激励可以在一定程度调整因金融创新的外溢而造成的风险与收益的扭曲，创新成果的外溢性由社会共同承担，可以较好地维护创新成果的社会收益与个体收益。

在税收优惠制度中，有利于促进经济和社会发展的主体，往往是国家在税收上予以鼓励的。[②] 对于金融创新主体以税收优惠，而不是金融创新成果以税收优惠，表明只要金融主体的行为满足政府税收上予以鼓励的条件时，就可以享受这项税收优惠。例如我国对于研发费用的加计扣除，对于高新技术企业的税率上的优惠等。这样，从事金融创新的机构，无论这项创新成果是否为市场所接受，其付出的成本与承担的风险均可以得到政府一定程度的补偿。相较

---

① 戴晨，刘怡．税收优惠与财政补贴对企业 R&D 影响的比较分析 [J]. 经济科学，2008（03）：58-71.

② 张守文．论税法上的“可税性”[J]. 法学家，2000（05）：12-19，129.

知识产权保护而言，这样的税收激励政策能够避免垄断所带来的社会效益的降低，创新金融工具可以及时流通与交易，有利于该成果金融市场的形成与发展。

相较知识产权保护制度而言，税收激励在经济上更为可行。一项金融创新成果要授予知识产权，前期要经历申请、审批等流程。相关机构要考察该成果是否符合知识产权授予的标准。在发生侵权纠纷时，需要司法机关的介入。因此，对于金融创新的产权保护需要较高的社会成本。反观税收激励，只要市场主体符合税收激励的要件，就可以享受税收优惠。政府不需要审查金融创新成果的创新性。金融创新成果进入市场后就成为公共产品，不存在侵权的问题。税收优惠较低的社会公共成本支出，为金融创新提供了更高的激励效用。

（三）税收对于金融创新激励的原理

我国金融创新的本质特征决定了在金融制度变迁的过程当中，金融风险也表现为一种制度性的整体风险，而且作为金融创新的推动者，国家也必然是金融风险的承担者。[①] 金融创新主体在创新的整个过程中面临着各种风险。政府的税收优惠政策可以为创新主体分担部分的风险，以此保证金融创新主体的积极性。政府与金融创新主体共同承担风险，金融创新主体承担风险的大小随着政府税收优惠的力度而变化。税收优惠对于损失的补偿越多，投资者愿意承担的风险就越大，收益也越高；反之亦然。

税收是金融机构的一项重要的成本，税负越高，金融机构的收益越低；税负越低，金融机构的收益越高。税收优惠作为政府一项特殊的支出，对金融创新的激励主要体现在两个方面：第一，针对企业研发行为实施的优惠政策使得

---

① 于东升．金融发展中的创新：理论与中国的金融改革 [D]. 西北大学，2004.

企业节约了税收支出，从而产生了增加研发投入的正向引导，这是税收政策对企业研发投入端的直接刺激作用；第二，研发投入的增加使得企业的综合生产技术水平提高，经济产出水平随之提高，企业有了增加研发投入的经济实力并且有巩固已有市场地位的现实需求，这是税收政策对企业研发需求端的间接刺激作用。[①] 金融机构作为理性经济人，其最重要的目标是利润最大化。税收与投资收益之间的相关性，让其可以成为金融市场的调节工具。金融市场的投资者对于成本的反应更为灵敏。税收优惠对于金融创新的支持，使其交易成本低于非创新活动，有利于体现政府的政策导向，吸引更多的资金流入政策支持的领域。

二、金融创新背景下税收激励的实现

（一）金融创新对于税收激励的影响

1. 税收激励的两个目标

金融创新带来了经济的高速增长，但同时伴随着风险。金融稳定是一个世界性课题。[②] 次贷危机后，业界与学界最早达到的共识就是应该防范过度金融创新带来的风险，以此维护金融稳定。因此，税收激励政策的首要目标应该是保证金融市场的稳定。只有稳定的金融市场，税收激励政策才能有效地制定与实施，政府的政策意图才能精准传导。税收激励政策的制定，应该综合考虑金融市场各交易工具的价格以及实体经济的发展方向来制定优惠的范围与调控的力度，以此保证金融市场的稳定。

金融在整个经济中处于核心的地位。一个良好的金融体系有助于推动经济

① 王玺，张嘉怡．税收优惠对企业创新的经济效果评价 [J]. 财政研究，2015（01）：58-62.

② 周小川．保持金融稳定 防范道德风险 [J]. 金融研究，2004（04）：1-7.

的增长。金融体系通过对资源的配置来影响资金的流向，以此实现资源的有效转化。金融市场效率的高低关系到经济的稳定与增长。因此，保证金融市场的效率也应该成为税收激励政策的目标。通过税收激励，可以增加金融市场中的创新成果，影响金融创新的范围与程度，进而保证金融市场的有序竞争，达到提高金融市场效率的目标。

2. 金融创新背景下税收激励政策制定难度加大

实体经济中商品或服务的价格是由成本与利润构成。税收对价格的影响在于税收是企业一项重要的成本。税收负担越低，投资者的税后利益就越大，投资的热情就越高，反之则抑制了投资者的投资热情。但是，创新金融产品的价格一般情况下并不取决于其成本，而是取决于投资者对于其未来风险与收益的预期。金融市场的运行一定程度上脱离了实体经济，对于实体经济有效的税收传导机制在虚拟市场上已有所弱化。创新金融产品这种自我实现的特征降低了税收优惠的激励作用，使其政策的有效性大大减弱。

在传统的市场中，税收激励政策将直接改变市场主体的税收负担，从而达到调节市场的目的。但是创新金融市场中，出现多个交易环节与多个市场参与主体。例如对于资产证券化，就有基础资产的转让、SPV 的结构化设计、投资者投资等各环节，期间有发行人、发起人、投资者、各个中介机构等多个主体。在各个环节的传递中、与各个主体的互动中，税收激励效应的实现与否也随之变得不确定。

信息是金融市场预期赖以形成的基础，信息在不同市场参与者之间的分布导致他们之间的预期差异，从而影响其投资决策，最终引起金融资产价格的波动。[①] 市场上理性与非理性的信息都将影响投资者的预期，而这些也将影响税

① 吴国培，潘再见．中央银行沟通对金融资产价格的影响——基于中国的实证研究 [J]. 金融研究，2014（05）：34-47.

收激励的传导途径。随着全球经济的一体化，金融创新不仅受到国内因素的影响，也受到国际因素的影响。国内外金融市场相互交织、相互依赖，一国税收激励政策的制定也要将国际市场的因素考虑在内。

3. 金融创新背景下税收激励的效应难以预计

随着金融创新的发展，金融活动占总经济活动的比例也越来越大，金融市场的交易额和金融活动本身的产值迅速增长，形成规模不断扩张的虚拟经济。① 虚拟资产在社会财富中占很大的比重，对税收激励的效应有直接影响。虚拟资产固有的虚拟特征，使得虚拟资产的价格主要决定于投资者对于虚拟资产未来收益的主观预期而不是像实体资产一样取决于价值。每个投资者都有自己的主观判断，影响因素众多且易变，根本无章可循。税收激励政策需要在改变投资者预期的情况下才能影响虚拟资产的价格，从而调整金融资产的结构，引起资金的不同的流向。因此，税收激励政策的传导途径与实体经济有所不同，更多的不确定性因素使得税收激励的效应难以预计。

虚拟经济中的投机活动使得税收激励效应更加难以预计。虚拟经济的高风险所带来的高收益吸引了大批的投机性资金。投机行为具有高流动性，有可能引发金融资产的剧烈波动并破坏实体经济。在投机交易中，税收激励政策有可能成为其牟取暴利的手段，导致金融资产价格的大幅波动，并改变税收激励原有的政策预期，让税收激励的效应难以捉摸。

实体经济中，需要有足够的资金才能购买相同价值的货物或服务。但是金融产品，特别是金融创新之下出现的众多的衍生金融产品有很强的杠杆性。投资者只要缴纳一定的保证金就可以参与交易，金融合约的履行也是以差价方式进行交割。较少的资金就能获得较高的收益，就会吸引大批的投资者进入该领

---

① 李晓西，杨琳．虚拟经济、泡沫经济与实体经济 [J]. 财贸经济，2000（06）：5-11.

域，保证金的金额远远低于金融市场中合约的金额，创新金融产品的杠杆性造成了金融市场的虚假繁荣。当税收激励政策出现时，创新金融市场的杠杆将放大相关资产的预期收益，杠杆越大，税收激励的效应也随之放大。同时，金融市场中的过度杠杆有可能形成“泡沫经济”。有些金融衍生工具已经和实体经济没有任何关系。经济中大量“泡沫”的存在使虚拟资产的收益增加，所征收的税款也增加。在“泡沫经济”中，税收激励政策的效应更加难以评估。

（二）不当税收激励对于金融创新的负面影响

良好的税收政策可以成为政府调节经济的重要手段，通过对投资者决策的引导，避免投机行为的产生以此保护金融市场的稳定。但是，不当的税收政策也会对金融市场产生负面的影响。

金融市场中，投资者的心理预期决定了金融资产的价格。一项有效的金融税收政策，应该是遵循金融市场的规则，经过公开的意见征询后并对政策开展后的效应进行评估，这样才能保护纳税人的合法权利，稳定纳税人对于金融市场发展的信心。但是，如果一项税收政策的制定与执行完全由政府的行政机关掌控，就会引发投资者的不安全感与不信任感。当一项税收政策不能公开透明，政府可以随意更改调整，投资者就无法进行合理的税负预期，进而引发非理性的投资行为。

经典现代金融理论认为，人们的决策是建立在理性预期、风险回避、效用函数最大化，以及根据情况的变化不断更新自己的决策知识等假设之上的，但是大量心理学研究表明，投资者在进行投资决策时存在着种种心理背景，从而使他们的实际决策过程并非现代金融理论所描述的最优决策过程。[①] 如果金融

① 刘力．行为金融理论对效率市场假说的挑战 [J]. 经济科学，1999（03）：63-71.

市场存在太多的不确定性，投资者发现无法依靠自己的专业知识做出正确的决策时，就会转向其他方面寻找判断的依据。例如，我国投资者对于政策性因素的反应呈现出“政策性依赖性偏差”，[①] 就是很好的例证。投资者在决策过程中存在着心理上的非理性还会引发羊群效应，加剧金融市场上的投机行为。

特别是在金融创新下，虚拟经济与实体经济的联系被进一步割裂。很多的金融创新产品的交易对象是虚拟资产，本质上就是一纸契约，其价格并不取决于价值而取决于宏观经济环境的变化。在我国，税收政策作为政府的宏观调控手段之一，其对投资行为的诱导作用更明显。如果政府对某个金融行业制定税收优惠政策，这时该市场的预期收益就会高于其他市场，吸引更多的资金流入。投资者对利好政策反应剧烈，且存在政策过后出现反方向下降、交易频率持续上涨的延迟效应，表现为对利好政策反应过度。[②] 在羊群效应与示范效应下，投资者的非理性会导致金融市场价格的大幅波动，有可能引发金融市场的危机。

企业的本性是逐利的，避税是增加盈利的渠道之一。为了提高企业税收利益，企业会搜索税收政策信息。税收优惠向企业发出了低税负信号，引导着资本流动。[③] 地方政府为发展本地经济，实现自身利益诉求，会运用一些隐蔽、模糊的方式，变相降低有效税率，达到吸引税源的目的。[④] 同时，在经济全球化的背景之下，税收竞争也在国际间展开。金融市场具有高度的可替代性，资本趋向于从税负高的市场流向税负低的市场。创新金融工具的杠杆效应更加剧

① 李静．基于行为金融学的股票市场投资者行为研究 [D]. 中国社会科学院研究生院，2012.

② 李静．基于行为金融学的股票市场投资者行为研究 [D]. 中国社会科学院研究生院，2012.

③ 刘慧凤．税收优惠对文化资本配置的影响——基于文化企业并购视角的研究 [J]. 山东大学学报（哲学社会科学版），2019（03）：44-57.

④ 曾小林，陈俊宏．我国地方政府非规范性税收竞争的策略形式及效应分析 [J]. 中外企业家 ,2019(05):42-43.

了国际间短期资本的流动。不正当的、有害的税收竞争不利于经济资源的合理配置，发生扭曲变形损失，导致其他国家或地区受到损害。①

三、金融创新背景下税收激励政策的制定

（一）金融创新背景下税收激励政策的制定标准

政府以税收优惠来激励金融创新，但这会造成不同市场主体之间的税负不平等。为了防止政府的过度干预，有必要阐明在金融创新背景下税收政策的制定标准，以免违反税收中性与量能课税的原则。

税收的公共性是政府税收所具有的，产生于社会的公共需要、来源并服务于社会公共利益的根本属性。② 所谓的公共利益，是指全社会的共同利益，而不是少数人的利益。政府以税收优惠的方式作为金融市场的调节工具，必须在符合公共利益的前提下才可行，否则便是对金融自由的干预。

但是公共利益概念是一个典型的不确定法律概念，该概念本身的含义也就显得相当丰富，每一个社会都有它自己的一定的利益，公共利益也就是这样一种需要不断明确的利益。③ 具体到金融税制，所要符合的公共利益就是要保证金融市场的稳定与效率。

一个稳定金融市场，才可以保证金融资产的安全与金融体系的正常运转和发展。金融稳定是政府实行金融管制要达到的重要目标，也是政府提供的一项重要的"公共品"。④ 具体到金融创新税收制度，应该能够促进创新金融活动

---

① 靳东升．论国际税收竞争与竞争性的中国税制 [J]. 财贸经济，2003（09）：73-80，97.

② 蒋励佳．当下中国税负公平论衡 [D]. 南京大学，2013.

③ 胡建淼，邢益精．公共利益概念透析 [J]. 法学，2004（10）：3-8.

④ 张洪涛，段小茜．金融稳定有关问题研究综述 [J]. 国际金融研究，2006（05）：65-74.

的开展，平滑金融资产价格的波动，降低国际流资流动的频率，保证虚拟经济对于实体经济的支持，从而保障金融市场的稳定发展。

效率最一般的定义指的就是现有生产资源与它们所提供的人类满足之间的对比关系。[①] 金融市场效率就是金融市场主体在经营过程中所消耗的成本与产出之间的比较。创新金融税制所要提高的效率应该是整个金融市场的效率，通过鼓励新技术、新思维在金融市场上的运用，防范创新过程中的风险与损失，以此提高金融市场在限制资源条件下的最大产出。

创新金融市场的税收优惠，除了以公共利益为目标外，政策具体的制定与实施还必须符合比例性原则。对于创新金融市场的税收优惠，以利益激励为手段，成为一种税收特权。毫无疑问，这种厚此薄彼的做法意味着税收歧视，与量能课税所要求的平等对待相悖，不过如果确实出于正当目的，在范围、程度和期限上都合乎比例，适当牺牲量能课税原则也是可以接受的。[②]

比例原则被认为是行政法中的皇冠原则。具体到创新金融税制，比例原则要求立法者要完成的公共政策的目标、制定与实施要保持平衡。比例原则限制执法者自由裁量权的随意使用，保证国家利益与金融市场主体利益合理化的差别待遇。比例原则不是一个单一的原则，而是由适当性原则、必要性原则和均衡性原则组成。[③] 适当性原则即通过恰当的税收优惠政策能够达到国家对于金融市场宏观调控的目标。必要性原则要求在达成政策目标同等有效的前提下，选择最小成本或最大效益的税收政策。均衡性原则要求政策目标与金融市场自由权的牺牲之间要符合一定的比例，不能明显失衡。

因此，金融创新背景下税收政策的制定，应该要保证金融市场的稳定与

① 叶望春．金融工程与金融效率相关问题研究综述 [J]. 经济评论，1999（04）：76-84.
② 熊伟．法治视野下清理规范税收优惠政策研究 [J]. 中国法学，2014（06）：154-168.
③ 熊伟．法治视野下清理规范税收优惠政策研究 [J]. 中国法学，2014（06）：154-168.

效率，同时实施的手段要符合比例原则，这样才能保证税收激励政策的良好效果。

（二）金融创新背景下税收激励政策的制定规范

税收优惠，作为身兼政策目的与税法本旨的矛盾体，在打破量能平等的本旨而应受检讨之余，更不容通过对行政行为的变造再次突破税收法定的底线。[①] 因此，对于金融创新的税收优惠政策，其制定与实施同样也要在法律的框架内，这样才能发挥税收优惠的激励作用。

金融市场变幻莫测，对于金融市场的税收优惠政策应该顺应金融市场的发展，及时回应市场中的突发事件，这样制定的税收优惠政策才能体现政府的宏观调控目标，体现税收的激励与诱导的功能。对于税收优惠政策的制定，立法机关当然有不容置疑的立法权。但是，金融市场的复杂性以及税务方面的专业性，这些都让立法机关力不从心，需要税务机关的支持。因此，税收优惠行政法规的相对保留具有其正当性，即可由行政机关在授权范围内对其予以细化，由此维护税收优惠立法的严肃性与权威性。[②]

不仅税收优惠政策的制定主体要法定化，其制定的程序也应该法定化。只有将行政机关制定税收优惠的程序在法治的轨道上运行，才能避免行政机关制定税收优惠政策的随意性，从而实现其行为过程的正当性。具体而言，行政机关应该在立法机关授权的范围内，税收优惠政策的发起、起草、制定、审批、修改、公布、认定等程序都应该有法律的正当性。金融市场的税收优惠政策是

① 施奕．多阶段行政下的税收优惠——基于企业所得税优惠案例的视角 [J]. 江西财经大学学报，2020（01）：134-147.

② 蒋悟真．税收优惠分权的法治化：标准、困境与出路 [J]. 广东社会科学，2020（01）：222-231，256.

根据金融市场的运行情况而相机抉择，行政机关要熟悉金融市场发展的现状才能制定针对性的金融创新的税收优惠政策。在此过程中，还要注意与金融监管、外汇管理、人民银行等部门的政策的协调，这样才能保证税收优惠政策所实现的目标与整体经济发展的目标相适应。

金融创新税收激励的调整范围应该是有所限制的。依据税收法定主义的要求，课税要素及与之密切相关的征税程序不仅要由法律做出专门规定，而且还必须尽量明确，以避免出现歧义，这就是课税要素明确原则。① 对于金融市场中的纳税义务人、征税对象、税基与税率等税收要素以及与其纳税义务的成立有紧密作用的内容不能由行政机关调整。行政机关可以调整不属于税收要素的项目，例如起征点与免征额的确定、减计收入、加计扣除、税额抵免、改变收入确认时间等，通过对非课税要素的适度调整，实现税收激励对金融市场行为的诱导。

---

① 张守文 . 论税收法定主义 [J]. 法学研究 ,1996(06):57-65.

第四章

CHAPTER

资产证券化的税收法规

第一节　我国资产证券化的税收目标

西方国家在经济社会的发展过程中，逐渐形成了一些基本的税收理念。构建我国的资产证券化税制，应该随着社会的变迁不断地调整与修改，形成既符合基本的税收原则，又与我国的资产证券化的具体情况相结合的税收法律制度。

一、税收成本的降低

在不同的社会阶段，税收的目标的先后顺序与主次位置有所不同。当前，我国虽然已经基本建成市场竞争机制，但还存在着一些不足与挑战，因此，我们在贯彻税收中性原则的同时，还需要运用税收的诱导与激励作用来对金融市场进行积极的干预，以此提高金融市场的效率。

资产证券化的基础资产种类繁多，有多个交易环节和主体，并且还可以再证券化。税收成本直接影响企业的融资成本并最终影响企业资产的流动性。资产证券化可以改善流动性，降低企业的融资成本。在资产证券化的每一个交易环节中都会涉及税收成本的考量，每一个交易主体都要承担税收成本。税收法规在制定和执行过程中的复杂性让普通纳税人的专业有所缺失，无法应付复杂交易架构中的税务处理，这必然会产生高额的税收咨询费用，同时，多环节的征税可能存在重复征税的问题。对资产证券化课税的过程中需要征税机关的职业判断，例如基础资产的转让是销售还是融资、投资者取得的收益是利息还是股息、如何对 SPV 征税等问题，为此，纳税人需要提供更为详细的申报资料，而信息质量与数量的要求提高，相关的行政成本与纳税人的遵从成本都要增加。如果税法不能随着资产证券化的发展而调整，过高的税负将压缩发起人的盈利空间，降低投资者的利润率，造成资产证券化无法顺利开展。因此，资产证券化的税制应该是简约且清晰的，这样相关市场主体就能直接根据税法确定其税收负担，减少遵从成本与咨询费用，同时应该避免过度征税而给纳税人增加税收负担，以此提高资产证券化市场的效率，促进资产证券化的发展。

二、金融环境的稳定与公平

在资产证券化发展过程中，如果过度创新就会累积风险，影响金融市场的稳定发展，维护金融市场的稳定与公平，才能促进资产证券化业务的发展。政府的税收政策在营造公平与稳定的金融环境中起到重要的作用。税收是资产证券化中最重要的成本之一，直接影响到各个交易主体的盈利能力以及交易架构的设计。税收政策也体现了政府的政策导向。在资产证券化过程中，如果税负水平较高，就会降低其利润水平以及自我积累的能力，最终会限制资产证券化的规模，影响其发展。如果资产证券化市场有一定的税收激励，资金就会流入。例如，美国在早期对于房地产信托投资基金给予的税收优惠，就极好地促进了房地产市场的发展，但是如果资产证券化的创新没有很好的监管，就会引发金融危机。资产证券在我国的起步较晚，中间也有波折，相关的配套措施比较薄弱。为此，对于资产证券化课税要避免给交易各方带来除税款以外的负担，交易各方的税负应该体现量能课税的原则。只有税收给资产证券化交易主体与其他市场主体同等的影响，才能维护金融市场的公平，促进金融市场的稳定。

三、不良资产的加速转化

资产证券化的基础资产需要未来能够带来稳定的现金流。从我国的实践来看，那些未来有稳定的现金流，债权人的资信情况较好的基础资产，能够给发起人带来稳定的收益，因此发起人没有太强的愿望将其证券化。不良资产的转让和剥离则是资产证券化急需解决的重要问题。[①] 特别是对于发起资产证券化的主要机构——金融机构，随着不良资产规模上升及处置要求趋严，银行直观地表现出大批量、低成本、高效率处置不良资产的需求，寻求有效的处置方式成为必然。[②] 随着科技的发展与金融创新的不断加速，商业银行传统的盈利模式受到了挑战。商业银行需要卸下包袱，才能轻装上阵，资产证券化是其处置不良资产的有效工具。资产证券化可以将商业银行缺乏流动性的不良贷款转化成可在市场上流通的证券，极大地增强了不良贷款的流动性。通过对不良贷款的剥离，商业银行可以改善资产负债表，资产质量符合金融监管的要求，才能投入到新经济环境中的市场竞争中。例如，我国的信达资产管理股份有限公司、华融资产管理股份有限公司、工商银行等金融机构就开启了不良贷款资产证券化之先河，通过资产证券化实现了不良资产的有效处置。我国的资产证券化税收政策应该对市场主体的投资决策进行合理的引导，通过对不良资产证券化的各环节与主体的不同税收激励，以此促进不良资产的加速转化，增加企业的竞争力。

---

① 许多奇．我国金融资产证券化的税收理念与税收制度 [J]. 法学评论，2007（02）：39-45.

② 洪艳蓉．资产证券化与不良资产处置——中国的实践与反思 [J]. 证券市场导报，2018（12）：4-15，23.

第二节　我国资产证券化的税收法律制度分析

一、我国资产证券化税收法律关系分析

税收法律关系是税法所确认和调整的，在征税主体、纳税主体以及征税主体内部各主体之间发生的，在征收征纳过程中所产生的权利和义务关系，也可以说是国家或国家机关参与社会产品和国民收入分配的一种征纳关系在法律上的体现。[①] 税收法律关系中的要素包括征税主体、客体和具体的内容。

（一）资产证券化税收法律关系的主体

税收法律关系的主体，是指在税收法律关系中依法享有权利和承担义务的当事人，主要包括征税主体和纳税主体。[②] 征税主体是国家，由征税机关具体执行政府的征税权。纳税主体是指承担税法规定纳税义务的单位和个人。资产证券化有复杂的结构化设计，涉及多个交易主体与纳税环节，对于资产证券化税制的研究首先要明确其纳税主体。纳税主体具体包括：发起人，指将资产出售用于证券化的机构，可以是资产的原始权益人，也可以是购买资产后再证券化的机构，包括商业银行、投资银行等机构；特殊目的机构，是资产支持证券的发行人；服务商，是承担从证券化开始到结束整个期间管理工作的机构，一

① 曹晓燕．资产证券化税收法律制度研究 [D]．中央财经大学，2012.

② 刘剑文．财政税收法 [M]．北京：法律出版社，2003.

般是发起人或关联公司；受托人，是SPV的代表，负责托管基础资产以及与之相关的一切权益，一般由证券公司承担；承销商，负责证券的发行工作；信用评级机构，负责资产支持证券的评级工作；投资人，资产支持证券的购买者；其他机构，包括会计师事务所、律师事务所等中介机构。这些机构在资产证券化过程中发生应税行为，取得应税收入，因此成为资产证券化税收法律关系中的纳税义务人。

（二）资产证券化税收法律关系的征税客体

征税客体是指按税法规定对什么征税，是征纳税双方权利与义务共同指向的客体或标的物，是区别一种税与另一种税的重要标志。[①]征税客体是税法的核心要素之一，对其选择不仅要保证财政收入，还要考虑在征管上的可能性以及对经济生活的调节作用。每个税种都有确定的征税客体，一般包括商品和劳务、所得、财产，以及特定行为这四项。以征税客体来命名相关的税种就包括流转税、所得税、财产税和特定行为税。商品和劳务是指在货物和服务流转过程中的销售额与营业额等收入。收益或所得是指通过财产的利用而获得的效用和通过个人的劳务提供获得的满足，可是要将这些效用和满足加以测定和给以定量化是困难的，只好用能把这些效用和满足用表示出来的金钱来表示所得。[②]一般分成个人所得与企业所得。财产是指纳税人所拥有的房屋、土地、车船等。特定行为包括书立、使用、领受应税凭证等行为。[③]

资产证券化由一系列的契约组成，其征税客体主要包括流转额、所得额、特定行为三项，在整个流程中体现如下：

---

① 黄爱玲．新编税法[M]．南京：南京大学出版社，2017.

② [日]金子宏．日本税法[M]．战宪斌，郑林根，译．北京：法律出版社，2004.

③ 黄爱玲．新编税法[M]．南京：南京大学出版社，2017.

流转额：管理人提供服务收取的服务费；管理人取得的贷款利息收入；投资者取得的利息收入；中介机构收取的服务费；资产支持证券的转让额。

所得额：发起人转让基础资产的所得；SPV 取得的所得；投资者取得的利息收入；投资者转让资产支持证券所得；其他服务机构取得的所得。

特定行为：发起人与受托人、保管人、证券登记机构和其他服务提供商为资产证券化签订的应税合同；为证券化交易设立的会计账簿。

二、我国资产证券化税收法律制度的现状分析

相较于蓬勃发展的资产证券化业务，税收对于资产证券化的支持相当少。仅有财税〔2006〕5 号文件可供参照，但该文件也只是对营业税制下的信贷资产证券化做出简单的规定，很多关键性的税务问题并没有明确解释，存在许多的争议。具体税收规则的缺失，很可能使资产证券化交易失去税收中性。①

目前我国没有单独针对金融产品制定税收法律制度。对于资产证券化税制，只出台了一些分散性的税收规范。2006 年，财政部与国家税务总局共同颁布了财税〔2006〕5 号文件《关于信贷资产证券化有关税收政策问题的通知》，对在信贷资产证券化运行过程中有关税收政策问题做了简要的规定。这是目前唯一一份专门针对资产证券化的税收文件。该文件就银行信贷资产证券化试点中，对资产证券化的发起、运营以及所得的分配等环节中印花税、营业税和所得税的课税问题做了说明。由于我国目前已经全面推行营改增，根据财税〔2016〕36 号《关于全面推开营业税改征增值税试点的通知》，财税〔2006〕5 号文件中关于营业税的规定已经作废。财税〔2017〕56 号《关于资管产品增值税有关问题的通知》就资管产品的增值税适用做了相关规定。下面就资产证

① 徐珊 . PPP 资产证券化税收制度的中性设计 [J]. 长春大学学报，2019，29（05）：11-14.

券化主要交易环节中有关的税收种类及其税收法律适用进行讨论。

（一）资产证券化各交易环节要缴纳的税种

1. 资产转让环节

资产转让环节是指发起人成立 SPV，将基础资产转移给 SPV 并收取相应的对价。这个环节涉及的税种有所得税、增值税和印花税。

所得税：发起人转移基础资产如果认定为真实销售，取得的所得需要缴纳所得税；如果认定为担保融资则不存在所得税缴纳的问题。

增值税：发起人转移基础资产如果认定真实销售，基础资产为货物、不动产、无形资产的要缴纳增值税；认定为担保融资的不要缴纳增值税。

印花税：在基础资产转移的过程中签订的各类合同，包括购销合同与借款合同等都要承担印花税的纳税义务。

2. 证券发行环节

在这一环节，SPV 将基础资产进行结构化设计，包括重组、分层和信用增级，以此为基础发行有价证券，出售证券的资金作为从发起人处购买基础资产的资金。在这一环节涉及的税种有所得税和印花税。

所得税：SPV 发行证券的所得有可能要缴纳企业所得税。

印花税：在这过程中签订的资产管理合同、托管合同、服务合同、设立资金账簿等要缴纳印花税。

3. 收益支付环节

在这一环节，服务商负责资产池资金的回收与分配，在归还投资者的本金和利息之后，剩余部分依合同的规定进行分配。在这一环节涉及的税种有所得税、增值税和印花税。

所得税：SPV 收到资金池的收益有可能涉及所得税的征税义务；投资者收

到的收益要缴纳企业所得税或个人所得税。

增值税：资金池的收益如果是属于增值税的征收范围，如贷款利息，房租的租金等要缴纳增值税。投资者收到的收益属于增值税的征收范围要缴纳增值税。

（二）资产证券化交易环节的税法适用

我国资产证券化交易环节涉及的税种主要有增值税、所得税以及印花税。

1. 增值税

增值税属于商品劳务税，以销售商品或提供应税劳务过程中的增值额作为征税对象，税款计算时，通常采用“扣税法”，当期销售收入乘以税率计算出销项税额，减去当期外购货物已纳的增值税额，得出当期应纳增值税额，从而实现对商品和劳务每一流转环节的增值额征税。[①] 增值税在保证财政收入的前提下较好地避免了重复征税，在世界范围内得到推广。我国于 2011 年开展“营改增”试点，2016 年将金融业纳入“营改增”的范围。至此，中国进行了世界上征税范围最广的增值税试点改革，结构性减税关键举措的“营改增”税制改革在全国范围内铺开，很好地解决了营业税的叠税性和两税并行造成的扭曲对金融服务业的发展产生抑制效应。[②] 金融保险业改征增值税，营业税的征收办法、优惠政策、免征收入、收入归属基本不变，原来的价内税变为价外税，增值税税率比营业税税率提高 1 个百分点，购买金融保险服务的增值税一般纳税人可以抵扣 6% 的增值税税款，整体上是减税的。[③]“金融服务业增值税的征

---

① 冯秀娟. 中国增值税制度深化改革研究 [D]. 财政部财政科学研究所，2014.

② 孙瑜晨 . 金融服务业“营改增”的现实省思和改革取向 [J]. 上海金融，2015（02）：32-41.

③ 李本贵 . 实行简易计税办法 推进中国金融保险业“ 营改增 ”[J]. 国际税收，2014（06）：6-10.

收范围包括贷款服务、直接收费金融服务、保险服务与金融商品转让四类。”[①]

（1）贷款服务。我国目前资产证券化业务缴纳增值税主要涉及贷款服务、直接收费金融服务与金融商品转让三类。“作为应税劳务的贷款服务是指将资金贷款与他人使用而取得利息收入的业务活动，指各种占用、拆借资金取得的收入，包括金融商品持有期间（含到期）利息（保本收益、报酬、资金占用费、补偿金等）收入、信用卡透支利息收入、以货币资金投资收取的固定利润或者保底利润，按照贷款服务缴纳增值税。”[②]“保本收益、报酬、资金占用费、补偿金是指合同中明确承诺到期本金可全部收回的投资收益，金融商品持有期间（含到期）取得的非保本的上述收益，不属于利息或利息性质的收入，不征收增值税。”[③]这意味着，判断一项交易是否为贷款服务的标准是保本或固定利润。

和其他的应税项目一样，贷款服务的计税方法分为一般计税法和简易计税法。“一般计税法中，其销项税额为纳税人取得的利息及利息性质的收入和价外费用；纳税人购进货物、应税劳务、服务、无形资产或者不动产，支付或者负担的增值税额，在取得增值税专用发票或其他合法扣税凭证的情况下其进项税额准予从销项税额中抵扣。”[④]“金融机构间的同业拆借是免征增值税项目，存款利息属于不征收增值税的项目，二者都不能作为进项税额抵扣。”[⑤]“同时，如果金融机构以发行债券的方式筹集资金，其支付的利息认定为购进的贷款服

① 源自《销售服务、无形资产、不动产注释》（财税）〔2016〕36号）。

② 源自《销售服务、无形资产、不动产注释》（财税）〔2016〕36号）。

③ 源自《关于明确金融、房地产开发、教育辅助服务等增值税政策的通知》（财税〔2016〕140号）。

④ 源自《营业税改征增值税试点实施办法》（财税〔2016〕36号附件1）。

⑤ 源自《营业税改征增值税试点有关事项的规定》（财税〔2016〕36号附件2）。

务，其进项税额不得从销项税额中抵扣。”[①] 这意味着，金融机构两个重要的资金来源——存款与发行债券均不能作为进项税额抵扣，贷款服务能够抵扣的进项税额比较有限。

（2）“金融商品转让，是指转让外汇、有价证券、非货物期货和其他金融商品所有权的业务活动，其中其他金融商品包括基金、信托、理财产品等各类资产管理产品和各种金融衍生品的转让。”[②] “资管产品运营过程中发生的增值税应税行为，以资管产品管理人为增值税纳税人。”[③] “金融商品转让以卖出价和买入价后的余额为销售额，转让金融商品产生的正负差，按照盈亏互抵后的余额为销售额，若相抵后出现负差，可结转下一纳税期与转让金融商品销售额相抵，但年末时仍出现负差的，不得转让下一个会计年度。”[④] 金融商品转让不能开具增值税专用发票，因此其没有进项税额抵扣。

（3）“直接收费金融服务，以提供直接收费金融服务收取的手续费、佣金、酬金、管理费、服务费、经手费、开户费、过户费、结算费、转托管费等各类费用为销售额。”[⑤] 在资产证券化交易过程中，相关服务机构所收取的各种收费项目，按向购买者收取的全部价款以及价外费用作为销售额，同时购进的合规的进项税额准予抵扣。

2. 所得税

所得税是对我国境内的组织和个人，就其取得的所得征收的一种税，分为企业所得税和个人所得税。资产证券化的发起人基本上是机构，投资者可以是

① 源自《关于明确金融、房地产开发、教育辅助服务等增值税政策的通知》（财税〔2016〕140 号）。

② 源自《销售服务、无形资产、不动产注释》（财税〔2016〕36 号附件 1）。

③ 同①。

④ 源自《营业税改征增值税试点有关事项的规定》（财税〔2016〕36 号附件 2）。

⑤ 同②。

机构和合格投资者，所以要缴纳企业所得税或个人所得税。

资产证券化有着多环节的交易架构，每个环节都可能存在所得，因此就会牵涉到所得税的重复征收问题。资产证券化的交易架构与普通融资的交易架构差别很大，但是目前只有财税〔2006〕5 号文件对于信贷资产证券化的所得税问题做了简单的规定，企业资产证券化、资产支持票据以及项目资产支持计划都没有规定其税法适用，为此存在着许多的空白与模糊之处。

（1）基础资产销售环节

发起人转移基础资产如果认定为真实销售，应该就转让基础资产的所得，按财产转让收入缴纳企业所得税。"发起机构转让信贷资产取得的收益应按企业所得税的政策规定计算应缴企业所得税，转让信贷资产所发生的损失可按企业所得税的政策规定扣除，发起机构赎回或置换已转让的信贷资产，应按现行企业所得税有关转让、受让资产的政策规定处理。"[①] 转让时有所得缴纳企业所得税，亏损可以列入发起人所得税的财产损失扣除项目。如果资产池的资产发生变换，就按照现行所得税的政策规定多退少补。

根据《企业所得税法》的规定，发起人取得的收入应该是 SPV 支付的购买基础资产的资金。基础资产的未来收益已经转入资产池，不属于发起人的收入。转让基础资产的所得应该是所得税纳税申报表上的成本、费用、税金、损失等支出后的资产净值的增加额。但是，对于信贷资产证券化，如何确定信贷资产的净值？是按会计的账面价值还是另有规定？对于信贷资产的准备金应该如何处理？这些都没有明确的规定。

如果将发起人转移基础资产认定为担保融资，发起人就没有所得税的纳税义务，同时发起人承担的融资成本可以在所得税前扣除。遗憾的是，在发起人

① 源自《财政部　国家税务总局关于信贷资产证券化有关税收政策问题的通知》（财税〔2006〕5 号）。

与受托人签订合同进行资产证券化交易中，基础资产何种情况下应被认定为所得税上的真实销售尚不明确。

大多数情况下，由于发起人对基础资产相对熟悉，因此承担基础资产转移后的继续管理工作。SPV 支付给发起人的费用，不管付款的形式是货币收入还是非货币收入，都应该作为提供服务的收入，与其相关的成本、费用、损失、税金等可以所得税前扣除。但是，这部分的服务费用是基础资产收益的一部分。在对基础资产的收益征收所得税的前提下，再对发起人的服务费征收所得税就会产生重复征税的问题。

（2）资产支持证券发行环节

对资产支持证券发行环节如何征收所得税引发不小的争议。现行的财税〔2006〕5 号文件只对信托环节如何征收所得税做出规定，其他方式如何课税没有明确。

信托环节是否征收所得税，是信贷资产证券化试点过程中讨论最多的问题。从表面上看，信托环节产生的所得，是由受托人代缴还是在收益分配后由投资者自行缴纳应该是相同的。但是具体分析就会发现两者之间存在着税负的不同。以资产证券化为例，在信托环节就由受托人代扣代缴，这时投资者在还没有分配到利息时就被课征所得税，存在征税提前。最为关键的是，如果不是由受托人代扣代缴，而是由投资者自行缴纳，不同的投资者就会有不同的税收负担。受托人按每个投资者的具体情况来代扣代缴，一方面成本过高，另一方面征管上也有困难，因此在税基上没有任何的调整。在投资者已有所得且没有其他税收优惠的前提下，这时自行缴纳的所得税税负与代扣代缴的一样。对于那些没有所得或者有税收优惠的投资者，这时候自行缴纳的所得税税额就会小于受托人代扣代缴的所得税税额。例如，对于社会基金，国家对其有免税的优惠政策，如果由其自行申报，这部分的所得就不需要承担企业所得税，但由受托人代扣代缴就需要承担所得税。

根据财税〔2006〕5号文件，资产证券化下的信托本身并不负担所得税，仅在信托财产收益留存于信托中，未及时向投资人分配时，信托才对该留存收益负有纳税义务，即便如此，投资人最终获得这些收益时，也可以申请将信托环节已纳税款进行抵免，从实践来看，目前我国的资产证券化交易基本上是无时滞付款，尚不存在用信托收益进行再投资的安排，因此，由信托本身纳税的概率微乎其微。① 现行的规定已经很好地解决了信贷资产证券中SPV与投资者的双重课税问题。

（3）其他环节

在资产证券化的各个环节中提供服务的主体，如信用增级机构、会计师事务所、律师事务所等，他们取得的服务费应该纳入自身的应纳税所得额中，根据各个主体的具体情况自行缴纳。投资者取得的利息收入也一样处理。

3. 印花税

印花税作为古老的税种，具有税负轻微、税源畅旺、手续简便、成本低廉等优点，被西方经济学家称为“拔最多的鹅毛听最少的鹅叫”的“良税”。② 资产证券化环节众多，需要较多参与机构的合作，在交易过程中需要订立大量的合同以及合同性质的凭证。例如，发起人与受托人签订的买卖合同或受托合同；受托人与服务商签订的委托合同；受托人与承销商、信用评级机构、会计师事务所等中介机构签订的服务合同；受托人与投资者签订的产权转移书据；相关机构设立的营业账簿。根据《中华人民共和国印花税暂行条例施行细则》，以上这些都属于印花税的征税范围。但是根据财税〔2006〕5号文件规定，以上情况均暂免征收印花税。

---

① 刘燕.我国资产证券化中SPV税收政策评析[J].税务研究，2007（04）：6-10.

② 饶立新.中国印花税研究[D].江西财经大学，2009.

对于信贷资产证券化减免印花税，一方面基于资产证券化的业务性质的判断；另一方面，也是由印花税在我国税制中的作用与地位决定的。在我国，资产证券化业务不论是真实销售还是担保融资，本质上都是发起人的融资安排。因此，资产证券化的税收成本应该与普通融资活动的税收成本没有差异。虽然我国的印花税税率不高，但对于资产证券化以亿元为单位的资金来说，也会构成不小的税收负担。对这些因结构化设计而签订的合同征收印花税，就会增加资产证券化的成本，降低资产支持证券的流动性，有可能造成资产证券化项目发行的失败。同时，与增值税、所得税不同的是，当前中国印花税对税收总收入的贡献不高，对地方财税收入的贡献偏低，普通印花税对经济与社会的调控作用很小。[①] 我国与发达国家一样，对资产证券化过程中的印花税提供税收优惠，体现了政府对金融创新的支持。

① 饶立新．中国印花税研究 [D]. 江西财经大学，2009.

第三节　我国资产证券化现有税收法律制度面临的问题与国际比较

资产证券化并不是一项经济业务，而是将资产转化为证券的一种交易形式。在资产证券化交易中，恰当的税收规制应该包括转移基础资产时对发起人的征税；对 SPV 的征税；对投资者征税和对剩余超额利润征税。对于资产证券化税制，应主要解决以下问题：第一，交易是视为出售还是融资？第二，发起人的税收待遇是什么？第三，应该如何对 SPV 进行税务处理？第四，投资者的收入和支出的税务处理是什么？

一、资产证券化中的税收中性

美国、意大利等国家和地区有比较明确的资产证券化税收规则。而大多数国家没有完善的资产证券化税制，只能适用一般的税法规定，这就很可能会失去税收中性。所谓的税收中性是指在不存在收入分配问题或该问题已经解决的前提下，探讨征税如何不构成对人们行为的扭曲，不会引起商品相对价格发生变化从而不改变纳税人行为的税收被认为是中性的，其目的在于使超额负担最小化。①

相较于我国蓬勃发展的资产证券化业务，税收对于资产证券化的支持相当少，仅有财税〔2006〕5 号文件可供参照，但该文件也只是对营业税制下的信贷资产证券化做出简单的规定，很多关键性的税务问题并没有明确解释，存在

① 刘映春．税收中性原则与我国的税制改革 [J]. 法学杂志，2001（05）：31，33-35.

许多的争议，具体税收规则的缺失，很可能使资产证券化交易不能有效地处理，失去税收中性。①

对于资产证券化，税务规划的作用是避免征收不必要的税收，增加交易成本。对于资产证券化理想的税收制度应该基于资产证券化工具的性质。例如，如果 SPV 只是发起人和投资者之间的被动的管道，则其应该是免税体；如果 SPV 重新配置了资金池中的资金，这时 SPV 就应该成为应税实体。将 SPV 认定为免税体基于以下原则：SPV 没有与普通的主体一样从事经营活动；SPV 只是为了资产证券化这个特殊目的而成立的，它只是连接投资者与发起人的纽带，没有留存任何的收益。

如何对资产证券化课税才能做到税收中性？税收没有对整个证券化交易施加不必要的税务负担，这时就是中性的。这意味着，资产证券化交易和普通的交易之间，双方的税收负担没有显著的差异。例如，发起人通过银行融资取得资金，将资金购买资产投入生产运营之中。经营活动产生回报，而融资有借款的利息。发起人就投资回报率与利息之间的差额征税。银行就利息部分征税。总体来说，发起人和银行就交易的总回报缴纳税款。同样的场景转化成资产证券化交易，则发起人成为资产的购买方和销售方，证券的投资者成为银行。如果发起人转移资产认定为销售，这时候他提前获利。银行借款交易与资产证券化交易存在时间差，征税的时间提前。另外，如果 SPV 不能完全抵偿其收入和费用时，例如，SPV 筹集的资金被认定为股权投资，这时 SPV 分配的收益就认定为股息，就无法税前扣除；SPV 将收益分配给投资者后还有剩余收益，这部分的剩余收益就被视为 SPV 的应税收入；SPV 收入的时间是根据基础资产的收入产生的时间，而 SPV 利息支出是根据利息合同的规定，这两者之间

① 徐珊 . PPP 资产证券化税收制度的中性设计 [J]. 长春大学学报，2019，29（05）：11-14.

存在着时间差，这时候将 SPV 视为征税实体就会重复征税，违反税收中性的原则。

二、资产转移是真实销售还是担保融资的认定

（一）真实销售与担保融资征税的差异

对于资产证券化的税收问题，首先要明确的是，从资产证券化交易的全貌来判断，交易是应该被认定为发起人销售基础资产还是一项担保融资交易？征税机关倾向于将交易认定为销售，但是如果从资产证券化的全局来看，所有的交易连接在一起，得出交易不满足销售认定的结论，这就应该认定为担保融资，类似于发起人以转移给 SPV 的基础资产为抵押品的借款。

资产证券化交易被认定为销售还是融资，会计与税务各有其认定的方法。因此，从会计的角度上看就可能是融资，而从税收的角度上看就可能是销售。如果基础资产的转移被认定为销售，那么发起人就出售了资产，该资产在未来的收益将不属于发起人。SPV 成为资产的所有人，以前由发起人赚取的收益现在归 SPV 所有。发起人销售资产，如果税收认定的销售收入超过税收抵扣的账面价值将被征税，反之则可以税前扣除。例如，在一笔信贷资产证券化业务中，银行从事普通的贷款业务，在 5 年期间以 1 000 元的本金获得每年 10 元的利息收入，现在银行从事资产证券化业务，贷款以 1 030 元的价格出售，相关税务处理如下：从事贷款业务，按每年 10 元征收所得税，一共征收 5 年；资产证券化业务，每年 10 元的利息不再是银行的收入，银行就当年的收益（1 030–1 000=30 元）征收所得税。销售与融资之间的税收待遇差异如下：按销售处理：基础资产在营运期间的收入将加快回收；基础资产与通过资产证券化筹集到的资金之间的差额将计入应纳税所得额；资产证券化的收益或者损失将被

立刻征税；基础资产未来的收益成为 SPV 的收入。

按融资处理：基础资产取得的收益按之前的时间纳税；在资产证券化期间都可以税前扣除；资产证券化的收益或损失在交易期间纳税；由于认定为融资，SPV 取得的收入就相当于给发起人贷款的利息收入，发起人列示为利息支出。

（二）销售与融资的认定

1. 基础资产转移时的认定

资产证券化交易被认定为销售还是融资，税务机关倾向于认定为销售，因为这样可以加速缴税。但发起人更愿意进行融资处理，这样可以避免对交易的收入立即缴税。如果认定为融资，则交易自动实现了税收中性。以下情况适用于融资处理：如果在法律形式上不是销售资产，则税法上就认定为融资；如果法律形式上是销售资产，但税法认定为融资，或者税务机关忽略法律形式根据交易的经济实质认定为融资；最后，如果是收入的转移而不是创造收入的资产转移，也会被认定为融资，在"南通天电销售资产支持收益专项资产管理计划"案例中，转移的是电力销售收益权，而电力销售的特许经营权并没有转移。收益权的转移只是收入的一种应用形式，发起人仍继续拥有超过证券化部分的收益权并承担风险。[①] 因此认定为融资。如果基础资产没有法律上的合法销售，资产证券化交易就不会被认定为税收上的销售，就认定为融资。要在税法上认定为销售，资产需要在法律形式上的转移。对于合成资产证券化交易，由于只是风险与报酬的转移，没有出售资产，因此就不存在销售的问题。

税法与法律对于销售的认定标准不相同。法律上认定为销售，税法上不一

① 徐珊．PPP 资产证券化税收制度的中性设计 [J]. 长春大学学报，2019，29（05）：11-14.

认定为销售。在一些发达国家，税法意义上的销售更类似于经济销售。当与资产所有权有关的风险与报酬转移时，发生经济上的或者说是实质上的销售。资产的销售应该是创造了新的风险与报酬，这些风险与报酬在整体上不同于交易之前的风险与报酬。如果资产所有者的风险与报酬不受资产转移的影响，则转移在经济实质上就不是销售，应该认定为融资。美国最高法院认为，税收关注的应该是对征税财产的实际控制权。美国的行政机关在判断交易是销售还是融资时有一些标准可以参考。例如，应收账款的购买价格是否固定，被转让的应收账款是否能被明确辨认，应收账款的债务人是否收到了转让通知，与所有权相联系的利益和风险由哪方享有和承担，买方是否具备处置应收账款的权利，收取债权的成本和税收负担是否由买方承担。[①]

2.SPV 实质性销售

销售还是融资的认定应该从整个交易的角度来看。如果资产证券化交易被认定为融资，发起人没有向 SPV 出售基础资产，这时也就不存在 SPV 的实质性销售的问题。但是如果将基础资产的转移认定为销售，下一步就应该认定 SPV 将基础资产的收益转移给投资者时，应该确认为销售还是融资。如果 SPV 将基础资产的实际利益转移给投资者，就可以被认定为税法上的销售，这时 SPV 就会被视为“透明主体”，没有资产也没有收入，成为免税主体。如果 SPV 发行的资产支持证券被视为债券，SPV 就会被视为基础资产的所有者，应该就其收入缴纳税款。

对于 SPV 的销售与融资判断的标准与发起人一样。SPV 需要转移经济所有权才能认定为销售。美国在实践中总结了一些经验可供参考。交易中的命名，是直接将发行的证券命名为债券还是其他；是否使用过度利差来偿还债务的本

① 曹晓燕．资产证券化税收法律制度研究 [D]．中央财经大学，2012.

金，使得债务在基础资产清偿之前就可以偿还；利率的限制，转移收入但不转移资产等。

三、发起人面临的税收问题

（一）发起人税收的基本问题

资产证券化税制的一个基础问题是销售还是融资的认定，前面已经讨论了判断销售还是融资的标准。在此前提下，对于发起人而言，基本的税务问题是：如果交易被认定为销售，发起人应该如何对损益缴税？发起人收取的服务费应该如何征税？发起人保留的剩余权益应该如何征税？这些问题其实都涉及一个基本的问题，如何对发起人拥有的资产所产生的利润进行征税。

在资产证券化交易中，发起人有以下几种方式获取利润：将基础资产以高于其账面价值或低于加权平均内部收益率的折现率进行转移，以此实现一部分利润；发起人收取的服务费；发起人所持有的劣后级债券的利息；SPV 支付资产证券收益后的剩余收益；对于剩余基础资产以较低价格回购的选择权；保留利率条款与利率互换。何时对发起人征税取决于利润的获得方法。利润获得的时间越早，征税的时间就越早。例如，基础资产出售时的所得就产生了纳税义务。服务费或其他收益的提取方法就会推迟纳税时间。还有一个引起争论的问题，发起人转移基础资产时保留的剩余权益应该如何征税。有学者认为，剩余权益不过是资产证券基础资产转移时的一种增信方式，应该计入收入，但也有学者对此反驳，认为税收不应该对不确定的事项征税，因此应该遵守当地税法来处理这个问题。

（二）税法规定不明确的发起人征税

1. 基础资产转移的认定

大多数国家的税法没有关于资产证券化的明确规定。资产证券化在中国还处于起步阶段，税法规定还有不明确之处。我国现行的文件只对信贷资产证券化中发起人转移资产时缴纳所得税有所规定。“发起机构转让信贷资产取得的收益应按企业所得税的政策规定计算缴纳企业所得税，转让信贷资产所发生的损失可按企业所得税的政策规定扣除。”[①] 财税〔2006〕5 号文件的规定简明扼要，对于我国资产证券化的初期发展起到了很好的指导作用。但是，随着银行信贷资源的日益紧缺，资产证券化已经成为我国打造多层次资本市场的一个重点领域。我国现在不仅有信贷资产证券化，还有企业资产证券化等市场，基础市场的种类也丰富多彩，创设了一些适应中国法律体系的交易架构。相较于蓬勃发展的资产证券化市场，相关的税法规制就显得有所欠缺。现行的资产证券化税收政策还存在非系统性的问题，纵向方面，发起人、SPV、投资者各环节课税规定欠细化，如发起人的次级权益课征等均未作规定；在横向方面，资产证券化税制与信托税制、涉外税制等关系也欠协调。[②]

基础资产转移是销售还是担保融资，如何对其进行判断，我国税法没有对其明确规定。对于信贷资产证券化，我国规定 SPV 采用信托的形式。我国的信贷资产证券化中，发起人是将基础资产委托给 SPV，而不是销售概念上的财产所权的转移。当委托人把基础资产“信托”给受托人，受托人却向公众发行资产支持证券并用资产下的现金流来偿付时，委托人的“公允对价”如何实现呢？缺乏公允对价的资产转移是否已经丧失了破产隔离的效果呢？是否可以抽

① 源自《财政部 国家税务总局关于信贷资产证券化有关税收政策问题的通知》（财税〔2006〕5 号）。

② 尹音频，阮兵 . 公平与效率：资产证券化的税收政策取向 [J]. 财经科学，2007（06）：39-44.

象地认为发起人最终从受托人处收到的投资人购买债券的款项可以作为一种对价？再进一步，信托通常被视为给予受益人的“礼物”，这又如何与资产证券化的商业属性以及资产证券化孜孜以求的“真实销售”目标协调呢？[①]对于资产支持专项计划、项目资产支持计划，目前的法律性质不明。这两种形式下资产转移行为应该如何认定，需要税法上的明确规定。

很多国家没有对真实销售与担保融资在税收上的认定专门立法。例如美国，如果征税机关对于基础资产的转移是真实销售还是担保融资无法给出明确的判断时，应该由司法机关根据过去的经验以及现时的环境与交易架构等，对不同的交易架构做出不同的判断。这也让资产证券化中的税收负担过于依赖司法机构的专业意见，存在不确定性，无法给相关主体以合理的预期。

我国在企业资产证券化过程中，相关行政机关的文件可以作为基础资产转移判断的参考。“管理人应在专项计划设立后，基金业协会报送基础资产转让协议等法律文件。”[②]“管理人应当聘请律师事务所对基础资产转让行为的合法有效性发表专业意见。”[③]这意味着，在基础资产转移时，各方签订的合同等法律以及法律意见对于基础资产转移行为的判断有一定的作用。

在信贷资产证券化中，对于金融资产的转移，在会计处理上有风险和报酬分析法、金融合成分析法和后续涉入法这三种方法。我国与国际会计准则趋同，在2006年采用“后续涉入法”作为金融资产转移的标准。2017年，我国修订了金融资产转移的会计准则。修订的会计准则在金融资产转移方面的判断标准相同，但将金融资产转移的判断原则进一步明确，对实务中出现的问题提

① 楼建波，刘燕．论信托型资产证券化的基本法律逻辑[J]．北京大学学报（哲学社会科学版），2006（04）：121-129.

② 源自《资产支持专项计划备案管理办法》（中基协函〔2014〕459号）及配套规则的通知。

③ 源自《证券公司及基金管理公司子公司资产证券化业务管理规定》（证监会公告〔2014〕49号）及配套规定。

供了更为详细的指引。如何运用后续涉入法对金融资产的转移予以终止确认如图 4–1 所示。

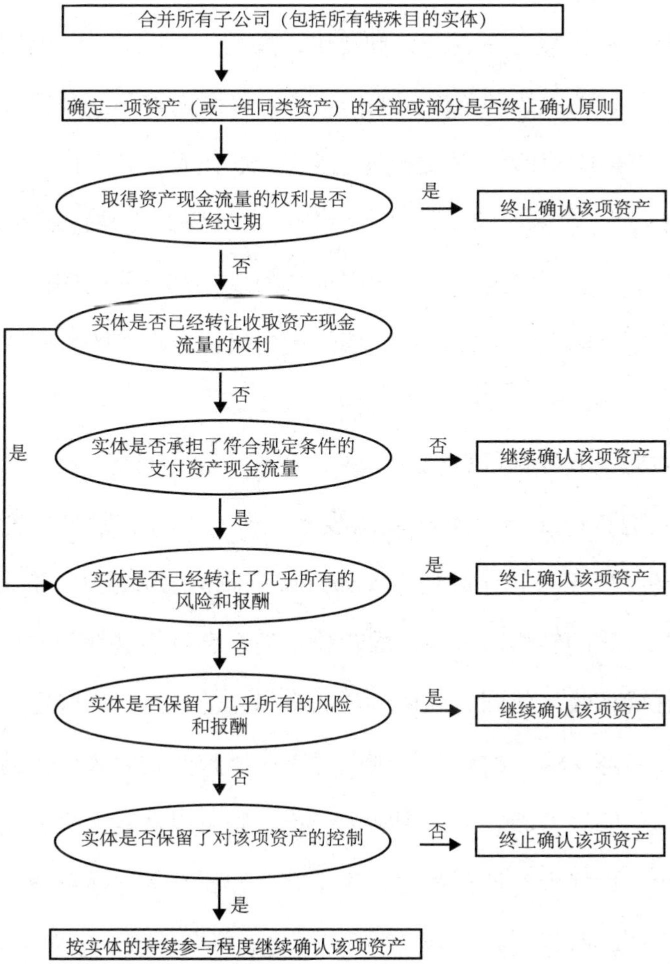

图 4–1　后续涉入法

资料来源：中国人民银行苏州市中心支行课题组，童琳．会计准则执行中的问题和对策——商业银行信贷资产证券化会计处理 [J]. 金融会计，2017（05）:49–54.

现行会计准则除进一步明晰金融资产转移及其终止确认的判断原则，还对相关实务问题提供了更加详细的指引。

2. 发起人的税收问题

（1）所得税问题

如果税务机关认定基础资产的转移为销售，下一步的问题就是如何确认发起人的应纳税所得额。在资产证券化中，发起人的收入为SPV支付的对价款，但是发起人保留的次级利益应该如何处理。以国内首单商业银行不良资产证券化“建元2008-1”为例，其发行规模为27.65亿元，其中优先级资产支持证券发行21.5亿元，在银行间市场公开发行；次级资产支持证券6.15亿元，由中国信达资产管理公司定向发行。次级证券的发行是一种内部信用增级方式，对优先级证券本息的偿付形成保护。偿付优先级证券后的收益归次级证券持有人所有。

如何对此项业务征税就引发争议，对于发起人而言，应该以27.65亿元确认收入还是应该以21.5亿元来确认收入？即，发起人保留的次级权益究竟是属于收入还是属于未转让的资产？如果按照我国会计准则，依据后续涉入法，判断风险与报酬的转移与控制权的转移程度，有可能这部分的权益不能确认收入，或者在确认收入的同时确认一项的支出。但是在收入确定中有太多太复杂的职业判断有悖于税法的效率原则。对于次级权益是否确认为销售应该在基础资产转移这个阶段判断，如果判断为销售，则可以认定次级权益部分也构成收入的一部分。次级资产证券和优先级证券一样，都是以基础资产产生的收益来偿付的，不同的是偿付的时间与顺序。因此，将全部收取的对价款认定为收入，而次级权益认定为发起人的投资更为简便、易行。

资产证券化中的基础资产应该是未来能产生稳定现金流的资产。如果在转让的时候，根据权责发生制已经产生了收益，但是发起人尚未支付利息，这时在转让的时候对于收入与成本的确认是否应该考虑利息？类似的情况会计是这样处理的。例如，对于交易性金融资产，在取得交易性金融资产时，交易性金融资产成本为取得时的公允价值，不包括在支付的对价中包含已到付息期或已宣告但尚未领取或发放的利息和股利。已到付息期或已宣告但尚未领取或发放的利息和股利在应收股利或应收利息中列示。这意味着要将出售基础资产所收取的价款区分为基础资产本金与收益两个部分。同样出于效率原则，在我国的征税环境中，这样区分的意义并不大。在我国，对利息收入与财产转让收入征收所得税的方法是一样的。在实践中，资产池中的基础资产众多，很难对于本金与收益进行合理的分解。将二者区分让税务处理变得十分复杂，而所缴的税款却和没有区分一样。因此，我国的税收政策明文规定，基础资产转让的是在转让日的本金的部分，不包括基础资产已经产生的收益。在转让日后产生的收益归 SPV 所有。这样简化处理，降低了纳税人税收遵从成本，从而提高效率，促进资产证券化在我国的发展。

资产证券化中基础资产转移后，对于发起人所保留的次级权益所产生的收益应该如何进行税务处理呢？基础资产所产生的收益在偿付优先级证券后，资产池所回收的剩余收益归发起人所有。这时候应该在剩余收益偿付的时候缴纳税款还是应该将这部分收益折现到转让日，作为转让日的收入来缴纳所得税呢？首先，税法是对确定的收益来征税。次级权益所产生的收益不是确定的收益。发起人持有次级证券是一种内部增级的方式，是对优先级证券本息偿付的一种保证。当基础资产不能稳定地产生现金流，无法偿付所有证券的本金与利息时，发起人所持有的次级证券的本金与利息就有可能受到损失。其次，让纳税人就尚未收到的收益缴纳税款违反税法的原则，因此，不能将这部分或有收益折现到转让日确认为收入。

在大多数交易中，发起人作为服务机构，SPV 需要向其支付服务费。这部分的服务费其实是贷款利息的一部分，在对贷款利息已经征税的前提下，再对这部分的服务费征税就会导致双重征税，违背税收中性的原则。

（2）印花税与增值税问题

在资产证券化过程中，发起人涉及的税种包括所得税、增值税与印花税。在财税〔2006〕5号文件，已经就信贷资产证券化过程中的许多印花税给予免税。但是这些税收优惠只是针对信贷资产证券化，其他资产证券能否享受免税政策，尚不明确。同时，信贷资产证券化中的免印花税也并不彻底，例如，对于发起机构与资金保管机构、证券登记托管机构的印花税，只是暂免受托机构的单方印花税。在一些发达的金融市场，例如英国、法国、日本对于资产证券化过程中的印花税都有比较彻底的优惠。发起人还可以通过一些合法的方法来规避印花税。这些优惠政策对于我国都有比较好的借鉴意义。我国的资产证券化还在起步的阶段，对于成本非常敏感，税收成本有可能成为项目是否成立的因素。因此，在资产证券化税制的设计中，可以实行更为彻底的印花税税收优惠，以此促进我国资产证券化的发展。

同样，在税法认定基础资产转移为真实销售的前提下，对于基础资产的转让是否应该缴纳增值税的判断也很困难，对其判断的关键在于基础资产是否属于增值税的征收范围。增值税的征税范围包括商品、服务、不动产和无形资产。在我国的实践中，对此引发歧义的是金融商品和无形资产的认定。在税法没有明确的背景下，大部分学者及业界人士认为对于应收账款的转让不属于增值税的征收范围。在财税〔2006〕5号文件中没有提及营业税（现增值税）。这似乎可以表明应收账款的转让不用缴纳增值税。但由于法规的不确定性，实践中当以应收账款为表现形态的基础资产“出表”时，部分税务机关仍将其认定为“金融商品转让”，征收增值税。[①] 所谓金融商品转让是指转让外汇、有价证券、非货物期货和其他金融商品所有权的业务活动，其中其他金融商品包括基金、

① 俞娜，张莉．我国资产证券化业务税收政策漫谈[J]. 金融法苑，2017（02）：80-90.

信托、理财产品等各类资产管理产品和各种金融衍生品的转让。[①] 增值税中金融商品转让的征税范围是原营业税的平移，因此股票的转让也应该产生增值税的纳税义务。在我国的REITs实践中，很多的交易是通过资产管理计划持有公司的股权的方式来持有基础资产。《财政部　国家税务总局关于股权转让有关营业税问题的通知》第2条规定，“对股权转让不征收营业税”。因此股权的转让不能当作金融商品转让来征收增值税。但是有些省市的税务机关对于股权转让征收营业税（现增值税），例如《福建省地方税务局关于福建新大陆科技集团有限公司等企业转让限售股征收业税问题的批复》（闽地税函〔2013〕138号），就新大陆科技集团减持的限售股按金融商品转让征收营业税。

在以未来收益权为基础资产的证券化交易中，未来的收益权在发起人的资产负债表中确认为无形资产，例如以知识产权为基础进行证券化。这时是否应该将其转让认定为无形资产的转让从而缴纳增值税，这仍不明确。

四、SPV面临的税收问题

（一）SPV税收的基本问题

SPV的税收是证券化交易中最关键的税务问题之一。如果SPV的不当征税会导致发起人的收入双重征税，资产证券化交易的最终成本将会增加。在一些情况下，会让交易变得非经济性。

一般情况下，SPV不是实质性的实体，它们不能运营以赚取利润。因此，财政制度应该避免对于资产证券化交易征收额外的税收。对于SPV最好的方式是不把它认定为征税实体。但在当今的交易中，SPV也不仅仅是管道的作用，

---

① 源自《销售服务、无形资产、不动产注释》（财税〔2016〕36号附件）。

他们的作用和一个普通实体一样，分配收入，给不同的投资者以不同的偿付顺序，同时也会营运赚取收入、累积利润。这时的税收制度就应该把SPV和普通的实体一样对待。如果SPV只是管道作用，那么就应该认定为免税实体，如果SPV重新分配收入，则应该将其视为普通的应税实体。

但是，如果对SPV提供税法上的豁免，则企业有可以将自己的收入转移给SPV，通过SPV累积收入以此推迟缴纳税款的时间。这种税法上的豁免存在被滥用的可能，因此应该将SPV视为收入的分配渠道，在保留收入的范围内征税，这在我国的财税〔2006〕5号文件里有所体现。对于SPV征税有三种可能的方式：第一，SPV被视为税收透明主体，SPV不征税，投资者以他获得的收益征税。第二，SPV作为扣缴义务人代投资者缴税，投资者的收益不再征税。第三，SPV本身被视为应税实体纳税，这种状况下，SPV的收益征收一次税，投资者的收益也征收一次税。发起人提供的收益被征收了两次税。

1.SPV被视为税收透明主体

SPV可被视为税收透明主体时的资产证券化交易框架是：发起人将基础资产转移到SPV，SPV合法地作为投资者的受托人持有基础资产，基础资产产生的收益成为SPV的收益，SPV根据交易的条款向投资者分配这些收益。SPV只是为了资产证券化交易而特别设立的，将全部的收益分配给投资者，因此SPV被视为交易中的管道，成为税收上的透明主体。

如果SPV适用于管道原则，这时SPV收到的收益就是投资者的收益。在这种情况下，将不对SPV征税，对投资者收到的收益征税。将SPV视为管道处理一般在SPV只是被动实体的情况下适用。在简单的交易中，SPV没有进行主动的管理，只是将收到的收益转给投资者。SPV只是将发起人与投资者联系起来的一种契约，而且没有任何进一步的作用。在这种情况下，SPV在税务上被视为透明主体。

SPV 在税务上被视为透明主体有一些基本的标准：（1）SPV 在税务上被视为透明主体不依据 SPV 的组织形式来认定。（2）SPV 对于收入的使用没有任何的决定权。（3）投资者取得的收入份额与 SPV 取得的收入一致。（4）SPV 应该将所收到的收益全部分配给投资者而不是支付利息等费用后的剩余收益。（5）如果 SPV 将收益进行分档等结构化设计，这时 SPV 就是主动对资产进行管理，不能被视为税收上的透明主体。（6）没有投资者有资格获得剩余收益。

2.SPV 作为扣缴义务人代投资者缴税

SPV 作为扣缴义务人代投资者缴税是指 SPV 对收益缴税，但是所缴纳的税是替投资者缴纳的。SPV 作为扣缴义务人代投资者缴税表面上看和认定为税收透明主体一样，避免了重复征税，但二者之间的税负不同。在 SPV 被认定为透明主体中，投资者自行纳税，适用于各自的征收办法。而 SPV 作为扣缴义务人代投资者缴税，SPV 成为一个实体，以适用于此类机构的征收办法征税。SPV 作为扣缴义务人代投资者缴税不利于资产证券化交易，有可能比投资者自行纳税缴纳更多的税款。

3.SPV 本身被视为应税实体纳税

SPV 被视为应税实体纳税，它收到的任何收入都被视为它的收入，而分配给投资者的收入将被视为它的费用，这会导致双重征税，但它分配给投资者的收益可以在税前扣除，因此重复征税问题只在它抵消费用后的范围内。一般情况下，如果 SPV 发行的证券被认定为债券，其分配的收益就会被认定为财务费用，可以税前扣除。如果 SPV 发行的证券被认定为股票，其分配的收益就会被认定为股息，就不可以税前扣除。

如果 SPV 对于基础资产采用主动管理的方式，如某些资产证券化结构（CMO、CLO 或 CBO），显然应该视为应税实体。对其避免重复征税的方法是将 SPV 的收入与费用配比。如果在 SPV 留有利润，就会产生重复征税的问题。

在现行的资产证券化交易中，不论SPV的组织形式是信托还是公司，只要其发行带有固定利息和固定还款日期的债券，发起人持有劣后级证券作为内部增信，SPV就会被视为应税实体。

（1）债务和股权之间的区别：实体层面税收的关键

现在大部分的资产证券化交易中SPV都对资金进行了主动的管理，而且很多国家没有明确认定为税收上透明主体的具体规则，因此，SPV一般情况不能作为税收上的透明主体而应该被视为应税实体纳税。SPV被视为应税实体纳税，最好的方案是将它的收入与费用相匹配，这样才能实现税收中性。SPV的收入是基础资产的收益，费用是分配给投资者的支出，二者之间应该为零或者接近为零，这样才可以避免在SPV层面征税。

但有一个非常重要的问题。在税法上，如果支付的是股息就不能税前扣除，支付的是利息才可以税前扣除。如果SPV向投资者的分配被视为股息而不是利息，这就会导致双重征税。

股权和债权的区别是个基本的所得税问题，不仅仅限于资产证券化交易中。二者区别的基本原则对于资产证券化的税负至关重要。美国提出了13项非排他特征，有助于我们区分股权和债权，分别是：发行证券的名称、是否有固定的到期日、还款来源（即资金接收方是否有合理的可预期的现金流或流动资产来偿还借款）、资金的提供者是否有强制执行付款的权利、付款的提供者是否获得了参与管理的权利、与常规债权人有关的出资地位、双方当事人的意图、借款的收款人是否充分资本化、债权人与股东之间是否有相同的利益关系、利息来源（即资金的收款人是否从收益中支付利息）、公司从外部贷款机构获得贷款的能力、收款人使用预付款购买资本资产的程度、收款人是否在到期日偿还了资金。

如前所述，由于负债具有税盾效应，许多国家都存在资本弱化的现象。资本弱化，又称资本隐藏、股份隐藏或收益抽取，指企业投资者为了达到避税或其他目的，企业融资方式的选择上，降低股本的比重，提高贷款的比重，以贷款方式替代募股方式进行的投资或者融资。[①]随着金融工具的日益复杂化，有可能构建一种看起来像债务但具有股权经济影响的工具，例如次级债券。这将产生一种结果，本质上是一种股权由企业长期持有，但在税收上却可以税前扣除。为了遏制这种倾向，许多国家的税法规定了防范资本弱化的规则，如果实体资本化程度很低（主要由债务权益比率表示），那么偿还债务的一部分或全部的利息不允许税前扣除。例如，澳大利亚 1997 年所得税评估法第 820 部分就规定一个资产负债率之类的指标，如果低于这个指标，则利息不能税前抵扣。

防范资本弱化的规则如何影响 SPV 呢？如果将防范资本弱化规则应用于 SPV，与它的交易将受转让定价规则约束，或将导致费用不能税前扣除。唯一的方法是对防范资本弱化进行特定的豁免。例如，澳大利亚 1997 年所得税评估法案 820.39 规定，在满足某些条件时，向 SPV 豁免资本弱化规则。

（2）避免双重征税的方法

对发起人的收入的双重征税损害了发起人与投资者的利益，因此在资产证券化交易中必须避免双重征税。在国际上，有两种避免特殊目的实体被视为应税实体时的税收，将特殊目的实体设置在“避税天堂”以及制定专用的法律使其达到税收中性。

将特殊目的实体设置在“避税天堂”是一种非常普遍的做法。如果将特殊目的实体纳入避税地管辖范围，关键问题是特殊目的实体所在的政府是否与东道国签订双重避税条约以及特殊目的实体是否被认为在东道国有一个“常设单

① 刘磊．论资本弱化税制 [J]. 涉外税务，2005（10）：26-31.

位”，并在东道国负有纳税义务。一般情况下，如果特殊目的实体在东道国没有雇员和办公室，就可以避免认定为在东道国有一个常设单位。另一种方法是直接制定法律，例如美国的 REMIC 法案和意大利的法规，对 SPV 进行结构化的调整，使其符合免税的条件。

为了避免对特殊目的实体的剩余收入进行双重征税，一般情况下会将特殊目的实体设立于颇受欢迎的免税地区，例如开曼群岛、马恩岛和直布罗陀。但是如果 SPV 基于外国司法管辖区，则原产地向 SPV 转移的付款是对外国实体的付款，在这种情况下可能会产生预扣税。另一个重要问题是，虽然特殊目的实体在法律上设置在外国，但其仍然可能被发起国的国家征税。这是基于一项税务原则，如果一个实体在该管辖区有常设单位（常设机构），则该实体被视为该管辖区的居民。常设机构原则是目前各国在避免国际双重征税协定（以下简称双重征税协定）中普遍采用的协调缔约国双方在跨国营业所得上征税权冲突的基本原则，根据此项原则，缔约国一方对缔约国另一方企业来源于其境内的营业利润行使属地课税权征税，是以缔约国另一方企业在其境内具有某种特定的物理存在——常设机构的存在为前提的。[①] 常设机构包括管理地点、分支机构、办公室或工厂或经常行使权力的从属代理人的存在和以离岸企业名义签订合同。“控制”本身是一种抽象化的概念。在资产证券化的背景下，一个相关的问题是谁控制了特殊目的实体。SPV 通常是外壳实体，其实际主要工作由管理机构处理，通常是发起人。SPV 的董事会也可以由发起人控制。因此，出现了一个问题，即 SPV 是否可以被认为发起人所控制，从而使其在发起国需要纳税。常设单位不能仅仅因为与收集和服务有关的行政事务在发起国而被认定在发起国。因此，为了避免在发起国家征税，SPV 的董事会应该由独立董

① 廖益新．论适用于电子商务环境的常设机构概念 [J]. 厦门大学学报（哲学社会科学版），2003（04）：13-21，62.

事组成，在发起国没有任何办公室或地址。这样才可以不被发起国的国家征税，避免双重征税。

美国在资产证券化过程中的一些历史经验值得我国借鉴。对于非金融资产证券化与非房地产抵押贷款资产证券化的交易结构分为转付和传递两种类型。转付是指 SPV 发行债务证券，传递是指 SPV 发行的是股权证券。转付结构中避免 SPV 征税的方法是其收入抵销支付的利息，这样可以部分减少 SPV 的税收。在传递结构中，一般把 SPV 设置成授予人信托。根据美国国内税法，这种信托实现的所得或遭受的损失都传递给授予人或创建者，因而在信托层面上没有税收问题。[①] 授予人信托中，SPV 不能对资产进行主动管理，不能购买新的基础资产，也不能对其所有的现金进行投资。不允许发行不同等级的债券。转付结构不适用授予人信托的税收优惠。为此，转付结构中的 SPV 一般会被安排成原始权益人属下的单一目的公司或按“逐项检验法则”，考虑纳税目的，把特殊目的机构信托设置为合伙结构。[②]

美国特别制定了 REMIC（ Real Estate Mortgage Investment Conduit ）规则，专门设立了用于不动产抵押贷款资产证券化的不动产按揭贷款投资通道。REMIC 法律的基本目的是将整个交易的税收负担转移到剩余收入类别上。剩余收入类在整个结构中占比非常小，大多数只有名义价值上（即 100 元）的剩余类别。

REMIC 的出台很好地推动了美国不动产抵押资产证券化市场的发展，但其应用范围较小。为此，美国于 1996 年创设了金融资产证券化投资信托（FASIT），为非 MBS 资产类别创建了免税载体。FASIT 税收的基本原则与

---

① ［美］斯蒂文·L. 舒瓦茨 . 资产证券化基本原则结构金融 [M]. 倪受彬，李晓珊，译 . 北京：中国法制出版社，2018.

② ［美］斯蒂文·L. 舒瓦茨 . 资产证券化基本原则结构金融 [M]. 倪受彬，李晓珊，译 . 北京：中国法制出版社，2018.

REMIC 的情况一样。FASIT 具有单一类别的所有者权益和一个或多个类别的不确定利益。 整个交易的税负由所有权益类承担。正常利益被视为 FASIT 的债务，因此，对所有权权益征税的剩余收入只是在支付所有常规利益之后仍然存在的收入。FASIT 允许投资固定利率债务工具、指定浮动利率债务工具、通货膨胀指数债务工具和信用卡应收账款。此外，FASIT 还可以保持这些类型的工具产生的利息等。

（二）税法规定不明确的 SPV 征税

在大多数国家，不会有关于证券化交易税收的具体规定。因此，当税法规定不明确的时候，可以完全免税；或者代扣代缴税款；或者作为一个独立的应税实体纳税。

一般情况下，SPV 依托合伙企业和公司等法律形式以此实现破产隔离。但是在我国，现行的《公司法》有注册资本、发行证券的资格和规模、治理结构和信息披露等方面的规定，这些规定都是依据传统公司运营理念而制定的，对于仅为资产证券化目的而设立的 SPV 并不适用。① 根据《证券法》的规定，合伙企业也不能发行证券。因此，我国的资产证券化交易架构中，主要采用信托方式来进行破产隔离和发行证券。在《信贷资产证券化试点项目管理办法》中明确了信贷资产证券化中的 SPV 为特殊目的信托，但企业资产证券化与资产支持票据等相关法规中均没有明确规定 SPV 的法律形式。对于企业资产支持专项计划等，税法没有规定相关的税收优惠政策，同时由于企业资产证券化等涉及的基础资产众多、税种有所差异，在实际开展资产证券化业务过程中，需要与当地的征税机关密切合作，协商处理。

---

① 林华．中国资产证券化操作手册（上）[M]. 北京：中信出版社，2015.

1. 所得税

在我国的所得税法中规定，只有具有法人资格的经济实体才有企业所得税的纳税义务。但在《信贷资产证券化试点项目管理办法》中规定，特殊目的信托以其收到的全部收益缴纳企业所得税，但是可以扣除分配给投资者项目收益的部分，以此避免双重征税。这意味着，特殊目的信托是所得税的应税实体，需要缴纳企业所得税，但是在实践中，一般情况下管理人会将收益及时分配，让应纳税所得额为零，以此方法避免双重征税。

但依据我国的《信托法》规定，特殊目的信托并不具备企业所得税的纳税主体资格。“受托人必须将信托财产与其固有财产分别管理、分别记账，并将不同委托人的信托财产分别管理、分别记账。”① “受托人不得将信托财产转为其固有财产，受托人将信托财产转为其固有财产的，必须恢复该信托财产的原状；造成信托财产损失的，应当承担赔偿责任。”② “受托人除依照本法规定取得报酬外，不得利用信托财产为自己谋取利益，受托人违反前款规定，利用信托财产为自己谋取利益的，所得利益归入信托财产。”③ 在资产证券化中，发起人将基础资产转移给 SPV，SPV 并不能随意处分基础资产，只能对基础资产进行管理并以此为基础发行证券。更何况，在我国的实践中，信托公司有明显的通道化的趋势。④ 由此可见，信贷资产未来产生的收益应该归受益人所有。但是，信托型资产证券化是信托制度在结构金融领域的具体应用，信托作为普通法的法律遗产，在大陆法系国家的移植本来就面临不少理论障碍。⑤ 我国目前

---

① 源自《中华人民共和国信托法》第二十九条。

② 源自《中华人民共和国信托法》第二十七条。

③ 源自《中华人民共和国信托法》第二十六条。

④ 林华．中国资产证券化操作手册（上）[M]. 北京：中信出版社，2015.

⑤ 楼建波，刘燕．论信托型资产证券化的基本法律逻辑 [J]. 北京大学学报（哲学社会科学版），2006（04）：121-129.

也没有对于信托中如何征税做出明确的规定。学界普遍认为，特殊目的信托是为资产证券化服务的管道，不是企业所得税的纳税主体，应该根据受益课税的原则，由受益人对其收到的所得承担纳税义务。

对于SPV所得税制的完善，不仅对相关行政的规则的完善，更应该对《信托法》的法规和有关信托的税收制度进行完善。美国在历史上的一些做法可以给我们提供一些思路。例如规定信托本身不要承担纳税义务，以法律形式创建资产证券化的免税载体。美国通过立法使资产证券化中的税收成本不断降低，对于资产证券化的开展起到了很好的促进作用。相关做法值得我国借鉴。

2. 增值税

“营改增”让SPV的征税问题变得更加复杂。根据《财政部 国家税务总局关于信贷资产证券化有关税收政策问题的通知》，特殊目的信托从信贷资产中取得的利息收入，应该按照5%的税率全额征收营业税。特殊目的信托成为营业税的纳税义务人。这和我国台湾地区的做法有点类似。台湾地区同样也要求特殊目的信托财产产生的收益，按银行业征收营业税的方法进行征收。

财政部税政司、国家税务总局货物和劳务税司在《关于财税〔2016〕140号文件部分条款的政策解读》上表明，“增值税和营业税一样，是针对应税行为征收的间接税”。但增值税和营业税还是存在着许多差异，如征税原则不同、征收方法不同和对经济业务的影响不同等。因此，此次“营改增”基本上是原营业税的复制，但在增值税纳税义务人的确定、征税范围等方面也存在着许多让人困惑之处。

“资管产品运营过程中发生的增值税应税行为，以资管产品管理人为增值税纳税人。”[①] 这在资管行业引发了不小的震动，被称为资管行业的又一个“黑

① 源自财税〔2016〕140号规定。

天鹅”。征税机关回应称，此文件仅是营改增中对于财税〔2006〕5号文件的一个过渡文件。《关于资管产品增值税政策有关问题的补充通知》(财税〔2017〕2号)将资管产品增值税的征收延期至2017年的7月1号，其后又通过两个文件确定，2018年1月1号起资管产品缴纳增值税，纳税人为资管产品的管理人，计税方法为简易计税法。对此，业内人士的困惑之处在于以下几点。

(1)如何协调增值税的开票问题。在资产证券化业务中，发起人将基础资产真实销售给SPV，在会计上也将这部分基础资产移出资产负债表，但是借款人的合同又是与金融机构签订的，这时应该由资管产品管理人开具发票还是由发起人开具发票？在营业税制，信贷资产委托给信托公司后，仍然由银行开具利息收据。但在增值税制中再由银行开具增值税发票，就存在增值税发票的开具人与纳税义务人不一致的情况，这在征管中是不可行的。由资管产品管理人开具发票在实践中是否可行？例如，北京的建设银行将信贷资产委托上海的信托进行资产证券化业务。这时，上海的信托公司如何给北京的借款人开具发票？另外，如果基础资产是租金的收益权、高速公路的收费权等，由资产管理人开具增值税发票在实践中更不可行。《国家税务总局关于营业税改征增值税试点期间有关增值税问题的公告》(财税〔2015〕90号)规定，“提供有形动产融资租赁服务的纳税人，以保理方式将融资租赁合同项下未到期应收租金的债权转让给银行等金融机构，不改变其与承租方之间的融资租赁关系，应继续按照现行规定缴纳增值税，并向承租方开具发票。”相关的政策思路值得借鉴。也就是发起人即使将基础资产销售给SPV，也不改变与债务人的合同关系，由发起人开具发票。不同的政策思路影响了资产证券设计中的基础资产产生的未来收益是否含增值税的问题。

(2)如果税收政策规定应该由发起人开具发票，这会不会对法律与会计上认定真实销售产生影响。特别是对于金融机构，通过资产证券化能够缓解金融监管的压力，是其进行资产证券化的动力。如果增值税专用发票的开票义务还是由发起人承担，这会不会对法律和会计认定真实销售产生影响？

（3）SPV 发行的证券的类型会对资产证券整体的税负产生很大的影响。如前所述，在所得税方面利息有税盾效应，如果 SPV 发行的证券认定为债券，则 SPV 就可以对利息进行税前扣除；如果 SPV 发行的证券认定为股票，股息就不能税前扣除。由于 SPV 就是为资产证券化而独在的，因此债还是股的认定对于 SPV 的税负有很大的影响。但是认定为债权纳税主体就要承担增值税的纳税义务。财税〔2016〕36 号文规定，如果 SPV 发行证券的本金可以明确收回或者利息要按期支付确定的金额，这时 SPV 从事的就是贷款服务，相关的利息及其具有利息性质的收入按照贷款服务缴纳增值税。没有承诺保本和固定利息时，才可以认定为投资行为，不要缴纳增值税。相关规定适用于简单的贷款业务，对于资产证券化这样复杂的业务就无法涵盖。例如，如何看待在资产证券业务中通过增信方法承诺资产支持证券的本金固定偿还？如果发行的是固定偿还与不固定偿还的混合证券应该如何认定？增信措施与证券分级等结构化设计如何认定，这些在税收政策中都没有明确。税收政策关于贷款服务的认定与《企业所得税法》有所不同。在极端的情况下，特别是对于资产证券化这样复杂的结构性融资业务，发行的混合证券有可能在所得税方面认定为股息，从而不能在所得税前扣除，而在增值税方面被认定为贷款服务需要缴纳增值税。由于资管产品缴纳增值税采用简易计税法，这就让资产证券化的交易主体不仅不能扣除向投资者分配的收益，还要负担本应该由消费者最终承担的增值税的税负。这些空白、模糊与矛盾的地带会导致重复征税的问题，增加资产证券化交易的成本。因此，重复征税有可能让很多的资产证券化业务无法开展。

（4）资管项目以管理人为纳税人是引发争论最多的条款。“资管产品管理人（以下称管理人）运营资管产品过程中发生的增值税应税行为（以下称资管产品运营业务），暂适用简易计税方法，按照3%的征收率缴纳增值税。”[①]在现有的规定中，资管项目运营过程中发生的增值税，除适用税率有所降低外，征税方式与原课征的营业税并无二样，不得进行进项税额的抵扣，如此一来，增值税的抵扣链条出现断裂，重复征税与税收阴影的问题并未随“营改增”的完成而得到解决。[②]与所得税不同的是，增值税纳税主体并不需要是交易中的受益者，只要在货物或服务等流转过程中，作为环环相扣中的一环，连接买方与卖方即可。在资产证券化业务中，管理人与发起人签订基础资产转移合同、发行证券、与贷款服务商签订服务合同、与资金保管机构签订资金保管合同，等等。管理人几乎与资产证券化中的各个主体均有联系，在每个环节中都有它的身影，是资产证券化过程中为数不多的贯穿于整个业务流程的机构。因此，以管理人为纳税主体符合增值税中确定纳税人的规定。资管项目以管理人作为纳税人主要还是在征管上有便利之处。增值税在设计中，虽然最终的税负由消费者承担，但是缴纳增值税的一般是企业，这样可以节约征管成本。在资产证券化业务中，投资者众多，流动性大，如果以投资者为纳税主体将大大增加征管的成本。如前所述，如果以资产管理人为代扣代缴义务人，管理人需要计算、申报并缴纳每个投资者的增值税款，这不仅极大地增加了管理人的工作量，也毫无必要。因此，以管理人为资产项目的纳税义务人可以在保证国家财政收入的前提下，降低纳税人的遵从成本。很多国家和地区，如德国、英国和我国台湾地区等都以管理人为增值税的纳税义务人。“管理人应分别核算资管产品运

---

① 源自财税〔2017〕56号文件规定。

② 汤洁茵．资管产品增值税的纳税人之辨——兼论增值税的形式主义[J]．法学，2018（04）：139-149.

营业务和其他业务的销售额和增值税应纳税额。”[①]“管理人可选择分别或汇总核算资管产品运营业务销售额和增值税应纳税额。”[②]这说明，管理人对其提供资产证券化服务收取的服务费可以按照一般计税方法计税，对资管产品运营业务中的贷款服务才按简易计税法纳税。由于可选择汇总核算不同的资产管理产品的销售额，不同的业务可以盈亏互抵，就会比每个资管产品单独计算少缴增值税税款。

但是，以管理人为增值税纳税人只是在现行征管水平下的一种权宜之计。依据我国的《信托法》，“管理人自身的财产与资管产品的财产相独立，管理人在管理资管产品中的收益均归资管产品所有”。资管产品所发生的一切费用均由产品自身负担，管理人不承担垫付资金的义务。因此，从《信托法》上看，管理人只是代扣代缴义务人而不是纳税义务人。“营改增”的目的在于打通增值税的抵扣链条，交易的前后手通过增值税通用发票的开具以及交付实现税负的转嫁，交易中税款的最终承担者为消费者，中间环节的经营者没有承担税款，以此实现税收的中性。

以资管项目管理人为增值税的纳税义务人，实行简易办法征税就打断了增值税的抵扣链条。发起人购买基础资产需要支付增值税的进项税额，将基础资产销售给SPV后却无法取得增值税专用发票，因为管理人并不是基础资产的买方。发起人也无法将基础资产的进项税额转让给管理人进行抵扣，增值税的抵扣链条在此中断。管理人成为此环节中增值税的最终承担者，可能造成以资产证券化进行融资的税收成本要高于直接融资的税收成本，与“营改增”的初衷相违背。因此，即使资管产品项目不具有独立的民事主体资格，但其财产集合的独立性、经营的反复性和活动的盈利性，已足以使其成为增值税的纳税

① 源自《财政部、税务总局关于资管产品增值税有关问题的通知》规定（财税〔2017〕56号文）。

② 同①。

人，唯其如此，能保证增值税抵扣链条的完整性，真正实现“营改增”改革的目标。[①]

在资产证券化交易中，相关的增值税政策对资产证券化交易架构的设计、收益率的估算以及资产支持证券的发行都产生了很大的影响。在我国的实践中，需要管理人与当地的税务机关紧密联系，这样才能在项目设计时充分考虑到税收的风险，保证资产证券化业务的顺利开展。

五、投资者面临的税收问题

（一）投资者税收的基本问题

在资产证券化交易中，投资者是一个非常重要的参与主体。只有投资者的参与，资产证券化的项目才能成立，才能实现基础资产流动性的转换。投资者购买资产支持证券的目的是为了获取收益。税收是资产证券化过程重要的一项成本。如果没有对资产证券化的税制进行重新梳理，有可能造成重复征税等问题。沉重的税收负担将会大大降低投资者的盈利，削弱投资者的投资意愿。对投资者征收合理的税收，不仅是维护投资者的利益，更重要的是维护整个资产证券化行业的稳定与发展。

在证券化交易中，投资者的税收是SPV税收的衍生。投资者实质上是SPV收益的参与者。因此，和SPV的征税方法一样，这里再次有三种可能的选择：第一，投资者被直接征收税款，SPV作为税收上的透明体；第二，投资者不被征税，因为SPV已经为其代扣代缴税款；第三，投资者购买SPV发行的资产支持证券。投资者需要对这些证券的收益征税。

① 汤洁茵．资管产品增值税的纳税人之辨——兼论增值税的形式主义[J]. 法学，2018（04）：139-149.

1. 投资者被直接征收税款

当SPV在交易中不起任何主动的作用，只是将收入分配直接给多个投资者时，投资者将被直接征收税款，SPV只是作为一个税收上的透明体。

在这种情况下，每个投资者对自己赚取的收入缴纳税款。基础资产所产生的收益，按投资者各自的比例份额分配，成为投资者的收入。假定按揭分期付款的利息为1000元，发行1000张的资产支持证券。投资者每人持有一张资产支持证券，这时投资者收到的收益就是1元。在实际管理中，发起人将提供支付投资者收入的证明，投资者根据其收入纳税。

2. 投资者不被征税由SPV为其代扣代缴税款

如果SPV作为代扣代缴义务人，这时它支付的税款就被视为代表投资者支付的税款。投资者不需要对分配的收入支付任何税。在前面的例子中，投资者收到的全部收入将由SPV代扣代缴税款。假设SPV按25%的税率缴税，剩余的税后收益将分配给投资者，投资者不缴纳任何税款。

3. 投资者对资产支持证券的收益征税

如果SPV发行的是债券，投资者将按照债券的利息缴税。

（二）我国投资者的税收问题

在我国的资产证券化中，投资者需要缴纳的税种主要包括印花税、所得税和增值税，在资产支持证券获得环节以及资产支持证券转让的环节征税。

对于投资者征税的第一个问题是其所持有的证券是认定为股票还是债券呢？对此，我国税制并没有明确的规定。在实践中，由于我国目前根据谨慎性的原则，并没有太过复杂的资产证券化交易架构，因此也没有发行太过复杂的资产支持证券。一般情况下认为，发行的优先级证券为债权性质的证券，而发起人等所持有的劣后级证券为股权性质的证券。（1）对于劣后级证券持有人而言，在财税〔2006〕5号文件中规定，“对于机构投资者从信托项目中获得的股息应该按照25%的所得税税率征收所得税”。[①] 机构投资者买卖信贷资产支持证券获得的所得同样需要缴纳25%的所得税。如前所述，对于企业资产证券化等劣后级证券持有者如何征收所得税，税法上没有明确的规定。由于对于企业资产证券的SPV如何征税不明，有可能造成SPV与投资者双重征税的局面。在财税〔2006〕5号文件中对于信贷资产支持证券的持有人买卖信贷资产支持证券的行为免于缴纳印花税。同样的，对于企业资产支持证券等其转让行为是否免税呢？税法并没有明确。（2）对于优先级资产支持证券持有人而言，不仅与劣后级证券投资者同样有着所得税与印花税的问题，增多了增值税的烦恼。根据财税〔2016〕36号文件规定，如果优先级资产支持证券的本金明确偿还或者利息固定，这时投资者需要对其所获得的收益缴纳增值税。证券的转让是否为金融商品转让呢？这个在营业税制下没有明确的问题在增值税制下一样模糊，需要与当地的征税机关协商解决。这增加了投资者对于收益预期的不确定性，同样也给权力以寻租的空间。在目前对于资产证券化税制存在模糊和极端的情况下，基础资产所产生的收益，有可能由管理人缴纳增值税后，再由投资者缴纳增值税，投资者对于资产支持证券的转让还需要再缴纳增值税，加之这两部分征收的所得税，一笔收益缴纳了三次的增值税和二次的所得税。在我国，资产证券化是发起人进行融资的工具。发起人原以其他方式进行融资，对于基础资产（如信贷资产等）所获得的收益仅需缴纳一次的增值税和一次的所得税，但是通过资产证券化方式进行融资，由于税法的不明确，就会造成多重的征

① 源自《关于信贷资产证券化有关税收政策问题的通知》规定（财税〔2006〕5号文件）。

税。因此，就现阶段信贷资产证券化而言，开展资产证券化之后，整体的税负是稍有升高；对于企业资产证券化，开展资产证券化后，整体税负并不比开展业务之前更低。[①]

① 林华. 中国资产证券化操作手册（上）[M]. 北京：中信出版社，2015.

第四节　我国资产证券化税收法律制度的完善

一、对我国资产证券化税制的总体评价

与各国一样，我国关于资产证券化的具体税收规定很少，适用一般税法。总体上看，税收政策给予信贷资产证券化以一定的税收优惠，同时也与现行的税法有一定的衔接，做到了在保证政府的财政收入的前提下，尽可能地促进信贷资产证券化的发展。但是，现行的课税规则中仍然有大量的空白、模糊与矛盾之处需要进一步完善。

（一）资产证券化课税规则立法层次过低

我国现行的资产证券化的税收政策存在立法层次过低的问题，大量的课税规则为政府部门制定的行政规章制度。这种现象不仅仅存在于资产证券化领域，在其他领域也一样存在。我国的税收法定原则并未在实践中得到很好的尊重和执行，在税收法律实践中，仍然存在着较为明显的法律供给不足、操作性不强、执行不严等现象。[①] 以行政规章为主导的资产证券化税制无法促进资产证券化的创新与发展。在我国现行的税法体系中，仅有《个人所得税法》《税收征管法》《企业所得税法》《车船税法》以法律形式发布，但却有大量的税收行政法规与行政规章制度以及税收的通告。对于资产证券化的税收规定，主要

① 刘剑文. 落实税收法定原则的现实路径 [J]. 政法论坛，2015，33（03）：14-25.

的依据为《个人所得税法》《企业所得税法》《增值税暂行条例》以及财政部与国家税务总局的通知、规定、解释和批复等文件。这些规范性的文件虽然填补了资产证券化税法法规的一些不足之处，但总体而言，行政部门会站在政府的角度考虑问题，保证财政收入，服从整体政府的宏观经济目标，对于资产证券化中各个主体的权益、市场的运行规律、不同资产证券化产品的特点以及不同法规之间的协调等缺少考量。例如，财税〔2017〕90号文件规定，“在资管产品运营中，以资管产品的管理人为增值税纳税人”。这项规章制度与《证券投资基金法》《信托法》有矛盾与冲突之处。以上两部均为法律，立法层次高于财税〔2017〕90号文件。财税〔2017〕90号文件还规定资管产品的管理人可以汇总核算后缴纳增值税。这又与监管部门的规定相悖离。《关于规范金融机构资产管理业务的指导意见》第十五条规定，“金融机构应当做到每只资产管理产品的资金单独管理、单独建账、单独核算”；[①] 第十三条规定，“金融机构开展资产管理业务，应当确保资产管理业务与其他业务相分离，资产管理产品与其代销的金融产品相分离，资产管理产品之间相分离，资产管理业务操作与其他业务操作相分离”。[②] 管理人按征税部门的规定将资管产品汇总核算缴纳增值税，就无法准确反映不同资管产品的税负与盈亏情况，也违反了金融监管规则。行政规章与金融监管规则和法律之间的矛盾之处可能诱发政策性风险。

行政机关就可以制定资产证券化的课税规则，不需要立法机构的审批。行政机关有着基本上不受限制的制定课税规则的权力，这些对于资产证券化的发展会有一定的阻碍。例如，在“营改增”过程中，对于增值税税收要素的调整、具体的课税规则以及税收优惠等都是以国家税务总局与财政部的规章制度来明确的。如何对金融业征收增值税本就是世界上的难题，仓促制定的规则依然难

① 源自《关于规范金融机构资产管理业务的指导意见》第十五条。

② 源自《关于规范金融机构资产管理业务的指导意见》第十三条。

掩粗糙，现有规则所使用法律概念的非周延性，形成了大量税或非税的金融保险服务的模糊与空白地带。[①]

在资产证券化推出的初期，以行政规章制度推动金融创新有一定的合理性，但以现在资产证券化市场的百花齐放，行政规章制度为主的金融税收体系显然与其格格不入，有必要提高资产证券化课税规则的立法层次。

（二）资产证券化课税规则稳定性较低

以行政规章制度为主的资产证券化税制，具有一定的灵活性，可以在一定程度上指导资产证券化课税工作，对资产证券化的发展起到一定的积极作用，但课税规则以行政机关为主导制定，资产证券化的各个利益方处于弱势的地位。国家税务总局、财政部等政府部门会站在自身的角度来制定金融业税制，例如，征管便利是我国长期以来制定税收政策时一个主要的考虑因素，在课征环节的设计上难免出现不尊重投资行为自身运作方式的情形。[②]我国没有出台对于金融税制普遍适用的税收法规，经常会根据现实的情况，以财政部或国家税务总局的名义，临时制定税收政策。税收政策以一事一议行政文件的形式下发，造成资产证券化的税收规则分散与零乱，没有一脉相承的课税理念与思路，水平参差不齐。例如，财税〔2016〕140号文件在2016年12月份下发，要求相关税收政策要追溯到2016年5月1日，这引起了金融市场上很大的震动，于是十几天后的财税〔2017〕2号文件将相关税收政策的执行时间延后到2017年7月1日（含）以后。我国现行的针对资产证券化的税收政策具有一定的随意性和临时性，其科学性和合理性也有待商榷。相关的税收政策在执行

---

① 汤洁茵．金融保险业的“营改增”：实施争议与制度检讨[J]．人大法律评论，2017（02）：37-60.

② 刘燕．我国资产证券化中SPV税收政策评析[J]．税务研究，2007（04）：6-10.

过程中也出现了一些问题，给市场的从业者带来了困扰。资产证券化的参与主体难以对税负有稳定的预期，发行的资产支持证券的成本与收益无法精确地计量，这就加大了资产证券化发展中的业务风险。由于资产证券化税收政策没有长期稳定的目标与思路，税收政策的调整较为频繁，虽然灵活但是略显随意，极易诱发政策性的风险。

（三）资产证券化课税规则完整性较差

我国目前没有针对资产证券化制定专门的税收规则，由于资产证券化产品和业务的特点造成相关课税规则完整性较差。资产证券化的基础资产层出不穷，形式多样化。不同的资产证券化产品都有自身的特点和模式。在资产证券化过程中，交易的主体众多，发起人、SPV、管理人、中介机构和服务机构等都有可能成为纳税主体，造成了纳税主体的认定困难。在资产证券化交易过程中涉及众多的税种，增值税、企业所得税、个人所得税、印花税、城市维护建设税和教育费附加，在房地产信托投资基金中还涉及土地增值税、房产税等。资产证券化中有多个交易环节，如基础资产的转让环节、资产支持证券的发行环节、投资者权益的偿付环节和资产支持证券的转让环节等。再加之我国将增值税引入金融领域，如何在金融领域征收增值税本来就是一个世界性的难题，资产证券化多环节、多主体的复杂交易架构更加剧了对其课税的难度。

从资产证券化的实践来看，交易主体在纳税过程中无法找到明晰的课税规则。例如，在资产证券化过程中纳税主体的确定是依据传统的税法，但是资产证券化将产品的风险与报酬、法律形式与经济实质进行了不同程度的分离，相关确定依据就显得无法适用。如何确定资管产品增值税的纳税义务人，学界有不同的看法，相关的税法规则更多的是出于征管的便利和保证财政收入。其他的税法要素如征税对象、纳税环节等也有不明确之处。许多问题在营业税制之下没有得到很好的解决，“营改增”又进一步凸显资产证券化税制的空白与矛盾，给资产证券化业务的开展带来了很大的挑战。

在实践中，资产证券化产品的合同中都能清晰地描述产品的交易主体、交易架构、交易中的现金流等，唯独对于资产证券的课税规则没有清晰的表达，一般只是做出“依据国家税收有关法律法规，相关税收问题由投资人自行处理”的声明。投资者无法合理地预期投资的收益，纳税人的税收遵从成本增加，税收风险加大。不健全的税制有可能阻碍资产证券化的发展。例如，我国针对银行业的信贷资产证券化业务制定了财税〔2006〕5 号文件，但没有制定针对企业资产证券化业务、资产支持票据等业务的税收政策。这就造成同样的资产证券业务，只是交易的发起人不同，就有可能存在税收负担的不同，明显有违公平原则。税负的差异让金融市场中的交易主体的风险与收益的相对状况发生变化，对于资源配置以至于不同细分市场的发展都会产生影响。我国现行的金融监管已经从机构监管走向了产品监管，而金融税制还保留着依据行业进行税制设计的原则，这显然不利于提升金融市场的效率，加强与国际间税收的合作，因此需要转换税收政策制定的视角。

（四）“营改增”过程中存在的问题

“营改增”让原本就已经复杂的资产证券化税收问题显得更加复杂。从 2016 年开始，行政机构密集下发了多个文件以规范金融业的增值税问题，其间也因资管行业的巨大反响而多次推迟税收政策的执行。引发震动最大的是财税〔2016〕140 号文件中将资管产品的增值税纳税主体定为管理人。该政策的制定是营业税的一种延续，基于征管方便的角度考虑，以此保证政府的财政收入。但学界认为，该文件与金融监管规则与法律存在矛盾之处，简易征税方法中，如果管理人不能将增值税税负转嫁给投资者，管理人就会成为增值税款的最终承担者，这明显有违其代客理财的角色界定。

对于增值税的征税对象，税收政策只简单规定为保本或固定的收益，但是实际的产品设计比较复杂，相关税收政策并没有提供更为明晰的指引。现在的金融监管规则已经明确禁止刚性兑付，为此交易以各种增信措施来满足投资者本金安全的要求。例如，对现金流进行分层，以此发行不同等级的证券、保险条款和第三方承诺等增信措施。这时应该如何认定发行证券的性质，征纳双方应该按照什么样的原则来进行判断，这些都无从得知。对于金融商品转让，财税〔2016〕140 号规定将其持有至到期就不属于增值税的征税对象，而没有持有至到期就属于增值税的征税对象。从世界各国的增值税税制来看，增值税只在消费领域征收，不对投资征收。相关规定有悖于国际主流的税制安排。很多的资产证券化产品没有持有至到期的设计，投资者在产品的赎回期赎回产品是否可以认定为持有至到期呢？相关税收政策的不明确给资产证券化交易的设计带来了许多的不确定性。因此，在资产证券化设计中，交易主体不得不采取一事一议的方式，与当地的税务机关沟通协调后才能明确。

“营改增”又让原有可能存在的所得税的重复征税问题又加上增值税的重复征税问题。以信贷资产证券化为例，资产证券化本质上是一项融资安排。普通的间接融资只对利息征收增值税和所得税，但以信贷资产证券化进行融资安排，就有可能发生发起人、SPV 和投资者都需要重复征收所得税和增值税。特别是以不动产为基础资产的资产证券化业务，在我国现行的税制下，不动产领域的税负本已较重，REITs 复杂的交易架构又会造成重复征税，由于缺乏税收的支持，有的项目融资成本高达 23.38%，过高的资金成本对股东和无担保债权人的财富造成了损害。①

① 徐珊．中国 REITs 的财富效应——基于苏宁易购的案例分析 [J]. 沈阳大学学报（社会科学版），2019，21（03）：274-279.

二、我国资产证券化税制的完善

(一)资产证券化税制设计的约束条件

资产证券化作为现代金融中的一项创新，可以增强资产的流动性，提高市场的效率。资产证券化税制的目标应该与本国的经济发展水平相适应，以此充分发挥税收对于资产证券化市场的宏观调控作用。当一国的经济处于起步状态时，资产证券化税制设计的目标是通过税收优惠来促进资产证券化的发展，以此促进经济的增长。例如美国在资产证券化的初期，为了配合当时的经济政策，就推出了一系列的税收优惠政策，为资产证券化的蓬勃发展起到了重要的作用。在我国现阶段应该适当降低资产证券化产品的税负，减少税收对于资产证券化发展的困扰。当经济发展过热时，可以适时提高资产证券化的税负，从而避免其失控引发金融危机。

当资产证券化整体运行体制不完善，缺乏相关“软环境”的支持时，应该充分运用税收优惠政策来降低资产证券化的税负。较低的税负可以提高投资者的收益率，吸引更多的资金流入资产证券化市场。通过税收的干预，促进资产证券化市场的迅速发展。资产证券化税制的设计还要充分考虑不同产品的属性。例如，REITs交易中既涉及现金流又涉及商业资产的日常运营，在其基础资产转让中还需考虑土地增值税的因素。因此，要考虑资产证券化产品各自的属性制定有针对性的税收政策。如前所述，使资产证券化业务适合一般的纳税规则，将会产生重复征税等问题，会产生不利的影响。

(二)资产证券化税收构建的基本原则

我国的资产证券化业务属于金融业务，但是其和传统的存款、贷款和保险等业务有所不同，更多地类似于代人理财的信托和证券基金业务。我国的资产证券化业务充分借鉴了美国在资产证券中的信托架构，因此税制也遵循了信托导管理论。

信托的导管理论认为，信托作为一种财产管理制度，为委托人与受益人之间的财产输送管。[①] 依据该理论，SPV 只是发起人和投资者之间收益传送的导管，其发生的接受基础资产以及对投资收益的分配等行为都不属于实质上的经营活动。最终的纳税主体应该是受益人而不是 SPV。SPV 取得基础资产相当于投资者取得基础资产，SPV 在管理基础资产过程中的应税行为相当于投资者的应税行为，SPV 收到的收益应该由投资者享有，相应的纳税义务也应该由投资者承担。SPV 仅仅是一个为了资产证券化而特别设计的载体，其收入、所得的纳税义务均应该由投资者承担。

在我国资产证券化税制设计中要避免重复征税。资产证券化过程涉及多个税种，如增值税、所得税、印花税、土地增值税、房产税等。如果根据传统的税制，在每一个环节的运营过程中都缴纳相应的税款，这就必然会造成多税种的重复征税，大大增加整体的税负，降低资产支持证券的流动性。因此，应该依据信托的导管理论由受益人纳税，这样才可以避免重复征税的发生。

根据信托的导管理论，资产证券化中受益人作为收取基础资产的利益方，其税负不能因为 SPV 的存在而增加。SPV 只是一个管道，投资者通过该管道进行投资活动的税负，不能高于投资者亲自投资所应承担的税款。例如，对于信贷资产证券化，整个交易过程中所承担的增值税的税负就应该不高于银行贷款业务的增值税税负。

---

① 曹晓燕. 资产证券化税收法律制度研究 [D]. 中央财经大学，2012.

（三）资产证券化税法制度的建立

资产证券化作为一种金融创新，需要专门的制度设计。税收是资产证券化过程中一项重要的成本，因此需要将其原有的空白填补、矛盾之处纠正、模糊之处明晰，通过对阻碍资产证券化发展的税收制度的修改，促进其发展。但是，由于资产证券是来源于美国的金融创新，彼此之间法制传统的不同，资产证券税制很难融入现行的传统税制中。为此，可以借鉴对于证券投资基金的制度设计模式，采用专门的立法来进行重构。通过专门的资产证券化立法，可以形成完整的、清晰的，具有一脉相传的理念，并且与其他法律金融监管规则相适应的资产证券化税制。通过制定详细、清晰且系统的资产证券化税法指引，才能明确在资产证券化中交易各方与各环节的权利与义务。

由于我国目前还是采用信托的方式进行资产证券化交易架构的设计，因此还需要对于我国的信托税制进行完善。信托方式是在我国目前现行的法律语境下，实现破产隔离的最好的选择。我国目前对于信托业的税法规制还是一片空白。因此，我国应该制定专门关于信托税收制度，就信托行业的一般税收问题以及针对资产证券化中的特殊问题做出法律的规定。我国的信托税制应该与我国的大陆法系的信托基本思路相协调。信托的纳税义务并不基于所有权，而是基于收益权。信托财产的收益归谁所有，其就需要承担纳税义务。

（四）具体的政策建议

总体来说，对于我国资产证券化税收政策，应该转变思路，从按行业制定税收政策角度转化为按资产证券化产品来制定税收政策。这样税收制度就可以适用于所有的资产证券化产品，同样类型的产品就有同样的税负。

1. 确定基础资产转移性质的判断标准

对于资产证券化而言，首要的是判断基础资产的转移是真实销售还是担保融资。真实销售还是担保融资的判断影响到发起人、SPV与投资者的税收认定。由于资产证券化整体架构的复杂性和多变性，因此在实际操作中发起人、SPV与投资者以及之间有着千丝万缕的关系。制定真实销售与担保融资的标准是非常困难的，我国可以借鉴各国在资产证券化的实践，特别是关注增信对于真实销售的影响，制定出真实销售与担保融资的判断标准。只有两种之间区分的标准清晰，才能让交易各方根据相应的税制缴纳税款。

2. 现行资产证券化增值税制的完善

资产证券化增值税制的完善应该置身于中国增值税改革的大环境中。对于资产证券业务相关的一些增值税的政策明确如下：首先，对于资管产品纳税人的确定曾经引起很大的争议，以资管产品本身作为纳税义务人可以更好地体现增值税作为间接税的基本属性。其次，在相关的税收政策中应该明确贷款服务的内涵与外延，只有这样才能对其征税对象进行明确。一项经济活动是否为贷款服务，应该有以下的特征：（1）能够在明确的时间取得确定金额的投资回报；（2）可以在固定的期限内收回投资的本金；（3）在破产清算中有优先清偿权；（4）当本金与投资回报不能收回时，有申请强制执行的救济权。再次，对于金融商品转让的界定。商业银行买卖金融商品是一种投资行为，而增值税只对消费征税（PWC，2011），不对投资与储蓄征税，因此金融商品转让业务，应该列为不征税项目。[①] 最后，应该完善增值税的抵扣链条，以此实现税收中性。增值税通过环环相扣的抵扣链条，最终将税负转嫁到消费者。现行资产证券化交易中，对于贷款服务征收增值税不能抵扣存款利息，造成增值税抵扣链条的

---

① 徐珊．“营改增”试点对银行业的影响及完善措施 [J]. 黑龙江工业学院学报（综合版），2017，17（04）：102-108.

不完整。对于金融企业而言，存款就是其购进的原材料，与生产企业购买原材料没有什么不同之处。因此，存款利息应该可以抵扣进项，这样与贷款利息之间的差额就成为贷款服务的增值额，保证增值税抵扣链条的完整。

3. 完善资产证券化的税收优惠政策

税收是资产证券化交易中重要的成本，因此在资产证券化发展的早期，各国都会提供一定的税收优惠以此促进资产证券化的发展。首先，我国现阶段处于资产证券化发展的初期，在对其立法过程应该注意对税收优惠政策的完善。其次，对于资产证券化的税收优惠，本质上应给予资产证券化与其交易性质相符合的税收负担，以此实现税收的公平原则。我国已对在信贷资产证券化过程中众多的印花税给予减免。为了保证其他类型基础资产的收益率与信贷资产的收益率相同，应该给予其他类型资产证券化同样的税收优惠。同时还需对不同类型的资产证券化交易进行深入的调查与研究，以此保证各种类型的资产证券化承担与其交易性质相符合的税负。

参考文献

[1] 李彧 . 特殊目的载体组织形态创新研究 [D]. 华东政法大学，2017.

[2]郑磊 . 资产证券化国际借鉴与中国实践案例 [M]. 北京：机械工业出版社，2014.

[3] 斯蒂文 ·L. 西瓦兹 . 结构金融 : 资产证券化原理指南 [M]. 李传全，龚磊，杨明秋，译 . 北京：清华大学出版社，2003.

[4] 王保岳 . 资产证券化风险研究 [D]. 中国社会科学院研究院，2009.

[5] 陈凌白 . 中国信贷资产证券化效应研究 [D]. 辽宁大学，2014.

[6] 井出保夫 . 证券（图解现代个人理财顾问）[M]. 北京：科技出版社，2004.

[7] 李杜若. 中国信贷资产证券化：微观动因与影响效应分析［ D ］. 东北财经大学，2017.

[8] 王志宇 . 中国税制下的 REITs 设立困境探析——以中信启航为视角 [J]. 金融法苑，2015（02）:127–138.

[9] 徐珊 . 中国 REITs 的财富效应——基于苏宁易购的案例分析 [J]. 沈阳大学学报 : 社会科学版，2019（3）:274–279.

[10] 邓海清，胡玉峰，蒋钰炜 . 资产证券化——变革中国金融模式 [M]. 北京：社会科学文献出版社，2013.

[11] 林华 . 中国资产证券化操作手册（上）[M]. 北京：中信出版社，2015.

[12] 林华 . 中国资产证券化操作手册（下）[M]. 北京：中信出版社，2015.

[13] 何小锋 . 资产证券化：中国的模式 [M]. 北京：北京大学出版社，2002.

[14] 沈炳熙 . 李哲平 . 中国资产证券化热点实务探析 [M]. 北京：北京大学出版社，2017.

[15] 陈怡西．证券信用评级法律制度研究 [D]．西南政法大学，2008.

[16] 张金若 . 发起人金融资产证券化会计问题研究 [D]. 厦门大学，2008.

[17] The Coming Transformation of China's Trust Industry – China Trust Industry Report 2013，Mc Kinsey & Company，Nov 2013；

[18] 崔兵 . 资产证券化的本质与动因 [J]. 理论视野，2014（5）:80–82.

[19] 张利 . 美国资产证券化研究 [D]. 吉林大学，2013.

[20] 幸丽霞 . 商业银行表外业务发展的影响因素及经济后果研究 [D]. 中央财经大学，2018.

[21] 郑磊，杨皓 . 资产证券化评级：国际模型与中国实践 [M]. 北京：中信出版社，2016.

[22] 高蓓，张明，邹晓梅 . 美、欧、日资产证券化比较：历程、产品、模式及监管 [J]. 国际经济评论，2016（4）:140–155.

[23] European Commission，Study on Asset–Backed Securities: Impact and Use of ABS on SME Finance，GBRW Limited，Luxemburg，2004.

[24] 何韵 . 中国资产证券化问题研究 [D]. 西南财经大学，2011.

[25] Stuart A.Gabriel:Mortgage Failures And The Future of Non — Agency Funding，（2009）

[26] 吴奕捷（Jeffrey Ng）. 2008 年美国金融危机中资产证券化产品风险研究 [D]. 中国社会科学院研究生院，2017.

[27] 祝小芳 . 欧美资产证券化模式比较研究及对我国的启示 [D]. 财政部财

政科学研究所，2010.

[28] 洪艳蓉 . 危机之辨：次贷证券化与金融监管 [J]. 国际经济法学刊，2009，16（02）:1–64.

[29] 董裕平等译 . 多德 – 弗兰克华尔街改革与消费者保护法案 [M] . 北京：中国金融出版社，2010.

[30] 罗培新 . 美国金融监管的法律与政策困局之反思——兼及对我国金融监管之启示 [J]. 中国法学，2009，000（003）:91–105.

[31] 田彪 . 次贷危机后美国金融监管改革研究 [D]. 东北亚研究院，2019.

[32] 扈启平 . 资产证券化 理论与实务 [M] . 北京：机械工业出版社，2014.

[33] 王国华，马衍伟 . 金融税制功能的重新定位 [J]. 税务研究，2005（1）:57–60.

[34] 雷根强，沈峰 . 简论税收遵从成本 [J]. 税务研究，2002（7）:41–43.

[35] 张春丽 . 我国金融衍生品税法性质及规范研究 [J]. 政法论坛，2015，33（06）:127–137.

[36] 尹音频 . 税收机制与金融风险相关性的理论分析 [J]. 涉外税务，2000（04）:15–20.

[37] 亚当・斯密． 国富论 [M] 陈星，译 . 陕西：陕西师范大学出版社，2010.

[38] 郑联盛 . 金融创新、金融稳定的历史回望与当下风险管控 [J]. 改革，2014（08）:81–89.

[39] 钱崇秀，宋光辉，许林 . 信贷扩张、资产多元化与商业银行流动性风险 [J]. 管理评论，2018，30（12）:13–22.

[40] 李扬 . 影子银行体系发展与金融创新 [J]. 中国金融，2011（12）:31–32.

[41] 易宪容，王国刚 . 美国次贷危机的流动性传导机制的金融分析 [J]. 金

融研究，2010（05）:41–57.

[42] 杨斌，林信达，胡文骏 . 中国金融业“营改增”路径的现实选择 [J]. 财贸经济，2015（06）:5–17.

[43] 林华 . Fintech 背景下资产证券化发展趋势浅析 [M]. 北京：中信出版社，2016.

[44] 陈享光，袁辉 . 现代金融资本的积累及其影响 [J]. 长春 : 当代经济研究，2010:33–38.

[45] 肖磊 . 信用创造、虚拟资本与现代经济运行——兼论我国实体经济与虚拟经济的关系 [J]. 当代经济研究，2019（12）:85–96.

[46] 李茹霞，扈文秀 . 异质信念视角下的金融市场价格波动研究 [J]. 区域金融研究，2019（04）:5–10.

[47] 杨斌，胡文骏，林信达 . 账簿法增值税 : 金融业“营改增”的可行选择 [J]. 厦门大学学报（哲学社会科学版），2015（05）:10–18

[48] 肖磊 . 信用创造、虚拟资本与现代经济运行——兼论我国实体经济与虚拟经济的关系 [J]. 当代经济研究，2019（12）:85–96.

[49] 刘剑文 . 西方税法基本原则及其对我国的借鉴作用 [J]. 法学评论，1996（03）:20–24，37.

[50] 刘剑文 . 落实税收法定原则的现实路径 [J]. 政法论坛，2015，33（03）:14–25.

[51] 闫肃 . 中国金融业税收政策研究 [D]. 财政部财政科学研究所，2012.

[52] [美] 爱伦 ·A. 泰特 . 增值税 ： 管理与政策问题 [M] . 刘翠微，译 . 北京 : 中国财政经济出版社，1995

[53] 汤洁茵 . 金融保险业的“营改增” : 实施争议与制度检讨 [J]. 人大法律评论，2017（02）:37–60.

[54] 易宪容，郑丽雅，何人可 . 金融科技合约关系的实质、运行机理及风险防范——基于现代金融理论的一般分析 [J]. 社会科学，2019（05）:40-49.

[55] 易宪容 . 金融科技的内涵、实质及未来发展——基于金融理论的一般性分析 [J]. 江海学刊，2017（02）:13-20.

[56] 邱成梅，杨明皓，高川 . 我国企业资产证券化的契约结构及其风险研究 [J]. 学术论坛，2013，36（04）:132-136.

[57] 汤洁茵 . 新型投资工具的税法属性辨析——基于美国的经验与借鉴 [J]. 交大法学，2014（01）:75-91.

[58] 汤洁茵 . 原则还是例外：经济实质主义作为金融交易一般课税原则的反思 [J]. 法学家，2013（03）:24-39，176.

[59] 葛克昌 . 税法基本问题（财政宪法篇）[M]. 北京：北京大学出版社，2004.

[60] 叶望春 . 金融工程与金融效率相关问题研究综述 [J]. 经济评论，1999（04）:76-84.

[61] 汤洁茵 . 形式与实质之争：税法视域的检讨 [J]. 中国法学，2018（02）:248-268.

[62] 刘建红 . 金融衍生工具的所得税制研究 [D]. 厦门大学，2006.

[63] 杨春娇 . 金融衍生工具交易所得课税问题研究 [M]. 北京：法律出版社，2016.

[64] 王宗涛 . 反避税法律规制研究 [D]. 武汉大学，2013.

[65] 汤洁茵 . 资管产品增值税的纳税人之辨——兼论增值税的形式主义 [J]. 法学，2018（04）:139-149

[66] 雷根强，刘建红 . 金融衍生工具所得税纳税人的确定 [J]. 税务研究，2007（07）:37-39.

[67] 曹海生 . 电子商务税收征管体系研究 [D]. 东华大学，2012.

[68] 牛广轩 . 中国金融监管体制分权架构研究 [D]. 云南大学，2016.

[69] 尹龙 . 金融创新理论的发展与金融监管体制演进 [J]. 金融研究，2005（03）:7–15.

[70] 郑少华 . 论金融监管权的边界 [J]. 法学，2003（07）:73–77.

[71] 姜明安 . 论行政自由裁量权及其法律控制 [J]. 法学研究，1993（01）:44–50.

[72] 徐珊 . 商业银行贷款损失准备分歧与协调 [J]. 常州大学学报（社会科学版），2012，13（04）:36–39，100.

[73] 张守文 . 论税收法定主义 [J]. 法学研究，1996（06）:57–65.

[74] 平来禄，刘峰，雷科罗 . 后安然时代的会计准则：原则导向还是规则导向 [J]. 会计研究，2003（05）:11–15.

[75] 黄金老 . 金融全球化与中国的战略对策 [J]. 国际金融研究，2000（07）:21–27.

[76] 吴寒青 . 金融隐私权保护制度探析 [J]. 西南民族大学学报（人文社科版），2006（12）:104–107.

[77] 范万栋 . 资金查控：金融信息在侦查中的深度应用 [J]. 山东警察学院学报，2015，27（1）:100–105.

[78] 杨春娇 . 金融衍生工具交易所得课税问题研究 [M]. 北京：法律出版社，2016.

[79] 马蔚华 . 金融电子化——21 世纪银行业发展的战略选择 [J]. 中国金融，2000（01）:40–42.

[80] 张泽平 . 数字经济背景下的国际税收管辖权划分原则 [J]. 学术月刊，2015，47（02）:84–92.

[81] 叶莉娜 . 跨国公司转移定价对国际税法规则的催生、挑战、改变、发展 [D]. 吉林大学，2014.

[82] 刘磊 . 论资本弱化税制 [J]. 涉外税务，2005（10）:26–31.

[83] 马光荣，李力行 . 金融契约效率、企业退出与资源误置 [J]. 世界经济，2014，37（10）:77–103.

[84] 李昊源 . 我国互联网交易的税收征管问题研究 [D]. 中央财经大学，2017.

[85] 马光荣，李力行 . 金融契约效率、企业退出与资源误置 [J]. 世界经济，2014，37（10）:77–103.

[86] 孙开，沈昱池 . 大数据——构建现代税收征管体系的推进器 [J]. 税务研究，2015（01）:96–99.

[87]《利用区块链促进税收管理现代化的研究》课题组，张国钧，李伟，谢波峰，李荣辉 . 基于区块链的“互联网 + 税务”创新探索——以深圳市税务局的实践为例 [J]. 税务研究，2019（01）:68–73.

[88] 王锡锌 . 行政自由裁量权控制的四个模型——兼论中国行政自由裁量权控制模式的选择 [J]. 北大法律评论，2009，10（02）:311–328.

[89] 汤洁茵 . 税法续造与税收法定主义的实现机制 [J]. 法学研究，2016，38（05）:67–85.

[90] 马运全 . 个人金融信息管理：隐私保护与金融交易的权衡 [D]. 山东大学，2014.

[91] 鹿华岩 . 发达国家国际税收情报交换经验对我国的借鉴 [D]. 云南财经大学，2015.

[92] 汤洁茵 . 金融机构在税收征管中的第三方协助义务——以金融隐私权为核心 [J]. 税务与经济，2010（03）:82–89.

[93] 徐伟功 . 从自由裁量权角度论国际私法中的最密切联系原则 [J]. 法学评论，2000（04）:34–39.

[94] 于东升 . 金融发展中的创新：理论与中国的金融改革 [D]. 西北大学，2004.

[95] 孙莹 . 税收激励政策对企业创新绩效的影响研究 [D]. 东华大学，2013.

[96] 何军 . 论商业银行的金融创新 [D]. 西南财经大学，2006.

[97] 周昌发 . 科技金融发展的保障机制 [J]. 中国软科学，2011（03）:72–81.

[98] 李美娟 . 外资银行进入与金融知识产权保护 [J]. 北方经济，2007（04）:88–89.

[99] 戴晨，刘怡 . 税收优惠与财政补贴对企业 R&D 影响的比较分析 [J]. 经济科学，2008（03）:58–71.

[100] 张守文 . 论税法上的"可税性"[J]. 法学家，2000（05）:12–19，129.

[101] 王玺，张嘉怡 . 税收优惠对企业创新的经济效果评价 [J]. 财政研究，2015（01）:58–62.

[102] 周小川 . 保持金融稳定 防范道德风险 [J]. 金融研究，2004（04）:1–7.

[103] 吴国培，潘再见 . 中央银行沟通对金融资产价格的影响——基于中国的实证研究 [J]. 金融研究，2014（05）:34–47.

[104] 刘慧凤 . 税收优惠对文化资本配置的影响——基于文化企业并购视角的研究 [J]. 山东大学学报（哲学社会科学版），2019（03）:44–57.

[105] 刘力 . 行为金融理论对效率市场假说的挑战 [J]. 经济科学，1999（03）:63–71.

[106] 李静 . 基于行为金融学的股票市场投资者行为研究 [D]. 中国社会科学院研究生院，2012.

[107] 曾小林，陈俊宏 . 我国地方政府非规范性税收竞争的策略形式及效应

分析 [J]. 中外企业家，2019（05）:42–43.

[108] 靳东升 . 论国际税收竞争与竞争性的中国税制 [J]. 财贸经济，2003（09）:73–80，97.

[109] 蒋励佳 . 当下中国税负公平论衡 [D]. 南京大学，2013.

[110] 李晓西，杨琳 . 虚拟经济、泡沫经济与实体经济 [J]. 财贸经济，2000（06）:5–11.

[111] 胡建森，邢益精 . 公共利益概念透析 [J]. 法学，2004（10）:3–8.

[112] 张洪涛，段小茜 . 金融稳定有关问题研究综述 [J]. 国际金融研究，2006（05）:65–74.

[113] 叶望春 . 金融工程与金融效率相关问题研究综述 [J]. 经济评论，1999（04）:76–84.

[114] 熊伟 . 法治视野下清理规范税收优惠政策研究 [J]. 中国法学，2014（06）:154–168.

[115] 施奕 . 多阶段行政下的税收优惠——基于企业所得税优惠案例的视角 [J]. 江西财经大学学报，2020（01）:134–147.

[116] 蒋悟真 . 税收优惠分权的法治化 : 标准、困境与出路 [J]. 广东社会科学，2020（01）:222–231，256.

[117] 许多奇 . 我国金融资产证券化的税收理念与税收制度 [J]. 法学评论，2007（02）:39–45.

[118] 洪艳蓉 . 资产证券化与不良资产处置——中国的实践与反思 [J]. 证券市场导报，2018（12）:4–15，23.

[119] 曹晓燕. 资产证券化税收法律制度研究 [D]. 中央财经大学，2012.

[120] 刘剑文 . 财政税收法 [M] . 北京：法律出版社，2003.

[121] 黄爱玲 . 新编税法 [M] . 南京：南京大学出版社，2017.

[122] [日]金子宏. 日本税法[M]. 战宪斌，郑林根，译.北京：法律出版社，2004.

[123] 徐珊.PPP 资产证券化税收制度的中性设计 [J]. 长春大学学报，2019，29（05）:11–14.

[124] 冯秀娟. 中国增值税制度深化改革研究 [D]. 财政部财政科学研究所，2014.

[125] 孙瑜晨. 金融服务业“营改增”的现实省思和改革取向 [J]. 上海金融，2015（02）:32–41.

[126] 李本贵. 实行简易计税办法 推进中国金融保险业“营改增” [J]. 国际税收，2014（06）:6–10.

[127] 刘燕. 我国资产证券化中 SPV 税收政策评析 [J]. 税务研究，2007（04）:6–10.

[128] 饶立新. 中国印花税研究 [D]. 江西财经大学，2009.

[129] 刘映春. 税收中性原则与我国的税制改革 [J]. 法学杂志，2001（05）:33–35+31.

[130] 尹音频，阮兵. 公平与效率：资产证券化的税收政策取向 [J]. 财经科学，2007（06）:39–44.

[131] 楼建波，刘燕. 论信托型资产证券化的基本法律逻辑 [J]. 北京大学学报（哲学社会科学版），2006（04）:121–129.

[132] 中国人民银行苏州市中心支行课题组，童琳. 会计准则执行中的问题和对策——商业银行信贷资产证券化会计处理 [J]. 金融会计，2017（05）:49–54.

[133] 俞娜，张莉. 我国资产证券化业务税收政策漫谈 [J]. 金融法苑，2017（02）:80–90.

[134] 廖益新. 论适用于电子商务环境的常设机构概念 [J]. 厦门大学学报（哲

学社会科学版），2003（04）:13–21+62.

[135] [美] 斯蒂文 · L. 舒瓦茨 . 资产证券化基本原则结构金融 [M] . 倪受彬，李晓珊，译 . 北京：中国法制出版社，2018.

[136] 楼建波，刘燕 . 论信托型资产证券化的基本法律逻辑 [J]. 北京大学学报（哲学社会科学版），2006（04）:121–129.

[137] 刘磊 . 论资本弱化税制 [J]. 涉外税务，2005（10）:26–31.

[138] 何小峰，宋芳秀 . 对资产证券化税收制度安排的博弈论分析 [J]. 经济科学，2001（06）:21–26.

[139] 刘剑文 . 落实税收法定原则的现实路径 [J]. 政法论坛，2015，33（03）:14–25.

[140] 徐珊 . 中国 REITs 的财富效应——基于苏宁易购的案例分析 [J]. 沈阳大学学报（社会科学版），2019，21（03）:274–279.

[141] 徐珊 ."营改增" 试点对银行业的影响及完善措施 [J]. 黑龙江工业学院学报（综合版），2017，17（04）:102–108.